Über dieses Buch

›De re metallica libri XII‹, von dem Chemnitzer Stadtarzt und Bürgermeister Georg Agricola (1494–1555) für seine gebildeten Zeitgenossen in lateinischer Sprache geschrieben, ist die erste systematische Abhandlung über Bergbau und Hüttenkunde, zugleich eines der ersten technologischen Bücher der Neuzeit. Das 1556 erschienene und schon ein Jahr später ins Frühneuhochdeutsche übertragene Werk war bis in das 18. Jahrhundert hinein das grundlegende Handbuch des Berg- und Hüttenwesens.

In zwölf Büchern erfaßt Agricola alles, was mit Bergbau und metallurgischen Verfahren zusammenhängt: von der Verwendung der Wasser- und Windkraft über den Betrieb der Gebläseöfen und Schmelzherde, den Transport der Erze, der Gewinnung von Soda, Schwefel und Alaun bis zur Verwaltung, den Pflichten der Beamten und Bergbauunternehmen und den Unglücksfällen und Krankheiten der Bergleute. Das beigefügte Buch ›Von den Lebewesen unter Tage‹ hält fest, was die Alten, besonders Aristoteles, von den Lebewesen in der Erde zu wissen glaubten.

Unsere Ausgabe gibt die Übersetzung der lateinischen Erstausgabe wieder, wie sie erstmals vollständig im Jahre 1928 erschien, mit den 273 prachtvollen Holzschnitten und den Initialen des Originals. Eine eigens für die Taschenbuchausgabe geschriebene biographische Skizze und ein montangeschichtlicher Abriß über Bergbau und Hüttenwesen zur Zeit Agricolas verdeutlichen, warum ›De re metallica‹ nicht nur für die Technikgeschichte von Bedeutung ist, sondern auch erstaunliche Einblicke in die Denkweise und das Weltbild des 16. Jahrhunderts gibt.

dtv-bibliothek
Literatur · Philosophie · Wissenschaft

Georg Agricola
Zwölf Bücher vom Berg- und Hüttenwesen

in denen die Ämter, Instrumente, Maschinen und alle Dinge, die zum Berg- und Hüttenwesen gehören, nicht nur aufs deutlichste beschrieben, sondern auch durch Abbildungen, die am gehörigen Ort eingefügt sind, unter Angabe der lateinischen und deutschen Bezeichnungen aufs klarste vor Augen gestellt werden sowie das

Buch von den Lebewesen unter Tage

Deutscher Taschenbuch Verlag

Vollständige Ausgabe nach dem lateinischen Original von 1556. Übersetzt und bearbeitet von Carl Schiffner unter Mitwirkung von Ernst Darmstaedter, Paul Knauth, Wilhelm Pieper, Friedrich Schumacher, Victor Tafel, Emil Treptow, Erich Wandhoff. Mit den 273 Holzschnitten und den Initialen der Originalausgabe.
Herausgegeben von der Georg-Agricola-Gesellschaft beim Deutschen Museum zur Förderung der Geschichte der Naturwissenschaften und der Technik e. V.
Photomechanischer Nachdruck nach einem Exemplar der dritten Auflage, VDI-Verlag GmbH, Düsseldorf 1961.

November 1977
Deutscher Taschenbuch Verlag GmbH & Co. KG, München

Umschlaggestaltung: Celestino Piatti unter Verwendung eines Holzschnittes der Originalausgabe
Gesamtherstellung: C. H. Beck'sche Buchdruckerei, Nördlingen
Printed in Germany · ISBN 3-423-06086-7

Inhaltsübersicht

Georg Agricola,

hervorragend als Naturforscher und Arzt, wurde zum Künder der großen Leistungen der deutschen Technik, zum bedeutenden Forscher und Darsteller des mittelalterlichen Berg- und Hüttenwesens.

Seinem Andenken gewidmet

Deutsches Museum
von Meisterwerken der Naturwissenschaft und Technik

Vorwort zur Taschenbuchausgabe

Im Jahr 1556 erschien wenige Monate nach dem Tod Georg Agricolas dessen Hauptwerk ›De re metallica libri XII‹. Bereits ein Jahr später wurde das im Humanistenlatein der Zeit geschriebene Werk unter dem Titel ›Vom Bergkwerck‹ erstmals in einer deutschen Übersetzung veröffentlicht. Weitere Übersetzungen, die im 16. und 17. Jahrhundert folgten, wiesen ebenso wie die erste inhaltliche und sprachliche Schwächen auf, die sie in unserer Zeit als unbefriedigend, an vielen Stellen geradezu unverständlich erscheinen lassen.

Im Jahr 1912 erschien die englische Übersetzung des amerikanischen Bergingenieurs und späteren Präsidenten der Vereinigten Staaten, Herbert Clark Hoover, und seiner Ehefrau Lou Henry Hoover. Im Vorwort zu dieser bedeutsamen, mit zahlreichen historischen Anmerkungen versehenen Edition wiesen die beiden Übersetzer ausdrücklich auf die Mängel der älteren deutschen Übertragungen hin und empfahlen, mit einer neuen Übersetzung Agricolas Hauptwerk weiteren Kreisen zugänglich zu machen. Das gab, wie man später schrieb, in den zwanziger Jahren den Anstoß zu dem Entschluß, neben die englische eine »neue deutsche Volksausgabe zu stellen«.

Es lag nahe, dem ›Deutschen Museum von Meisterwerken der Naturwissenschaft und Technik‹, dessen Gründung durch Oskar von Miller in Deutschland eine bisher nicht bekannte Begeisterung für die Geschichte der Ingenieurs- und Naturwissenschaften ausgelöst hatte, die Führung bei einer solchen umfangreichen Arbeit anzuvertrauen. Auf von Millers Vorschlag wurde die ›Georg-Agricola-Gesellschaft beim Deutschen Museum‹ ausdrücklich für diese Aufgabe gegründet und Conrad Matschoss, damals Direktor des ›Vereins Deutscher Ingenieure‹, mit der Durchführung aller für Übersetzung und Herausgabe nötigen Maßnahmen beauftragt. Neben dem Deutschen Museum und dem Verein Deutscher Ingenieure beteiligten sich der Verein Deutscher Eisenhüttenleute, die Gesellschaft deutscher Metallhütten- und Bergleute und die großen bergbaulichen Verbände sowie Reichs- und Landesministerien an der Förderung des Vorhabens. Wirtschaftlich und technisch führende Persönlichkeiten, schließlich die Städte Glauchau, Chemnitz und Zwickau, in denen Agricola den größten Teil seines Lebens verbracht hatte, wurden Mitglieder der Agricola-Gesellschaft.

Matschoss konnte einen Kreis kompetenter Übersetzer und Bearbeiter zusammenbringen, zu dem auch Professoren der ältesten, 1766 gegründeten deutschen Bergakademie in Freiberg in Sachsen und der angesehene Technik- und Naturwissenschaftshistoriker Ernst Darmstaedter gehörten. Ausdrücklich beschloß man, es zunächst bei einer neuen, behutsamen und sorgfältigen Übertragung in die deutsche Sprache zu belassen, um das Werk möglichst bald »weitesten Kreisen zugänglich zu machen« – »in der Hoffnung, daß gerade diese Wiedererweckung des alten Agricola manche Forscher veranlassen wird, an der Klärung wichtiger technisch-geschichtlicher Fragen zu arbeiten«.

1928 erschien die von der Georg-Agricola-Gesellschaft getragene Übersetzung mit einem Vorwort von Matschoss und einem Nachwort von Darmstaedter im Verlag des Vereins Deutscher Ingenieure in Berlin; 1953 folgte ein Neudruck, bei dem einiges verbessert werden konnte, als zweite Auflage; 1961 schließlich erschien ein unveränderter Nachdruck der Ausgabe von 1953 als dritte Auflage. Alle drei Ausgaben waren auf handgeschöpftes Bütten im Folioformat gedruckt und in kleiner Auflage als bibliophile Kostbarkeit hergestellt. Ein Buch für ›weiteste Kreise‹ sind diese Prachtausgaben begreiflicherweise nicht geworden. Da aber die Beschäftigung mit der Geschichte der Natur- und Ingenieurswissenschaften heute mindestens so angebracht ist wie vor einem halben Jahrhundert, entschloß sich die Georg-Agricola-Gesellschaft 50 Jahre nach ihrer Gründung mit dem speziellen Auftrag der Übersetzung, gemeinsam mit dem Deutschen Taschenbuch Verlag, für dessen Verständnis und Entgegenkommen hier ausdrücklich gedankt sei, zu einem photomechanischen Nachdruck im Taschenbuchformat, dem ein neu erarbeiteter wissenschaftlicher Anhang beigegeben wurde. Als Reproduktionsvorlage diente ein Exemplar der Ausgabe von 1961.

Damit wird nun, 420 Jahre nach der ersten deutschen Übersetzung, ›De re metallica‹ tatsächlich erstmals für weiteste Kreise zugänglich. Agricola selbst hat es ausdrücklich als seine Absicht bezeichnet, mit seinen Schriften die Jugend zur Erforschung der Natur anzuregen.

Georg-Agricola-Gesellschaft zur Förderung der Geschichte der Naturwissenschaften und der Technik

Dr.-Ing. Wilhelm Fries — Dr. phil. habil. Wilhelm Treue

GEORGII AGRICOLAE

DE RE METALLICA LIBRI XII. QVIbus Officia, Instrumenta, Machinæ, ac omnia deniqꝫ ad Metallicam spectantia, non modo luculentissimè describuntur, sed & per effigies, suis locis insertas, adiunctis Latinis, Germanicisq́ꝫ appellationibus ita ob oculos ponuntur, ut clarius tradi non possint.

EIVSDEM

DE ANIMANTIBVS SVBTERRANEIS Liber, ab Autore recognitus: cum Indicibus diuersis, quicquid in opere tractatum est, pulchrè demonstrantibus.

BASILEAE M. D. LVI.

Cum Priuilegio Imperatoris in annos V.
& Galliarum Regis ad Sexennium.

Henry par la grace de Dieu roy de France.

Aux Preuost de Paris, Bailly de Roen, Seneschaulx de Lyon, Tholose, & Poictou. Et à tous noz autres iusticiers & officiers ou à leurs lieutenans salut. Receue auons l'hũble supplicacion de noz amys & feaulx Ierosme Frobenne & Nicolas l'Euesque marchãs, libraires, & bourgeoys de la uille de Basle, l'un des cantons de noz alliez confederez & bons cõperes les Souysses, contenant quilz auroyent recouuert plusieurs liures non encores ueuz & entre autres un intitulé GEORGII AGRICOLAE opera omnia, Pour lequel liure recouurer & imprimer il leur à conuenu & conuiendra faire des grans fraiz & despens, & doubtent que les libraires & imprimeurs, ne facent si tost que lesdicts exposans aurõt publié ledict liure icee luy imprimer, qui seroit leur oster tout moyen de se pouuoyr r'embourser de leursdicts fraiz & mises, & de receuoir le fruict quilz esperent de leur labeur. A ceste cause ilz nous ont humblement requis leur uouloir surce pouruoir de nostre remede cõuenable. PAR QVOY nous ce consideré, uoulant fauorablement traicter lesdicts exposans en cest endroit, A iceulx auõs permis & octroye, permettons & octroyons par ces presentes uoulons & nous plaist de noz grace speciale, plaine puissance & auctorite Royal, qu'ilz puissent & leur loyse imprimer, ou faire imprimer, & mettre en uente le liure desusdict sans ce que pendant & durant le temps & terme de six ans ensuyuans, à compter du iour & datte que ledict liure sera acheué d'imprimer, nul autre libraire ou imprimeur de nosdicts Royaume, pays, terres & seigneuries de nostre obeissance puissent imprimer, ou faire imprimer, ny en partie ny entier, ne mettre, ne exposer en uente sans le congé & permißion desdicts exposans. Et ce sur peine de cõfiscation dudict liure, & d'amende arbitraire à nous à applicquer. SI VOVS MANDONS, & à chascun de uous, si cõme à luy apartiendra que de noz presentes permißion, conceßion, & octroy, & de leffect & contenu en icelles. Vous faictes, permettez & souffrez lesdicts exposans iouyr & user plainement & paisiblement sans en ce le mettre ou donner, ne souffrir estre faict, mis, ou donné aucun empeschement au contraire, lequel si faict, mis, ou donné leur estoyent faictes, mettre incontinent & sans delay à plaine & entiere deliurance au premier estat & deu, Car tel est nostre plaisir. Nonobstant quelzconques lettres à ce contraire. Donné à Paris le XVIII. iour de Feurier, l'An mil cinq cens cinquante troys, & de nostre Regne le septiesme.

Par le Roy en son conseil

Robillart

DEN DURCHLAUCHTIGEN UND GROSSMÄCHTIGEN

Herzögen von Sachſen, Landgrafen von Thüringen, Markgrafen von Meißen, Pfalzgrafen von Sachſen, Burggrafen von Altenburg und Magdeburg, Grafen von Brehna, Herren des Pleißner Landes: MORITZ, Kaiſerlichem Erzmarſchall und Kurfürſten, und ſeinem Bruder AUGUST, entbietet GEORG AGRICOLA ſeinen Gruß.

SO oft ich, durchlauchtige Fürſten, den Umfang des ganzen Bergweſens, wie einſt Moderatus Columella den des Landbaues, wie einen gewaltigen Körper betrachtete und auch ſeine einzelnen Teile wie die Glieder jenes Körpers überſchlug und durchging, fürchtete ich, mein Leben möchte nicht ausreichen, um das Ganze erfaſſen zu können, geſchweige denn, um es im Schrifttume bleibend feſtzuhalten. Wird doch jeder aus dieſen unſeren Büchern erkennen, wie weit verzweigt der Bergbau iſt, wie vieler und bedeutender Wiſſenſchaften beträchtliche Kenntnis die Bergleute nötig haben, um ihn zu treiben. So umfangreich aber auch das Bergweſen iſt (es iſt in keiner Beziehung von den uns erhaltenen griechiſchen und lateiniſchen Schriftſtellern erſchöpfend behandelt worden) und ſo ſchwierige Erörterungen es bedingt, ſo glaubten wir es doch nicht unbeachtet laſſen zu dürfen, weil es ſehr alt und der Menſchheit ſehr nötig und nützlich iſt. Denn von den Hauptzweigen der Volkswirtſchaft ſcheint zwar keiner älter als der Ackerbau zu ſein; dennoch iſt aber das Bergweſen tatſächlich älter als dieſer oder wenigſtens gleich alt, denn kein Menſch hat je ohne Werkzeuge den Acker bebaut. Dieſe Werkzeuge aber ſind, wie auch die der übrigen Handwerke, entweder aus Metallen gefertigt, oder ſie haben ohne Zuhilfenahme von Metallen nicht gefertigt werden können; darum iſt der Bergbau auch höchſt notwendig für die Menſchen. Denn wenn dieſe nun einmal derartige Handwerke ſchwer entbehren können – und deren Zahl iſt außerordentlich groß –, ſo vermag eben keines ohne Werkzeuge zu ſchaffen. Sodann iſt von allem, wodurch großer Reichtum auf gute und ehrliche Weiſe erworben wird, nichts nützlicher als die Kunſt des Bergbaues, denn von gut beſtellten Äckern (um anderes wegzulaſſen) ernten wir zwar ſehr reiche Früchte, aber noch reichere doch aus den Bergwerken. Sicherlich gewährt uns oft eine einzige Grube mehr Nutzen als viele Äcker. Darum ſehen wir aus der Geſchichte faſt aller Jahrhunderte, daß ziemlich viele Leute durch die Bergwerke reich geworden ſind, und daß dieſe auch das Vermögen vieler Könige vermehrt haben. Doch darüber will ich jetzt nicht weiter ſprechen, denn dieſe Punkte habe ich im erſten Buche teils dieſes Werkes, teils des anderen, das den Titel trägt: „Von den alten und neuen Bergwerken“[1], behandelt und dabei die Einwände widerlegt, die gegen die Bergwerke und gegen die Bergleute ſelbſt erhoben werden.

[1] Georgii Agricolae De veteribus et novis metallis libri II. Froben. Basileae MDXLVI.

Obſchon aber der Landbau, mit dem ich den Bergbau gern vergleiche, wohl ſehr weit ausgedehnt iſt, ſo wird er doch nicht in weſentlich mehr Zweige geteilt als dieſer. Und es kann auch von mir nicht ſo leicht über die Lehren des Bergbaues berichtet werden, wie Columella über die des Landbaues berichtet hat; denn ihm ſtanden ziemlich viele landwirtſchaftliche Schriftſteller zu Gebote, an die er anknüpfen konnte: griechiſche ja mehr als fünfzig, die M. Terentius Varro aufzählt, lateiniſche mehr als zehn, die Columella ſelbſt erwähnt. Ich habe nur Gaius Plinius Secundus, dem ich folgen könnte; doch dieſer behandelt nur ſehr wenige Verfahren, Erzgänge auszugraben und Bergwerke anzulegen. Es kann nicht die Rede davon ſein, daß der Bergbau in ſeiner Geſamtheit von irgendeinem antiken Schriftſteller behandelt worden wäre: nicht einmal diejenigen, von denen hie und da der eine über das, der andere über jenes geſchrieben hat, haben einen ſeiner einzelnen Teile erſchöpft. Auch iſt ihre Zahl ſehr gering. Von allen Griechen hat nur Strato aus Lampſacus, Theophraſts Nachfolger, ein Buch über die bergbaulichen Maſchinen herausgegeben; es müßte denn ſein, daß „der Bergmann" des Dichters Philo einen kleinen Teil der bergmänniſchen Kunſt mit in ſich begriffen hat. Auch Pherecrates ſcheint in einer dem Titel nach ähnlichen Komödie Sklaven, die im Bergbau beſchäftigt ſind, und ſolche, die zur Arbeit in den Bergwerken verurteilt wurden, haben auftreten laſſen. Von den Römern aber hat, wie ſchon erwähnt, Plinius nur wenige Zweige der bergmänniſchen Tätigkeit überliefert. Neben den alten muß man die neuen Schriftſteller aufzählen. Denn niemand wird gerechtem Tadel entgehen, der die um das verdiente Lob bringt, deren Schriften er, ſo wenige es auch ſein mögen, benutzt hat. In unſerer Sprache ſind zwei Bücher geſchrieben worden: das eine über den Nachweis des metalliſchen Stoffes und der Metalle[2]; es iſt ſehr verworren geſchrieben; ſeinen Verfaſſer kennt man nicht. Das andere handelt über die Erzgänge, von denen auch Pandulfus Anglus lateiniſch geſchrieben haben ſoll. Das deutſche Buch aber hat Kalbe von Freiberg verfaßt, ein angeſehener Arzt[3]; indes hat keiner von beiden den Gegenſtand, den er ſich erwählt hat, erſchöpfend behandelt. Kürzlich aber hat Vannoccio Biringuccio aus Siena[4], ein beredter und kenntnisreicher Mann, in italieniſcher Umgangsſprache das Thema behandelt: „Vom Gießen, Scheiden und Löten der Metalle." Die Methode, gewiſſe Erze auszuſchmelzen, hat er kurz berührt, diejenige, gewiſſe Salze zu bereiten, hat er deutlicher auseinandergeſetzt. Als ich letzteres las, habe ich mich an ſolche Salze erinnert, die ich in Italien bereiten ſah. Die übrigen Dinge, über die ich ſchreibe, hat er entweder nur nebenbei oder gar nicht berührt. Mit dieſem Buche hat mir ein venetianiſcher Patrizier ein Geſchenk gemacht, ein kluger und bedeutender Mann, Franciscus Badoarius; er verſprach es mir, als er im vorigen Jahre mit König Ferdinand, zu dem er als Geſandter von den Venetianern geſchickt war, in Marienberg war. Daß andere Schriftſteller mehr über das Bergweſen geſchrieben haben, iſt mir nicht bekannt. Deshalb hätte, ſelbſt wenn

[2] Lat. De experimento materiae metallicae et metallorum.

[3] Der 1523 geſtorbene Stadtarzt, Bürgermeiſter und Bergbauſchriftſteller Ulrich Rülein von Kalbe in Freiberg verfaßte das älteſte deutſche Buch über den Bergbau, das „Bergbüchlein". Es ſoll in erſter Ausgabe 1505 in Augsburg erſchienen ſein und iſt ſpäter (ohne Namen des Verfaſſers) wiederholt aufgelegt worden. Näheres bei Darmſtaedter, E.: Berg-, Probier- und Kunſtbüchlein, München 1926, S. 110, ſowie (O. E. Schmidt) in den Mitt. des Landesvereins Sächſ. Heimatſchutz, Bd. 15 (1926), S. 137.

[4] Der Titel des hier genannten, von ihm verfaßten Buches lautet: „De la pirotechnia, libri X". Es erſchien 1540 in Venedig. Näheres darüber in der deutſchen Ausgabe von Dr. Otto Johannſen, Braunſchweig 1925.

Stratos Buch vorhanden wäre, von dieſer Seite her nicht das halbe Werk der bergmänniſchen Kunſt verfaßt werden können. Je geringer aber die Zahl derjenigen iſt, die über den Bergbau geſchrieben haben, um ſo wunderbarer erſcheint es mir, daß es ſo viele Alchimiſten gegeben hat, die die Kunſt geübt haben, die einen Metalle in andere zu verwandeln. Viele hat der mit Würden und Ehren geſchmückte und hochgelehrte Hermolaus Barbarus mit Namen angeführt; ich will noch mehrere nennen, aber nur die hervorragenderen; ich werde eine Ausleſe vornehmen. So haben alchimiſtiſche Schriften (*χυμευτικά*) verfaßt: Oſthanes, Hermes, Chanes, der Alexandriner Zoſimus an ſeine Schweſter Theoſebia, Olympiodor, auch aus Alexandria, Agathodaemon, Demokrit, aber nicht der Abderit, ſondern irgendein anderer, Orus Chryſorichites, Pebichius, Comerius, Joannes, Apuleius, Petaſius, Pelagius, Africanus, Theophilus, Syneſius, Stephanus an Heracleus Caeſar, Heliodor an Theodoſius, Geberus, Callides Rachaidibus, Veradianus, Rodianus, Canides, Merlinus, Raimundus Lulius, Arnaldus Villonovanus, Auguſtinus Pantheus aus Venedig; ferner drei Frauen: Cleopatra, die Jungfrau Taphnutia und die Jüdin Maria. Und zwar haben ſich alle dieſe Alchimiſten der Proſa bedient, mit Ausnahme von Joannes Aurelius Augurellus aus Ariminum, der allein in Verſen geſchrieben hat.

Es gibt noch viele andere Bücher über dieſen Gegenſtand; doch ſind ſie unverſtändlich, denn die betreffenden Schriftſteller nennen die Dinge mit fremden, nicht mit ihren eigentlichen Namen, und die einen brauchen dieſe, die andern jene Bezeichnungen für dieſelben Sachen. Jene Lehrer überliefern ihren Schülern Methoden, mit denen ſie wertloſe Metalle durch verſchiedene Schmelzverfahren vernichten und gewiſſermaßen auf den Urſtoff zurückführen, und auf dieſe Weiſe das, was in ihnen ſelbſt als überflüſſig vorhanden iſt, entfernen, was aber fehlt, hineinführen und daraus Koſtbares, d. h. Gold und Silber, machen, was beim Schmelzen in Scherben oder Tiegeln ſich nicht verändert. Ob ſie dies wirklich tun können oder ob ſie es nicht tun können, vermag ich nicht zu entſcheiden. Weil nämlich ſo viele Schriftſteller in allem Ernſte uns verſichern, ſie wären zu ihrem Ziele gelangt, ſo ſcheint es zwar, man müſſe ihnen Glauben ſchenken. Aber da, wie wir leſen, noch niemand von dieſer Kunſt reich geworden iſt und wir auch ſelbſt nicht ſehen, daß einer reich wird, wo es doch überall in der Welt ſo viele Alchimiſten gegeben hat und noch gibt, die alle ihre ganze Kraft und ihren Fleiß Tag und Nacht aufwenden, um die größten Haufen Goldes und Silbers zu erzeugen, ſo iſt die Sache höchſt zweifelhaft. Wenn es indes nur auf einer Verſäumnis der Schriftſteller beruhen ſollte, daß ſie die Namen der Lehrer, die durch jene Kunſt viel Geld gewonnen haben, nicht dem Gedächtnis überliefert haben, ſo iſt es andererſeits ſicher, daß die Schüler deren Vorſchriften nicht kennen, oder wenn ſie ſie kennen, ſie nicht beobachten. Denn wenn ſie dieſe erfaßt hätten, ſo würden ſie, die ſo zahlreich geweſen ſind und noch ſind, ſchon lange die Städte mit Gold und Silber erfüllt haben. Ihre Unwahrhaftigkeit offenbaren auch die Bücher, auf die ſie die Namen des Plato und des Ariſtoteles und anderer Philoſophen ſchreiben, damit jene prunkvollen Aufſchriften bei einfachen Leuten den Anſchein der Gelehrſamkeit erwecken. Es gibt noch eine zweite Gruppe von Alchimiſten. Dieſe ändert nicht die Subſtanz der wertloſen Metalle, ſondern färbt ſie mit der Farbe des Goldes oder Silbers und verſieht ſie mit neuem Ausſehen, ſo daß ſie etwas zu ſein ſcheinen, was ſie nicht ſind. Wenn dieſes Ausſehen wie ein fremdes Kleid den Metallen wieder entzogen iſt, ſo gewinnen ſie ihr eigentliches Ausſehen wieder. Dieſe Alchimiſten werden, weil ſie betrügen, nicht nur aufs höchſte gehaßt, ſondern ihr Betrug wird ſogar mit dem Tode beſtraft. Und einen ebenſo ſchlimmen Betrug begeht eine dritte Gruppe der Alchimiſten. Dieſe Leute werfen nämlich ein wenig Gold oder Silber, das in ein Kohlenſtück eingeſchloſſen iſt, in einen Tiegel und geben vor, ſie brächten durch Beimiſchung von ſolchen Zutaten, die die Kraft beſäßen, etwas Neues hervorzuzaubern, entweder Gold aus Auripigment (Arſenikerz) oder Silber aus Zinn oder ähnlichen Metallen zuſtande. Doch über die alchimiſtiſche Kunſt, wenn es überhaupt eine Kunſt iſt, will ich an anderer Stelle mehr ſagen.

Jetzt komme ich auf das Bergweſen zurück. Da nun dieſes unverkürzt und vollſtändig noch kein Schriftſteller beſchrieben hat und die fremden Völker unſere Sprache nicht verſtehen, und wenn ſie ſie verſtünden, ſie von unſern obenerwähnten Schriftſtellern nur einen kleinen Teil der Kunſt lernen könnten, ſo habe ich dieſe zwölf Bücher über das Bergweſen geſchrieben. Deren erſtes enthält das, was gegen die Kunſt und gegen Bergwerke und Bergleute von den Gegnern geſagt werden kann; das zweite unterrichtet den Bergmann darüber, wie er ſein ſoll, und geht über zur Erörterung über die Auffindung von Gängen. Das dritte handelt von Gängen und Klüften und von ihren Verwerfungen. Das vierte ſetzt die Methode des Ausrichtens[5] der Gänge auseinander und beſpricht auch die Ämter der Bergleute. Das fünfte zeigt das Hauen der Gänge und die Kunſt des Markſcheidens. Das ſechſte beſchreibt die bergbaulichen Werkzeuge und Maſchinen. Das ſiebente handelt vom Probieren der Erze. Das achte belehrt darüber, wie das Erz gebrannt, zerkleinert, gewaſchen und geröſtet wird. Das neunte ſetzt die Art des Schmelzens der Erze auseinander. Das zehnte unterrichtet die Bergbautreibenden darüber, wie Silber vom Golde und Blei von dieſem und Silber geſchieden wird. Das elfte zeigt die Wege, wie Silber vom Kupfer zu ſcheiden iſt. Das zwölfte gibt Vorſchriften, wie Salz, Natron, Alaun, Vitriol, Schwefel, Bergwachs und Glas zu bereiten ſind.

Die unternommene Aufgabe aber habe ich, obſchon ſie ſo iſt, daß ich ſie wegen der Menge der Dinge nicht völlig durchführen konnte, wenigſtens verſucht zu löſen. Und ich habe auf ſie viel Mühe und Arbeit verwendet, auch keine Koſten geſcheut; denn die Gänge, die Werkzeuge, Gefäße, Gerinne, Maſchinen und Öfen habe ich nicht nur beſchrieben, ſondern habe auch gegen Entlohnung Zeichner gewonnen, um Abbildungen zu ſchaffen, damit die mit Worten beſchriebenen Dinge, die den gegenwärtigen oder zukünftigen Menſchen unbekannt ſind, ihnen keine Schwierigkeiten für das Verſtändnis bereiten. Sie pflegen uns nämlich nicht wenige Wörter zu bringen, die die Alten uns ohne Erklärung überliefert haben, weil dieſe Dinge allen bekannt waren. Doch ich will weglaſſen, was ich nicht ſelbſt geſehen oder geleſen oder durch glaubwürdige Männer kennengelernt habe; ſo iſt alſo alles, was ich nicht geſehen, geleſen oder gehört und dann geprüft habe, auch nicht niedergeſchrieben worden; es iſt aber als ein und dieſelbe Art der Belehrung aufzufaſſen, ob ich nun vorſchreibe, was geſchehen ſoll, oder ob ich erzähle, was zu geſchehen pflegt, oder billige, was geſchieht. Allein je mehr der

[5] Gemeint iſt das Beſtimmen des Fallens und Streichens der Gänge.

Wiſſenſchaft vom Bergbau jede Feinheit der Rede fremd iſt, um ſo weniger fein ſind auch dieſe meine Bücher, wenigſtens entbehren die Gegenſtände, mit denen es unſere Wiſſenſchaft zu tun hat, bisweilen noch der richtigen Bezeichnungen, teils, weil jene Dinge neu ſind, teils, weil, wenn ſie alt ſind, die Erinnerung an die Namen, mit denen ſie einſt bezeichnet wurden, verſchwunden iſt. Deshalb war ich, was verzeihlich erſcheint, gezwungen, einige Begriffe mit mehreren zuſammengeſetzten Wörtern zu bezeichnen, andere wieder mit neuen; zu dieſen gehören: der Anſchläger, Erzpocher, Seifner und Schmelzer[6]. Einige Dinge habe ich mit alten Wörtern benannt, ſo den Lauf karrn[7]. Während aber Nonius Marcellus ſchreibt, daß dies ein zweirädriges Fahrzeug ſei, bezeichne ich mit dieſem Worte ein kleines, nur einrädriges Fahrzeug. Wer dieſe Benennungen nicht billigt, der ſchlage entweder geeignetere vor oder hole die in der Literatur der Alten gebräuchlichen hervor.

Dieſe Bücher aber, durchlauchtige Fürſten, erſcheinen aus vielen Gründen in Eurem Namen, hauptſächlich jedoch deshalb, weil die Bergwerke für Euch von größtem Nutzen ſind. Denn wenn auch Eure Vorfahren aus anſehnlichen und reichen Bergwerksgegenden Einkünfte in Fülle gewonnen haben, insbeſondere auch durch Abgaben, welche die Fremden auf den Straßen, die Einheimiſchen in Geſtalt des Zehnten entrichten, ſo haben ſie doch noch viel reichere Einkünfte aus den Bergwerken ſelbſt gehabt. Sind doch durch dieſe nicht wenige angeſehene Städte entſtanden. So Freiberg, Annaberg, Marienberg, Geyer, Altenberg, um weitere wegzulaſſen. Ja, meiner Meinung nach iſt jetzt ſogar größerer Reichtum in den gebirgigen Gegenden Eurer Länder unter der Erde verborgen, als über der Erde vorhanden und ſichtbar iſt.

Lebet wohl!

Chemnitz im Hermundurenlande[8], 1. Dezember 1550.

[6] Lat. ingeſtor, discretor, lotor, excoctor.

[7] Lat. cisium.

[8] Über die Bezeichnung vgl. Knauth, P.: Ortsnamenkunde des öſtlichen Erzgebirges, Freiberg (Sa.) 1927, S. 51. Die Humaniſten kannten die Hermunduren als einen auf beiden Seiten der Elbe wohnenden germaniſchen Volksſtamm aus römiſchen (Velleius Paterculus, Plinius d. Ä., Tacitus) und griechiſchen (Strabo, Dio Caſſius) Schriftſtellern und verſtanden unter dem Hermundurenlande das Gebiet der Landgrafſchaft Thüringen und der Markgrafſchaft Meißen.

GEORGIVS FABRICIVS IN LIBROS

Metallicos GEORGII AGRICOLAE philoſophi præſtantiſſimi.

AD LECTOREM.

Si iuvat ignita cognoſcere fronte Chimæram,
  Semicanem nympham, ſemibovemque virum:
Si centum capitum Titanem, totque ferentem
  Sublimem manibus tela cruenta Gygen:
Si iuvat Ætneum penetrare Cyclopis in antrum,
  Atque alios, Vates quos peperere, metus:
Nunc placeat mecum doctos evolvere libros,
  Ingenium AGRICOLAE quos dedit acre tibi.
Non hic vana tenet ſuſpenſam fabula mentem:
  Sed pretium, utilitas multa, legentis erit.
Quidquid terra ſinu, gremioque recondidit imo,
  Omne tibi multis eruit ante libris:
Sive fluens ſuperas ultro nitatur in oras,
  Inveniat facilem ſeu magis arte viam.
Perpetui propriis manant de fontibus amnes,
  Eſt gravis Albuneæ ſponte Mephitis odor.
Lethales ſunt ſponte ſcrobes Dicæarchidis oræ,
  Et micat e media conditus ignis humo.
Plana Nariſcorum cum tellus arſit in agro,
  Ter curva nondum falce reſecta Ceres.
Nec dedit hoc damnum paſtor, nec Iuppiter igne:
  Vulcani per ſe ruperat ira ſolum.
Terrifico aura foras erumpens, incita motu,
  Sæpe facit montes, ante ubi plana via eſt.
Hæc abſtruſa cavis, imoque incognita fundo,
  Cognita natura ſæpe fuere duce.
Arte hominum, in lucem veniunt quoque multa, manuque
  Terræ multiplices effodiuntur opes.
Lydia ſic nitrum profert, Islandia ſulfur,
  Ac modo Tyrrhenus mittit alumen ager.
Succina, quā trifido ſubit æquor Viſtula cornu,
  Piſcantur Codano corpora ſerva ſinu.
Quid memorem regum pretioſa inſignia gemmas,
  Marmoraque excelſis ſtructa ſub aſtra iugis?
Nil lapides, nil ſaxa moror: ſunt pulchra metalla,
  Crœſe tuis opibus clara, Mydaque tuis,
Quæque acer Macedo terra Creneide fodit,
  Nomine permutans nomina priſca ſuo.
At nunc non ullis cedit GERMANIA terris,

Terra

Terra ferax hominum, terraque dives opum.
Hic auri in venis locupletibus aura refulget,
Non alio meſſis carior ulla loco.
Auricomum extulerit felix Campania ramum,
Nec fructu nobis deficiente cadit.
Eruit argenti ſolidas hoc tempore maſſas
Foſſor, de propriis armaque miles agris.
Ignotum Grais eſt Heſperiisque metallum,
Quod Biſemutum lingua paterna vocat.
Candidius nigro, ſed plumbo nigrius albo,
Noſtra quoque hoc vena divite fundit humus.
Funditur in tormenta, corus cum imitantia fulmen,
Æs, inque hoſtiles ferrea maſſa domos.
Scribuntur plumbo libri: quis credidit ante
Quam mirandam artem Teutonis ora dedit?
Nec tamen hoc aliis, aut illa petuntur ab oris,
Eruta Germano cuncta metalla ſolo.
Sed quid ego hæc repeto, monumentis tradita claris
AGRICOLAE, quæ nunc docta per ora volant?
Hic cauſis ortus, et formas viribus addit,
Et quærenda quibus ſint meliora locis.
Quæ ſi mente prius legiſti candidus æqua:
Da reliquis quoque nunc tempora pauca libris.
Utilitas ſequitur cultorem: crede, voluptas
Non iucunda minor, rara legentis, erit.
Iudicioque prius ne quis male damnet iniquo,
Quæ ſunt auctoris munera mira Dei:
Eripit ipſe ſuis primum tela hoſtibus, inque
Mittentis torquet ſpicula rapta caput.
Fertur equo latro, vehitur pirata triremi:
Ergo necandus equus, nec fabricanda ratis?
Viſceribus terræ lateant abſtruſa metalla,
Uti opibus neſcit quod mala turba ſuis?
Quiſquis es, aut doctis pareto monentibus, aut te
Inter habere bonos ne fateare locum.
Se non in prærupta metallicus abicit audax,
Ut quondam immiſſo Curtius acer equo:
Sed prius ediſcit, quæ ſunt noſcenda perito,
Quodque facit, multa doctus ab arte facit.
Utque gubernator ſervat cum ſidere ventos:
Sic minime dubiis utitur ille notis.
Iaſides navium, currus regit arte Metiſcus:
Foſſor opus peragit nec minus arte ſuum.
Indagat venæ ſpatium numerumque modumque,
Sive obliqua ſuum, rectave tendat iter.

Paſtor

Paſtor ut explorat quæ terra ſit apta colenti,
 Quæ bene lanigeras, quæ male paſcat oves.
En terræ intentus, quid vincula linea tendit?
 Fungitur officio iam Ptolemae tuo.
Utque ſuæ invenit menſuram iuraque venæ,
 In varios operas dividit inde viros.
Iamque aggreſſus opus, viden' ut movet omne quod obſtat,
 Aſſidua ut verſat ſtrenuus arma manu?
Ne tibi ſurdeſcant ferri tinnitibus aures,
 Ad graviora ideo conſpicienda veni.
Inſtruit ecce ſuis nunc artibus ille minores:
 Sedulitas nulli non operoſa loco.
Metiri docet hic venæ ſpatiumque modumque,
 Utque regat poſitis finibus arva lapis,
Ne quis transmiſſo violentus limite pergens,
 Non ſibi conceſſas, in ſua vertat, opes.
Hic docet inſtrumenta, quibus Plutonia regna
 Tutus adit, ſaxi permeat atque vias.
Quanta (vides) ſolidas expugnet machina terras:
 Machina non ullo tempore viſa prius.
Cede novis, nulla non inclyta laude vetuſtas,
 Poſteritas meritis eſt quoque grata tuis.
Tum quia Germano ſunt hæc inventa ſub axe,
 Si quis es, invidiæ contrahe vela tuæ.
Auſonis ora tumet bellis, terra Attica cultu,
 Germanum infractus tollit ad aſtra labor.
Nec tamen ingenio ſolet infeliciter uti,
 Mite gerat Phœbi, ſeu grave Martis opus.
Tempus adeſt, ſtructis venarum montibus, igne
 Explorare, uſum quem ſibi vena ferat.
Non labor ingenio caret hic, non copia fructu,
 Eſt adaperta bonæ prima feneſtra ſpei.
Ergo inſtat porro graviores ferre labores,
 Intentas operi nec removere manus.
Urere ſive locus poſcat, ſeu tundere venas,
 Sive lavare lacu prætereuntis aquæ.
Seu flammis iterum modicis torrere neceſſe eſt,
 Excoquere aut faſtis ignibus omne malum,
Cum fluit æs rivis, auri argentique metallum,
 Spes animo foſſor vix capit ipſe ſuas.
Argentum cupidus fulvo ſecernit ab auro,
 Et plumbi lentam demit utrique moram.
Separat argentum, lucri ſtudioſus, ab ære,
 Servatis linquens deteriora bonis.

Quæ

Quæ ſi cuncta velim tenui percurrere verſu,
  Ante alium revehat Memnonis orta diem.
Poſtremus labor eſt, concretos diſcere ſuccos,
  Quos fert innumeris Teutona terra locis.
Quo ſal, quo nitrum, quo pacto fiat alumen,
  Uſibus artificis cum parat illa manus:
Nec non chalcantum, ſulfur fluidumque bitumen,
  Maſſaque quo vitri lenta dolanda modo.
Suſcipit hæc hominum mirandos cura labores,
  Pauperiem uſque adeo ferre famemque grave eſt,
Tantus amor victum parvis extundere natis,
  Et patriæ civem non dare velle malum.
Nec manet in terræ foſſoris merſa latebris
  Mens, ſed fert domino vota preceſque Deo.
Munificæ expectat, ſpe plenus, munera dextræ,
  Extollens animum lætus ad aſtra ſuum.
Divitias CHRISTUS dat notitiamque fruendi,
  Cui memori grates pectore ſemper agit.
Hoc quoque laudati quondam fecere Philippi,
  Qui virtutis habent cum pietate decus.
Huc oculos, huc flecte animum, ſuaviſſime Lector,
  Auctoremque pia noſcito mente Deum.
AGRICOLAE hinc optans operoſo fauſta labori,
  Laudibus eximii candidus eſto viri.
Ille ſuum extollit patriæ cum nomine nomen,
  Et vir in ore frequens poſteritatis erit.
Cuncta cadunt letho, ſtudii monumenta vigebunt.
  Purpurei donec lumina ſolis erunt.

Miſenæ M. D. LI.
e ludo illuſtri.

GEORG AGRICOLA

ZWÖLF BÜCHER VOM BERG- UND HÜTTENWESEN

ERSTES BUCH

VIELE ſind der Meinung, der Bergbau ſei etwas Zufälliges und eine ſchmutzige Tätigkeit und überhaupt ein Geſchäft, das nicht ſowohl Kunſt und Wiſſenſchaft als körperliche Arbeit verlange. Allein wie mir ſcheint, wenn ich ſeine einzelnen Teile im Geiſte durchlaufe, ſo verhält ſich die Sache ganz anders. Denn der Bergmann muß in ſeiner Kunſt die größte Erfahrung beſitzen, ſo daß er erſtlich weiß, welcher Berg oder Hügel, welche Stelle im Tal oder Feld nutzbringend beſchürft werden könne, oder ob er auf die Schürfung verzichten muß. Sodann müſſen die Erzgänge, die Klüfte und die Verwerfungen des Geſteins ihm bekannt ſein. Bald muß er die vielfachen und mannigfaltigen Erdarten, die Arten der Löſungen, der Edelſteine, der gewöhnlichen Steine, des Marmors, der Felſen, der Metalle und ihrer Miſchungen und ſodann die Art und Weiſe erkennen, wie jedes Werk unter der Erde zu vollbringen ſei. Bekannt endlich ſoll ihm ſein die Kunſt, allerlei Stoffe zu probieren und zur Schmelzung zu bereiten. Dieſe iſt auch ihrerſeits ſelbſt ſehr verſchieden; denn eine andere Art Verfahren wird erfordert für Gold und Silber, eine andere für Kupfer, eine andere für Queckſilber, eine andere für Eiſen, eine andere für Bleiarten, und zwar bei letzteren eine verſchiedene Methode für Zinn und Wismut oder Blei [1].

Obwohl es aber ſcheinen könnte, als wenn die Kunſt, dünne Löſungen bis zum Feſtwerden zu ſieden, von der Bergwiſſenſchaft zu trennen ſei, ſo darf dies doch nicht geſchehen. Denn die nämlichen Löſungen werden auch in der Erde als feſt geworden ausgegraben oder aus gewiſſen Erd- oder Steinarten gewonnen, welche die Bergleute ausgraben, und von denen manche Metalle enthalten. Dieſe Gewinnung iſt wiederum keine einfache; denn anders iſt die des Salzes, anders die der Soda, anders die des Alauns, anders die des Vitriols, anders die des Schwefels und anders die des Erdwachſes.

Außerdem muß der Bergmann noch vieler Künſte und Wiſſenſchaften kundig ſein: zuerſt der *Philoſophie*, daß er den Urſprung, die Urſachen und die Eigenſchaften der unterirdiſchen Dinge erkenne. Denn er wird dann auf leichterem und bequemerem Wege zum Abbau gelangen und beſſeren Nutzen von den geförderten Erzen haben. Zweitens der *Medizin*, daß er für die Häuer und anderen Bergarbeiter ſorgen könne, damit ſie nicht in Krankheiten verfallen, von denen ſie vor anderen bedrängt werden, oder wenn ſie in ſolche verfallen ſind, daß er entweder ſelbſt ſie kurieren oder dafür ſorgen könne, daß Ärzte ſie kurieren. Drittens der *Aſtronomie*, damit er die Himmelsgegenden kennenlerne und nach ihnen die Ausdehnung der Erzgänge beurteilen könne. Viertens der Lehre von den *Maßen*, daß er einerſeits meſſen könne, wie tief ein Schacht zu graben ſei, damit er zu dem Stollen reiche, der dahin getrieben wird, und daß er andererſeits einer jeden Grube, beſonders in der Tiefe, beſtimmte Grenzen ſetze. Sodann ſoll er auch die *Rechenkunſt* verſtehen, damit er die Koſten, die für die Gezeuge

[1] Zu Agricolas Zeiten wurden die letzten drei Metalle mit plumbum bezeichnet, und zwar Zinn als plumbum candidum, Wismut als plumbum cinereum und Blei als plumbum nigrum.

und die Arbeiten der Häuer aufzubringen ſind, zu berechnen vermag. Ferner die Baukunſt, damit er die verſchiedenen Kunſtgezeuge und Grundbauten ſelbſt machen oder wenigſtens anderen die Art und Weiſe angeben könne, wie ſie zu machen ſeien. Alsdann ſoll er auch die Zeichenkunſt kennen, daß er die Modelle aller Gezeuge abzeichnen könne. Endlich ſoll er auch des Rechtes, vor allem des Bergrechtes kundig ſein, damit er einerſeits den anderen nichts wegnehme, andererſeits für ſich ſelbſt nichts Unbilliges begehre und das Amt übernehme, anderen Rechtsbeſcheid zu geben.

Daher iſt es nötig, daß derjenige, welchem gewiſſe Geſchäfte und Lehren des Bergbaues gefallen, dieſe und andere unſerer Bücher eifrig und ſorgfältig leſe oder über jede Sache erfahrene Bergleute um Rat frage. Allein er wird wenige finden, die der ganzen Bergwiſſenſchaft kundig ſind. Denn meiſtenteils verſteht der eine zu ſchürfen, der andere zu waſchen, ein anderer ſtützt ſich auf die Kunſt des Schmelzens, ein anderer kennt das Geheimnis des Vermeſſens (Markſcheidens), ein anderer macht kunſtvolle Gezeuge, ein anderer ſchließlich iſt des Bergrechtes kundig. Aber geſetzt auch, wir hätten die Wiſſenſchaft, Bergwerke aufzutun und zuſtande zu bringen, nicht vollkommen behandelt, ſo werden wir doch ſicherlich allen, die Luſt und Liebe dazu haben, viele Hilfe bringen. Doch wir wollen nun zur Ausführung unſeres Vorhabens ſchreiten.

Immer hat unter den Menſchen eine gar große Meinungsverſchiedenheit über den Bergbau geherrſcht, indem die einen ihm hohes Lob zollten, die anderen ihn heftig tadelten. So ſchien es mir gut, bevor ich die bergmänniſchen Lehren wiedergebe, die Sache ſelbſt ſorgfältig zu erwägen, um die Wahrheit zu erforſchen.

Ausgehen aber will ich von der Frage des Nutzens. Dieſe iſt doppelter Art: Entweder nämlich fragt man, ob die bergmänniſche Wiſſenſchaft denen, die ſich mit ihrem Studium beſchäftigen, nützlich ſei oder nicht, oder ob ſie den übrigen Menſchen nütze oder nicht. Die der Anſicht ſind, die Bergwiſſenſchaft nütze denen, die ihren Fleiß auf ſie verwenden, nichts, behaupten vor allem, kaum der Hundertſte von denen, die Erze ſchürfen oder anderes der Art tun, habe davon Ausbeute; die Bergleute aber, weil ſie ihr ganzes ſicheres und gut angelegtes Vermögen einem zweifelhaften und wankenden Glücke anvertrauen, würden zumeiſt in ihrer Hoffnung betrogen und führten, durch Koſten und Verluſte erſchöpft, ſchließlich ein höchſt bitteres und elendes Leben. Aber dieſe Leute ſehen nicht, wie verſchieden ein gelehrter und erfahrener Bergmann von einem unwiſſenden und unerfahrenen iſt. Dieſer baut ohne Auswahl und Unterſcheidung Gänge, jener dagegen probt und verſucht erſt, und wenn er dabei findet, daß ſie zu eng und zu feſt oder zu locker und taub ſind, ſo ſchließt er daraus, daß ſie nicht mit Nutzen abgebaut werden können; daher baut er nur auserleſene. Was Wunder alſo, daß ein des Bergbaues Unkundiger Schaden leidet, während ein Erfahrener den reichſten Nutzen aus dem Abbau hat. Dasſelbe begegnet den Landleuten. Denn die ein Land bebauen, das zugleich trocken, hart und mager iſt, und ihm Samen anvertrauen, machen keine ſo gute Ernte wie die, welche nur fetten und lockeren Boden bebauen und beſäen. Da aber viel mehr Bergleute in der Kunſt unerfahren als erfahren ſind, ſo geſchieht es, daß der Bergbau ſehr wenigen zum Vorteil gereicht, vielen aber Schaden bringt. Denn der gemeine Haufe der Bergleute verwendet nicht ſelten alle Mühe vergeblich, weil er keine richtige

Kenntnis von den Gängen hat. Größtenteils ja pflegt die Maſſe derer ſich auf den Bergbau zu ſtürzen, die wegen Verſchuldung, in die ſie geraten ſind, den Handel aufgeben, oder die, um mit der Arbeit abzuwechſeln, Sichel und Pflug verlaſſen haben. Darum, wenn dieſe Leute einmal auf reiche Gänge von Erz oder anderen unterirdiſchen Dingen ſtoßen, ſo geſchieht dies mehr durch gut Glück als durch rechte Überlegung und Erfahrung.

Daß aber der Bergbau viele mit Reichtümern geſegnet hat, erſehen wir aus der Geſchichte. Steht es doch bei den alten Schriftſtellern feſt, daß eine beträchtliche Zahl blühender Staaten, manche Könige und ſehr viele Privatleute von den Metallen und ihren Produkten reich geworden ſind. Dies habe ich mit vielen deutlichen und glänzenden Beiſpielen im erſten Buche meines Werkes, das betitelt iſt: „Von den alten und neuen Bergwerken“[2], weiter ausgeſponnen und auseinandergeſetzt. Aus dieſen Beiſpielen erhellt, daß der Bergbau denen, die ſich mit ihm beſchäftigen, den größten Nutzen bringt.

Es behaupten ferner dieſelben Tadler des Bergweſens, daß ſein Gewinn keineswegs beſtändig ſei, und loben aufs höchſte den Landbau. Mit welchem Rechte ſie dies behaupten, kann ich nicht verſtehen. Dauern doch die Silberbergwerke in Freiberg ſchon an die 400 Jahre unerſchöpft, die Bleiwerke in Goslar ſchon an die 600 Jahre. Beides kann man aus den Denkmälern ihrer Geſchichte entnehmen. In Schemnitz und Kremnitz aber hat der gemeinſame Silber- und Goldbergbau ſchon gegen 800 Jahre gewährt; das verraten die älteſten Privilegien der Einwohner. Aber ſie behaupten, der Gewinn der einzelnen Gruben wäre nicht beſtändig; als ob ein Bergmann nur einer Grube zugeſchworen ſei oder ſein dürfe und nicht vielmehr viele gemeinſam Koſten auf ein Bergwerk verwendeten, oder als ob ein kunſtverſtändiger Bergmann nicht einen zweiten Gang bauen würde, wenn das Geſchick des erſten nicht ſeinem Wunſche entſprochen hat. Aber die Ausbeute des Schönbergiſchen Bergwerks zu Freiberg iſt weit über ein Menſchenleben beſtändig geblieben. Doch es kommt mir nicht in den Sinn, dem Ackerbau etwas von ſeinem Werte zu nehmen, und ich werde nicht nur gern, ſondern auch immer zugeben, daß der Gewinn der Bergleute weniger beſtändig iſt. Denn die Gänge hören ſchließlich einmal auf, Metalle zu ſpenden, während die Äcker immer Feldfrüchte zu tragen pflegen. Allein je weniger beſtändig die Ausbeute der Bergleute iſt, deſto reicher iſt ſie; daher findet man, wenn man die Abrechnung macht, das, was an Beſtändigkeit fehlt, durch Reichtum ausgeglichen. Denn der jährliche Gewinn eines Bleibergwerks iſt, wenn man ihn mit den Früchten des beſten Feldes vergleicht, der dreifache von dieſem oder wenigſtens der doppelte. Um wieviel alſo übertrifft die nämlichen Feldfrüchte der Gewinn eines Silber- oder Goldbergwerks! Deshalb hat treffend und geſchickt Xenophon über die atheniſchen Silberbergwerke geſchrieben. Es gibt Land, das, wenn man es beſät, keine Früchte hervorbringt, das aber, wenn man dort ſchürft, viel mehr Leute ernährt, als wenn es Früchte trüge. Mögen alſo die Landleute für ſich ihre üppigen Felder behalten und ihre fruchtbaren Hügel um der Früchte willen bebauen; den Bergleuten aber mögen ſie die dunklen Täler laſſen und die unfruchtbaren Berge, damit ſie aus ihnen Edelſteine und Metalle holen, die Wertmeſſer ſind nicht nur der Früchte, ſondern überhaupt aller Dinge, die verkauft werden.

[2] De veteribus et novis metallis libri II, Froben, Basileae. MDXLVI.

Alsdann behaupten die Gegner, es ſei gefährlich, ſich um den Bergbau zu bemühen, weil die Berghäuer bald vom verderblichen Grubendunſte getötet würden, den ſie mit dem Atem einziehen, bald durch Abmagerung dahinſchwinden, weil ſie Staub in ſich aufnehmen, der die Lungen zum Eitern bringt, bald verunglücken, erdrückt durch Zuſammenſturz der Berge, bald auch von der Fahrt in die Schächte fallen und dabei Beine, Arme und Hals brechen. Man dürfe aber keinen wirtſchaftlichen Nutzen ſo hoch ſchätzen, daß wegen ſeiner Größe Heil und Leben der Menſchen in höchſtem Maße aufs Spiel geſetzt werden. Dieſe Dinge ſind, wie ich gern bekenne, ſehr ſchwerwiegend und voller Schrecken und Gefahr. So ſollte ich urteilen: um ſie zu vermeiden, dürfe man keinen Bergbau treiben; vorausgeſetzt, daß die Berghäuer entweder häufiger in dieſe Gefahren geraten oder ſich vor ihnen in keiner Weiſe zu ſchützen vermögen. Denn ſollte nicht der Lebenstrieb mächtiger ſein als ſelbſt das Streben, alle Güter der Welt zu beſitzen, ganz abgeſehen von den Metallen? Freilich kann man bei einem, der unter ſolchen Umſtänden ſein Leben einbüßt, vom „Beſitzen“ nicht mehr ſprechen, ſondern nur noch vom „Hinterlaſſen an Erben“. Da aber derartige Fälle ſelten vorkommen und doch nur bei unvorſichtigen Berghäuern, ſo halten ſie die Bergleute nicht ab vom Bergbau, wie es auch die Zimmerleute nicht von ihrem Handwerke abſchreckt, wenn einer von ihnen, weil er unvorſichtig handelte, von einem hohen Gebäude herabgeſtürzt iſt und ſeine Seele ausgehaucht hat.

Dies habe ich auf die Vorwürfe derer zu erwidern, die mit lauter Stimme rufen: Der Bergbau ſei denen, die ihn treiben, unnütz, teils, weil die Bergleute Koſten auf einen unſicheren Fall verwenden, teils beſonders, weil er ſelbſt ſchwankend und verderblich ſei.

Jetzt komme ich zu denen, die behaupten, der Bergbau nütze auch den übrigen Menſchen nichts, weil ja die Metalle und die Edelſteine und die Geſteine, die man aus der Erde gräbt, für ſie unnütz ſeien. Sie ſtrengen ſich an, dieſe Behauptung teils mit Beweiſen und Beiſpielen zu ſtützen, teils durch Beſchimpfung von uns zu erpreſſen. Sie bedienen ſich aber zuerſt folgender Beweiſe: Die Erde verbirgt nicht und entzieht auch nicht den Augen diejenigen Dinge, die dem Menſchengeſchlechte nützlich und nötig ſind, ſondern wie eine wohltätige und gütige Mutter ſpendet ſie mit größter Freigebigkeit von ſich aus und bringt Kräuter, Hülſenfrüchte, Feld- und Obſtfrüchte vor Augen und ans Tageslicht. Dagegen hat ſie die Dinge, die man graben muß, in die Tiefe geſtoßen, und darum dürfen dieſe nicht herausgewühlt werden. Weil aber böſe Leute, die das eiſerne Zeitalter hervorbringt, ſolche Dinge ausgraben, ſo hat Ovid mit Recht dieſe Frechheit in folgenden Verſen geſcholten:

„Auch nicht Saaten allein und ſchuldige Nahrung erzwang man
Von dem ſo reichen Gefild: man drang in die Tiefen der Erde,
Und die ſie ſorgſam verſteckt und entrückt zu den Stygiſchen Wellen,
Grub man hervor jene Schätze, die Anreizung aller Verbrechen.
Und ſchon war ſchädliches Eiſen, war Gold, heilloſer als Eiſen,
Ausgewühlt, da erhob ſich der Krieg.“

Ihre zweite Beweisführung iſt dieſe: Die Metalle gewähren dem Menſchen keinen fruchtbringenden Nutzen, darum dürfen wir nicht nach ihnen forſchen. Da jeder Menſch aus Seele und Leib beſteht, ſo bedarf keines dieſer beiden der Dinge, die ausgegraben werden. Denn die ſüßeſte Nahrung der Seele iſt die Betrachtung der Natur, die Kenntnis der beſten Künſte und Wiſſenſchaften und die Erkenntnis[3] der Tugenden. Wenn ſich die Seele in dieſen beſten Dingen übt und ſich mit der Speiſe der guten Erkenntniſſe ſättigt, ſo begehrt ſie kein anderes Ding. Was aber des Leibes Natur betrifft, ſo geben ihr, die ſchon mit der nötigen Nahrung und Kleidung zufrieden iſt, die Früchte der Erde und die verſchiedenartigen Tiere eine wunderbare und ausreichende Fülle von Speiſe und Trank, mit der der Leib ſich trefflich nährt, wächſt und ſein Leben verlängert. Lein aber und Wolle und die Felle vieler Tiere geben weiche, leicht beſchaffbare und keineswegs teure Kleidung, eine zarte und nicht ſchwer zu habende die Wolle der Bäume, die man die Seriſche[4] nennt, und das Geſpinſt der Seidenraupe. Und darum hat der Leib ganz und gar nicht die Metalle nötig, die tief in der Erde verborgen und größtenteils teure Dinge ſind. Deshalb ſagen ſie, im ganzen Kreiſe der gelehrten Leute werde der Spruch des Euripides gebilligt, den mit Recht immer Sokrates im Munde geführt habe:

„Silberne und purpurne Güter nützen nicht dem Leben der Menſchen,
ſondern mehr den tragiſchen Schauſpielern."

Sie loben auch folgendes Wort des Timokreon von Rhodus: „Möchteſt Du, blinder Plutos (Reichtum), weder auf dem Meere noch auf dem Feſtlande Dich zeigen, ſondern im Tartarus und Acheron wohnen; denn von Dir nehmen ihren Urſprung alle Übel, die über die Menſchen kommen." Sie preiſen auch folgende Verſe des Phokylides:

„Gold und Silber ſchaden dem Sterblichen, Gold
Verführt zu Verbrechen und Umſturz, verdirbt der Menſchen Leben.
O wärſt Du nicht (was Du biſt) eine Luſt bereitende Peſt!
Deinetwegen geſchehen Raub, Mord und Krieg,
Brüder befehden Brüder und Kinder Eltern."

Außerdem gefällt ihnen das Wort des Naumachius:

„Silber und Gold ſind Sand,
Gefunden an des Meeres ſandiger Küſte,
Steinchen, die liegen zerſtreut am Rande der Flüſſe."

Dagegen tadeln ſie folgende Verſe des Euripides:

„Plutos iſt ein Gott für die Weiſen,
Das übrige ſind Poſſen und leerer Wortſchwall zugleich"

ſowie folgende des Theognis:

„Solang ich Dich, Plutos, ſchönſter und friedſamſter Gott,
feſthalte, kann ich gut ſein, auch wenn ich böſe bin."

Sie ſchelten den Spartaner Ariſtodemus, weil er geſagt habe: „Geld macht den Mann, der Arme iſt weder gut noch geehrt." Sie tadeln auch folgende Worte des Timokles: „Silber iſt Leben und Blut der Sterblichen; wer davon nicht eine Menge

[3] Nach der Anſicht der ſtoiſchen Philoſophen beſteht die Tugend im vernunftgemäßen Handeln und iſt lehrbar.

[4] Die Serer galten als ein Volksſtamm in Oſtaſien, die von ihren Bäumen ein zartes Geſpinſt, das sericum oder siricum, abkämmten und daraus Stoffe bereiteten, die alſo offenbar aus Baumwolle beſtanden. Der Name des fabelhaften Volksſtamms iſt aber wohl erſt durch Volksumdeutung nach „sericum" gebildet; er verhält ſich dazu wie Arabes zu arabicum u. ä.; siricum aber iſt Latiniſierung des mandſchuriſchen sirghé und mongoliſchen sirkek, der oſtaſiatiſchen Bezeichnungen der Seide (Schrader, Reallex. der indogerm. Altertumskunde 2,281 f.).

ſich geſammelt hat, irrt umher als ein Toter unter Lebenden.“ Endlich klagen ſie Menander an, daß er folgendes geſchrieben habe:

„Epicharm preiſt als Götter Waſſer, Winde, Feuer, Erde, Sonne und Sterne. Allein ich meine, nutzbringende Götter ſind unſer Gold und Silber; denn wenn du dieſe in deinem Hauſe aufgeſtellt haſt, dann magſt du alles, was du willſt, erbitten, es wird dir alles zufallen: Feld, Haus, Sklaven, Silbergeſchirr, Freunde, Richter, Zeugen; ſpende nur reichlich! denn die Götter haſt du dann als Diener.“

Außerdem betonen ſie folgende Beweismittel: Durch das Schürfen nach Erz werden die Felder verwüſtet; deshalb iſt einſt in Italien durch ein Geſetz dafür geſorgt worden, daß niemand um der Erze willen die Erde aufgrabe und jene überaus fruchtbaren Gefilde und die Wein- und Obſtbaumpflanzungen verderbe. Wälder und Haine werden umgehauen; denn man bedarf zahlloſer Hölzer für die Gebäude und das Gezeug ſowie, um die Erze zu ſchmelzen. Durch das Niederlegen der Wälder und Haine aber werden die Vögel und andren Tiere ausgerottet, von denen ſehr viele den Menſchen als feine und angenehme Speiſe dienen. Die Erze werden gewaſchen; durch dieſes Waſchen aber werden, weil es die Bäche und Flüſſe vergiftet, die Fiſche entweder aus ihnen vertrieben oder getötet. Da alſo die Einwohner der betreffenden Landſchaften infolge der Verwüſtung der Felder, Wälder, Haine, Bäche und Flüſſe in große Verlegenheit kommen, wie ſie die Dinge, die ſie zum Leben brauchen, ſich verſchaffen ſollen, und da ſie wegen des Mangels an Holz größere Koſten zum Bau ihrer Häuſer aufwenden müſſen, ſo iſt es vor aller Augen klar, daß bei dem Schürfen mehr Schaden entſteht, als in den Erzen, die durch den Bergbau gewonnen werden, Nutzen liegt.

Alsdann ſtreiten ſie ſcharf mit Beiſpielen und erheben ihre Stimme laut gegen den Bergbau mit der Behauptung, gerade die trefflichſten Menſchen hätten, zufrieden mit ihren Tugenden, jenen unbeachtet gelaſſen, und ſie loben Bias, weil er das Spielen mit dem Glücke nicht für das ſeine gehalten habe; denn als die Feinde ſeine Vaterſtadt Priene eingenommen und ſeine Mitbürger, mit koſtbaren Dingen beladen, ſich auf die Flucht begeben hatten, da antwortete er einem auf die Frage, warum er nichts von ſeiner Habe mit ſich heraustrüge: „Alles Meinige trage ich bei mir.“ Und Sokrates, ſo ſagen ſie weiter, hat 20 Minen [5], die ihm ſein dankbarer Schüler Ariſtipp ſchickte, empfangen, aber auf Befehl ſeines Gottes verſchmäht und jenem wieder zurückgegeben. Ariſtipp aber folgte in dieſer Hinſicht ſeinem Lehrer und verſchmähte das Gold und achtete es für nichts. Als er nämlich einmal zuſammen mit ſeinen Skaven ging und dieſe wegen der Laſt des Goldes, die ſie trugen, langſamer marſchierten, hieß er ſie nur ſo viel Gold zu behalten, wie ſie ohne Anſtrengung tragen könnten, das übrige aber wegzuwerfen. Ja, ſogar Anakreon aus Teos, der alte und berühmte Dichter, gab die 5 Talente [6], mit denen ihn Polykrates beſchenkt hatte, dieſem wieder zurück, nachdem er ihretwegen zwei unruhige Nächte gehabt hatte, und fügte hinzu, ſie wären der Sorgen nicht wert, die er um ihretwillen auf ſich genommen hätte. Ebenſo ſind den Philoſophen in der Verachtung des Goldes und Silbers edle und tapfere Feldherrn gleich geweſen: ſo hat Phokion aus Athen, der öfters Heerführer war, eine

[5] Die griechiſche Mine beſaß einen Wert von 78 bis 79 Mark.
[6] Das griechiſche Talent 60 Minen.

große Menge Goldes, die ihm der Mazedonierkönig Alexander zum Geschenk gemacht hatte, gering geachtet und verschmäht, und M' Curius hat das Gold, Fabricius Luscinus das Silber und Kupfer den Samniten zurückzubringen befohlen. Aber sogar manche Staaten haben durch Gesetze und Anordnungen Gold und Silber vom Gebrauch und Handel ihrer Bürger ausgeschlossen. Die Lazedämonier nämlich haben auf Grund des Gesetzes und der Lehre des Lykurg bei ihren Mitbürgern sorgfältig nachgeforscht, ob sie jene Dinge besäßen oder nicht; wer aber in ihrem Besitze getroffen wurde, mußte nach Gesetz und Urteil Strafe büßen. Und die Einwohner der Stadt Babytake am Tigris vergruben das Gold in die Erde, damit es niemand gebrauche. Die Skytharchen verwarfen den Gebrauch von Gold und Silber, um sich vom Geize freizuhalten.

Sodann werden die Metalle selbst beschimpft. Zuerst nämlich schmähen die Gegner mutwillig Gold und Silber und nennen beide unheilvolle und ruchlose Verderber des Menschengeschlechtes; denn die sie besitzen, schweben in größter Gefahr, und die, denen sie fehlen, stellen den Besitzenden nach, und so sind beide oft die Ursache zu ihrem Untergange und Verderben gewesen. So tötete z. B. Polymnestor, der König der Thrazier, um sich des Goldes zu bemächtigen, den Polydor, seinen berühmten Gastfreund und Sohn des Priamus, seines Schwiegervaters und alten Freundes. Um Schätze Goldes und Silbers zu rauben, stieß der König der Tyrier, Pygmalion, den Gatten seiner Schwester, noch dazu einen Priester, ohne Rücksicht auf Verwandtschaft und ohne religiöse Scheu nieder. Um des Goldes willen verriet Eriphyle ihren Gatten Amphiaraus dem Feinde. Lasthenes verriet die Stadt Olynth dem Mazedonierkönig Philipp. Des Spurius Tarpejus Tochter nahm, durch Gold bestochen, die Sabiner in die Burg von Rom auf. C. Curio verkaufte um Goldes willen seine Vaterstadt dem Diktator Cäsar. Auch für Äskulap, den berühmten Arzt, den man für einen Sohn Apollos hielt, war das Gold die Ursache des Todes. So ist auch M. Crassus, der nach dem Golde der Parther gierig trachtete, samt seinem Sohn und elf Legionen geschlagen worden und wurde ein Gespött für den Feind; dieser nämlich goß flüssiges Gold in den Rachen des Getöteten und sprach: „Nach Gold hast Du gedürstet, so trinke Gold.“

Doch wozu bedarf es vieler geschichtlicher Beispiele? Sehen wir doch fast jeden Tag, daß wegen Goldes und Silbers Türen gesprengt, Wände durchbrochen, unglückliche Wanderer getötet werden von jener räuberischen und grausamen Menschenart, die nur geboren ist zu Diebstählen, Kirchenraub, Überfällen und Räubereien; daß andererseits aber ergriffene Diebe gehängt, Religionsfrevler lebendig verbrannt, die Glieder der Straßenräuber gerädert werden. Auch werden wegen des Goldes und Silbers Kriege unternommen, die nicht nur denen verderblich sind, gegen die sie geführt werden, sondern auch denen, die sie veranlassen. Ja, es geben diese Dinge, so sagen sie weiter, sogar Anlaß zu jeder anderen Schandtat, nämlich zu Schändung von Jungfrauen, zu Ehebruch, Blutschande und Notzucht. Daher wollen die Dichter, wenn sie dichten, Zeus habe sich in einen goldenen Regen verwandelt, der in den Schoß der Danae gefallen sei, nichts anderes sagen, als daß er mit Hilfe des Goldes sich einen Weg in den Turm der Jungfrau gebahnt habe, um sie zu schänden. Außerdem wird durch Gold und Silber vieler Menschen Vertrauen erschüttert, werden Urteile erkauft und unzählige Verbrechen begangen. Denn wie Propertius ſagt: „Wahrhaft golden iſt die Zeit, um Gold iſt die höchſte Ehre feil, mit Gold wird Liebe gewonnen, mit Gold Treu und Glauben vertrieben, mit Gold iſt Recht käuflich, dem Gold läuft das Geſetz nach und bald ohne Geſetz die Scham.“ Und Diphilus ſagt: „Nichts halte ich für mächtiger als Gold; durch dieſes wird alles entſchieden und geſchieht alles. Gerade der Beſte verachtet es daher und hält es für nichts.“ Dies ſagt auch das Wort des Plautiniſchen Greiſes: „Ich haſſe das Gold; viele falſche Ratſchläge hat es ſchon vielen gegeben.“ Auch andere Dichter haben mit ſcharfen und ſchmähenden Worten das Geld geſcholten, das aus Gold und Silber gemünzt iſt. Vor allem Juvenal: „Heilig gilt unter uns die Majeſtät des Reichtums; dennoch wohnſt Du, ruchloſes Gold, noch nicht in einem Tempel, und wir haben noch keine Altäre dem Golde errichtet.“ Und an anderer Stelle: „Zuerſt hat das ſchnöde Gold fremde Sitten uns gebracht, und weibiſcher Reichtum hat mit ſchändlicher Prunkſucht unſere Zeit verweichlicht.“

Und ſehr viele loben darum außerordentlich den Tauſchhandel, deſſen ſich vor der Erfindung des Geldes einſt die Menſchen bedient haben und ſich einige rückſtändige Völker noch bedienen. Sodann beſchimpfen ſie ſehr die übrigen Metalle, beſonders aber das Eiſen. Denn dieſes hat dem menſchlichen Leben das größte Verderben gebracht; werden doch aus ihm Schwerter, Wurfſpieße, Lanzen, Picken, Pfeile gefertigt, mit denen die Menſchen verwundet und Morde, Straßenräubereien und Kriege ausgeführt werden. Da dieſe Tatſache den Zorn des Plinius erregte, ſo ſchrieb er: „Wir brauchen das Eiſen jetzt nicht nur im Handgemenge ſondern auch als ſchnelles Wurfgeſchoß, das bald mit Wurfmaſchinen, bald mit, dem Arme, bald aber mit dem befiederten Pfeil abgeſchoſſen wird. Letzteres halte ich für die frevelhafteſte Tücke des menſchlichen Geiſtes. Denn damit der Tod den Menſchen ſchneller ereile, haben wir jene Flügel daran gemacht und Federn dem Eiſen hinzugefügt.“ Aber ein Wurfgeſchoß wird in eines Menſchen Körper geſchoſſen, ebenſo ein Pfeil, mag ihn nun ein Bogen oder ein Skorpion [7] oder ein Katapult entſenden; dagegen eine eiſerne Kugel einer Donnerbüchſe (Bombarde) kann, herausgeſchoſſen, durch vieler Menſchen Körper gehen, und kein Marmor oder Fels, der entgegenſteht, iſt ſo hart, daß ſie ihn mit ihrem Stoß und ihrer Kraft nicht durchdringe. Darum macht ſie die höchſten Türme dem Boden gleich und ſpaltet die feſteſten Mauern, durchbricht ſie und wirft ſie nieder. Daher ſcheinen fürwahr Schleudermaſchinen, welche Steine herausſchleudern und Widder und andere Wurfmaſchinen der Alten, die eine Mauer durchſchlagen und Befeſtigungen niederwerfen, mit den Donnerbüchſen (Bombarden) verglichen, keine große Kraft zu haben. Dieſe Bombarden geben ſchreckliche Töne und Geräuſche von ſich nicht anders, als wenn es Donnerſchläge wären, und ſprühen aus ſich zuckende Flammen, wie die Blitze, beſchädigen alle Gebäude, ſchlagen ſie in Stücke, zertrümmern ſie, ſpeien Feuer aus und entfachen Brände nicht anders wie die Blitzſchläge. Von den gottloſen Leuten unſeres Zeitalters könnte man mit mehr Recht als einſt von Salmoneus ſagen, daß ſie dem Zeus die Blitze geraubt und aus den Händen geriſſen haben, ja daß dieſe Menſchenpeſt von der Hölle auf die Erde geſchickt worden ſei, damit der Orkus mit einem Schuß gleich mehrere Stürzende an ſich reiße.

[7] Skorpion iſt eine Kriegsmaſchine, mit der man Steine, Pfeile und andere Geſchoſſe fortſchleudert.

Weil aber heutzutage die Donnerbüchſen, die in der Hand gehalten werden können, ſelten, die großen niemals aus Eiſen gemacht werden, ſondern aus einer Miſchung von Kupfer und Zinn, ſo ſchelten ſie das Kupfer und Zinn noch mehr als das Eiſen. Dabei erwähnen ſie auch den ehernen Stier des Phalaris, den ehernen Ochſen der Pergamener, den eiſernen Hund, das Pferdchen, die Hand- und Fußfeſſeln, die Pflöcke, die Halshaken, die glühenden Eiſenplatten. Mit dieſen Werkzeugen grauſam gemartert, bekennen die Menſchen Übel- und Schandtaten, die ſie niemals begangen haben, und völlig Unſchuldige werden getötet, nachdem ſie ſo mit allerhand Leibesſtrafen aufs grauſamſte gequält worden ſind. Auch das Blei ſoll verderblich und ſchädlich ſein, und mit dem geſchmolzenen ſollen die Menſchen beſtraft werden. Davon kann man ſich aus folgenden Verſen des Horaz[8]) überzeugen, in denen er vom Glücke ſpricht:

„Vor dir geht ſtets die grimme Notwendigkeit,
Tragend in eherner Hand Balkennägel und Pflöcke,
Auch fehlt nicht der gräßliche Widerhaken
Und das geſchmolzene Blei."

Um aber gegen dieſes Metall noch mehr Haß zu erregen, ſchweigen ſie nicht über die Bleikugeln und die Kügelchen der kleinen Donnerbüchſen, die aus Blei gefertigt ſind, und ſchieben auf dieſes die Urſache der Verletzung und des Todes.

Da alſo die Natur die Metalle weit in die Tiefe verſteckt hat, und da ſie für die Bedürfniſſe des Lebens nicht nötig ſind, ſo ſind ſie gerade von den beſten Menſchen verachtet und verſchmäht worden, und darum dürfen ſie nicht ausgegraben werden; und da ſie, wenn ſie ausgegraben wurden, ſtets die Urſache vieler großer Übel geweſen ſind, ſo folgt daraus, daß auch die Kunſt des Bergbaues dem Menſchengeſchlechte nicht nützlich, ſondern ſchädlich und verderblich iſt.

Durch dieſe feierlichen Reden aber werden auch manche treffliche Männer ſo aufgeregt, daß ſie den bitterſten Haß auf die Metalle werfen und wünſchen, ſie wären gar nicht entſtanden oder würden, wenn entſtanden, von keinem Menſchen ausgegraben. Aber je mehr ich dieſer Männer Lauterkeit, Unbeſcholtenheit und Redlichkeit anerkenne, um ſo mehr wird es mir am Herzen liegen, jeden Irrtum aus ihrer Seele zu reißen und von Grund aus zu beſeitigen, damit die wahre und dem Menſchengeſchlechte nützliche Meinung an den Tag kommt.

Erſtens ſehen diejenigen, welche die Metalle ſchelten und ihrem Gebrauche entſagen, nicht, daß ſie Gott ſelbſt ſchelten und eines Vergehens beſchuldigen; denn ſie ſind ja der Meinung, er habe gewiſſe Dinge vergebens und ohne Grund geſchaffen, und glauben, er wäre der Urheber von Übeln; eine Anſicht, die doch frommer Menſchen und erfahrener Männer unwürdig iſt.

Sodann verbirgt die Erde die Metalle in der Tiefe ſicher nicht deshalb, weil ſie nicht möchte, daß ſie von den Menſchen ausgegraben würden; ſondern weil die vorſichtige und kluge Natur jedem Dinge ſeinen Ort gegeben hat, ſo erzeugt ſie die Metalle in Gängen und Klüften und Verwerfungen der Felſen, gleichſam in den ihnen eigenen Gefäßen und Schlupfwinkeln der Materie; denn in den anderen Elementen können ſie entweder nicht entſtehen, weil ihnen ja die Materie dazu fehlt; oder wenn ſie an der Luft entſtanden ſind, was ſehr ſelten geſchieht, ſo finden ſie keinen Ort, wo ſie liegenbleiben, ſondern durch ihre eigene Kraft

[8]) Oden I 35, 17 ff.

und ihr eigenes Gewicht ſtürzen ſie herab auf die Erde. Da alſo die Erze ihren eigenen und ſtändigen Ort in den Eingeweiden der Erde haben, wer ſieht da nicht, daß jene Tadler keine überzeugenden Beweiſe für ihre Abſicht beibringen?

Allein ſie ſagen weiter: da doch die Metalle in der Erde liegen, als im eigenen Ort ihrer Entſtehung, ſo dürfen ſie nicht herausgeholt werden, weil ſie eingeſchloſſen im Verborgenen verſteckt ſind. Ich aber will jenen allzu läſtigen Tadlern ſtatt der Metalle die Fiſche entgegenhalten. Dieſe fangen wir, obſchon ſie im Waſſer, ſogar im Meere verſteckt und verborgen ſind, und das Innere des Meeres zu erkunden iſt doch dem Menſchen als einem Erdengeſchöpfe fremder, als die Eingeweide der Erde zu erforſchen. Denn wie die Vögel geſchaffen ſind, frei durch die Luft zu fliegen, ſo die Fiſche, durch die Waſſer zu ſchwimmen. Den übrigen Tieren aber hat die Natur die Erde gegeben, daß ſie auf ihr wohnen, dem Menſchen außerdem, daß er ſie bebaue und aus ihren Höhlen die Erze und andere unterirdiſche Dinge heraushole.

Wiederum entgegnen ſie aber: die Fiſche eſſen wir ja, aber durch die unterirdiſchen Dinge wird weder Hunger noch Durſt geſtillt, noch taugen ſie dazu, den Körper zu bekleiden. Das iſt ihr zweiter Beweis, durch den ſie ſich bemühen, nachzuweiſen, daß die Metalle nicht ausgegraben werden dürfen.

Allein der Menſch vermag ohne die Metalle nicht die Dinge zu beſchaffen, die zur Lebensführung und zur Kleidung dienen. Denn in der Landwirtſchaft, die unſerem Leibe den größten Teil des Lebensunterhaltes gewährt, wird erſtens keine Arbeit geleiſtet und vollendet ohne Werkzeuge. Wird doch die Erde aufgeriſſen durch Pflüge und Scharbäume; mit der Brechaxt werden die oben abgebrochenen Stämme ausgegraben und die oberſten Wurzeln; der eingeſtreute Same wird geeggt und die Saat behackt, und es wird gejätet. Die reife Feldfrucht wird, nachdem ſie mit einem Teil der Halme durch Sicheln abgemäht iſt, auf der Tenne ausgedroſchen, oder die Ähren werden, nachdem ſie abgeſchnitten, in der Scheuer geborgen und nachher mit Dreſchflegeln ausgedroſchen und mit Getreideſchwingen gereinigt. Zuletzt werden die gereinigten Acker- und Hülſenfrüchte in den Speicher geſchafft. Aus dieſem werden ſie wieder hervorgeholt, wenn die Gelegenheit oder die Not es erfordert. Um aber ferner beſſere und reichlichere Früchte von den Bäumen zu erhalten, bedürfen wir des Behackens, des Beſchneidens, der Pfropfung; Arbeiten, die wiederum ohne Werkzeuge nicht vorgenommen werden können; wie wir weder die Flüſſigkeiten – nämlich Milch, Honig, Wein, Öl – ohne Gefäße zuſammenzuhalten, noch die verſchiedenartigen Tiere ohne Ställe vor langem Regen und unerträglicher Kälte zu ſchützen vermögen. Die landwirtſchaftlichen Werkzeuge ſind aber meiſtenteils aus Eiſen, ſo der Pflug, der Scharbaum, die Brechaxt, die Zinken, welche die Egge hat, die Jät- und Reuthacke, die Heuſichel und die zum Schneiden des Strohs nötige Senſe, die Baumſäge, das Rebmeſſer, das Grabſcheit, die Meſſer, die Gabeln, die Körbe, kupferne oder bleierne Gefäße. Aber weder die hölzernen Werkzeuge und Gefäße ſind ganz ohne Eiſen gemacht, noch hat der Weinkeller, noch die Ölkammer, noch der Stall, noch irgendein anderer Teil des Gutshofes ohne eiſerne Werkzeuge eingerichtet werden können. Wenn ſodann Stiere, Hammel, Böcke und anderes Vieh ſolcher Art von den Viehweiden zur Fleiſchbank geführt werden, oder wenn der Geflügelwärter von dem auf dem Landgut befindlichen Geflügel dem Koch ein Hähnchen, eine Henne oder einen Kapaun übergibt, können da die Tiere ohne Beile oder Meſſer geſchnitten oder zerteilt werden? Ich will nicht reden von den Keſſeln und den kupfernen Küchengeſchirren, weil, um Fleiſch zu kochen, die irdenen Gefäße denſelben Zweck erfüllen; dieſe können aber ihrerſeits auch nicht ohne Werkzeuge vom Töpfer gebildet werden, ebenſo wie man auch hölzerne Werkzeuge nicht ohne Eiſen ſchaffen kann. Wenn aber außerdem dem Menſchen Jagd und Vogelfang und Fiſcherei Nahrung geben, durchſticht nicht der Jäger den im Netz verſtrickten Hirſch mit einem Jagdſpieß und erſchießt er nicht den ſtehenden oder laufenden mit einem Pfeil? oder durchbohrt ihn mit der Kugel einer Donnerbüchſe? Tötet nicht ebenſo der Vogelfänger einen Auerhahn oder einen Faſan mit einem Pfeilſchuß? oder ſendet in ſeinen Körper eine Donnerbüchſenkugel? Schweigen will ich von den Schlingen und den anderen Werkzeugen, mit denen das Haſelhuhn und der Specht und andere Waldvögel gefangen werden, um nicht jetzt alle einzeln zu ungelegener Zeit aufzuzählen. Fängt nicht endlich der Fiſcher mit einer Angel oder einem Zuggarn Fiſche im Meer, in den ſeeartigen Fiſchteichen, den Fiſchbehältern und Flüſſen? Aber der Angelhaken iſt aus Eiſen, und an dem Zuggarn ſehen wir bisweilen bleierne oder eiſerne Kugeln hängen. Wenn aber die Fiſche gefangen ſind, ſo werden ſie meiſt bald mit Meſſern oder Beilen in Stücke geſchnitten oder ausgeweidet.

Doch von der Nahrung habe ich nun mehr als genug geſprochen. Jetzt will ich von der Kleidung reden, die hergeſtellt wird aus Wolle, Leinen, Federn, Haaren, Pelzen und Leder. Schafe werden zuerſt geſchoren, dann wird die Wolle gekämmt, dann werden die Fäden geſponnen, der Weberzettel (die Kette) am Webſtuhle wird aufgehängt, in den der Einſchlag (der Schuß) eingewebt und der mit dem Kamme gewirkt wird, ſo daß ſchließlich entweder nur aus Fäden oder aus Fäden und Haaren das Tuch entſteht. Der Flachs aber wird zuerſt gerupft und dann mit Hecheln gekämmt; alsdann wird er in Waſſer getaucht und wieder getrocknet; dann mit einem Flachsbläuel geſchlagen, gebrochen, gehechelt, in Fäden ausgedehnt, und zuletzt wird das Gewebe gewebt. Oder hat der Tuchmacher oder Leineweber etwa ein Werkzeug, das nicht von Eiſen wäre? Kann ferner der Schneider, wenn er ein Tuch oder eine Leinewand zertrennen muß, dies ohne ein Meſſer oder eine Schere tun? Näht er etwa irgendein Kleid ohne eine Nadel zuſammen? Ja, ſelbſt das Volk, das jenſeits des Ozeans wohnt und ſich eine Bedeckung des Körpers aus Federn herſtellt, wird dies nicht ohne die nämlichen Werkzeuge zuſtande bringen. Auch die Kürſchner können ſie nicht entbehren, welcher Tiergattung Felle ſie auch verwenden mögen. Auch der Schuhmacher bedarf der Schuſterahle (des Kneifes), um das Leder zu ſchneiden, des Meſſers, um es zu ſchaben, einer Pfrieme, um es zu durchbohren, damit er Schuhe machen könne. Aber dieſe Körperbedeckungen ſind entweder gewebt oder genäht. Die Gebäude endlich, die denſelben Körper gegen Regengüſſe und Winde, Kälte und Hitze ſchützen, können nicht errichtet werden ohne Axte, Sägen und Bohrer.

Doch wozu bedarf es noch weiterer Worte? Wenn die Metalle aus dem Gebrauche der Menſchen verſchwinden, ſo wird damit jede Möglichkeit genommen, ſowohl die Geſundheit zu ſchützen und zu erhalten als auch ein unſerer Kultur entſprechendes Leben zu führen. Denn wenn die Metalle nicht wären, ſo würden die Menſchen das abſcheulichſte und elendeſte Leben unter wilden Tieren führen; ſie würden zu den Eicheln und dem Waldobſt zurückkehren, würden Kräuter und Wurzeln herausziehen und eſſen, würden mit den Nägeln Höhlen graben, in denen ſie nachts lägen, würden tagsüber in den Wäldern und Feldern nach der Sitte der wilden Tiere umherſchweifen. Da ſolches der Vernunft des Menſchen, der ſchönſten und beſten Mitgift der Natur, gänzlich unwürdig iſt, wird da überhaupt jemand ſo töricht oder hartnäckig ſein, nicht zuzugeben, daß zur Nahrung und Kleidung die Metalle notwendig ſind und daß ſie dazu dienen, das menſchliche Leben zu erhalten?

Da ferner die Bergleute meiſtenteils in Bergen graben, die gar keine Früchte tragen, ſowie in Tälern, die von Finſternis umgeben ſind, ſo verwüſten ſie Felder entweder gar nicht oder nur in geringem Maße. Wo ſie endlich Wälder und Haine umhauen, da ſäen ſie nach Ausrodung der Wurzeln von Sträuchern und Bäumen Getreide, und dieſe neuen Acker bringen in kurzer Zeit ſo fette Früchte, daß die Bewohner den Schaden, den ſie durch teureren Einkauf des Holzes erleiden, bald wiedergutmachen. Und für die Edelmetalle, die man aus dem Erze ſchmilzt, können anderswo zahlreiche Vögel, eßbare Tiere und Fiſche erworben und nach den Gebirgsgegenden gebracht werden.

Ich gehe zu den Beiſpielen über. Bias von Priene nahm nach Einnahme ſeiner Vaterſtadt keine Koſtbarkeit aus der Stadt mit. Ein Mann alſo, der zu den Weiſen gerechnet wurde, fürchtete für ſich keine Gefahr von den Feinden, obſchon dies von ihm nicht mit Recht geſagt werden kann, da er ſich ja auf die Flucht begab. Mir ſcheint es aber keine große Sache zu ſein, den Verluſt auch ſolcher Güter zu erleiden, wenn man Haus, Hof und das Teuerſte, das Vaterland, verloren hat. Ich möchte vielmehr meinen, daß Bias derartige Güter verachtet und für nichts gehalten hätte, wenn er vor Einnahme ſeiner Vaterſtadt ſie Verwandten und Freunden geſpendet oder an die ärmſten Leute verteilt hätte; denn dieſes hätte er unſtreitig freiwillig getan; doch das, was Griechenland ſo ſehr bewundert, ſcheint er nur durch feindliche Gewalt gezwungen und von Furcht erfüllt getan zu haben. Sokrates aber verachtete nicht das Gold, ſondern er wollte nur nicht, daß ihm ein Lohn für ſeine Lehren gezahlt würde. Aber wenn Ariſtipp von Cyrene ſelber das Gold zuſammengetragen und aufbewahrt hätte, das er ſeine Sklaven wegwerfen hieß, ſo hätte er die Sachen kaufen können, die man zur Lebensführung ſich wünſcht, und hätte nicht nötig gehabt, Dionys, dem Tyrannen Siziliens, zu ſchmeicheln, und wäre niemals davon „der königliche Hund“ genannt worden. Darum ſagt bei Horaz[9] Damaſipp, indem er den geizigen, den Reichtum aufs höchſte ſchätzenden Staberius tadelt: „Was hat mit dem da der Grieche Ariſtipp zu tun, er, der ſeine Sklaven das Gold wegwerfen hieß mitten auf Lybiens Erde, weil ſie zu langſam gingen, träge wegen der Laſt. Wer von dieſen beiden iſt der törichtere?“ Töricht nämlich iſt, wer den Reichtum höher ſchätzt als die Tugenden. Töricht aber iſt auch der, der ihn verſchmäht und für nichts achtet, wenn er ihn ſelbſt doch gut gebrauchen kann. Wenn aber derſelbe Ariſtipp ein andermal das Gold vom Schiff ins Meer geworfen hat, ſo hat er dies in wohlerwogener Abſicht und aus Klugheit getan; denn da er bemerkte, daß es ein Piratenſchiff war, auf dem er fuhr, ſo fürchtete er um ſein Leben und zählte das Gold, und als er es freiwillig ins Meer geworfen, ſo ſeufzte er, als wenn er es ungern getan hätte. Als er aber der Gefahr

[9] Satiren II 3, 100 ff.

entronnen war, ſagte er: „Es ist beſſer, daß das Gold untergegangen iſt, als daß ich ſeinetwegen umgekommen wäre."

Allein es mag ſein, daß manche Philoſophen und der Dichter Anakreon von Teos Gold und Silber verachtet haben; auch Anaxagoras von Clazomenä hat die Liegenſchaften, die ſeine Schafe nährten, verlaſſen; und der Thebaner Crates verließ ſeine Güter, die 8 Talente wert waren, als ihm die Sorgen um ſein Hausweſen und andere Dinge läſtig zu werden anfingen, nahm nur einen Mantel und einen Ranzen zu ſich und verwandte, arm geworden, ſeine ganze Sorge und Mühe ſowie ſein ganzes Denken auf die Philoſophie. Haben nun etwa, weil jene Philoſophen dieſe Dinge verachtet haben, alle anderen ſich um die Viehzucht nicht gekümmert? Haben ſie nicht die Felder bebaut, die Häuſer bewohnt? Im Gegenſatz zu jenen haben ſicherlich viele, obwohl ſie in Reichtum und Fülle lebten, in hervorragender Weiſe ſich mit wiſſenſchaftlichen Studien und mit der Erforſchung der göttlichen und menſchlichen Dinge beſchäftigt, wie Ariſtoteles, Cicero und Seneca. Phocion dagegen hatte nicht freie Hand, das Gold, das ihm Alexander geſchickt hatte, zu nehmen. Denn wenn er es hätte verwenden wollen, ſo wäre ſowohl der König wie er ſelbſt beim Volke der Athener ſehr verhaßt geworden. Auch iſt dieſes Volk ſpäter gegen den trefflichen Mann undankbar geweſen; denn ſie haben ihn gezwungen, Schierling zu trinken. Warum aber ſagte dem Manius Curius und dem Fabricius Luscinus nichts weniger zu, als Gold von den Feinden zu nehmen? Dieſe hofften, mit ſolchen Liſten jene Männer wankend zu machen oder wollten, daß ſie bei ihren Mitbürgern verhaßt würden, um dadurch, daß die Römer unter ſich ſelbſt uneinig würden, ihren Staat ganz zugrunde zu richten. Lykurg aber hätte müſſen den Spartanern Vorſchriften geben, um Gold und Silber richtig zu gebrauchen, nicht aber an und für ſich gute Dinge völlig abzuſchaffen. Was aber die Bewohner von Babytake[10] betrifft, wer ſieht nicht, daß ſie törichte und neidiſche Leute geweſen ſind? Denn ſie hätten mit Gold die Dinge, die ſie nötig hatten, kaufen und das Gold den Nachbarvölkern ſchenken können, um ſie durch Geſchenke und Wohltaten an ſich zu feſſeln. Endlich sind auch die Skytharchen[11], nachdem ſie nur den Gebrauch des Goldes und Silbers verurteilt haben, nicht gänzlich frei von Habſucht geblieben, weil habſüchtig auch der Beſitzer fremder Güter iſt, wenn er keinen Gebrauch von ihnen macht.

Nunmehr muß ich auf die Vorwürfe antworten, die man gegen die Erzeugniſſe des Bergbaues erhebt. So nennt man zuerſt Gold und Silber das Verderben der Menſchen, weil ſie für die Beſitzer Urſache des Unterganges und des Verderbens wären. Aber welche Sache, die wir beſitzen, wird dann nicht ein Verderb des Menſchen genannt werden müſſen? Z.B. ein Pferd oder ein Kleid oder ſonſt etwas Ähnliches? Wenn ein auf einem ſchönen Pferde Reitender oder ein ſchön gekleideter Wanderer einem Räuber Anlaß zum Morde gibt, ſollen wir deshalb nicht auf Pferden reiten, ſondern zu Fuße gehen, weil der Räuber mordet, um das Pferd zu rauben, oder ſollen wir ohne Kleidung, vielmehr nackt gehen, weil der Mörder dem Wanderer mit dem Dolche das Leben genommen hat, um ihn der Kleidung zu berauben? Ähnlich ſteht es mit dem Beſitz von Gold und Silber. Da aber aller

[10] Stadt am Tigris.

[11] Skytharchen ſind die Führer der Skythen. Die im Skythenlande durchforſchten Grabhügel enthielten außerordentlich viele goldene Gegenſtände, Schätze, „denen gegenüber die Funde aus den Schachtgräbern des goldreichen Mykenä verblaſſen" (M. Ebert, Südrußland im Altertum, S. 112).

dieſer Dinge das menſchliche Leben nicht entbehren kann, ſo werden wir uns vor den Straßenräubern hüten, und weil wir nicht immer ihren Händen entrinnen können, ſo iſt es das der Behörde zukommende Amt, verbrecheriſche und ruchloſe Menſchen dem Folterer und dem Henker zu überantworten.

Auch zu Krieg geben die Dinge, die man aus der Erde gräbt, keinen Anlaß. Denn wenn ein Tyrann von leidenſchaftlicher Liebe zu einem ſchönen Weibe entflammt iſt und gegen die Stadtbewohner Krieg entfacht, ſo liegt die Schuld an dieſem Kriege an der ungezügelten Luſt des Tyrannen, nicht an dem Antlitz des Weibes. Ebenſo müſſen wir, wenn ein anderer, blind vor Begier nach Gold und Silber, reiche Völker mit Krieg überzieht, die Metalle außer Schuld laſſen und alle Schuld auf die Habſucht ſchieben. Denn wahnſinnige Angriffe und ſchändliche Taten, welche die Rechte der Völker und Bürger zu untergraben und zu verletzen pflegen, entſtehen aus unſeren eigenen Laſtern. Daher ſchreibt Tibull [12] nicht mit Recht dem Golde die Schuld am Kriege zu, wenn er ſagt:

„Das (der Krieg) iſt erſt der Fehler des koſtbaren Goldes; Krieg gab es noch nicht, als noch der buchene Becher vor den Speiſen ſtand.“

Virgil aber ſagt, die Urſache des Mordes liegt an der Habſucht, wenn er von Polymneſtor ſpricht: [13]

„Er bricht alles Recht, tötet den Polydor und
bemächtigt ſich mit Gewalt ſeines Goldes.
Wozu zwingſt Du nicht das Herz der Menſchen,
Du verfluchter Hunger nach Gold?“

Und ebenſo wieder mit Recht, als er von Pygmalion, der den Sicheus erſchlagen hat, ſagt: [14] „Und blind vor Liebe zum Golde, tötet er heimlich den Argloſen mit dem Schwerte.“

Denn Hunger und Begierde nach fremden Dingen macht die Menſchen blind. Und jene gottloſe Begierde nach Geld gereicht allen allezeit und überall zur Schande und führt ſie zum Verbrechen. Ja, es ſind auch die dem Geize Ergebenen, weil ſie deſſen Sklaven waren, immer für gemeine und ſchmutzige Leute gehalten worden. Ebenſo ſind, wenn einer mit Gold, Silber und Edelſteinen die Keuſchheit der Frauen überwunden, die Treue vieler erſchüttert, die richterlichen Urteile erkauft, zahlloſe Verbrechen begangen hat, wiederum nicht die Dinge unter der Erde ſchuld, ſondern die entzündete und glühende Wut der Menſchen oder die blinde und gottloſe Begier der Seelen. Obwohl aber das gegen Gold und Silber Geſagte hauptſächlich gegen das Geld geſprochen iſt, ſo ſind doch, weil die Dichter die Metalle ausdrücklich mit Namen nennen, ihre Einwürfe allein ſchon durch folgende Einwände zu entkräften. Denen gereicht das Geld zum Nutzen, die es gut anwenden; denen bringt es Schaden und Unheil, die es ſchlecht anwenden. Darum ſagt Horaz mit Recht:

„Weißt Du nicht, welchen Wert die Münze hat,
Welchen Nutzen ſie bietet,
Brot kann man kaufen dafür, Gemüſe, Weins einen Schoppen.“

Und an anderer Stelle (Epiſt. I, 10, 407 f.):

[12] I 10, 7, 8.
[13] Aeneis 3, 55–57.
[14] Aeneis 1, 348–350.

„Herr oder Diener iſt jedem das angeſammelte Geld, das es mehr verdient, einem wohlgedrehten Seile zu folgen, als ſelber das Seil zu führen“[15].

Aber als die geſcheiten und geſchickten Leute den Tauſchhandel betrachteten, deſſen ſich einſt die unziviliſierten Menſchen bedienten und den noch jetzt einige wilde und barbariſche Völker haben, und ſahen, wie ſchwierig und mühſam er auszuführen war, da erfanden ſie das Geld. Und man konnte ſich nichts Nützlicheres denken als dieſes; denn ein kleines Stück Goldes und Silbers iſt eine große Sache wert. Daher treiben mit Hilfe des Goldes die Völker, die weit voneinander und getrennt wohnen, ohne Schwierigkeit Handel, deſſen das bürgerliche Leben kaum entraten kann.

Darum machen Schmähreden, die gegen das Eiſen, Kupfer, Blei erhoben werden, auf kluge und bedeutende Männer keinerlei Eindruck. Denn wenn jene Metalle verſchwinden, ſo werden die Menſchen jedenfalls heftiger von Zorn entbrennen und in zügelloſer Wut aufgereizt mit Fäuſten, Füßen, Nägeln und Zähnen wie wilde Tiere kämpfen; die einen werden die anderen mit Knütteln ſchlagen, mit Steinen werfen und niederſtrecken; ja, es tötet der eine Menſch den anderen nicht nur mit Eiſen, ſondern auch mit Gift, Hunger und Durſt, erſtickt und erwürgt ihn, begräbt ihn lebendig, erſäuft ihn und ſchnürt ihm die Kehle zu, verbrennt ihn und hängt ihn auf, um jedes der Elemente zu des Menſchen Tode zu benutzen. Endlich wird auch einer vor die wilden Tiere geworfen, ein anderer ganz und gar in die Haut eines geſchlachteten Tieres genäht, mit Ausnahme des Kopfes, und ſo den Würmern zum Zerfreſſen überlaſſen. Einen anderen, den man im Weiher untergetaucht hat, zerreißen ganz und gar die Muränen, ein anderer wird in Öl geſotten, ein anderer mit Öl geſalbt, angebunden und ſo den Mücken und Horniſſen zum Quälen vorgelegt; ein anderer wird mit Ruten und Peitſchen zu Tode geſchlagen, ein anderer geſteinigt, ein anderer vom Felſen hinabgeſtürzt. Überdies wird der Menſch ohne Metalle nicht nur auf eine Weiſe gemartert: ſo, wenn der Henker ihm mit glühendem Wachs die Scham- und die Achſelhaare verbrennt, oder wenn er ihm ein leinenes Tuch in den Mund ſteckt und es, ſobald er es durch Atmen langſam und allmählich in den Schlund gezogen hat, plötzlich und gewaltſam zurückzieht, oder ihn, nachdem er die Hände auf den Rücken gebunden hat, mit dem Seil allmählich in die Höhe zieht und dann plötzlich hinabſchnellt; oder, wenn er ihn in ähnlicher Weiſe an einen Balken gebunden hat, ſo hängt er ihm einen ſchweren Stein an die Füße oder reißt ſeine Glieder mit dem Folterwerkzeug auseinander. Und ſo ſehen wir hieraus, daß nicht die Metalle zu beſchuldigen ſind, ſondern unſere Laſter, nämlich der Zorn, die Grauſamkeit, die Zwietracht, die Herrſchſucht, die Habgier, die Wolluſt.

Aber hier erhebt ſich die Frage, ob wir das, was man aus der Erde gräbt, zu den guten oder zu den ſchlechten Dingen rechnen ſollen. Die Peripatetiker haben zwar alle Reichtümer unter die Güter gerechnet und nannten ſie nur äußere Güter, weil ſie weder in der Seele noch im Körper, ſondern außerhalb beider ſich befinden. Dann haben ſie aber auch geſagt, es könnte noch viele andere Güter geben, weil es in unſerer Gewalt läge, ſie gut oder ſchlecht anzuwenden. Treffliche Männer nämlich brauchen ſie gut, und ihnen ſind ſie nützlich, ſchlechte aber ſchlecht, und

[15] Das Bild iſt von einem Tiere hergenommen, das an einem Stricke geführt wird, bisweilen aber den Führer mit ſich fortreißt, nach ſich zieht und dann ſelbſt die Führung übernimmt.

ihnen ſind ſie unnütz. Ein Wort des Sokrates lautet: „Der Wein richtet ſich nach dem Faß und der Reichtum nach dem Charakter derer, die ihn beſitzen.“ Die Stoiker aber, deren Gewohnheit es iſt, feinfühlig und ſcharfſinnig zu reden, haben den Reichtum, obſchon ſie ihn von der Gruppe der Güter ausgenommen haben, doch nicht zu den Übeln gezählt, ſondern zu der von ihnen als indifferent (gleichgültig) bezeichneten Art. Denn nach ihnen iſt nur die Tugend ein Gut, das Laſter ein Übel, alles übrige aber indifferent. Nach ihrer Anſicht iſt es alſo gleichgültig, ob einer geſund oder ſchwer krank, ob er ſchön oder häßlich iſt. „Gleich iſt's, ob du reich und aus königlichem Geblüt oder arm und aus niederem Geſchlecht unterm Himmel weilſt“[16]. Aber ich meinerſeits ſehe keinen Grund ein, warum dem, was von Natur und an und für ſich gut iſt, nicht ein Platz unter den Gütern gebühren ſoll. Die unterirdiſchen Dinge erzeugt ohne Zweifel die Natur, und ſie bringen dem Menſchengeſchlechte vielfachen und nötigen Nutzen, ganz zu ſchweigen von der Verſchönerung des Lebens, die mit dem Nutzen wunderbar übereinſtimmt. Deshalb iſt es nicht recht und billig, ſie ihrer Stellung und Würde, die ſie unter den Gütern einnehmen, zu berauben. Wenn einer aber ſie ſchlecht anwendet, ſo werden ſie darum noch nicht mit Recht Übel genannt werden. Denn welche guten Dinge können wir nicht gleichermaßen in übler wie in guter Weiſe gebrauchen?

Von dieſen beiden Arten der Anwendung guter Dinge will ich Beiſpiele anführen. Der Wein iſt bei weitem der beſte Trank. Wenn man ihn mäßig trinkt, nützt er der Verdauung der Speiſen und hilft zur Blutbildung, indem er die Säfte in alle Teile des Körpers treibt. Er dient der Ernährung; auch nützt er nicht nur dem Körper, ſondern auch dem Gemüte. Denn er verſcheucht die Finſternis und den Trübſinn unſeres Geiſtes, befreit uns von Sorgen und Kummer und gibt uns Vertrauen zur Welt. Wenn man ihn aber unmäßig trinkt, ſo ſchadet er dem Körper und erzeugt Krankheiten. Der Weintrinker hält auch den Mund nicht, er raſt und tobt und begeht viele Schandtaten und Verbrechen. Darum iſt ſehr treffend, was Theognis in folgenden Verſen ſagt:

„Weine pflegen zu ſchaden, gießt du ſie gierig hinunter,
Trinkſt du ſie mäßig indes, nützen und helfen ſie dir.“

Doch ich will nicht länger bei äußerlichen Dingen verweilen. So komme ich nun zu den Gütern des Leibes und der Seele. Von dieſen treten mir vor Augen Kraft, Schönheit und Geiſt. Wenn einer alſo, geſtützt auf ſeine Kraft, viel arbeitet und ſo ſich und ſeine Familie in ehrbarer und lobenswerter Weiſe ernährt, ſo gebraucht er jene Güter gut, ſchlecht aber, wenn er von Mord und Raub lebt. Ebenſo nutzt eine durch Schönheit ausgezeichnete Frau ihre Schönheit recht, wenn ſie als Gattin eines Mannes ihm allein zu gefallen ſtrebt, aber unrecht, wenn ſie ein leichtfertiges und üppiges Leben führt. Gleichermaßen braucht ein junger Menſch ſeinen Geiſt richtig, der ſich der Wiſſenſchaft widmet und die ſchönen Künſte pflegt; wer aber erdichtet, lügt, verlockt, betrügt und täuſcht, der mißbraucht ſeine geiſtige Gewandtheit. Der jedoch, welcher den Wein, die Kraft, die Schönheit und den Geiſt wegen des möglichen Mißbrauchs nicht unter die Güter rechnen will, der beleidigt und beſchimpft Gott ſelbſt, den allerhöchſten Schöpfer dieſer Dinge. Genau derſelben Beleidigung und Beſchimpfung aber macht ſich der ſchuldig, der die Schätze

[16] Horaz Oden II 3, 21-23.

des Erdbodens aus dem Reiche der Güter ſtreicht. Sehr richtig haben auch hier wieder griechiſche Dichter geurteilt. So auch Pindar:

„Das Gold, das im Schmucke der Tugend glänzt, weiſt dir nicht nur einen Weg, auf dem du alles glücklich ausführen kannſt, was das Schickſal dir darbietet."

oder Sappho:

„Ohne die Liebe zur Tugend ſchadet das Gold als ein böſer Gaſt; beides verbunden aber iſt der Güter höchſtes."

oder Callimachus:

„Weder macht Geld ohne Tugend groß, noch Tugend ohne Geld."

oder Antiphanes:

„Warum bei den Göttern ſoll einer reich werden? Warum ſoll er wünſchen, viel Geld zu beſitzen? Damit er den Freunden helfen könne und die Frucht der Dankbarkeit ſäen, der lieblichſten der Göttinnen."

Nachdem wir ſo die Gründe und die Schmähungen der Gegner zurückgewieſen haben, wollen wir die nützlichen Seiten des Bergbaues behandeln. Zuerſt nützt er den Ärzten; denn er liefert eine Menge von Arzeneien, mit denen Wunden und Eiterungen geheilt zu werden pflegen, ſogar die der Peſt. Darum müßten wir ſchon der Medizin allein wegen in der Erde graben, ſelbſt wenn wir keinen anderen Grund zu ihrer Durchſuchung hätten. Sodann nützt er den Malern; denn er bringt die verſchiedenen Arten der Anſtriche hervor. Wenn mit dieſen Wände bemalt ſind, ſo ſchadet ihnen von außen eindringende Feuchtigkeit weniger als den übrigen Wänden. Weiter nützt der Bergbau dem Baumeiſter; denn er läßt Marmor finden, der ſich für dauerhafte und feſte große Gebäude eignet und auch zum Schmuck und zur Zierde dient. Nützlich iſt er außerdem denjenigen, deren Seele nach unſterblichem Ruhme ſtrebt; denn er fördert Metalle zutage, aus denen Münzen, Standbilder und andere Gegenſtände gemacht werden, die nächſt den literariſchen Denkmälern den Menſchen gewiſſermaßen Ewigkeit und Unſterblichkeit ſchenken. Auch den Kaufleuten nützt er; denn, wie ich ſchon geſagt habe, iſt die aus den Metallen hergeſtellte Münze aus vielen Gründen bequemer als der Warenaustauſch. Wem iſt er ſchließlich nicht nützlich? Übergehen will ich die ſo gefälligen, geſchmackvollen, kunſtreich gearbeiteten, nützlichen Gegenſtände des Kunſthandwerks, welche in mannigfachen Geſtalten die Gold- und Silberſchmiede, Kupfer-, Zinn- und Eiſengießer aus den Metallen herſtellen. Welcher Kunſthandwerker kann ohne die Metalle ein vollkommenes und ſchönes Werk ſchaffen? Wenn er nicht aus Eiſen oder Kupfer gefertigte Werkzeuge gebraucht, ſo wird er auch ſicherlich weder ſteinerne noch hölzerne Kunſtwerke bilden können.

Aus alledem gehen deutlich der Nutzen und die Bequemlichkeit hervor, die wir den Metallen verdanken. Dieſe Dinge aber hätten wir gar nicht, wenn die Kunſt des Bergbaus nicht erfunden wäre und uns dazu diente. Wer erkennt alſo nicht ihren großen Nutzen und ihre Notwendigkeit für die Menſchheit? Kurz, der Menſch hat den Bergbau nicht entbehren können, noch wollte Gottes Güte, daß er dem Menſchen fehle.

Weiter wirft man die Frage auf, ob der Bergbau ein ehrlicher Beruf für anſtändige Leute oder ob er verächtlich und unehrlich ſei. Wir aber rechnen ihn zu den ehrlichen Künſten. Denn jede Kunſt, deren Erwerbsweiſe nicht gottlos, widerwärtig oder ſchmutzig iſt, können wir für ehrlich halten. Solcher Art aber iſt der Erwerb beim Berg- und Hüttenweſen; denn er vermehrt das Hab und Gut auf gute und ehrliche Weiſe, wie wir ſogleich nachweiſen wollen. Mit Recht zählt man ihn daher zu den ehrlichen Berufen. Erſtens iſt das Gewerbe des Bergmannes (ich darf es wohl mit den übrigen Berufen des Erwerbslebens vergleichen) ebenſo rechtſchaffen wie das des Landmannes. Denn wie dieſer, wenn er ſeine Felder beſät, mögen ſie ihm auch noch ſo viele Früchte bringen, doch niemandem dabei ſchadet, ſo fügt auch jener keinem Menſchen beim Schürfen der Erze einen Nachteil zu, auch wenn er große Haufen Goldes und Silbers herausſchafft. Und beide Arten, das Vermögen zu mehren, ſind vor allem anſtändig und edel. Aber Raub und Plünderung des Kriegsmannes ſind meiſt gottlos; denn der Kriegswahnſinn raubt ebenſo die kirchlichen wie die weltlichen Güter. Auch wenn der allergerechteſte König Krieg mit grauſamen Tyrannen begonnen hat, können doch in ihm die ſchuldigen Menſchen ihr Hab und Gut nicht verlieren, ohne daß auch die unſchuldigen und beklagenswerten Leute, wie Greiſe, Frauen, Jungfrauen, Waiſen, mit in das gleiche Unheil hineingezogen werden. Der Bergmann aber kann in kurzer Zeit großen Reichtum ſammeln ohne alle Gewalt, ohne Betrug und Niedertracht. Darum iſt jenes alte Sprichwort durchaus nicht wahr: „Jeder Reiche iſt ein Ungerechter oder Erbe eines Ungerechten.“ In dieſem Punkte ſtreiten indes manche gegen uns und verhöhnen und verſpotten die Bergleute und ſagen, ſie oder ihre Kinder würden in kurzer Zeit in Armut geraten, und zwar aus keinem andern Grunde, als weil ſie ihren Reichtum auf keine gute Weiſe erworben hätten. Denn nichts ſei wahrer als das Wort des Dichters Naevius: „Schlecht Erworbenes ſchwindet auch wieder auf ſchlechte Weiſe“ (Wie gewonnen, ſo zerronnen). Und in unredlicher Weiſe, das iſt ihre Behauptung, würden die Menſchen durch die Bergwerke reich. Zeigt ſich irgendeine Hoffnung, Edelmetalle durch Bergbau gewinnen zu können, ſo kommt ein Fürſt oder eine Behörde und treibt die Eigentümer des Bergwerks aus ihrem Beſitze, oder ein verſchlagener und ſchlauer Nachbar beginnt mit den bisherigen Beſitzern einen Streit, um ſie eines Teiles der Gruben zu berauben, oder der Bergamtmann legt den Gewerken ſchwere Buße auf, damit ſie, wenn ſie nicht bezahlen wollen oder können, alles Eigentumsrecht verlieren, während er gegen alles Geſetz ſich des verlorenen bemächtigt. Oder endlich der Schichtmeiſter verſchmiert oder bedeckt den Gang da, wo er überreich an Metall iſt, mit Erde, Steinen, Brettern oder Pfählen, um einige Jahre ſpäter, wenn die Eigentümer die Grube für erſchöpft halten und ſie aufgeben, ſelbſt das zurückbehaltene Metall auszugraben und zu rauben. Übrigens ſei der zuſammengewürfelte Haufe der Bergleute aus Betrug, Täuſchung und Lüge zuſammengeſetzt. Um von anderem zu ſchweigen, ſei nur von dem geredet, was gegen Treu und Glauben bei Kauf und Verkauf geſchieht. Da preiſt einer die Gänge mit erlogenen und erdichteten Worten, um Teile der Gruben um die Hälfte teurer, als ſie wert ſind, zu verkaufen, oder er macht ſie umgekehrt ſchlecht, um ſie billig erhandeln zu können. Durch ſolche bösartige Anſchuldigungen glauben die Gegner das ganze Anſehen des Bergbaues zu ſchädigen. Aller Beſitz aber, mag er auf gute oder üble Weiſe erworben ſein, ſchwindet entweder durch irgendeinen Unfall dahin oder geht zugrunde und wird zerſtreut durch Schuld und Fehler des Beſitzers. Er verliert ihn entweder durch Trägheit und Nachläſſigkeit oder verleckert und verſchmauſt ihn oder verſchleudert ihn durch Schenkungen oder vergeudet ihn im Spiel, „als wenn das Geld im Kaſten immer nachwüchſe und immer vom vollen Haufen genommen werden könnte“. Kein Wunder daher, wenn Bergleute, nicht achtend den vom König Agathokles gegebenen Rat, plötzlichem Glücke gegenüber ſcheue Zurückhaltung zu bewahren, aus ſolchen Gründen in Armut verfallen. Beſonders oft aber geſchieht es, daß ſie, unzufrieden mit mäßigem Erwerbe, das, was ſie aus einem Bergwerke gewonnen haben, für andere Metalle wieder ausgeben. Nicht ein Fürſt oder eine Behörde vertreibt die Gewerken aus ihrem Beſitze, ſondern eine tyranniſche Begierde, die die ihr Erliegenden nicht nur ihres auf ehrliche Weiſe erworbenen Gutes, ſondern auch aufs grauſamſte ihres Lebens beraubt.

Wenn ich jedoch den Klagen nachgehe, die dieſe Leute wegen ſolchen Unrechtes öffentlich verbreiten, ſo finde ich jedesmal: diejenigen, die man ſchilt, haben einen vollberechtigten Grund, dieſe Leute von ihren Gruben zu vertreiben, die aber, welche ſchelten, keinen Grund, ſich über jene zu beklagen. Denn weil ſie ihre Zubuße nicht bezahlt haben, ſo haben ſie mit Recht ihr Eigentumsrecht verloren, oder ſie ſind von der Behörde aus einem ihnen nicht gehörigen Bergwerke vertrieben worden. Denn manche unehrlichen Bergleute, welche die an metallreichere Gänge ſtoßenden kleinen Gänge hauen, greifen dabei in fremden Beſitz über. Daher vertreibt und verjagt ſie die Behörde aus den Gruben, wenn ſie der Rechtsverletzung angeklagt ſind. Und dann alſo verbreiten dieſe Leute meiſt böſe Gerüchte über ſie unter dem Volke. Aber wenn in einem anderen Falle, wie es oft zu geſchehen pflegt, ein Rechtsſtreit unter den Nachbarn entſteht, ſo ſchlichten ihn die von der Behörde eingeſetzten Schiedsrichter, oder es erkennen und urteilen die ſeinetwegen eingeſetzten Richter. Wenn dann ſo der Streit beigelegt iſt, weil ſich in der betreffenden Sache eine Übereinſtimmung beider Parteien ergeben hat, ſo darf keine von beiden ſich mehr wegen Unrechtes beklagen. Das Urteil iſt gerecht ergangen, weil es den Berggeſetzen gemäß geſprochen iſt; ein Gegenurteil, das minderen Rechtes iſt, kann nicht geſprochen werden. Doch ich will über dieſen Punkt nicht weiter ſtreiten. Bisweilen verlangt auch ein einzelner Schichtmeiſter eine größere Zubuße von den Gewerken, als die Notwendigkeit fordert. Ja, ſelbſt wenn ein Schichtmeiſter einen Gang da, wo er metallreich iſt, mit Erde verſchüttet oder mit Mauerwerk zudeckt, vermag wohl die Niedertracht des einen oder des andern der Mehrzahl der guten Leute das Schandmal des Betruges aufzudrücken?

Gibt es in der Regel in einem Gemeinweſen etwas Ehrwürdigeres und Ehrenhafteres als den Rat? Und doch ſind ſchon Ratsherren wegen Veruntreuung belangt und beſtraft worden. Soll darum dieſer hochachtbare Stand ſeinen guten Ruf und ſein Anſehen verlieren? Sicher dürfen die Schichtmeiſter den Gewerken keine Zubußen auferlegen ohne Wiſſen und Erlaubnis des Bergmeiſters und der zwei Geſchworenen. Deshalb können ſie eine Täuſchung in dieſer Hinſicht nicht anwenden. Wenn aber Schichtmeiſter des Betruges überführt ſind, ſo werden ſie mit Ruten geſchlagen, und wenn des Diebſtahls, gehängt. Wenn man dann weiter ausposaunt, manche Steiger wären betrügeriſche Käufer und Verkäufer von Kuxen, ſo gebe ich das zu. Aber können ſie jemand anderen betrügen als einen dummen, ſorgloſen, im Bergbau unerfahrenen Menſchen? Ein kluger, fleißiger, in dieſer Kunſt erfahrener Mann wenigſtens begibt ſich, wenn er an der Zuverläſſigkeit des Käufers oder Verkäufers zweifelt, alsbald in die Grube, um den ſo gelobten oder getadelten Gang ſelbſt in Augenſchein zu nehmen und ſich zu überzeugen, ob es ſich empfiehlt, die betreffenden Teile zu kaufen oder zu verkaufen. Allein die Gegner dürften einwenden: Wenn auch ein ſolcher Mann ſich vor derartigen Betrügereien zu ſchützen vermag, ſo wird doch ein einfältiger und leichtgläubiger Menſch getäuſcht. Aber nicht ſelten täuſcht der, der auf ſolche Weiſe einen anderen umgarnen will, ſich ſelber und wird mit Recht von anderen ausgelacht. Denn meiſt iſt ſowohl der, welcher einen anderen zu betrügen ſucht, wie auch der, welcher betrogen wird, des Bergbaues unkundig. Wenn daher der Gang wider Erwarten des Betrügers reich an Erz iſt, ſo macht der, der für betrogen galt, einen Gewinn, der aber betrogen zu haben ſchien, erleidet Schaden. Allein die rechten Bergleute kaufen und verkaufen ſelten Anteile, häufiger jedoch die vereidigten Verkäufer, die ſie zu den Preiſen kaufen und verkaufen, wie es ihnen befohlen war. Da aber die Obrigkeit ſtrittige Sachen nach Billigkeit und Gerechtigkeit entſcheidet, ſo dürfte ein rechter Bergmann niemanden täuſchen, ein unredlicher aber nicht leicht imſtande ſein, zu betrügen, oder, wenn er betrügt, es nicht ungeſtraft tun. Das Gerede der Leute, die die Ehrbarkeit der Bergleute in den Staub ziehen, iſt bedeutungslos und nicht ernſt zu nehmen. Und ſo kann auch der Gewinn des Bergmannes niemandem ein Dorn im Auge ſein. Denn wer wird, er müßte denn von Natur ein übelwollender und neidiſcher Menſch ſein, jemanden haſſen, den Gott ſelbſt mit Reichtum geſegnet hat und der ſich auf eine Art ſein Vermögen zu mehren verſteht, an der nicht das geringſte auszuſetzen iſt? Wenn ein Wucherer unmäßige Zinſen nimmt, ſo macht er ſich bei den Leuten verhaßt, nimmt einer aber mäßige und angemeſſene, dann haßt ihn niemand im Volke, weil er es nicht ausſaugt, mag er davon auch nicht beſonders reich werden.

Ferner iſt der Erwerb des Bergmannes auch nicht ſchmutzig. Wie könnte er es auch ſein, der ſo groß, ſo reich und ſo redlich iſt? Schändlich aber und gemein iſt der Gewinn des Kaufmannes, wenn er verfälſchte und unechte Waren verkauft oder für billig eingekaufte einen allzu hohen Preis feſtſetzt; und aus dieſem Grunde wäre der Kaufmann bei guten Menſchen nicht weniger verhaßt als der Wucherer, wenn er nicht die Gefahren bedächte, in die er ſich dadurch für ſeinen Warenhandel begibt.

Endlich weiſen diejenigen, die von dem Berg- und Hüttenweſen ſchändlich reden, um es zu verkleinern, darauf hin, daß einſt die der Verbrechen Überführten verurteilt worden wären, in Bergwerken zu arbeiten und als Sklaven Gänge gehauen hätten. Jetzt aber wären die Bergleute Lohnarbeiter und beſchäftigten ſich wie andere Werkleute mit einem ſchmutzigen Handwerke. Fürwahr, wenn der Bergbau aus dem Grunde für einen freien Mann als nicht anſtändig gelten ſoll, weil einmal Sklaven Erzgänge gegraben haben, dann wird auch der Ackerbau nicht ein ehrbares Gewerbe ſein; denn auch die Äcker haben einſt Sklaven bebaut und bebauen ſie bei den Türken noch heute, ebenſo die Baukunſt, denn manche Baumeiſter waren Sklaven, ſowie die Heilkunſt, ſind doch nicht wenige Ärzte Sklaven geweſen, und noch manche andere Künſte, weil Kriegsgefangene ſie ausgeübt haben. Aber Ackerbau, Baukunſt und Heilkunſt werden trotzdem zur Zahl der ehrbaren Künſte gerechnet. So werde auch der Bergbau darum aus dieſer Zahl nicht ausgeſchloſſen, auch wenn wir den Gegnern zugeben, der Erwerb der bergmänniſchen Tagelöhner ſei ſchmutzig. Wir meinen aber hier nicht nur die Berghäuer und die anderen Arbeiter, ſondern einesteils die Bergbaukundigen und andernteils die, welche die Koſten des Bergbaues tragen. Zu dieſen können Könige, Fürſten, Städte und in den letzteren alle ehrbaren Bürger gerechnet werden. Endlich meinen wir auch die Bergamtleute, wie Thukydides einer war, der berühmte griechiſche Geſchichtſchreiber, dem die Athener die Verwaltung der Bergwerke der Thaſier übergeben hatten [17]. Aber etwas Mühe und Arbeit auf das Schürfen von Erzen zu verwenden, ſteht auch den Bergbeamten nicht übel an, beſonders, wenn ſie ſelbſt Koſten in die Bergwerke geſteckt haben. Genau wie es großen Männern nicht übel anſteht, ihre eigenen Felder zu bebauen. Andernfalls hätte der römiſche Senat den L. Quintius Cincinnatus, der ſeinen Acker eben bebaute, nicht zum Diktator ernannt, noch hätte er die erſten Männer der Bürgerſchaft von ihren Landgütern in den Senat geholt. Ebenſo hätte auch zu unſerer Zeit nicht Kaiſer Maximilian den Conrad unter die Zahl der Adligen, die Grafen heißen, aufgenommen. Dieſer war nämlich, als er in den Bergwerken zu Schneeberg arbeitete, ſehr arm. Deshalb hatte er auch den Beinamen des Armen. Als er aber wenige Jahre ſpäter von dem Bergwerke von Firſt, einer Stadt in Lothringen, reich geworden war, bekam er ſeinen Namen vom Glück. Auch hätte König Wladislaus nicht den Thurſius, einen Krakauer Bürger, den Bergwerke in dem einſt Dacien genannten Teile des ungariſchen Königreichs reich machten, in den Kreis der Barone aufgenommen.

Ja, auch das gemeine Volk der Bergleute iſt nicht zu verachten. Denn in Tages- und Nachtſchichten an Arbeit gewöhnt, beſitzt es eine ungemeine körperliche Abhärtung und Ausdauer und erträgt, wenn nötig, gar leicht die Mühſale und Anforderungen des Kriegsdienſtes. Denn es iſt daran gewöhnt, bis tief in die Nacht wach zu ſein, eiſerne Werkzeuge zu handhaben, Gräben zu ziehen, Stollen zu treiben, Kunſtgezeuge zu fertigen und Laſten zu tragen. Deshalb ziehen die Kriegsverſtändigen das Bergvolk nicht nur dem Stadt-, ſondern auch dem Landvolke vor.

Um aber endlich dieſe Erörterung abzuſchließen: die Gewinne des Wucherers, des Kriegsmannes, des Kaufmannes, des Landmannes und des Bergmannes ſind alle ſehr groß; allein der Wucherer iſt verhaßt, die Kriegsbeute iſt in grauſamer Weiſe aus dem Vermögen des Volkes geraubt, ohne Schuld der Heimgeſuchten, wider Gottes Ordnung; doch der Erwerb des Bergmannes übertrifft an Ehrbarkeit und Anſtändigkeit den Gewinn des Kaufmannes weit und iſt nicht weniger gut als der des Landmannes, nur viel reicher.

Somit iſt es klar: der Bergbau iſt ein durchaus ehrliches Gewerbe. Sicherlich kann, da es eines der zehn größten und beſten Dinge iſt, viel Geld auf gute Weiſe zu bekommen, dies ein eifriger und fleißiger Menſch auf keine andere Weiſe leichter erreichen, als durch den Bergbau.

[17] Thukydides hatte vielmehr in Thrakien, Thaſos gegenüber, ein Bergwerk in Erbpacht und lebte oft hier.

ENDE DES ERSTEN BUCHES

ZWEITES BUCH

IM erſten Buch habe ich dargelegt, wie ein vollkommener Bergmann beſchaffen ſein ſoll, ferner was gegen die Bergbaukunſt, gegen die Metalle und gegen die Bergleute ſelbſt zu ſprechen ſcheint oder für ſie ſpricht. Nun will ich die Bergleute ausführlicher ſchildern. Vornehmlich müſſen ſie Gott gewiſſenhaft verehren ſowie das, was ich noch anführen werde, wiſſen und darauf ſehen, daß ein jeder ſeine Arbeit gehörig und gewiſſenhaft verrichtet. Durch Gottes Vorſehung nämlich läuft gewöhnlich denen, die ſowohl wiſſen, was man tun muß, als auch um gute Ausführung beſorgt ſind, alles günſtig, dagegen den ungeſchickten und in der Ausführung nachläſſigen alles ungünſtig aus.

Niemand wird ſich wohl damit begnügen, alle Teile der Bergbaukunſt im Verſtand zu erfaſſen, ohne zugleich auch Geld in die Bergwerke zu ſtecken oder ſelbſt Arbeit aufzuwenden und zu verrichten. Daher legt jemand, der die nötigen Koſten aufzuwenden vermag, beliebig viel Lohnarbeiter für die verſchiedenen Arbeiten an, wie einſt der Thracier Soſias in die Silbergruben tauſend Sklaven ſchickte, die ihm der Athener Nicias, des Niceratus Sohn, verdungen hatte. Wer keine Koſten aufwenden kann, der ſuche ſich von allen Arbeiten die allereinfachſte zur Verrichtung aus. Solcher Art ſind vornehmlich das Ziehen von Schürfgräben und das Waſchen von Seifen der Bäche und Flüſſe[1]. Denn aus den Seifen gewinnt man oft Goldſchliche, Zinngraupen oder gar Edelſteine[2]; und durch Schürfe legt man die Gänge[3] bloß, die zuweilen unmittelbar unter dem Raſen reich an Erzen ſind. Wer alſo durch Geſchicklichkeit oder Zufall ſolche Sande oder Gänge findet, kann ohne große Unkoſten den Gewinn ernten und mit einem Schlage aus einem armen ein reicher Mann werden. Erfüllt der Fund dagegen ſeine Wünſche nicht, ſo kann er das Waſchen oder Graben bald wieder aufgeben.

Wenn jemand in dem Beſtreben, ſein Vermögen zu vergrößern, ganz allein Koſten in ein Bergwerk ſteckt, dann iſt es ſehr wichtig, daß er ſelbſt bei den Arbeiten zugegen iſt und mit eigenen Augen alles nachſieht, was er auszuführen angeordnet hat. Deshalb ſoll er entweder bei der Zeche wohnen, um ſtets ſich den Arbeitern zeigen und dafür ſorgen zu können, daß keiner ſeinen Dienſt nachläſſig verſieht, oder er ſoll wenigſtens in der Nachbarſchaft wohnen und ſowohl oft die Grubenarbeiten beſuchen als auch häufiger, als er wirklich zu kommen beabſichtigt, den Bergleuten ſein Kommen durch einen Boten ankündigen. So wird er durch ſein Kommen oder durch deſſen Anſage gewöhnlich jeden Arbeiter ſo einſchüchtern, daß er ſeine Pflicht ſtets gewiſſenhaft tut. Er muß aber, wenn er die Grube befährt, die fleißigen Bergleute beloben und ihnen zuweilen etwas ſchenken, damit ſie ſelbſt und andere arbeitsfreudiger werden; dagegen muß er die

[1] Unter einer Seife verſteht der Bergmann Sande, in denen Erzkörner oder Edelſteine auftreten. Schürfen nennt er das Aufſuchen der natürlichen Lagerſtätten nutzbarer Mineralien mittels bergmänniſcher Arbeiten (Schürfgräben, Bohrlöcher uſw.)

[2] Schliche ſind die feinen Körner reinen Erzes, Graupen die Kriſtalle des Zinnſteins.

[3] Über die Gänge, d. ſ. Gebirgsſpalten, die mit Erzen ausgefüllt ſind, und ihre Einteilung ſ. 3. Buch.

nachläſſigen tadeln, mitunter von der Grube ablegen und durch fleißige erſetzen. Der Eigentümer muß ſogar oftmals Tag und Nacht in der Grube bleiben. Der Aufenthalt dort ſoll nicht voll Muße und Behaglichkeit ſein; denn für den Grubenbeſitzer, der beſtrebt iſt, ſein Vermögen zu mehren, iſt es wichtig, oft in die Grube zu fahren und einige Zeit auf die Unterſuchung des Verhaltens der Gänge und Klüfte zu verwenden und ſowohl untertag als auch übertag alle Arbeitsweiſen ſich genau anzuſehen und gründlich zu beobachten. Mitunter muß er auch ſelbſt Hand anlegen, nicht um ſich dadurch zu erniedrigen, ſondern um die Bergleute durch ſeinen Eifer anzuſpornen und ihnen die Kunſtregeln zu zeigen; denn gut geleitet iſt die Grube, in der nicht nur der Steiger, ſondern auch der Eigentümer Weiſungen gibt. Deshalb erwiderte, wie Xenophon berichtet, ein Perſer dem König richtig: „das Auge des Herrn füttert das Pferd"; denn die Umſicht des Herrn vermag in allen Dingen am meiſten.

Wenn aber mehrere Gewerken gemeinſchaftlich Bergwerke betreiben, dann iſt es für ſie zweckmäßig und nützlich, aus ihren eigenen Reihen Bergamtleute und Steiger zu wählen. Wenn auch die Menſchen gemeinhin eigene Intereſſen ſich angelegen ſein laſſen und fremde vernachläſſigen, können ſie doch in dieſem Falle nicht die eigenen Intereſſen ohne die fremden pflegen und die fremden ohne die eigenen vernachläſſigen. Wenn nun aber keiner unter ihnen die Beſchwerlichkeiten dieſer Ämter auf ſich nehmen will oder meiſtern kann, dann wird es zum Nutzen der Gewerkſchaft ſein, ſie Männern von größter Umſicht zu übertragen. Einſt wurde die Leitung der Gruben ganz durch Bergbeamte ausgeübt; denn entweder waren Eigentümer der Bergwerke Könige, wie Priamus bei den Goldgruben um Abydus, Midas bei den Gruben im Berge Berimus, ferner Gyges, Alyattes ſowie Kröſus bei den Gruben nahe einer verlaſſenen Stadt zwiſchen Atarnea und Pergamum; oder die Bergwerke gehörten einer Republik, wie den Karthagern die zahlreichen Silbergruben Spaniens, oder ſchließlich einem ausgedehnten und angeſehenen Geſchlechte, zum Beiſpiel die Gruben von Laurion den Athenern.

Für den der Kunſt noch unkundigen Bergbautreibenden iſt es am günſtigſten, die Koſten gewerkſchaftlich mit andern aufzuwenden, und zwar nicht für den Bau eines einzigen Ganges, ſondern mehrerer. Denn wer allein eine einzige Grube betreibt, wird zwar, ſo ihm ein günſtiges Geſchick einen an Erzen und anderen Mineralien reichen Gang beſchert, ein ſehr reicher Mann; wenn aber ein widriges Geſchick ihm einen armen oder tauben Gang gibt[4], verliert er für immer alle aufgewandten Koſten. Wer jedoch gewerkſchaftlich mit anderen Geld in mehrere Gänge einer durch Erzreichtum bekannten Gegend ſteckt, der büßt ſelten Geld und Mühe ein, ſondern meiſt entſpricht der Erfolg ſeinen Wünſchen. Da auf jeden Fall von zwölf von einer Gewerkſchaft belegten Gängen ſchon ein einziger an Erzen reicher Gang den Gewerken nicht nur das aufgewandte Geld wiedergibt, ſondern noch einen Gewinn abwirft, ſo wird ganz ſicher der Bergbau glänzend und einträglich für die ſein, denen gar zwei, drei, vier oder noch mehr Gänge Erz ſchütten. Ähnlich iſt der Rat, den Xenophon den Athenern auf ihre Frage gab, wie ſie verfahren müßten, um neue Silbererzgänge ohne Einbuße aufzuſuchen: Die Athener bilden zehn Bürgerſchaften, ſagte er; wenn alle Bürger-

[4] Ein Gang iſt taub, wenn er keine nutzbaren Mineralien enthält.

ſchaften vom Staat gleichviel Sklaven erhalten und die neuen Baue auf gemeinſchaftlichen Gewinn und Verluſt betreiben, und dann eine von ihnen einen an Silber höfflichen Gang[5] findet, ſo wird der Gewinn daraus unter allen Umſtänden allen gleichermaßen zufließen; wenn zwei Bürgerſchaften, drei, vier oder gar fünf fündig werden, ſo wird das Unternehmen entſprechend mehr Gewinn bringen. Daß die Hoffnung alle Bürgerſchaften betrügen werde, ſei nach den Erfahrungen unwahrſcheinlich. Dieſer ſehr kluge Rat des Xenophon hat aber nur in freien und vermögenden Gemeinweſen Geltung. Denn die Städte, die Königen und Fürſten hörig ſind oder von Tyrannen beherrſcht werden, dürfen ohne deren Erlaubnis ſolche Unternehmen nicht wagen; und die unvermögenden ſind nicht in der Lage, Koſten aufzuwenden. Auch haben die Gemeinden nach unſeres Volkes Sitte keine Sklaven, die ſie der Bürgerſchaft verdingen könnten. Darum treibt heute die Obrigkeit im Namen der Gemeinweſen Bergbau, ganz wie Privatperſonen.

Manche Bergbauluſtige aber wollen lieber Kuxe einer an Erzen reichen Grube kaufen, als ſich beim Suchen nach Gängen aufregen; ſie haben damit ein leichtes und ſicheres Mittel, ihr Vermögen zu vergrößern. Wenn auch die auf die eine oder andere Grube geſetzte Hoffnung die Kuxenkäufer täuſcht, wird ſie bei mehreren Gruben doch ſicher in Erfüllung gehen. Ja aus etlichen Gruben werden die Gewerken das ganze hineingeſteckte Geld ſamt Zinſen zurückerhalten, wofern ſie nur die Kuxe der ergiebigen Gruben nicht zu ſehr hohem Preiſe erhandeln, auch nicht ſonderlich viel Kuxe der noch nicht fündigen Nachbargruben kaufen, damit ſie nicht, bei ungünſtigem Ergebnis mit einemmal durch die Geldopfer erſchöpft, nichts mehr haben, um neue Koſten aufzuwenden und andere Kuxe zu kaufen, die den erlittenen Verluſt erſetzen könnten. Dieſes Mißgeſchick trifft Leute, die ſchnell durch Bergbau reich werden wollen und gar zu kaufbegierig ſind. Alſo nicht nur bei anderen Dingen, ſondern auch beim Kuxenkauf müſſen die Bergleute im Aufwand ein gewiſſes Maß halten, damit ſie nicht, durch die Begierde, ſehr viel Reichtümer ſammeln zu wollen, verblendet, alles verlieren. Außerdem werden kluge Gewerke vor dem Kuxenkauf die Gruben befahren und das Verhalten der Gänge aufmerkſam erforſchen; denn davor müſſen ſie ſich am meiſten hüten, daß nicht betrügeriſche Kuxenverkäufer ſie hintergehen. Wenn die Kuxenkäufer auch weniger reich werden, ſo machen ſie doch ſicherer ihr Glück als die, die ganz auf eigene Rechnung Bergbau treiben, weil ſie den Zufälligkeiten gegenüber vorſichtiger ſind. Die Bergleute dürfen auch nicht dem Glück geradezu mißtrauen, wie wir manche mißtrauen ſehen, die die Kuxe einer Grube, ſobald ſie Wert zu bekommen beginnen, verkaufen, weshalb ſie dann gar nicht oder nicht ſonderlich reich werden.

Etliche Bergleute beſchäftigen ſich auch damit, die Halden, die einſt aus den Gruben gefördert und damals gering geſchätzt wurden, ſowie die Schlämme, die ſich in den Waſſerſaigen[6] der Stollen abgeſetzt haben, zu waſchen; andere ſchmelzen alte Schlacken. Sie ziehen daraus nicht ſelten ſogar einen recht reichen Gewinn.

Bevor der Bergmann Gänge zu bauen beginnt, muß er ſiebenerlei beachten: Erdoberflächenform, Erdoberflächenbeſchaffenheit, Waſſer, Wege, Klima, Landesherrſchaft, Nachbar. Die vier Arten der Erdoberflächenform ſind Berg, Hügel, Tal, Ebene. Von dieſen ſind die beiden erſten für den Bergbau am günſtigſten,

[5] Ein Gang iſt höfflich, wenn er reiche Erze führt.

[6] Die Waſſerſaige iſt ein Graben im Stollen zur Abführung der Grubenwaſſer.

weil in ſie Stollen für den Abfluß des Waſſers getrieben werden können, das die Grubenarbeit beſchwerlich oder gar ganz unmöglich zu machen pflegt. Die beiden letzteren Oberflächenformen ſind ungünſtiger, beſonders da ſie zum Stollenbau ungeeignet ſind. Ein kundiger Bergmann beachtet jedoch alle vier Arten der Oberflächenform der Gegend, in der er ſich aufhält, und ſucht in ihnen nach Gängen, die ein Wildbach oder dergleichen durch Wegwaſchen ihrer Erddecke entblößt hat. Er legt aber nicht an allen Orten die gefundenen Gänge frei, ſondern wählt, da die Berge wie auch die drei anderen Oberflächenformen ſich ſehr ungleich verhalten, aus vielen Stellen die aus, die ihm gute Hoffnung, Reichtümer zu erwerben, geben. Die Berge zunächſt ſind unter ſich ihrer Lage nach ſehr verſchieden; die einen liegen auf einer Ebene, andere in unebenem und hochgelegenem Gelände, andere ſcheinen anderen Bergen aufgelagert zu ſein. Ein erfahrener Bergmann ſchlägt nicht in Berge ein, die auf freien Ebenen liegen oder die Gipfel gebirgiger Gegenden bilden, außer wenn in dieſen Bergen Gänge durch einen glücklichen Zufall ihrer Decke entblößt ſind und ſich reich an Erzen und ſonſtigen nützlichen Mineralien von ſelbſt ſeinem Auge zeigen. Mit dieſer Ausnahme übrigens will ich, auch falls ich es nicht nochmals erwähne, ſtets das verſtanden wiſſen, was alles ich über die nicht zu wählenden Orte ſagen werde. Sodann liegen die Berge nicht überall dicht nebeneinander, ſondern hier einer, dort zwei oder drei oder mehr; und hier erſtrecken ſich zwiſchen ihnen Ebenen, dort hängen ſie zuſammen oder ſind nur durch Täler getrennt. Der Bergmann ſchürft nicht in den alleinſtehenden und den über die weite Ebene lang hingeſtreckten oder einzeln zerſtreuten, ſondern nur in den mit anderen verbundenen und zuſammenhängenden Bergen. Ferner ſind die Berge an Größe ſehr verſchieden, die einen groß, andere von mittlerer Höhe, wieder andere ſind mehr Hügel als Berg; der Bergmann ſchlägt ſeltener in die ſehr großen und ſehr kleinen ein, ſondern meiſt in die mittelgroßen. Schließlich iſt auch die Geſtalt der Berge ſehr mannigfach; bei den einen ſteigen alle Seiten ſanft an, bei anderen jäh, wieder bei anderen iſt eine Seite flach, eine ſteil; etliche ſind langgeſtreckt, etliche bilden einen leichten Bogen, und viele ſind noch anders geſtaltet. Der Bergmann ſchlägt an allen Seiten ein, außer an den ſteilen Hängen; aber auch dieſe läßt er nicht unverritzt, wenn Erzgänge erkenntlich ſind. Die Hügel ſind ebenſo verſchieden wie die Berge; aber der Bergmann ſchürft in ihnen nur, wenn ſie in gebirgiger Gegend liegen, und auch dann nur ſehr ſelten. Keineswegs erſtaunlich iſt es, daß auf der Inſel Lemnos ein Hügel gegraben wird, denn er iſt ganz von rotgelber Farbe und kündigt dadurch den Einwohnern jene berühmte, der Menſchheit ſo ſehr heilſame Erde[7] an. Ebenſo werden auch ſonſt Hügel gegraben, wenn ſich Kreide oder andere nutzbare Erden zufällig zeigen. Die Täler und Niederungen ſind auch ſehr verſchieden. Eine Art iſt an den Seiten geſchloſſen, hat aber offenen Eingang und Ausgang; bei etlichen iſt der Eingang oder der Ausgang offen, die übrigen Seiten geſchloſſen. Dieſe beiden allein nennt man Täler. Die dritte Art, allſeitig von Bergen umgeben, heißt Talkeſſel. Teils haben die Täler Einbuchtungen, teils nicht, und ſie ſind weit oder eng, lang oder kurz; außerdem liegen die einen nicht höher als die anſchließende Ebene, während anderen eine tiefer gelegene Ebene vorgelagert iſt. Der Bergmann gräbt nicht in Talkeſſeln,

[7] Die Lemniſche Erde iſt ein durch Eiſenoxyd rotgefärbter, fetter Ton, der bis in unſere Zeit als innerliches Heilmittel und zu blutſtillenden Umſchlägen benutzt wurde.

auch nicht in den weiten Tälern, falls nicht unterhalb eine Niederung liegt oder ein Erzgang vom Berg herab ins Tal ſtreicht. Die Ebenen endlich unterſcheiden ſich dadurch, daß die einen tief, die anderen hoch liegen und daß ſie entweder ſöhlig[8] verlaufen oder ein ſchwaches Gefälle haben. Der Bergmann ſchürft niemals in einer tiefen Ebene, außerdem in einer vollkommen ſöhligen Ebene nur, wenn ſie auf einem Berg liegt; in anderen Ebenen ſelten.

Hinſichtlich der Oberflächenbeſchaffenheit achtet der Bergmann, ehe er einſchlägt, darauf, ob die Gegend mit Bäumen beſtanden iſt oder nicht. Wenn ſie bewaldet iſt und auch die ſonſtigen Bedingungen erfüllt ſind, ſo ſetzt er dort die Grubenbaue an, denn ſie bietet ihm den nötigen Holzvorrat für Grubenausbau, Künſte[9], Gebäude, Schmelzfeuer und ſonſtiges. In unbewaldeter Gegend baut er nur, wenn ein Fluß in der Nähe iſt, auf dem das Holz geflößt werden kann. Wo aber Ausſicht iſt, gediegen Gold oder Edelſteine zu finden, gräbt er auch an unbewaldetem Ort, da er die Edelſteine nur zu ſchleifen und das Gold nur zu läutern braucht. Daher gewinnen die Bewohner der heißen Länder dieſe Mineralien in unwirtlichen, ſandigen Gebieten, in denen bisweilen nicht einmal Strauchwerk und erſt recht kein Wald zu finden iſt.

Der Bergmann richtet ſein Augenmerk auch darauf, ob die Gegend ein ſtändig fließendes Waſſer hat, oder ob Waſſer immer dann fehlt, wenn nicht vom Kamme des Gebirges ein von reichlichem Regen geſpeiſter Gießbach herabfließt. Ein Ort, den die Natur mit einem Fluß oder Bach ausgeſtattet hat, iſt in vieler Hinſicht geeignet; denn das Waſſer wird niemals fehlen, und es kann durch hölzerne Gefluter zu den Wäſchen geführt werden, von da zu den Schmelzhütten und endlich, wenn das Gelände es geſtattet, in die Stollen gelaſſen werden, um die untertage befindlichen Künſte zu treiben. Hingegen einem Ort die Waſſer, die ihm von der Natur verſagt ſind, ſtändig fließend künſtlich zu beſchaffen, erhöht die Koſten, und zwar um ſo mehr, je weiter von den Gruben der Waſſerlauf entfernt iſt, zu dem wiederum die Bergbauprodukte befördert werden müſſen.

Der Bergmann achtet ferner darauf, ob die Wege, die die Umgegend mit den Gruben verbinden, gut oder ſchlecht, kurz oder lang ſind. Denn die an nutzbaren Mineralien reichen Orte liefern ſehr oft keine Ackerfrüchte, und ſomit muß alles zum Lebensunterhalt für die Arbeiter und die übrigen Leute nötige zugeführt werden. Schlechte und lange Wege bereiten daher den Laſtträgern und den Fuhrleuten viele Schwierigkeiten und erhöhen die Koſten für die zugeführten Dinge, ſo daß dieſe um ſo teurer bezahlt werden müſſen. Den Schaden daraus haben weniger die Arbeiter, als die Gewerken. Denn ob der Teuerung ſind die Arbeiter mit dem üblichen Lohn nicht zufrieden, können es auch nicht ſein, ſondern verlangen von den Gewerken höhere Zugeſtändniſſe; erhalten ſie ſie nicht, ſo arbeiten ſie nicht in der Grube, ſondern kehren ab.

Die an Erzen und anderen Mineralien reichen Orte haben meiſt ein geſundes Klima, da ſie ſehr hoch liegen und von den Winden umweht werden können; etliche jedoch ſind ungeſund, wie ich in meinem Buch „Über die Beſchaffenheit der aus der Erde hervordringenden Dinge“[10] ausgeführt habe. Daher darf ein erfah-

8) Söhlig bedeutet waagerecht.

9) Als Kunſt bezeichnete man früher eine bergbauliche Maſchine, insbeſondere ſolche zur Waſſerhebung und Erzförderung.

10) De natura eorum quae effluunt ex terra libri IV, Froben, Basileae MDXLVI.

rener Bergmann nicht an noch ſo reichen Orten bauen, an denen er die ſicheren Zeichen eines ungeſunden Klimas wahrnimmt. Wer an geſundheitsſchädlichen Orten baut, kann plötzlich in einer Stunde vom Leben zum Tode kommen.

Auch erkundigt ſich der Bergmann ſorgfältig über den Herrſcher oder Eigentümer des Landſtrichs, ob er ein gerechter und wohlgeſinnter Mann oder ein Tyrann iſt. Denn dieſer zwingt die Menſchen unter ſeine Gewalt und reißt ihr Hab und Gut an ſich, jener herrſcht gerecht und geſetzmäßig und ſorgt für das allgemeine Wohl. In einer unter Tyrannenherrſchaft ſtehenden Landſchaft legt ein Bergmann keine Baue an.

Schließlich achtet der Bergmann darauf, ob der Nachbar, deſſen Ländereien an die bauwürdigen Gebiete grenzen, freundlich oder feindlich geſinnt iſt. Im letzteren Falle wird ein Bergbau durch feindliche Überfälle gefährdet. Ein ſolcher Überfall wird alles mit großen Koſten und Mühen gewonnene Gold, Silber oder ſonſtige Mineral rauben und außerdem den Arbeitern ſolche Furcht einjagen, daß ſie ſchleunigſt fliehen werden, um ſich der drohenden Gefahr zu entziehen. Dann wird nicht nur Hab und Gut, ſondern auch das Leben des Bergmannes in großer Gefahr ſein. Daher baut er nicht an ſolchem Ort. Da gewöhnlich mehrere Bergleute in derſelben Gegend bauen, ſo entſtehen auch dadurch nachbarſchaftliche Verhältniſſe, von denen ſich der Bergmann, der als erſter eingeſchlagen hat, nicht freimachen kann. Es erteilt ja der Bergmeiſter den einen das Recht, die tieferen oder höheren Teile eines Ganges, den anderen, die Quergänge, wieder anderen, die flachen Nebengänge zu bauen. Wenn nun jemand zuerſt den Bau in Angriff genommen hat und ſich der Gang höfflich erweiſt, ſo empfiehlt es ſich für ihn nicht, wegen unangenehmer Nachbarn den Bau wieder zu verlaſſen, ſondern er wird mit den Waffen des Rechts das Seine erhalten und verteidigen können. Denn da der Bergmeiſter eines jeden Grubenbeſitzers Eigentum genau abgrenzt, iſt es eines guten Bergmanns Pflicht, ſich innerhalb ſeiner Markſcheiden[11] zu halten, und eines klugen, ſich gegen Übergriffe der Nachbarn mit Hilfe des Rechts zu wehren. Hiermit genug über die Nachbarſchaft.

Der Bergmann ſoll alſo ſeine Grubenbaue auf einem leicht zugänglichen Gelände anlegen, das gebirgig, mit geringem Gefälle, bewaldet, von geſundem Klima, gefahrlos und nicht weit von einem Fluß oder Bach entfernt iſt, mit deſſen Hilfe die gewonnenen Mineralien zum Waſchen und Schmelzen befördert werden können. Dieſe Lage iſt die beſte; je mehr ſich ihr eine der vielen übrigen Möglichkeiten nähert, deſto beſſer, je mehr ſie von ihr abweicht, deſto ſchlechter.

Nun will ich von den Erzeugniſſen reden, zu deren Gewinnung der Bergmann nicht zu graben braucht, weil die Kraft des Waſſers ſie aus den Lagerſtätten freimacht. Es gibt hiervon zwei Arten, nämlich Mineralien oder ihre Bruchſtücke und Löſungen oder ihre Erſtarrungsprodukte. Wenn im Ausbiß der Lagerſtätten, aus denen die erwähnten Produkte ſtammen, Quellen auftreten, ſo unterſucht der Bergmann dieſe, ob ſie Sande mit Erzkörnern oder Edelſteinen durchmiſcht oder gelöſte Mineralien führen. Falls ſich etwas von Erzen oder Edelſteinen in Vertiefungen der Quelläufe abgeſetzt hat, ſo müſſen die Sande nicht nur der Quellen ſelbſt, ſondern auch der von ihnen gebildeten Bäche und der Flüſſe, in die wieder dieſe münden, gewaſchen werden. Enthält das Waſſer der Quellen gelöſte Mine-

[11] Die Markſcheide iſt die Grenze des verliehenen Grubenfeldes.

ralien, ſo muß es aufgeſtaut werden; je weiter es nämlich vom Entſtehungsort wegfließt und je mehr es ſomit reines Waſſer aufnimmt, deſto verdünnter wird es und deſto mehr verliert es an Gehalt. Wenn die Bäche jedoch kein oder nicht viel einfaches Waſſer aufgenommen haben, ſo gleichen nicht nur ſie ſelbſt, ſondern auch die Seen, in denen ſich ihre Waſſer anſammeln, in der Zuſammenſetzung den Quellen und gewähren die gleiche Nutzung. So iſt in der Tat das Tote Meer der Hebräer ganz angefüllt mit flüſſigem Bitumen.

Ich kehre nun zu den Sanden zurück. Die Quellen ſenden ihr Waſſer in das Meer oder in einen See, Teich, Fluß oder Bach. Die Sande des Meeresgeſtades werden ſelten gewaſchen, denn wenn auch das von den Quellen ins Meer ſtrömende Waſſer kleine Mengen von Erzteilchen oder Edelſteinen mit ſich führt, ſo können dieſe doch nicht gewonnen werden; denn ſie werden, auf eine ungeheure Waſſermaſſe verteilt und mit den Sanden innig vermiſcht, weit verſprengt oder ſetzen ſich in der Tiefe des Meeres nieder. Aus demſelben Grunde können die Sande der Binnenſeen ſehr ſelten erfolgreich gewaſchen werden; obgleich Gebirgsbäche in viele Seen und Teiche all ihr Waſſer geben, gelangen doch Erzteilchen und Edelſteine kaum von den Quellen bis dorthin, weil die Binnenſeen meiſt in weiten Ebenen liegen. Der Bergmann wäſcht daher zuerſt die Sande des Quells, dann die des aus ihm entſtandenen Bachs und dann die des Fluſſes, in den der Bach mündet. Aber die Sande eines weiter entfernt vom Gebirge in offener Ebene fließenden Stromes zu waſchen, iſt nicht der Mühe wert. Wo jedoch mehrere Erzſchliche führende Bäche in einen Fluß münden, da iſt die Hoffnung auf ein erfolgreiches Waſchen größer. Auch läßt ein Bergmann die Sande ſolcher Gewäſſer nicht unbeachtet, an denen in der Grube gewonnene Erze gewaſchen werden.

Die Quellwaſſer müſſen auch hinſichtlich der in ihnen enthaltenen gelöſten Beſtandteile gekoſtet werden. Da ſie ſich ſehr durch den Geſchmack unterſcheiden, ſo beobachtet der Sieder ſechs Arten von Minerallöſungen: aus den ſalzigen ſiedet er das Salz, aus ſodahaltigen gewinnt er die Soda, aus den alauniſchen den Alaun, aus den Vitriolwaſſern die Vitriole, aus den ſchwefligen den Schwefel; und die bituminöſen, aus denen das Erdwachs gewonnen wird, erkennt der Sieder ſchon an der Farbe. Das Meerwaſſer iſt dem Waſſer der Solquellen ſehr ähnlich; es wird daher in flach ausgehobene Gruben geleitet und dort durch die Sonnenhitze von ſelbſt zu Salz verdunſtet. Auch das Waſſer einiger Salzſeen wird, wenn es durch die ſommerliche Sonnenhitze verdunſtet, zu Salz gewandelt. Ein geſchäftiger und umſichtiger Mann muß auch dies ſich merken und nutzen und ſo zum allgemeinen Wohl beitragen. Im übrigen verdichtet die Kälte des Meeres das aus Unterwaſſerquellen ſtammende flüſſige Bergwachs zu Bernſtein und Aſphalt, wie ich in meinem Werke „Über die Entſtehung und Urſachen der unterirdiſchen Dinge“ [12] ausgeführt habe. Beide Produkte wirft das Meer bei beſtimmter Windrichtung auf den Strand; das Aufſammeln des Bernſteins erfordert daher ebenſo wie das der Korallen eine gewiſſe Sorgfalt. Auch wer Seifen wäſcht oder Quellflüſſigkeiten ſiedet, muß ſorgfältig die Beſchaffenheit der Gegend, ihre Wege, ihr Klima, den Grundherrn und die Nachbarn erkunden, damit er nicht infolge von Schwierigkeiten in dieſen Punkten vergeblich Koſten aufwendet oder Leib und Gut gefährdet. Nun genug hiervon.

[12]) De ortu et causis subterraneorum libri V, Froben, Basileae MDXLVI.

Hat der Bergmann aus vielen Orten einen von der Natur für den Bergbau geeigneten gewählt, ſo richtet er ſeine ganze Aufmerkſamkeit und Mühe auf die Gänge. Dieſe ſind entweder durch irgendeinen Zufall ihrer Erddecke entblößt und ſo unſeren Augen erkennbar, oder ſie ſind wohl verborgen und unſichtbar und müſſen kunſtgemäß aufgeſucht werden. Meiſt pflegt dieſes, ſelten jenes der Fall zu ſein, und beide Fälle ſollen erläutert werden. Der Naturgewalten, die ohne des Menſchen Zutun und Arbeit die Gänge entblößen, gibt es mehrere: entweder wäſcht ein Gießbach die Decke weg, wie bei den Silbergängen zu Freiberg, worüber ich im erſten Buch meiner Schrift „Über alte und neue Bergwerke“[13] berichtet habe; oder die Kraft des Windes reißt Bäume, die über den Gängen wachſen, mit den Wurzeln aus; oder ein lang anhaltender ſtarker Regen, ein Erdbeben, ein Blitzſchlag, eine Schneelawine, ein heftiger Sturm brechen einen Felsblock los:

> „wie der Fels, den das Alter, vom Sturm unterſtützt, vom Gipfel des Berges abbricht“.

Auch das Pflügen kann Gänge freilegen; ſo berichtet Juſtinus, daß in Galecia Goldkörner durch den Pflug herausgeworfen worden ſeien. Ferner kann ein Waldbrand die Urſache ſein, wie nach des Diodorus Siculus Bericht bei den ſpaniſchen Silbergängen; und treffend iſt jene Bemerkung des Poſidonius, daß neue Keime, nämlich Silber- und Goldgruben, aus den Flammen ſproſſen, in denen Wälder verbrannten. Lucretius hat dasſelbe ausführlicher folgendermaßen ausgemalt:

> „Das Kupfer, das Gold, das Eiſen, die Maſſe des Silbers und das wichtige Blei wurden entdeckt, als das Feuer die rieſigen Wälder auf dem hohen Gebirge verbrannte, ſei es weil ein Blitzſtrahl ſie traf, ſei es weil Krieger im Walde Feuer auf die Feinde warfen, um ſie zu erſchrecken, ſei es weil man durch die Güte des Bodens bewogen die fruchtbringenden Äcker erweitern und Weideland ſchaffen oder weil man wilde Tiere töten und ſich an ihrem Fang bereichern wollte; denn mit Fallgruben und Feuer zu jagen war früher gebräuchlich, als den Wald mit Netzen einzuſchließen und das Wild mit Hunden zu hetzen. Wie dem auch ſei und weshalb auch immer die flammende Glut mit ſchrecklichem Praſſeln die Wälder bis auf die Wurzeln wegfraß und den Boden durch die Hitze zum Schmelzen brachte: es floß aus den glühenden Gängen, in den Vertiefungen des Bodens ſich ſammelnd, ein Bach von Silber und Gold, auch von Kupfer und Blei.“

Der Dichter malt es alſo dahin aus, daß durch das Feuer nicht nur erſt die Gänge freigelegt wurden, ſondern auch die Metalle ſelbſt abgeſchieden worden ſeien. Endlich kann auch irgendeine andere Urſache Gänge erſchließen; ſo hat ein Pferd, wenn man der Erzählung glauben darf, das Bleierz bei Goslar durch den Huf bloßgelegt. Auf ſolcherlei Weiſe ſchenkt uns ein glücklicher Zufall die Erzgänge.

Die verborgenen und tiefliegenden Erzgänge aber ſuchen wir mit Hilfe von Kunſtregeln auf, und zwar richten wir unſer Augenmerk in erſter Linie auf die ſprudelnden Waſſer der Quellen, die von den Gängen nicht weit entfernt ſein können, da das Waſſer ihren Spalten entſpringt. Zweitens achten wir auf die Ganggeſchiebe, die ein Wildbach aus dem Boden wühlt, die aber nach geraumer Zeit zum Teil wieder von Erde bedeckt werden. Sobald ſolche Geſchiebe auf der Erde

[13] De veteribus et novis metallis libri II, Froben, Basileae MDXLVI.

obenauf liegen oder glatt ſind, ſind die Gänge meiſt weiter entfernt, da der Wildbach ſie weit von den Gängen weggeführt und beim Vorwärtstreiben abgeſchliffen hat. Sobald ſie im Boden ſtecken oder rauh ſind, ſind ſie den Gängen näher. Auch die Bodenverhältniſſe ſind zu berückſichtigen, denn ſie ſind die Urſache dafür, daß ſowohl die Gänge mehr oder weniger von Erde bedeckt, als auch die Geſchiebe weit oder weniger weit fortgewälzt worden ſind. Die Gänge, die auf dieſe Weiſe gefunden werden, pflegen die Bergleute Geſchiebegänge zu nennen.

Ferner achten wir beim Aufſuchen von Gängen auf den Reif, von dem alle Gräſer weiß werden mit Ausnahme der über Gängen wachſenden. Denn die Gänge ſtrömen Wärme und Trockenheit aus, die das Bereifen des feuchten Graſes verhindern, und daher ſind ſolche Gräſer mehr feucht vom Waſſer als weiß vom Reif. Dies kann man an allen kalten Orten wahrnehmen, bevor die Gräſer ihre volle Größe erlangt haben, alſo in den Monaten April und Mai, oder nachdem das Grummet gemäht iſt, alſo im September. Wo daher feuchte Gräſer ſich nicht mit Reif überziehen, da befindet ſich ein Gang unter dem Raſen; und wenn dieſer ſehr viel Wärme ausſtrömt, ſo ſind die Gräſer klein und von nicht friſcher Farbe. Schließlich muß man auf die Bäume achten, deren Blätter im Frühling bläulich oder bleifarben ſind, deren Zweigſpitzen vornehmlich ſchwärzlich oder ſonſt unnatürlich gefärbt ſind, deren Stamm- und Aſtholz ſchwarz oder bunt iſt. Dieſe Erſcheinungen werden durch ſehr warme und trockene Ausſtrömungen hervorgerufen. Auch die Wurzeln werden von ihnen nicht verſchont, ſondern ausgedörrt und ſtark angegriffen; daher vernichtet der Wind ſolche Bäume häufiger als andere. Die Ausſtrömungen ſtammen aber von den Gängen. Wenn alſo irgendwo viele Bäume in einer langen Reihe zu ungewöhnlicher Zeit ihre Friſche verlieren und ſchwarz oder bunt werden, auch durch den Sturm zu Fall gebracht werden, da iſt ein Gang verborgen. Es wächſt auch auf einer Linie, in der ſich ein Gang erſtreckt, ein gewiſſes Kraut oder eine gewiſſe Pilzart; ſie fehlen über den Zwiſchenmitteln und manchmal auch über anderen ſehr nahe gelegenen Gängen. Dies ſind die Hilfsmittel der Natur, durch die Gänge gefunden werden können.

Über die Wünſchelrute beſtehen unter den Bergleuten viele und große Meinungsverſchiedenheiten, denn die einen ſagen, ſie ſei ihnen beim Aufſuchen der Gänge von größtem Nutzen geweſen, andere verneinen es. Von denen, die den Gebrauch der Wünſchelrute gutheißen, nehmen einige eine Gabel vom Haſelſtrauch, die ſie für geeigneter als andere halten, beſonders wenn der Haſelſtrauch über einem Gang gewachſen iſt. Andere benutzen je nach dem Erz verſchiedene Ruten, und zwar verwenden ſie die Ruten von Haſel für die Silbererzgänge, die der Eſche für Kupfererz, die der Kiefer für Blei- und Zinnerz, von Eiſen oder Stahl gefertigte für Gold. Sämtlich halten ſie die Enden der Rute mit zu Fäuſten geformten Händen, wobei die angepreßten Finger zum Himmel ſehen und die Rute mit dem Ende, in dem die beiden Zinken zuſammentreffen, aufwärts gerichtet wird. Nun ſchreiten ſie hierhin und dorthin, kreuz und quer durch die Gebirgsgegenden. Wie ſie ſagen, ſoll die Rute, ſobald ſie den Fuß über einem Gang niederſetzen, ſich ſofort nach unten drehen und richten und ihnen dadurch den Gang anzeigen; ſobald ſie aber den Fuß zurückgeſetzt und ſich von dem Gang entfernt haben, ſoll die Rute wieder unbeweglich bleiben. Nach ihrer Behauptung iſt die Urſache für die Bewegung der Rute die den Gängen innewohnende Kraft, und dieſe ſei bisweilen ſo groß, daß ſie die Zweige der nahe bei den Gängen wachſenden Bäume zu ſich herabbiege. Die dagegen behaupten, daß die Rute keinem frommen und ernſten Manne nützen könne, lehnen die Kraft der Gänge als Urſache des Ausſchlagens ab, weil die Rute ſich nicht bei allen zu bewegen pflege, ſondern nur bei denen, die ſie mit Zauberformeln oder ſchlauen Kunſtgriffen benutzen. Außerdem beſtreiten ſie, daß die Kraft der Gänge die Zweige der Bäume herabziehe, vielmehr ſagen ſie, daß die warme und trockene Ausſtrömung der Gänge dies bewirke. Die Anhänger der Rute entgegnen hierauf, daß die Kraft der Gänge die Rute in den Händen gewiſſer Bergleute oder ſonſtiger Menſchen nicht zum Ausſchlagen bringe, beruhe in einer gewiſſen perſönlichen Eigentümlichkeit dieſer Leute, die die Kraft der Gänge hemme und aufhebe. Denn die Kraft der Gänge laſſe die Rute ausſchlagen, ſo wie der Magnet das Eiſen anzieht, und jene verborgene Eigentümlichkeit etlicher Menſchen lähme und breche die Kraft der Gänge, ſo wie der Knoblauch die Kräfte des Magnets ſchwächt und aufhebt; denn ein mit Knoblauchſaft beſtrichener Magnet zieht das Eiſen nicht an, auch nicht das roſtige. Außerdem ermahnen ſie uns betreffs der Handhabung der Wünſchelrute, die Finger nicht leicht zuſammenzulegen, auch nicht heftig zuſammenzupreſſen. Denn bei zu leichtem Anfaſſen ſinke die Rute herab, bevor die Kraft der Gänge ſie drehe, und bei zu feſtem Zufaſſen leiſte die Kraft der Hände der Kraft der Gänge Widerſtand und überwinde ſie. Nach ihrer Anſicht trägt daher fünferlei dazu bei, daß die Rute ihre Aufgabe erfüllt. Erſtens die Größe der Rute, denn die Kraft der Gänge iſt nicht imſtande, eine zu große Rute zum Ausſchlagen zu bringen; zweitens die Form der Rute, denn wenn ſie nicht gegabelt iſt, kann die Kraft nicht auf ſie wirken; drittens die den Gängen innewohnende Kraft, die die natürliche Eigenſchaft hat, die Rute zu drehen; viertens die Handhabung der Rute und fünftens das Fehlen der dem Benutzer innewohnenden Veranlagung, die Kraft der Gänge aufzuheben. Aus all dieſem pflegen ſie zu ſchließen, daß die Rute nicht bei allen Leuten ausſchlägt, werde durch ihre ungeſchickte Handhabung oder durch die die Kraft der Gänge aufhebende Veranlagung des Benutzers veranlaßt, wie wir es bereits dargelegt haben. Und die Rutengänger hätten es nicht nötig, Zauberſprüche anzuwenden, ſondern es genüge die richtige Handhabung der Rute und das Freiſein von entgegenwirkender menſchlicher Veranlagung. Die Rute könne daher einem frommen und ernſten Manne beim Aufſuchen der Gänge von Nutzen ſein. Betreffs der herabgebogenen Zweige der Bäume ſagen ſie weiter nichts, ſondern beharren bei ihrer Meinung.

Da die Sache aber ſtrittig iſt und vielerlei Meinungsverſchiedenheit unter den Bergleuten erregt, ſo meine ich, daß ſie nach ihren eigenen Eindrücken beurteilt werden muß. Der Zauberſtab, mit dem die Zauberer genau wie mit Ringen, Spiegeln und Kriſtallen Gänge aufſuchen, kann zwar die Form einer Gabel haben, doch iſt es von keinerlei Bedeutung, ob er gerade oder nach irgendeiner anderen Figur geformt iſt. Denn nicht in der Geſtalt der Rute ſteckt der Einfluß, ſondern in den Zauberſprüchen der Lieder, die ich nicht wiedergeben darf noch mag. Die Alten haben aber mit dem Zauberſtab nicht nur Lebensbedürfniſſe zu befriedigen geſucht, ſondern auch die Geſtalt von Dingen gewandelt. So haben ägyptiſche Zauberer Stöcke in Schlangen verwandelt, wie die Schriften der Juden erzählen. Und bei Homer verwandelt Minerva den Greis Odyſſeus mit dem Zauberſtab plötzlich in einen Jüngling und dann wieder in einen Greis; Circe ferner verwandelt die Gefährten des Odyſſeus in wilde Tiere und gibt ihnen dann ihre menſchliche Geſtalt wieder. Merkur hat mit ſeinem Heroldſtab Wachende eingeſchläfert und Schlafende geweckt. So ſcheint die Rute erſtmals durch das unſaubere Gebaren von Zauberern in den Bergbau gelangt zu ſein; dann als fromme Männer ſich von den Zauberſprüchen abwandten und ſie verwarfen, wurde die Rute von dem einfachen Volk der Bergleute zurückbehalten, und die Spuren des

Aufſuchen der Gänge mit der Wünſchelrute und durch Schürfgräben.
Die Wünſchelrute A. Ein Schürfgraben B.

alten Gebrauchs blieben beim Aufſuchen der Gänge erhalten. Da aber die Wünſchelruten ausſchlagen, obgleich die Bergleute im allgemeinen keine Zauberſprüche dazu ſprechen, ſo ſehen die einen als weſentlich für ihre Bewegung die Kraft der Gänge, die andern die Handhabung der Rute und wieder andere dies beides an. Aber alle Dinge, die mit der Kraft der Anziehung ausgeſtattet ſind, drehen die Gegenſtände nicht im Bogen, ſondern ziehen ſie auf ſich zu; zum Beiſpiel dreht der Magnet nicht das Eiſen, ſondern zieht es geradeswegs an ſich heran. Und wird der Bernſtein durch Reiben erwärmt, ſo wendet er Strohhalme nicht um, ſondern zieht ſie einfach an ſich heran. In gleicher Weiſe würde die Kraft der Gänge, wenn ſie mit dem Magnet oder dem Bernſtein gleiche Natur hätte, die Rute nicht ſooft drehen, ſondern nur ein einziges Mal über den Raum eines Halbkreiſes gedreht geradeswegs auf ſich zu richten und ferner, wenn nicht das feſte Zufaſſen des Rutengängers dieſer Kraft der Gänge ſelbſt Widerſtand leiſten würde, die Rute zur Erde ziehen. Wenn dies nicht geſchieht, ſo ergibt ſich notgedrungen, daß die Handhabung die Urſache für die Bewegung der Rute iſt. Dies iſt auch aus folgendem erſichtlich: jene ſchlauen Benutzer nehmen nicht eine ſtabförmige, ſondern eine gegabelte Rute, und zwar vom Haſelbuſch oder einem anderen ebenſo biegſamen Holz, ſo daß die Rute, wenn ſie nach der bei ihnen gebräuchlichen Art gehalten wird, bei einem jeden Menſchen, einerlei an welchem Ort er ſteht, ſich im Kreiſe dreht. Und es iſt nicht erſtaunlich, wenn die Rute ſich nicht dreht, ſobald unerfahrene ſie halten; denn ſie faſſen ihre Enden zu feſt oder zu locker. Der einfache Bergmann glaubt deshalb an die Brauchbarkeit der Wünſchelrute, weil die Rutengänger manchmal Gänge durch Zufall finden. Aber viel öfter wenden ſie die Mühe vergeblich auf und würden, wenn ſie, in der Annahme, Gänge finden zu können, Schürfgräben zögen, ebenſo mürbe gemacht wie die Gewerken ſchlechter Kuxe. Der wahre Bergmann benutzt, da wir wollen, daß er ein frommer und ernſter Mann iſt, den Zauberſtab nicht, und da er ferner der Natur der Dinge kundig und verſtändig ſein ſoll, ſieht er ein, daß ihm die Wünſchelrute nichts nutzen kann, ſondern er beachtet, wie ich oben ausgeführt habe, die natürlichen Kennzeichen der Gänge.

Wenn die Natur oder ein Zufall die natürlichen Anzeichen eines Ganges an einem zum Bergbau geeigneten Ort offenbaren, ſo zieht der Bergmann dort Schürfgräben; andernfalls unterſucht er einen Ort durch zahlreiche Schürfgräben, bis er den Ausbiß eines Ganges entdeckt. Ein ſchwebender Gang oder Flöz[14] jedoch wird ſelten durch menſchliche Arbeit, ſondern meiſt durch irgend etwas anderes entdeckt, bisweilen durch einen Schacht oder Stollen, der auf einen in die Teufe fallenden oder echten Gang getrieben wird.

Den gefundenen Gängen ſowie den Schächten und Stollen gibt man Namen, und zwar entweder nach den Findern, wie zum Beiſpiel der Annaberger „Köhlergang" ſo genannt iſt, weil ihn ein Köhler fand, oder nach den Gewerken, wie der „Geyr" zu Joachimsthal nach der Familie Geyr, die dort Kuxe baute, oder nach den gewonnenen Mineralien, wie der Joachimsthaler Bleigang oder der Schneeberger Wismutgang, oder nach dem Zufall, der zur Entdeckung führte, wie das „Reiche Geſchub" zu Joachimsthal, das ein Wildbach bloßlegte. Öfter jedoch geben die erſten Finder den Gängen, ſonderlich aber den Gruben die Namen von Perſönlichkeiten, wie „Deutſcher Kaiſer", „Apollo", „Janus", oder von Tieren, wie „Löwe", „Bär", „Widder", „Kuh", oder von lebloſen Dingen, wie „Silberkaſten", „Ochſenſtall", oder von etwas Lächerlichem, wie „Narrenfreſſer", oder endlich einen Namen, der eine gute Vorbedeutung hat, wie „Gabe Gottes". Daß dieſer Brauch, die Gänge, Schächte, Stollen zu benennen, ſchon in alten Zeiten geübt worden iſt, erfahren wir von Plinius, der ſchreibt: „Es iſt erſtaunlich, daß die einſt von Hannibal in Spanien angelegten Gruben noch heute betrieben werden und dabei noch ihre von den Findern erhaltenen Namen tragen; ſo heißt heute noch Baebelo die Grube, die dem Hannibal jeden Tag dreihundert Pfund Silber lieferte."

[14] Vgl. 3. Buch Anm. 2, S. 34.

ENDE DES ZWEITEN BUCHES

DRITTES BUCH

DAS vorige Buch, das den Bergleuten gewidmet iſt, handelte von der Auswahl des Grubengeländes, vom Verwaſchen von Sanden und vom Eindampfen von Löſungen, ferner von den Verfahren zum Auffuchen der Gänge. Nunmehr beginne ich mit dem dritten Buch, das die Gänge, Klüfte und Geſteinsſchichten[1] zum Gegenſtand hat. Bei anderer Gelegenheit ſagte ich ſchon, daß mit dieſen Namen zuweilen Hohlräume in der Erde bezeichnet werden; öfter jedoch meint man damit den Inhalt der Hohlräume. Jetzt gebrauche ich ſie in anderer Bedeutung, denn unter dieſen Namen verſtehe ich alle mineraliſchen Subſtanzen, die der Schoß der Erde umſchließt.

Zunächſt will ich von den Gängen ſprechen, die nach Tiefe, Mächtigkeit und Länge beträchtlich voneinander abweichen. So gibt es einen Gang, der von der Oberfläche bis in große Tiefen hinabſetzt und den man deshalb als einen in die Tiefe fallenden Gang[2] zu bezeichnen pflegt.

Das Gebirge A, C. Der Gang B.

[1] Der ſchwer zu übertragende lateiniſche Ausdruck „commiſsurae saxorum" wird im Index mit „Abſetzen des Geſteins" überſetzt. Gemeint ſind wahrſcheinlich die Schichtfugen in den Geſteinen oder die Geſteinsſchichten ſelbſt.

[2] Der lateiniſche Ausdruck „vena profunda" wird im folgenden kurz mit „Gang" übertragen, im Gegenſatz zur „vena dilatata", dem ſchwebenden Gang oder Flöz, und zur „vena cumulata", dem Stock oder Stockwerk.

Das Gebirge A, D. Das Flöz oder der schwebende Gang B, C.

Ein anderer Gang, diesem ganz unähnlich, steigt weder bis zur Erdoberfläche hoch, noch fällt er in die Tiefe ein, sondern liegt flach im Untergrund und erstreckt sich über weite Flächen. Ein solches Gebilde bezeichnet man als schwebenden Gang oder Flöz.

Wieder ein anderer besitzt sowohl in bezug auf seine Länge als auch seine Mächtigkeit große Ausdehnung und heißt dann gewöhnlich ein Stock. Er bildet nichts anderes als eine Anhäufung bestimmter Mineralien, wie ich sie in dem Buch „Über die Entstehung und Ursachen der unterirdischen Dinge"[3] beschrieben habe. Hie und da kommt es vor – jedoch ist dies ungewöhnlich und selten –, daß mehrere Ansammlungen dieser Art an einer Stelle auftreten, von denen jede ein oder mehrere Lachter[4] tief und 4 bis 5 Lachter mächtig ist, während ihr Abstand untereinander 2, 3 und mehr Lachter beträgt. Wenn man mit dem Abbau auf solchen Ansammlungen beginnt, so zeigen sie zunächst die Form einer Scheibe; später tun sie sich weiter auf, und zuletzt entsteht aus all diesen Anhäufungen gewöhnlich ein regelrechter Stock.

Den Zwischenraum zwischen zwei Gängen nennt man Zwischenmittel. Wenn es sich um ein Flöz handelt, bleibt dieses Zwischenmittel ganz im Untergrund ver-

[3] De ortu et causis subterraneorum libri V, Froben, Basileae MDXLVI.

[4] Lat. passus, Lachter oder Klafter ist nach Agricolas Werk De mensuris, quibus intervalla metimur Liber I, Froben, Basileae MDL, S. 339, gleich 3 Ellen = 6 Fuß, also fast genau 1,7 m. Über die im folgenden benutzten Längenmaße vgl. Buch 7, Anm. 5, S. 190/191.

Das Gebirge A, B, C, D. Der Stock E, F, G, H, I, K.

borgen; bei tiefgehenden Gängen iſt ſein oberſtes Ende ſichtbar, während alles übrige unſichtbar bleibt.

Die Gänge ſind wieder bezüglich ihrer Mächtigkeit ſehr voneinander verſchieden. Einige von ihnen ſind 1 Lachter mächtig, andere 2 Ellen, wieder andere nur 1 Elle; einige haben 1 Fuß, manche nur $^{1}/_{2}$ Fuß Mächtigkeit. All dieſe nennen unſere Bergleute mächtige Gänge. Andere hingegen ſind nur 1 Hand oder 3 bis 2 Finger ſtark; dieſe heißt man ſchmale Gänge. Jedoch werden an Orten, wo beſonders mächtige Gänge vorkommen, ſolche mit Mächtigkeiten von 1 Elle, 1 Fuß oder $^{1}/_{2}$ Fuß auch als ſchmale Gänge bezeichnet. In Kremnitz z.B. wird ein Gang an einer Stelle 15 Lachter mächtig, an einer anderen 18, ja an einer ſogar 20 Lachter. Die dortigen Einwohner bezeugen uns dies.

Auch die Flöze ſchwanken ſtark in ihren Mächtigkeiten. Einige ſind 1 Lachter, andere 2, noch andere mehrere Lachter ſtark; wieder andere haben nur 1 Elle, 1 Fuß oder $^{1}/_{2}$ Fuß Mächtigkeit. All dieſe nennt man gewöhnlich mächtige Flöze. Es gibt aber auch ſolche, die nur 1 Handbreit oder 3, 2 oder 1 Finger ſtark ſind; dieſe heißen ſchwache Flöze.

Weiterhin ſind die Gänge auch nach ihrer Richtung verſchieden. Die einen verlaufen von Oſten nach Weſten. Andere ſtreichen von Weſten nach Oſten. Wieder andere verlaufen von Süden nach Norden. Noch andere ſtreichen umgekehrt von Norden nach Süden.

Gänge A, C. Das Zwischenmittel B.

Flöze A, B, D, E. Das Zwischenmittel C.

Ein mächtiger Gang A. Ein ſchmaler Gang B.

Ein mächtiges Flöz A. Ein ſchwaches Flöz B.

Der Gang A, B, C. Die Nebengeſteinsſchichten D, E, F.

Der Gang A, B, C. Die Nebengeſteinsſchichten D, E, F.

Der Gang A, B, C. Die Nebengesteinsschichten D, E, F.

Der Gang A, B, C. Die Nebengesteinsschichten D, E, F.

Ob ein Gang nach Osten oder nach Westen streicht, das zeigen uns die Schichten des Nebengesteins an. Wenn diese z.B. nach Westen in die Tiefe einfallen, so sagt man, daß der Gang von Ost nach West streicht. Wenn die Schichten jedoch nach Osten zu einfallen, so streicht der Gang von Westen nach Osten. In gleicher Weise bestimmen wir mittels der Nebengesteinsschichten, ob die Gänge nördlich oder südlich streichen.

Nun teilen die Bergleute jeden Quadranten der Erde wieder in sechs Teile, und auf diese Weise bekommen sie 24 Richtungen, die sie mit zweimal zwölf Ziffern bezeichnen. Diese Richtungen gibt ihnen ein Instrument [5] an, das folgendermaßen gebaut ist: Zunächst zeichnet man einen Kreis. Dann zieht man in gleichen

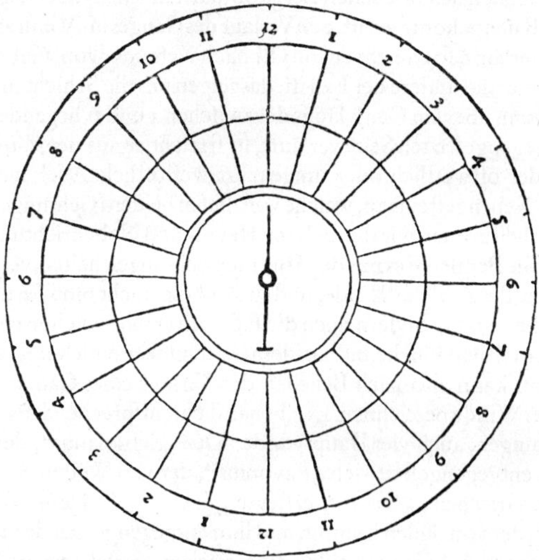

Abständen voneinander durch den Mittelpunkt, den die Griechen „κέντρον" nennen, zwölf gerade Linien, die von einem Punkt der Peripherie zum gegenüberliegenden gehen (die Griechen heißen eine solche Gerade „διάμετρος", die Lateiner „diametiens"). Diese teilen den Kreis in 24 in jeder Beziehung unter sich gleiche Teile. Dann schlägt man in den Kreis drei andere Kreise ein, von denen der äußerste die Gradeinteilung für die 24 Himmelsrichtungen enthält. In dem Raum zwischen diesem und dem nächsten Kreis sind an den Durchmessern zweimal zwölf Ziffern eingezeichnet, während das innerste Feld eine Vertiefung zur Aufnahme einer Magnetnadel aufweist. In der Richtung dieser Nadel verläuft derjenige der zwölf Durchmesser, an dessen beiden Enden die Zahl 12 eingetragen ist.

Da die Magnetnadel sich genau nordsüdlich einstellt, bezeichnet die Ziffer 12 am gegabelten Nadelende die Nordrichtung, die Ziffer 12 an der Nadelspitze

[5] Gemeint ist der Bergkompaß.

dagegen die Südrichtung. Die linke Ziffer 6 gibt dann den Oſten, die andere 6 rechts den Weſten an. Außerdem liegen zwiſchen zwei Hauptrichtungen immer fünf Nebenrichtungen. Davon werden je zwei nebeneinanderliegende der nächſtliegenden Hauptrichtung zugezählt; die fünfte dagegen, die mitten zwiſchen dieſen zwei Doppelpaaren liegt, wird halbiert, und zwar ſo, daß die eine Hälfte zur einen und die andere zur anderen Hauptrichtung geſchlagen wird. So z. B. liegen zwiſchen 12 Nord und 6 Oſt die Ziffern 1, 2, 3, 4, 5, von denen 1 und 2 nördliche Richtungen mit öſtlicher Wendung, 4 und 5 öſtliche Richtungen mit nördlicher Wendung bilden, während 3 zur Hälfte zum Norden und zur Hälfte zum Oſten geſchlagen wird.

Wer alſo die Richtung der unterirdiſchen Gänge feſtſtellen will, der ſtelle über dem Gang den oben beſchriebenen Bergkompaß auf. Die Nadel zeigt ihm dann, ſobald ſie zur Ruhe gekommen iſt, den Verlauf des Ganges an. Wenn alſo der Gang von 6 nach 6 verläuft, ſo ſtreicht er von Oſt nach Weſt oder von Weſt nach Oſt. Ob nun das eine oder das andere der Fall iſt, das zeigen uns die Schichten des Nebengeſteins an. Wenn aber ein Gang längs der zwiſchen 5 und 6 liegenden Richtung nach der entgegengeſetzten Seite verläuft, ſo ſtreicht er aus der Mitte zwiſchen 5 und 6 entweder oſtweſtlich oder umgekehrt weſtöſtlich. Auch hier zeigen die Schichten des Nebengeſteins an, welche von dieſen beiden Richtungen zutrifft. In gleicher Weiſe beſtimmen wir die anderen Haupt- und Nebenrichtungen.

Gleichwie die Bergleute es mit den Himmelsrichtungen halten, verfahren auch die Seeleute mit der Zahl der Winde, und zwar iſt dies nicht bloß bei unſeren Zeitgenoſſen im Gebrauch, ſondern auch die Römer verfuhren ſchon ebenſo, wobei ſie den Winden teils lateiniſche, teils aus dem Griechiſchen entlehnte Namen gaben. Der Bergmann kann alſo nach Belieben den Verlauf eines Ganges auch durch die Namen der Winde bezeichnen. Es gibt nämlich, entſprechend den vier Haupthimmelsrichtungen, auch vier Hauptwinde: Den „Subsolanus", der von Oſten kommt; ihm entgegengeſetzt den „Favonius", der von Weſten weht; letzterer heißt bei den Griechen „ζέφυρος", erſterer „ἀπηλιάτης". Dann gibt es weiter den „Auster", der von Süden kommt, und ihm entgegengeſetzt den von Norden blaſenden „Septentrio"; jenen heißen die Griechen „νίτος", dieſen „ἀπαρκτίας". Dazu kommen Nebenwinde, 20 an der Zahl, wie bei den Himmelsrichtungen; denn zwiſchen je zwei Hauptwinden liegen immer fünf Nebenwinde. Zwiſchen dem „Subsolanus" (Oſtwind) und dem „Auster" (Südwind) liegt der „Ornithias" zu allernächſt dem „Subsolanus". Dann kommt der „Caecias", weiter der „Eurus", der unter dieſen fünf die Mitte einnimmt. Der nächſte iſt der „Vulturnus", und ſchließlich folgt der „Euronotus", der dem „Auster" zunächſt liegt. All dieſen gaben die Griechen den Namen, mit Ausnahme des „Volturnus". Wer aber die Winde nicht mit derart peinlicher Genauigkeit unterſcheiden will, ſagt einfach, dieſe wären gleichbedeutend mit dem Wind, den die Griechen „εὗρος" nennen. Zwiſchen dem „Auster" (Südwind) und dem „Favonius" (Weſtwind) liegt zunächſt der „Altanus" rechts unmittelbar neben dem „Auster". Dann folgt der „Libonotus", weiter der „Africus", der unter dieſen fünf die Mitte einnimmt. Hernach kommen der „Subvesperus" und zuletzt der „Argestes" links vom „Favonius". All dieſe haben mit Ausnahme von „Libonotus" und „Argestes" lateiniſche Namen. Von den Griechen wird der „Africus" „λίψ" genannt. In gleicher

Weiſe liegen zwiſchen „Favonius" (Weſtwind) und „Septentrio" (Nordwind) als erſter die „Etesiae" rechts vom „Favonius", dann der „Circius", weiter der „Caurus", unter dieſen fünf der mittelſte; ſodann folgt der „Corus" und zum Schluß der „Thrascias" links vom „Septentrio". Auch dieſen gaben mit Ausnahme

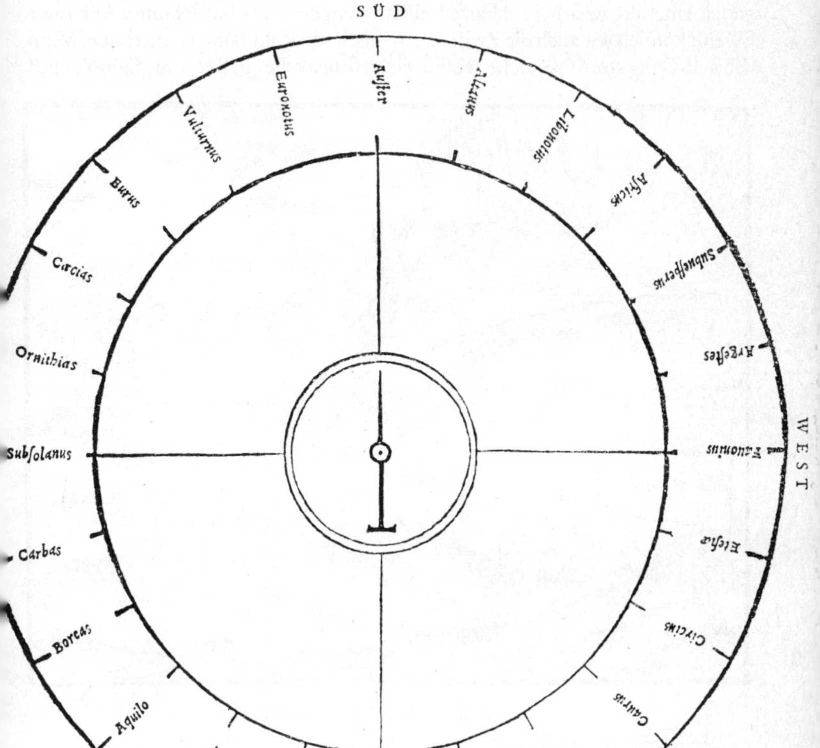

des „Caurus" die Griechen den Namen. Wer aber die Winde nicht ſo peinlich unterſcheidet, der findet, daß der griechiſche „κόρος" und der lateiniſche „Caurus" ein und derſelbe Wind iſt. Endlich liegen zwiſchen dem „Septentrio" (Nordwind) und dem „Subsolanus" (Oſtwind) als erſter der „Gallicus" rechts vom „Septentrio", dann der „Supernas", weiter der „Aquilo" als mittlerer unter dieſen fünf, ſodann der „Boreas“ und zum Schluß der „Carbas“ links vom „Subsolanus“. Auch hier verſtehen diejenigen, die keine derart große Zahl von Winden haben, ſondern nur 12, höchſtens 14 annehmen, im griechiſchen „βορέας“ und im lateiniſchen „Aquilo“ den nämlichen Wind. Aber für unſere Zwecke iſt es nicht nur vorteilhaft, dieſe große Zahl von Winden zu übernehmen, ſondern es empfiehlt ſich ſogar, ſie zu verdoppeln, wie es die deutſchen Seeleute tun. Dieſe verwenden noch eine aus zwei benachbarten zuſammengeſetzte Windrichtung. Auf dieſe Weiſe können wir auch die Zwiſchenlagen durch Windnamen bezeichnen. Wenn alſo ein Gang von 6 Oſt nach 6 Weſt ſtreicht, ſo heißt dies, daß er vom „Subsolanus“

Das Flöz A, B. Die Nebengeſteinsſchichten C.

zum „Favonius“ verläuft. Wenn aber ein Gang aus der Mitte zwiſchen 5 und 6 Oſt nach der Mitte zwiſchen 5 und 6 Weſt ſich erſtreckt, ſo wird man ſagen, daß er aus der Mitte von „Carbas“ und „Subsolanus“ nach der Mitte von „Argestes“ und „Favonius“ ſtreicht. In derſelben Weiſe iſt bei allen anderen Richtungen und deren Zwiſchenlagen zu verfahren. Wegen der natürlichen Eigenſchaften des Magneten, unter deſſen Einfluß die Eiſennadel nach Süden ſich einſtellt, muß aber der Bergmann den oben beſchriebenen Bergkompaß ſo aufſtellen, daß ihm Oſten zur Linken, Weſten zur Rechten liegt.

Ebenſo wie die Gänge ſind auch die Flöze in bezug auf ihre ſeitliche Ausdehnung untereinander verſchieden. An den Schichten des Nebengeſteins können wir erkennen, nach welcher Richtung ſie ſich erſtrecken. Wenn nämlich die Schichten nach Weſten einfallen, ſo ſagt man, daß das Flöz von Oſt nach Weſt ſtreicht; fallen

Ein geradlinig verlaufender Gang A. Ein gekrümmt verlaufender Gang B.

Ein waagerecht liegendes Flöz A. Ein geneigt liegendes Flöz B. Ein gekrümmt verlaufendes Flöz C.

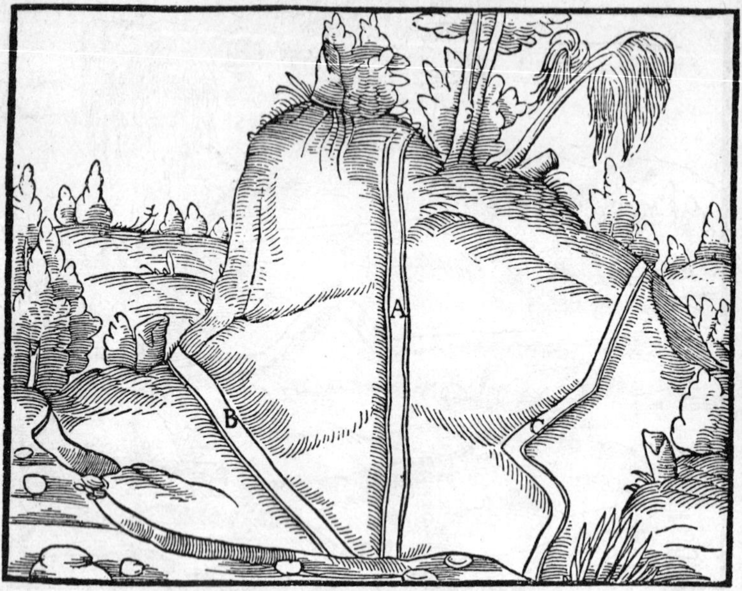

Ein ſenkrecht einfallender Gang A. Ein geneigt einfallender Gang B.
Ein gekrümmt verlaufender Gang C.

ſie dagegen umgekehrt nach Oſten ein, ſo ſagt man, daß das Flöz von Weſt nach Oſt ſich erſtreckt. In gleicher Weiſe können wir mittels der Nebengeſteinsſchichten feſtſtellen, ob die Flöze nördlich oder ſüdlich verlaufen, und ebenſo können wir es bei den Nebenrichtungen und ihren Zwiſchenlagen machen.

Überdies gibt es, was noch zum Gegenſtand über den Verlauf der Gänge gehört, ſowohl ſolche, die ſchnurgerade von einer Richtung nach der entgegengeſetzten ſtreichen, als auch ſolche, die gekrümmt verlaufen. In letzterem Falle kann es geſchehen, daß ein aus dem Oſten kommender Gang nicht – wie man erwarten ſollte – nach der entgegengeſetzten, alſo Weſtrichtung verläuft, ſondern ſich krümmt und entweder nach Nord oder Süd abbiegt.

In ähnlicher Weiſe verlaufen auch die Flöze teils waagerecht, teils liegen ſie geneigt, teils ſind ſie gebogen.

Auch die Gänge weichen in der Art ihres Einfallens voneinander ab; denn die einen ſtehen ſenkrecht, andere verlaufen mehr oder weniger geneigt, wieder andere gekrümmt.

Außerdem weichen die Gänge auch in bezug auf die Beſchaffenheit des Geländes, durch das ſie ſich hindurchziehen, ſtark voneinander ab. Die einen verlaufen nämlich längs des Gehänges eines Berges oder Hügels und ſteigen nicht darunter hinab.

Das Berggehänge A, C. Der Gang B.

Das Berggehänge A, C. Ein Tal B. Der Gang D, E, F.

Das Berggehänge A. Flaches Gelände B. Der Gang C, D.

Hügeliges Gelände A. Der Gang B.

Der Hauptgang A. Der ihn ſenkrecht durchſetzende Gang B.
Der ihn ſchief durchſetzende Gang C.

Andere Gänge ziehen ſich von der oberſten Spitze eines Berges oder Hügels am Gehänge herunter in eine Mulde oder in ein Tal und ſteigen am Gehänge des gegenüberliegenden Berges oder Hügels wieder hoch.

Wieder andere Gänge ziehen ſich einen Berg oder Hügel herab und laufen dann in flaches Gelände aus.

Schließlich gibt es auch noch ſolche Gänge, die geradlinig über bergiges, hügeliges oder flaches Gelände hinwegziehen.

Sehr ungleich verhalten ſich ſodann die Gänge bei Kreuzungen, wobei der eine Gang den anderen bald ſenkrecht kreuzt, bald ſchief durchſchneidet und ihn ſo gleichſam in zwei Teile ſpaltet.

Wenn der Gang, der den Hauptgang ſchief durchſetzt, härter iſt als dieſer, dann durchdringt er ihn, gleichwie ein Buchen- oder Eiſenkeil mittels eines Hammers durch weiches Holz getrieben werden kann. Iſt er aber weicher, dann ſchleppt ihn der Hauptgang drei Fuß oder ein, zwei, drei oder mehrere Lachter weit mit ſich, oder aber—was jedoch ſeltener der Fall iſt—er verwirft ihn. Ob der Gang, der den Hauptgang ſchneidet, auf beiden Seiten derſelbe iſt, das kann man an der gleichartigen Ausbildung des Hangenden oder Liegenden erkennen.

Manchmal kommt es vor, daß ein Gang ſich mit einem anderen vereinigt, ſo daß aus zwei oder mehreren Gängen nahe der Oberfläche ein einziger entſteht. In anderen Fällen erfolgt die Vereinigung nicht in der Nähe des Ausgehenden, ſon-

Der Hauptgang A. Ein Gang, der den Hauptgang ſchräg ſchneidet B.
Ein Gang, der ſich am Hauptgang ſchleppt C.
Verworfener Gangteil des kreuzenden Ganges D.

dern die Gänge vereinigen ſich, wenn ſie nicht weit auseinanderliegen und wenn der eine dem anderen zufällt oder beide gegenſeitig einander zufallen, erſt in größerer Tiefe. In ähnlicher Weiſe können ſich drei und noch mehr Gänge in der Tiefe zu einem einzigen vereinigen.

Mitunter löſt ſich eine derartige Vereinigung von Gängen wieder auf; in dieſem Falle kann es geſchehen, daß aus dem rechten Gang der linke und umgekehrt aus dem linken der rechte wird.

Weiter können aus einem einzigen Gang, wenn dieſer von einem ſehr harten Geſtein gleichſam wie von einem eiſernen Schiffsſchnabel durchbrochen und zerteilt wird oder wenn ihn Klüfte in weichem Geſtein zerſplittern, zwei oder mehrere Einzelgänge werden. Dieſe vereinigen ſich manchmal wieder, manchmal bleiben ſie aber auch voneinander getrennt.

Ob es ſich um eine Gangteilung oder um eine Vereinigung zweier Gänge handelt, läßt ſich allein aus den Schichten des Nebengeſteins erkennen. Wenn z. B. ein Hauptgang von Oſt nach Weſt ſtreicht, ſo fallen die Geſteinsſchichten gleicherweiſe von Oſt nach Weſt ein. Bei dem benachbarten Gang, der ſich — ob er nun von Süden oder Norden kommt — mit dem Hauptgang vereinigt, verhält es ſich bezüglich des Streichens der Nebengeſteinsſchichten ganz entſprechend. Deren Einfallen ſtimmt dann jedoch mit dem Einfallen der Nebengeſteinsſchichten des Hauptganges, der nach ſeiner Vereinigung ja derſelbe bleibt, nicht mehr überein, wenn nicht der Nebengang aus der gleichen Richtung wie der Hauptgang kommt.

Zwei Gänge, die beide ſchräg einander zufallen A, B. Die Vereinigung beider Gänge C.
Ein ſenkrecht einfallender Gang D. Ein ſchräg einfallender Gang,
der dem ſenkrecht einfallenden zufällt E. Die Vereinigung beider Gänge F.

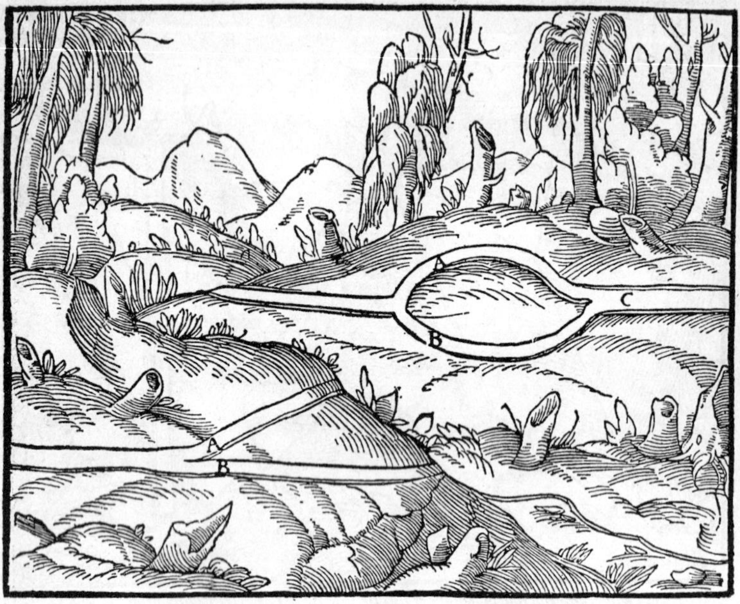

Eine Gangteilung A, B. Ihre Wiedervereinigung C.

Den mächtigeren Gang heißen wir eben dann Hauptgang und den ſchmäleren Nebengang. Wenn aber der Hauptgang ſich teilt, dann behalten die den einzelnen Teilen zugehörigen Geſteinsſchichten dieſelbe Richtung beim Einfallen in die Tiefe wie diejenige des Hauptganges.

Dies mag genügen über die Vereinigung und Teilung der Gänge. Wir gehen jetzt zu den Flözen über. Ein Flöz kann entweder einen Gang kreuzen, oder es vereinigt ſich mit ihm, oder es kann umgekehrt auch durch einen Gang geſchnitten und ſo in einzelne Teile zerlegt werden.

Schließlich hat jeder Gang Urſprung und Ende, Kopf und Schwanz. Der Teil, mit dem ein Gang beginnt, heißt ſein Urſprung, der dagegen, mit dem er aufhört, ſein Ende. Als Kopf bezeichnet man den Teil, mit dem ein Gang an der Tagesoberfläche austritt, als Schwanz denjenigen, der in der Erdtiefe verborgen iſt. Jedoch iſt es gar nicht notwendig, daß die Bergleute den eigentlichen Urſprung der Gänge aufſuchen, ähnlich wie die Könige von Ägypten einſt nach der Quelle des Nil forſchten. Vielmehr genügt es für ſie, irgendeinen Teil des Ganges gefunden ſowie ſeine Richtung erkannt zu haben. Denn ſelten kann man Urſprung und Ende feſtſtellen. Die Richtung, nach der der Kopf des Ganges zutage ausſtreicht oder nach der ſein Schwanz ausläuft, läßt ſich an ſeiner Unterlage und an ſeinem Dach erkennen. Letzteres wird auch als Hangendes, erſteres als Liegendes bezeichnet. Auf das Liegende legt ſich der Gang auf, und das Hangende überdeckt ihn. Wenn wir alſo in einen Schacht hinabſteigen, ſo iſt der Teil, dem wir das Angeſicht zuwenden, das Liegende, das Lager des Ganges; der Teil dagegen, dem

*Ein Flöz, einen Gang ſchneidend, A, C. Der Gang B.
Ein Flöz, mit einem Gang ſich vereinigend, D, E. Der Gang F. Ein Flöz G.
Teilſtücke dieſes Flözes H, I. Der Gang, ein Flöz zerteilend K.*

wir den Rücken zuwenden, iſt das Hangende. In gewiſſer Hinſicht entſpricht der Kopf des Ganges dem Liegenden und der Schwanz dem Hangenden. Denn wenn das Liegende des Ganges nach Süden gerichtet iſt, liegt auch der Kopf des Ganges nach Süden; das Hangende dagegen, das immer dem Liegenden entgegengeſetzt iſt, muß dann nach Norden liegen. Dementſprechend muß auch der Schwanz des Ganges nach Norden liegen, wenn es ſich um einen ſchräg einfallenden Gang handelt. Das gleiche gilt mit Bezug auf Oſt und Weſt, die Nebenrichtungen und ihre Zwiſchenlagen. Wenn alſo ein Gang ſenkrecht, geneigt oder gekrümmt in die Tiefe einfällt, ſo wird das Liegende des ſchräg fallenden Ganges leicht vom Hangenden zu unterſcheiden ſein. Beim ſenkrecht ſtehenden Gang iſt dies nicht in gleicher Weiſe möglich. Beim gekrümmten Gang endlich verkehrt ſich das Liegende und wird zum Hangenden, und umgekehrt wird das Hangende zum Liegenden. Doch wird aus dem letzteren meiſt wieder ein ſenkrechter oder geneigter Gang.

Ein Flöz dagegen hat nur Urſprung und Ende; die Stelle von Kopf und Schwanz vertreten die zwei Seiten.

Stöcke haben Urſprung und Ende, Kopf und Schwanz, gleichwie die Gänge. Sowohl Stöcke als auch Flöze werden oft durch einen Gang quer durchſchnitten.

Die Trümer, worunter man kleine Gänge verſteht, werden eingeteilt in Quertrümer, in Diagonaltrümer, die den Gang ſchräg ſchneiden, in Seitentrümer, in

Der Urſprung des Ganges A. Sein Ende B. Sein Kopf C. Sein Schwanz D.

Der Urſprung des Flözes A. Sein Ende B. Seine Seiten C, D.

Der Urſprung des Stockes A. Sein Ende B. Sein Kopf C. Sein Schwanz D.
Ein quer durchſetzender Gang E.

ſchwebende Trümer und in Hangendtrümer. Die Quertrümer kreuzen den Gang ſenkrecht; die Diagonaltrümer ſchneiden ihn ſchräg; die Seitentrümer vereinigen ſich mit dem Gang ſelbſt; die ſchwebenden Trümer dringen wie die ſchwebenden Gänge durch ihn hindurch; jedoch ſind die ſchwebenden Trümer wie die in die Tiefe ſetzenden gewöhnlich mit einem Gang verknüpft.

Die Hangendtrümer dringen nicht ſo tief in die Erde wie die übrigen, ſondern ziehen ſich ſozuſagen von der Tagesoberfläche zum Hangenden oder Liegenden herunter, weshalb man ſie auch als zutage gehende Trümer bezeichnet.

In bezug auf Richtung, Vereinigung und Teilung verhalten ſich die Trümer nicht anders als die Gänge.

Schließlich unterſcheidet man auch noch Klüfte, worunter man die ſchmalſten Trümer verſteht, die manchmal häufig, manchmal ſeltener auftreten. Von welcher Richtung ein Gang immer kommen mag, ſtets werden ſeine Klüfte in ein und derſelben Richtung an der Oberfläche ausſtreichen. Da nun die Klüfte aus jeder beliebigen Himmelsrichtung nach der genau entgegengeſetzten zu verlaufen pflegen, z.B. von Oſt nach Weſt, ſo kommt es vor, daß, wenn harte Trümer ſich ihnen in den Weg ſtellen, dieſelben Klüfte, die vorher von Oſt nach Weſt zogen, nun umgekehrt von Weſt nach Oſt verlaufen und ſo das Streichen des Geſteins das umgekehrte wird. In dieſem Falle wird der Verlauf der Gänge nicht durch die Richtung vereinzelter, ſondern durch die der regelmäßig wiederkehrenden Klüfte beſtimmt.

Gänge A, B. Ein Quertrum C. Ein Diagonaltrum D. Ein Seitentrum E. Ein ſchwebendes Trum F.

Sowohl die Gänge als auch die Trümer ſind entweder maſſig ausgebildet oder druſig oder taub und waſſerführend. Die maſſigen Gänge enthalten kein Waſſer und nur wenig Luft; die druſigen führen ſelten Waſſer, enthalten dagegen öfters Luft; die tauben führen oft Waſſer. Die maſſigen Gänge und Klüfte beſtehen bald aus harten, bald aus weichen, bald aus mäßig harten Beſtandteilen.

Ich kehre zu den Gängen zurück. Ein großer Teil der Bergleute hält von den in die Tiefe ſetzenden Gängen den für den beſten, der von 6 oder 7 Oſt nach 6 oder 7 Weſt durch einen nördlich einfallenden Berghang hindurchſtreicht, deſſen Hangendes nach Süden und deſſen Liegendes nach Norden liegt, ferner deſſen Ausgehendes, von dem ich ſagte, daß es immer dem Liegenden entſpreche, nach Norden gerichtet iſt und deſſen Klüfte nach Oſten ausſtreichen. Als zweitbeſten ſehen ſie denjenigen Gang an, der umgekehrt von 6 oder 7 Weſt nach 6 oder 7 Oſt durch das Gehänge eines Berges mit ähnlichem nördlichen Einfallen hindurchſtreicht, deſſen Hangendes auch nach Süden und deſſen Liegendes nach Norden liegt, ferner deſſen Ausgehendes nach Norden gerichtet iſt und deſſen Klüfte nach Weſt ausſtreichen. An die dritte Stelle ſetzen ſie den Gang, der von 12 Nord nach 12 Süd durch das Gehänge eines Berges mit öſtlichem Einfallen hindurchſtreicht, deſſen Hangendes nach Weſten und deſſen Liegendes nach Oſten liegt, ferner deſſen Ausgehendes nach Oſten gerichtet iſt und deſſen Klüfte nach Norden ausſtreichen. Von dieſen Gängen erwarten ſie alles; von ſolchen aber, deren Ausgehendes oder das Ausgehende ihrer Klüfte nach Süden oder Weſten gerichtet iſt,

Der Gang A. Ein Hangendtrum B. Ein Liegendtrum C.

Klüfte, die von Osten kommen A. Solche von Westen kommend B.

Ein massiger Gang A. Ein massiges Trum B. Ein drusiger Gang C. Ein drusiges Trum D. Ein tauber Gang E. Ein taubes Trum F.

wenig oder überhaupt nichts. Denn, so sagen sie, obwohl diese Gänge manchmal Spuren gediegenen Metalls, am Gestein anhaftend, zeigen oder auch Metallklumpen führen, so sei dies doch so wenig, daß es sich nicht der Mühe lohne, solche Gänge abzubauen. Deshalb sei es immer verlorene Zeit und Mühe, wenn die Bergleute in der Hoffnung auf ergiebige Metallfunde auf dem Weitergraben beharren. Ebenso sollen Gänge, die so beschaffen sind, daß die Sonnenstrahlen die metallhaltigen Stoffe herausziehen, nur wenig Metall geben. In Wirklichkeit aber stimmt damit weder die gegenwärtige Erfahrung der Bergleute, die so über die Gänge urteilen, überein, noch ist deren Auffassung stichhaltig. Denn auch solche Gänge, die von Ost nach West durch das Gehänge eines Berges mit südlichem Einfallen hindurchstreichen und deren Ausgehendes in gleicher Weise nach Süden gerichtet ist, sind trotzdem nicht weniger metallreich als diejenigen, die von jenen Bergleuten als erstklassig bezeichnet werden. Dies zeigte sich in den letzten Jahren klar beim St. Lorenzgang zu Abertham, den unsere Landsleute denn auch eine Gottesgabe nennen, weil sie aus ihm eine große Menge gediegenen Silbers gewonnen haben. Und jüngst bewies ein Gang in Annaberg, genannt Himmlisch Heer, durch seine reiche Silberausbeute, daß Gänge, die von Nord nach Süd streichen und deren Ausgehendes nach Weſten gerichtet iſt, nicht metallärmer ſind als Gänge, deren Ausgehendes nach Oſten liegt. Auch iſt es ganz unmöglich, daß die Sonnenhitze die metalliſchen Stoffe aus ſolchen Gängen herausziehen kann. Zwar vermögen die Sonnenſtrahlen aus der alleroberſten Erdſchicht Dämpfe herauszuziehen, aber ins Erdinnere dringen ſie nicht hinein. Denn die Luft in einem Stollen, der auch nur von 2 Lachtern dichter Erde bedeckt und verhüllt wird, iſt ſelbſt im Hochſommer kühl, da die dazwiſchenliegende Erde den Anprall der Sonnenhitze unterdrückt. Da die Bewohner heißer Gegenden dieſe Erfahrung wohl kennen, wohnen ſie tagsüber in Höhlen, die ihnen Schutz gegen allzu ſtarke Sonnenhitze geben. Geſchweige, daß die Sonne metalliſche Stoffe aus der Erdtiefe emporziehen könnte, bringt ſie es nicht einmal fertig, in gangreichen Gebieten auch nur die Feuchtigkeit aufzutrocknen, weil jene mit Bäumen bewachſen und beſchattet ſind.

Manche Bergleute alſo wählen aus allen Arten von metalliſchen Gängen nur diejenigen aus, die ich genannt habe. Andere wiederum verſchmähen dieſe, wenn ſie Kupfer führen, da ſie ſich dann umgekehrt, wie oben angeführt, verhalten ſollen. Auch dafür gibt es keinen vernünftigen Grund. Was könnte es auch für eine Urſache geben, weshalb die Sonne nicht ebenſogut aus Kupfergängen das Kupfer, wie aus Silbergängen das Silber und aus Goldgängen das Gold herausziehen ſollte?

Wieder andere Bergleute, unter ihnen auch Kalbe[6)], teilen die goldführenden Flüſſe und Bäche ein. Beſonders reich an Goldkörnern und Goldſand ſei, ſo ſagen ſie, ein Fluß oder Bach, wenn er von Oſten komme und nach Weſten fließe, wenn er den Fuß von Bergen, die nach Norden liegen, beſpüle und eine flache Ebene im Süden oder Weſten habe. Der nächſtbeſte ſei ein Fluß oder Bach mit umgekehrtem Lauf von Weſt nach Oſt, der die Berge im Norden und die Ebene im Süden hat. Den dritten Platz räumen ſie einem Fluß oder Bach ein, der von Nord nach Süd fließt und den Fuß von Bergen beſpült, die im Oſten liegen. Für den goldärmſten von allen halten ſie einen Fluß oder Bach, der umgekehrt von Süd nach Nord fließt und den Fuß von Bergen beſpült, die im Weſten liegen. Schließlich ſeien Flüſſe und Bäche, die von Sonnenaufgang nach Sonnenuntergang oder von nördlichen nach ſüdlichen Ländern fließen, um ſo ſtärker goldführend, je mehr ſie ſich den geſchilderten nähern, und um ſo goldärmer, je mehr ſie ſich von ihnen entfernen. Derartiges glauben dieſe Leute von den Flüſſen und Bächen. In Wirklichkeit wächſt überhaupt kein Gold in Flüſſen und Bächen, wie ich im fünften Kapitel des Buches „Über die Entſtehung und Urſachen der unterirdiſchen Dinge“[7)] gegen Albertus dargetan habe. Vielmehr iſt das Gold von den Gängen und Trümern losgelöſt und im Sande von Bächen und Flüſſen abgeſetzt worden. Gleichviel, welche Richtung der Fluß oder Bach auch beſitzen mag, kann man doch vernünftigerweiſe Gold in ihm erwarten, was auch der Erfahrung nicht widerſpricht. Daß jedoch Gold in Gängen und Klüften, die unter einem Bach- oder Flußbett liegen, geradeſo wie in andern entſtehen und gefunden werden kann, das bezweifeln wir nicht.

6) Der Freiberger Arzt und Bürgermeiſter Ulrich Rülein von Kalbe, der Verfaſſer des älteſten, etwa 1505 erſchienenen „Bergbüchleins“. Vgl. E. Darmſtaedter, Berg-, Probier- und Kunſtbüchlein 1926. S. 109 ff.

7) Vgl. dieſes Buch Anm. 3, S. 35.

ENDE DES DRITTEN BUCHES

VIERTES BUCH

DAS dritte Buch hat die verſchiedenen und mannigfachen Arten der Gänge und Klüfte beſchrieben. Dieſes vierte Buch wird darlegen, wie die Grubenfelder zu ſtrecken und zu vermeſſen ſind, und ſich auch zu den bergmänniſchen Ämtern wenden.

Der Bergmann geht, wenn er einen Gang, den er für abbauwürdig hält, erſchürft hat, möglichſt ſofort zum Bergmeiſter und bittet ihn, daß er ihm das Bergbaurecht verleihe. Es iſt nämlich deſſen beſondere Pflicht und ſein Amt, Grubenfelder zu verleihen. Er verleiht daher eine Fundgrube dem, der als erſter einen Gang aufgeſchloſſen hat[1], die übrigen Gruben in der Reihenfolge, in der die einzelnen darum nachſuchen. Die Maße des Grubenfeldes aber werden ausgedrückt in Doppelſchritt oder Lachter, welches bei den Bergleuten 6 Fuß mißt[2]; ein gewiſſes Maß iſt auch ſo groß wie zwei Armlängen und eine Bruſtbreite, doch ſchreiben ihm andere Völker auch eine andere Länge zu. Bei den Griechen nämlich, die es ὄργια[3] nennen, iſt es 6 Fuß, bei den Römern nur 5 Fuß. Auf die Deutſchen aber ſcheint dieſes bei den Bergleuten gebräuchliche Maß, wie man folgern kann, von den Griechen übergegangen zu ſein; und in der Tat nähert ſich der im Bergbau gebräuchliche Fuß dem griechiſchen, denn er iſt nur drei Viertel eines griechiſchen Fingers länger; ebenſo wie bei den Römern wird er in 12 Zoll geteilt. Aus dem Lachter aber, wenn es vielfach genommen wird, wird 1, 2, 3 oder mehr Lehen; immer aber iſt ein Lehen gleich 7 Lachter.

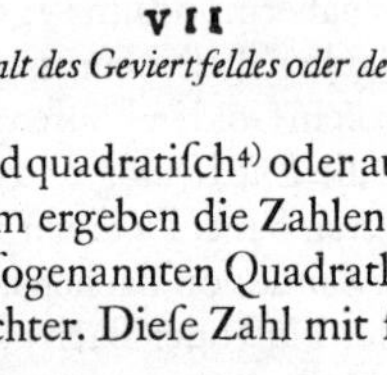

Die Geſtalt des Geviertfeldes oder des Lehens.

Meiſtens iſt das Grubenfeld quadratiſch[4] oder auch rechteckig; beim Quadrat ſind alle Seiten gleich. Darum ergeben die Zahlen von zwei Seiten miteinander multipliziert die Summe der ſogenannten Quadratlachter. Die Größe des Lehens z. B. iſt auf allen Seiten 7 Lachter. Dieſe Zahl mit ſich ſelbſt multipliziert ergibt 49 Quadratlachter[5].

Die Längſeiten aber eines langen Feldes ſind einander gleich, ebenſo die Breitſeiten; darum, wenn alſo die Maßzahl einer Längſeite multipliziert wird mit der Maßzahl der anderen, der Breitſeite, ſo ergibt die Multiplikation die Summe der

[1] d. h. nach jetzigem Sprachgebrauch „fündig geworden iſt".
[2] Über Längenmaße ſ. 7. Buch Anm. 5, S. 190. Danach iſt ein Lachter 1,7 m. Der alte Freiberger Lachter war 1,942 m, der neue ſächſiſche iſt 2,0 m. 7 ſächſiſche Fuß ſind 1,982 m.
[3] Die richtige Schreibweiſe iſt ὄργυια; es iſt dies die Länge zwiſchen den ausgeſtreckten Armen oder die Klafter.
[4] d. h. ein Geviertfeld. [5] Ein Quadratlachter iſt demnach 2,89 qm, ein Quadratlehen 141,6 qm.

Quadratlachter eines Langfeldes. So z.B. hat die Fläche eines doppelten Lehens, die Wehr, 14 Lachter in der Länge und 7 Lachter in der Breite; beide Zahlen miteinander multipliziert ergeben 98 Quadratlachter[6].

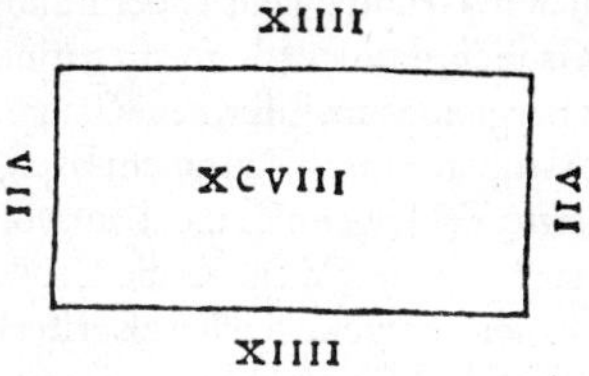

Die Gestalt des Langfeldes oder des doppelten Lehens oder der Wehr.

Da aber die Grubenfelder im Ausmaß verschieden sind, je nach der Verschiedenartigkeit der Gänge, so ist es nötig, daß ich mich über sie und ihre Abmessungen ausführlich verbreite. Wenn nämlich ein eigentlicher Gang in Frage kommt, so besteht die Fundgrube aus drei Wehren, d.h. sie umfaßt 42 Lachter in der Länge und 7 Lachter in der Breite. Multipliziert man diese Maßzahlen miteinander, so erhält man 294 Quadratlachter. Mit diesen Grenzen umschließt der Bergmeister das Recht des Herrn einer „Fundgrube".

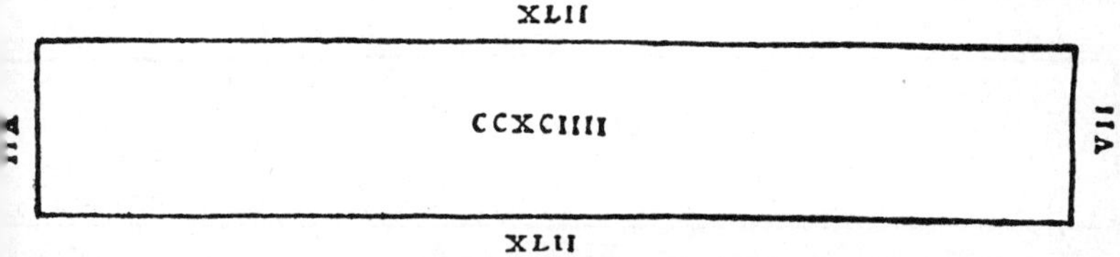

Die Gestalt einer Fundgrube.

Die Fläche einer jeden anderen „Grube" besteht aus zwei Wehren, auf welcher Seite der Fundgrube sie auch liege, oder welche in der Reihenfolge sie auch sei, ob die erste nächst der Fundgrube oder die zweite oder die dritte oder irgendeine andere in der Reihe. Sie hat also 28 Lachter in der Länge und 7 in der Breite; multipliziert man die Lachtermaße der Länge mit denen der Breite, so erhält man 196 Quadratlachter, welche mit diesem Ausmaß die Grube umschließen. Mit diesen Grenzen legt der Bergmeister die Gerechtsame des Besitzers oder der Gewerkschaft jeglicher Grube fest[7].

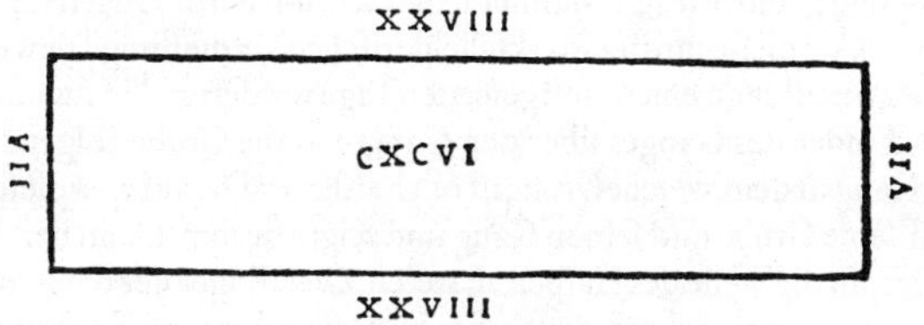

Die Gestalt einer Grube.

[6] das sind 283,2 qm.

[7] Mit den Ausdrücken Fundgrube und Grube werden also Grubenfelder von ganz bestimmter Größe bezeichnet. Eine Fundgrube umfaßt nach obigen Angaben 849,6 qm, eine Grube nur zwei Drittel davon, nämlich 566,4 qm.

Den Teil eines Ganges, welcher zuerſt durch Schürfen aufgeſchloſſen wird, nennen wir Fundgrube[8], weil von ihr alle übrigen Gruben ausgehen, wie die Nerven vom Kopf, und weil der Bergmeiſter von dort ſeine markſcheideriſche Vermeſſung beginnt. Aus dieſem Grunde weiſt er der Fundgrube auch ein größeres Feld zu als den anderen Gruben, damit er dem erſten Finder den verdienten Lohn gewähre und die übrigen Bergleute zum Eifer, neue Gänge zu erſchließen, anſporne. Da ſich aber ſehr oft die Grubenfelder bis zu einem Bach, einem Fluß oder Strom hinziehen, ſo wird das letzte Feld, wenn es nicht zur vollen Streckung gebracht werden kann, „Überſchar" genannt. Wenn es die Größe einer Wehr erreicht, ſo verleiht der Bergmeiſter es demjenigen, welcher als erſter um die Verleihung nachſucht; wenn es aber nur die Größe eines Lehens oder ein wenig mehr erreicht, ſo verteilt er es auf die zu beiden Seiten benachbarten Gruben.

Es iſt ferner Sitte bei den Bergleuten, daß jenſeits eines Fluſſes auf dem gegenüberliegenden Teile des Ganges der erſte eine neue Fundgrube erhält, welche ſie ein „Gegentrum" nennen, andere aber erhalten nur ein gewöhnliches Grubenfeld. Früher beſtand eine jede Fundgrube aus drei Wehren und einem einfachen Lehen, ſo daß ſie 49 Lachter in der Länge und 7 Lachter in der Breite hatte. Wenn wir dieſe beiden Maße miteinander multiplizieren, ergeben ſich 343 Quadratlachter, eine Summe, welche die Größe einer alten Fundgrube bezeichnet.

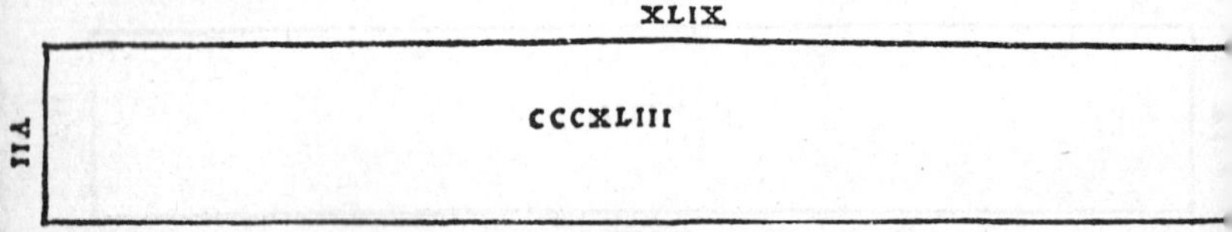

XLIX

Die Geſtalt einer alten Fundgrube.

Jedes andere alte Grubenfeld aber hatte die Geſtalt eines einfachen Lehens, das ſind je 7 Lachter in der Länge und Breite; ſie war alſo quadratiſch. Und auch heute noch nennen die Bergleute in Erinnerung hieran obige Breite irgendeines Feldes, das auf einem Gang verliehen iſt, „Vierung".

Früher war die übliche Art, einen Gang zu vermeſſen, die folgende: Sobald ein Schürfer Erz gefunden hatte, zeigte er dies dem Bergmeiſter und dem Zehntner an, die entweder ſelbſt aus der Stadt in die Berge gingen oder mindeſtens zwei vertrauens- und glaubwürdige Männer ſchickten, um den an Erzen reichen Gang zu beſichtigen. Wenn ſie ihn der markſcheideriſchen Vermeſſung für wert hielten, ging der Bergmeiſter an einem feſtgeſetzten Tage wiederum hinaus und befragte den erſten Finder des Ganges über den Gang und die Grube folgendermaßen: „Welcher Gang iſt dein, welche Grube iſt reich an Erz?" Darauf wies dieſer mit dem Finger auf ſeine Grube und ſeinen Gang und zeigte ſie ihm. Dann befahl ihm der Bergmeiſter, an die Welle des Haſpels zu treten, zwei Finger der rechten Hand auf ſeinen Kopf zu legen und mit deutlicher Stimme folgenden Schwur zu leiſten: „Ich ſchwöre bei Gott und allen Heiligen und rufe ſie zu Zeugen an, daß dieſer Gang mein iſt, und dazu noch, wenn er nicht mein iſt, dann iſt dies nicht mein

[8] Lat. caput fodinarum = Kopf der Gruben.

Kopf, und diese meine Hand soll künftig nicht mehr ihren Dienst tun." Danach begann der Bergmeister mit einer Schnur, von der Mitte der Haspelwelle ausgehend, den Gang zu vermessen; er gab dem Finder des Ganges zunächst ein halbes Lehen, dann drei volle Lehen; danach eines dem Könige oder Fürsten, ein zweites dessen Gemahlin, das dritte dem Marschall, das vierte dem Mundschenk, das fünfte dem Kämmerer, das sechste sich selbst.

In gleicher Weise vollzog er die Vermessung des Ganges nach der anderen Seite der Haspelwelle. So erhielt der erste Finder des Ganges seine Fundgrube, das sind sieben einfache Lehen. Der König aber oder der Fürst und seine Gemahlin, die Würdenträger und der Bergmeister erhielten jeder zwei Lehen oder zwei alte Maße. Aus diesem Grunde findet man in Freiberg im Meißnischen Lande so viele und miteinander durchschlägige Gruben, die infolge des hohen Alters zum großen Teile zu Bruch gegangen sind. Wenn der Bergmeister schon vorher auf einer der beiden Seiten des Schürfschachtes für einen anderen Finder und für die, welche ich oben genannt habe, die Feldesgrenzen festgelegt haben sollte, so daß er hier Felder nicht mehr zu verleihen vermochte, so gab er sie doppelt auf der anderen Seite. Wenn er aber auf beiden Seiten des Schürfschachtes schon vorher die Feldgrenzen festgelegt hatte, so wurde von ihm nur der bergfreie Teil des Ganges vermessen. So ereignete es sich zuweilen, daß diejenigen, die wir oben genannt haben, überhaupt keine Felder erhielten.

Heute ist die Art und Weise, Gänge zu vermessen und zu verleihen, gegen früher verändert, obgleich jener alte Brauch noch beachtet wird. Wie ich oben dargelegt habe, ist die Fundgrube drei Doppellehen oder Wehren groß, jede andere Grube zwei Doppellehen. Der Bergmeister verleiht das Recht auf eine jede der Gruben dem ersten Muter. Der König oder der Fürst aber ist damit zufrieden, da jegliches Erz ihm gewöhnlich mit einem Zehnten abgabepflichtig ist.

Mag ein Grubenfeld alt oder neu verliehen sein, immer fällt die Vierung eines Ganges mit der Hälfte der Breite ins Liegende, mit der anderen Hälfte ins Hangende; und wenn der Gang saiger in die Tiefe fällt, so verläuft auch das ganze Feld mit seinen Grenzen in gleicher Weise senkrecht in die Tiefe. Wenn aber der Gang schräg[9] einfällt, so sind auch die Vierungsgrenzen schräg, und der Eigentümer behält für immer das Recht an der ganzen Breite des Feldes, wie weit auch der Gang sich in die Tiefe erstreckt[10]. Weiterhin kann der Bergmeister, wenn bei ihm ein entsprechender Antrag gestellt wird, einem einzelnen Besitzer oder einer Gesellschaft nicht nur das Recht auf eine Fundgrube oder auf irgendein anderes Feld verleihen, sondern auch auf eine Fundgrube und ein Nachbarfeld oder auch auf zwei markscheidende Felder.

Bisher habe ich über die Gestalt und die Ausmaße der Grubenfelder bei einem in die Tiefe fallenden Gang gesprochen; jetzt komme ich zum schwebenden Gang oder Flöz[11].

Die Grenzen der Felder, die auf solche Flöze verliehen werden, werden nicht nach einem einzigen Verfahren vermessen. Bald gibt der Bergmeister ihnen Größen, die den bei den Gängen gleich sind, wonach die Fundgrube aus drei, jede andere Grube aus zwei Doppellehen besteht, wie ich oben ausführlich dargelegt habe. Indes mißt er dann die Grubenfelder mit einer Schnur nicht nur von der Stirnseite und

9) In der Bergmannssprache tonnlägig genannt. 10) Das ist die alte Längenfeld-Gerechtsame.

11) Vgl. 3. Buch Anm. 2, S. 34.

der Rückſeite des Schürfſchachtes her, wie er es zu tun pflegt, wenn er dem Eigentümer eines Ganges die Feldesgrenze beſtimmt, ſondern auch von den Seiten her. In der gleichen Weiſe werden die Grubenfelder feſtgelegt, wenn im Tale ein Gießbach oder eine andere Naturkraft ein Flöz ſo freigelegt hat, daß es auf den Abhängen des Berges oder eines Hügels oder in der Ebene zutage tritt. Anderswo verdoppelt der Bergmeiſter die Breite der Fundgrube, die dann 14 Lachter beträgt; die Breite jeder anderen Grube aber bleibt die einfache, das ſind 7 Lachter; die Länge aber legt er nicht durch Grenzen feſt. An manchen Orten beſteht die Fundgrube jedoch aus drei Doppellehen, hat aber 14 Lachter in der Breite und 21 in der Länge.

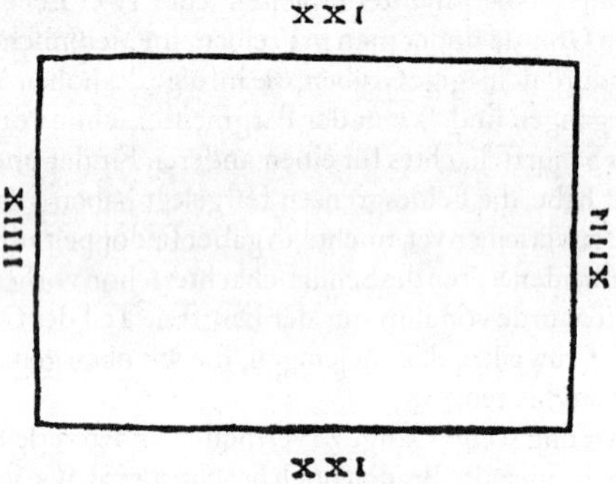

Geſtalt einer aus 3 Wehren beſtehenden Fundgrube.

In ähnlicher Weiſe ſetzt ſich das Feld irgendeiner anderen Grube aus zwei Doppellehen zuſammen, ſo daß es 14 Lachter in der Breite und ebenſo viele in der Länge hat.

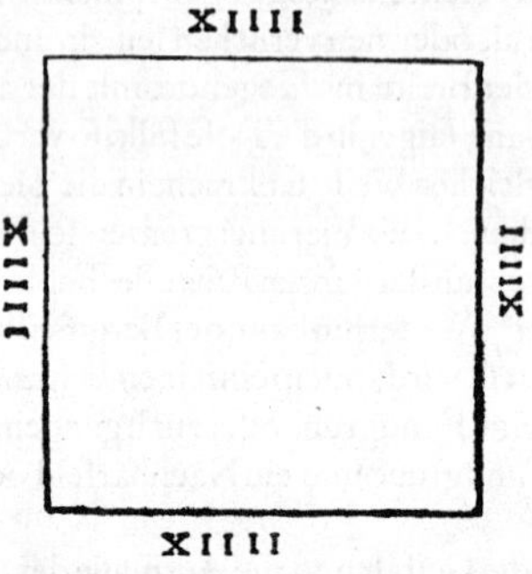

Die Geſtalt eines anderen Grubenfeldes.

Anderswo umfaßt irgendein Grubenfeld, gleichgültig ob zu einer Fundgrube oder einer anderen Grube gehörig, 42 Lachter in der Breite und ebenſo viele in der Länge. Wieder anderswo endlich verleiht der Bergmeiſter einem Beſitzer oder einer Gewerkſchaft irgendein Stück Land, das durch Bäche, kleine Täler und Grenzſteine bezeichnet iſt. Welcher Geſtalt aber das Grubenfeld auch ſei, ſeine Grenzen verlaufen ſenkrecht in die ewige Teufe; deshalb hat ſein Beſitzer auch das Recht auf den Teil aller Flöze, die in dieſem Felde liegen, nicht anders als ein

Besitzer das Recht auf alle Teile der anderen in die Teufe fallenden Gänge hat, solange diese innerhalb der Grenzen seines Feldes verlaufen. Es zeigt sich nämlich, daß überall, wo ein in die Tiefe fallender Gang gefunden worden ist, nahe dabei andere gefunden werden, ebenso wie überall dort, wo ein Flöz gefunden wurde,

XLII

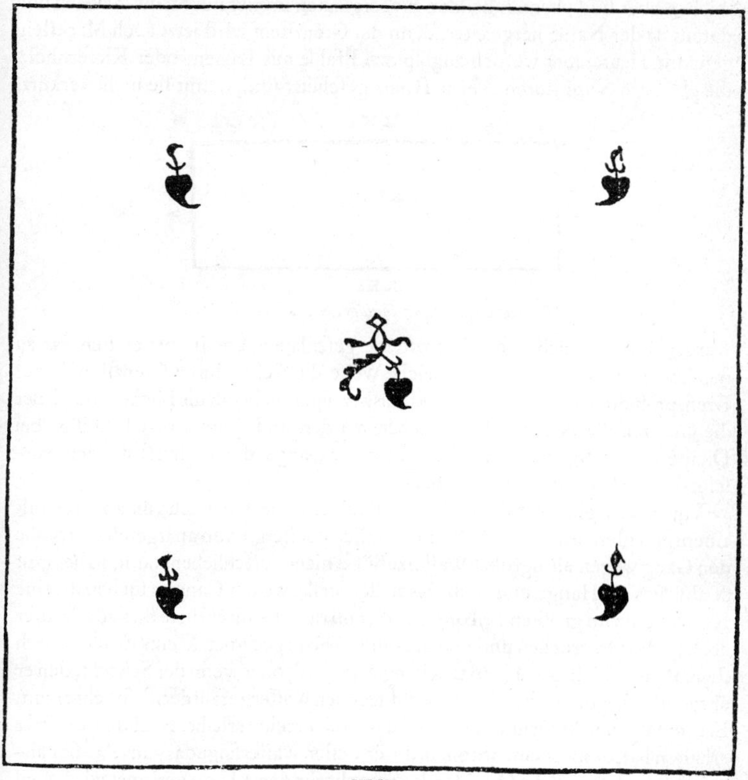

XLII

XLII

darunter mehrere andere vorhanden sind. Einen Gangstock endlich teilen die Bergmeister in vielfacher Weise in Felder. An manchen Orten nämlich besteht die Fundgrube aus drei Doppellehen, in der Weise verdoppelt, daß sie 14 Lachter in der Breite und 21 Lachter in der Länge hat; jede andere Grube besteht aus zwei Doppellehen und hat eine quadratische Gestalt, und zwar 14 Lachter in der Breite und ebenso viele in der Länge. An anderen Orten besteht die Fundgrube aus drei einfachen Lehen, ihre Breite ist 7 Lachter, die Länge 21 Lachter. Beide Zahlen miteinander multipliziert ergeben 147 Quadratlachter.

Jedes andere Grubenfeld besteht aus einem Doppellehen oder Wehr. Anderswo wird der Fundgrube die Gestalt eines Doppellehens gegeben, jeder anderen Grube die eines einfachen Lehens. Und zuletzt endlich wird mancherorts das Recht auf eine ganze Gegend, die durch kleine Bäche, Täler und andere Grenzen bezeichnet iſt, einem einzigen Eigentümer oder einer Gewerkſchaft zugeteilt. Auch hier fällt jedes Grubenfeld, das auf einem Stock oder einem Flöz verliehen iſt, ſenkrecht in die ewige Teufe. Damit zwiſchen den Beſitzern benachbarter Gruben kein Streit entſtehe, wird jedes Grubenfeld durch Grenzzeichen feſtgelegt. Dieſe Grenzzeichen aber ſind ehemals bei den Erzbergleuten immer nur Steine geweſen und daraus iſt der Name hergeleitet, denn der Grenzſtein wird jetzt auch Markſtein genannt. Heute aber werden zugeſpitzte Pfähle aus Eichen- oder Kiefernholz, die oben am Kopf durch eiſerne Ringe geſchützt ſind, damit ſie nicht verkürzt

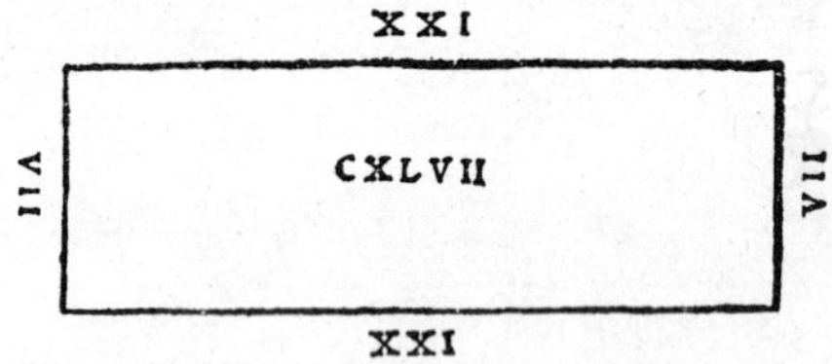

Die Geſtalt einer Fundgrube aus 3 Lehen.

werden können, neben die Grenzſteine geſchlagen, um ſie beſſer ſichtbar zu machen. Daß voreinſt auf die gleiche Weiſe die Äcker durch Grenzſteine oder Grenzpfähle bezeichnet worden ſind, das bezeugen nicht nur die Bücher, die „Über die Grenzen der Äcker“[12] geſchrieben worden ſind, ſondern auch Stellen bei Dichtern. Und ſo, wie die Grubenfelder der Gänge, die erſchürft werden, verſchieden ſind, ſo auch die Ackerfelder.

Von Stollen gibt es zweierlei Arten; die einen ohne Beſitzrecht, die anderen mit einem gewiſſen Beſitzrecht[13]. Wenn nämlich der Bergmann an irgendeiner Stelle den Gang wegen allzugroßer Waſſerzuflüſſe nicht aufſchließen kann, ſo beginnt er abwärts am Hange und treibt bis zu der Stelle, wo der Gang zu ſuchen iſt, eine Röſche, die zum größten Teil offen und 3 Fuß tief iſt. Durch dieſe fließt das Waſſer ab, legt das Ort trocken und macht es zum Abbau geeignet. Wenn es aber durch dieſe Röſche nicht genügend trockengelegt wird, oder wenn der Schacht, den er abzuteufen begonnen hat, durch die zuſitzenden Waſſer gefährdet iſt, ſo geht er zum Bergmeiſter und bittet ihn, daß er ihm das Stollenrecht verleihe. Nachdem er dieſes erhalten hat, treibt er einen Stollen, durch deſſen Waſſerſaige das ganze Waſſer abgeleitet wird, ſo daß das Ort oder der Schacht für den Abbau geeignet wird. Weil es aber von der Erdoberfläche bis zur Sohle dieſer Art von Stollen keine 7 Lachter ſind, ſo hat er kein anderes Recht als dieſes eine, daß ihm die Grubenbeſitzer, in deren Feldern der Stöllner Gold oder Silber erſchloſſen hat, die Summe erſtatten, die er aufgewendet hat, um den Stollen durch dieſe Felder zu treiben. Innerhalb von $3^{1}/_{2}$ Lachtern über dem Stollenmundloch und unter dem Stollen iſt es niemandem erlaubt, einen anderen Stollen anzulegen, und zwar aus dem Grunde nicht, weil ein Stollen dieſer Art in einen Stollen anderer Art mit unverletzlichem Beſitzrecht umgewandelt zu werden pflegt, und zwar ſchon dann, wenn er bis auf eine Tiefe von 7 oder 10 Lachter, je nachdem die alte Rechtsgewohnheit des Ortes ihre Geltung behalten hat, die Grubenbaue entwäſſert. Und ſo hat die andere Art

12) Lat. „De limitibus agrorum“. Von wem dieſe Bücher verfaßt wurden, wird nicht angegeben.
13) Die erſten ſind die Freiſtollen, die zweiten die Erbſtollen.

des Stollens zunächſt folgendes Recht: Alles, was der Grubenbeſitzer oder die Gewerkſchaft an metallhaltigen Erzen in den Grubenfeldern, durch welche der Stollen getrieben iſt, findet, gehört in einer Höhe von 1¹/₄ Lachter ganz dem Stöllner. In früheren oder auch in den letzten Jahrhunderten war der Eigentümer des Stollens im Beſitze aller Erze, die der Häuer, auf der Sohle des Stollens ſtehend, mit einer Schaufel berühren konnte, deren Stiel nicht länger ſein durfte, als üblich und gebräuchlich war. Heute aber wird dem Erbſtöllner eine beſtimmte Höhe und Breite zugewieſen, damit die Grubenbeſitzer keinen Schaden erleiden, wenn der Schaufelſtiel länger ſein ſollte als üblich. Weiterhin iſt jede an Erzen reiche Grube, die ein Stollen entwäſſert und mit Wettern verſorgt, dem Stöllner mit einem Neuntel der gewonnenen Erze abgabepflichtig. Wenn aber mehrere Stollen dieſer Art in ein an Metallen reiches Grubenfeld getrieben werden und alle dieſes Feld entwäſſern und bewettern, ſo wird jedem der Stöllner der Neunte von dem Erz gegeben, was über der Sohle eines jeden Stollens gewonnen wird; was unter der Sohle eines jeden Stollens gewonnen wird, gehört immer dem Beſitzer des nächſt tieferen Stollens. Wenn aber der tiefere Stollen den Schacht der Grube noch nicht ſümpft und ihr noch keine Wetter zuführt, ſo gibt man dieſem Stollenbeſitzer von dem Erz, das unter der Sohle des darüberliegenden Stollens gewonnen wird, den neunten Teil. Und es nimmt kein Stollen einem anderen das Recht auf den Neunten, mit Ausnahme eines unteren, wenn ſeine Sohle unter der Sohle eines darüber befindlichen 7 oder 10 Lachter liegt, je nachdem es der König oder der Landesherr durch Geſetz beſtimmt hat. Dann muß der Grubenbeſitzer den vierten Teil der geſamten Koſten zahlen, die der Stollenbeſitzer für die Grube, durch die er den Stollen getrieben, aufgewandt hat; tut er das nicht, ſo hat er nicht das Recht, den Stollen zu benutzen. Und ſchließlich, welche Gänge der Gewerke auch angetroffen hat, auf deſſen Koſten ein Stollen, an dem niemandem vorher das Erbrecht verliehen worden iſt, getrieben wird, ſo verleiht ihm der Bergmeiſter auf ſein Anſuchen entweder eine Fundgrube oder in gleicher Weiſe eine Fundgrube und eine benachbarte Grube.

Alter Brauch iſt das Recht, einen Stollen zu treiben, wohin man will und ſo lang man will. Später und heute aber verleiht man dem, der zuerſt den Stollen in Angriff nimmt und darum nachſucht, nicht nur das Stollenrecht, ſondern auch eine Fundgrube und bisweilen auch noch das benachbarte Grubenfeld. Einſtmals aber beſaß der Stollenherr den Grund und Boden, ſo weit ein von der Armbruſt abgeſchoſſener Pfeil reichte; auch war es ihm erlaubt, dort ſein Vieh zu weiden. Ferner geſtattete ein alter Brauch, wenn die Schächte zahlreicher Gruben irgendeines Ganges wegen der ſtark zuſitzenden Waſſermaſſen nicht weiter geteuft werden konnten, daß der Bergmeiſter dem, der den Stollen treiben wollte, das Recht auf ein großes Feld verlieh. Wenn er aber den Stollen bis zu den alten Schächten getrieben und Erz gefunden hatte, ging er wiederum zum Bergmeiſter und bat ihn, daß er die Grenzen des Grubenfeldes genau umſchreibe und ſein Recht darauf feſtlege. Darauf begab ſich dieſer mit mehreren Bürgern der Stadt, an deren Stelle jetzt die Geſchworenen getreten ſind, hinauf ins Gebirge und bezeichnete durch Grenzſteine die Grenzen des großen Feldes, das aus ſieben Wehren beſtand, d.h. 98 Lachter in der Länge und 7 in der Breite hatte. Beide Zahlen miteinander multipliziert ergeben 686 Quadratlachter.

Jedes dieſer beiden alten Gewohnheitsrechte aber iſt verändert worden; wir haben heute ein anderes, neues Recht.

Nachdem ich über die Stollen geſprochen habe, will ich jetzt über Erbteilung von Gruben- und Stollenrechten berichten. Einem Gewerken iſt es erlaubt, ein, zwei, drei oder mehr ganze Grubenfelder zu beſitzen und auszubeuten, in gleicher Weiſe einen oder auch mehrere volle Stollen zu treiben, nur hat er die Berggeſetze zu beachten und den Anordnungen der Bergmeiſter zu entſprechen. Da er allein die Koſten für die Gruben trägt, ſo hat er auch, wenn ſie reich an Erzen ſind, allein

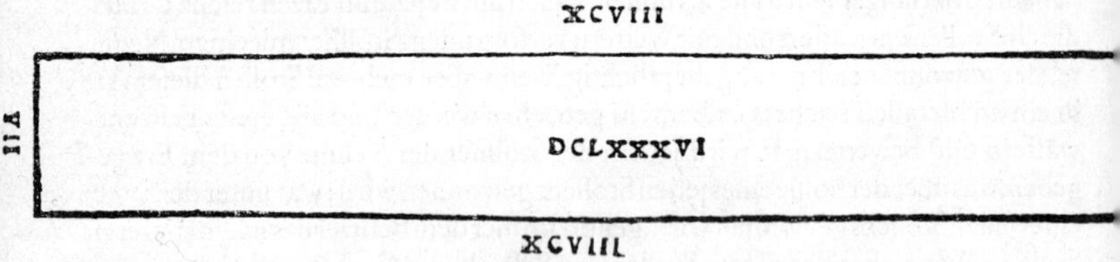

Großes Grubenfeld.

die Ausbeute aus ihnen. Wenn aber oft große Koſten für ein Bergwerk aufzubringen ſind, ſo zieht der Gewerke, dem der Bergmeiſter zuerſt allein das Abbaurecht verliehen hatte, mehrere andere Gewerke, die mit ihm eine Gewerkſchaft bilden, heran; dieſe bringen dann, jeder nach ſeinem Anteil, die Koſten auf und teilen die Ausbeute oder die Zubuße für die Grube. Wenn alſo auch die Grubenfelder und die Stollen unteilbar bleiben, ſo wird doch wegen der Laſten und der Ausbeute eine jede Grube oder ein Stollen gleichſam als Ganzes in Anteile[14] geteilt. Eine ſolche Teilung iſt in vielfacher Weiſe möglich. Eine Grube und auch das, was entſprechend unter einem Stollen zu verſtehen iſt, wird nämlich in zwei Hälften geteilt, geradeſo wie ein ganzes As[15] in zwei halbe. Auf dieſe Weiſe tragen zwei Gewerke die gleichen Koſten und haben die gleiche Ausbeute, denn jeder von ihnen beſitzt die Hälfte. Oder man teilt ſie in vier Teile, ſo daß vier Perſonen Gewerke ſein können und ein jeder ein Viertel beſitzt. Es können aber auch zwei Gewerke Beſitzer in der Weiſe ſein, daß einer drei Viertel, der zweite nur ein Viertel erhält, oder auch drei Perſonen, ſo daß der erſte zwei Viertel beſitzt, der zweite und in gleicher Weiſe der dritte nur eins. Oder ſie wird in acht Teile geteilt, wodurch acht Perſonen Gewerke ſein können und ein jeder Gewerke Beſitzer von ein und einem halben Zwölftel iſt, oder weiter können zwei Gewerke ſein, von denen einer fünf Sechſtel[16] und ein halbes Zwölftel, der andere einundeinhalb Zwölftel erhält, oder auch drei Gewerke, von denen der eine drei Viertel, der zweite und ebenſo der dritte je einundeinhalb Zwölftel beſitzt, oder ſo, daß einer ſiebenundeinhalb Zwölftel, der zweite ein Viertel, der dritte einundeinhalb Zwölftel erhält, oder ſo, daß der erſte die Hälfte, der zweite ein Drittel und ein halbes Zwölftel,

[14] d. h. in Kuxe.

[15] As bei den Römern die Einheit im Gewichts- und Münzweſen; als Gewicht, auch Pfund genannt, wurde das As in Zwölftel geteilt. 1 As = 12 Unzen, $\frac{1}{24}$ As = $\frac{1}{2}$ Unze lat. semuncia, $\frac{1}{48}$ As = $\frac{1}{4}$ Unze lat. sicilicus, $\frac{1}{72}$ As = $\frac{1}{6}$ Unze lat. sextula, $\frac{1}{8}$ As = $1\frac{1}{2}$ Unze lat. sesquiuncia (sescuncia), $\frac{1}{288}$ As = $\frac{1}{24}$ Unze lat. scripulum; vgl. 7. Buch Anm. 52, S. 219 und 57, S. 225

[16] Es muß fünf Sechſtel heißen, ſtatt ein Sechſtel, wie Agricola irrtümlicherweiſe ſchreibt.

der dritte einundeinhalb Zwölftel hat, oder ſo, daß der erſte die Hälfte, der zweite und dritte je ein Viertel, oder ſo, daß der erſte und zweite je ein Drittel und ein halbes Zwölftel, der dritte ein Viertel beſitzt. In entſprechender Weiſe ſind auch die anderen folgenden Teilungsverhältniſſe zu beſtimmen. Es entſteht nämlich aus der Vielfältigkeit der Beteiligung, je nachdem, ob viel oder wenig Teile vorhanden ſind, immer eine verſchieden große Zahl von Gewerken. Eine Grube wird entweder in 16 Teile geteilt, deren jeder Teil $\frac{1/2}{12}$ und $\frac{1}{48}$ beträgt, oder in 32 Teile, von denen ein jeder Teil $\frac{1}{48}$ und $\frac{1/2}{72}$ und noch dazu $\frac{1}{288}$, oder in 64 Teile, deren jeder $\frac{1}{72}$ und $\frac{1}{576}$, oder endlich in 128 Teile, deren jeder $\frac{1/2}{72}$ und dazu $\frac{1/2}{576}$ hat[17]. Deshalb bleibt eine Eiſenerzgrube entweder ungeteilt, oder ſie wird in zwei oder in vier oder ſehr ſelten in mehr Teile geteilt, was von der Güte der Gänge abhängt. Eine Blei-, Wismut- oder Zinngrube, ebenſo eine Kupfer- und auch eine Queckſilbergrube wird dagegen in 8 Anteile geteilt, oder in 16, auch in 32, ſelten in 64 Teile. Über dieſe Zahl iſt ehemals in Freiberg im Meißniſchen die Teilung der Silbergruben nicht hinausgegangen. Aber nach der Erinnerung unſerer Väter haben zuerſt die Bergleute in Schneeberg eine Silbergrube ſowie auch einen Stollen in 128 Teile geteilt; davon gehörten 126 den Gewerken der Grube oder des Stollens, ein Teil dem Staate und einer der Kirche. In Joachimsthal gehörten nur 122 Teile den Gewerken der Grube oder des Stollens, vier den Grundeigentümern, je einer dem Staate und der Kirche. Jüngſt hat man an einigen Orten zu dieſen 128 Teilen noch einen Anteil für die ärmſten Leute hinzugefügt, der $\frac{1}{129}$ ausmacht. Nur die Gewerken zahlen Zubuße. Der Grundherr aber zahlte für ſeine vier genannten Anteile keine Zubuße, ſondern lieferte den Bergherren aus ſeinen Wäldern unentgeltlich die nötige Menge Holz für den Grubenausbau, für die Maſchinen, die Gebäude und die Schmelzhütten. Auch die, welche den Staat, die Kirche und die armen Leute vertreten, zahlen keine Zubuße, ſondern erbauen und erhalten öffentliche Gebäude und Gotteshäuſer und unterſtützen die Armen aus der Ausbeute, die ſie aus den Gruben ziehen. In unſerer Zeit fängt man damit an, den 128. Teil in zwei, in vier oder in acht Teile zu teilen oder auch in drei, ſechs, zwölf und in andre kleinere Teile. Dies tritt für die Anteile gewöhnlich dann ein, wenn zwei Gruben zu einer zuſammengelegt werden; dann wird nämlich der, der vorher Beſitzer eines Halbteils war, Beſitzer eines vierten Teiles, der eines Viertels zu dem eines Achtels, der eines Drittels zu dem eines Sechſtels, der eines Sechſtels zu dem eines Zwölftels.

Weil nun unſere Landsleute eine Grube ein symposium nennen, das iſt eine Zeche, ſo haben wir uns gewöhnt, das Geld, welches die Gewerken zahlen, symbolum, das iſt Zubuße, zu heißen[18]. Denn ſo wie die, die zu einem symposium oder Gaſtmahl gehen, Geldbeiträge oder Symbola zahlen, gerade ſo pflegen die, welche ſich vom Bergbau große und reiche Gewinne verſprechen, für ihn Gelder aufzubringen. Und in der Tat ſchreiben die Bergverwalter jährlich meiſtens viermal für die Gewerken eine Zubuße aus, ſo oft ſie Rechenſchaft über die Einnahmen und Ausgaben ablegen. In Freiberg im Meißniſchen war es ein alter Brauch, daß die genannten Bergverwalter wöchentlich von den Gewerken die Zubuße einzogen oder an ſie

[17] Die Anteile werden in Zwölfteln und Unterteilen davon ausgedrückt, wie z. B. $\frac{1}{32} = \frac{1/4}{12} + \frac{1/12}{12} + \frac{1/24}{12} = \frac{9}{288}$, oder $\frac{1}{32} = \frac{6}{288} + \frac{2}{288} + \frac{1}{288} = \frac{9}{288} = \frac{1}{32}$; $\frac{1/48}{12} = \frac{1/8}{72} = \frac{1}{576}$; $\frac{1/2}{72} + \frac{1/2}{576} = \frac{8}{1152} + \frac{1}{1152} = \frac{1}{128}$.

[18] Ein Wortſpiel: symposium = Trinkgelage oder Zeche, symbola = Geldanteil an dem Trinkgelage = Zubuße.

die Ausbeute verteilten. Dieſer Brauch aber änderte ſich ſpäter, ſeit ungefähr 15 Jahren ſo, daß beides jährlich nur viermal geſchieht[19]. Große oder kleine Zubußen werden eingezogen nach der Zahl der Hauer, die die Grube oder der Stollen beſchäftigt. Dann auch, wer viele Kuxe hat, zahlt viel Zubuße. Da die Gewerken meiſtens viermal im Jahre Zubuße zahlen, ſo wird auch viermal im Jahre die Ausbeute verteilt, mag ſie groß oder klein ſein, je nachdem, ob mehr oder weniger Gold- oder Silber- oder andere Erze gewonnen worden waren. Sicherlich haben die Bergleute auf der St. Georggrube in Schneeberg in einem Vierteljahr ſo viel Silber gegraben, daß für jeden 128. Teil oder Kux Silberkuchen als Ausbeute verteilt wurden, die 1100 rheiniſche Goldgulden galten; aus einer Grube bei Annaberg, die Himmliſchheer genannt wird, wurden 800 Taler, aus einer Grube bei Joachimsthal, „Stern" genannt, 300, aus der Fundgrube St. Lorenz bei Abertham 250 Taler[20] in einem Quartal Ausbeute gegeben. Je mehr Anteile ein Gewerke beſaß, um ſo mehr bezog er auch Ausbeute.

Nun will ich auseinanderſetzen, wie die Gewerke das Grubenrecht oder das Stollenrecht oder das Anrecht auf Kuxe verlieren oder auch ſich erhalten können. Wenn früher jemand den Gewerken durch Zeugen nachweiſen konnte, daß ſie in drei aufeinanderfolgenden Schichten keine Häuer angelegt hatten, ſo nahm ihnen der Bergmeiſter das Grubenrecht und verlieh dieſes Recht dem Ankläger, wenn er darum nachſuchte. Wenngleich die Bergleute auch heute noch denſelben Brauch pflegen, ſo verlieren die alten Gewerken, die ihre Zubußen gezahlt haben, ihr Teilhaberrecht doch nicht, wenn ſie in einer Verſammlung Einſpruch erheben. Wenn ferner einſt die nicht geſümpften Wäſſer aus einem höher liegenden Schacht einer Grube durch einen Gang oder eine Kluft in einen tiefer liegenden Schacht einer anderen Grube ſich ergoſſen und der Grubenarbeit hinderlich waren, dann gingen die Gewerken der Grube, die den Schaden erlitt, zum Bergmeiſter und beklagten ſich über den Schaden. Dieſer ſchickte dann zwei Berggeſchworene zu den Schächten. Wenn dieſe fanden, daß ſich die Sache so verhielt, dann wurde das Grubenrecht der ſchädigenden Grube dem Beſitzer der geſchädigten Grube verliehen. Dieſer Brauch iſt an manchen Orten abgeändert worden. Nachdem nämlich der Bergmeiſter über die beiden Schächte ſich genau unterrichtet hat, beſtimmt er, daß die Gewerken der Grube, die den Schaden verurſacht hat, den Gewerken der geſchädigten Gruben anteilmäßig den Schaden erſetzen; tun ſie das nicht, dann nimmt er ihnen das Grubenrecht. Andererſeits wiederum behalten die Gewerken das Grubenrecht, wenn ſie Hauer zur Arbeit ſchicken und die Schächte ſümpfen laſſen. Auch behielten die Gewerken einſt das Stollenrecht, wenn ſie erſtens auf der Sohle des Stollens Waſſerſaigen anlegten und die mit Schlamm und Sand angefüllten Stollen ſäuberten, so daß die Wäſſer ohne Hindernis abfließen konnten, und die Gerinne wieder inſtand ſetzten, die den Schaden verurſacht hatten; zweitens, wenn ſie Schächte oder Strecken anlegten, die den Bergleuten friſche Wetter zuführten oder die zu Bruch gegangenen wiederherſtellten; endlich auch dann, wenn drei Hauer einen Stollen trieben. Andererſeits verloren die Gewerken, die nicht dafür ſorgten, daß dieſe drei Dinge ausgeführt wurden, das Stollenrecht, vor allen Dingen aber auch dann, wenn während acht

[19] Richtig wohl „viermal"; irrtümlicherweiſe ſteht im lateiniſchen Text „ter ſtatt quater".

[20] Über die hier genannten Münzen: aureus nummus rhenanus und nummus uncialis vgl. Buch 7 Anm. 55, S. 223

Tagen kein Hauer daran arbeitete. Wenn daher jemand den Stollenbeſitzern durch Zeugen nachweiſen konnte, daß ſie es in dieſer Richtung hatten fehlen laſſen, ſo brachten ſie die Angelegenheit vor den Bergmeiſter; dieſer begab ſich aus der Stadt zu dem Stollen, beſichtigte die Waſſerſaigen und die Bewetterungsanlagen und alles ſonſtige, und wenn er ſich überzeugt hatte, daß ſich die Sache ſo verhielt, fragte er, nachdem er das Zeugnis des Anklägers durch einen Eid erhärtet hatte, alſo: Wem gehört jetzt der Stollen? Der Zeuge antwortete: Dem König oder dem Landesherrn. Daraufhin gab der Bergmeiſter das Stollenrecht dem erſten Antragſteller. Durch ein ſolch hartes Verfahren verloren die Gewerken einſt das Stollenrecht. Dieſes Verfahren iſt jetzt nicht wenig milder, weil die Gewerken heute nicht ſofort das Stollenrecht verlieren. Wenn ſie die Stollen nicht gereinigt oder die Schächte oder die Wetterſtrecken, die den Schaden verurſachten, nicht wieder inſtand geſetzt haben, ſo befiehlt der Bergmeiſter dem Bergverwalter, dies zu tun. Wird der Anordnung nicht Folge geleiſtet, ſo beſtraft ihn das Bergamt. Es iſt auch genügend, wenn nur ein Hauer den Stollen treibt. Wenn ſpäter der Stöllner die Stelle, wo eine Markſcheiderſtufe in feſtes Geſtein gehauen iſt, als Ende ſeines Stollens feſtlegt und ihn nicht weitertreibt, ſo kann er bis dahin das Stollenrecht behalten, nur müſſen die Waſſerſaigen ſauber gehalten und die Wetterſtrecken imſtande gehalten werden. Es iſt dann anderen Gewerken erlaubt, den Stollen, von der feſtgeſetzten Grenze an beginnend, weiterzutreiben, wenn er den alten Stollenherren alle drei Monate ſo viel Geld zahlt, wie der Bergmeiſter beſtimmt hat.

Über die Bergwerks- und Stollenanteile iſt noch folgendes zu ſagen: Wenn einer von dieſen Kuxen einſt verſchenkt wurde und einmal Zubuße gezahlt worden war, ſo war der Schenker verpflichtet, ſein Verſprechen zu halten, ein Brauch, der heute Geſetzeskraft erlangt hat. Wenn dagegen der Schenker beſtritt, daß Zubuße gezahlt worden ſei, der Beſchenkte aber behauptete, daß er die Zubuße, den Kuxen entſprechend, den übrigen Gewerken gezahlt habe, wie er durch Zeugen beweiſen könne, ſo galt, wenn die Angelegenheit vor das Gericht gebracht wurde, das Zeugnis des Gewerken mehr als der Eid des Schenkers. Heute beweiſt der Beſchenkte durch eine Urkunde, die der Grubenvorſtand oder der Stollenherr einem jeden auszuſtellen pflegt, daß er die Zubuße für die erhaltenen Kuxe gezahlt habe. Wenn er aber keine Zubuße gezahlt hatte, ſo war der Schenker nicht verpflichtet, ſein Verſprechen zu halten. Früher zahlten die Gewerken, wie ich oben berichtet habe, alle Wochen ihre Zubuße, heute wird ſie immer vierteljährlich gezahlt. Hat heute jemand nicht binnen Monatsfriſt von dem Schenker die geſchenkten Stücke angefordert, ſo verliert er das Recht, ſie zu fordern. Wenn aber der Bergſchreiber bereits die geſchenkten oder gekauften Anteile im Gewerkenbuch übertragen hatte, ſo verlor keiner der Gewerken ſein Anteilrecht, auch wenn er die Zubuße nicht gezahlt hatte, wenn der Bergverwalter oder der Stollenherr es unterlaſſen hatte, ſie von dem Gewerken oder ſeinem Stellvertreter zu erheben. Hatte aber der Gewerke oder ſein Stellvertreter dem Bergverwalter die von ihm eingeforderte Zubuße nicht gezahlt, ſo brachte dieſer die Angelegenheit vor den Bergmeiſter, der dem Gewerken oder ſeinem Stellvertreter befahl, das Geld zu erlegen. Hatte dieſer auch dann nicht innerhalb von drei Wochen gezahlt, ſo gab der Bergmeiſter das Anteilrecht dem erſten, der darum nachſuchte, ein Brauch, der heute noch unverändert beſteht. Ebenſo werden, wenn die Gewerken die Zubuße, welche der Bergverwalter oder der Stollenbeſitzer ausſchreibt, nicht innerhalb eines Monats zahlen, ihre Namen an einem beſtimmten Tage mit lauter Stimme ausgerufen und aus der Liſte der Gewerken geſtrichen, und zwar in Gegenwart des Bergmeiſters, der Geſchworenen, des Bergſchreibers und des Gegenſchreibers. Letztere nehmen ſie in die Liſte für die verfallenen Kuxe auf. Zahlen ſie aber innerhalb von drei oder höchſtens vier Tagen dem Grubenverwalter oder dem Stollenbeſitzer die Zubuße und dem Gegenſchreiber die Summe, die gebräuchlich iſt, ſo ſtreicht dieſer ihre Anteile aus der Liſte der verfallenen Kuxe; nach dieſer Friſt werden ſie dann in ihre früheren Rechte wieder eingeſetzt, wenn alle übrigen Gewerken zuſtimmen. In dieſer Hinſicht weicht der gegenwärtig übliche Brauch von dem alten ab. Iſt heute eine geringe Mehrheit der Gewerken, d. h. ein wenig mehr als die Hälfte der Gewerken, damit einverſtanden, daß die Geſtrichenen wieder zugelaſſen werden, ſo bleibt den übrigen Gewerken nichts anderes übrig, als zuzuſtimmen, ſie mögen wollen oder nicht. Früher aber wurden die Ausgeſchiedenen nicht wieder in ihre alten Rechte eingeſetzt, wenn die Angelegenheit nicht durch die Zuſtimmung von hundert Gewerken gebilligt worden war.

Das Verfahren, wegen der Kuxe Prozeſſe zu führen, war früher das folgende. Wer einen anderen vor Gericht lud und mit ihm einen Prozeß wegen der Kuxe führte, der klagte den Beſitzer bei dem Bergmeiſter in ſeiner Wohnung oder in ſeinem Amtszimmer oder auf der Grube ſelbſt an, und zwar je einmal an drei aufeinanderfolgenden Tagen, wenn die Kuxe zu einem alten Grubenfeld, dreimal innerhalb eines Zeitraumes von acht Tagen, wenn die Anteile zu einer Fundgrube gehörten. Hatte er ihn an dieſen Orten nicht angetroffen, ſo war es gültig und rechtskräftig, den Beſitzer der Kuxe vor der Familie des Bergmeiſters anzuklagen. Wenn er aber zum dritten Male die Anklage vorbrachte, dann nahm er einen Notar mit ſich, den der Bergmeiſter fragte: Habe ich nicht eine Bezahlung verdient? Jener antwortete: Du haſt ſie verdient. Darauf gab der Bergmeiſter dem Kläger das Kuxenrecht, und dieſer zahlte dem Bergmeiſter die übliche Gebühr. Wohnte der, dem der Bergmeiſter die Kuxe genommen hatte, in der Stadt, ſo ſchickte dieſer nach vollzogener Verhandlung einen Gewerken der Grube oder der Fundgrube zu ihm, der ihm das Ergebnis mitteilen ſollte; wohnte er aber außerhalb, dann wurde das Urteil an Amtsſtelle oder auf der Grube mit lauter Stimme im Beiſein vieler Bergleute, die zuhörten, öffentlich bekanntgemacht. Heute wird dem wegen Schulden oder der vergebenen Anteile Verklagten eine Friſt geſetzt, die ihm, wenn er am Orte wohnt, durch einen Boten bekanntgegeben wird; wohnt er außerhalb, dann wird ihm brieflich Nachricht gegeben. Vor Ablauf von anderthalb Monaten wird ihm aber das Beſitzrecht nicht genommen. Soviel über dieſen Gegenſtand.

Bevor ich aber zu den Büchern komme, die man über die Arbeiten zu führen gewohnt iſt, will ich von dem Amte des Berghauptmanns, des Bergmeiſters, der Geſchworenen, des Bergſchreibers, des Gegenſchreibers, des Gruben- oder des Stollenverwalters, des Gruben- oder des Stollenſteigers und der Hauer ſprechen. Dem Berghauptmann, den der König oder der Landesfürſt zu ſeinem Stellvertreter ernannt hat, dienen und gehorchen alle Perſonen jeglichen Geſchlechts und Alters und jeglicher Stellung. Er leitet und entſcheidet alles dank ſeiner Klugheit, ordnet das an, was nützlich iſt und zum Gedeihen des Bergbaues beiträgt und verhindert das Gegenteil. Er verhängt Geldbußen und beſtraft die Schuldigen. Streitigkeiten, die der Bergmeister nicht hat erledigen können, schlichtet er; kann auch er selbst sie nicht schlichten, so gestattet er den Gewerken, die wegen irgendeiner Sache Streit haben, sich vor Gericht zu vergleichen. Er erläßt auch Verordnungen, verleiht Ämter, entzieht sie, setzt die Entlohnung fest für diejenigen, welche ein Amt verwalten oder einen Dienst verrichten. Er ist persönlich anwesend, wenn die Grubenverwalter über die Einnahmen und Ausgaben vierteljährlich Rechnung legen; in allen Dingen vertritt er die Person des Königs oder des Landesherren und trägt dessen Würde. So haben z. B. die Athener jenen berühmten Geschichtsschreiber Thukydides zum obersten Bergherren über die Erzgruben von Thasos gemacht.

Nächst dem Berghauptmann hat der Bergmeister die höchste Gewalt, denn er hat die Gerichtsbarkeit über alle Bergleute mit wenigen Ausnahmen, nämlich den Zehntner, den Rechnungsführer, den Silberbrenner, den Münzmeister sowie die Münzer selbst. Daher legt er betrügerische, nachlässige und aufsässige Leute entweder ins Gefängnis oder nimmt ihnen das Amt, welches sie versahen, oder legt ihnen Geldbußen auf. Von diesen Geldstrafen wird ein Teil als Belohnung denjenigen gegeben, die die Aufsicht führen. Wenn die Grubenbesitzer wegen der Grenzen in Streit geraten, so trifft er als Schiedsrichter die Entscheidung. Kann er allein den Streit nicht schlichten, so spricht er zusammen mit den Geschworenen Recht; es ist aber gestattet, bei dem Berghauptmann noch dagegen Einspruch zu erheben. Seine Verordnungen schreibt er in ein Buch und macht sie öffentlich durch Anschlag bekannt. Weiterhin ist es sein Amt, denen, die darum nachsuchen, das Bergbaurecht zu verleihen und dieses Recht zu bestätigen, die Grubenfelder zu vermessen und ihre Grenzen festzulegen und Fürsorge zu treffen, daß keine unnötigen Strecken getrieben werden. Einige dieser Amtspflichten erledigt er aber nur an bestimmten Tagen. So bestätigt er am Mittwoch in Anwesenheit der Geschworenen das verliehene Bergbaurecht, schlichtet Grenzstreitigkeiten und spricht Recht. Am Montag, Dienstag, Donnerstag und Freitag reitet er hinaus zu den Gruben, fährt auf einigen an und gibt an, was zu tun sei, oder nimmt die Grenzen, die umstritten sind, in Augenschein. Am Samstag erstatten ihm alle Grubenverwalter und Steiger Bericht über die Kosten, die sie in der vergangenen Woche für die Gruben aufgewendet haben; diese trägt der Bergschreiber in das Ausgabenbuch ein. Ehemals gab es in einem Königreiche nur einen Bergmeister, der alle Richter zu wählen pflegte und Einfluß und Gewalt über sie hatte. Es hatte nämlich jede Grube ihren Richter, wie heute an seiner Stelle, nur mit verändertem Namen, einen Bergmeister. Vor jenen alten Bergmeister, der in Freiberg im Meißnischen wohnte, wurden alle Streitigkeiten gebracht, und daher rührt es, daß bis auf den heutigen Tag die Macht, Recht zu sprechen, bei den Freibergern liegt, wenn die Grubenbesitzer, die untereinander streiten, sich um Entscheidung an sie gewandt haben. Der alte Bergmeister konnte auch alles nachprüfen, was ihm vorgetragen wurde und sich auf irgendeiner Grube zugetragen hatte, der Richter und in gleicher Weise heute ein jeder Bergmeister nur alles das, was sich auf seiner eigenen Grube ereignet hatte. Jeder Bergmeister hat auch einen Schreiber, der dem, der um das Bergbaurecht nachsucht, eine Bescheinigung ausstellt, die Tag und Stunde der Rechtserteilung, den Namen des Antragstellers und den Ort der Grube kundgibt. Außerdem schlägt er an den Zecheneingängen vierteljährlich Zettel an, in welchen angegeben iſt, wieviel Zubuße dem Bergverwalter zu zahlen iſt. Da er dieſe Anſchläge gemeinſchaftlich mit dem Bergſchreiber verfaßt, ſo erhalten ſie auch gemeinſam die Gebühren, die die Bergverwalter der einzelnen Gruben dafür bezahlen.

Jetzt komme ich zu den Geſchworenen, das ſind Männer, die im Bergbau wohl erfahren ſind und einen guten Ruf haben; ihre Zahl richtet ſich nach der größeren oder geringeren Zahl der Bergwerke. Wenn z. B. zehn Gruben vorhanden ſind, ſo werden fünf Paar Geſchworene ein Zehnmännerkollegium bilden. Es wird in ebenſoviel Abteilungen eingeteilt, wie die Zahl der Gruben beträgt. Jedes Paar pflegt an den Tagen, an welchen die Bergleute arbeiten, die Gruben zu beſuchen, die ſeiner Aufſicht unterſtellt ſind. Auf dieſe Weiſe wird meiſtens erreicht, daß in einem Zeitraum von 14 Tagen alle Gruben einmal beſucht werden. Einige Gruben aber werden genau beſichtigt und geprüft, und ſie erwägen und beratſchlagen mit dem Steiger einer jeden Grube über die Abbaue, die Maſchinen, den Ausbau und über alles andere. Auch ſetzen ſie manchmal mit dem Steiger für die Hauer das Gedinge für den Lachter des abzubauenden Ganges feſt und beſtimmen einen hohen oder niedrigen Lohn, je nachdem das Nebengeſtein hart oder weich iſt, oder ebenſo für einen Gang. Wenn aber denen, die die Arbeit übernommen haben, ein unvorhergeſehenes und unvermutet hartes Geſtein entgegentritt und ſie deswegen die Arbeit ſchwerer und langſamer erledigen können, ſo zahlen ſie ihnen einen höheren Lohn, als feſtgeſetzt war; iſt es infolge Waſſerführung weicher und können ſie die übernommene Arbeit leichter und ſchneller erledigen, ſo kürzen ſie den Lohn. Wenn die Geſchworenen weiter durch augenſcheinliche Beweiſe irgendeinen Steiger oder einen Hauer der Nachläſſigkeit oder des Betruges überführen, ſo erinnern ſie dieſe zunächſt an ihre Pflichten und an die übernommenen Arbeiten oder tadeln ſie. Wenn ſie darnach nicht fleißiger und beſſer geworden ſind, ſo bringen die Geſchworenen die Angelegenheit vor den Bergmeiſter, der ihnen kraft ſeines Amtes ihre Stellung und ihre Arbeit nimmt oder ſie ins Gefängnis wirft, wenn ſie eine ſtrafbare Handlung begangen haben. Endlich beſtätigt der Bergmeiſter, wenn die Geſchworenen, die ihm als Ratgeber und Gehilfen beigegeben ſind, abweſend ſind, kein Grubenrecht, noch mißt er Grubenfelder aus oder ſetzt ihre Grenzen feſt, noch entſcheidet er über Grenzſtreitigkeiten, noch ſpricht er Recht, noch nimmt er irgendeinen Bericht über Einnahmen und Ausgaben entgegen.

Der Bergſchreiber trägt die einzelnen Gruben in Bücher ein, in das eine die neuen, in ein anderes die alten wiederaufgenommenen. Dies geſchieht auf folgende Weiſe. Zunächſt verzeichnet er den Namen deſſen, der um ein Grubenrecht nachſucht, dann den Tag und die Stunde des Antrages, dann den Gang und die Lage des Ortes, weiter, unter welcher Bedingung das Recht verliehen iſt, und endlich, an welchem Tage es der Bergmeiſter beſtätigt hat. Auch wird dem, dem das Grubenrecht beſtätigt worden iſt, ein Schein ausgeſtellt, welcher alle dieſe Angaben enthält. Darauf trägt er die Gewerken jeder Grube, deren Recht beſtätigt worden iſt, in ein zweites Buch ein. Ebenſo in ein anderes die Unterbrechung der Schichten, die vom Bergmeiſter jemandem aus irgendeinem Grunde zugeſtanden worden iſt, in ein anderes die Gelder, die eine Grube einer anderen zur Hebung der Wäſſer oder zum Bau von Maſchinen gezahlt hat, in ein weiteres alle die Anordnungen, die der Bergmeiſter und die Geſchworenen getroffen haben und die

Streitigkeiten, die von ihnen als ehrliche Schiedsrichter geſchlichtet worden ſind. Dieſes alles trägt er wöchentlich am Mittwoch in die Bücher ein. Wenn aber an dieſem Tage ein Feiertag iſt, ſo erledigt er es am folgenden Donnerstag. An allen Samstagen trägt er in ein anderes Buch die Summe der Ausgaben der vorhergehenden Woche ein, deren Betrag der Bergverwalter für jede Grube angegeben hat. Die Summe der vierteljährlichen Ausgaben des Steigers einer jeden Grube aber trägt er zu der feſtgeſetzten Zeit in ein beſonderes Buch ein, in gleicher Weiſe in ein anderes Buch die Gewerken, die in Verzug geraten ſind. Damit keiner das Verbrechen der Fälſchung begehen könnte, werden alle jene Bücher in einen Kaſten mit zwei Schlöſſern eingeſchloſſen; zu dem einen hat der Bergſchreiber, zum anderen der Bergmeiſter den Schlüſſel.

Der Gegenſchreiber verzeichnet die Gewerken einer jeden Grube, die ihm der erſte Finder des Ganges bezeichnet, in einem Buche und ſetzt die Käufer der Kuxe immer an die Stelle der Verkäufer. Durch dieſe Maßnahme kommt es vor, daß bisweilen zwanzig oder mehr Gewerke in den Beſitz irgendeines Kuxes gelangt ſind. War der Verkäufer nicht anweſend, und hat er auch nicht einen Brief an den Bergſchreiber mit ſeinem Siegel, oder am beſten mit dem Siegel des Bürgermeiſters der Stadt, in der er wohnt, verſehen, geſchickt, ſo wird ein anderer an ſeiner Stelle nicht eingetragen. Wenn der Gegenſchreiber nämlich zu wenig vorſichtig geweſen ſein ſollte, ſo zwingen ihn die Geſetze, den alten Gewerken in ſeinen früheren Beſitz wieder einzuſetzen. Einem neuen Beſitzer aber gibt er einen Zettel und ſtellt ihm auf dieſe Weiſe eine Beſcheinigung darüber aus, daß er Beſitzer iſt. Wenn im Verlaufe eines Jahres viermal, und zwar vierteljährlich, Rechenſchaft über die Ausgaben erſtattet wird, ſo gibt er dem Bergverwalter einer jeden Grube die neuen Beſitzer bekannt, damit dieſer ſicher weiß, von wem er die Zubuße einfordern und wem er die zu verteilende Ausbeute geben ſoll. Für dieſe Arbeit zahlt ihm der Bergverwalter, von deſſen Arbeit ich nun ſprechen will, einen beſtimmten Lohn.

Der Bergverwalter ſchreibt für die Beſitzer derjenigen Gruben, die an Erzen nicht ertragreich geweſen ſind, eine Zubuße aus, indem er an den Eingängen des Rathauſes einen Zettel anſchlägt; dieſe Zubuße iſt, je nachdem der Bergmeiſter und die beiden Geſchworenen darüber befunden haben, groß oder klein. Hat irgendein Gewerke ſie nicht innerhalb eines Monats bezahlt, ſo wird er aus der Gewerkenliſte geſtrichen, und ſeine Anteile fallen den übrigen Gewerken gemeinſam zu. Wenn der Bergverwalter jemanden wegen Nichtbezahlung der Zubuße namhaft macht, ſo gibt ihm der Bergſchreiber dies durch ein Schreiben bekannt, ebenſo der Gegenſchreiber. Der Bergverwalter bezahlt aus der Zubuße zum Teil dem Steiger und den Arbeitern den Lohn, zum Teil die zum Bergbau notwendigen Dinge; er kauft, ſo billig er es zur Zeit kann, eiſerne Werkzeuge, Nägel, Holz, Bretter, Gefäße, Förderſeile und Unſchlitt ein. Der Zehntner aber gibt dem Bergverwalter einer erzreichen Grube jede Woche ſo viel Geld, daß es genügt, um entweder den Arbeitslohn für die Hauer zu zahlen oder die zum Grubenbetrieb notwendigen Dinge zu beſchaffen. Zu dieſem Zweck gibt der Bergverwalter einer jeden Grube am Samstage einer jeden Woche in Gegenwart des Steigers dem Bergmeiſter und den Geſchworenen einen Rechenſchaftsbericht über die Ausgaben. Über die Einnahmen aber, möge es Zubuße ſein, die von den Gewerken bezahlt wurde, oder

Geld, das vom Zehntner eingegangen war, und in gleicher Weiſe über die Vierteljahresausgaben gibt er ihnen, dem Berghauptmann und dem Bergſchreiber, viermal im Jahre Auskunft. Wie es vier Jahreszeiten gibt, Frühling, Sommer, Herbſt und Winter, ſo gibt es auch viermal jährlich Berichte über Einnahmen und Ausgaben. Im erſten Monat eines jeden Quartals wird Rechenſchaft abgelegt, zuerſt über das Geld, das der Bergverwalter im letzten Vierteljahr für die Grube aufgewendet hat, dann über den Ertrag, den er in der gleichen Zeit aus ihr erzielt hat. Zum Beiſpiel enthält der Bericht, der zu Beginn des Frühlings erſtattet wird, alle Einnahmen und Ausgaben für jede Woche des Winters, die vom Bergſchreiber in die Bücher eingetragen worden ſind. Wenn nun ein Bergverwalter das Geld der Gewerken nützlich für das Bergwerk verwendet und es treu verwaltet hat, ſo erteilen ihm alle das Lob eines umſichtigen und braven Mannes; hat er dagegen wegen Unkenntnis der Verhältniſſe Schaden verurſacht, ſo wird er meiſtens ſeines Amtes entſetzt. Hat er aber durch ſeine eigene Nachläſſigkeit und Unachtſamkeit den Gewerken Schaden zugefügt, ſo zwingt ihn die Behörde zum Schadenerſatz; wenn er endlich Betrug oder Diebſtahl begangen hat, ſo wird er mit einer Geldbuße oder mit Gefängnis oder mit dem Tode beſtraft. Auch iſt es des Bergverwalters Pflicht, dafür zu ſorgen, daß der Steiger am Anfang und Ende der Arbeit perſönlich anweſend ſei, daß die Gänge nutzbringend abgebaut, der nötige Ausbau ſowie auch die Maſchinen und die Gerinne hergeſtellt werden, und daß etwas vom Lohne der Bergleute, die der Steiger wegen Nachläſſigkeiten angezeigt hat, gekürzt werde; auch ſorgt er, wenn die Grube reiche Erze fördert, dafür, daß ihr Erzhaus an den Tagen geſchloſſen iſt, an denen nicht gearbeitet wird. Er trägt weiter, wenn der Gang reich an Gold und Silber iſt, dafür Sorge, daß die Hauer das Edelmetall möglichſt bald in einer Kiſte aus der Grube oder dem Stollen fortſchaffen oder in einen Raum bringen, der unmittelbar neben der Wohnung des Steigers liegt, damit nicht unredlichen Menſchen Gelegenheit zum Diebſtahl gegeben werde. Dieſe Maßnahme erledigt er gemeinſam mit dem Steiger, während die nachfolgende ihm allein zufällt. Wenn nämlich Erz geſchmolzen wird, iſt er perſönlich zugegen und ſieht zu, daß das Schmelzen ſorgfältig und nutzbringend geſchehe. Wenn das Gold und Silber daraus erſchmolzen wird und wenn die Schmelze in den Treiböfen fertig geworden iſt, dann trägt er ihr Gewicht in Tabellen ein und bringt dieſe ſelbſt zum Zehntner, der ebenfalls ihr Gewicht in Tabellen einträgt und vermerkt. Dann wird ſie zum Silberbrenner geſchafft. Wenn ſie von ihm wieder zurückgekommen iſt, trägt der Zehntner wie auch der Bergverwalter wiederum ihr Gewicht in das Buch ein. Warum tut er dies? Nun, er betreut das Gut der Gewerken nicht anders als ſein eigenes. Die Berggeſetze erlauben einem Bergverwalter, daß er die Aufſicht und Verwaltung mehrerer Gruben übernehme, jedoch, falls ſie reich an Gold und Silber ſind, nur von zweien. Wenn aber noch mehr der ihm unterſtellten Gruben Edelmetalle zu fördern beginnen, ſo verwaltet er dieſe ſo lange, bis er vom Bergmeiſter von ihrer Verwaltung entbunden worden iſt. Dem Bergverwalter einer jeden Grube ſetzen der Bergmeiſter und die zwei Geſchworenen mit Zuſtimmung der Gewerken einen beſtimmten Lohn für ſeine Arbeit feſt. Damit möge genug über das Amt und die Pflichten des Bergverwalters geſagt ſein.

Ich komme nun zu dem Beamten, der den Arbeitern der Grube vorgeſetzt iſt und Steiger heißt; manche nennen ihn auch Aufſeher. Dieſer verteilt die Arbeiten unter die Lohnarbeiter und ſorgt mit Fleiß dafür, daß ein jeder ſeine Arbeit getreulich und nutzbringend verrichtet. Er entläßt auch wegen Unfähigkeit oder Unfleiß Bergleute aus der Arbeit und ſetzt andere an ihre Stelle, wenn die beiden Geſchworenen und der Bergverwalter ihre Zuſtimmung geben. Er muß ſelbſt ein geſchickter Handwerker ſein, um Schächte ausbauen, Hölzer ſtellen und Unterzüge machen zu können, die einen abgebauten Grubenbau zu tragen haben, damit ſich keine nicht geſtützten Felsblöcke vom Hangenden des Ganges aus dem Geſamtgefüge des Geſteins löſen und die Hauer beim Hereinbrechen erſchlagen. Er muß Waſſerſaigen herſtellen und anlegen, in denen das aus den Gängen, Klüften und Geſteinsfugen geſammelte Waſſer abgeleitet wird und in den Stollen abfließen kann. Weiter unterſucht er die Gänge und Klüfte, um Schächte an der richtigen Stelle niederbringen zu können; auch muß er imſtande ſein, die geförderten Maſſen voneinander zu ſondern, um ſeine Leute unterweiſen zu können, daß ſie die Erze richtig auseinanderhalten. Auch ſoll er über volle Kenntnis der Aufbereitung verfügen, damit er in der Lage iſt, den Wäſchern auseinanderzuſetzen, auf welche Weiſe metallhaltige Erden oder Sande zu waſchen ſind. An die Hauer, die ſich anſchicken, in der Grube ihre Arbeiten zu verrichten, gibt er eiſerne Gezähe und ein gewiſſes Gewicht an Unſchlitt für die Lampen aus. Er unterweiſt ſie auch, wie ſie mit Erfolg Abbau treiben können und beaufſichtigt ſie, damit ſie fleißig ſind. Wenn die Schicht zu Ende iſt, nimmt er das übriggebliebene Unſchlitt von den Bergleuten wieder zurück. Wegen der vielen und großen Aufgaben und Arbeiten wird eine Grube nicht der Obhut nur eines einzigen Steigers anvertraut, ſondern es werden einer Grube manchmal zwei oder ſogar auch drei Steiger zugeteilt.

Nachdem ich die Arbeiten ſelbſt ſchon erwähnt habe, will ich kurz auseinanderſetzen, wie ſie geordnet ſind. Die 24 Tag- und Nachtſtunden ſind in drei Schichten geteilt, jede Schicht dauert 7 Stunden. Die 3 übrigen Stunden, die zwiſchen die Schichten eingeſchoben werden, ſind Zwiſchenſtunden, in denen die Bergleute zu den Gruben kommen oder von ihnen fortgehen. Die erſte Schicht beginnt um 4 Uhr morgens und dauert bis 11 Uhr; die zweite beginnt um 12 Uhr und endigt um 7 Uhr; dieſe beiden ſind die Tagſchichten und werden in Früh- und Mittagsſchicht geteilt. Die dritte iſt die Nachtſchicht; ſie nimmt um die achte Abendſtunde ihren Anfang und endigt um 3 Uhr nachts. Die letztere genehmigt die Behörde für die Arbeiter nur dann, wenn es unbedingt nötig iſt. In dieſem Falle, ſei es, daß ſie die Schächte ſümpfen oder einen Gang aufſchließen wollen, bleiben ſie die ganze Nacht hindurch bei ihren Grubenlampen wach. Damit ſie aber infolge des langen Wachbleibens oder wegen Abſpannung nicht einſchlafen, ſo ſuchen ſie ſich die harte und lange Arbeit durch Geſang, der weder ungebildet noch unangenehm klingt, zu erleichtern. In manchen Gegenden iſt es einem Bergmann nicht erlaubt, zwei Schichten hintereinander zu verfahren, weil ihn ſonſt meiſt der Schlaf in der Grube übermannt, wenn er durch ſo lange Arbeit erſchöpft iſt, oder weil er dann gern ſpäter zur Schicht kommt oder ſie früher beendet, als vorgeſchrieben iſt; anderswo wieder iſt es erlaubt, weil er von dem Lohne nur einer Schicht, beſonders wenn Teuerung ſchwer drückt, nicht leben kann. Die Behörde verbietet dann eine außergewöhnliche Schicht nicht, wenn ſie auch ſonſt nur eine ordentliche

Schicht zuläßt. Wann ſie zur Schicht gehen müſſen, das kündet den Bergleuten das Läuten einer großen Glocke an, welche die Fremden „campana“ nennen; wenn ſie erſchallt, ſo eilen ſie aus allen Gaſſen von hier und da zu den Gruben. In gleicher Weiſe zeigt das Erklingen der Glocke dem Schichtmeiſter an, daß die Schicht beendet iſt. Wenn er das Läuten gehört hat, ſchlägt er an das Holzwerk des Schachtes und gibt ſo den Bergleuten das Zeichen zum Ausfahren. Die Nächſten, die das Signal hören, ſchlagen mit ihren Fäuſteln an das Geſtein, und ſo gelangt das Zeichen bis zu den Entfernteſten. Aber auch die Grubenlampen zeigen das Ende der Schicht an, wenn der Unſchlitt faſt ausgebrannt iſt oder ganz ausgeht. An den Samstagen aber arbeiten die Bergleute nicht, ſondern kaufen alles das ein, was für den Lebensunterhalt nötig iſt. Auch an Sonntagen und den jährlich wiederkehrenden Feſttagen pflegen ſie nicht zu arbeiten, ſondern opfern dann ihre Schicht heiligen Zwecken. Die Bergleute feiern aber nicht und bleiben nicht untätig, wenn die Not es dringend fordert. Das eine Mal drängt ſie eine große Menge Waſſer zur Arbeit, ein anderes Mal ein drohender Einſturz, ein anderes Mal wieder irgend etwas anderes. Denn in ſolchen Fällen an Feiertagen zu arbeiten, wird nicht als der Religion widerſprechend angeſehen. Zudem iſt das ganze Geſchlecht der Bergarbeiter zäh und zur Arbeit geboren. Hauptſächlich gibt es Hauer, Anſchläger, Förderleute, Schlepper, Erzpocher, Wäſcher und Schmelzer. Über alle dieſe und ihre Tätigkeit werde ich in den folgenden Büchern an paſſender Stelle berichten. Hier genügt es, nur noch eins bei den Arbeitern zu erwähnen; wenn Arbeiter vom Steiger wegen Nachläſſigkeit aufgeſchrieben worden ſind, ſo werden ſie am Samstag vom Bergmeiſter oder auch vom Steiger ſelbſt in Gemeinſchaft mit dem Bergverwalter entlaſſen oder mit einem Teil ihres Lohnes geſtraft oder, wenn Betrug vorliegt, in das Gefängnis geworfen. Die Beſitzer der Hütten aber, in denen die Erze geſchmolzen werden, und die Hüttenmeiſter ſtrafen ihre Leute ſelbſt.

Nun habe ich genug geſagt über das, was die Verwaltung und die Ämter der Bergleute anlangt. Das was ſonſt noch zu ſagen iſt, werde ich in einem Buche „Über das Bergrecht und die Berggeſetze“ [21]) behandeln.

[21]) Ein ſolches Buch von Agricola iſt nicht bekannt und wohl auch nicht von ihm verfaßt worden.

ENDE DES VIERTEN BUCHES

FÜNFTES BUCH

DIE Feldesvermeſſung der verſchiedenen Gänge und die bergmänniſchen Ämter beſchrieb ich im vierten Buch; im folgenden werde ich die Regeln für den Aufſchluß und den Abbau der verſchiedenen Gänge und die Markſcheidekunſt behandeln. Das den erſteren Gegenſtand Betreffende werde ich zuerſt beſchreiben, weil die Sache und die Ordnung es ſo erheiſchen. Ich werde mit der Beſchreibung der Grubenbaue, nämlich der Schächte, der Stollen, der Grubenſtrecken auf den in die Teufe fallenden Gängen beginnen und dann die Kennzeichen einer guten Beſchaffenheit der Lagerſtättenräume, des Lagerſtätteninhalts und des Nebengeſteins ſchildern. Hierauf werde ich darlegen, wie und mit welchem Gezähe die Gänge und das Nebengeſtein hereingewonnen werden, wie die Feſtigkeit des Gebirges durch Feuerſetzen gebrochen wird, mit welchen Künſten die Waſſer in den Gruben gehalten und die Wetter in den tiefſten Schächten und den längſten Stollen geführt werden; denn Überfluß an jenen oder Mangel an dieſen hindern die Grubenarbeiten. Ferner beſchreibe ich die beiden Arten der Schächte ſowie ihren und der Stollen Ausbau. Zuletzt behandle ich den Abbau der ſchwebenden Gänge oder Flöze, der Stockwerke und der Klüfte[1].

Nach der Erſchürfung eines in die Teufe fallenden Ganges beginnt der Bergmann einen Schacht zu ſenken; über ihm errichtet er einen Haſpel ſowie eine Kaue, damit der Regen nicht in den Schacht eindringt und die Haſpelleute nicht unter Kälte oder Regen leiden. Auch ſtellen die Haſpler in der Kaue ihre Laufkarren unter, und die Häuer bewahren dort ihr Gezähe und anderes. Neben der Schachtkaue wird eine andere Kaue, das Zechenhaus, errichtet, in dem ſich der Steiger und die übrigen Bergleute aufhalten können und die Erze und ſonſtigen Mineralien gelagert werden. Manche Grubenbeſitzer errichten nur eine Kaue; da aber leicht Kinder oder Tiere in die Schächte fallen können, ſo bauen doch die meiſten mit Abſicht zwei Kauen, entweder ganz geſondert oder wenigſtens durch eine Zwiſchenwand getrennt. Der Schacht iſt eine Grube in der Erde, die im allgemeinen 2 Lachter lang, $^{2}/_{3}$ Lachter breit und 13 Lachter tief iſt. Je nach der Höhenlage des bereits vorher in den Berg getriebenen Stollens wird der Schacht bisweilen auch auf eine Teufe von nur 8 Lachter oder auch bis etwa 14 Lachter abgeſenkt. Der Schacht wird ſaiger oder tonnlägig[2] niedergebracht, je nachdem der Gang, den die Bergleute beim Abteufen verfolgen, ſaiger oder flach einfällt.

Der Stollen iſt eine langgeſtreckte, in die Erde vorgetriebene Öffnung, etwa doppelt ſo hoch wie breit und ſo bemeſſen, daß die Bergleute durch ihn fahren und Laſten fördern können. Er pflegt $1^{1}/_{4}$ Lachter hoch und etwa $3^{3}/_{4}$ Fuß breit zu ſein. Im allgemeinen treiben zwei Häuer den Stollen vor; vorweg gewinnt der eine die obere, hinter ihm der andere die untere Hälfte herein. Sie ſitzen dabei auf Quer-

[1] Über die Unterſcheidung der Gänge, Flöze und Stockwerke ſ. 3. Buch Anm. 2, S. 34.

[2] Das Wort ſaiger oder ſeiger der Bergmannsſprache bedeutet ſenkrecht, der Ausdruck tonnlägig geneigt.

Drei ſaigere Schächte. Der erſte Schacht, der noch nicht bis zum Stollen geteuft iſt A. Der zweite Schacht, der den Stollen erreicht hat B. Der dritte Schacht, bis zu dem der Stollen noch nicht vorgetrieben iſt C. Der Stollen D.

Drei tonnlägige Schächte. Der erste Schacht, der noch nicht bis zum Stollen geteuft ist A.
Der zweite Schacht, der den Stollen erreicht hat B.
Der dritte Schacht, bis zu dem der Stollen noch nicht vorgetrieben ist C. Der Stollen D.

spreizen, die zwischen die beiden Stöße geklemmt sind, oder wenn der Gang weich ist, auch auf Sitzpfählen, die oben breit, unten zugespitzt und in die Gangmasse eingeschlagen sind.

Die Bergleute teufen im allgemeinen mehrere Schächte ab, sowohl saigere als auch tonnlägige. Und zwar haben von beiden Arten jeweils die einen den Stollen bereits erreicht, andere noch nicht, und wiederum andere sind bereits bis zu der Teufe, in der sie mit dem Stollen durchschlägig werden sollen, niedergebracht, doch ist der Stollen selbst noch nicht bis zu ihnen vorgetrieben.

Es ist günstig, wenn ein Schacht mit dem Stollen durchschlägig ist, denn es erleichtert den Häuern und den übrigen Bergleuten die Arbeit. Ist der Schacht aber nicht so tief, so empfiehlt es sich, nach einer oder nach zwei Richtungen Flügelörter[3] anzusetzen und vorzutreiben. In diesen Örtern erkennt der Grubenbesitzer oder der Steiger die Gänge und Klüfte, die entweder zum Hauptgang fallen oder ihn rechtwinklig kreuzen oder schräg[4] durchsetzen. Vor allem geben diese Örter auch über die Erzführung des Ganges Aufschluß. Die so entstehenden Feldörter und Querschläge werden, wie von den Römern fossae latentes vel occultae, auch von den Griechen κρυπταί genannt, weil sie, nach der Art eines Stollens in die Länge vorgetrieben, innerhalb des Gebirges verborgen bleiben. Diese Art von Strecken unterscheidet sich also vom Stollen dadurch, daß sie auf ihre ganze Länge blind sind, der Stollen aber eine ans Tageslicht tretende Öffnung hat.

Nach den Schächten, Stollen und Strecken will ich nun die Kennzeichen der Lagerstättenräume, des Lagerstätteninhalts und des Nebengesteins beschreiben. Diese Merkmale, ebenso wie vieles andere, das ich erläutern werde, haben zum größten Teil die schwebenden Gänge oder Flöze und die Stockwerke mit den in die Tiefe fallenden Gängen gemeinsam. Wenn eine Kluft auftritt, die sich zum Hauptgang örtet[5], so ist der Schacht da, wo beide sich scharen, niederzubringen. Finden wir ferner eine Kluft, die den Gang rechtwinklig oder schräg durchsetzt, so ist ein zweiter Schacht zu senken, und zwar, wenn die Kluft steil einfällt, auf dem Kreuzungspunkt, wenn sie jedoch flach einfällt, 2 oder 3 Lachter davon entfernt, damit die Schnittlinie beider tiefer durchörtert wird[6]. Denn an diesen Stellen besteht die größte Aussicht, das Erz zu finden, um dessentwillen wir die Erde durchwühlen, und wenn es schon vorher gefunden worden ist, so pflegt es an diesem Punkte bedeutend reicher einzubrechen. Wenn mehrere Klüfte in die Tiefe fallen, so muß der Bergmann, um ebenfalls die Kreuzungszone durchfahren zu können, auf der Mitte zwischen ihnen den Schacht niederbringen oder auf die edlere Kluft Rücksicht nehmen. Da ein flach einfallender Gang sich nicht selten in der Nähe eines steil einfallenden erstreckt, so empfiehlt es sich, dort abzuteufen, wo ein Quergang oder eine Querkluft oder ein schwebender Gang oder Flöz die beiden durchsetzt, denn dort liegen gewöhnlich Erze verborgen. Ebenso ist dort gute Hoffnung, Erz zu finden, wo der flache Gang zum steilen fällt; daher durchörtern die Bergleute das Hangende oder das Liegende des Hauptganges und suchen dort nach einem

[3] Unter Ort versteht der Bergmann einerseits jeden mehr oder weniger söhlig vorgetriebenen Grubenbau, also Strecken u. dgl., anderseits aber auch das jeweilige Ende solcher in der Auffahrung begriffenen Grubenbaue. Flügelörter sind von einem anderen Grubenbau aus seitwärts angesetzte Strecken.

[4] Dies wird mit einem alten bergmännischen Ausdruck „ortschicks" genannt.

[5] d. h. die den Hauptgang trifft.

[6] Vgl. die Gangbilder im 3. Buche.

Ein Schacht A. Ein Feldort oder Querſchlag B, C. Ein anderer Schacht D. Der Stollen E. Das Stollenmundloch F.

Gang, der innerhalb einiger Lachter mit dem Hauptgang zuſammenfällt. Sie treiben aber auch Strecken durch das feſte Geſtein des Hangenden oder des Liegenden, wenn den Hauptgang keine Kluft und kein Gang quert, die ſie verfolgen könnten. Dieſe Querörter heißen bei den Alten ebenfalls fossae latentes oder κρυπταί, einerlei ob ſie vom Stollen oder vom Feldort aus aufgefahren werden. Die Bergleute haben auch Hoffnung, wenn nur ein Quergang den Hauptgang durchſetzt. Wenn übrigens ein Gang, der den Hauptgang ſchräg durchſetzt, jenſeits von ihm nicht wieder erſcheint, ſo empfiehlt es ſich, den Flügel des Hauptganges, auf den der Nebengang weiſt, einerlei ob es der rechte oder der linke iſt, zu verfolgen, um feſtzuſtellen, ob der Hauptgang den Nebengang geſchleppt hat. Iſt dies nicht nach 6 Lachtern erfolgt, ſo muß man den anderen Flügel verhauen, um zu unterſuchen, ob der Hauptgang den Nebengang zurückgeſchlagen hat. Die Eigentümer eines Hauptganges können im allgemeinen nicht minder vorteilhaft den Verhieb auf dem Flügel vornehmen, auf dem der den Hauptgang teilende Gang wieder erſcheint, als auf dem Flügel, auf dem er zuerſt erſchienen iſt. Die Gewerken des durchſetzenden Ganges erlangen, wenn dieſer wiedergefunden iſt, ihr Recht wieder, daß ſie in gewiſſem Maße verloren haben. Der gemeine Bergmann hält die Klüfte für gut, die von Norden auf den Hauptgang kommen; dagegen verwirft er die Klüfte, die von Süden kommen, und ſagt, daß dieſe dem Hauptgang ſehr ſchädlich, jene nützlich ſeien. Ich aber bin der Anſicht, daß doch wohl keiner von ihnen unverritzt[7] gelaſſen werden darf. Wie ich im dritten Buch gezeigt habe, daß die Erfahrung nicht mit ſolchen Urteilen über die Gänge übereinſtimmt, ſo könnte ich jetzt auch für eine jede vom gemeinen Bergmann verachtete Kluft Beiſpiele anführen, durch die ich ihre Güte nachwieſe, wenn ich nicht überzeugt wäre, daß es der Nachwelt wenig oder nichts nützen würde.

Wenn ſich aber den Häuern keine Klüfte oder Gänge weder im Hangenden noch im Liegenden des Hauptganges zeigen und dieſer ſich auch ſonſt nirgends auftut, ſo lohnt es nicht, einen zweiten Schacht zu teufen. Auch ſoll man nicht einen Schacht dort niederbringen, wo ſich ein Gang in zwei oder drei Trümer zerſchlägt, wenn nicht Anzeichen dafür da ſind, daß dieſe ſich bald hernach wieder ſcharen. Es iſt ferner ein ſchlechtes Zeichen, wenn ein reicher Gang ſich hierhin und dorthin ſtürzt; denn wenn er nicht wieder ſo wie zuerſt, ſteil oder flach, einfällt, ſo gibt er weiterhin kein Erz mehr, und ſelbſt wenn er wieder das alte Einfallen hat, bleibt er doch oft taub. Auch erzreiche Tagklüfte täuſchen oft die Häuer, indem in ihnen nach unten zu kein Erz zu finden iſt. Schließlich wird ein widerporſtiges[8] Abſetzen des Geſteins zu den ſchlechten Zeichen gerechnet. Verhauen werden alle derben Gänge, deren Höfflichkeit[9] deutlich zu erkennen iſt, desgleichen die druſigen Gänge, beſonders wenn ſie reich an Erzen waren, bevor die Druſen auftraten, oder die Druſen der Zahl nach gering und klein ſind. Leere Spalten, die Waſſer führen, werden nicht gegraben, außer wenn die Waſſer Erzteilchen herbeigeführt und abgeſetzt haben; ſelten auch die trockenen hohlen Spalten, weil ſie im allgemeinen nur einen unartigen[10] Kies oder ein ſchwarzes weiches Mineral, ähnlich der Wolle,

[7] d. h. unbearbeitet.

[8] Widerporſtiges Abſetzen des Geſteins bedeutet verſchiedene Richtung der Geſteinsfugen zu beiden Seiten des Ganges.

[9] Höfflichkeit der Gänge iſt ein alter bergmänniſcher Ausdruck für Reichtum der Gänge.

[10] Unartig bedeutet arm oder wertlos.

führen. Die Bergleute graben ferner erzreiche Klüfte, mitunter auch erzleere, um nach Gängen zu suchen, die etwa nahe dem Hangenden oder dem Liegenden des Hauptganges streichen.

Nach diesen Ausführungen über die Beschaffenheit der Klüfte und der Gänge wollen wir uns jetzt der Erzführung der Gänge, der Flöze und der Stockwerke zuwenden. Die Erzführung der Gänge ist entweder fortlaufend und zusammenhängend oder zersprengt und zerstreut oder als einzelne Ausbauchungen ausgebildet oder auch, bei vom Hauptgang abzweigenden Gängen oder Klüften, ästig. Diese letzteren Gänge und Klüfte sind sehr kurz, und sie verschwinden nach geringer Erstreckung ganz. Eine geringe Erzführung gilt nur als Anzeichen, eine reiche aber stellt nicht ein Anzeichen dar, sondern ist gerade das, wonach wir die Erde durchwühlen. Findet der einen Gang anschlagende Häuer bald gediegen Metall oder ein sonstiges nutzbares Mineral oder eine edle Gangführung oder große Vorräte eines armen Erzes, dann wird er dort alsbald einen Schacht niederbringen. Und dorthin, wo ihm das Mineral reichhaltiger oder besser erscheint, wird er den Verhieb richten. Oft wird gediegen Gold, Silber, Kupfer oder Quecksilber, weniger oft gediegen Eisen und Wismut, kaum irgendeinmal gediegen Zinn oder Blei gefunden. Allerdings unterscheiden sich die Zwitter und übrigen Zinngraupen[11] nicht viel vom reinen Zinn; und der beste Bleiglanz unterscheidet sich nicht sehr vom Blei.

Wenn wir ein Golderz zu beurteilen haben, so bezeichnen wir nächst dem reinen Gold das Rohgold, es sei grünlichgelb oder goldgelb oder rot oder schwarz oder außen rot und innen goldfarben, als reiches Golderz, weil das Gold an Schwere jeden Stein und jede Erde übertrifft. Dann kommt alles Golderz, von dem 100 Pfund mehr als 3 Unzen Gold[12] enthalten; denn wenn auch dieser Goldgehalt der Erden und Steine gering ist, so gleicht er doch an Wert anderen Metallen von größerer Gewichtsmenge. Alle übrigen Golderze müssen zu den armen Erzen gerechnet werden, weil Erde oder Steine das Gold zu sehr überwiegen. Auch ein Erz, das mehr Silber als Gold enthält, pflegt selten reich zu sein. Sowohl trockene als auch feuchte Erde ist nicht selten reich an Gold; in der trockenen ist im allgemeinen mehr Gold, wenn sie aussieht, als sei sie im Ofen geschmolzen, oder wenn sie Blättchen führt, die dem Glimmer ähnlich sind. Auch die folgenden aus Lösungen erstarrten Mineralien, nämlich Lasurstein, Malachit, Auripigment und Realgar[13], pflegen Gold zu enthalten. Ferner finden sich gediegenes Gold und Golderz bald viel, bald wenig im Quarz, Schiefer, Kalkstein, weiter in leicht schmelzbaren Steinen[14], die mitunter so drusig sind, daß sie wie ausgenagt erscheinen, und schließlich ist Gold in Kiesen enthalten, wenn auch selten in größerer Menge.

Von den Silbererzen werden nächst dem gediegenen Silber zu den reichen Erzen die gerechnet, von denen 100 Pfund mehr als 3 Pfund Silber enthalten. Diese Bedingung erfüllen gediegen Silber, das Glaserz, das dunkle und lichte Rotgültigerz,

[11] Unter Zwitter versteht man ein mit Zinnerz (Kassiterit) durchsetztes Gestein; Zinngraupen sind kleinere oder größere Stücke reinen Kassiterits.

[12] Das ist rund 0,188 %.

[13] Lateinisch caeruleum, chrysocolla, auripigmentum, sandaraca. Vgl. hierzu 7. Buch Anm. 25, S. 201.

[14] Lateinisch lapis, qui facile igni liquescit. Derartige Steine erwähnt Agricola später als Zuschläge beim Probieren im 7. und beim Verschmelzen der Erze und Produkte im 9., 10. und 11. Buche und bezeichnet sie als solche erster, zweiter und dritter Art, ohne daß sich aber entscheiden läßt, was für ein Mineral im Einzelfall gemeint ist. Vor allem wird man dabei an Flußspat denken können. Vgl. 7. Buch, S. 199 ff.

das Schwarzerz, Grauerz, Braunerz, Gelberz und leberfarbige Erz[15] und andere. Es gehören auch darunter Erze von Quarz, Schiefer, Kalkſpat, wenn ſie viel gediegenes Silber oder Silbererz führen. Als armes Erz aber gilt das, von dem 100 Pfund höchſtens 3 Pfund Silber enthalten. Dies pflegt reichlicher aufzutreten, indem die Natur die Reichhaltigkeit durch Menge erſetzt. Solch armes Erz beſteht aus einem Gemiſch von allen möglichen Erden und Steinen außer den genannten Silbererzen, ſodann beſonders aus Kies, Galmei[16], Bleiglanz, Grauſpießglanz und anderem.

Wenn auch von den übrigen Metallen gewiſſe reiche Erze gefunden werden, ſo lohnt ihre Gewinnung doch nur ſehr ſelten, falls nicht ihre Gänge mächtig ſind. Die Inder und einige andere Völker ſuchen in unterirdiſchen erdigen Schichten nach Edelſteinen; aber öfter werden dieſe infolge ihrer Farbenpracht und noch mehr ihres Glanzes bei der Gewinnung von Erzen entdeckt. Auch Vorkommen von Marmor, von Werk- und Bauſteinen graben wir, wenn wir ſie zufällig finden. Die Steine im eigentlichen engeren Sinn jedoch werden, obwohl ſie zum Teil eigene Lagerſtätten haben, im allgemeinen in Erzgruben oder Steinbrüchen gewonnen, z.B. der Magnetſtein in Eiſenerzgruben, der Smirgel in Silbererzgruben, der Judenſtein, der Räderſtein[17] u. dgl. in Steinbrüchen; die Häuer leſen ſie gewöhnlich auf Geheiß der Gewerken aus den Klüften der Geſteine. Der Bergmann verſäumt ferner nicht, gewiſſe Erden zu graben, gleichgültig, ob ſie in Gold- oder Silber- oder Kupfergruben oder anderen gefunden werden; dies unterlaſſen auch die Arbeiter der Steinbrüche und andere nicht, wenn die Erden in Steinbrüchen oder eigenen Vorkommen gefunden werden. Das Kennzeichen der Güte dieſer Erden iſt im allgemeinen ihr Geſchmack. Und ſchließlich achtet der Bergmann auch auf die aus Löſungen erſtarrten Mineralien, einerlei, ob er ſie auf Erzgängen oder eigenen Lagerſtätten findet; er lieſt ſie auf und ſammelt ſie. Doch mehr werde ich hierüber nicht reden, weil ich alles über die Erze und die übrigen Mineralien in meinem Werk über Mineralogie[18] ausführlicher dargelegt habe.

Ich kehre zu den Kennzeichen zurück. Wenn wir Letten antreffen, in dem die Geſchiebe eines Metalles oder Erzes vorkommen, ſo wird hierdurch am beſten den Bergleuten die Nähe eines Ganges angezeigt; denn es muß eine Erzmaſſe vorhanden ſein, von der die Geſchiebe weggeführt worden ſind. Auch wenn ein ſolcher Letten frei von jeglichen Erzteilchen, jedoch fett und weiß, grün, blau oder ähnlich gefärbt angetroffen wird, ſo ſoll man mit der begonnenen Arbeit

15) Lateiniſch materia, quae constat ex argento rudi sive ei plumbi color fuerit, sive ruber, sive albus, sive niger, sive cinereus, sive purpureus, sive luteus, sive jecoris, sive denique alterius rei. Agricola mengt hier und ſpäter offenbar gediegen Silber mit verſchiedenen Anlauffarben, eigentliche Silbermineralien und ſilberhaltige Erden und Geſteine, durcheinander. Im Index zu ſeinem Buch De veteribus et novis metallis libri II, Froben, Basileae 1546, werden dieſe Ausdrücke wie folgt verdeutſcht: argentum rude gediegen Silbererz, a. r. plumbei coloris Glaserz, a. r. rubrum Rotgolderz, a. album Weißrotgüldenerz, denn es iſt friſch, wie oftmals Rotgüldenerz pfleget zu ſein, a. r. nigrum gediegen Schwarzerz, a. r. cineraceum gediegen Grauerz, a. r. purpureum gediegen Braunerz, a. r. luteum gediegen Gelberz, a. r. jecoris colore gediegen leberfarbig Erz. Unter den letzten fünf Erzen dürften Erden mit eingeſprengten Silbermineralien, vielleicht auch Chlorſilber zu verſtehen ſein. Vgl. 7. Buch Anm. 39, S. 210.

16) Lateiniſch cadmia metallica fossilis. Über die verſchiedene Bedeutung des Wortes cadmia vgl. 7. Buch Anm. 2, 8. Buch Anm. 9 und 37, 9. Buch Anm. 32 und 64 und 11. Buch Anm. 61, S. 188, 239, 270, 353, 377, 463.

17) Lateiniſch lapis judaicus und trochites. Dies ſind nach Agricolas Werk De natura fossilium libri X, Froben, Basileae 1546, S. 261, Kalkſteine mit verſchiedenartig geformten Verſteinerungen. Erſterer hat den Namen von ſeinem Vorkommen in Judaea, letzterer von der Form der Verſteinerungen.

18) De natura fossilium libri X, Froben, Basileae MDXLVI.

nicht aufhören. Die Häuer haben noch andere Anzeichen aus den Gängen und Klüften, über die ich bereits geſprochen habe, ſowie aus dem Geſtein, über die ich nachher noch etwas ſagen werde. Eine trockene Erde, die Metall oder Erz enthält, iſt ein gutes Zeichen, und wenn ſie gelb oder rot oder ſchwarz oder ſonſtwie hervorſtechend gefärbt iſt, kein ſchlechtes Zeichen, ſelbſt wenn ſie frei von Erz iſt; und ein Fund von Malachit, Laſurſtein, Kupfergrün, Auripigment oder Realgar wird zu den guten Zeichen gerechnet. Wo ein unterirdiſcher Quell Erzteilchen auswirft, da empfiehlt es ſich, die begonnene Arbeit fortzuführen, denn das iſt ein Anzeichen, daß dieſe Teilchen von einer andern Maſſe losgeriſſen ſind wie ein Stückchen von einem Körper. Gleicherweiſe gelten auch ganz dünne Blättchen eines Metalles, die an einem Stein oder am Geſtein haften, als gutes Anzeichen. Fallen ferner Gänge, die teils mit Quarz, teils mit Letten oder trockener Erde ausgefüllt ſind, zuſammen mit ihren Klüften in die Teufe, ſo beſteht gute Hoffnung, Erz zu finden. Wenn die Klüfte hernach nicht erſcheinen oder wenig Erz auftritt, ſoll man die Arbeiten nicht eher einſtellen, als bis nichts mehr zu tun iſt. Dunkler, ſchwarzer, horn- oder leberfarbener Quarz iſt im allgemeinen ein gutes Anzeichen, weißer teils ein gutes, teils ein ſchlechtes. Kalkſpat, der in der Tiefe des Ganges erſcheint und ein wenig unterhalb wieder verſchwindet, iſt kein gutes Zeichen, denn er gehört nicht zum eigentlichen Gang, ſondern zu einer Kluft. Die leichtſchmelzigen Steine, auch die durchſichtigen, rechnen zu den mittelguten Anzeichen; in Verbindung mit anderen guten Zeichen ſind ſie gut, doch allein ſtellen ſie kein Anzeichen von Güte dar. In ähnlicher Weiſe müſſen wir bei den Edelſteinen urteilen. Gänge, die am Hangenden und am Liegenden hornfarbenen Quarz oder Kalkſpat, dazwiſchen aber Letten führen, geben etliche Hoffnung; das gleiche gilt von Gängen, die am Hangenden und am Liegenden eiſenſchüſſige Erde und dazwiſchen fette und zähe Erden führen, ſowie von Gängen, deren Salbänder Harniſche[19] bilden und die ſchwarze Erde, die wie verbrannt ausſieht, führen. Ein beſonderes Anzeichen für Gold iſt Auripigment, für Silber Wismut und Grauſpießglanz, für Kupfer Malachit und die Vitriole von Kupfer, Eiſen, Zink u. dgl., für Zinn und namentlich für große reine Graupen eine bleiglätteartige Maſſe; ein beſonderes Zeichen für das Eiſen iſt der Eiſenroſt[20], für Gold und Kupfer gemeinſam Malachit und Laſurſtein, für Silber und Blei Bleiglanz. Obgleich die Bergleute das Wismut mit Recht den Hut des Silbers nennen und der Kupferkies der gemeinſame Erzeuger des Kupfer- und des Eiſenvitriols und ihrer Verwandten iſt, ſo haben dieſe doch bisweilen ihre ſelbſtändigen Vorkommen; das gleiche gilt vom Auripigment und vom Grauſpießglanz.

Wie die Gangmaſſe den Bergleuten gute Anzeichen gibt, ſo tut dies auch das Gebirge, durch das die Lagerſtättenräume ſich erſtrecken. Zum Beiſpiel gilt Sandſtein in den Gruben als gutes Zeichen, beſonders wenn er feinkörnig iſt; ebenſo iſt es mit dem ſchwachblauen und mattſchwarzen Schiefer und dem Kalkſtein jeglicher Farbe. Für einen Silbergang iſt ein gutes Vorzeichen ein mit allerfeinſten Zinnzwittern durchſetztes andersartiges Geſtein, beſonders wenn das ganze Zwiſchenmittel daraus beſteht. Vielfach ſchließt ein ſo ausgezeichnetes

[19] Unter Harniſch oder Rutſchflächen verſteht man glänzende Gleitflächen, die infolge Verſchiebung des Ganges gegen das Nebengeſtein oder einzelner Gangteile gegeneinander entſtehen.

[20] d. h. oxydiſche Eiſenerze.

Geſtein in Verbindung mit einer edlen Kluft einen erzreichen Gang ein. Fällt der Gang ſenkrecht ein, ſo gehört ſein Reichtum nur der Grube, in der er zuerſt gefunden wurde; fällt er flach ein, dann auch den Nachbargruben. Der der Geometrie kundige Bergmann kann die Teufe berechnen, in der der erzreiche Gang innerhalb jenes Geſteins in die übrigen Gruben einfallen wird. Soviel hierüber.

Ich komme jetzt zu der Arbeitsweiſe, die ſehr verſchieden iſt, da ja ein weicher[21] Gang anders zu verhauen iſt als ein wenig feſter, ein mittelfeſter oder ein ſehr feſter Gang. Ebenſo iſt das Hangende in einem Fall weich und gebräch, im andern Fall wenig feſt und im dritten oder vierten mittelfeſt oder ſehr feſt. Schnätig nenne ich einen Gang, der aus Erden oder weichen, aus Löſungen erſtarrten Mineralien, feſt einen ſolchen, der aus Erz und mittelfeſten Steinen beſteht; dies ſind im allgemeinen die leichtſchmelzigen Steine der erſten und zweiten Art[22], Bleiglanz und ähnliche. Die mittelfeſten Gänge beſtehen aus den ſchon genannten Mineralien in Verwachſung mit Quarzarten oder leichtſchmelzigen Steinen der dritten Art, Kies, Galmei und ſehr feſtem Kalkſpat. Sehr feſte Gänge nenne ich die, die in der ganzen Mächtigkeit aus dieſen feſten Steinen und ihren Verwachſungen beſtehen. Das Hangende und das Liegende des Ganges ſind feſt, wenn ihr Geſtein wenig Klüfte und Geſteinsfugen aufweiſt, mittelfeſt, wenn dieſe ſeltener ſind, und ganz feſt, wenn ſie faſt ganz oder gänzlich fehlen. Denn wenn die Klüfte und Fugen fehlen, dann fehlt den Geſteinen auch ziemlich das Waſſer, das ſie weich macht. Das feſteſte Geſtein des Hangenden oder des Liegenden iſt aber ſelten ſo feſt wie ein mittelfeſter Gang.

Einen weichen Gang gewinnen die Häuer allein mit der Keilhaue herein. Solange noch kein Erz erſcheint, halten ſie Gangmaſſe und Hangendes nicht getrennt voneinander aus; ſobald aber das Erz gefunden iſt, arbeiten ſie ſehr vorſichtig. Und zwar gewinnen ſie zuerſt hangendes Geſtein geſondert von dem Erz herein und hauen dann das weiche Erz vom Liegenden mit der Keilhaue in die daruntergeſtellten Erztröge, ſo daß kein Erz auf die Sohle fällt. Das feſte Erz aber gewinnen ſie vom Liegenden mit den ſogenannten Bergeiſen[23], die ſie mit dem Fäuſtel ſchlagen. Mit demſelben Gezähe gewinnen ſie das feſte Hangende. Das Hangende wird nämlich öfter hereingewonnen, ſeltener das Liegende; denn wenn ſowohl das Liegende als auch das Hangende dem Eiſen widerſtehen, dann iſt die Gewinnung durch Feuerſetzen beim Liegenden nicht möglich. Die mit dem Eiſen bearbeitbare mittelfeſte Gangmaſſe und ebenſo das mittelfeſte und ſehr feſte Geſtein des Hangenden werden gewöhnlich mit kräftigeren Eiſen, den ſogenannten Fimmeln, bearbeitet; wenn dieſe nicht zur Hand ſind, werden zwei oder drei dicht zuſammengebundene Bergeiſen verwandt. Vor einem ſehr feſten, erzreichen Gang, der dem Eiſen großen Widerſtand leiſtet, ſetzen die Bergleute Feuer, wenn es ihnen die Eigentümer der Nachbargruben erlauben. Erhalten ſie die Erlaubnis nicht, dann hauen ſie in das Hangende oder in das Liegende, wenn dies weniger feſt iſt, einen Schram und treiben in ihn Hölzer ein. Hierauf hauen ſie in den Gangſtoß, den feinen Spalten folgend, mit dem Ritzeiſen Schlitze und

[21] Im Wörterverzeichnis mit „ſchnetiger Gang" verdeutſcht. Schnetig oder ſchnätig iſt verderbt aus „ſchneidig", d. i. leicht ſchneidbar oder in obiger Anwendung leicht gewinnbar, weich, mürbe.

[22] Vgl. dieſes Buch Anm. 14, S. 85.

[23] Wie ſie im 6. Buch S. 120 ff. beſchrieben werden.

ſtecken in dieſe Schlitze je vier Plötze und daneben, damit die Plötze recht feſtſitzen, falls nötig, Eiſenbleche. Sodann ſtecken ſie Keile zwiſchen je zwei Plötze und ſchlagen und treiben ſie abwechſelnd mit Fäuſteln ein; der Gang erklingt davon mit hellem Ton. Ein Krachen aber kündigt an, daß das Werfen einer Wand beginnt, und ſobald es ſich verſtärkt, ſpringen die Häuer haſtig fort; mit ungeheurem Krachen ſtürzt dann das abgetriebene Gangſtück nieder. So werden Gangſtücke geworfen, die an die 100 Pfund und mehr ſchwer ſind. Werden aber ſehr feſte Erzgänge auf eine andere Weiſe hereingewonnen, dann bleiben einzelne Brüſte ſtehen, die nachher nur ſehr ſchwer nachzuhauen ſind. Eine ſehr feſte taube Gangzone, an der nicht Feuer geſetzt werden darf, umfahren die Bergleute, indem ſie mit der Strecke nach rechts oder links ausweichen; denn ſie mittelſt Hereintreibearbeit zu durchörtern, würde zu teuer werden. Übrigens begleiten die Knappen ihre Arbeit in den Grubenräumen oft mit ſchönem Geſang; ſie erleichtern ſich dadurch die ſchwere und gefahrvolle Arbeit.

Wie ich ſchon erwähnte, werden die harten Geſteine auch durch Feuer gebräch[24] gemacht; doch iſt das Verfahren nicht ganz einfach. Wenn ein von hartem Nebengeſtein umſchloſſener Gang wegen ſeiner Härte oder wegen ſeiner geringen Mächtigkeit nicht für ſich verhauen werden kann, ſo werden geſchichtete Haufen trockenen Holzes abgebrannt, und zwar in einem niedrigen Feldort oder Stollen ein Haufe, in einem hohen Feldort oder Stollen zwei aufeinandergeſetzte Haufen; man läßt ſie ſo lange brennen, bis das Feuer die Scheite ganz verzehrt hat. Seine Macht löſt im allgemeinen nicht ein großes Gangſtück ab, ſondern nur einzelne Schalen. Falls jedoch das Geſtein des Hangenden oder des Liegenden mit dem Eiſen bearbeitet werden kann, der Gang aber zu hart dazu iſt, ſo wird in jenes ein Setzort gehauen. In dieſes wird, einerlei ob der Gang im mittleren, im oberen oder im unteren Teil des Ortsſtoßes ſich befindet, das Feuer geſetzt, jedoch nicht immer in gleicher Weiſe. Denn wenn das Setzort breit iſt, ſo wird viel Holz hineingepackt, ſoviel wie möglich; iſt es aber eng, dann nur wenig. In dem einen Falle drückt die größere Macht des Feuers den Gang mehr vom Liegenden oder unter Umſtänden vom Hangenden ab. In dem anderen Falle drückt das ſchwächere Feuer den Gang weniger ab; doch, da ſeine Hitze zuſammengehalten und durch die Geſteinsbruchſtücke, die vor das in dem engen Setzort aufgebaute Holz gelegt werden, zurückgedämmt wird, vermag es auch den Gang vom Nebengeſtein zu löſen. Iſt außerdem das Setzort niedrig, ſo wird nur ein Holzhaufe hineingeſetzt; iſt es hoch, zwei, und zwar aufeinander, ſo daß der untere, nachdem er angebrannt worden iſt, auch den oberen anzündet. Das Feuer löſt, vom Wetterzug gegen den Stoß getrieben, den Gang vom Nebengeſtein ab und macht ſelbſt ein ſehr hartes Nebengeſtein oft ſo gebräch, daß es leichter als alles andere gebrochen werden kann. So hat Hannibal, der Heerführer der Punier, dem Beiſpiel der ſpaniſchen Bergleute folgend, die Felſen der Alpen mit Feuer und Eſſig geſprengt. Falls ein Gang ſehr mächtig iſt, wie es beim Zinnerz zu ſein pflegt, dann ſchrämen die Häuer die Klüfte auf, ſetzen in dieſe Setzörter das trockene Holz und ſtecken öfter Bärte[25] dazwiſchen, die leicht das Feuer annehmen und an das übrige noch nicht brennende Holz weitergeben.

[24] Bergmänniſcher Ausdruck für mürbe.

[25] Bärte ſind Hölzer, die ringsum angeſchält ſind, ſo daß die mit einem Ende noch anhaftenden Späne ſie kräuſelnd umgeben.

Solange die gleichſam geröſteten Erz- und Steinmaſſen einen unangenehm riechenden Schwaden von ſich geben und die Schächte und die Stollen Rauch ausſtoßen, fahren die Bergleute nicht ein, damit das Gift ihre Geſundheit nicht zerſtört oder ſie gar tötet, worüber ich bei der Darſtellung der Krankheiten der Bergleute noch ausführlicher ſprechen werde[26]. Wenn der Schwaden durch eine Gangſpalte oder Kluft in die Nachbargruben gelangen kann, deren Erz und Geſtein nicht feſt ſind, ſo geſtattet der Bergmeiſter nicht, Feuer zu ſetzen, damit die

Das angezündete Holz A. Bärte B. Der Stollen C.

Arbeiter nicht erſticken. Die durch die Gewalt des Feuers gelockerten Erzbrocken und Geſteinsſchalen an der Firſte des Ortes holen die Häuer mit Brechſtangen herunter, oder wenn ſie noch einige Feſtigkeit aufweiſen, werden ſie durch in Riſſe geſtoßene Stecheiſen heruntergebrochen. Erzbrocken und Geſteinsſchalen, die ſich an den Ulmen[27] befinden, werden mit Fäuſteln abgeſchlagen. Wenn noch etwas ſitzenbleibt, wird es mit Eiſen weggeſpitzt. Es werden Geſtein und Erde für ſich und das Erzhaufwerk für ſich in Kübel gefüllt und zutage oder zum näch-

26) Im 6. Buche, S. 183 ff.

27) Den Seitenwänden.

ſten Stollen gefördert, und zwar, wenn die Schächte nicht tief ſind, mit dem von Menſchenhand gedrehten Haſpel oder, wenn ſie tief ſind, mit dem Pferdegöpel.

Oft hindern zuſitzende Waſſer oder ſtockende Wetter die Grubenarbeit; daher müſſen ſich die Bergleute dieſe Dinge ebenſo wie die Gewinnerarbeiten ſehr angelegen ſein laſſen. Die Waſſer, die aus einem Gang oder einer Kluft, vornehmlich wenn dieſe leer ſind, kommen, läßt man in die Schächte oder Stollen laufen. Die Wetter aber bleiben auch im Stollen ebenſo wie im Schacht ſtehen, und zwar in einem tiefen Schacht, wenn er für ſich allein ſteht und weder ein Stollen mit ihm durchſchlägig iſt, noch er mit einem anderen Schacht durch eine Strecke verbunden iſt, oder in einem Stollen, wenn er weiter in den Berg vorgetrieben iſt und kein Schacht ſo weit geteuft iſt, daß er mit ihm durchſchlägig wird. In beiden können die Wetter nicht bewegt und erneuert werden. Dadurch werden die Wetter drückend und dunſtig und riechen nach Moder wie ein Gewölbe oder wie ein Keller, der viele Jahre allſeitig verſchloſſen war. Die Häuer können in ſolchen Grubenräumen die Arbeit nicht lange aushalten, auch wenn die Grube reich an Silber oder Gold iſt, oder wenn ſie es ertragen, ſo können ſie nicht frei atmen und haben Kopfweh. Dies tritt um ſo mehr ein, wenn ſie in ſolchen Bauen in großer Zahl arbeiten und viele Grubenlampen verwenden, die dann eben auch nur ein mattes Licht geben; denn die Dünſte, die ſowohl die Lampen als auch die Menſchen von ſich geben, machen die Wetter noch ſchlechter.

Die nicht übermäßig zuſitzenden Waſſer werden durch Künſte verſchiedener Art, die von Menſchen bewegt und getrieben werden, aus den Schächten gehoben. Wenn aber ſo große Waſſermengen in einen Schacht zuſammenſtrömen, daß ſie die Häuerarbeiten hindern, ſo wird ein zweiter Schacht einige Lachter vom erſten entfernt geteuft. So kann in dem einen von ihnen Arbeit und Betrieb ungehindert umgehen; in den andern, der tiefer geteuft den Sumpf bildet, werden die Waſſer geführt. Sie werden durch die gleichen Künſte oder durch Roßkünſte in die Waſſerſaige des nächſten Stollens oder der Schachtkaue gehoben und fließen durch ſie ab. Wenn aber in den tieferen Schacht einer Grube die geſamten Waſſer aller Nachbargruben, nicht nur des einen Ganges, auf dem der Schacht niedergebracht iſt, ſondern auch von anderen Gängen, zuſammenfließen, dann muß ein großer Sumpf angelegt werden, der die Waſſer ſammelt; aus dieſem Sumpf wiederum werden die Waſſer durch Pumpenkünſte oder Bulgenkünſte gehoben, über die ich im ſechſten Buch[28)] ausführlicher ſprechen werde. Die Waſſer, die aus Gängen, Klüften und Geſteinsfugen in die Stollen fließen, werden durch die Waſſerſaigen abgeführt.

Zur Bewegung der Wetter in den tiefen Schächten und den langen Stollen dienen vornehmlich die Wettermaſchinen; ich werde dies in dem folgenden Buch ſchildern, das auch dieſe Maſchinen vorführt[29)]. Die Außenluft zieht von ſelbſt in die Grubenbaue ein und auch wieder aus, wenn ein Durchgang möglich iſt. Dies regelt ſich auf verſchiedene Weiſe: Im Frühjahr und im Sommer fallen die Wetter in den hoch angeſetzten Schacht ein, gehen durch den Stollen oder das Feldort und ziehen aus dem Stollenmundloch oder dem tief angeſetzten Schacht aus; ebenſo ziehen ſie in dieſen Monaten in den höheren Stollen ein, fallen durch einen blinden

[28)] S. 142 ff.
[29)] S. 171 ff.

Schacht in den tieferen Stollen und ziehen aus diesem aus. Im Herbst und Winter dagegen ziehen sie in den tiefer angesetzten Schacht oder Stollen ein und aus dem höheren aus. Dieser Wechsel des Wetterzuges erfolgt in den gemäßigten Gegenden im Anfang des Frühjahrs und gegen Ende des Herbstes, in den kalten Gegenden zu Ende des Frühjahrs und zu Anfang des Herbstes. Doch unterliegen die Wetter zu diesen beiden Zeitpunkten, ehe sie ihre neue Richtung stetig innehalten, etwa vierzehn Tage lang häufigen Schwankungen, indem sie bald in den höher, bald in den tiefer angesetzten Schacht oder Stollen einziehen. Doch genug hiervon; wir wollen zu etwas anderem übergehen.

Es gibt zwei Arten von Schächten. Von der einen Art mit der schon angegebenen Teufe hat eine Grube gewöhnlich mehrere, zumal wenn Stollen bis ins Grubenfeld erlängt sind und dieses reich an Erzen ist. Sobald nämlich der erste Schacht mit dem ersten Stollen durchschlägig geworden ist, werden zwei weitere Schächte abgeteuft, ja, wenn starke Wasser das Teufen erschweren, auch drei, damit einer der Wasserhaltung dient, während in den beiden anderen die eigentliche Abteufarbeit durchgeführt wird. In gleicher Weise verfährt man beim zweiten und beim dritten Stollen, ja auch bei einem vierten, wenn so viele in den Berg getrieben werden. Die Schächte der zweiten Art aber sind sehr tief, nämlich bis zu 60, 80 oder 100 Lachter. Diese Schächte gehen vollkommen saiger in die Tiefe, und mit einem einzigen Förderseil werden die Berge und das Erz zutage gefördert; die Bergleute nennen sie daher Saiger- oder Richtschächte. Über diesen Schächten stehen Künste, mit denen die Wasser gehoben werden, und zwar auf dem Rasen gewöhnlich solche, die mit Pferden, auf der Stollensohle dagegen solche, die mit Wasserkraft betrieben werden. Solche tiefen Schächte werden geteuft, wenn der Gang sehr erzreich ist.

Der Ausbau der Schächte, einerlei welcher Art sie angehören, erfolgt auf verschiedene Weise. Wenn sowohl der Gang als auch das Hangende und das Liegende fest sind, ist nicht viel Ausbau nötig; querüber werden in Abständen Tragstempel geschlagen, deren beide Enden im Hangenden und im Liegenden in Bühnlöcher eingelassen werden; an Hölzern[30], die unmittelbar am Liegenden auf diese Tragstempel gelegt werden, werden Bretter und die Fahrten angeschlagen. Auch werden Seitenbretter, die auf beiden Seiten den Schacht vom Gangstoß und die außerdem das Fördertrum des Schachtes vom Fahrtrum trennen, an den Stempeln befestigt. Jene Seitenbretter halten den Gangstoß, damit keine durch Wasser abgelöste Erzbrocken in den Schacht fallen und die Häuer oder die auf den Fahrten hinab- oder herauffahrenden Bergleute erschrecken, verletzen oder hinunterstürzen. Die anderen Seitenbretter halten aus dem gleichen Grunde die Gesteinsstücke, die während der Förderung aus den Kübeln oder Körben fallen, von den Fahrten fern. Sie bewirken also, daß das schwierige und anstrengende Fahrtenklettern weniger abschreckend erscheint und weniger gefahrvoll ist. Wenn der Gang sowie das Hangende und das Liegende weich sind, ist ein dichterer Schachtausbau nötig. Daher werden geschlossene Geviere in Schrotzimmerung eingebaut, d. h. unmittelbar aufeinandergelegt. Sie werden auf zweierlei Weise ausgeführt. Entweder werden die viereckig gezapften Köpfe der vom Hangenden

30) Lat. tigilla; im Wörterverzeichnis werden sie mit „Donholtzer oder Dumbholtzer, wie mans jetzo nennet“, verdeutscht, und die weiterhin genannten Bretter hießen Donnen bzw. Seitendonnen.

zum Liegenden reichenden Hölzer, der Kappen, in ebenfalls viereckige Einſchnitte der am Hangenden und am Liegenden befindlichen Hölzer, der Jöcher, eingelaſſen, oder die einen werden oben, die andern unten geblattet und jene auf dieſe gelegt. Die große Laſt dieſer Geviere wird durch in Abſtänden geſetzte ſtarke Stempel getragen, die tief in Löcher des Liegenden und des Hangenden eingelaſſen ſind und geneigt liegen. Damit die Geviere unverrückbar liegen, werden zwiſchen ſie und die Schachtſtöße Schwarten geſteckt und hölzerne Keile getrieben und die Hohlräume mit Erde und Geröll ausgefüllt. Sind aber das Hangende und das Liegende wechſelnd hart und weich und verhält ſich der Gang ähnlich, ſo werden keine Geviere gelegt, ſondern Tragſtempel geſchlagen, und da, wo das Geſtein weich und der Gang ſchnätig iſt, werden hinter die Stempel Schalbretter geſteckt und zwiſchen dieſe und das Gebirge Erde und Geröll gefüllt.

Wenn ein ſehr tiefer, ſaigerer oder tonnlägiger Schacht mit Gevieren ausgezimmert wird, ſo werden hinter ſie der größeren Standfeſtigkeit halber, da ſie mitunter aus ſchlechtem Holzwerk beſtehen und Brüche drohen, drei oder vier Paar ſehr kräftige und lange Wandruten gezogen, und zwar von jedem Paar die eine am Hangenden, die andere am Liegenden. Damit ſie nicht zuſammengehen und feſt und unveränderlich ſtehen, werden ſie durch zahlreiche Einſtriche gehalten; dieſe ſind zwecks feſter Verbindung in Einſchnitte der Wandruten eingelaſſen. Wie auch der Ausbau des Schachtes ſei, man legt auf die Tragſtempel Trumhölzer und ſchlägt an dieſe Bretter, die das Fahrtentrum vom übrigen Schachtraum ſcheiden. Wenn der ſehr tiefe Schacht ſaiger iſt, legt man neben die Fahrten Ruhebühnen auf die Tragſtempel und befeſtigt ſie an dieſen, damit die Fahrenden, die durch das Steigen ermüdet ſind, ſich ſitzend oder ſtehend auf ihnen ausruhen können. Damit aber auch den Anſchlägern keine Gefahr von Steinen droht, die bei der Förderung aus dem tiefen Schacht wieder herunterfallen, wird ein wenig über dem Füllort eine Schutzbühne eingebaut, die den ganzen Querſchnitt des Schachtes mit Ausnahme des Fahrtrums einnimmt. Jedoch hat die Schutzbühne in der Nähe des Liegenden eine Öffnung, durch welche die mit Erz gefüllten Kübel mittels des Haſpels hochgezogen und die leeren wieder herabgelaſſen werden können. So ſind die Anſchläger und die übrigen Arbeiter, die ſich unterhalb dieſer Schutzbühne im Schacht aufhalten, ganz ſicher.

In die Grube eines einzigen Ganges werden ein, zwei, ja auch drei oder mehr Stollen getrieben, und zwar liegt einer immer tiefer als der andere. Wenn der Gang derb und feſt iſt, desgleichen das Hangende und das Liegende, ſo bedarf kein Stück des Stollens einer Unterſtützung. Nur am Mundloch hat der Stollen einen ſtarken und dichten Ausbau nötig, weil hier der Gang noch nicht feſt, ſondern mürbe, ebenſo das Hangende und das Liegende weich iſt. Dieſer Ausbau wird folgendermaßen ausgeführt. Zuerſt werden zwei Stempel auf der Sohle des Stollens ein wenig eingebühnt und ſenkrecht aufgeſtellt; ſie ſind von mittlerer Dicke und ſo lang, daß ſie die Firſte des Stollens faſt mit dem Kopfende berühren, das viereckig gezapft iſt. Auf die Stempel wird eine Kappe gelegt, in deren Einſchnitte die Köpfe der Stempel eingreifen. Auf der Sohle dagegen werden die Köpfe des Stegholzes, auf gleiche Weiſe viereckig gezapft, in Einſchnitte der Stempel eingelaſſen. Im Abſtand von $1^1/_2$ Lachter wird ein gleicher Bau errichtet; einen jeden aber nennen die Bergleute einen Türſtock, weil er gewiſſermaßen einen offenen Eingang bildet.

Die Tragstempel A. Die Trumhölzer B. Wandruten C. Einstriche D.

Es werden auch, wenn es nötig iſt, Türen an die Stempel eines Türſtocks gehängt, damit er geſchloſſen werden kann. Nun werden Bohlen oder Schwarten, und zwar ſo lang, daß ſie von einem Türſtock zum andern reichen, auf die Kappen gelegt und an die Stöße geſteckt, damit nicht herabfallendes Geſtein den Durchgang ſperre oder die Ein- oder Ausfahrenden erſchlage. Und damit die Stempel feſtſtehen, werden zwiſchen ſie und die Stöße des Stollens Holzkeile getrieben. Falls das Haufwerk in Laufkarren gefördert wird, werden aneinanderſtoßende Bohlen

Der Stempel A. Die Kappen B. Die Stege C. Die Türen D. Bohlen oder Schwarten E. Die Waſſerſaige F.

auf die Stege gelegt. Geſchieht die Förderung aber in Hunden, ſo wird auf die Stege ein Geſtänge von zwei Laufbäumen gelegt, die eine Spanne dick und breit ſind; zwiſchen beiden wird eine Fuge gelaſſen, ſo daß in dieſem Gleis die Leitnägel der Hunde geführt werden können. Die Leitnägel verhüten, daß die Hunde von den Laufbäumen nach rechts oder links abweichen. Unter den Stegen befindet ſich die Waſſerſaige, durch die das Waſſer abfließt.

Die Feldörter werden in gleicher Weiſe wie die Stollen ausgezimmert. Doch bedürfen ſie keiner Stege und keiner Waſſerſaigen, denn weder wird in ihnen das Haufwerk ſehr weit gekarrt, noch fließt das Waſſer ſehr weit in ihnen. Wenn nach dem Auffahren der Stollen oder auch der Feldörter der darüber befindliche Teil des Ganges erzreich iſt, wie es oft auf viele Lachter Erſtreckung zu ſein pflegt, ſo werden darüber Abbauörter, eines über dem andern, bis zu dem erzarmen Teil des Ganges, gehauen. Im unterſten Abbauort wird folgendermaßen ein Firſtenkaſten geſchlagen. Sehr kräftige Tragſtempel werden in gewiſſen Abſtänden in das Hangende und das Liegende eingebühnt. Auf dieſe werden die unbearbeiteten Kaſtenſtangen dicht aufeinandergepackt, und zwar in $1^{1}/_{2}$ Fuß hoher Schicht, damit ſie die Laſt aushalten können. Sobald das Erz herausgewonnen und das Abbauort weiter vorgetrieben iſt, werden die Berge, namentlich wenn ſie nicht ohne große Schwierigkeiten weggefördert werden können, in den alſo unterbauten Raum verſetzt; auf dieſe Weiſe ſparen die Haſpelleute Arbeit, und die Gewerken erſparen die halben Koſten. Hiermit beende ich die Darſtellung über den Bau der Schächte, Stollen und Feldörter.

Meine Darlegungen bezogen ſich teils nur auf die eigentlichen Gänge, teils auf alle Lagerſtätten gemeinſam. Im folgenden ſchildere ich die Sonderheiten der Flöze und der Stockwerke. Zunächſt wende ich mich dem Abbau der Flöze zu. Wo Wildbäche oder übergetretene Bäche oder Flüſſe, den Hang eines Berges oder Hügels beſpülend, Flöze bloßgelegt haben, treibt man zuerſt einen geraden, engen Stollen; dann geht man von ihm aus in die Weite, um möglichſt das ganze Flöz zu verhauen. Am Ende eines ſehr langen Stollens teuft man im Berg oder Hügel einen Schacht, der einerſeits friſche Wetter gibt und durch den anderſeits Erz und Berge billiger gefördert werden können als durch einen ſehr langen Stollen. Und auch an den Stellen, bis zu denen der Stollen noch nicht erlängt iſt, teufen die Bergleute Schächte, um das Flöz, das ſie unten in der Erde vermuten, durch Strecken erſchließen zu können. Auf dieſe Weiſe durchteufen ſie nach Entfernung der Ackerkrume Geſteine, die teils von gleicher Beſchaffenheit und Farbe, teils von gleicher Beſchaffenheit, aber verſchiedener Farbe, teils von verſchiedener Beſchaffenheit, aber gleicher Farbe und teils von verſchiedener Beſchaffenheit und Farbe ſind. Doch iſt die Mächtigkeit ſowohl der einzelnen als auch der geſamten Geſteinsſchichten ungewiß. Denn die geſamten hangenden Schichten ſind an einzelnen Orten 20 Lachter mächtig, an anderen mehr als 50 Lachter; einzelne dagegen hier einen halben, dort einen ganzen Fuß oder zwei oder mehr, dort ein, zwei, drei oder mehr Lachter. Z.B. bedecken das Kupferſchieferflöz am Fuße des Harzgebirges mehrere Geſteinsſchichten von verſchiedener Farbe. Wenn hier die Ackerkrume entfernt iſt, ſo erſcheint zuerſt ein dunkelrotes Gebirge, das gegen 20 oder 30 oder auch 35 Lachter mächtig iſt. Als nächſtes folgt gewöhnlich 2 Lachter ebenfalls rotes Geſtein, aber von etwas blaſſerer Farbe, und unter ihm etwa 1 Lachter grauer Ton, der, wenn er auch nicht erzführend iſt, doch ein Flöz darſtellt. Nun kommen der Reihe nach: als drittes 3 Lachter aſchgraues Geſtein mit einer darunter befindlichen Lage von 5 Lachter Aſche, die mit Brocken des gleichen Geſteins durchſetzt iſt, als viertes ein Fuß dunkelbraunes, als fünftes 2 Fuß fahl oder gelblich gefärbtes, als ſechſtes wiederum 3 Fuß dunkelbraunes, aber rauhes, als ſiebentes 2 Fuß ebenfalls dunkelbraunes, aber mehr ſchwärzliches, als achtes 1 Fuß aſchgraues weiches Geſtein. Dieſes iſt, wie auch die übrigen Schichten, nicht ſelten von Schnüren der leichtſchmelzigen Steine der zweiten Art durchſetzt. Darunter folgen 5 Fuß eines anderen aſchfarbigen leichten, ſodann 1 Fuß eines hellaſchfarbenen, als elftes 2 Fuß eines dem ſiebenten ähnlichen dunkelbraunen und als zwölftes ebenfalls 2 Fuß eines weichen, faſt weißen Geſteins. Dieſes ruht auf dem dreizehnten, einem 1 Fuß mächtigen aſchfarbenen und dieſes wiederum auf dem vierzehnten, einem $^{1}/_{2}$ Fuß mächtigen, faſt ſchwarzen Geſtein. Darauf folgt wiederum $^{1}/_{2}$ Fuß ſchwarzes und als ſechzehntes ½ Fuß noch ſchwärzeres Geſtein[31]. Darunter endlich liegt der ſchwarze Kupferſchiefer, der bisweilen, wie ich bereits anderwärts beſchrieben habe, mit ganz zarten Blättchen goldglänzenden Kieſes gleichſam wie mit dicht aufgeſprengten Fünkchen überzogene Abdrucke verſchiedener Arten von Lebeweſen birgt.

Um ein Erzflöz in der Länge und in der Breite zu verhauen, fahren die Bergleute einen niedrigen Stollen auf. Von ihm aus teufen ſie, wenn die örtlichen Verhältniſſe es geſtatten, einen Schacht ab, um zu erforſchen, ob wohl unter dem zuerſt gefundenen Flöz ein zweites liege. Bisweilen finden ſich nämlich zwei, drei oder mehr Flöze mit denſelben Erzen unter dem erſten; ſie werden in gleicher Weiſe in der Länge und in der Breite abgebaut. Die Bergleute hauen die Flöze meiſt auf der Seite liegend; um nicht ihre Kleidung durchzureiben und die linken Schultern zu verletzen, binden ſie an dieſe gewöhnlich ſchmale Brettchen. So erhalten die Häuer, weil ſie, um die Keilhaue ſchwingen zu können, den Kopf nach links beugen müſſen, nicht ſelten einen krummen Hals. Die Flöze teilen ſich mitunter in mehrere Mittel; wo ſie ſich wieder vereinigen, findet ſich im allgemeinen edleres und reichhaltigeres Erz. Dasſelbe trifft zu, wo Klüfte, an denen es im allgemeinen nicht mangelt, zu den Flözen fallen oder ſie kreuzen oder ſchräg über ſie kommen. Damit aber ein Berg oder Hügel, der auf ſolche Weiſe weit untergraben wird, ſich nicht mit ſeiner Laſt ſenkt, läßt man entweder Bergfeſten ſtehen, auf die geſtützt er wie auf einem Unterbau ſtandhält, oder man errichtet Zimmerungen, die ihn tragen. Auch wird das hereingewonnene taube Geſtein ſchnell im Bergtrog weggeſchafft und rückwärts zum Wiederverfüllen der leeren Räume geſtürzt.

Die Stockwerke werden auf eine etwas andere Weiſe abgebaut. Wenn an der Erdoberfläche ein Erzſtock hervortritt, ſo wird dort zuerſt ein Schacht abgeteuft. Hernach, wenn es die Mühe lohnt, werden ringsherum viele andere Schächte niedergebracht und Stollen in den Berg getrieben. Wenn aber ein Wildbach oder Quellwaſſer Erzgeſchiebe von einem ſolchen Stockwerk weggeführt hat, ſo wird zuerſt ein Stollen in den Berg oder Hügel getrieben, um nach dem Vorkommen zu ſuchen. Sobald es gefunden iſt, wird ein Richtſchacht geteuft. Weil nun durch den Abbau ein ganzer Berg und mehr noch ein Hügel unterwühlt wird, iſt es nötig, Bergfeſten ſtehenzulaſſen oder zu verzimmern. Da bisweilen der Stock ſehr feſt iſt, ſo wird Feuer geſetzt; dabei geſchieht es, daß die Bergfeſten gebräch werden und nachgeben oder der Ausbau verbrennt und dann der Berg mit großer Wucht in ſich zuſammenfällt und der Ausbau der Schächte von der gähnenden Öffnung verſchlungen wird. Deshalb wird es nützlich ſein, um das Stockwerk herum einige ſolchen Unfällen nicht ausgeſetzte Schächte niederzubringen, durch die das gewonnene Erz gefördert werden kann, nicht nur ſolange die Bergfeſten und die Zimmerung unverſehrt und feſt ſtehen, ſondern auch nachdem ſie durch das Feuer geſchwächt und zuſammengebrochen ſind. Und da man die niedergegangenen Erzmaſſen ſelbſt auch durch Feuer brechen muß, müſſen ſogar in dem Bruchtrichter neue Schächte niedergeführt werden, durch die der Schwaden abziehen kann. Im übrigen wird

[31] Die einzelnen Geſteinsſchichten werden im Wörterverzeichnis der Reihe nach, wie folgt, verdeutſcht: 1. Rotgebirge. 2. Roter Klei (Lehm), dann Tone. 3. Gerhulle (Gerölle) und Aſche. 4. Gnieſt. 5. Schwelen. 6. Oberrauchſtein. 7. Zechſtein. 8. Unterrauchſtein. 9. Blitterſtein. 10. Oberſchwelen. 11. Mittelſtein. 12. Unterſchwelen. 13. Dach. 14. Norwerg (Noberg). 15. Lotwerg (Lochberge). 16. Kamme.

aus einem Lagerſtättenteil, der von Klüften durchſetzt iſt, im allgemeinen reicheres Erz gewonnen. In Zinnerzgruben führen die Klüfte mitunter Graupen von der Größe einer Walnuß. Wenn, wie es beim Eiſenerz öfter vorkommt, Erzlager in einer Ebene gefunden werden, ſo werden viele Schächte niedergebracht, da ſie nicht tief zu ſein brauchen, und der ganze Abbau wird von ihnen aus bewerkſtelligt, denn ein Stollen kann in ſolcher Ebene nicht getrieben werden.

Schließlich ſind noch die Klüfte zu erwähnen, in denen allein bisweilen neben Flüſſen und Bächen an feuchten Orten Gold gefunden wird. Wenn von dieſen nach Abräumung der Decke viele aufgefunden werden, die mit einer gleichſam gebackenen und gebratenen Erde ausgefüllt ſind, wie ſie mitunter in Lehmgruben zu beobachten iſt, ſo beſteht einige Hoffnung, daß ſich aus ihnen Gold gewinnen läßt, namentlich wenn mehrere Klüfte zuſammenfallen. In dem Punkt, wo ſie zuſammenfallen, muß gegraben und nach allen Seiten nach Gold geſucht werden; denn tiefe Schächte können an ſolchen Orten nicht angelegt werden.

Nachdem ich den erſten Teil dieſes Buches vollendet habe, komme ich nun zu dem zweiten, in dem ich die Markſcheidekunſt behandeln werde. Die Bergleute vermeſſen die Gebirgsmaſſen, damit die Beſitzer im voraus Berechnungen anſtellen können und damit ihre Häuer nicht in fremde Felder eindringen. Der Markſcheider mißt nämlich entweder die noch nicht durchſchlägig gewordene Strecke zwiſchen dem Stollenmundloch und dem bis zu ſeiner Tiefe niedergebrachten Schacht oder zwiſchen der Schachtmündung und dem Stollen, der bis unter dieſe vorgetrieben iſt, oder auch zwiſchen den beiden, wenn weder der Stollen ſchon ſo lang iſt, daß er bis zum Schachte reicht, noch der Schacht ſo tief, daß er den Stollen trifft. Beides aber iſt bei einer Grube nötig. Oder er beſtimmt bei den Stollen oder Querſchlägen die Begrenzungen genauſo, wie der Bergmeiſter über Tage die gleichen Grenzen feſtlegt. Beide Arten der Vermeſſung beruhen auf einer Dreiecksmeſſung. Ein kleines Dreieck wird ausgemeſſen und daraus auf die größeren geſchloſſen. Dabei muß man ſich ganz beſonders davor hüten, auch nur im geringſten vom richtigen Maße abzuweichen. Denn wenn im Anfang durch Nachläſſigkeit auch nur ein ganz kleiner Fehler gemacht worden iſt, ſo können daraus zuletzt die allergrößten Irrtümer entſtehen. Da aber weder alle Schächte wegen ihrer Verſchiedenartigkeit in ein und derſelben Weiſe abgeteuft werden, noch die Hänge der Berge in gleichartiger Weiſe nach einem Tal oder einer Ebene abfallen, ſo entſtehen Dreiecke von ſehr vielfältiger Geſtalt. Geht der Schacht ſenkrecht[32)] in die Tiefe, ſo entſteht ein rechtwinkliges Dreieck, welches die Griechen *ὀρθογώνιον* nennen und das je nach der Neigung des Berghangs entweder zwei gleiche oder drei ungleiche Seiten hat. Jenes nennen die Griechen *τρίγωνον ἰσοσκελές*, dieſes *σκαληνόν*. Denn bei einem ſolchen rechtwinkligen Dreieck können die drei Seiten nicht gleich ſein. Wenn aber der Schacht ſchräg[33)] einfällt und in demſelben Gang ſteht, in dem der Stollen getrieben iſt, entſteht in ähnlicher Weiſe ein rechtwinkliges Dreieck. Dies hat ebenfalls entſprechend der verſchiedenen ungleichen Art der Gehängeneigung entweder zwei gleiche oder drei ungleiche Seiten. Wenn indes der Schacht flach einfällt, aber auf

32) In der Bergmannsſprache „ſaiger“ (Richtſchacht).
33) In der Bergmannsſprache „tonnlägig“.

einem andern Gang geteuft iſt, als der Stollen getrieben wurde, dann entſteht ein Dreieck, welches entweder einen ſtumpfen Winkel oder drei ſpitze Winkel hat. Das erſtere nennen die Griechen *ἀμβλυγώνιον*, das letztere *ὀξυγώνιον*. Das Dreieck, welches einen ſtumpfen Winkel beſitzt, kann nicht drei gleiche Seiten haben, aber es hat, je nach der wechſelnden Neigung des Hanges, entweder zwei gleiche oder drei ungleiche Seiten. Das Dreieck, welches drei ſpitze Winkel beſitzt, hat je nach der Neigung des Hanges entweder drei gleiche Seiten – dies nennen die Griechen *τρίγωνον ἰσόπλευρον* – oder zwei gleiche oder drei ungleiche Seiten.

Der Markſcheider übt, wie ich ſchon geſagt habe, ſeine Kunſt aus, wenn die Grubenbeſitzer wiſſen wollen, wieviel Lachter noch weiter aufzufahren ſind, wenn entweder ein Stollen, der noch nicht bis zum Schachte reicht, getrieben wird, oder wenn ein Schacht noch nicht bis zu der Tiefe, in welcher die Sohle des unter ihm befindlichen Stollens liegt, abgeteuft iſt, oder wenn weder der Stollen weit genug getrieben, noch der Schacht tief genug niedergebracht iſt. Für den Bergmann aber iſt es wichtig zu wiſſen, wie viele Lachter es noch vom Stollen zum Schachte oder vom Schachte zum Stollen ſind, damit er die aufzuwendenden Koſten berechnen kann, ferner damit die Beſitzer einer metallreichen Grube das Abteufen des Schachtes und die Gewinnung der Erze beſchleunigen können, bevor der Stollen den Schacht erreicht und der Stollenbeſitzer auf Grund eines ihm zuſtehenden Rechtes Erze daraus gewinnt. Auf der andern Seite kann der Stollenbeſitzer in gleicher Weiſe die Arbeit beſchleunigen und auf Grund ſeines ihm zuſtehenden Rechtes Erze gewinnen, bevor der Schacht bis auf den Stollen herunter abgeteuft iſt.

Der Markſcheider ſtellt zunächſt, wenn die Balken des Schachthauſes nicht geeignet ſind, ein Querholz darauf zu legen, an beiden Seiten des Schachtes ein Joch auf, ſodann läßt er eine an der quer darübergelegten Latte befeſtigte und durch ein Gewicht beſchwerte Schnur in den Schacht hinab. Darauf ſpannt er eine zweite Schnur, die am oberen Ende der erſten befeſtigt iſt, über den Abhang des Berges hinab bis zur Sohle des Stollenmundloches und befeſtigt ſie dort im Boden. Ferner läßt er nicht weit von der erſten entfernt eine dritte, ebenfalls an dem Querholz befeſtigte und durch ein Gewicht beſchwerte Schnur in den Schacht hinab, und zwar ſo, daß ſie die zweite, ſchräg abwärts führende ſchneidet. Von dem Punkte ausgehend, wo die dritte Schnur die zweite, ſchräg abwärts nach dem Stollenmundloch führende Schnur ſchneidet, mißt er den nach oben zeigenden Teil der ſchräg abfallenden Schnur, der bis zum Aufhängepunkt der erſten Schnur reicht, und ſchreibt ſich dieſes erſte Maß [34] auf. Sodann mißt er, wiederum von dem Punkte ausgehend, wo die dritte Schnur die zweite ſchneidet, den Normalabſtand zwiſchen ihr und der erſten Schnur und erhält ſo ein Dreieck, indem er in gleicher Weiſe das zweite Maß aufzeichnet. Endlich mißt er noch, wenn erforderlich, von dem Winkel aus, den die erſte Schnur mit der zweiten bildet, bis zum Ende der erſten Schnur und zeichnet ſich auch dieſes Maß ein. Wenn der Schacht ſaiger iſt oder als flacher Schacht auf demſelben Gang ſteht, in dem der Stollen getrieben iſt, muß die Länge der erſten Schnur der Länge des oberen Teiles der dritten Schnur bis zur zweiten entſprechen. Ebenſooft mal, wie die Länge der erſten Schnur in

[34] Mit dem Wort Maß werden im folgenden die gemeſſenen Längen der Schnüre bezeichnet, mit dem Wort Entfernung die Längen der ihnen auf der Erdoberfläche oder im Schachte oder Stollen entſprechenden Strecken.

Das Joch A. Das Querholz B. Der Schacht C. Die erſte Schnur D. Das Gewicht der erſten Schnur E. Die zweite Schnur F. Ihre Befeſtigung im Boden G. Der Anfang der erſten Schnur H. Das Stollenmundloch I. Die dritte Schnur K. Das Gewicht der dritten Schnur L. Das erſte Maß M. Das zweite Maß N. Das dritte Maß O. Das Dreieck P.

der ganzen Länge der ſchräg nach abwärts führenden Schnur enthalten iſt, muß die zweite Schnur genommen werden, um die Entfernung zwiſchen dem Stollenmundloch und dem bis auf den Stollen niedergebrachten Schacht zu finden. In gleicher Weiſe berechnet ſich der Abſtand zwiſchen Schachtöffnung und Stollenſohle aus der Länge der dritten Schnur.

Wenn aber am Bergabhang ſich eine ebene Stelle befindet, ſo mißt er zunächſt dieſe mit einem Maßſtab aus. Sodann errichtet er nahe dem Ende der ebenen Stelle ein Joch und mißt dieſen Teil des Abhanges durch ein Dreieck. Zu der Zahl der Lachter, welche die Länge dieſes Stollenteiles angeben, zählt er die Länge der ebenen Stelle hinzu. Wenn der Hang des Berges bisweilen ſo geſtaltet iſt, daß die Schnur nicht in gerader Linie vom Schacht bis zum Stollenmundloch hinab oder umgekehrt nicht vom Stollenmundloch bis ganz zum Schachte hinauf geſpannt werden kann, ſo vermißt der Markſcheider, um ein richtiges Dreieck zu erhalten, den Berg. Abwärts, nach dem vorderen Ende des Stollens zu, befeſtigt er eine 1 Lachter lange Schnur, nach dem hinteren Ende zu eine halb ſo lange, nach aufwärts dagegen im vorderen Teile eine Schnur von $^1/_2$ Lachter, im hinteren Teile eine ſolche von einem ganzen Lachter. An den Ecken errichtet er eine Senkrechte, um ſo ein Dreieck zu erhalten.

Um dieſe Art des Vermeſſens noch klarer und deutlicher zu machen, will ich ſie etwas ausführlicher für die einzelnen Arten von Dreiecken beſchreiben. Wenn der Schacht ſaiger iſt oder auf demſelben Gang ſteht wie der Stollen, ſo entſteht, wie ich bereits erwähnte, ein rechtwinkliges Dreieck. Hat dies zwei gleiche Seiten, die die Markſcheider als zweite und dritte Seite bezeichnen, ſo iſt die zweite Seite gleich der dritten. Dann iſt auch die Entfernung zwiſchen Stollenmundloch und Schachtſohle gleich der Entfernung zwiſchen Schachtöffnung und Stollenſohle. Wenn z. B. das erſte Maß zu 7[35], das zweite und dritte zu je 5 Fuß beſtimmt wurde, die zweite Schnur aber 101×7 Fuß, d. i. 117 Lachter und 5 Fuß, lang iſt, ſo iſt, natürlich gleichgültig, ob der Stollen ſchon durchſchlägig oder ſoeben angefangen worden iſt, die geſuchte Entfernung 100×5 Fuß, was 83 Lachter und 2 Fuß entſpricht. Man kann ſelbſtverſtändlich die Maße des kleinen Meßdreiecks größer oder kleiner, als ich angegeben habe, wählen, wenn das Joch und das Querholz es erfordern. Jedenfalls ſteht das Dreieck, wenn der Schacht ſaiger iſt, immer ſenkrecht; wenn er flach auf demſelben Gange wie der Stollen abgeteuft iſt, liegt das Dreieck auf einer Seite.

Wenn alſo nach obigem Beiſpiel der Stollen 60 Lachter weit in den Berg getrieben war, ſo verbleibt bis zum Durchſchlag noch eine Strecke von 23 Lachter und 2 Fuß, denn 5 Fuß des zweiten Maßes, welches über der Schachtmündung gemeſſen war und das dem erſten Maße entſpricht, dürfen nicht mit zugerechnet werden. Wenn jener Schacht in der Mitte einer Fundgrube geteuft iſt, ſo wird ein Stollen von 60 Lachter Länge den Anfang des unterirdiſchen Feldes dort

[35] Schärfer 7,07 (Pythagoras). Zur Erläuterung:

$$5^2 + 5^2 = 50 = 7{,}07^2 \text{ und nicht } 7^2 = 49$$
$$101 \times 7 = 707 = 100 \times 7{,}07$$
$$(100 \times 5)^2 + (100 \times 5)^2 \approx (101 \times 7)^2.$$

Agricola kann eine ſcharfe mathematiſche Begründung nicht angeben, deshalb wählt er den Weg der Angabe von zwar richtigen, aber ohne weiteres aus ſeiner Erläuterung nicht ſich ergebenden Maßzahlen.

Man beachte den von Agricola gewählten Unterſchied zwiſchen Schnur, Seite und Maß.

erreichen, wo der Berg bisher erſt auf eine Länge von 2 Lachter und 2 Fuß unterfahren worden iſt, wenn aber der Schacht inmitten einer einfachen Grube[36] geteuft iſt, dann erſt dort, wo die Unterfahrung 9 Lachter und 2 Fuß lang iſt. Da ein Stollen auf je 100 Lachter 1 Lachter anſteigt oder ſo hoch anſteigen muß, als es die Tiefe des Schachtes zuläßt, muß von letzterer Strecke immer 1 Lachter abgezogen und dafür ein Lachter der Länge des Stollens zugerechnet werden. Nach gleichem Verhältnis muß, wenn der Stollen 50 Lachter lang iſt und demnach um 1/2 Lachter

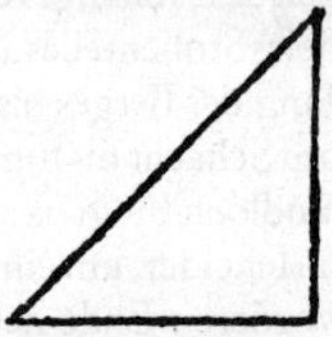

Gleichſchenklig-rechtwinkliges Dreieck.

anſteigt, 1/2 Lachter von der Teufe des Schachtes abgezogen und 1/2 Lachter der Länge des Stollens zugerechnet werden. Ebenſo muß, wenn der Stollen 100 oder 50 Lachter länger oder kürzer geworden iſt, die entſprechende Anzahl Lachter von der Teufe des Schachtes abgezogen und der Länge des Stollens zugerechnet werden. Daher muß im obigen Beiſpiel zu der noch weiter zu treibenden Länge des Stollens etwas mehr als 1/2 Lachter zugeſchlagen werden, ſo daß ſich 23 Lachter, 5 Fuß, 2 Hand, 1 1/2 Finger und 1/5 Finger ergeben. Dies ſind die genaueſt einzuhaltenden Maße, von denen die Markſcheider nicht ohne Not abgehen. In gleicher

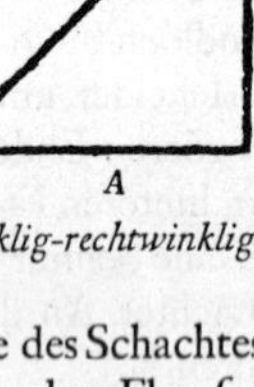

Ungleichſeitig-rechtwinkliges Dreieck.

Weiſe muß ein Schacht, wenn er 70 Lachter tief ſein muß, um den Stollen zu erreichen, noch um 13 Lachter und 2 Fuß weiter geteuft werden, oder genauer um 12 1/2 Lachter, 1 Fuß, 2 Finger und 4/10 Finger. Denn auch hier dürfen bei der Rechnung 5 Fuß nicht gezählt werden, weil ſie zu dem dritten Maß, das über der Schachtmündung genommen wurde, gehören. Und von der Geſamtteufe iſt 1/2 Lachter, 2 Hand, 1 1/2 Finger und 1/10 Finger abzuziehen, ſo daß, wenn der Stollen bis zu dem Punkte vorgetrieben worden iſt, wo der Schacht ſeine Firſte treffen wird, er bis dahin nur noch auf eine Tiefe von 11 Lachter, 2 1/2 Fuß, 1 Hand und 4/10 Finger abzuſenken iſt.

36) Über die Bedeutung der Worte Fundgrube und Grube ſ. 4. Buch Anm. 7, S. 61. Die nachher angeſtellte Rechnung ſtimmt aber nicht.

Entſteht ein Dreieck, deſſen drei Seiten ungleich ſind, dann können auch die Entfernungen nicht gleich ſein. Wenn z. B. das erſte Maß 8 Fuß, das zweite 6, das dritte 5 Fuß iſt, die zweite Schnur aber, um mich nicht zu weit von obigem Beiſpiel zu entfernen, 134 Lachter und 4 Fuß lang iſt, ſo wird die Entfernung zwiſchen Stollenmundloch und Schachtſohle 100×6 Fuß, d. i. 100 Lachter, ſein, die Entfernung aber zwiſchen der Schachtmündung und der Stollenſohle 100×5 Fuß, d. i. 83 Lachter und 2 Fuß[37].

Wenn alſo der Stollen 85 Lachter weit getrieben war, iſt er noch um 15 Lachter durch den Berg weiter vorzutreiben. Auch hier muß man ein beſtimmtes Maß von der Schachtteufe abziehen und zur Stollenlänge hinzuzählen, worüber ich nicht ausführlicher ſprechen will, da jeder, der in der Mathematik nur einigermaßen bewandert iſt, dies ausführen kann. Wenn aber ein Schacht 67 Lachter tief geworden iſt, ſo muß er, um die Stollenſohle zu erreichen, noch um weitere 16 Lachter und 2 Fuß abgeteuft werden.

Der Markſcheider wendet das gleiche Verfahren beim Vermeſſen eines Berges an, gleichgültig, ob Schacht und Stollen auf ein und demſelben Gang ſtehen, ob

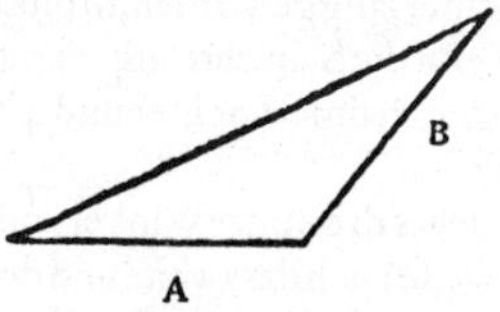

Gleichſchenklig-ſtumpfwinkliges Dreieck; die gleichen Schenkel A, B.

dieſer lotrecht oder flach einfällt, oder ob der Schacht in einem ſaiger einfallenden Hauptgang ſteht, der Stollen aber in einem Quergang, der jenen dort, wo geteuft wird, ſchneidet. Wenn aber der Hauptgang tonnlägig einfällt und der Quergang ſaiger, dann entſteht ein Dreieck, von dem ein Winkel ein ſtumpfer iſt, oder alle drei Winkel ſind ſpitz. Wenn das Dreieck einen ſtumpfen Winkel hat und zwei gleiche Seiten, die man auch hier als zweite und dritte Seite bezeichnet, ſind wieder das zweite und dritte Maß einander gleich. Die ihnen entſprechenden Entfernungen ſind dann ebenfalls gleich, ſo daß, wenn das erſte Maß 9, das zweite und dritte je 5 Fuß beträgt, die zweite Schnur aber 101×9 Fuß, d. ſ. 151$^{1}/_{2}$ Lachter, lang iſt, die beiden Entfernungen 100×5 Fuß, das ſind 83 Lachter und 2 Fuß, betragen. Wenn aber der erſte Schacht flach einfällt, iſt er meiſt nicht ſehr tief. Gewöhnlich hat man dann mehrere flach einfallende Schächte, von denen einer über dem andern ſteht.

Iſt alſo der Stollen 77 Lachter lang geworden, ſo wird er die Mitte der Schachtſohle erreichen, wenn er noch 6 Lachter und 2 Fuß weitergetrieben wird. Wenn ſämtliche flachen Schächte zuſammen 76 Lachter tief geworden ſind, muß der letzte, damit er die Stollenſohle erreicht, noch um 7 Lachter und 2 Fuß weiter geteuft werden.

[37] Die Angabe ſtimmt nicht:

8 : 6 : 5 = 800 : 600 : 500 = 133,33 : 100 : 83,33 und nicht = 134,66 : 100 : 83,33.

Agricola ſchlägt wie oben je 100 Lachter 1 Lachter zum Ausgleich zu.

Hat man ein Dreieck mit einem ſtumpfen Winkel und drei ungleichen Seiten, dann können auch die Entfernungen nicht einander gleich ſein. Wenn z. B. das erſte Maß 6, das zweite 3, das dritte 4 Fuß beträgt und die zweite Schnur 101×6 Fuß, d.i. 101 Lachter, lang iſt, ſo beträgt die Entfernung zwiſchen dem Stollenmundloch und der Sohle des tiefſten Schachtes 100×3 Fuß oder 50 Lachter. Die Strecke zwiſchen der Mündung des oberſten Schachtes und der Stollenſohle iſt 100×4 Fuß oder 66 Lachter und 4 Fuß.

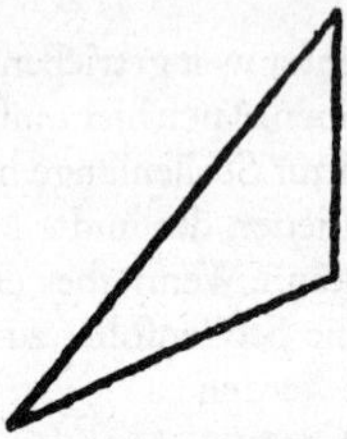

Ungleichſeitig-ſtumpfwinkliges Dreieck.

Iſt alſo der Stollen 44 Lachter lang geworden, ſo muß er noch um 6 Lachter weiter vorgetrieben werden. Wenn die Schächte insgeſamt 58 Lachter tief geworden ſind, muß der letzte Schacht noch um 8 Lachter und 4 Fuß weiter geteuft werden, um die Stollenſohle zu erreichen.

Entſteht ein Dreieck, welches drei ſpitze Winkel und drei gleiche Seiten beſitzt, dann müſſen notwendigerweiſe auch das zweite und dritte Maß und, wie ich ſchon öfter hervorgehoben habe, auch die ihnen entſprechenden Entfernungen einander gleich ſein. Wenn alſo jedes Maß 6 Fuß, die zweite Schnur aber 101×6 Fuß, d.i. 101 Lachter, lang iſt, ſo beträgt jede Entfernung 100 Lachter.

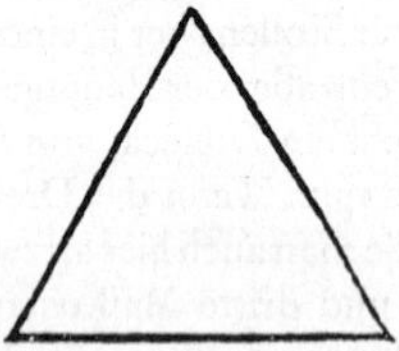

Gleichſeitig-ſpitzwinkliges Dreieck.

Iſt alſo ein Stollen 90 Lachter lang geworden, ſo muß er noch um 10 Lachter vorgetrieben werden, damit er die Sohle des tiefſten Schachtes erreicht. Wenn die Schächte zuſammen 95 Lachter tief geworden ſind, ſo wird der letzte mit ſeinem Ende die Stollenſohle erreichen, wenn er um 5 Lachter weiter geteuft wird.

Entſteht ein Dreieck, welches drei ſpitze Winkel, aber nur zwei gleiche Seiten beſitzt, die man als erſte und dritte bezeichnet, dann iſt das zweite Maß nicht gleich dem dritten, und infolgedeſſen können auch die ihnen entſprechenden Entfernungen nicht gleich ſein. Wenn z. B. das erſte Maß 6, das zweite 4, das dritte wiederum 6 Fuß, die zweite Schnur aber 101×6 Fuß, d.i. 101 Lachter, lang iſt, ſo beträgt die Entfernung zwiſchen Stollenmundloch und der Sohle des unterſten Schachtes 66 Lachter und 4 Fuß und die Entfernung zwiſchen der Mündung des oberſten Schachtes und der Stollenſohle 100 Lachter.

Wenn alſo der Stollen 60 Lachter lang geworden iſt, ſo iſt er noch um 6 Lachter und 4 Fuß vorwärts zu treiben. Sind die Schächte insgeſamt 97 Lachter tief geworden, ſo iſt der tiefſte noch um 3 Lachter weiter zu teufen, damit er die Stollenſohle erreicht.

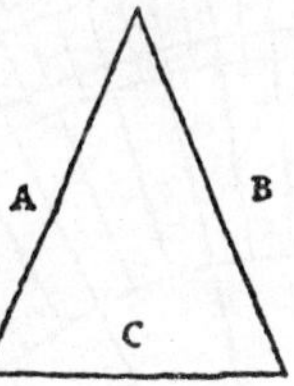

Gleichſchenklig-ſpitzwinkliges Dreieck; die zwei gleichen Seiten A, B. Die ungleiche Seite C.

Wenn aber endlich ein Dreieck entſteht, in dem alle drei Winkel ſpitz und alle drei Seiten ungleich ſind, dann müſſen alle Entfernungen verſchieden ſein. Iſt z. B. das erſte Maß 7, das zweite 4, das dritte 6 Fuß und die zweite Schnur 101 × 7 Fuß, d.i. 117 Lachter und 5 Fuß[38], lang, ſo beträgt die Entfernung zwiſchen Stollenmundloch und Sohle des tiefſten Schachtes 400 Fuß oder 66 Lachter[39], die ſaigere Entfernung zwiſchen der Mündung des oberſten Schachtes und der Stollenſohle 100 Lachter.

Ungleichſeitig-ſpitzwinkliges Dreieck.

Iſt alſo ein Stollen 50 Lachter lang geworden, ſo muß er noch um 16 Lachter und 4 Fuß vorgetrieben werden, um die Mitte der Sohle des tiefſten Schachtes zu treffen. Wenn die Schächte insgeſamt 92 Lachter tief geworden ſind, ſo muß der tiefſte noch um 8 Lachter weiter geteuft werden, damit er die Stollenſohle erreicht.

Auf dieſe Weiſe vermißt der Markſcheider den Berg, wenn ein Hauptgang flach und ein Quergang ſaiger in die Tiefe fällt. Fallen beide aber flach ein, ſo wendet er das gleiche Meßverfahren an, oder er mißt getrennt die Neigung des Berghanges und des tonnlägigen Schachtes. Wenn der Quergang, auf dem der Stollen getrieben wird, den Hauptgang nicht an der Stelle, wo der Schacht geteuft wird, ſchneidet, dann empfiehlt es ſich, mit dem Vermeſſen in einem zweiten Schacht, in dem der Quergang den Hauptgang ſchneidet, zu beginnen. Iſt kein Schacht dort vorhanden, wo der Ausſtrich des Querganges den Ausſtrich des Hauptganges ſchneidet, dann muß das Gelände zwiſchen beiden Schächten oder zwiſchen dem Schacht und der Stelle, wo ſich die Ausſtriche ſchneiden, vermeſſen werden.

[38] Agricola ſchreibt fälſchlich 4 Fuß.
[39] Richtig iſt *66* Lachter und 4 Fuß. Im folgenden rechnet Agricola auch dieſes richtige Maß.

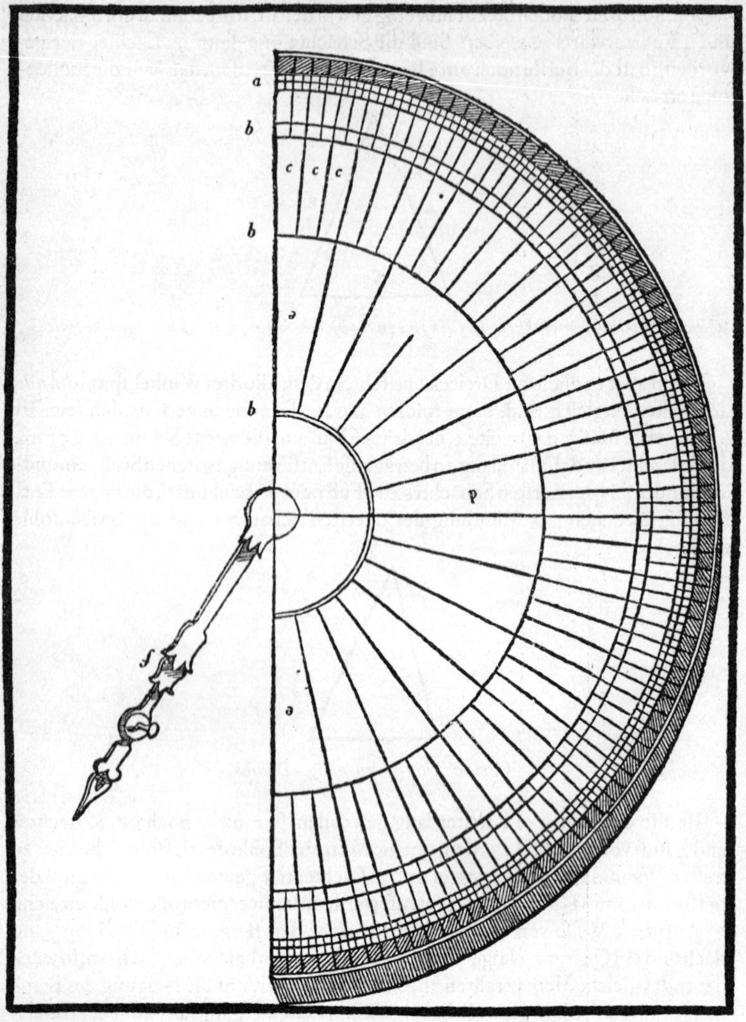

Der mit Wachs gefüllte halbkreisförmige Rand A. Die halbkreisförmigen Linien B. Die geraden Linien C. Die Mittellinie D. Der Durchmeſſer E. Die Zunge F.

Manche Markſcheider ermitteln, auch wenn ſie drei Schnüre benutzen, doch nur die Länge eines Stollens auf die geſchilderte Weiſe, die Tiefe des Schachtes aber auf eine andere, indem ſie nämlich mittels Schnüren meſſen, die auf einer ebenen Fläche des Berges, des Tales oder Feldes von neuem ausgeſpannt werden. Andere meſſen die Tiefe eines Schachtes und die Länge eines Stollens nicht auf dieſe Weiſe, ſondern ſie benutzen nur zwei Schnüre, einen Gradbogen und einen Maßſtab von

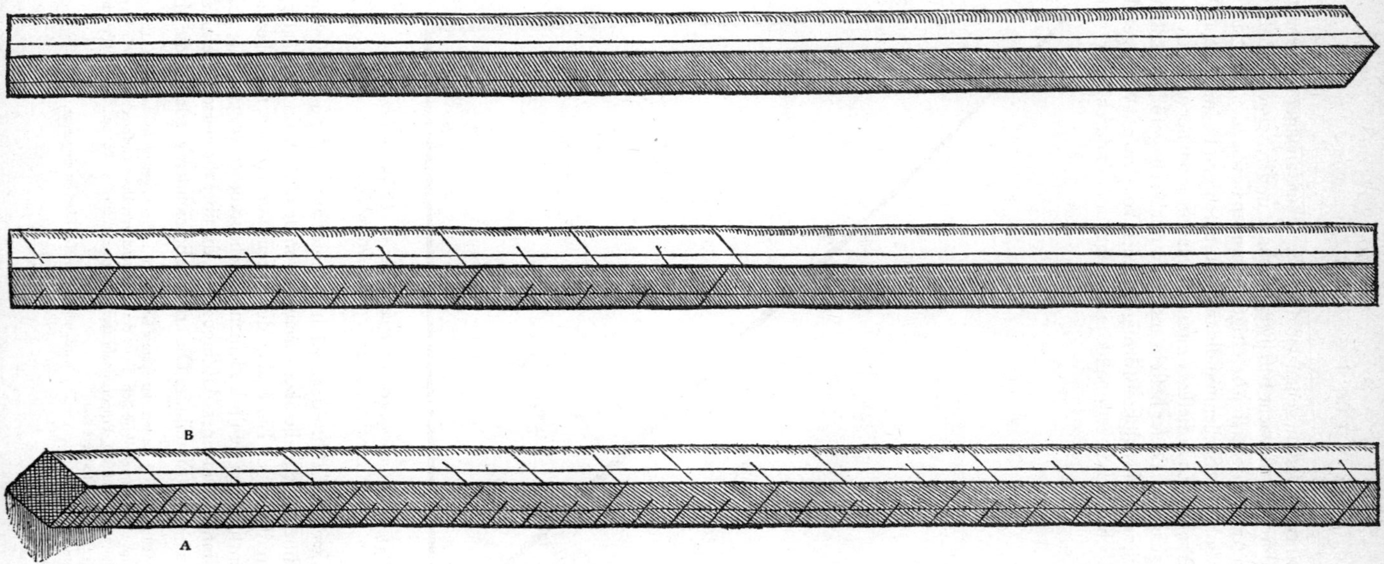

Die 3 Teile der Länge nach zusammengesetzt ergeben den Maßstab.
Die kleinere Einteilung des Maßstabes A. Seine größere Einteilung B.

1/2 Lachter Länge. Sie laſſen, genau wie die andern, eine an einem Querholz befeſtigte und durch ein Gewicht beſchwerte Schnur in den Schacht hinab. Eine zweite, die am Anfang der erſten befeſtigt iſt, ſpannen ſie über den Hang des Berges bis zu der Sohle des Stollenmundloches und befeſtigen ſie im Boden. Dann legen ſie an das obere Ende dieſer zweiten Schnur von unten her den breiten Teil eines Gradbogens[40] an. Dieſer beſteht aus einem mit Wachs gefüllten, halbkreisförmigen Ring und ſechs halbkreisförmigen Linien. Von dem mit Wachs gefüllten Ring[41] aus gehen, durch die erſte halbkreisförmige Linie hindurch bis zur zweiten,

Die ausgeſpannten Schnüre. Die erſte Schnur A. Die zweite Schnur B. Die dritte Schnur C. Das Dreieck D.

gerade Linien, welche die Mitte der Zwiſchenräume zwiſchen den übrigen geraden Linien bezeichnen. Dieſe alle aber verlaufen von dem Wachsring aus nach der vierten halbkreisförmigen Linie, über die ſie teils hinausgehen, teils aber auch nicht. Dieſe entſprechen den mit kleinen Zwiſchenräumen voneinander abſtehenden Einteilungslinien eines Maßſtabes, jene, die über die vierte Linie hinausgehen, ſeiner weiteren Einteilung. Die erſteren bezeichnen wiederum die Mitte

[40] Der geteilte Halbkreis iſt nicht wie der ſpätere Gradbogen in Grade geteilt, ſondern der Quadrant in 84 kleinſte Teile, um in bequemer Weiſe dem Sinus des Fallwinkels genähert entſprechend, unter Verwendung von Kreisteilung und Maßſtab, Proportionalitätsrechnungen anſtellen zu können. Die Darſtellung iſt trotz der Weitläufigkeit nicht beſonders klar.

[41] In das Wachs werden, wie ſpäter erwähnt wird, beim Vermeſſen Marken eingeritzt.

zwiſchen den letzteren. Die geraden Linien, die von der fünften zur ſechſten halbkreisförmigen Linie verlaufen, haben keine beſondere Bedeutung, ebenſowenig die Gerade, die, den Gradbogen in der Mitte teilend, von der ſechſten halbkreisförmigen Linie bis zum Mittelpunkt des Gradbogens verläuft. Wenn man nun den Gradbogen an die Schnur anlegt und ſeine Zunge ſpielt auf die ſechſte gerade Linie, die zwiſchen der zweiten und dritten halbkreisförmigen liegt, ein, ſo merkt ſich der Markſcheider ſechs Teile der engen Teilung ſeines Maßſtabes an. Trägt er dann dieſe Länge des Maßſtabes ſo oft auf der zweiten Schnur ab, als dieſe halbe Lachter

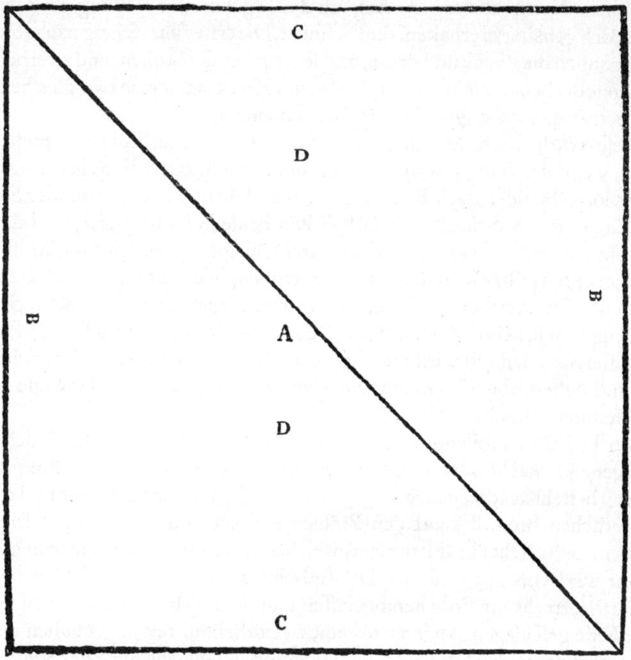

Die ausgeſpannten Schnüre. Die erſte Schnur A. Die zweite Schnur B. Die dritte Schnur B. Die vierte Schnur C. Die fünfte Schnur C. Das Viereck D.

lang iſt, ſo verbleibt ein Maß, welches die Länge anzeigt, um die der Stollen noch bis zu dem Schacht vorzutreiben iſt. Sieht er die Zunge auf die ſechſte Linie einſpielen, die ſo verläuft, daß ſie die Mittellinie zwiſchen der vierten und fünften bildet, ſo merkt er ſich ſechs Teile der weiteren Teilung ſeines Maßſtabes an. Trägt er dieſe Länge des Maßſtabes auf der zweiten Schnur ſo oft ab, als dieſe ganze Lachter lang iſt, ſo verbleibt ein Maß, das in gleicher Weiſe die Länge angibt, um die der Stollen noch bis zum Schachte vorzutreiben iſt.

Sowohl dieſe Markſcheider als auch die erſtgenannten benutzen zunächſt hanfene Schnüre. Sie vergleichen ſie aber häufig mit anderen, aus Lindenbaſt hergeſtellten Schnüren, weil dieſe gar nicht, jene aber viel ſich längen. Und ſolche werden auch auf den ebenen Flächen ausgeſpannt; zuerſt eine über den ſchräg abwärts fallenden Berghang; ſodann eine zweite Schnur, deren Länge gleich der des Stollens iſt, der bis zum Schachte zu treiben iſt, in gerader Richtung ſo, daß ſie mit dem einen Ende das untere Ende der erſten Schnur berührt. Endlich legen ſie eine dritte Schnur ebenfalls in gerader Richtung ſo, daß ſie mit ihrem oberen Ende das obere Ende der erſten Schnur, mit ihrem unteren Ende das Ende der zweiten Schnur berührt. So entſteht ein Dreieck. Die Höhe dieſer dritten Schnur meſſen ſie mit einer mit einer Einteilung verſehenen Vorrichtung, die wie ein Lot eingerichtet iſt. Die Länge dieſer Schnur gibt die Tiefe des Schachtes an.

Manche Markſcheider benutzen, um das Ergebnis der Meſſung der Schachtteufe noch genauer zu erhalten, fünf Schnüre. Die erſte führt ſchräg nach abwärts, zwei, nämlich die zweite und dritte, ſind ſo lang wie der Stollen, und zwei beſitzen die Länge der Schachtteufe. Sie bilden ſo ein Viereck, welches in zwei gleiche Dreiecke geteilt iſt. Dies ergibt eine größere Genauigkeit.

Dieſe Art, die Teufe eines Schachtes und die Länge eines Stollens zu meſſen, iſt genau, wenn der Gang und daher auch der Schacht oder die Schächte gleichmäßig lotrecht oder flach bis zum Stollen einfallen, ebenſo, wenn der Stollen geradlinig bis zum Schachte verläuft. Wenn beide indes bald hier, bald da eine Biegung aufweiſen, aber noch nicht durchſchlägig geworden ſind, ſo iſt kein Sterblicher ſcharfſinnig genug, um zu erkennen, wie weit ſie von der Geraden abweichen. Iſt aber der eine oder der andere fertig getrieben – beim Stollen der Länge nach, beim Schachte der Tiefe nach –, ſo ſind wir leichter imſtande, das zu ſchätzen. Und ſo wird die Stelle eines Stollens, die unter einem Schachte liegt, mit deſſen Abteufen man ſoeben begonnen hat, in folgender Weiſe durch eine Meſſung gefunden.

Zuerſt wird am Stollenmundloch ein Dreifuß aufgeſtellt, ebenſo an dem angefangenen Schacht oder an der Stelle, wo er geteuft werden ſoll. Ein ſolcher Dreifuß beſteht aus drei gleich langen, in die Erde getriebenen Pfählen und einem quadratiſchen Brett, das auf den Pfählen aufliegt und an ihnen befeſtigt iſt. Auf dem Brett ſteht ein Inſtrument, welches die Himmelsrichtungen angibt[42]. Darauf wird von dem unteren Dreifuß eine mit einem Gewicht beſchwerte Schnur[43] lotrecht zur Erde herabgelaſſen und dicht neben dieſe noch ein Pfahl in die Erde geſchlagen. An ihn wird eine zweite Schnur feſt angebunden und ſo weit geradlinig in den Stollen hineingezogen, daß ſie keine Ecke der Sohle oder der Firſte berührt. Dann wird von dem Lote des unteren Dreifußes aus eine dritte, gleichfalls feſtgebundene Schnur geradlinig über den Abhang des Berges bis zum Pfahl unter dem oberen Dreifuße hinaufgezogen und an dieſen feſt angebunden. Damit aber die Höhe genau gemeſſen wird, muß jene dritte Schnur die gleiche Seite des am unteren Dreifuß hängenden Lotes berühren wie die zweite, in den Stollen hineinführende. Iſt dies alles ſachgemäß ausgeführt, ſo ſtellt der Markſcheider, wenn die geradlinig in den Stollen hineinführende Schnur eine Ecke des Hangenden oder Liegenden zu berühren droht, auf die Sohle des Stollens ein ſtarkes Brett, und darauf legt er einen Teilkreis oder ein Inſtrument, welches einen beſonderen Zeiger hat[44]. Dieſes, mit gewachſten Kreisringen, unterſcheidet ſich

[42] Kompaß.
[43] Ein Lot.
[44] Vorläufer der Eiſenſcheibe.

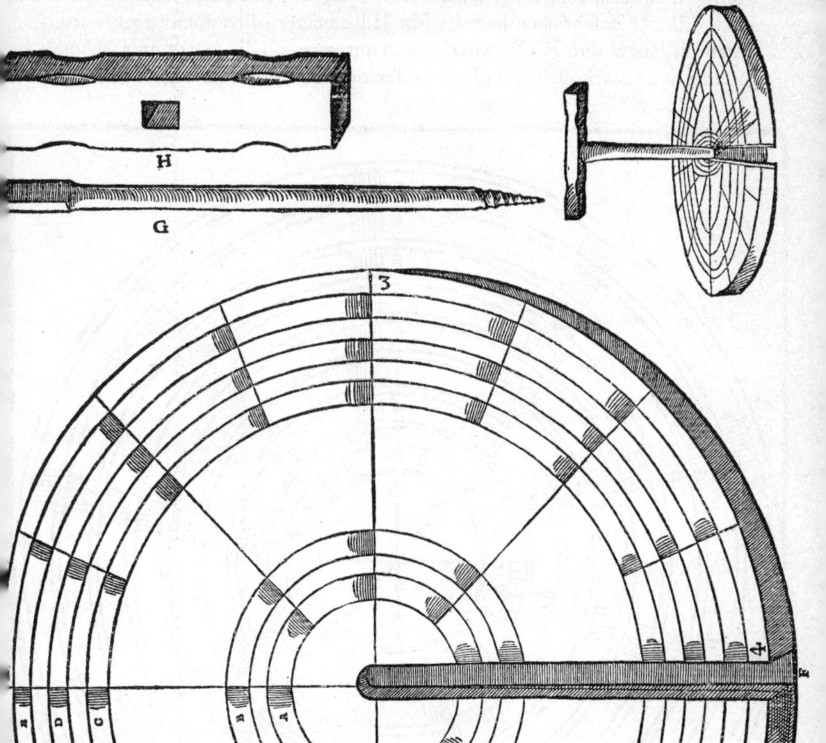

Die Kreisſcheibe mit fünf Wachsringen ABCDE. Ihr Schlitz F. Die Schraube G. Das mit Loch verſehene Eiſen H.

von dem andern, welches gleichfalls einen Zeiger beſitzt, und welches ich im dritten Buche beſchrieben habe[45]. Mit Hilfe beider Inſtrumente aber – ſozuſagen als Regel und Richtweiſer – erkennt man, ob die geſpannten Schnüre bis zum Ende des Stollens gerade verlaufen oder ob ſie bald geradlinig, bald zum

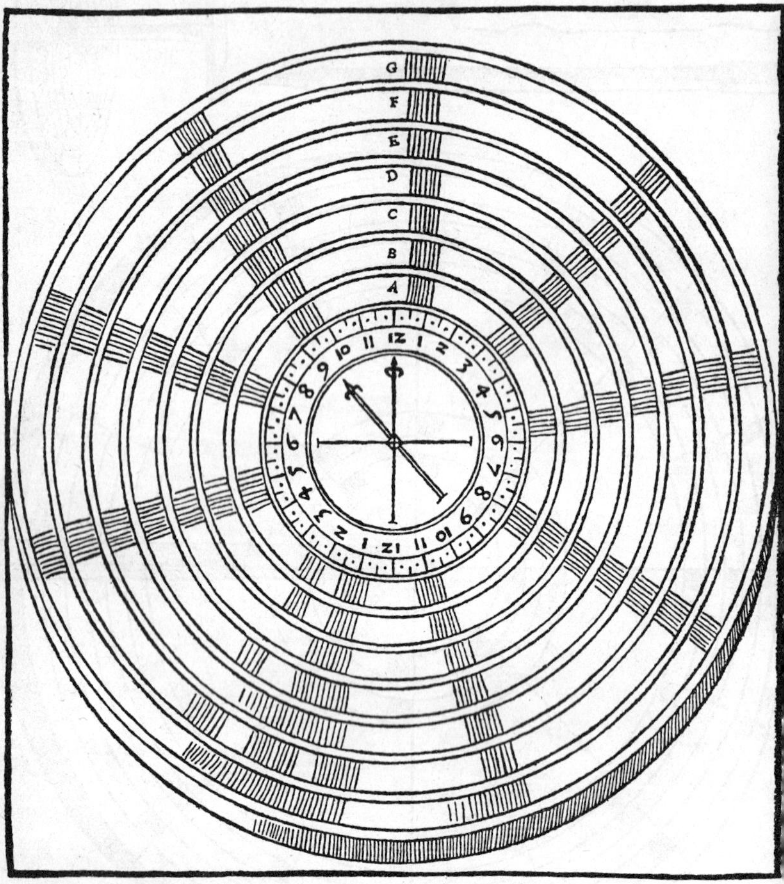

Das Inſtrument mit Zeiger (Buſſole) und ſieben Wachsringen ABCDEFG.

Hangenden oder Liegenden abgewichen ſind. Beide Inſtrumente ſind in Teile eingeteilt, und zwar das Inſtrument mit der Magnetnadel als Zeiger in 24[46], der Teilkreis aber in 16, nämlich zuerſt in vier Hauptteile und jeder von ihnen wieder

[45] Das iſt der auf S. 41 beſchriebene Bergkompaß.
[46] In 2 × 12 Stunden, der Teilkreis den Himmelsrichtungen der Windroſe entſprechend.

in vier Unterteile. Beide Inſtrumente beſitzen Wachsringe, und zwar die Buſſole ſieben, das andere Inſtrument nur fünf. Dieſe Wachsringe ritzt der Markſcheider, möge er dieſes oder jenes Inſtrument benutzen, und legt durch dieſe Ritzmarken der Reihe nach die Richtungen feſt, in denen die Schnüre geſpannt ſind. Die Scheibe hat außerdem einen Schlitz, der ſich von ihrem äußerſten Rande bis zum Mittelpunkte hin erſtreckt. In dieſen ſteckt er eine eiſerne Schraube hinein, an die er die zweite Schnur anbindet, und ſchraubt ſie an das dicke Brett feſt, damit auch die Scheibe unbeweglich bleibt. Um zu verhindern, daß die zweite Schnur und ferner auch die anderen geſpannten Schnüre von der Schraube abgeſtreift werden, ſteckt er den Schraubenkopf in das Loch eines ſchweren Eiſenſtückes. Das andere, mit Zeiger verſehene Inſtrument ſtellt er nur neben die Schraube hin, da es kein Loch hat.

Damit das Inſtrument weder nach vorn noch nach hinten geneigt iſt und ſo bei der Meſſung eine größere Länge ſich ergebe, als richtig iſt, ſtellt der Markſcheider auf dasſelbe eine Setzwaage, deren Zunge, wenn das Inſtrument nach keiner von beiden Seiten geneigt iſt, auf keine Zahl, ſondern auf den Nullpunkt einſpielt.

Hat nun der Markſcheider, nachdem er die einzelnen Winkel des Stollens ſorgfältig beobachtet hat, einen ſo großen Teil des Stollens gemeſſen, wie er meſſen ſollte, dann mißt er über Tage auf einer ebenen Fläche in derſelben Weiſe, indem er wiederum die einzelnen Winkel mit nicht geringerer Sorgfalt beobachtet. Zunächſt legt er in jedem Winkelpunkte eine geradlinige Schnur an in der Richtung, wie es die Berechnung und die Dreiecksmeſſung ergeben haben. Dann ſpannt er die über den Berghang hinauflaufende Schnur ſo ſchräg, daß ſie mit ihrem unteren Ende zuerſt den Anfang dieſer geraden Schnur berührt. Weiterhin ſpannt er eine dritte Schnur in gleicher Weiſe in gerader Richtung ſo, daß ſie mit ihrem oberen Ende das obere Ende der zweiten Schnur, mit ihrem unteren Ende das hintere Ende der erſten Schnur berührt. Die Länge der dritten Schnur aber gibt, wie ich oben erwähnt habe, die Tiefe des Schachtes an und zugleich die Stelle des Stollens, an der ihn der abgeteufte Schacht treffen wird. Wenn aber zum Stollen ein oder mehrere Schächte durch dazwiſchenliegende Querſchläge und Schächte hindurchführen, ſo kann der Markſcheider die Tiefe des niederzubringenden Schachtes ſchneller und leichter beſtimmen, wenn er von dem oberſten nach unter Tage geführten Schachte ausgeht, als wenn er beim Stollenmundloch anfängt. Zunächſt mißt er den übertägigen Zwiſchenraum zwiſchen dem abgeteuften und dem abzuteufenden Schachte. Dann das Einfallen aller der Schächte, die er meſſen will, ſowie die Länge aller Querſchläge bis zum Stollen, durch welche jene auf irgendeine Weiſe verbunden ſind; zuletzt den fertigen Teil des Stollens. Nachdem dies alles ſachgemäß ausgeführt iſt, gibt er die Schachttiefe und die Stelle des Stollens an, an der der Schacht ihn treffen wird. Bisweilen iſt ein ziemlich tiefer ſaigerer Schacht dort zu teufen, wo vorher nur ein tonnlägiger vorhanden war, und zwar deswegen, damit die Erze in gerader Richtung durch Maſchinen gehoben und herausgefördert werden können. Dies iſt erforderlich bei einer Maſchine über Tage, die durch Pferde betrieben wird, unter Tage bei Maſchinen der gleichen Art oder bei einer ſolchen, die durch Waſſerkraft bewegt wird[47].

[47] Solche Maſchinen werden im 6. Buche, S. 134 ff., beſchrieben.

Die Setzwaage A. Ihre Zunge B. Setzwaage und Zunge C.

Wenn ein ſolcher Schacht geteuft werden muß, ſo befeſtigt der Markſcheider zunächſt eine eiſerne Schraube im oberen Teile des alten Schachtes. Von dieſer Schraube läßt er eine Schnur hinab bis zum erſten Winkelpunkt, wo er wieder eine Schraube befeſtigt; von ihr läßt er wiederum eine Schnur hinab bis zum zweiten Winkelpunkt. Dies wiederholt er öfters, und zwar ſo lange, bis die letzte Schnur bis zum Schachttiefſten hinabreicht. Dann hält er an jedem Teil der Schnur den Gradbogen an, markiert den Wachsring ganz dicht bei der Linie, die der Zeiger anzeigt, und bezeichnet die Stellen mit einer Nummer, damit die Reihenfolge nicht verwechſelt wird. Dann mißt er die einzelnen Teile der Schnur mit einer zweiten Schnur, welche aus Lindenbaſt hergeſtellt iſt. Wenn er dann aus dem Schacht ausgefahren iſt, ſondert er ſich von den andern Leuten ab und überträgt die Punkte von dem gewachſten Halbkreis des Gradbogens auf irgendeinen ebenfalls gewachſten Teilkreis. Schließlich ſpannt er Schnüre auf einer ebenen Fläche aus, mißt die Winkel nach den Regeln der Dreiecksmeſſung und gibt an, an welcher Stelle des Liegenden oder des Hangenden das Geſtein entfernt werden muß, damit der Schacht ſaiger niedergebracht wird.

Wenn der Markſcheider den Grubenbeſitzern die Stelle im Querſchlag oder im Stollen zeigen ſoll, von welcher aus ein Schacht gleichzeitig hochgebrochen und abgeteuft werden ſoll, damit er ſchneller durchſchlägig wird, ſo beginnt er ſeine Meſſung im unteren Querſchlag oder Stollen von einem Punkte aus, der ungefähr eine Schnurlänge hinter der Stelle liegt, die der nach der Tiefe zu führende Schacht treffen wird. Sobald er dieſen Querſchlag oder Teil des Stollens bis zum alten Schacht, der von hieraus nach dem oberen Querſchlag hinaufführt, gemeſſen hat, mißt er auch noch das Einfallen dieſes Schachtes mit dem Gradbogen oder mit dem an die Schnur angehängten Teilkreis, und weiter in ähnlicher Weiſe den oberen Querſchlag und das Einfallen des Schachtes, welcher im Querſchlag geteuft wird und von unten her getroffen werden ſoll. Dann ſpannt er abermals auf einer ebenen Fläche alle Schnüre aus, und zwar die letzte ſo, daß ſie die erſte Schnur wieder berührt, und mißt ſie. Aus dieſer Meſſung erfährt er, an welcher Stelle des Querſchlags oder des Stollens hochzubrechen iſt und wieviel Lachter Gang noch zu durchörtern ſind, damit der Schacht durchſchlägig wird.

Nachdem ich bisher das eine Meßverfahren behandelt habe, will ich jetzt über ein anderes ſprechen. Wenn ein Gang zu nahe an einen andern herantritt und ſie gehören verſchiedenen Beſitzern, welche vor nicht langer Zeit erſt in ihren Beſitz gekommen ſind, ſo haben ſie, wenn ſie einen Stollen oder Querſchlag treiben oder einen Schacht teufen, kein Recht, in das Grubenfeld des älter berechtigten Beſitzers einzudringen oder eindringen zu wollen. Deshalb beſtehen dieſe meiſtenteils auf ihrem Recht, oder erſtreiten es durch einen Prozeß. Der Markſcheider entſcheidet dann entweder ſelbſt den Streit zwiſchen den Beſitzern, oder belehrt durch ſeine Kunſt die Richter bei der Entſcheidung, damit der eine ſeine Hand von dem Erz des andern laſſe. Zu dieſem Zwecke vermißt er zunächſt die Gruben beider Parteien mit aus Hanf und aus Lindenbaſt gefertigten Schnüren. An dieſe legt er den Teilkreis oder das mit Zeiger verſehene Inſtrument an, notiert die Himmelsrichtungen, in denen die Schnüre geſpannt ſind und ſpannt dann die Schnüre auf einer ebenen Fläche aus. Sodann zieht er, ausgehend von der Stelle des Grubenfeldes, welches einem Beſitzer von altersher gehört, entweder im Han-

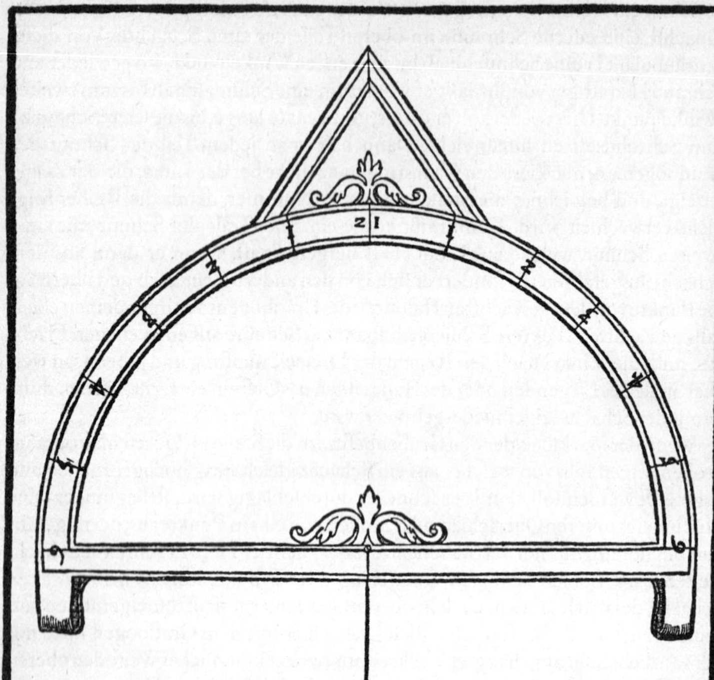

Das herabhängende Lot der Bleiwaage.

genden oder im Liegenden des Ganges eine gerade Querschnur parallel dem sechsten Teilstrich der Teilung des mit einem Zeiger versehenen Instrumentes[48] nach der anderen Stelle in einem Abstand von $3^1/_2$ Lachter hin und teilt so den Altbesitzern ihr Eigentum zu. Wenn beide Seiten eines Ganges durch zwei in entgegengesetzter Richtung getriebene Stollen oder Querschläge angefahren werden sollten, so prüft der Markscheider zuerst den tieferen Stollen oder Querschlag, später den oberen, und untersucht, wieviel jeder von beiden allmählich ansteigt. An beiden Enden ergreifen starke Männer die gespannten Schnüre mit der Hand und halten sie fest, so daß sie nicht nachgeben. Auf beiden Seiten legt der Markscheider $^1/_2$ Lachter lange Maßstäbe an die Schnüre an und an den letzten Teil ein kurzes Stück des Maßstabes, so oft es nötig ist. Manche Markscheider binden die Schnüre an die Maßstäbe fest, damit sie weniger schwanken. An die Mitte der Schnur hängt er eine Bleiwaage an, damit er beide Seiten sicher abwägen kann. Auf diese Weise erkennt er, ob der eine Stollen mehr als der andere, desgleichen, ob der eine Querschlag mehr als der andere ansteigt. Dann mißt er beiderseits das Einfallen der Schächte, um auf beiden Seiten ihr Ansteigen zu ermitteln. So erkennt er leicht, wieviel Lachter Zwischenmittel noch zu durchörtern sind. Jeder Stollen soll, wie ich schon früher gesagt habe, auf eine Länge von 100 Lachter um 1 Lachter ansteigen.

Die Markscheider in den Alpen benutzen, wenn sie Stollen vermessen, die in den höchsten Bergen getrieben sind, ebenfalls $^1/_2$ Lachter lange Maßstäbe, die aber aus drei mit Schrauben versehenen Teilen bestehen, so daß sie verkürzt werden können. Sie benutzen eine aus Lindenbast gefertigte Schnur, an die sie Papierstreifen befestigen, die die Zahl der Lachter angeben; ferner ein ihnen eigentümliches Instrument mit Zeiger[49]. Es besitzt nämlich keine gewachsten Ringe. Dafür halten sie eine Karte in den Händen, in welche sie die Ablesungen des Instrumentes eintragen, d. h. welchen Teilstrich das auf dem rückwärtigen Teil des Maßstabes aufgesetzte Instrument, welchen Teilstrich seine Zunge und welchen Teilstrich die ausgespannte Schnur zeigt, die durch drei Löcher der Zunge hindurchgeht. Weiter merken sie die Zahl der Lachter an. Die Zunge gibt auch an, ob sich die Schnur nach vorn oder nach hinten neigt. Ein Lot, wie die Bleiwaage, besitzt dies Instrument nicht, sondern die Zunge ist am Instrument befestigt und liegt gewissermaßen auf ihm. Stollen vermessen sie, um zu ermitteln, wieviel sie ansteigen, wieviel Lachter ein unterer von einem oberen absteht, wieviel Lachter noch nicht aufgefahrenes Gestein zwischen den Häuern ansteht, die aus entgegengesetzter Richtung auf ein und demselben Gang oder auf einer Querkluft oder auf zwei einander zulaufenden graben.

Ich kehre nun zu unseren Gruben zurück. Wenn der Markscheider in Stollen oder Querschlägen die Feldgrenzen bestimmen und durch ins Gestein eingemeißelte Marken[50] bezeichnen will, ebenso wie der Bergmeister über Tage die gleichen Grenzen festgelegt hat, dann ermittelt er zunächst durch das oben beschriebene Meßverfahren die Stelle des Stollens oder des Querschlages, die unter dem Grenzpfahl über Tage liegt, indem er eine Schnur über die Stelle hinaus

[48] Das ist, da das Instrument in 24 Teile geteilt ist, im rechten Winkel.
[49] Kompaß.
[50] „Stufen".

ſpannt, wo nach ſeiner Schätzung die Stufe in das Geſtein zu ſchlagen iſt. Dann ſpannt er die gleichen Schnüre auf einer ebenen Fläche von dem Punkte aus, den der Grenzpfahl über Tage angibt, legt unten eine Querſchnur parallel dem ſechſten Teilſtriche des mit einem Zeiger verſehenen Inſtrumentes[51] und gibt

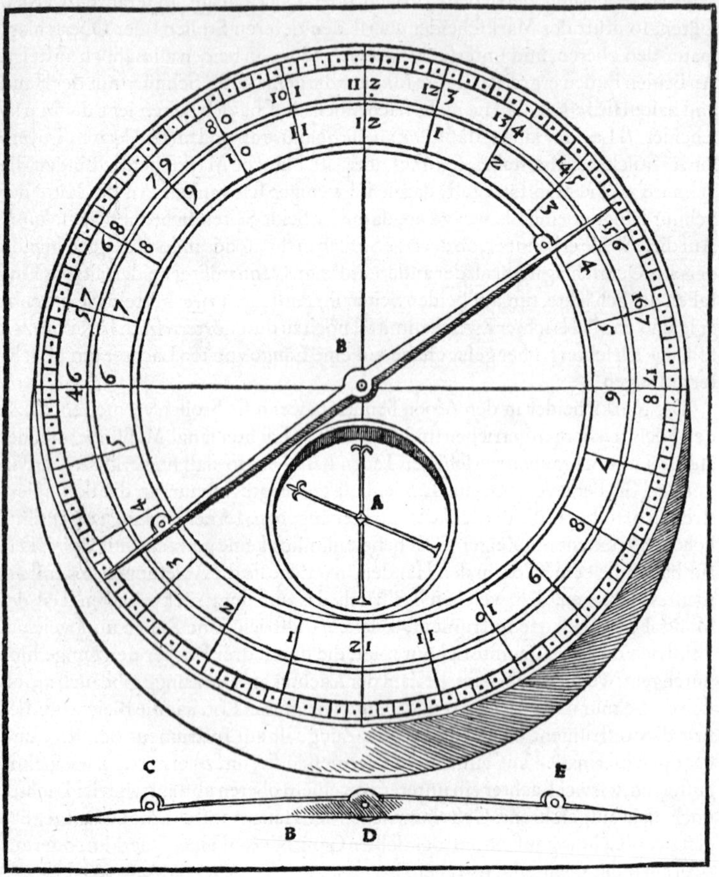

Die Zeiger des Inſtrumentes A. Seine Zunge B. Deren Löcher C, D und E.

endlich, indem er das letzte Ende der Querſchnur, welches über die Stellen hinausreicht, auf die ſie zeigt, wegnimmt, an, an welchem Ort des Geſteins im Stollen oder Querſchlag das Grenz- oder Erbzeichen in das Geſtein eingemeißelt werden muß. Er meißelt es ein in Gegenwart zweier Geſchworenen und des Bergverwalters und Steigers jeder Grube. Ebenſo alſo, wie der Bergmeiſter über Tage in Gegenwart der gleichen Perſonen die Grenzſteine in die Erde ſetzt, meißelt der Mark-

[51] Siehe in dieſem Buche Anm. 48, S. 117, und 44, S. 110.

ſcheider zum Zwecke der Bezeichnung eine Marke in das Geſtein, die deshalb auch Markzeichen genannt wird. Wenn er in dem Schacht eines Ganges, mit deſſen Abbau erſt vor kurzem begonnen wurde, die Grenzen des Feldes bezeichnet, mißt er zuerſt das Einfallen des Schachtes mit dem mit einem Zeiger verſehenen oder dem anderen an die Schnüre angelegten Inſtrument und bezeichnet es; darauf mißt er alle Querſchläge auf bis zu dem, in deſſen Geſtein die Markzeichen einzumeißeln ſind. In dieſem Querſchlag vermißt er dann alle Winkel. Hierauf ſpannt er, nachdem er die Schnüre auf einer ebenen Fläche ausgeſpannt hat, wie oben erwähnt, eine Querſchnur und meißelt die Zeichen in das Geſtein. Wenn ein Grenz- und Erbſtein in einem darunterliegenden Querſchlag zu bezeichnen war, ſo geht der Markſcheider von dieſem Zeichen aus und mißt und ſchreibt ſich die einzelnen Winkel auf. In dem unteren Querſchlag zieht er eine Schnur bis über die Stelle hinaus, wo nach ſeiner Schätzung das Zeichen in das Geſtein einzumeißeln iſt, und ſpannt dann die Schnüre, wie ich ſchon oft erwähnt habe, auf einer ebenen Fläche aus. Wenn auch der Gang in dem unteren Querſchlag anders als im oberen, in dem das erſte Markzeichen in das Geſtein einzumeißeln iſt, verläuft, muß doch in dem unteren Gang die Marke ſenkrecht darunter angebracht werden. Denn wenn die Marke des unteren Ganges entſprechend der des oberen angebracht wird, würde ſie ſchräg zu ihr ſtehen. Auf dieſe Weiſe würde zu Unrecht dem einen Beſitzer etwas von ſeinem Grubenfelde genommen, dem andern aber gegeben werden. Wenn es ſich trifft, daß ein Erbzeichen an einer Ecke eingemeißelt werden muß, ſo mißt der Markſcheider von dieſer Stelle ausgehend je 1 Lachter nach beiden Seiten gegen die Markſcheide hin ab, bildet daraus ein Dreieck, teilt dies durch eine Querſchnur in zwei gleiche Teile und bringt an dieſer Stelle die Marke im Geſtein an.

Endlich ſchlägt der Markſcheider zuweilen zum Zwecke der Verbeſſerung der Genauigkeit Grenzzeichen an ſolchen Orten ein, an denen ſchon früher viele Grenzzeichen im Geſtein angebracht worden waren. Er geht dann von dem über Tage in der Erde ſteckenden Grenzpfahl aus und mißt zuerſt bis zum nächſten Grubenfelde. Dann vermißt er einen Schacht nach dem andern. Weiter ſchlägt er einen Grenzpfahl auf ſeiner eingeebneten Fläche[52] ein, mißt von ihm ausgehend mit den gleichen ausgeſpannten Schnüren und ſchlägt einen weiteren Pfahl ein, der den Endpunkt der Meſſung bezeichnet. Sodann beginnt er unter Tage von dem Orte aus, an dem er aufgehört hatte, wiederum alle die Schächte und Querſchläge zu vermeſſen, deren er ſich erinnern kann. Schließlich kehrt er zu ſeiner ebenen Fläche zurück und mißt wieder, von dem zweiten Pfahl ausgehend, bis zu dem Querſchlag, in deſſen Geſtein die Marke einzumeißeln iſt; zuletzt ſpannt er von dem zuerſt eingeſchlagenen Grenzpfahl aus eine gerade Schnur bis zum letzten, welche die Länge des unterſten Querſchlages anzeigt; die Stelle, wo jene ihn berührt, bezeichnet er als die richtige und meißelt danach die Marke in das Geſtein ein.

[52] Auf dieſer ebenen Meßfläche werden die ausgeführten Meſſungen in natürlicher Größe zugelegt, in ähnlicher Weiſe, wie ſie heute, ſtark verjüngt, auf den Zulegeriß gebracht werden.

ENDE DES FÜNFTEN BUCHES

SECHSTES BUCH

ICH habe geſprochen vom Abbau der Gänge, vom Bau der Schächte, vom Ausbau der Stollen, Feldörter und Radſtuben und von der Kunſt des Markſcheiders. Nun will ich zunächſt ſprechen von den Werkzeugen, mit denen die Erze und Geſteine herausgehauen werden, dann von den Gefäßen, in welche die Stücke der Erden, der Geſteine, der Erze und der anderen Mineralien geworfen werden, damit ſie entweder herausgezogen oder herausgeführt oder herausgetragen werden können; dann von den Waſſergefäßen und Waſſerſaigen, weiter über mancherlei Maſchinen, zuletzt über die Krankheiten der Bergleute. Während ich alles das eingehend auseinanderſetze, werden viele Arten der Arbeiten beſchrieben.

Häuerzeuge ſind ſolche, welche die Bergleute mit dieſem beſonderen Namen benennen, außerdem gibt es Keile, Plötze, Legebleche, Fäuſtel, Brecheiſen, Brechſtangen, Keilhauen, Kratzen und Schaufeln. Von den eiſernen Werkzeugen im engeren Sinne gibt es vier Formen, welche wenig in der Geſtalt, aber nach Länge und Dicke voneinander verſchieden ſind. Oben ſind ſie alle breit und quadratiſch, damit man mit dem Fäuſtel darauf ſchlagen kann, unten ſind ſie zugeſpitzt, damit ſie die Härte der Geſteine und Gänge mit ihrer Schärfe zerteilen; alle ſind außer dem vierten durchbohrt. Das erſte, das Bergeiſen, deſſen ſich die Bergleute täglich bedienen, iſt 9 Finger lang, $1^{1}/_{2}$ Finger breit und 1 Finger dick. Das zweite, das Ritzeiſen, hat dieſelbe Breite wie das erſte und auch dieſelbe Stärke, aber es iſt 2 Spannen lang. Mit dieſem ſpalten ſie die härteſten Gänge ſo, daß dieſe auseinanderfallen. Das dritte, das Sumpfeiſen, hat dieſelbe Länge wie das zweite, iſt aber etwas breiter und dicker. Mit dieſem ſtellen ſie die Sohle derjenigen Schächte her, in denen ſich nach und nach Waſſer ſammelt. Das vierte, der Fimmel, iſt ungefähr 3 Hand und 1 Finger lang, 2 Finger dick, oben 3 Finger, in der Mitte 1 Hand breit, unten wie die anderen zugeſchärft. Mit dieſem zerkleinern ſie die härteſten Gänge. Das Öhr des Bergeiſens iſt vom oberen Ende 1 Hand entfernt, bei den anderen 7 Finger. Um das Loch herum ſind ſie beiderſeits etwas ſtärker; da hinein ſtecken ſie den hölzernen Helm, welchen ſie mit der einen Hand erfaſſen, während ſie auf das Eiſen, das ſie an das Geſtein halten, mit dem Fäuſtel ſchlagen. Dieſe Werkzeuge pflegt man größer oder kleiner herzuſtellen, je nachdem es die Umſtände erfordern; wenn ſie ſtumpf geworden ſind, ſchärfen ſie die Schmiede wieder, ſolange es geht.

Der Keil iſt meiſtens 3 Hand und 2 Finger lang und 6 Finger breit; oben iſt er über 1 Hand 3 Finger ſtark, dann wird er allmählich dünner und läuft unten in eine Schneide aus. Der Plötz iſt 6 Finger hoch und breit, oben 2 Finger, unten $1^{1}/_{2}$ Finger dick. Die Legebleche ſind ebenſo hoch und breit wie der Plötz, aber nur dünn. Alle dieſe Werkzeuge brauchen ſie, wie ich im vorigen Buche[1] auseinandergeſetzt habe, wenn ſie ſehr harte Geſteine bearbeiten. Auch die Keile, Plötze und Legebleche pflegen ſie bald größer, bald kleiner herzuſtellen.

1) Siehe 5. Buch, S. 88 ff.

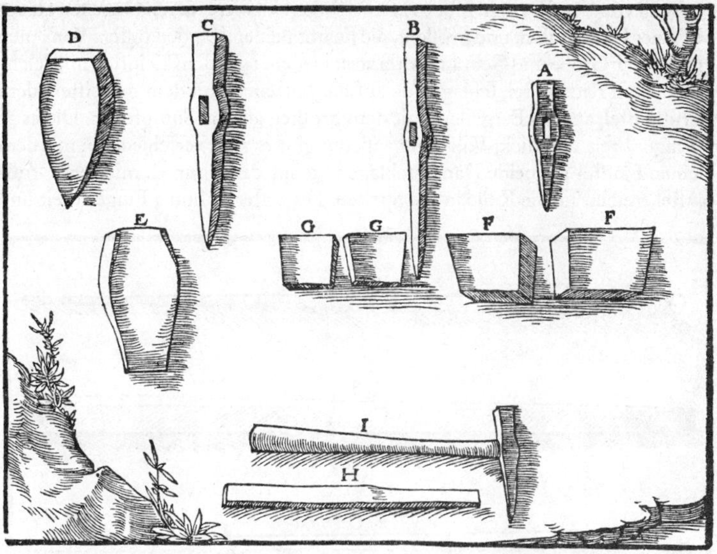

Das Bergeisen A. Das Ritzeisen B. Das Sumpfeisen C. Der Fimmel D. Der Keil E. Der Plötz F. Das Legeeisen G. Der hölzerne Stiel[2)] H. Der im Bergeisen steckende Stiel I.

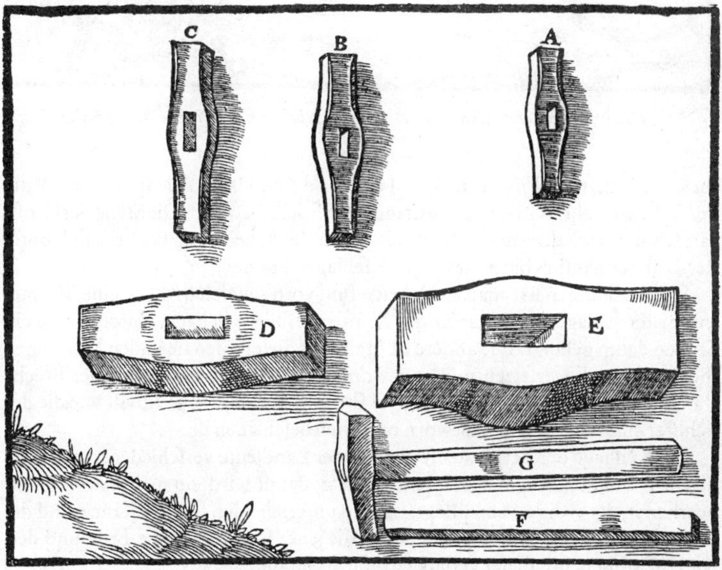

Das Ritzfäustel A. Das Handfäustel B. Das Treibefäustel C. Das zweihändige Treibefäustel D. Das Großfäustel E. Der hölzerne Stiel F. Der Stiel im Ritzfäustel G.

[2)] Jetzt Helm genannt.

Auch von den Fäuſteln gibt es zwei Größen: kleinere, deren Stiele die Häuer mit einer Hand faſſen, und größere, die ſie mit beiden Händen faſſen. Von jenen gibt es nach Größe und Gebrauch drei verſchiedene: mit dem kleinſten und leichteſten, dem Ritzfäuſtel, ſchlagen ſie auf das Ritzeiſen, mit dem mittelſten, dem Handfäuſtel, auf das Bergeiſen, mit dem größten auf das Sumpfeiſen. Dieſes iſt 2 Finger breit und dick. Von den größeren gibt es zwei verſchiedene: mit dem kleinen Fäuſtel für beide Hände ſchlagen ſie auf den Fimmel, mit dem Großfäuſtel treiben ſie die Keile in die Spalten. Die erſteren ſind 3 Finger breit und

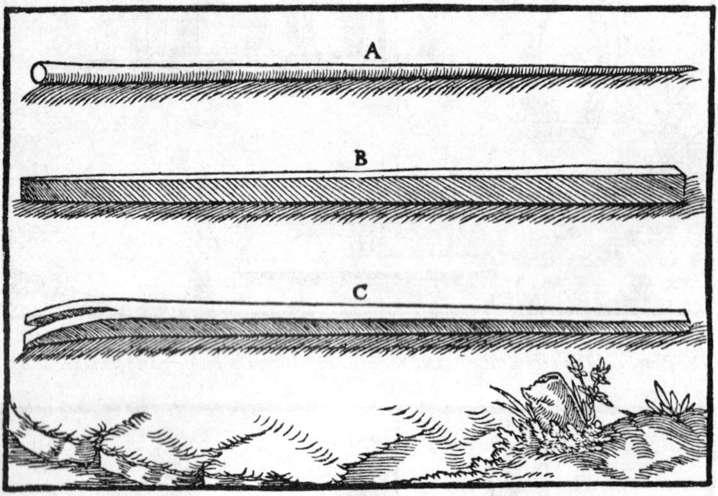

Das Eiſen zum Durchſchlagen A. Das Brecheiſen B. Die Brechſtange[3] *C.*

dick, die letzteren 5 Finger ſtark und dick und 1 Fuß lang. Alle ſind in der Mitte verdickt, wo ſich das Loch zur Aufnahme des Stieles befindet. Die Stiele des Großfäuſtels ſind verhältnismäßig ſchwach, damit die Arbeiter, da der Stiel ſich unter der Laſt des Fäuſtels biegt, kräftiger zuſchlagen können.

Eiſerne Stangen hat man zwei, beide ſind vorn zugeſchärft. Die eine iſt rund, mit dieſer ſchlagen ſie in einen mit Waſſer gefüllten Schacht durch, wenn ein Stollen dahin gelangt. Die andere iſt breit, mit dieſer löſen ſie in den Weitungen die durch das Feuerſetzen mürbe gewordenen Geſteine, die ſie mit der Brechſtange nicht herabſtoßen können. Die Brechſtange der Bergleute iſt wie die der Schiffer eine lange Stange, die vorn mit Eiſen beſchlagen iſt.

Die Keilhaue der Bergleute iſt von der der Landleute verſchieden, denn dieſe iſt vorne breit und zugeſchärft, jene iſt ſpitz; damit wird ein nicht harter Gang bearbeitet, der erdig zu ſein pflegt. Ebenſo unterſcheiden ſich die Kratze und die Schaufel nicht von den gewöhnlichen. Mit jener ſcharren ſie die Erde und den Kies zuſammen, mit dieſer verladen ſie ſie in Gefäße.

[3] Die Beſchreibung ſtimmt mit der Abbildung nicht überein.

Erde, Steine, Erze und andere Mineralien, die mit der Keilhaue gelöſt oder mit den Eiſen gewonnen ſind, werden in Gefäßen oder Körben oder Säcken aus den Schächten herausgezogen, mit Schubkarren oder Hunden aus den Stollen herausgeführt oder aus beiden mit Trögen herausgetragen. Es gibt zweierlei Gefäße, die weder nach dem Bauſtoff noch nach der Geſtalt, ſondern nur in der Größe verſchieden ſind. Die kleineren, die Kübel, faſſen etwa ſoviel wie eine attiſche metreta [4], die größeren, die Tonnen, faſſen ſechsmal ſoviel und mehr; aber beider Größe iſt nicht beſtimmt, ſondern ſchwankt häufig. Beide werden

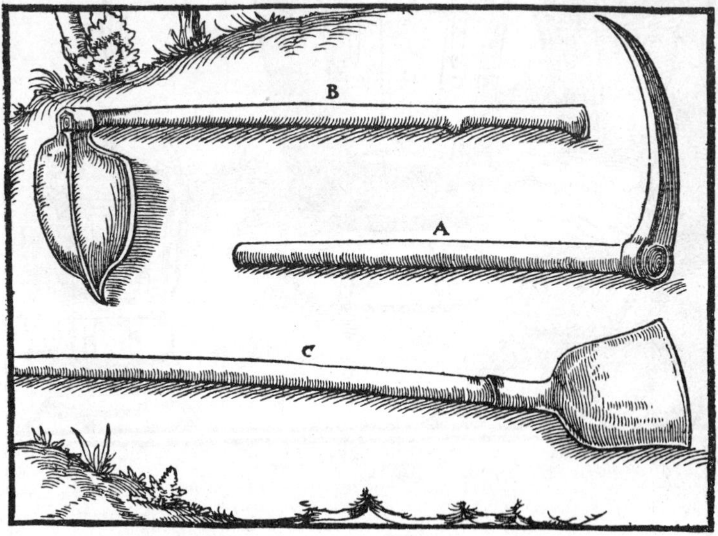

Die Keilhaue A. Die Kratze B. Die Schaufel C.

aus Brettern und zwei eiſernen Reifen zuſammengeſetzt, von denen der eine den oberen, der andere den unteren Teil umgibt. Reifen aus Haſelnuß oder Eiche brechen leicht, wenn ſie an den Ausbau des Schachtes anſtoßen, eiſerne halten aus. An den Tonnen ſind ſowohl die Bretter als auch die Reifen dicker und breiter; an beiden ſind, um ſie feſter und ſtärker zu machen, acht ziemlich breite Eiſenbleche angeſchlagen. Von dieſen gehen vier von dem oberen Reifen nach unten, die anderen vier ihnen entgegengeſetzt von dem unteren Reifen nach oben. Der Boden beider Gefäße wird ſowohl innen als auch außen durch zwei oder drei eiſerne Stäbe verſtärkt, die von der einen zur anderen Seite des unteren Reifens reichen. Über denjenigen, die außen liegen, wird ein dritter Stab kreuzweiſe befeſtigt. Beide haben zwei eiſerne Öſen, die über den oberen Rand vorſtehen, und einen eiſernen halbkreisförmigen Bügel, der unten, wo er in den Öſen befeſtigt iſt, gerade verläuft, damit er leichter bewegt werden kann. Beide Gefäße ſind erheblich höher als breit und oben weiter, damit das Haufwerk leichter hineingeſchüttet und auch wieder entleert werden kann. In die kleineren ziehen Jungen,

[4] Ein antikes Maß, das etwa 38 l faßt.

in die größeren Männer die Erde vom Boden des Schachtes mit der Kratze, die übrigen Mineralien werfen ſie mit der Schaufel oder füllen ſie mit den Händen hinein. Daher werden ſie Füller genannt. Dann führen ſie den Haken des För-

Der Kübel A. Die Tonne B. Die Bretter C. Die eiſernen Reifen D. Die eiſernen Stäbe E. Die eiſernen Stäbe am Boden F. Die Ösen G. Der halbkreisförmige eiſerne Bügel H. Der Haken des Förderſeiles I. Der Korb K. Die Lederſäcke L.

derfeiles in den eifernen Bügel ein, fo daß fie gefördert werden können, die kleineren, weil fie weniger beladen find, mit Menfchenkraft, die größeren, die fchwerer find, mit Tierkraft.

Der kleinere Schubkarren A. Die Längsbretter B. Die Querbretter C. Das Rad D. Der größere Schubkarren E. Sein vorderes Querbrett F.

Einige verwenden an Stelle der Kübel und Tonnen Körbe, welche ebenfoviel faffen oder, weil fie leichter find als jene, noch etwas mehr. Einige gebrauchen ftatt deffen Säcke, die aus Stierhäuten gefertigt find; ihre Henkel erfaßt der Haken des Förderfeiles. Meiftens werden drei mit gewonnenen Mineralien gefüllt zugleich gefördert, drei werden wieder eingelaffen und drei werden von Jungen gefüllt. Diefe werden in Schneeberg, jene in Freiberg gebraucht.

Der fogenannte Schubkarren ift ein Fördermittel, welches ein Rad hat, nicht zwei, wie der Karren, den die Pferde ziehen. Er wird, mit Mineralien gefüllt, aus dem Stollen oder der Kaue hinausgefahren. Er ift folgendermaßen gebaut: Es werden zwei etwa 5 Fuß lange Bretter, die 1 Fuß breit und 2 Finger ftark find, ausgefucht, vorne werden fie 1 Fuß lang, hinten 2 Fuß lang unten ausgefchnitten, in der Mitte bleiben fie ganz. Dann werden fie vorn durchbohrt, damit in den runden Löchern die Enden der Radachfe fich drehen können. In der Mitte werden fie zweimal durchbohrt, und zwar faft ganz unten, damit fie die Köpfe zweier Leiften aufnehmen, auf welche Bretter gelegt werden, und dann in der Mitte, für die Köpfe zweier Ouerbretter. Außerdem fichern Nägel, die in die nach außen vorftehenden Köpfe eingefchlagen werden, die Verbindung. Die hinteren Enden der langen Bretter bilden Handhaben, fie find unten ausgefchnitten, fo daß ſie feſter in den Händen gehalten werden können. Das eine Rad hat weder eine Nabe, noch dreht es ſich um ſeine Achſe, ſondern mit ihr. Denn von den Felgen, welche die Griechen ἁψίς nennen, gehen Speichen, die in den erſteren befeſtigt ſind, durch die mittlere Achſe in die gegenüber befindlichen Felgen. Die Achſe iſt vierſeitig mit Ausnahme der Enden, die beide rund ſind, damit ſie ſich in den Löchern drehen können. Den mit Erde und Steinen gefüllten Karren fährt der Arbeiter hinaus und leer wieder hinein.

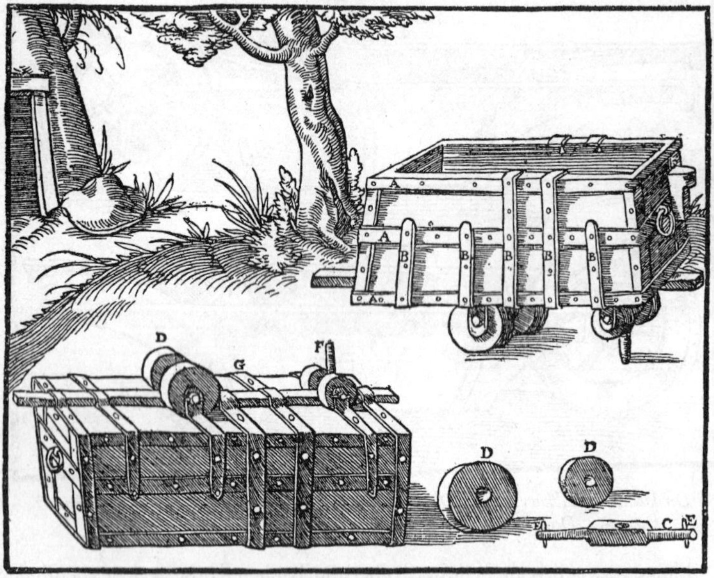

Die eiſernen Bänder des Hundes A. Die eiſernen Stäbe B. Die kleine eiſerne Achſe C. Die hölzernen Scheiben D. Die kleinen eiſernen Nägel E. Der Leitnagel F. Ein umgekehrter Hund G.

Außerdem haben die Bergleute noch einen Schubkarren, der größer iſt als jener; ihn gebrauchen die Arbeiter beim Waſchen der Zinnſeifen. Bei ihm iſt das vordere Querbrett höher, damit der hineingeſchüttete Boden nicht herausfällt.

Der Hund faßt um die Hälfte mehr als der Schubkarren, er iſt etwa 4 Fuß lang und ungefähr $2^{1}/_{2}$ Fuß breit und hoch. Seiner rechteckigen Form entſprechend iſt er mit drei rechteckigen eiſernen Bändern beſchlagen, außerdem wird er auf allen Seiten durch eiſerne Stäbe verſtärkt. Am Boden ſind zwei kleine eiſerne Achſen befeſtigt, um deren Enden ſich auf beiden Seiten hölzerne Scheiben drehen. Damit dieſe nicht von den feſten Achſen abgleiten, werden ſie durch kleine eiſerne Nägel gehalten; durch den am Boden befeſtigten Leitnagel wird der Hund in der Spur, die in den Laufpfoſten ausgeſpart iſt, geführt. Der Hundeſtößer faßt den Hund hinten mit den Händen und ſtößt den mit Mineralien beladenen hinaus und den entleerten wieder hinein. Da er, wenn er gefahren wird, einen Ton erzeugt, der einigen dem Bellen der Hunde ähnlich dünkt, ſo nannten ſie ihn Hund. Dieſen Hund benutzen ſie, wenn ſie aus ſehr langen Stollen fördern, denn er iſt leichter beweglich und kann ſchwerer beladen werden[5].

Die Tröge höhlen ſie aus einzelnen Baumſtämmen aus, die kleineren, nämlich die Erztröge, ſind meiſtens 2 Fuß lang und 1 Fuß breit. Sie füllen dieſe mit Erz und, da ja nicht viel davon gewonnen wird, tragen ſie ſie entweder auf den Schultern aus den Schächten und Stollen hinaus oder an Schnüren befeſtigt, die ſie um den Hals hängen. Wie Plinius[6] berichtet, haben die Alten alles, was ſie

Der Erztrog A. Die Schnur B. Der Bergtrog C.

gegraben haben, auf den Schultern hinausgeſchafft. Dieſe Art und Weiſe, Laſten zu fördern, wird von unſeren Bergleuten verachtet und verworfen, da ſie viele Menſchen durch große Arbeit ermüdet und viel Geld dabei aufgeht. Die Länge der größeren Bergtröge iſt bis zu 3 Fuß, ihre Breite 1 Fuß und 1 Hand. In dieſen ſichern ſie die Erze namentlich der Probe wegen.

Die Gefäße, mit denen man Waſſer zieht, unterſcheiden ſich in der Art ihrer Benutzung und durch den Stoff, aus dem ſie hergeſtellt werden. Mit den Waſſerkannen wird das aus den Schächten geſchöpfte Waſſer in andere Gefäße gegoſſen. Dieſe, nämlich die Kübel und Bulgen, werden mit Waſſer gefüllt durch Maſchinen herausgezogen. Die Waſſerkannen und Kübel ſind aus Holz, die Bulgen aus Fellen gefertigt. Es gibt zweierlei Waſſerkübel, ebenſo wie Gefäße, in die man trockene Sachen ſchüttet, nämlich kleinere und größere. Doch die Waſſerkübel

[5] Nämlich „als der Schubkarren".

[6] Plinius, XXXIII, 21, nach der Überſetzung von Wittſtein, ſchildert die Arbeitsweiſe etwas anders: Sie hauen den Kies in etwa 150 Pfund ſchweren Stücken aus und fördern dieſelben in der Weiſe heraus, daß ſie ſie auf ihren Schultern in der Finſternis dem nächſten zureichen; auf dieſe Weiſe ſehen erſt die letzten von ihnen das Tageslicht.

Der kleine Wasserkübel A. Der größere Wasserkübel B. Die Wasserkanne C.

unterscheiden sich von den anderen Gefäßen dadurch, daß sie oben enger sind, und zwar deshalb, damit das Wasser nicht verschüttet wird, wenn sie aus den oft stark geneigten Schächten herausgezogen werden und an den Ausbau anstoßen. In diese Kübel füllt man das Wasser mit den Kannen, das sind kleinere Gefäße aus Holz, oben nicht enger, wie die Kübel, und auch nicht mit eisernen Reifen gebunden, sondern mit solchen aus Haselnußruten, da beides nicht erforderlich ist. Auch hier werden die kleinen Kübel mit Maschinen gefördert, die durch Menschen bewegt werden, die größeren durch den Göpel, den Pferde treiben.

Unsere Bergleute nennen Bulgen jene sehr großen Wassersäcke, die aus 2 oder 2½ Stierhäuten bestehen. Durch den Gebrauch und die Abnutzung fallen aus den Bulgen zunächst die Haare heraus, und sie werden glatt und weiß. Aber mit der Zeit reißen sie. Wenn sie nur wenig gerissen sind, steckt man in den Riß ein glattes und gekerbtes Stäbchen und näht über dessen Kerben den Riß zu, indem man beide Seiten zusammenfügt. Wenn sie stark zerrissen sind, setzt man Stücke Fell darauf. Die Bulgen werden an den Haken der Zugkette gehängt, in den Schacht gelassen und ins Wasser getaucht; sobald sie sich damit gefüllt haben, werden sie mit dem Göpel herausgezogen. Es gibt zweierlei: Die Ringebulgen schöpfen das Wasser selbst[7]), in die anderen, die Streichbulgen, wird das mit einer hölzernen Schaufel bewegte Wasser gewissermaßen hineingeschüttet.

Das aus den Schächten herausgezogene Wasser nehmen Gerinne auf oder Stürzen, durch die es in die Gerinne geleitet wird. In ähnlicher Weise wird das

7) Sie sind nämlich infolge des eingenähten Ringes stets geöffnet (S. 171) und so hoch, daß sie auf dem Wasserspiegel umkippen.

Die Ringebulge A. Die Streichbulge B.

Waſſer, das von den Stößen der Stollen fließt, in Gerinne geleitet. Dieſe beſtehen aus je zwei ausgehöhlten Baumſtämmen, die dicht zuſammengefügt werden, damit ſie das herausfließende Waſſer zuſammenhalten. Vom Mundloch des Stollens bis zu ſeinem Ende erſtrecken ſich mit Brettern bedeckte Gerinne, damit nicht Erde oder Steine hineinfallen und das Abfließen des Waſſers hindern. Wenn ſich allmählich viel Schlamm in ihnen abgeſetzt hat, werden ſie geſäubert, nachdem die Bretter weggenommen ſind, damit ſie nicht, was zuweilen geſchieht, verſtopft werden. Diejenigen Gerinne, die die Bergleute an der Oberfläche an die Stürzen anſtoßen, die ſich an den Kauen befinden, höhlen ſie meiſtens nur aus einem Baumſtamm aus. Die Stürzen werden gewöhnlich aus vier Brettern hergeſtellt, die ſo ausgeſchnitten und zuſammengeſtellt ſind, daß ſie oben breiter ſind als unten.

Nachdem ich hinreichend erklärt habe, welches die Werkzeuge und Gefäße der Bergleute ſind, will ich nun über die Maſchinen ſprechen. Sie ſind dreierlei Art, nämlich: Fördermaſchinen, Wettermaſchinen und Einrichtungen für die Fahrung. Mit den Fördermaſchinen werden die Laſten aus den Schächten herausgezogen. Die Wettermaſchinen blaſen die am Mundloch der Stollen oder an der Hängebank der Schächte angeſaugte Luft in dieſe hinein. Wenn das nicht geſchähe, könnten die Bergleute in manchen Gruben nur mit Beſchwerden atmen und arbeiten. Die Einrichtungen für die Fahrung beſtehen aus Leitern, auf deren Sproſſen die Bergleute in die Schächte ein- und wieder hinausfahren.

Die Fördermaſchinen haben verſchiedene und mannigfaltige Formen, viele von ihnen ſind ſehr kunſtreich und waren, wenn ich nicht irre, den Alten unbekannt. Sie ſind erfunden worden, um das Waſſer aus der Tiefe der Erde heraus-

Das Gerinne A. Die Stürze B.

zuziehen, wohin keine Stollen reichen und auch die Mineralien aus den Schächten, zu denen auch die längſten Stollen nicht gelangen. Da aber die Tiefe der Schächte ungleich iſt, beſteht eine große Mannigfaltigkeit derartiger Maſchinen. Unter denjenigen, mit denen trockene Laſten aus den Schächten gefördert werden, ſind namentlich fünf verſchiedene in Gebrauch, von denen die erſte ſo gebaut iſt: Es werden zwei Pfühlbäume, die etwas länger ſind als der Schacht, verlegt, der eine vorne am Schacht, der andere hinten. Ihre Enden haben Löcher, durch die an ihrem Ende zugeſpitzte Pfähle tief in den Boden eingetrieben werden, damit ſie feſtliegen. Außerdem haben ſie Einſchnitte, in welche die Enden zweier Querhölzer eingepaßt ſind. Von dieſen liegt das eine am rechten Schachtſtoße, das andere bleibt vom linken Schachtſtoße ſo weit entfernt, daß dazwiſchen Raum bleibt, um Fahrten einzubauen. In Löcher in der Mitte dieſer Querhölzer werden Haſpelſäulen oder ſtarke Bretter eingezapft und mit eiſernen Nägeln befeſtigt; in ihren Ausſparungen werden durch die Pfadeiſen die Zapfen des Rundbaumes geführt. Beide Zapfen ragen nach außen aus dem Pfadeiſen heraus und ſind in das Loch eines Brettes eingeſetzt, das $1^{1}/_{2}$ Fuß lang, 1 Hand breit und 3 Finger dick iſt. Beide Zapfen ſind 7 Finger lang. In beide iſt ein Haſpelhorn geſteckt, das rund und $1^{1}/_{2}$ Fuß lang iſt. Um den Rundbaum iſt das Förderſeil gewickelt und ſeine Mitte am Rundbaum befeſtigt, an ſeinen beiden Enden befinden ſich eiſerne Haken, welche in den Bügel des Fördergefäßes eingehängt werden. Dadurch, daß der Rundbaum mit den Haſpelhörnern in Umdrehung verſetzt wird, wird immer das volle Gefäß aus dem Schachte herausgezogen und das leere hineingelaſſen. Den Rundbaum drehen zwei kräftige Männer, jeder hat nahe bei ſich einen

Der vorn am Schacht verlegte Pfühlbaum A. Der hinten am Schacht verlegte Pfühlbaum B. Die zugeſpitzten Pfähle C. Die Querhölzer D. Die Haſpelſtützen E. Die Pfadeiſen F. Der Rundbaum G. Seine Zapfen H. Das Holz I. Die Kurbel K. Das Förderſeil L. Der Seilhaken M. Das Fördergefäß N. Sein Bügel O.

Schubkarren, in den er das auf ſeiner Seite herausgezogene Fördergefäß entleert. Gewöhnlich füllen zwei Fördergefäße einen Karren. Sobald vier Fördergefäße gefördert ſind, fährt jeder Arbeiter ſeinen Schubkarren aus der Kaue hinaus und entleert ihn. Auf dieſe Weiſe entſteht, wenn tiefe Schächte geteuft werden, eine Halde um die Kaue. Wenn der Gang arm an Erz iſt, ſchütten ſie Erde und Steine ohne Unterſchied weg, wenn der Gang reich iſt, bewahren ſie das Geſtürzte getrennt auf, pochen und waſchen es. Wenn ſie Waſſergefäße fördern, entleeren ſie dieſe und leiten das Waſſer durch eine Stürze in ein Gerinne, durch welches es abfließt.

Die zweite Maſchine[8], deren ſich die Bergleute bedienen, wenn die Schächte tiefer ſind, unterſcheidet ſich von der erſten durch das Rad, welches ſie außer den Haſpelhörnern hat. Dieſe dreht nur ein Haſpler, wenn die Laſt aus geringer Tiefe gefördert wird, das Rad vertritt die Stelle des zweiten Haſplers; wenn aus größerer Tiefe gefördert wird, haſpeln drei, und das Rad vertritt die Stelle des vierten. Denn wenn der Rundbaum einmal in Umdrehung verſetzt worden iſt, wird er durch die Bewegung des Rades unterſtützt, ſo daß er weſentlich leichter gedreht

[8]) Radhaſpel, oder nach den kreuzweiſen Stäben Kreuzhaſpel genannt.

Der Rundbaum A. Die geraden Stäbe, auch Haſpelwinden genannt B.
Das Haſpelhorn C. Die Speichen des Rades D. Die Felgen E.

werden kann. Zuweilen werden an dieſem Rade Bleiſtücke befeſtigt oder auch an ſeine Speichen gebunden, damit bei der Drehung durch das vermehrte Gewicht die Schwungkraft größer wird. Manche ſtecken aus demſelben Grunde zwei, drei oder auch vier eiſerne Stäbe durch den Rundbaum und beſchweren deren Enden mit Blei. Dieſes Rad unterſcheidet ſich von dem des Wagens und auch von dem Waſſerrade, denn es hat keine Schaufeln wie die Waſſerräder und auch keine Nabe wie die Wagenräder. An deren Stelle tritt der dicke Rundbaum, in deſſen Löchern die inneren Enden der Speichen ſtecken, ebenſo wie die äußeren in den Löchern der Felgen. Wenn drei Haſpler dieſe Maſchine im Kreiſe drehen, dann ſind an dem einen Ende des Rundbaumes vier Stäbe durchgeſteckt, am anderen Ende befindet ſich jenes Haſpelhorn, das in den Bergwerken allein angewendet wird. Es beſteht aus zwei Teilen, von denen der runde Griff, welcher lang herausragt, mit den Händen erfaßt wird; der vierkantige Teil, der ſenkrecht herausſteht, hat zwei Bohrungen, in der einen ſteckt der runde Griff, in der anderen der Zapfen des Rundbaumes. Das Haſpelhorn dreht ein Mann, die gekreuzten Stäbe zwei, von denen der eine zieht, der andere drückt. Alle Haſpler, an welcher Maſchine ſie auch arbeiten, müſſen ſtarke Leute ſein, damit ſie eine ſo ſchwere Arbeit leiſten können.

Die ſtehende Welle A. Der Klotz des Fußlagers B. Das Gebälk C. Die Scheibe D. Das Kammrad E. Die liegende Welle F. Das Getriebe G. Das Förderſeil H. Die Stange I. Die Säulen K. Die Leiſten der Scheibe L.

Die dritte Maſchine ermüdet die Arbeiter weniger, obgleich ſie größere Laſten hebt, allerdings langſamer, wie alle diejenigen Maſchinen, die Zahnradüberſetzung haben, dafür aber aus größerer Tiefe, nämlich bis zu 180 Fuß. Sie iſt folgendermaßen gebaut: Die Zapfen einer ſtehenden Welle drehen ſich in zwei eiſernen Lagern, von denen das untere in einem in die Erde verlegten Holzklotze ruht, das andere am Gebälk. Am unteren Teile hat dieſe Welle eine Scheibe, die aus dicken und feſten Brettern zuſammengefügt iſt, oben ein Kammrad; dieſes treibt das Getriebe der waagerechten Welle, um die das Förderſeil gewickelt iſt. Ihre Zapfen drehen ſich ebenfalls in eiſernen Lagern am Gebälk. Die beiden Arbeiter faſſen und halten mit den Händen eine Stange, die an zwei ſenkrechten Säulen befeſtigt iſt, damit ſie nicht fallen, und treiben die Maſchine, indem ſie mit den Füßen die Leiſten rückwärts ſtoßen. Sooft ſie ein mit Bergen gefülltes Gefäß herausgezogen und entleert haben, ziehen ſie das nächſte heraus, indem ſie die Maſchine in entgegengeſetzter Richtung in Umdrehung verſetzen.

Die vierte Maſchine, der Göpel, hebt ſechsmal ſo große Laſten als die beiden vorher beſchriebenen. Etwa 16 Balken, Sparren[9] genannt, 40 Fuß lang und 1 Fuß dick und breit, werden oben durch Klammern verbunden, unten auseinandergeſpreizt aufgeſtellt. Ihre unteren Enden werden in Löcher von Hölzern, Schuhe genannt, eingezapft, die am Boden liegen. Dieſe ſind 5 Fuß lang, 1 1/2 Fuß breit und 1 Fuß dick. Jeder aufgeſtellte Sparren wird mit dem am Boden liegenden Schuh durch ein drittes Holz, die Steife, verbunden, deren oberes Ende in den Sparren, deren unteres in den Schuh eingezapft wird. Dieſe Steife iſt 4 Fuß lang und 1 Fuß dick und breit. Auf dieſe Weiſe entſteht eine kreisrunde Fläche, der Umlauf im Göpel, deren Durchmeſſer etwa 50 Fuß beträgt. In der Mitte wird eine Vertiefung von etwa 10 Fuß ausgehoben und mit einer Ramme feſtgeſtampft, oder, damit ſie genug Standfeſtigkeit hat, in Schrotzimmerung geſetzt. Hierdurch wird das die Vertiefung umgebende Erdreich gehalten, ſo daß es nicht nachfallen kann. Auf dem Boden der Vertiefung wird ein Holzklotz verlegt, der 3 oder 4 Fuß lang und 1 1/2 Fuß breit und dick iſt; damit dieſer unbeweglich bleibt, iſt er in die Schrotzimmerung eingezapft. In der Mitte befindet ſich das eiſerne, verſtählte Fußlager, in dem der eiſerne Zapfen der ſtehenden Welle läuft. In gleicher Weiſe hält ein Querholz, welches oben unter den Klammern in zwei Sparren verzapft iſt, ein eiſernes Lager, in dem ſich der andere eiſerne Zapfen der Welle dreht. Denn jede Welle im Bergbau — wie ich hier ein für allemal ſagen will, da die Sache es mit ſich bringt, — hat zwei eiſerne Zapfen, wie Nägel, die in die nach dem Zirkel gerundeten Enden in deren Mitte eingeſchlagen ſind. Der Teil, der in das Ende der Welle eingeſchlagen wird, iſt ſo breit wie dieſes und 1 Finger dick, der Teil, der herausſteht, iſt rund und 1 Hand ſtark oder dicker, falls die Umſtände es erfordern. Auch werden die Enden jeder Welle im Bergbau mit einem eiſernen Ringe umgeben und umbunden, damit ſie die Zapfen um ſo feſter halten können. Die Welle des Göpels iſt mit Ausnahme der Enden vierſeitig, 40 Fuß lang und 1 1/2 Fuß dick und breit.

In Löcher dieſer Welle, die ſich über dem unteren Ende befinden, werden die Enden von vier ſchräg aufwärts gerichteten Hölzern, Steifen genannt, eingezapft[10], ihre oberen Enden unterſtützen zwei Querhölzer, die Schwengel, die auch mit ihnen verzapft ſind. Die Steifen ſind 18 Fuß lang, 3 Hand dick und 5 breit; die gekreuzten Schwengel ſind ſo an der Welle befeſtigt und untereinander durch hölzerne Nägel verbunden, daß ſie ſich nicht trennen können; ſie ſind 24 Fuß lang.

Außerdem iſt ein Seilkorb vorhanden, der aus drei Korbſcheiben beſteht; die mittelſte von ihnen iſt von der oberen und von der unteren je 7 Fuß entfernt. Sie haben vier Arme, welche ebenſo viele ſchräge Steifen unterſtützen, deren untere Enden an der Welle durch Klammern zuſammengehalten werden. Die inneren Enden der Arme ſind in der Welle, die äußeren Enden in den Felgen verzapft. Von den Felgen der unteren Korbſcheibe bis zu denen der mittleren und ebenſo von den Felgen der mittleren zu denen der oberen reichen die Korbhölzer; um

[9] Die Ausdrücke Sparren, Schuhe uſw. ſind der ſpäteren Literatur entnommen, im beſonderen: C. Erler, Ausführliche Beſchreibung des Pferdegöpels auf Neuem Morgenſtern Erbſt. bey Freyberg, Mit Kupfern. Freyberg und Annaberg 1792. Daſſelbe: Verbeſſerte Auflage mit Anmerkungen von F. G. Buſſe. Freiberg 1811.

[10] Dieſe Hölzer ſind in der Abbildung auf Seite 136 nicht gezeichnet. In den Abbildungen auf Seite 138 und 165 ſind die Steifen gezeichnet, aber nicht mit einem Buchſtaben verſehen.

dieſe ſind die beiden Göpelſeile geſchlungen, das eine zwiſchen der unteren und der mittleren Korbſcheibe, das andere zwiſchen der mittleren und oberen.

Dieſes Gebäude in Geſtalt eines Kegels, ausgenommen den viereckigen Teil, der nach dem Schachte zu gerichtet iſt, wird ganz mit Schindeln gedeckt. Dann ſind Querhölzer von zweierlei Art vorhanden, die beiderſeits in Säulen verzapft ſind. Die Querhölzer ſind 18 Fuß lang und 3 Hand ſtark und breit; die Säulen 1 Fuß ſtark und dick. Es ſind ſechzehn Säulen und acht Querriegel vorhanden, über die zwei Stege verlegt werden, 1 Fuß breit und 3 Hand breit; ſie ſind in der Breite von $^1/_2$ Fuß 5 Finger tief ausgehöhlt, und zwar wird der eine über die oberen Querhölzer, der andere über die unteren verlegt, beide ſind ſo lang, daß ſie faſt vom Seilkorbe der Maſchine bis zum Schachte reichen[11]. Auf beiden befindet ſich nahe dem Seilkorbe eine glatte hölzerne Walze, 6 Finger dick. Ihre Enden ſind mit Eiſen beſchlagen und drehen ſich in eiſernen Ringen. Beide tragen auch hölzerne Seilſcheiben, die ſich zuſammen mit ihren eiſernen Wellen in Löchern der Stege drehen, ſie haben am Umfange eine Nut, damit das Förderſeil nicht herabfallen kann. Auf dieſe Weiſe läuft jedes Seil über ſeine Walze und ſeine Seilſcheibe geradeaus. An jedem Seil befindet ſich ein eiſerner Haken, der in den Bügel des Fördergefäßes eingehängt wird.

Am Ende jedes in die Hauptwelle eingezapften Schwengels iſt nach abwärts ein 4 Fuß langes Holz eingeſetzt und an dieſem wiederum unten ein kurzes Holz, der Schemel, befeſtigt, auf dem der Treiber Platz nimmt; daran ſitzt auch der eiſerne Nagel mit der Kette und der Waage. Auf dieſe Weiſe können zwei Pferde den Göpel bald nach der einen oder nach der anderen Richtung in Bewegung ſetzen und wechſelweiſe das volle Gefäß aus dem Schachte herausfördern und dagegen das leere in den Schacht hineinlaſſen. Sollte der Schacht tief ſein, ſo werden vier Pferde angeſpannt. Nachdem das Gefäß herausgefördert iſt, gleichgültig, ob trockene oder naſſe Laſt auszuſchütten iſt, ſo befeſtigt der Arbeiter an ihm einen Sturzhaken und ſtürzt es. Letzterer hängt an einer Kette von drei oder vier Gliedern vom Gebälk herab[12].

Die fünfte Maſchine, nämlich die Roßkunſt mit der Bremſe, iſt zum Teil dem Göpel, zum Teil der dritten Maſchine ähnlich, die, von Pferden in Umdrehung verſetzt, mit Taſchen das Waſſer ſchöpft, was ich bald nachher beſchreiben will. Denn ebenſo wie die dritte[13] wird ſie durch Pferde betrieben und hat zwei Wellen, nämlich eine ſtehende, an der unten, wo ſie in einen unterirdiſchen Raum hinabreicht, ein Kammrad, und eine liegende Welle, auf der das Getriebe ſitzt. Und ebenſo, wie der Göpel zwei Seilkörbe hat, hat auch dieſe Maſchine auf der liegenden Welle zwei jenen ähnliche, aber kleinere; ſie vermag die Gefäße aus einem 240 Fuß tiefen Schachte zu ziehen. Von dieſen Seilkörben iſt der eine aus Scheiben zuſammengeſetzt, an die Korbhölzer geſchlagen ſind, der andere, die Bremsſcheibe neben dem Getriebe, iſt allerſeits um die Achſe 2 Fuß breit und 1 Fuß dick.

11) In der Abbildung auf Seite 136 ſind nur ihre bis zum Schachte reichenden Enden mit den darauf ruhenden Seilſcheiben über dem Schachte ſichtbar.

12) Der Vorgang iſt der folgende: Der Sturzhaken wird am Boden des Gefäßes befeſtigt – dazu iſt allerdings in der Regel eine längere Kette nötig –, der Göpel dann ein kurzes Stück rückwärts gedreht und dadurch das Seil des vollen Gefäßes nachgelaſſen, ſo daß deſſen Öffnung, die zur Seite gezogen wird, abwärts gerichtet wird und ſich das Gefäß von ſelbſt entleert.

13) Gemeint iſt die in Abbildung auf Seite 165 dargeſtellte Taſchen- oder Heinzenkunſt.

Die Sparren A. Die Schuhe B. Die Steifen C. Der Umlauf im Göpel D. Der Holzklotz für das Fußlager E. Die Welle F. Die Schwengel G. Der Seilkorb H. Die Seile I. Das Fördergefäß K. Die in die Schwengel eingesetzten Hölzer L. Der Schemel für den Treiber, an den auch die Pferde gespannt werden M. Die Kette N. Die Waage O. Der Sturzhaken P.

An dieſe wird der Bremsklotz gedrückt, der die Bremsſcheibe feſthält und, falls nötig, die Maſchine feſtſtellt. Das iſt jedesmal nötig, wenn entweder die mit Geſtein oder Erde gefüllten Lederſäcke, nachdem ſie herausgezogen ſind, geſtürzt werden oder das Waſſer aus den geförderten Gefäßen ausgegoſſen wird. Denn dieſe Maſchine hebt nicht nur trockene Laſten, ſondern auch flüſſige, ebenſo wie die anderen vier Maſchinen, die ſchon von mir beſchrieben wurden. Es werden auch damit Hölzer in den Schacht eingehängt, die an das Förderſeil gebunden werden[14].

Der Bremsklotz iſt 1 Fuß dick und ſteht $^1/_2$ Fuß über den Balken heraus, der mit einer Kette am einen Ende des zweiarmigen Hebels angehängt iſt. Letzterer dreht ſich um eine eiſerne Achſe, die in der Schere einer ſtehenden Säule ruht. Am anderen Ende des zweiarmigen Hebels iſt ein langes Holz ebenfalls mittels einer Kette aufgehängt und in dieſes am unteren Ende ein kurzes Holz, der Schemel, eingezapft. Auf ihn ſetzt ſich der Arbeiter und drückt ihn nieder, wenn die Maſchine angehalten werden ſoll. Dann ſtemmt er ein Brett[15] oder ein Holz auf, welches unten bis auf die beiden Hölzer reicht und von ihnen feſtgehalten wird, damit es nicht emporgehoben werden kann. Auf dieſe Weiſe wird der Bremsklotz angehoben und an die Bremsſcheibe angedrückt, er erfaßt ſie ſo kräftig, daß oft aus ihm kleine Funken ſpringen. Der vom zweiarmigen Hebel herabhängende Balken, an den der Bremsklotz aufgehängt iſt, hat mehrere Löcher, um die Kette zu befeſtigen, ſo daß letzterer beliebig angehoben werden kann. Oberhalb der Bremsſcheibe iſt eine Bühne eingebaut, damit ſie nicht durch das herabträufelnde Waſſer benetzt wird; denn wenn ſie naß iſt, wird der Bremsklotz die Maſchine weniger feſthalten. Neben dem Seilkorbe befindet ſich ein Pfahl, von dem eine Kette herabhängt, in deren letztem Ringe ein Sturzhaken befeſtigt iſt, nämlich eine 3 Fuß lange, zu einem Haken umgebogene Eiſenſtange. Dieſer wird in einen Ring eingehängt, der ſowohl am Boden des Gefäßes als auch des Sackes befeſtigt iſt; er hält jenes feſt, damit das Waſſer herausfließen kann, dieſes, damit die Geſteinsſtücke ſich entleeren.

Die mit den fünf genannten Maſchinen aus den Schächten geförderten oder aus den Stollen herausgeführten Erze fahren die Bergleute von den Gebirgen hinab oder ſie ſchleifen ſie oder ſie werfen ſie hinab. Unſere Landsleute verladen ſie auf Schlitten, die ein Pferd zieht, und fahren ſie bei naſſem Wetter von den nicht zu hohen Bergen hinab. Die Kärntner füllen ſie zu Winterszeit in lederne Säcke und legen von dieſen zwei oder drei auf eine kleine Schleife, die vorn höher iſt als hinten. Auf dieſe Säcke ſetzt ſich ein beherzter Fahrer und lenkt nicht ohne Lebensgefahr die vom Berge ins Tal abfahrende Schleife mit einem Stabe, den er in der Hand führt. Er bremſt die zu ſchnell abfahrende Schleife, indem er den Stab entgegenſtemmt, oder lenkt die von dem richtigen Wege abweichende Schleife auf den richtigen Weg zurück. In Noricum[16] füllen ſie im Winter die Erze in Säcke, die aus Schweinshäuten mit Borſten hergeſtellt ſind, und ziehen ſie von den höchſten Bergen, welche Pferde, Maultiere und Eſel nicht erſteigen können, hinab. Die leeren Säcke tragen ſtarke Hunde, die hieran gewöhnt ſind, auf

[14] Vergleiche Abbildung auf Seite 141.
[15] Dieſes Brett hält in Abbildung auf Seite 138 der Arbeiter, der neben dem Schemel ſteht, mit der rechten Hand.
[16] Dem heutigen Öſterreich ſüdlich der Donau, alſo Salzburg, Steiermark und Kärnten.

Das Kammrad an der ſtehenden Welle A. Die liegende Welle B. Das Getriebe C. Die Bremsſcheibe D. Der Seilkorb E. Der Bremsſchuh F. Der zweiarmige Hebel G. Der Bremsklotz H. Der Sturzhaken I.

Ein Schlitten A. Eine Schleiſe mit Säcken B. Der Stab C. Die Hunde mit Saumſätteln D. Die an einem Strick befeſtigten ſchweinsledernen Säcke E.

Saumſätteln auf die Berge. Die vollen Säcke werden mit Riemen zuſammengebunden und an einem Strick befeſtigt. Ein Mann nimmt den Strick um einen Arm oder um die Bruſt und zieht ſie durch den Schnee bis an eine Stelle, bis zu der Pferde, Maultiere und Eſel mit Saumſätteln hinaufkommen können. Hier werden die Erze aus den ſchweinsledernen Säcken in andere aus zwei- oder dreifädigem Leinen gefertigte umgefüllt und mit Laſttieren bis zu den Hütten hinabgeſchafft, wo ſie entweder aufbereitet oder verſchmolzen werden.

Wenn Pferde, Maultiere oder Eſel mit Saumſätteln die Berge erſteigen können, werden mit Erz gefüllte leinene Säcke auf die Saumſättel gelegt und ſo auf engen Wegen der Berge, auf denen weder Wagen noch Schlitten verkehren können, über hohe und ſchwer zugängliche Felſen in die tiefer gelegenen Täler geſchafft. An ſolchen Felſen, welche Laſttiere nicht erſteigen können, werden geneigte Rollen aufgeſtellt, die aus Brettern zuſammengefügt ſind und durch Querhölzer gehalten werden, damit ſie nicht umfallen. In dieſe ſtürzen ſie die Erze, die mittels einrädriger Karren herbeigeſchafft werden. Sie ſtürzen bis auf ebenes Gelände herab und werden entweder in leinenen Säcken auf Laſttieren hinabgeſchafft oder mittels Schlitten und Wagen. Wenn die Fuhrleute die Erze

Pferde mit Saumsätteln A. Eine Sturzrolle, geneigt an den Felsen gestellt B. Die zugehörigen Bretter C. Der Karren mit einem Rade D. Der zweirädrige Karren E. Die Baumstämme F. Der Wagen G. Das Erz wird vom Wagen abgeladen H. Die Riegel I. Der Steiger, der die Anzahl Wagen am Kerbholz verzeichnet K. Die Behälter, in die die Erze zur Verteilung geworfen werden L.

von den ſteilen Hängen der Berge hinabführen, gebrauchen ſie zweirädrige Karren, die hinten zwei bis auf der Erde ſchleifende Baumſtämme nachziehen. Dieſe bremſen durch ihr Gewicht und hindern das zu ſchnelle Abwärtsfahren der ſchweren, mit Erz beladenen Karren. Wenn ſie nicht vorhanden wären, müßten die Fuhrleute häufig Ketten um die Räder legen. Wenn die Fuhrleute die Erze von weniger ſteilen Bergen hinabſchaffen, benutzen ſie Wagen, deren Käſten

Der Rundbaum A. Die Haſpelwinden B. Die Haſpelſäulen C. Das Förderſeil D. Der Kloben E. Die einzuhängenden Hölzer F.

doppelt ſo lang ſind als diejenigen der Karren. Die Seitenbretter ſind ſo angebracht, daß ſie aufgehoben und entfernt werden können, wenn das Erz durch die Fuhrleute wieder von den Wagen abgeladen werden ſoll; denn ſie werden nur von Riegeln[17] gehalten. Die Fuhrleute fahren 30 oder 60 Erzfuhren hinab, die dann von den Gewerken abgeholt werden. Ihre Zahl verzeichnet der Steiger auf dem Kerbholz. Gewiſſe Erze, namentlich die Zinnerze, die in den Gruben gewonnen werden, pflegt man in acht oder neun Teile zu teilen, letzteres, wenn die Gewerken der Gruben den Gewerken des Stollens das Neuntel geben. Das geſchieht ſelten durch Meßgefäße, ſondern in Käſten, die aus zuſammengefügten, auf der

[17] Sie werden gegenwärtig Rungen genannt.

Innenſeite gehobelten Brettern hergeſtellt werden. Jeder Gewerke ſorgt dafür, daß der ihm durch das Los zufallende Teil verladen, gewaſchen und verſchmolzen wird.

In die Gefäße, welche die fünf beſchriebenen Maſchinen fördern, werfen Jungen und Männer Erde und Geſteinsſtücke mit Schaufeln oder füllen ſie auch mit den Händen, weshalb ſie Füller [18] genannt werden. Dieſe Maſchinen fördern, wie ich ſchon geſagt habe, nicht nur trockene Laſten, ſondern auch feuchte oder auch Waſſer. Bevor ich die zahlreichen, vielgeſtaltigen Arten von Maſchinen erkläre, mit denen die Bergleute Waſſer allein zu heben pflegen, will ich beſchreiben, auf welche Weiſe ſchwere Gegenſtände, z.B. Wellen, eiſerne Ketten, Waſſerrohre und ſtarke Hölzer, in ſenkrechte, tiefe Schächte hinabgelaſſen werden können. Es wird ein Haſpel aufgeſtellt, deſſen auf jeder Seite mit vier Haſpelwinden verſehener Rundbaum in den Haſpelſäulen verlagert wird. Um den Rundbaum wird das Förderſeil gewickelt und deſſen eines Ende daran feſtgemacht, während an das andere die ſchweren Gegenſtände befeſtigt werden, die geradenwegs allmählich, indem ſich die Arbeiter gegenſtemmen, hinabgelaſſen werden. Falls ſie an einer Stelle des Schachtes hängenbleiben, werden ſie wieder ein wenig hochgezogen. Sollten aber die Laſten beſonders ſchwer ſein, ſo wird hinter dieſem Haſpel ein anderer ihm ähnlicher aufgeſtellt, damit beide zuſammen der Laſt gewachſen ſind und dieſe langſam hinabgelaſſen werden kann. Zuweilen wird aus dem gleichen Grunde ein Kloben mit Seilen an einem Balken befeſtigt, durch deſſen Scheiben das Förderſeil geführt abwärts und aufwärts geht.

Das Waſſer wird aus den Schächten entweder herausgezogen oder geſchöpft [19]. Man zieht es heraus, nachdem es in Kübeln oder Bulgen hineingeſchüttet worden iſt. Dieſe zieht gewöhnlich eine Maſchine mit Kehrrad. Früher habe ich ſchon dieſe fünf Maſchinen beſchrieben. Während der Göpel an einigen Orten auch Bulgen von mittlerer Größe zieht, wird das Waſſer auch mit Kannen geſchöpft oder mit Pumpen gezogen, die gebohrt ſind, oder mit Taſchen [20]. Wenn nur wenig Waſſer vorhanden iſt, wird es in Kübeln geſchöpft oder mit Kannen oder Pumpen gezogen, wenn viel Waſſer vorhanden iſt, wird es in Bulgen gezogen oder mit Taſchen gehoben.

[18] Oder auch Anſchläger.

[19] Es muß auffallen, daß Agricola bei der eingehenden Schilderung der Waſſerhebung nicht auch das Verfahren ſchildert, die Waſſer durch Waſſerknechte zu halten.

Sehr anſchaulich ſchildert dieſe Arbeit Max Reichsritter von Wolfstrigl-Wolfskron in „Die Tiroler Erzbergbaue 1301–1665"; Innsbruck 1902, S. 39:

Im Jahre 1515 wurde am Falkenſtein bei Schwaz von den Fuggern der Tiefbau begonnen. Zur Erzförderung genügte damals noch ein einfacher Pferdegöpel (böhmiſche Kunſt genannt), die Waſſerloſung jedoch geſchah durch Menſchenkraft mittels lederner Kübel. Die Waſſerheber ſtanden einer über den anderen mit dem Rücken gegen die Fahrten gelehnt vom Schachtſumpf bis zur Sohle des Erbſtollens hinauf und beförderten, indem jeder Waſſerheber den vollen Kübel ſeines tiefer ſtehenden Geſellen ergriff und ſeinem höher ſtehenden Geſellen hinaufreichte, auf dieſe Weiſe das Waſſer aus dem Tiefbaue. Da dieſe Arbeit ebenſo ungeſund – natürlich wurde hierbei auch Waſſer vergoſſen und tropfte auf die niedriger ſtehenden hinunter – als beſchwerlich war, mußten die Leute öfters ausgewechſelt und auch gut bezahlt werden; die Koſten für die dort nötigen 600 Mann betrugen im Jahre die für jene Zeit geradezu rieſige Summe von 20000 fl. Eine eigene Ordnung für die Waſſerheber trug Sorge, daß dieſe für den regelmäßigen Betrieb des Unterbaues ſo wichtige Arbeit im beſtändigen Gange blieb, was aber trotzdem die Geſellen in der Erkenntnis ihrer Unentbehrlichkeit nicht ſelten verleitete, durch Androhung von Arbeitseinſtellung noch höhere Löhne zu erpreſſen. Ja Waſſerkünſtler, die den Verſuch machten, eine Waſſerkunſt zu bauen, befürchteten damals Angriffe durch die Waſſerheber. S. 50. Erſt im Jahre 1554 gelang es dem Kunſtmeiſter Laſſer, ein Kehrrad zu bauen, wie es Agricola S. 167 ff. beſchreibt, und dadurch die Waſſerheber entbehrlich zu machen (Wolfskron S. 60).

[20] Die Waſſerhebung mit Taſchen (Lederbällen, Püſcheln) iſt in der Abb. auf Seite 162 dargeſtellt.

Zunächſt will ich die Maſchinen, die das Waſſer mit Kannen[21] ausſchöpfen, beſchreiben. Es gibt deren drei. Die erſte iſt folgendermaßen beſchaffen: Ein viereckiges Gerüſt beſteht aus eiſernen Schienen; es iſt $2^{1}/_{2}$ Fuß hoch und auch $2^{1}/_{2}$ Fuß lang, dazu $^{1}/_{6}$ und $^{1}/_{4}$ eines Fingers, die Breite beträgt $^{1}/_{4}$ und $^{1}/_{24}$ eines Fingers. In ihm ſind drei eiſerne Wellen waagerecht verlagert, welche ſich in Pfannen oder breiten eiſernen, ſtahlharten Ringen drehen; es ſind weiter vier eiſerne Räder vorhanden, von denen zwei Getriebe ſind und ebenſo viele Zahnräder. Außerhalb des Gerüſtes ſitzt auf der unterſten Welle ein hölzernes Rad, damit ſie leichter in Bewegung erhalten werden kann. Innerhalb des Gerüſtes ſitzt das kleinere Getriebe, welches acht Kämme hat, die $^{1}/_{6}$ und $^{1}/_{24}$ Finger lang ſind. Auf der zweiten Welle, die aus dem Gerüſt nicht herausragt und daher ebenfalls $2^{1}/_{2}$ Fuß und $^{1}/_{12}$ und $^{1}/_{3}$ Finger lang iſt, ſitzt das kleinere Zahnrad, es hat 48 Zähne, ferner das größere Getriebe, welches aus zwölf Kämmen beſteht, die $^{1}/_{4}$ Fuß lang ſind. Auf der dritten Welle, die $^{1}/_{12}$ und $^{1}/_{3}$ Finger ſtark iſt, ſitzt das größere Zahnrad, welches nach allen Seiten 1 Fuß herausragt, es hat 72 Zähne. Die Zähne beider Räder enden in Schrauben, deren Gewinde in die Muttergewinde der Räder eingeſchraubt ſind, ſo daß an Stelle von zerbrochenen andere eingeſchraubt werden können. Sowohl die Zähne wie auch die Kämme beſtehen aus gehärtetem Stahl. Die oberſte Welle ragt aus dem Gerüſte heraus und iſt ſo kunſtvoll mit der anderen Welle gekuppelt, daß beide aus einem Stück zu ſein ſcheinen. Sie geht durch das um den Schacht aus Balken erbaute Gerüſt hindurch und dreht ſich mit ihrem Zapfen auf einem Rädchen aus hartem Stahl, das in einem ſtarken eichenen Stock verlagert iſt. Auf dieſer Achſe ſitzt eine Trommel, wie ſie die Maſchinen haben, die mit Taſchen das Waſſer ſchöpfen. Auf der Trommel ſind dreifach gebogene Klammern[22] befeſtigt; da die Glieder der eiſernen Kette an dieſen hängen, kann auch eine große Laſt die Maſchine nicht rückwärts bewegen. Die Ringe dieſer Kette ſind nicht ſo wie die der übrigen ringförmig, ſondern jeder iſt an den Enden beiderſeits umgebogen und erfaßt den nächſten. So entſteht eine Art doppelter Kette. An den Verbindungsſtellen ſind die Kannen aus Eiſen- oder Kupferblech, die $^{1}/_{2}$ Maß[23] faſſen, mit Stricken befeſtigt. Wenn alſo 100 Kettenglieder vorhanden ſind, ſo ſind auch ebenſoviel Kannen vorhanden, die das Waſſer herausfördern. Ihre Öffnungen ſtehen hervor und ſind mit Deckeln verſehen, damit das Waſſer in flachen Schächten nicht herausfließt, in ſaigeren Schächten brauchen die Kannen keine Deckel.

Der Haſpler ſteckt das Haſpelhorn auf das Ende der unterſten Welle und dreht ſie zuſammen mit dem Getriebe, deſſen Kämme das Zahnrad der anderen Welle drehen. Da mit dieſem zugleich das zweite Getriebe umläuft, ſo treibt dieſes das zweite Zahnrad und zugleich die Trommel mit den Klammern. Auf dieſe Weiſe geht die Kette mit den leeren Kannen am Liegenden des Ganges in den Sumpf hinab bis zu der unteren Trommel, deren eiſerne Achſe ſich in auf beiden Seiten angeordneten ſtarken eiſernen Lagern dreht, um deren kleinen Durchmeſſer ſie in Form einer ſchmalen Schleife herumgeht. Beim Umgang der Kette um die Trommel ſchöpfen die Kannen das Waſſer. Sie werden dann voll am Hangenden

[21] Man nennt dieſe Kannenkünſte oder Becherwerke mitunter fälſchlich Bulgenkünſte.

[22] Die Form der Klammern iſt aus Abb. auf Seite 145 erſichtlich. Sie ſind mit den Buchſtaben F und G bezeichnet.

[23] Lat. semicongialis, das iſt etwa 1,7 l.

Das Gerüst A. Die unterste Welle B. Das Rad C. Das kleinere Getriebe D. Die zweite Welle E. Das kleinere Zahnrad F. Das größere Getriebe G. Die oberste Welle H. Das größere Zahnrad I. Die Lager K. Der breite, eiserne Ring L. Das hölzerne Gerüst M. Der eichene Stock N. Der eiserne Zapfen O. Die Scheibe P. Die obere Trommel Q. Klammern R. Die Kette S. Die Kettenglieder T. Kannen V. Das Haspelhorn X. Die untere Trommel Y.

Das Tretrad A. Die Welle B. Die doppelte Kette C. Ein Glied der doppelten Kette D. Die Kannen E. Eine einfache Klammer F. Eine dreimal gekrümmte Klammer G.

des Ganges bis über die obere Trommel hochgeführt. Es werden immer drei Kannen zugleich umgekehrt. Sie gießen das Waſſer in ein Faß, aus dem es in die Waſſerſaige des Stollens fließt. Dieſe Maſchine iſt jedoch weniger nützlich, weil ſie nur wenig Waſſer hebt[24], obgleich ihr Bau große Ausgaben erfordert. Auch hebt ſie nur langſam, wie die übrigen Maſchinen, die mehrere Zahnräder haben.

Eine andere Maſchine dieſer Art, die ſchon Vitruv[25] mit wenigen Worten beſchreibt, fördert ſchneller Kannen mit 1 Maß Inhalt. Sie iſt daher nützlicher als die erſte, um aus ſolchen Schächten das Waſſer zu heben, in denen ein ſtarker

[24] Da die Zahl der Kämme des kleinen Getriebes 8 und die Zahl der Zähne des kleinen Zahnrades 48, das Verhältnis alſo 1 : *6* beträgt und weiter die Zahl der Kämme des großen Getriebes 12, die der Zähne des großen Zahnrades 72, alſo das Verhältnis ebenfalls 1 : *6* iſt, muß die Haſpelwelle 36 Umdrehungen machen, damit die Trommelwelle eine Umdrehung macht. Hierbei werden, wie die Abb. auf Seite 144 zeigt, acht Kannen ausgegoſſen, die zuſammen *6*,8 l faſſen.

[25] Vitruv, X, 9 Nach Beſchreibung der Schöpfräder, das ſind Räder mit Schöpfeimern am Umfange, fährt Vitruv fort: Allein, ſoll man das Waſſer an noch höhere Orte hinaufſchaffen, ſo darf man nur über die Welle eines ſolchen Rades eine doppelte eiſerne Kette ſchlagen, welche bis in die Tiefe hinabreicht, und woran kupferne Eimer zu 3 Maß hangen. Die Umwälzung des Rades drehet zugleich dieſe Kette auf der Welle um und bringt die Eimer in die Höhe, welche dann, wenn ſie über die Welle emporkommen, notwendigerweiſe umſtürzen und das heraufgebrachte Waſſer in den Behälter ausgießen müſſen. – Nach der Überſetzung von Rhode, Leipzig 1796, S. 262.

Das Unterschlächtige Wasserrad A. Die Welle B. Die Trommel, auf der Klammern eingeschlagen sind C. Die Kette D. Ein Kettenglied E. Die Kannen F. Die untere Trommel G.

Zufluß stattfindet. Diese Maschine hat weder ein eisernes Gerüst noch Übersetzungen durch Räder, aber auf der hölzernen Welle sitzt ein Tretrad. Die Welle kann nicht lange der Beanspruchung standhalten, da sie keine Trommel hat. Im übrigen ist die Anordnung der ersten ähnlich, abweichend ist die doppelte Kette. In die Welle dieser Maschine müssen, wie in die Trommel der anderen, Klammern geschlagen werden, welche manche einfach, manche dreimal gekrümmt herstellen; alle haben aber vier Spitzen.

Die dritte Maschine, die vor den beiden bereits beschriebenen viele Vorzüge hat, wird aufgestellt, wenn ein Bach zur Grube geleitet werden kann. Dessen Kraft treibt das geschaufelte Rad um, das an die Stelle des Tretrades tritt. Die Welle ist ähnlich wie bei der zweiten, die Trommel auf der Welle, die Kette und die untere Trommel sind ähnlich wie bei der ersten Maschine. Die Kannen sind noch erheblich größer als bei der zweiten. Da aber die Kannen oft zu Bruche gehen, benutzen die Bergleute diese Maschine nur selten, sie ziehen es vor, wenn nur wenig Wasser vorhanden ist, dieses mit den fünf zuerst beschriebenen Maschinen zu fördern oder mit Pumpen zu heben; wenn viel Wasser zusitzt, es mit Taschenkünsten zu heben oder in Bulgen herauszuziehen.

Über die erſte Art der Maſchinen[26] habe ich nun genug geſchrieben. Nun will ich die andere Art, die Pumpen, die das von der Luft gezogene Waſſer mittels Kolbenſcheiben ſchöpfen, beschreiben. Es gibt ſieben Ausführungen[27], die zwar in der Bauart verſchieden ſind, aber den Bergleuten den gleichen Nutzen bieten, allerdings einige größeren als die anderen. Die erſte Pumpe wird folgendermaßen hergeſtellt: Über dem Sumpf wird ein Schachtjoch verlegt, und an dieſem werden ein oder zwei Rohre, die miteinander verbunden ſind und bis auf den Boden des Sumpfes hinabreichen, durch Eintreiben geſpitzter, eiſerner, gerader Klammern beiderſeits befeſtigt, ſo daß ſie feſtſtehen. Der untere Teil des unteren Rohres iſt in einen etwa 2 Fuß hohen Stock[28] eingelaſſen; letzterer iſt wie ein Rohr durchbohrt und ſteht auf dem Boden des Sumpfes. Die untere Öffnung iſt durch einen Spund verſchloſſen, am Umfange jedoch hat er Löcher, durch die das Waſſer hineinfließt. In den oberen Teil des Stockes wird, falls nur ein Rohr vorhanden iſt, eine eiſerne oder kupferne oder auch bronzene, etwa 1 Hand hohe Büchſe ohne Boden eingeſetzt, welche durch ein rundes Ventil ſo dicht geſchloſſen wird, daß das durch die Luftbewegung in die Höhe geführte Waſſer nicht zurückfließen kann. Falls jedoch zwei Rohre vorhanden ſind, wird die Büchſe an der Verbindungsſtelle in das untere eingeſetzt. Der Ausguß des oberen Rohres oder ein eingeſetztes Röhrchen reichen bis zur Waſſerſaige des Stollens hinauf. Ein unverdroſſener Arbeiter ſteht auf der Bühne, die auf dem Schachtjoch ruht, und ſenkt und hebt die im Rohr ſteckende Kolbenſtange, an deren oberem Ende ſich eine Handhabe befindet. Das untere Ende iſt mit dem Trichterkolben verbunden; ſo nennt man den ledernen Kolben nach ſeiner Geſtalt, denn er iſt ſo zuſammengenäht, daß er unten, wo er an der hineingeſteckten Kolbenſtange befeſtigt wird, eng iſt, oben aber, wo er das Waſſer ſchöpft, weit. Oder es iſt unten an der Kolbenſtange eine eiſerne Scheibe, 1 Finger dick, oder auch eine hölzerne, 6 Finger dick, befeſtigt, ihr Durchmeſſer iſt etwas größer als der des aufgelegten, ledernen, kreisrunden Ventiles. Die Stange geht aber entweder glatt durch die Mitte[29] der Scheibe hindurch, und letztere wird mittels eines eiſernen Vorſteckers feſtgehalten, oder die Stange hat unten eine Schraube. Die Scheibe hat fünf oder ſechs runde oder längliche Durchbohrungen, die ſternförmig angeordnet ſind; ferner hat ſie den gleichen Durchmeſſer wie die Bohrung der Pumpenrohre, ſo daß ſie in ihnen auf und ab bewegt werden kann.

Wenn der Arbeiter die Kolbenſtange aufwärts zieht, hebt er das durch die Löcher der Scheibe aufgeſtiegene Waſſer, welches nun das Lederventil niederdrückt, bis zu der Öffnung des Pumpenrohres oder bis zu dem Ausgußrohr, durch das es hinausfließt. Zugleich öffnet ſich das Saugventil in der Büchſe, damit das von der Luft geführte Waſſer wieder in das Rohr aufſteigen kann. Wenn der Arbeiter die Kolbenſtange abwärts bewegt, ſchließt ſich das Saugventil, und das Waſſer ſteigt durch das Kolbenventil in die Höhe.

26) Nämlich die Becherwerke oder Kannenkünſte.

27) Im Index secundus ſagt Agricola zwar unter Siphones, daß die erſte, zweite und dritte Pumpe im Deutſchen keine beſondere Bezeichnung haben, es nennen aber Spätere die erſte Krückelpumpe und die zweite Drückel- oder Schwengelpumpe.

28) Jetzt Saugkorb genannt.

29) In der Abbildung auf Seite 148 fehlen in den Scheiben L und in der danebenliegenden Lederſcheibe die Löcher in der Mitte, die zum Durchſtecken der Kolbenſtange nötig ſind.

Der Sumpf A. Die Rohre B. Das Schachtjoch C. Der Holzstock oder Saugkorb D. Die Löcher des Stockes E. Das Saugventil im Ring F[30]*. Das Ausgußrohr G. Die Kolbenstange H. Der Griff I. Der Trichterkolben K. Der Kolben mit runden Löchern L. Der Kolben mit länglichen Löchern M. Das lederne Ventil N. Ein Arbeiter, der die Stämme bohrt und daraus Rohre macht O. Ein Schraubenbohrer P. Ein Löffelbohrer Q.*

Die Säule A. Die Welle B. Der Schwengel, der ſich um die Achſe dreht C. Die Kolbenſtange D. Der Griff E. Der Ring, durch den die beiden Rohre verbunden werden F.

Die Kolbenſtange der zweiten Pumpe kann leichter gerade aufwärts und abwärts bewegt werden. Dieſe Pumpe iſt folgendermaßen eingerichtet: Es werden zwei Hölzer über dem Sumpf verlegt, das eine nahe dem rechten, das andere nahe dem linken Stoß. Hieran werden die Pumpenrohre mit eiſernen Klammern befeſtigt, ferner entweder ein gegabelter Stamm oder ein Stock, der oben wie eine Gabel ausgeſchnitten iſt. Eine eiſerne Welle wird durch ein etwas weiteres, rundes Loch mitten in der Gabel des Stockes geſteckt, ſo daß ſie ſelbſt unbewegt bleibt, der Schwengel aber um ſie in der Gabel bewegt werden kann. Im einen Ende des Schwengels iſt das obere Ende der Kolbenſtange mittels eines durchgeſteckten eiſernen Nagels befeſtigt, im anderen ein Griff, der mit den Händen beſſer erfaßt werden kann. Wenn der Arbeiter den Griff aufwärts bewegt, ſchiebt er die Kolbenſtange nach abwärts in das Pumpenrohr, wenn er den Griff abwärts bewegt, zieht er die Kolbenſtange aus dem Pumpenrohre heraus und hebt damit das Waſſer, welches durch den Kolben geſchöpft worden iſt, bis zum Ausflußrohr, durch

30) Der Buchſtabe F ſteht in der Abbildung zweimal. Die oben gegebene Erläuterung bezieht ſich auf das in halber Höhe der Rohre ſtehende F. Das in der Mitte des unteren Randes der Abbildung am Saugkorb D eingetragene F bezeichnet den Spund, der die untere Öffnung des Saugkorbs verſchließt.

welches es in ein Gerinne fließt. Dieſe Pumpe und auch die folgende iſt, was Kolbenſtange, Kolbenventil, Saugkorb, Ring und Saugventil betrifft, ebenſo gebaut wie die erſte.

Die dritte Pumpe iſt von der beſchriebenen nur wenig verſchieden, denn an Stelle des Stockes werden zwei Säulen geſtellt, die nahe dem oberen Ende durchbohrt ſind. In dieſen Löchern drehen ſich die Zapfen der Welle, in deren Mitte

Die Säulen A. Die Welle B. Die zwei Hölzer C. Die Kolbenſtange D. Der Handgriff E. Das Gerinne F. Der Arbeiter, der das aus dem Gerinne abfließende Waſſer ſo leitet, daß es nicht in die ausgehobenen Gräben fließt G.

zwei kurze Hölzer eingezapft ſind. Am Ende des einen von ihnen iſt die Kolbenſtange befeſtigt, am Ende des anderen ein ſchweres, aber kurzes Holz als Handgriff, der zwiſchen den beiden Säulen hin und her bewegt werden kann. Wenn der Arbeiter den Handgriff nach vorn ſtößt, zieht er die Kolbenſtange aus dem Rohre heraus, wenn er ihn kräftig zurückzieht, wird die Kolbenſtange abwärts geführt. Auf dieſe Weiſe drückt er aus dem Rohre das Waſſer, welches der durchbohrte Pumpenkolben geſchöpft hat, durch das Ausgußrohr in ein Gerinne. Einige erſetzen das kurze Holz durch einen Schwengel. Dieſe Pumpe iſt ebenſo wie die kurz vorher beſchriebene in den Gruben weniger gebräuchlich als die übrigen.

Der Stock A. Sein unterer Teil B. Der obere Teil C. Klammern D. Die Rohre unterhalb des Stockes, d. h. die Saugrohre E. Das auf den Stock aufgesetzte Rohr, d. h. das Steigrohr F. Die eiserne Welle G. Die Kolbenstangen H. Die beiden kreisrunden Scheiben I. Das Leder K. Die Löcher der Welle L. Die Stäbe, deren Enden durch Bleikugeln beschwert sind M. Die Kurbel N.

Die vierte Art[31] ist eine doppelte Pumpe; sie ist folgendermaßen gebaut: Ein sechseckiger[32] Stamm aus Buchenholz, 5 Fuß lang, 2 1/2 Fuß breit und 1 1/2 Fuß dick, wird in zwei Teile zerschnitten, welche entsprechend der eisernen Achse, die zwischen ihnen verlagert wird, geteilt werden. Auch werden sie so breit und hoch ausgehöhlt, daß die Welle sich darin drehen kann. Der Teil der Welle, der im Stamme eingeschlossen wird, ist rund, und das Ende, welches als Zapfen dient, ist gerade. Weiterhin ist sie einen Fuß lang umgebogen und verläuft dann wieder gerade. Hier hängt an ihr eine der glatten Kolbenstangen. Dann ist sie wieder so viel hochgebogen, wie sie vorher nach unten umgebogen war, und verläuft dann wieder ein kurzes Stück gerade. Weiter ist sie wieder einen Fuß lang umgebogen und verläuft wieder gerade, hier hängt an ihr die andere glatte Kolbenstange. Dann ist sie wieder so viel hochgebogen, wie sie früher nach unten umgebogen war, und der Teil, der als Zapfen dient, ist wieder gerade.

Damit dort, wo die Welle aus dem Stocke heraustritt, das angesaugte Wasser nicht hervorquelle, ist durch zwei kreisrunde eiserne Scheiben, mit denen zwei Lederscheiben derselben Gestalt und Größe verbunden sind, Sorge getragen. Von diesen befindet sich die eine innerhalb, die andere außerhalb des Stockes auf der Welle. Endlich schließt ein Teil der Welle an, der zwei rechteckige Löcher hat, in die zwei eiserne Stäbe gesteckt werden. Ihre Enden sind mit bleiernen Kugeln beschwert, so daß die Welle bei der Umdrehung mehr Gewicht hat und durch die auf das Ende aufgesteckte Kurbel leichter gedreht werden kann. Der obere Teil des Stockes ist niedriger, der untere höher. Der erstere ist in der Mitte einmal nach Art eines Rohres gerade abwärts durchbohrt, die Bohrung hat die einfache Weite. Der andere ist zweimal, nämlich an beiden Seiten, ebenso gerade abwärts nach Art zweier Rohre durchbohrt, die Bohrungen haben doppelte Weite. Dieser Teil des Stockes wird auf die beiden Rohre gesetzt, die mit ihrem oberen Ende in ihn eingesteckt sind, unten in Saugkörbe, die im Sumpfe stehen und Löcher haben, durch die das Wasser eintritt. Dann wird die eiserne Welle in die Aushöhlung des Stockes gelegt, und die beiden eisernen Kolbenstangen, die von der Welle herabhängen, werden durch die Löcher in die Rohre von 1 Fuß Weite eingeführt. Jede Kolbenstange endet unten in eine Schraube, die eine dicke eiserne, kreisrunde und mehrfach durchlochte Scheibe und das darauf liegende lederne Ventil festhält. In gleicher Weise enthält jedes Rohr eine Büchse mit rundem Ventil. Dann wird der obere Teil des Stockes, der in allen Teilen gut abgepaßt ist, daraufgesetzt. Wo sie zusammenstoßen, werden sie mit breiten und dicken eisernen Bändern umbunden, durch eingetriebene Federn zusammengehalten und mittels Klammern verbunden. In den oberen Teil des Stockes wird das Steigrohr eingesetzt, auf dieses ein anderes, dann ein drittes usw., bis das oberste zur Wassersaige des Stollens hinaufreicht. Wenn nun der Mann am Haspelhorn die Welle dreht, heben die Kolben abwechselnd mit ihren Ventilen das Wasser. Da dieses schnell geschieht und die Bohrungen der Saugrohre doppelt so weit sind wie die Bohrung des Steigrohres und die Kolben das Wasser nur wenig hochheben, so zwingt der Druck des von

[31] Die vierte Pumpe ist eine Hubpumpe, jedoch weicht sie von der späteren Bauart dadurch ab, daß sie zwei Saugrohre hat, und daß deren Kolben durch eine doppelt gekröpfte Welle betätigt werden.

[32] In Abb. auf Seite 151 ist ein viereckiges Stammstück gezeichnet; das ist besonders deutlich aus der Zeichnung der beiden Hälften des Stammes unten rechts in der Abbildung ersichtlich.

Der Hebling der Kolbenſtange A. Die Däumlinge des Rundbaumes B.
Der obere, rechteckige Teil der Kolbenſtange C. Ihr unterer runder Teil D.
Die Querbalken E. Die Rohre F. Ihr Ausguß G. Das Gerinne H.

unten auſſteigenden Waſſers beſtändig das oben befindliche weiter aufzuſteigen und aus der Öffnung des oberſten Rohres in die Waſſerſaige des Stollens abzufließen. Da jedoch ein hölzerner Stock Riſſe zu bekommen pflegt, iſt es zweckmäßiger, ihn aus einem Gußſtück von Blei, Kupfer oder Bronze herzuſtellen.

Die fünfte Art der Pumpen iſt weniger einfach, denn ſie beſteht aus zwei oder drei einzelnen Pumpen. Ihre Kolbenſtangen werden von einer Maſchine angehoben, die Menſchen antreiben, denn jede Kolbenſtange hat einen Hebling, den je zwei Däumlinge des Rundbaumes abwechſelnd anheben. Letzteren drehen zwei oder drei kräftige Männer. Wenn die Kolbenſtangen in die Rohre hinabſinken, ſchöpfen ihre Ventile das Waſſer, wenn ſie angehoben werden, drücken ſie dieſe Waſſermengen durch die Rohre hinaus. Der obere Teil einer jeden Kolbenſtange, die in Ausſparungen von Querhölzern geführt wird, iſt quadratiſch, nämlich einen halben Fuß dick und breit; der übrige Teil, der in die Rohre hineinragt und aus einem anderen Holze hergeſtellt iſt, iſt ganz rund. Jede von dieſen drei Pumpen iſt aus zwei Rohren zuſammengeſetzt, die am Ausbau des Schachtes befeſtigt ſind. Dieſe Maſchine hebt das Waſſer ziemlich hoch, nämlich bis zu 24 Fuß. Wenn die Durchmeſſer der Pumpenrohre groß ſind, nimmt man nur zwei Pumpen, wenn ſie klein ſind, drei; damit in jedem Falle die Maſchine der Beanſpruchung genügen kann. Das gleiche gilt auch von den übrigen Maſchinen und ihren Rohren. Da dieſe Pumpen aus zwei Rohren zuſammengeſetzt ſind, wird die eiſerne Büchſe mit dem eiſernen Ventil, wie ich früher ſchon geſagt habe, nicht in den Saugkorb, ſondern in das untere Rohr eingebaut, und zwar an ſeiner Verbindungsſtelle mit dem oberen. Dann hat die runde Kolbenſtange nur die Länge dieſes Rohres. Dieſen Gegenſtand werde ich bald näher auseinanderſetzen.

Die ſechſte Ausführung der Pumpen würde gänzlich die gleiche ſein wie die der fünften; es tritt aber an die Stelle des Rundbaumes eine Welle, und dieſe ſetzen nicht Arbeiter in Umdrehung, ſondern ein Rad, deſſen Schaufeln die Kraft des Waſſers trifft und es umtreibt. Da die Waſſerkraft die menſchliche Arbeitsleiſtung bei weitem übertrifft, hebt dieſe Maſchine das Waſſer aus Schächten von mehr als 100 Fuß Tiefe durch Rohre mittels Ventilen. Das unterſte Ende nicht nur dieſer Pumpe, ſondern auch der unterſte Teil des unterſten Rohres der anderen Pumpen wird meiſtens in einen aus Weiden geflochtenen, in den Sumpf geſtellten Korb hineingeſteckt, damit nicht Holzſpäne oder ähnliche Dinge hineingeſaugt werden.

Die ſiebente Bauart der Pumpen[33] wurde vor zehn Jahren erfunden, ſie iſt von allen die kunſtvollſte, die dauerhafteſte und zweckdienlichſte und kann ohne großen Aufwand hergeſtellt werden. Sie beſteht aus mehreren Pumpenſätzen, die aber nicht alle, wie die vorher beſchriebenen, in den Sumpf hinabreichen, ſondern einer unter dem anderen aufgeſtellt werden. Falls drei Sätze vorhanden ſind, wie das gewöhnlich der Fall zu ſein pflegt, ſaugt der unterſte das Waſſer aus dem Sumpfe und gießt es in den erſten Waſſerkaſten aus, der zweite ſchöpft aus dieſem und gießt in den zweiten Waſſerkaſten aus, der dritte in die Waſſerſaige des Stollens. Die Kolbenſtangen aller Pumpenſätze hebt und ſenkt gleichzeitig ein Waſſerrad von

[33] Agricola nennt ſie im index secundus die neue Ehrenfriedersdorfer Radpumpe, ſie dürfte alſo beim dortigen Zinnbergbau zuerſt um 1540 angewendet worden ſein. — Ein beſonderes Verdienſt um die Einführung der Kunſtgezeuge beim Freiberger Bergbau gebührt dem ſpäteren Oberbergmeiſter Planer. — Wengler: Bericht des Bergverwalters Martin Planer über den Stand des Freiberger Bergbaus i. J. 1570. Mitteilungen vom Freiberger Altertumsverein, 35. Heft, 1898, S. 57.

Das Wasserrad A. Die Welle B. Der Stock, auf dem das unterste Rohr steht C. Der den Stock umgebende Korb D.

15 Fuß Durchmeſſer, deſſen Schaufeln durch den Stoß des durch den Berg zugeleiteten Waſſers getroffen werden und es in Umdrehung verſetzen. Die Arme des Rades ſitzen auf der 6 Fuß langen und 1 Fuß ſtarken Welle. Ihre beiden Enden ſind mit eiſernen Ringen umbunden. In das eine iſt ein Zapfen eingeſetzt, in das andere aber ein Eiſen, wie der letzte Teil des Zapfens, 1 Finger ſtark und ſo breit wie das Ende der Welle ſelbſt. Dann iſt es rund und etwa 3 Finger ſtark und ſteht zunächſt 1 Fuß lang gerade heraus, ſoweit es die Stelle des Zapfens vertritt. Dann iſt es umgebogen und ſteht ſichelförmig gekrümmt 1 Fuß lang heraus, endlich bleibt es wieder 1 Fuß lang gerade. Auf dieſe Weiſe beſchreibt dieſer Teil, wenn die Welle gedreht wird, einen Kreis von 2 Fuß Durchmeſſer[34]. An dieſem äußerſten Teile des runden Eiſens hängt das erſte breite Geſtänge. Jenes wird in das gelochte obere Ende des Geſtänges geſteckt, ebenſo wie der eiſerne Bolzen der erſten Schere in das untere Ende. Um zu ermöglichen, daß das Geſtänge, falls es nötig ſein ſollte, herausgenommen werden kann, iſt die Bohrung weiter als der Teil des Eiſens; um aber auch zu verhüten, daß das Geſtänge davon herabfalle, was leicht geſchehen kann, wird es beiderſeits durch vorgeſteckte eiſerne Federn gehalten. Damit dieſe das Ende des Geſtänges nicht abreiben, wird es durch dazwiſchengelegte eiſerne oder lederne Scheiben geſchützt. Dieſes erſte Geſtänge iſt etwa 12 Fuß lang, die übrigen beiden aber 26 Fuß. Alle ſind 1 Hand breit und 3 Finger dick. Jeder Teil derſelben iſt durch Eiſenblechplatten bedeckt und geſchützt, die durch eiſerne Schrauben feſtgehalten werden, damit ein ſchadhafter Teil erſetzt werden kann. Die Scheren ſind in eine runde Welle eingeſetzt, die 1½ Fuß lang und 2 Finger dick iſt. Letztere iſt an beiden Enden mit eiſernen Ringen umgeben, damit die eiſernen Zapfen, die ſich in eiſernen Lagern der Hölzer drehen, nicht herausfallen. Aus dieſer Welle ragen die beiden hölzernen Teile der Scheren 2 Fuß heraus; ſie ſind 6 Finger dick und breit. Der eine ſteht vom anderen 3 Hand ab, und auch dieſe beiden Teile ſind innen und außen mit eiſernen Schienen beſchlagen. In der Schere ſind zwei runde eiſerne Bolzen von 2 Finger Dicke ſo befeſtigt, daß ſie ſich nicht bewegen. Der hintere von ihnen geht durch das untere Ende des erſten breiten Geſtänges und durch das obere, durchbohrte Ende des zweiten Geſtänges unbeweglich hindurch. Der vordere aber geht ebenſo unbeweglich durch das eiſerne, gebogene Ende der erſten Kolbenſtange hindurch[35]. Jede Kolbenſtange iſt 13 Fuß lang und 3 Finger ſtark, ſie reicht in das obere Rohr der Pumpe ſo weit hinab, daß ihr Ventil das der eingeſetzten Büchſe faſt berührt. Wenn die Kolbenſtange in das Rohr hinabgeht, hebt das Waſſer, welches durch die Löcher der Scheibe hindurchtritt, das Leder, wenn ſie hochgezogen wird, drückt das Waſſer das Leder, über dem es ſteht, herunter. Das Saugventil aber ſchließt die Büchſe wie die Tür eines Tores[36].

Die Rohre werden durch zwei zylindriſche Ringe von Handbreite miteinander verbunden, von denen der eine innen, der andere außen ſitzt. Der innere Ring iſt beiderſeits zugeſchärft, damit er in beide Rohre eindringen und ſie zuſammenhalten kann. Indeſſen fehlt jetzt an den Rohren der innere Ring; ſtatt deſſen ſind

[34] Es handelt ſich alſo um eine Kurbel, zuweilen auch Krummzapfen genannt.

[35] Die beiden letzten Sätze entſprechen nicht der Abbildung. Es müßte etwa heißen: Der hintere von ihnen geht durch das untere Ende des erſten breiten Geſtänges unbeweglich hindurch. Der vordere aber geht ebenſo unbeweglich durch das obere, eiſerne, umgebogene Ende der erſten Kolbenſtange hindurch, an die auf der anderen Seite der Biegung das zweite breite Geſtänge anſchließt.

[36] Das bezieht ſich natürlich auf den Kolbenniedergang.

ſie zur Verbindung keilförmig ausgeſchnitten, und das untere Ende des oberen Rohres umſchließt das obere Ende des unteren. Die Schnitte ſind 7 Finger hoch, aber bei dem einen innen, bei dem anderen außen, ſo daß das eine in das andere hineingeſteckt werden kann[37]. Wenn die Kolbenſtange in das obere Rohr hineingeführt wird, ſchließt ſich das Saugventil, wenn ſie herausgezogen wird, öffnet es ſich, damit die Öffnung für das Waſſer frei wird.

Jedes der Pumpenrohre beſteht aus zwei Rohrlängen, von denen jede 12 Fuß lang iſt, die Bohrung beider iſt 7 Finger weit. Das untere Rohr ſteht im Schachtſumpfe oder im Waſſerkaſten, die untere Öffnung iſt durch einen runden Spund verſchloſſen, darüber hat jedes Rohr ringsherum 6 Löcher, durch die das Waſſer eintritt. Das obere Ende des oberen Rohres hat einen Ausguß, der 1 Fuß hoch und 1 Hand breit iſt; aus dieſem fließt das Waſſer in den Waſſerkaſten oder in das Gerinne. Jeder Waſſerkaſten iſt 2 Fuß lang und 1 Fuß tief und breit. Soviel Pumpenſätze vorhanden ſind, ſoviel Wellen, Scheren und Stangen aller Art ſind ebenfalls vorhanden. Aber zu drei Pumpenſätzen gehören nur zwei Waſſerkäſten, weil der Sumpf des Schachtes und die Waſſerſaige des Stollens je einen vertritt. Dieſes Gezeug hebt das Waſſer folgendermaßen aus dem Schachte: Durch die Drehung des Rades wird das erſte Geſtänge angehoben, dieſes hebt die erſte Schere und damit zugleich das zweite Geſtänge und die erſte Kolbenſtange. Dann hebt das zweite Geſtänge die zweite Schere und dadurch das dritte Geſtänge und die zweite Kolbenſtange; endlich hebt das dritte Geſtänge die dritte Schere und die dritte Kolbenſtange. Vom Bolzen dieſer letzten Schere hängt kein Geſtänge herab, da es dem dritten Pumpenſatze in keiner Weiſe nützlich ſein könnte. Dagegen ſenken ſich mit dem erſten Geſtänge alle Scheren, Geſtänge und Kolbenſtangen. Aus demſelben Grunde wird zu gleicher Zeit Waſſer in die Waſſerkäſten ausgegoſſen und aus ihnen angeſaugt. Aus dem Sumpfe wird es nur angeſaugt und in die Waſſerſaige des Stollens nur ausgegoſſen.

Man kann auch auf eine längere Welle zwei Räder ſetzen, falls der Bach ſo viel Waſſer führt, als zu ihrem Betriebe nötig iſt. Dann kann man an die Krummzapfen beider ein oder zwei Geſtänge hängen, von denen jedes die Kolbenſtangen dreier Pumpenſätze bewegt. Endlich iſt es nötig, daß die Schächte, aus denen das Waſſer mit Pumpen gehoben wird, lotrecht ſind, denn alle Pumpen und auch die anderen Einrichtungen für die Waſſerhebung, die mit Rohren arbeiten, heben das Waſſer weniger hoch, wenn die Rohre geneigt in geneigte Schächte eingebaut werden, als wenn ſie lotrecht in lotrechten Schächten ſtehen.

Wenn der Bach eine ſo große Waſſermenge, durch welche die ſoeben beſchriebene Maſchine betrieben werden kann, nicht führt, was entweder durch die Örtlichkeit bedingt iſt oder eine Folge der Trockenheit im Sommer iſt, wird eine Maſchine mit ſo niedrigem und leichtem Rade gebaut, daß auch die Waſſermenge eines nur kleinen Baches es in Umdrehung verſetzen kann. Das Waſſer fällt in ein Gerinne und aus dieſem auf das Rad der unteren Maſchine, das hoch und ſchwer iſt und mit Pumpen das Waſſer aus dem Schachttiefſten hebt. Wenn das Waſſer

[37] In der Abbildung auf Seite 148 ſind in der unteren linken Ecke die Enden zweier in dieſer Weiſe hergerichteten Rohre gezeichnet. Allerdings läßt die Darſtellung des oberen, durch zwei Sägeſchnitte keilförmig zugeſchärften Rohrendes zu wünſchen übrig; das darunter gezeichnete Rohrende iſt entſprechend keilförmig ausgeſchnitten. Auch in der Abbildung auf Seite 149 findet ſich ein keilförmig ausgeſchnittenes Rohr.

Der Schacht A. Der unterſte Pumpenſatz C. Der erſte Waſſerkaſten C. Der zweite Pumpenſatz D. Der zweite Waſſerkaſten E. Der dritte Pumpenſatz F. Das Gerinne G. Die verlängerte Radwelle H. Das erſte breite Geſtänge I. Das zweite breite Geſtänge K. Das dritte breite Geſtänge L. Die erſte Kolbenſtange M. Die zweite Kolbenſtange N. Die dritte Kolbenſtange O. Die Drehpunkte P. Die Scheren Q.

des kleinen Baches dieſes Rad allein nicht drehen kann, wird deſſen Welle zunächſt von zwei Arbeitern in Umdrehung verſetzt. Sobald es aber das mit den Pumpen gehobene Waſſer in einen Waſſerkaſten ausgießt, hebt das obere Rad dieſes Waſſer mit ſeinem Pumpenſatze und gießt es in ein beſonderes Gerinne, aus dem es ebenfalls auf das Rad der unteren Maſchine fließt und deſſen Schaufeln treibt.

Das Rad der oberen Maſchine A. Seine Pumpe B. Sein Abflußgerinne C. Das Rad der unteren Maſchine D. Seine Pumpenſätze E. Das andere Gerinne F.

Dann aber kann dieſe Waſſermenge, die zuſammen mit dem Waſſer aus den geneigten Gerinnen des Baches auf das hohe und ſchwere Rad der unteren Maſchine geleitet wird, das letztere in Bewegung ſetzen, und dieſes hebt mit zwei oder drei Pumpenſätzen das Waſſer aus dem tiefen Schachte.

Wenn jedoch der Bach ſo viel Waſſer liefert, daß es ſogleich das hohe und ſchwere Rad in Betrieb ſetzen kann, dann ſetzt man auf das andere Ende der Welle ein Zahnrad, welches das Getriebe auf einer anderen, tiefer eingebauten Welle antreibt. Auf den beiden Enden dieſer unteren Welle ſitzt ein Krummzapfen, wie er bei dieſen Maſchinen gebräuchlich iſt. Dieſe Maſchine hebt große Waſſermengen, da ſie zwei Gruppen von Pumpenſätzen hat.

Die obere Welle A. Das Wasserrad, das durch das Bachwasser getrieben wird B. Das Zahnrad C. Die untere Welle D. Das Getriebe E. Die Krummzapfen F. Die Gruppen von Pumpensätzen G.

Von den Heinzenkünſten[38] ſind mir ſechs Ausführungen bekannt; die erſte iſt folgendermaßen gebaut: Nahe unter der Erdoberfläche oder unter dem Stollen wird eine Radſtube hergeſtellt und auf allen Seiten mit ſtarken Hölzern und Brettern ausgebaut, damit nicht durch einen Zuſammenbruch Menſchen verſchüttet werden oder die Maſchine beſchädigt wird. In der ausgebauten Radſtube wird das Rad hergeſtellt und auf einer eckigen Welle befeſtigt. Die eiſernen Zapfen der Welle laufen in eiſernen Halbringlagern, die auf beſonders ſtarken Hölzern verlagert ſind. Meiſtens iſt das Rad 24 ſelten 30 Fuß hoch; es unterſcheidet ſich nur dadurch von den für Getreidemühlen gebauten Rädern, daß es etwas ſchmäler iſt. Auf der anderen Seite der Welle ſitzt der Kettenkorb, der mit einer ringsherum laufenden Nut verſehen iſt. Am Umfange werden viele viermal gekrümmte Klammern eingeſchlagen; da an dieſen die Kettenglieder haften, wird die Führungskette durch die Rohre aus dem Sumpfe herausgezogen und in einem Verſchlage wieder bis zu der unteren Führungswalze hinabgelaſſen; deren eiſerner Ring ſitzt auf einer eiſernen Welle. Die beiden Zapfen drehen ſich in ſtarken Eiſenringen, die am Ausbau befeſtigt ſind. Die über den Korb geführte Kette hebt das durch die Bälle geſchöpfte Waſſer durch die Rohre hinauf.

Jedes Rohr wird von fünf eiſernen Ringen von Handbreite und Fingerdicke umgeben, ſie werden in gleichen Abſtänden angebracht und befeſtigt. Der oberſte Ring ſitzt an der Verbindungsſtelle mit dem nächſten oberen Rohre, mit dem das untere verbunden iſt, der untere Ring an der Verbindungsſtelle mit dem nächſten unteren Rohre. Alle Rohre mit Ausnahme des oberſten ſind am oberen Ende außen ringsherum auf 7 Finger Länge 3 Finger ſtark verjüngt, damit ſie in das obere eingeführt werden können. Auch ſind ſie mit Ausnahme des unterſten Rohres am unteren Ende innen ringsum auf die gleiche Länge, jedoch 1 Hand breit, ausgeſchnitten, damit das folgende eingeſetzt werden kann. Alle werden mit eiſernen Klammern am Ausbau des Schachtes befeſtigt, damit ſie unbeweglich bleiben. Durch die zuſammengeſetzten Rohre wird das Waſſer von den Bällen an der Führungskette aus dem Sumpfe bis zum Stollen hinaufgezogen. Hier wird es durch den Ausguß des oberſten Rohres in die Waſſerſaige, durch die es abfließt, ausgegoſſen. Die Bälle, welche das Waſſer heben, werden mit den eiſernen Ringen der Förderkette verbunden. Der Abſtand der Bälle beträgt 6 Fuß, ſie beſtehen aus Schwanzhaaren des Pferdes und ſind in Leder eingenäht, damit ſie nicht durch die eiſernen Klammern des Kettenkorbes beſchädigt werden; ſie ſind ſo dick, daß man ſie mit beiden Händen umfaſſen kann.

Wenn dieſe Maſchine unmittelbar unter der Erdoberfläche aufgeſtellt iſt, wird das Bachwaſſer, welches das Rad treibt, durch Gerinne über Tage herangeführt, wenn ſie unter dem Stollen aufgeſtellt iſt, durch unter Tage verlegte. So drehen die vom Waſſerſtoß getroffenen Schaufeln beſtändig das Rad und damit zugleich die Kettentrommel. Auf dieſe Weiſe wird die Kette herausgezogen und drückt mittels der Bälle das Waſſer heraus. Wenn das Rad der Heinzenkunſt 24 Fuß hoch iſt, hebt ſie das Waſſer aus einem Schachte von 210 Fuß Tiefe, wenn es 30 Fuß hoch iſt, aus einem Schachte von 240 Fuß Tiefe. Für das letztere muß der Bach eine verhältnismäßig große Menge Waſſer führen.

[38] Die Heinzenkünſte heißen auch Taſchenkünſte oder Püſchelkünſte, da die Lederbälle Taſchen oder Püſchel genannt werden, oder Paternoſterkünſte, weil die Kette ohne Ende mit den eingeſetzten Bällen dem Gebets-Roſenkranz ähnelt.

Das Rad A. Die Welle B. Der Zapfen C. Die Ringlager D. Der Kettenkorb E. Die eisernen Klammern F. Die Kette G. Die Schachthölzer H. Die Bälle I. Die Rohre K. Das Aufschlaggerinne L.

Eine andere Heinzenkunſt hat zwei Kettenkörbe, zwei Reihen Röhren und zwei Förderketten, die mit Bällen das Waſſer heben. Im übrigen iſt ſie der vorher beſchriebenen ähnlich. Sie wird angewendet, wenn ſehr viel Waſſer in den Sumpf fließt. Auch dieſe beiden Maſchinen werden durch Waſſer angetrieben. Überhaupt wird Waſſer durch Waſſer gehoben.

Es gibt aber eine Anzeigevorrichtung für das Steigen und Fallen des Waſſers im Sumpfe, gleichgültig, ob das Waſſer durch Pumpen, durch Heinzenkünſte oder auf andere Art gehoben wird. Von einem Holze, welches über dem Schachte, der ſo tief iſt wie der Sumpf, verlagert iſt, hängt an derſelben Schnur auf der einen Seite ein Stein, auf der anderen ein Brett herab. Dieſes wird an einem Eiſendrahte, der an dem einen Ende befeſtigt iſt, in den Schacht hinabgelaſſen. Der Stein wird ſeitlich von der Hängebank aufgehängt, das Brett wird ſenkrecht durch den Schacht bis zum Sumpf hinabgelaſſen und ſchwimmt dort auf dem Waſſer. Es iſt ſo ſchwer, daß es den Eiſendraht, an deſſen Haken es mit einer eiſernen Klammer befeſtigt iſt, zuſammen mit der Schnur abwärts und den Stein aufwärts ziehen kann. Je mehr daher das Waſſer ſinkt, deſto mehr wird das Brett abwärts gezogen und der Stein aufwärts, je mehr das Waſſer ſteigt, deſto mehr wird das Brett gehoben und der Stein ſinkt. Wenn letzterer faſt den Balken berührt und damit das Zeichen gibt, daß das Waſſer aus dem Sumpfe durch die Pumpen gehoben iſt, ſchließt der Maſchinenwärter das Aufſchlaggerinne und ſtellt das Rad ſtill. Wenn dagegen der Stein den Boden an der Hängebank faſt berührt und anzeigt, daß der Sumpf von zufließendem Waſſer wieder angefüllt iſt – denn das Waſſer hebt das Brett und es zieht dann der Stein die Schnur und den Eiſendraht nach unten – ſo ſchützt der Wärter das Waſſer wieder an; es fällt wieder auf die Schaufeln des Rades und ſetzt die Maſchine in Bewegung.

Da die Arbeiter an den jährlichen Feſttagen überhaupt nicht und an den Arbeitstagen nicht immer in der Nähe der Maſchine arbeiten, dieſe aber, falls nötig, beſtändig das Waſſer heben muß, ſo zeigt das immerwährende Ertönen eines Glöckchens an, daß dieſe Maſchine ebenſo wie jede andere unbeſchädigt und durch nichts behindert umläuft. Das Glöckchen iſt an einer hölzernen Welle, die an Balken über dem Schachte verlagert iſt, mittels eines Strickes aufgehängt. Ein anderer langer Strick, deſſen oberes Ende um die Achſe geſchlungen iſt, hängt in den Schacht hinab; an ſeinem unteren Ende iſt ein Holz befeſtigt. Sooft an dieſes die Daumen einer Welle ſtoßen, ſo oft wird das Glöckchen bewegt und ertönt.

Die dritte Maſchine dieſer Art benutzen die Bergleute, wenn kein Aufſchlagwaſſer für das Rad herangeführt werden kann; ihr Bau iſt der folgende: Zunächſt ſtellen ſie einen Maſchinenraum her, den ſie mit ſtarken Hölzern und Brettern ausbauen, damit die Seiten nicht einſtürzen, die Maſchine beſchädigen und Menſchen verletzen. Oben decken ſie den Maſchinenraum mit Hölzern ab, damit die Pferde, die die Maſchine in Bewegung ſetzen, darauf umhergehen können. Dann werden wiederum[39] etwa ſechzehn Balken, 40 Fuß lang und 1 Fuß dick und breit, oben durch Klammern verbunden, unten auseinandergeſpreizt aufgeſtellt. Ihre unteren Enden werden in Löcher von Hölzern eingezapft, die am Boden liegen, und durch

[39] Agricola beſchreibt hier nochmals, faſt mit den gleichen Worten wie auf S. 134, den Bau des Pferdegöpels im einzelnen.

ein drittes Holz verbunden. Auf diese Weise entsteht eine kreisrunde Fläche, deren Durchmesser etwa 50 Fuß beträgt. Durch eine Öffnung in der Mitte der Fläche reicht die senkrechte, quadratische Welle hinab, sie ist 45 Fuß lang und $1^1/_2$ Fuß stark. Der untere Zapfen dreht sich in dem Lager eines Holzes, das auf dem Boden des Maschinenraumes liegt, der obere in einem Lager, welches oben unter den Klammern in Vertiefungen zweier Sparren verzapft ist. Das untere Lager umgibt nach allen Seiten ein freier Raum von 17 Fuß. 1 Fuß über dem unteren Ende der Welle sitzt ein Zahnrad, das 22 Fuß im Durchmesser hat. Es besteht aus vier Armen und acht Felgen. Die Arme sind 15 Fuß lang und 1 Spanne dick und breit. Ihr eines Ende ist in die Welle eingezapft, das andere in die Vertiefungen zweier Felgen, dort, wo sie zusammenstoßen. Die Felgen sind 1 Spanne dick und 1 Fuß breit, aus ihnen ragen gerade Kämme hervor, 1 Spanne hoch, $^1/_2$ Fuß breit und 6 Finger dick; sie setzen das Getriebe auf der anderen liegenden Welle in Umdrehung. Es besteht aus zwölf Kämmen von 3 Fuß Länge und 6 Finger Dicke und Breite. Dieses treibt die Welle, auf der der Kettenkorb mit vierfach gebogenen Klammern sitzt. An ihnen haften die Ringe der Förderkette, die mittels der Bälle das Wasser hebt. Die Zapfen dieser liegenden Welle drehen sich in Lagern, die auf der Mitte von Hölzern befestigt sind. Über der Nabe des Rades werden in Löchern der stehenden Welle die Enden zweier schräg aufwärts gerichteter Hölzer eingezapft. Ihre oberen Enden unterstützen zwei Querhölzer, die auch mit ihnen verzapft sind. Am Ende jedes von diesen ist nach abwärts ein Holz eingesetzt und an dieses wiederum ein kurzes Holz befestigt, daran sitzt auch der eiserne Nagel mit der Kette und Waage.

Diese Maschine, welche das Wasser aus einem 240 Fuß tiefen Schachte hebt, setzen zweiunddreißig Pferde in Bewegung. Von diesen arbeiten je acht vier Stunden lang, dann ruhen sie zwölf Stunden aus, und ebenso viele treten an ihre Stelle. Derartige Maschinen sind an den Abhängen des Harzes und in dessen Nähe in Gebrauch. Es können auch, wenn die Verhältnisse es erfordern, mehrere derartige Maschinen auf einer Grube aufgestellt werden, und zwar eine immer tiefer als die andere. So sind in den Karpathen zu Schemnitz drei aufgestellt. Von diesen hebt die unterste aus dem tiefsten Sumpf das Wasser bis zu den ersten Gerinnen, durch die es in den zweiten Sumpf fließt. Die mittelste hebt aus dem zweiten Sumpf bis zu den zweiten Gerinnen, durch die es in einen dritten Sumpf fließt. Die oberste, an der Erdoberfläche befindliche, hebt bis zu den Gerinnen des Stollens, auf dem es abfließt. Die drei Maschinen werden von sechsundneunzig Pferden betrieben, die durch einen geneigten und schraubenförmig verlaufenden Schacht auf Stufen bis zu den Maschinen einfahren. Die unterste von diesen ist 670 Fuß unter der Oberfläche aufgestellt.

Zu derselben Gattung gehört die vierte Maschine, die folgendermaßen beschaffen ist: Es werden zwei Hölzer aufgestellt, in deren Bohrungen sich die Zapfen des Rundbaumes drehen. Diesen setzen zwei oder vier kräftige Arbeiter in Umdrehung, ein oder zwei ziehen nämlich an den Haspelhörnern und ein oder zwei drücken dagegen und unterstützen so die anderen. Abwechselnd treten zwei oder vier an ihre Stelle. Der Rundbaum dieser Maschine trägt ebenso wie die liegende Welle der anderen Maschinen einen Kettenkorb, an dessen eisernen Klammern die Glieder der Förderkette haften und über eine Höhe von 48 Fuß das Wasser mittels der Bälle durch die Rohre heben. Noch höher vermag Menschenkraft das

Die ſtehende Welle A. Das Zahnrad B. Die Kämme C. Die liegende Welle D.
Das Getriebe E. Der Kettenkorb F. Die Förderkette G. Die Taſchen H.

Der Rundbaum A. Der Kettenkorb B. Die Förderkette C. Die Taſchen D. Die Klammern E.

Waſſer nicht zu heben, weil dieſe ſchwere Arbeit nicht nur Menſchen, ſondern auch Pferde ermüdet. Nur Waſſerkraft vermag ein Rad mit Kettenkorb ununterbrochen anzutreiben. Auch von dieſen Maſchinen können, wie von der vorigen, auf einer Grube mehrere aufgeſtellt werden, und zwar eine unter der anderen.

Die fünfte Maſchine iſt z.T. der dritten, z.T. der vierten ähnlich. Denn ſie wird wie dieſe von kräftigen Leuten umgetrieben; wie jene hat ſie zwei Wellen, jedoch ſind beide liegend angeordnet, und drei Räder. Die Zapfen beider Wellen ſind ſo in Ringlagern auf Hölzern verlagert, daß ſie nicht herausſpringen können. Am einen Ende der unteren Welle befinden ſich Haſpelwinden, am anderen Ende ein Zahnrad; am einen Ende der oberen Welle ſitzt ein Getriebe, am anderen ein Kettenkorb mit eingeſchlagenen Klammern. An dieſen haften in gleicher Weiſe die Ringe der Förderkette und fördern mit den Bällen durch die Rohre das Waſſer auf gleiche Höhe. Dieſe drehbare Maſchine ſetzen wechſelweiſe zwei Paar Männer in Bewegung, die einen arbeiten ſtehend, während die anderen ſitzend ausruhen. Wenn ſie die Maſchine drehen, zieht der eine die Haſpelwinden, der andere drückt ſie; die Räderüberſetzung bewirkt einen leichteren Gang der Maſchine.

Die beiden Wellen A. Die Haſpelwinden B. Das Zahnrad C. Das Getriebe D. Der Kettenkorb mit eingeſchlagenen Klammern E.

Die ſechſte Maſchine hat ebenfalls zwei Wellen. Auf der unteren ſitzt an der einen Seite das Rad, welches von zwei Leuten getreten wird; es iſt 23 Fuß hoch und 4 Fuß breit, damit beide Arbeiter nebeneinander arbeiten können; auf der anderen das Zahnrad. Auf der oberen Welle ſitzt das Getriebe, dann der Kettenkorb mit eingeſchlagenen Klammern und ein Rad. Das letztere iſt demjenigen ähnlich, welches die zweite Maſchine hat, die vornehmlich Erde und Geſtein aus den Schächten fördert (gemeint iſt der Radhaſpel, S. 132). Die das Rad tretenden Arbeiter ergreifen, damit ſie nicht fallen, Stangen, die an der Innenſeite des Rades angebracht ſind. Wenn ſie das Rad drehen, ſetzt das zugleich in Umdrehung verſetzte Zahnrad das Getriebe in Bewegung. Dadurch erfaſſen wieder die Klammern des Kettenkorbes die Ringe der Förderkette, und dieſe fördert mittels der Bälle durch die Röhren das Waſſer 66 Fuß hoch.

Die größte von allen Maſchinen für die Waſſerhebung[40] iſt folgendermaßen gebaut: Zuerſt wird in dem ausgebauten Maſchinenraum ein Waſſerbehälter, 18 Fuß lang und 12 Fuß breit und hoch aufgeſtellt. Dahinein wird das Waſſer durch

[40] Nämlich die Bulgenkunſt mit Kehrrad. Über Bulgen vgl. S. 128, 129.

Die Wellen A. Das Tretrad B. Das Zahnrad C. Das Getriebe D. Der Kettenkorb E. Das andere Rad F. Die Bälle G.

unterirdische Gerinne oder eine Rösche geleitet. Der Wasserbehälter hat zwei Öffnungen und ebenso viele Schützen; diese sind oben an Hebeln befestigt, durch die sie in Führungen angehoben und wieder niedergelassen werden können, so daß auf diese Weise die Öffnungen geöffnet und auch wieder geschlossen werden. An die Öffnungen schließen zwei Gerinne an, die aus Brettern bestehen. Diese nehmen das aus dem Behälter ausfließende Wasser auf und gießen es auf die Schaufeln des Rades, die, durch den Stoß getroffen, das Rad drehen. Das kürzere leitet das Wasser so gegen die Schaufeln, daß sie das Rad nach dem Wasserbehälter zu drehen, das längere so, daß sie das Rad in entgegengesetzter Richtung drehen. Die Radstube ist mit starken Hölzern ausgebaut, an die auf der Innenseite noch Bretter angeschlagen sind. Das Rad ist 36 Fuß hoch und auf der Welle befestigt. Es hat, wie ich schon gesagt habe, eine zweifache Schaufelung. Die Stellung der Schaufeln ist so verschieden, daß das Rad sich abwechselnd bald in der Richtung auf den Wasserbehälter zu, bald in der entgegengesetzten drehen kann. Die quadratische Welle ist 35 Fuß lang und 2 Fuß breit und dick, auf ihr sitzen etwa 6 Fuß hinter dem Rade vier Scheiben, 1 Fuß hoch und stark, von denen jede von der anderen 4 Fuß entfernt ist. Auf diesen sind mit eisernen Nägeln so viele Hölzer befestigt, daß sie die Scheiben ganz bedecken. Damit sie ohne Zwischenraum befestigt werden können, sind sie außen breiter, innen schmäler. Auf diese Weise entsteht ein Korb, um den sich die Förderkette wickelt, an deren Enden Haken befestigt sind, an denen die Bulgen hängen. Ein solcher Korb wird deshalb auf die Welle gesetzt, damit diese nicht beschädigt wird. Der Korb aber kann, wenn er durch den Gebrauch beschädigt ist, leicht ersetzt werden. Außerdem sitzt nicht weit von ihrem Ende rund um die Welle eine andere Scheibe, 2 Fuß stark und 1 Fuß breit. Wenn an diese, sooft es erforderlich ist, die Bremse gelegt wird, stellt sie die Maschine still. Die Einzelheiten habe ich früher beschrieben (S. 137). In der Nähe der Welle ist statt der Stürze der Fußboden mit geneigten Brettern belegt, und zwar vor dem Gange 15 Fuß breit und ebensoviel hinter dem Gange. Hier ist ein starkes Holz verlagert, an dem eine eiserne Kette mit einem großen Haken hängt.

Diese Maschine bedienen fünf Mann: einer läßt die Schützen herab und verschließt die Öffnungen des Wasserbehälters oder zieht die Schützen und öffnet sie. Dieser Maschinenwärter steht auf einer hängenden Bühne neben dem Wasserbehälter. Wenn die eine Bulge fast bis zur Bühne herausgezogen ist, schließt er die Öffnung, damit das Rad stillsteht. Nachdem die Bulge ausgegossen ist, öffnet er die andere Öffnung, damit die andere Schaufelung, vom Stoß des Wassers getroffen, das Rad im anderen Sinne in Bewegung setzt. Falls er die Öffnung nicht schnell genug schließen und den Wasserzufluß abstellen kann, ruft er seinen Genossen an und befiehlt ihm, den Brems in Tätigkeit zu setzen und das Rad so zum Stillstand zu bringen. Zwei Leute entleeren abwechselnd die Bulgen, der eine von ihnen steht an der Seite der Bühne vor dem Schachte, der andere dahinter. Wenn die Bulge fast ganz herausgezogen ist, wofür ein bestimmter Ring der Kette das Zeichen gibt, so hängt der Arbeiter, der auf der einen Seite der Bühne steht, den Sturzhaken, einen starken gekrümmten eisernen Haken, in einen Ring der Förderkette und zieht den ganzen folgenden Teil der Kette auf die Bühne, während die Bulge von dem anderen entleert wird. Und zwar deshalb, damit der Teil der Förderkette, der mit der leeren Bulge hinabgelassen ist, nicht durch sein Gewicht den übrigen Teil

Der Wasserbehälter A. Das Gerinne B. Die Hebel C, D. Die Gerinne unter den Schützen E, F. Die zwei Schaufelkränze G, H. Die Welle I. Der Kettenkorb K. Die Förderkette L. Die Bulge M. Die hängende Bühne N. Der Maschinenwärter O. Die Arbeiter, welche die Bulgen entleeren P, Q.

der Kette von der Welle zieht und alles in den Schacht fällt. Wenn aber der Arbeitsgenoſſe ſieht, daß die mit Waſſer gefüllte Bulge faſt herausgezogen iſt, ruft er den Maſchinenwärter an und befiehlt ihm, die Öffnung des Waſſerbehälters zu ſchließen, damit er Zeit hat, die Bulge zu entleeren. Nachdem ſie entleert iſt, öffnet der Wärter zunächſt die andere Öffnung des Waſſerbehälters etwas, um den Teil der Kette mit der leeren Bulge wieder in den Schacht zu laſſen, dann öffnet er ſie ganz. Wenn dann der Teil der Kette, der auf die Bühne gezogen war, auf den Korb gewickelt und dann wieder in den Schacht gelaſſen iſt, zieht der Arbeiter den großen Sturzhaken wieder aus dem Kettengliede heraus. Der fünfte Arbeiter ſteht unten neben dem Sumpfe in einem ausgebrochenen Orte, damit er nicht verletzt wird, falls es ſich ereignet, daß ein Ring bricht und ein Teil der Kette oder ein anderer Gegenſtand in den Schacht fällt. Er lenkt mit einer eiſernen Schaufel die Bulge und füllt ſie mit Waſſer, falls ſie es nicht von ſelbſt ſchöpft. Jetzt näht man in den oberen Rand der Bulge einen eiſernen Ring ein, damit ſie immer offenbleibt und, in den Sumpf gelaſſen, von ſelbſt das Waſſer ſchöpft. Dann wird ein Arbeiter im Sumpfe nicht mehr benötigt. Wenn übrigens jetzt von den beiden Arbeitern auf der Bühne der eine die Bulge entleert und der andere die Schützen ſchließt und zieht, ſo pflegt der erſte auch den Sturzhaken in den Kettenring einzuhängen; dann ſind nur drei Arbeiter zur Bedienung dieſer Maſchine nötig. Endlich, wenn zuweilen derjenige, der die Bulge entleert, auch die Bremſe bedient und das Rad feſtſtellt, ſo können zwei Arbeiter die ganze Arbeit leiſten.

Ich habe nun genug über die Fördermaſchinen geſprochen, jetzt will ich über die Wettermaſchinen[41] ſprechen. Wenn ein Schacht ſehr tief geworden iſt, ohne daß zu ihm ein Stollen oder von einem anderen Schachte ein Feldort herangeführt iſt, oder wenn ein Stollen ſehr lang iſt, ohne daß er mit einem Schachte in Verbindung ſteht, ſo kann ſich die Luft nicht verdünnen und wird für die Bergleute ſo dick, daß ſie ſchwer atmen können. Zuweilen erſticken ſie ſogar und die brennenden Lichter verlöſchen. Es ſind daher Maſchinen nötig – die Griechen nennen ſie „πνευματικάι“, die Römer „ſpiritales“, obwohl ſie keinen Ton von ſich geben – die bewirken, daß die Bergleute leicht atmen und ihre Arbeit verrichten können. Es gibt drei Gattungen. Die erſte, die den Windzug auffängt und in den Schacht leitet, zerfällt in drei Arten, deren erſte folgendermaßen beſchaffen iſt: Über dem Schachte, zu dem kein Stollen reicht, werden 3 Hölzer, die etwas länger ſind, als der Schacht breit iſt, verlegt, das eine vorn, das zweite über die Mitte und das dritte hinten. Ihre Enden ſind durchbohrt, in dieſe werden unten zugeſpitzte Pfähle tief in die Erde hineingetrieben, ebenſo wie bei der erſten Maſchine, damit ſie feſtliegen. Jedes von dieſen drei Hölzern hat drei Zapfenlöcher, in die drei Querhölzer eingezapft werden, das eine am rechten Schachtſtoße, das andere am linken, das dritte in der Mitte des Schachtes. Auf dieſem und auf dem anderen, das kreuzweiſe über den Schacht gelegt iſt, werden Bretter befeſtigt und gegenſeitig ſo gefugt, daß die benachbarten eine dichte Verbindung haben. Auf dieſe Weiſe entſtehen vier Winkel und dazwiſchen ebenſoviel Hohlräume, welche die von allen Seiten wehenden Winde auffangen. Damit aber der Wind nicht nach oben herausbläſt, ſondern nach unten geleitet wird, ſind ſie oben mit einer runden

[41] Das ſind Einrichtungen, durch die den Grubenbauen friſche Luft zugeführt und die verbrauchte oder verdorbene abgeſaugt wird.

Die Hölzer A. Die zugespitzten Pfähle B. Die Querhölzer C. Die Bretter D. Die Hohlräume E. Der Wind F. Der Deckel G. Der Schacht H. Die Vorrichtung ohne Deckel I.

Decke abgedeckt, unten jedoch offen. Dadurch wird der Wind notwendigerweise durch eine der vier Abteilungen in den Schacht hineingeblasen. An solchen Orten jedoch, an denen man die Vorrichtung so aufstellen kann, daß der Wind von oben hineinweht, ist es nicht nötig, sie mit einem Deckel zu versehen.

Die zweite dieser Vorrichtungen bringt den Wind durch Lutten in den Schacht. Sie werden aus je vier Brettern so oft zusammengeschlagen und verbunden, als die Tiefe des Schachtes es erfordert; der Querschnitt ist rechteckig. Die Fugen werden mit angefeuchteter fetter und lettiger Erde verstrichen. Die Öffnung der Lutten ragt um etwa 3 bis 4 Fuß Höhe aus dem Schachte heraus oder auch nicht. Im ersteren Falle hat das überstehende Ende die Form eines rechteckigen Trichters, der breiter und weiter als die Lutte ist, damit der Wind desto leichter aufgefangen wird. Wenn die Lutte nicht herausragt, findet keine Erweiterung der Lutte statt, sondern es werden entsprechend der Windrichtung Bretter angeschlagen, die den Wind fangen und in die Lutte führen.

Die dritte Vorrichtung dieser Art[42] besteht aus einem Rohre oder aus mehreren Rohren und einem Fasse. Es wird nämlich über das oberste Rohr ein hölzer-

[42] Wir nennen diese Einrichtung Wetterhut.

Die herausragende Luttenöffnung A.
Die an die nicht herausragende Lutte angeſchlagenen Bretter B.

nes Faß, mit hölzernen Reifen gebunden, geſteckt; es iſt 4 Fuß hoch und 3 weit. Eine viereckige Öffnung desſelben iſt immer offen, nimmt den Wind auf und führt ihn entweder durch ein Rohr in die Lutte oder durch mehrere Rohre in den Schacht. Der oberſte Teil des Rohres iſt in eine ebenſo dicke Scheibe eingeſetzt wie der Faßboden. Sie iſt aber etwas weniger breit, damit das Faß ſich auf ihr drehen kann. Das über die Scheibe herausragende Ende des Rohres ſteckt in einer runden Öffnung in der Mitte des Faßbodens. Hier iſt auf dem Rohre eine ſchwache ſtehende Achſe befeſtigt, die durch die Faßmitte bis zum Faßdeckel reicht, der dem Boden ganz gleich iſt, und dort in einer Bohrung geführt wird, ſo daß ſich um die feſtſtehende Achſe das bewegliche Faß ſchon infolge eines geringen Luftzuges dreht und nicht erſt durch den Wind, der den Flügel dreht. Dieſer beſteht aus dünnen Brettchen, die am oberen Teile des Faſſes befeſtigt ſind, und zwar der Windöffnung gegenüber. Ich habe ſchon geſagt, daß dieſe rechteckig iſt und immer offenſteht. Denn aus welcher Richtung auch der Wind wehen mag, immer dreht er den Flügel in die ihm entgegengeſetzte Richtung, und das Faß kehrt die Windöffnung dem Winde entgegen, es fängt ihn auf und führt ihn durch das Rohr in die Lutte oder durch eine Anzahl Rohre in den Schacht hinab.

Das hölzerne Faß A. Die Reifen B. Die Windöffnung C. Das Rohr D. Die Scheibe E. Die Achse F. Die Öffnung im Boden des Fasses G. Der Flügel H.

Eine zweite Art ſind Wettermaſchinen mit Flügeln; es gibt mehrere verſchiedene Ausführungen. Denn die Flügel werden entweder auf einem Rundbaume oder auf einer Welle befeſtigt. Wenn ſie auf einem Rundbaume befeſtigt werden, beſteht die Maſchine entweder aus einer runden Trommel, die aus zwei Scheiben und einer Anzahl unter ſich zuſammengefügter Bretter zuſammengeſetzt iſt, oder aus einem rechteckigen Behälter. Die Trommel ſteht feſt und hat in den ſonſt geſchloſſenen Seitenflächen ſo große Löcher, daß der Rundbaum ſich in ihnen drehen kann. Außerdem hat ſie zwei rechteckige Luftlöcher, von denen das obere die Luft aufnimmt; in das untere iſt die Lutte eingeſetzt, durch welche ſie in den Schacht geführt wird. Die Enden des Rundbaumes ragen beiderſeits aus der Trommel heraus und ſind entweder in den Gabeln von Stöcken oder in Löchern von Hölzern, die mit breiten Eiſenblechen verkleidet ſind, verlagert. An dem einen Ende ſitzt eine Kurbel, an dem anderen ſind vier Stangen mit dicken und ſchweren Enden befeſtigt, damit durch ihr Gewicht der Rundbaum leichter in Umdrehung verſetzt werden kann. Wenn daher ein Arbeiter den Rundbaum mittels der Kurbel dreht, ſo ſaugen die Flügel, über deren Beſchaffenheit ich gleich ſprechen werde, durch das eine Luftloch die Luft an und treiben ſie durch das andere und die angeſchloſſene Lutte bis in den Schacht.

Die Trommel A. Der rechteckige Behälter B. Das Luftloch C. Die andere Öffnung D. Die Lutte E. Der Rundbaum F. Die Kurbel G. Die Stangen H.

Das auf den Boden gesetzte Gehäuse A. Sein Windloch B. Der Rundbaum mit Flügeln C. Die Kurbel D. Die am Rundbaum befindlichen Stangen E. Das auf hölzerne Böcke gestellte Gehäuse F. Die Flügel der Welle, außerhalb des Gehäuses G.

Das Gehäuse und die Trommel haben zwar dieselbe Bedeutung, aber die zweite ist dem ersteren weit überlegen. Denn die Flügel können die Trommel so bestreichen, daß sie sie fast überall berühren und alle angesaugte Luft in die Lutte treiben. Das Gehäuse hingegen können sie wegen der Winkel nicht so ausfüllen; da in ihnen ein Teil der Luft zurückbleibt, kann es nicht so gut wirken wie die Trommel. Das Gehäuse setzt man nicht nur auf den Boden, sondern auch auf hölzerne Böcke, wie eine Windmühle. Ihre Welle hat dann an Stelle der Kurbel außen vier Flügel, denen einer Windmühle ähnlich. Diese setzen durch den Stoß des Windes die Welle in Umdrehung, und die innerhalb des Gehäuses befindlichen Flügel blasen die durch das Windloch angesaugte Luft durch die Lutte in den Schacht. Obgleich diese Wettermaschine keines Arbeiters an der Kurbel bedarf, dem man Lohn zahlen müßte, ist sie doch weniger als die anderen geeignet, einem Schachte Luft zuzuführen, weil sie sich nicht dreht, falls kein Wind weht, wie es häufig vorkommt.

Wenn die Flügel auf einer Welle befestigt werden, so wird sie gewöhnlich in einer hohlen feststehenden Trommel angeordnet, die auf der einen Seite der

Die hohle Trommel A. Ihr Windloch B. Die Welle, auf der die Flügel ſitzen C. Ihr Getriebe D. Die niedriger gelagerte Welle E. Das Zahnrad F. Das Waſſerrad G.

Welle ein Getriebe hat, welches von einem Zahnrade auf einer niedriger gelagerten Welle angetrieben wird, die ſelbſt wieder von einem Waſſerrade in Umdrehung verſetzt wird. Wenn die Örtlichkeit die nötige Waſſermenge liefert, iſt es ſehr zweckmäßig, dieſe Maſchine herzuſtellen, ſowohl weil kein Arbeiter nötig iſt, dem Lohn gezahlt werden muß, als auch weil dem Schachte beſtändig Luft durch die Lutte zugeführt wird.

Es gibt drei Arten von Flügeln, welche auf dem Rundbaum oder der Welle ſitzen und ſich in der Trommel oder dem Gehäuſe befinden. Die erſte wird aus dünnen Brettern hergeſtellt, die ſo lang und breit ſind, als die Höhe und Breite der Trommel oder des Gehäuſes es erfordert. Die zweite Art wird aus ebenſo breiten, aber kürzeren Brettern gefertigt, an denen dünne und lange Späne von Pappelholz oder eines anderen biegſamen Holzes befeſtigt ſind. Die dritte Art beſteht aus ebenſolchen Brettchen, an denen Gänſeflügel doppelt oder dreifach befeſtigt ſind. Die letztere iſt weniger gebräuchlich als die zweite, und dieſe weniger als die erſte. Die Flügel werden an rechteckige Teile des Rundbaumes oder der Welle angeſchlagen.

Die dritte Gattung Wettermaſchinen ſind die Blaſebälge; ſie ſind nicht weniger verſchiedenartig und zahlreich wie die zweite Gattung. Durch ihr Blaſen werden nicht nur Schächte und Stollen durch Lutten oder Rohre mit guten Wettern verſorgt, ſondern es werden auch die ſchweren und ſchädlichen Wetter abgeſaugt. Letztere ſaugen ſie beim Auseinanderziehen durch die Windöffnungen in ſich hinein, jene blaſen ſie beim Zuſammendrücken durch die Mundſtücke in die Lutten und Rohre. Sie werden durch einen Mann, ein Pferd oder durch Waſſerkraft

Die erſte Art Flügel A. Die zweite Art B. Die dritte Art C.
Der viereckige Teil des Rundbaumes D. Der runde Teil E. Die Kurbel F.

betrieben. Wenn ein Mann den Blaſebalg bedient, wird der untere Boden eines großen Balges ſo über der aus dem Schachte herausragenden Lutte verlegt und auf Böcken befeſtigt, daß ſein Mundſtück an die Lutte angeſchloſſen wird, falls er blaſen ſoll, falls er dagegen ſchwere und ſchädliche Wetter abſaugen ſoll, ſo, daß die Öffnung der Lutte das Windloch umſchließt. Mit dem oberen Boden des Blaſebalges ſteht ein Hebel in Verbindung, er ſteckt in einem Loch in der Mitte einer kleinen Welle, in der er ſo befeſtigt iſt, daß er hier unbeweglich bleibt und abwärts gerichtet iſt. Die eiſernen Zapfen der Welle drehen ſich in den Löchern ſtehender Säulen. Wenn der Arbeiter den Hebel niederdrückt, wird der obere Boden des Balges angehoben, zugleich öffnet ſich das Ventil des Windloches durch die angeſaugte Luft. Auf dieſe Weiſe ſaugt der Blaſebalg, wenn ſein Mundſtück mit der Lutte in Verbindung ſteht, friſche Luft in ſich hinein, wenn aber die Öffnung der Lutte ſein Windloch umſchließt, ſaugt er noch aus einem Schachte von 120 Fuß Tiefe die ſchweren und ſchädlichen Wetter durch die Lutte. Wenn dann der auf dem Deckel des Balges liegende Stein dieſen niederdrückt, ſchließt ſich das Ventil des Windloches, und der Blaſebalg bläſt durch ſein Mundſtück die friſche Luft in die Lutte. Im anderen Falle bläſt er die ſchweren und ſchädlichen Wetter,

Der engere Teil des Schachtes A. Die rechteckige Lutte B. Der Blaſebalg C. Der weitere Teil des Schachtes D.

die er angeſaugt hatte, durch dasſelbe Mundſtück ins Freie. Da dann die friſche Luft durch den weiteren Teil des Schachtes einzieht, können die Arbeiter, die ſich ihrer erfreuen, ihre Arbeit verrichten; denn der engere Teil des Schachtes, der die Stelle eines Wetterſchachtes vertritt, iſt von dem größeren durch gefugte Bretter, die von der Hängebank bis ins Tiefſte reichen, getrennt. In dieſem geht die lange, aber enge Lutte bis ins Schachttiefſte hinab.

Falls ein Schacht nicht ſo tief geteuft iſt, daß er den ziemlich weit ins Gebirge getriebenen Stollen trifft, wird ein ſolcher Blaſebalg, den ein Arbeiter bedient, aufgeſtellt. Neben die Waſſerſaige des Stollens, durch die das Waſſer abfließt, werden hölzerne Rohre verlegt, die ſo ſorgfältig verbunden ſind, daß ſie die Luft nicht entweichen laſſen; ſie erſtrecken ſich vom Mundloch des Stollens bis zum Orte; in ſie reicht das Mundſtück des Blaſebalges hinein, der ſo aufgeſtellt iſt, daß er die angesaugte Luft aus dem Mundstück in die Rohre oder die Lutte blasen kann. Da ein Luftstoß den anderen immer vorwärts treibt, gelangen sie in den Stollen und verbessern die Wetter, so daß die Arbeiter ihre Arbeit vollenden können.

Wenn schwere Wetter mit Bälgen aus einem Stollen abzusaugen sind, werden gewöhnlich drei doppelte oder dreifache Bälge ohne Mundstücke und vorn geschlossen auf Böcke gelegt. Sie drückt ein Arbeiter, indem er sie mit den Füßen

Der Stollen A. Die Rohre B. Das Mundstück des doppeltwirkenden Blasebalges C.

tritt, in gleicher Weise zusammen wie diejenigen, die sich in den Kirchen an den Orgeln befinden und verschiedene schöne Töne hervorbringen. Jeder von diesen Bälgen saugt die schweren Wetter durch das Windloch des unteren Bodens und durch die Lutte an und bläst sie durch das Loch des Deckels hinaus, entweder in die freie Luft oder in einen Schacht oder in irgendeinen offenen Graben. Dieses Loch hat ein Ventil, welches die schädliche Luft so oft öffnet, wie sie hinaustritt. Da auf jeden Luftstoß der Bälge jedesmal ein anderer folgt, so wird die Luft leicht aus einem Stollen von 1200 Fuß Länge und auch aus einem noch längeren abgesaugt, während die frische Luft natürlich nachdringt und durch den Teil des Stollens außerhalb der Lutten einzieht. Auf diese Weise wird die Luft erneuert, und die Arbeiter können die angefangene Arbeit weiterfortführen. Falls diese Art Wettermaschinen nicht erfunden worden wäre, müßten die Bergleute zwei Stollen

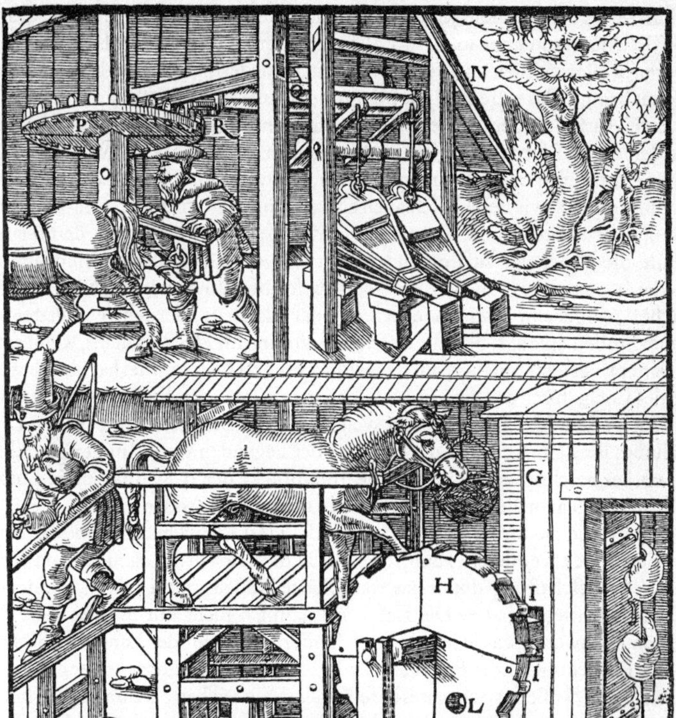

Die zuerſt beſchriebene Maſchine A. Der Arbeiter, der durch Treten die Bälge zuſammendrückt B. Die Bälge ohne Mundſtücke C. Die Öffnung, durch welche die ſchweren Wetter oder die Luft ausgeſtoßen werden D. Die Lutten E. Der Stollen F. Die zweite beſchriebene Maſchine G. Die hölzerne Trommel H. Ihre Stufen I. Die Umzäunung K. Das runde Loch in der Trommel L. Die Stange M. Die dritte beſchriebene Maſchine N. Die ſtehende Welle O. Ihr Zahnrad P. Die liegende Welle Q. Ihr Getriebe R.

in das Gebirge treiben und jedesmal nach höchſtens 200 Fuß Länge einen Schacht von dem oberen auf den unteren Stollen niederbringen, damit die Luft, die in den oberen Stollen einzieht und durch den Schacht niederſinkt, den Arbeitern friſche Wetter bringt. Das wäre aber nur mit großem Aufwande durchführbar.

Zwei Ausführungen, die den oben beſchriebenen Blaſebälgen ſehr ähnlich ſind, werden durch Pferde angetrieben. Die eine von ihnen hat an der Welle eine hölzerne Trommel, die ringsherum mit Stufen beſetzt iſt. Ein Pferd, das in eine Umzäunung ähnlich wie beim Beſchlagen eingeſchloſſen iſt, tritt beſtändig dieſe Stufen und ſetzt dadurch die Trommel mit der Welle in Umdrehung, deren lange Zähne die Blaſebälge zuſammendrücken. Wie die Einrichtungen ſind, um ſie wieder hochzuziehen, und wie die Geräte beſchaffen ſind, werde ich im neunten Buche[43] eingehend auseinanderſetzen. Jeder Blaſebalg, der ſchwere Wetter aus einem Stollen abſaugt, bläſt ſie durch die Öffnung im Deckel hinaus, wenn er ſie aus einem Schachte abſaugt, durch das Mundſtück. Die Trommel hat übrigens ein rundes Loch, durch das, um die Maſchine anzuhalten, eine Stange geſteckt wird.

Eine andere Maſchine hat zwei Wellen; die ſtehende ſetzt ein Pferd in Umdrehung, ihr Zahnrad dreht das Getriebe der liegenden Welle. Im übrigen iſt ſie der vorher beſchriebenen ähnlich; die Mundſtücke der Bälge ſind in die Lutten geführt und blaſen die Luft in den Schacht oder in den Stollen.

Ebenſo wie die ſoeben beſchriebene Maſchine die ſchwere Luft eines Schachtes oder Stollens verbeſſern kann, ſo geſchieht dies auch in der alten Art und Weiſe der Wetterbeſchaffung durch das fortgeſetzte Wedeln mit Tüchern, die ſchon Plinius beſchrieben hat[44]. Die Luft wird nämlich nicht nur mit der Tiefe der Schächte ſchwerer, was jener erwähnt, ſondern auch mit der Länge der Stollen.

Die Einrichtungen der Bergleute für die Fahrung ſind Leitern – oder Fahrten – die an einem Stoße des Schachtes befeſtigt ſind. Sie reichen bis zum Stollen hinab oder bis zum Schachttiefſten. Ihre Herſtellung brauche ich nicht zu beſchreiben, denn ſie ſind überall in Gebrauch, und ſie erfordern nicht ſo ſehr eine Kunſt bei ihrer Herſtellung als vielmehr Sorgfalt beim Einbau. Aber die Bergleute fahren nicht nur auf den Sproſſen der Fahrten in die Gruben, ſondern werden auch, auf dem Knebel oder Knecht ſitzend, der am Förderſeil befeſtigt iſt, mit den drei früher von mir beſchriebenen Haſpeln in die Grube hineingelaſſen. Da außerdem manche Schächte ſtark geneigt ſind, fahren die Bergleute und andere Arbeiter auf dem Leder, das um ihre Lenden herabhängt, ſitzend in die Grube, gerade ſo wie die Jungen im Winter am Hange eines Hügels, wenn das Waſſer gefroren iſt. Damit ſie nicht hinabſtürzen, legen ſie den einen Arm um ein ausgeſpanntes Seil. Es iſt oben an einem an der Schachtmündung aufgeſtellten Holze befeſtigt, unten an einem Pfahle im Schachttiefſten. Auf dieſe drei Weiſen fahren die Bergleute in die Schächte, dazu kann man noch als vierte zählen, wenn Menſchen und Pferde durch einen geneigten und ſchraubenförmig hergeſtellten Schacht auf Stufen zu den untertägigen Maſchinen ein- und wieder ausfahren.

[43] Vgl. S. 320 ff.

[44] Die Stelle im Plinius, XXXI, 28, lautet nach der Überſetzung von Wittſtein, Leipzig 1882: Stoßen die Brunnengräber, wenn ſie ſchon ſehr tief gekommen ſind, auf ſchweflige oder alaunhaltige (kohlige) Schichten, ſo befinden ſie ſich in Todesgefahr; man wird davon durch eine hinabgelaſſene, brennende Lampe unterrichtet, welche in dieſem Falle verlöſcht. Man bringt dann auf zwei entgegengeſetzten Seiten des Brunnens Luftlöcher an, um den giftigen Dunſt abzuleiten. Wenn aber, abgeſehen von dieſem Übelſtande, wegen der großen Tiefe die Luft nachteilig zu wirken anfängt, ſo ſucht man ſie durch beſtändiges Wehen mit Tüchern zu verbeſſern.

Es bleibt noch übrig, von den Unglücksfällen und Krankheiten der Bergleute zu ſprechen und von den Mitteln, durch die ſie ſich vor ihnen bewahren können. Denn wir müſſen größeren Wert auf die Erhaltung der Geſundheit legen als auf den Gewinn, damit wir ungehindert mit unſeren Körperkräften die Arbeit verrichten können. Von den Unglücksfällen ſchädigen einige die Glieder, andere befallen die Lungen, andere die Augen, einige endlich töten die Menſchen.

Der Stollen A. Das Tuch B.

Das Waſſer, das in manchen Schächten in großen Mengen und recht kalt vorhanden iſt, pflegt den Unterſchenkeln zu ſchaden, denn die Kälte iſt ein Feind der Muskeln. Die Bergleute ſollen ſich daher in ſolchem Falle genügend hohe Stiefel beſchaffen, welche die Beine vor der Kälte des Waſſers ſchützen. Wer dieſem Ratſchlage nicht folgt, der leidet großen Schaden an ſeinem Körper, beſonders in hohem Alter. Andererſeits gibt es aber auch Gruben, die ſo trocken ſind, daß ſie völlig frei von Waſſer ſind. Dieſe Trockenheit bringt den Arbeitern ein noch größeres Übel; denn der Staub, der bei der Grubenarbeit erzeugt und aufgewirbelt wird, gelangt in die Luftröhre und in die Lunge und erzeugt Atembeſchwerden und ein Leiden, das die Griechen Aſthma nennen. Wenn dieſes zerſtörende Kraft erhält, bringt es die Lungen zum Eitern und erzeugt im Körper die Schwindſucht.

Ein Bergmann, der auf der Fahrt einfährt A.[45] *Einer, der auf dem Knebel ſitzt B.*
Einer, der auf dem Leder einfährt C. Auf Stufen, die im Geſtein hergeſtellt ſind, Einfahrende D.

[45] Es iſt zu beachten, daß der Einfahrende die Lampe auf der Kapuze befeſtigt hat.

Auf den Gruben der Karpathen findet man Frauen, die ſieben Männer gehabt haben, welche alle jene unheilvolle Schwindſucht dahingerafft hat. In Altenberg im Meißniſchen findet ſich ſchwarzer Hüttenrauch[46] in den Gruben, der Wunden und Geſchwüre bis auf die Knochen ausnagt. Auch das Eiſen verzehrt er, daher ſind die Nägel der Häuſer alle von Holz. Auch gibt es eine Art von Cadmia, welche die Füße der Arbeiter, wenn ſie vom Waſſer naß werden, und auch die Hände zerfrißt, ebenſo beſchädigt ſie die Lungen und Augen. Die Bergleute verſehen ſich daher nicht nur mit Stiefeln, ſondern auch mit langen Handſchuhen bis zum Ellbogen und bedecken das Geſicht mit Geſichtsmasken, denn durch dieſe kommt der Staub weder in die Luftröhre noch in die Lunge, auch gelangt er nicht in die Augen. In gleicher Weiſe ſchützten ſich in Rom die Verfertiger des Zinnobers, damit ſie den tödlichen Staub nicht atmeten[47].

Dann verurſachen auch die ſchlechten Wetter im Schacht oder Stollen Atembeſchwerden. Dagegen wendet man die Wettermaſchinen an, die ich weiter oben beſchrieben habe. Es gibt aber noch ein anderes verderbliches Übel, das dem Menſchen leicht den Tod bringt. In den Schächten, Feldörtern und Stollen, in denen die Härte des Geſteins durch Feuerſetzen bezwungen wird, iſt die Luft mit einem Gifte durchſetzt. Denn die Gänge, Trümer und Klüfte im Geſtein hauchen einen dünnen Schwaden aus, der durch die Gewalt des Feuers aus den Erzen und anderen Mineralien herausgetrieben wird. Er wird mit dem Rauch emporgewirbelt, ebenſo wie der Hüttenrauch, der ſich in den Metallhütten an die höher gelegenen Teile der Mauern hängt. Wenn er aus der Erde nicht entweichen kann, ſondern in die Sümpfe verſinkt und auf ihnen ſchwimmt, pflegt er Gefahr zu bringen. Denn wenn das Waſſer dadurch, daß man einen Stein hineinwirft, oder auf andere Weiſe bewegt wird, entweicht er wieder aus dieſen Sümpfen und befällt den Menſchen beim Einatmen. Am meiſten bewirkt dies der Rauch des noch nicht verlöſchten Feuers. Die Körper der Tiere, die von dieſem Gift befallen werden, ſchwellen meiſtens ſogleich an und verlieren jede Bewegung und jedes Gefühl und gehen ohne Schmerzen zugrunde.

Auch fallen die Menſchen, die aus den Schächten auf den Sproſſen der Fahrten ausfahren, wenn der Schwaden zunimmt, wieder hinab, denn die Hände tun nicht mehr ihren Dienſt und ſcheinen ihnen geſchwollen und kugelförmig zu ſein, ebenſo die Füße. Falls ſie, glücklicherweiſe nur wenig verletzt, dieſem Übel entronnen ſind, ſind ſie bleich wie die Toten. Daher ſoll niemand in eine ſolche Grube oder in die benachbarten einfahren, oder wenn er ſich darin befindet, ſoll er ſo ſchnell wie möglich ausfahren. Die vorſichtigen und geſchickten Bergleute zünden am Freitag Abend die Holzſtöße an und fahren nicht vor dem Montag wieder in die Schächte ein oder betreten die Stollen. Inzwiſchen verſchwindet die Kraft des Schwadens. An manchen Orten ſetzt man ſich auch der Todesgefahr aus, da einige Gruben, wenngleich ſelten, von ſelbſt Schwaden erzeugen und vergiftete Luft aushauchen, ebenſo enthalten manche Druſen der Gänge des öfteren dumpfe, böſe Wetter.

[46] Es dürfte an arſenige Säure zu denken ſein, die ſich beim Feuerſetzen aus dem mit den Zinnerzen zuſammen vorkommenden Arſenikalkies entwickelt und mit dem Ruß vermiſcht.

[47] Plinius, XXXIII, 40. Die mit dem Reiben des Zinnobers in den Werkſtätten beſchäftigten Arbeiter verbinden ſich das Geſicht mit weiten Blaſen, damit ſie beim Atmen den giftigen Staub nicht einziehen und doch dadurch ſehen können.

Zu Plana[48], einer Stadt Böhmens, gibt es einige Höhlen, die zu gewiſſen Jahreszeiten böſe Wetter aus Sauerbrunnen ausſtoßen, welche die Lampen verlöſchen und die Bergleute töten, die ſich länger in ihnen aufhalten. Plinius[49] hat hierüber das Folgende geſchrieben: „In den abgeſenkten Schächten töten ſchweflige und alaunige Wetter[50] die Bergleute; ein Anzeichen dieſer Gefahr iſt es, wenn ein hinabgelaſſenes, brennendes Licht erliſcht. Dann werden nahe bei dem Schachte rechts und links Wetterſchächte geteuft, welche jene böſen Wetter aufnehmen." Zu Plana bauen ſie Blaſebälge, die die böſen Wetter abſaugen und dieſes Übel beſeitigen; von dieſen habe ich weiter oben geſprochen.

Bisweilen ſtürzen die Arbeiter von den Fahrten und brechen Arme, Beine und das Genick, oder ſie ertrinken auch, wenn ſie in den Sumpf fallen. Schuld daran iſt meiſtens die Nachläſſigkeit des Steigers; denn es iſt ſeine beſondere Aufgabe, die Fahrten ſo feſt an den Ausbau anzuſchlagen, daß ſie nicht locker werden, und den Schachtſumpf ſo ſicher mit Brettern zu bedecken, daß ſie nicht entfernt werden und die Menſchen in das Waſſer fallen können. Daher muß der Steiger ſeine Pflichten ſorgfältig erfüllen. Es ſoll auch die Tür der Kaue nicht nach Oſten liegen, damit im Winter die Fahrten ſich nicht mit Eis bedecken; denn wenn das der Fall iſt, können die durch die Kälte erſtarrten und unſicher gewordenen Hände nicht mehr feſt zufaſſen. Die Leute aber ſollen vorſichtig ſein, daß ſie nicht ohne Grund durch ihre eigene Fahrläſſigkeit abſtürzen.

Außerdem ſtürzen auch Gruben ein, und die durch den Zuſammenbruch verſchütteten Menſchen gehen zugrunde. Als einſtmals der Rammelsberg bei Goslar zuſammenbrach, ſollen nach der Chronik in den Trümmern ſo viel Menſchen umgekommen ſein, daß an einem Tage etwa vierhundert Frauen ihrer Männer beraubt wurden. Auch brach zu Altenberg vor elf Jahren ein abgebauter Teil des unterhöhlten Berges zuſammen und erdrückte unvermutet ſechs Arbeiter, auch zog er ein Haus in die Tiefe und zuſammen mit der Mutter ein Söhnlein. Das geſchieht meiſtens in denjenigen Gruben, in denen die Erze ſtockförmig vorkommen. Daher ſollen die Bergleute häufig Bögen ſtehen laſſen oder Ausbau herſtellen, um das Gebirge zu ſtützen. Damit niederbrechendes Geſtein die Glieder nicht zerſchmettere, ſollen die Bergleute durch den nötigen Ausbau die Schächte, Stollen und Strecken verwahren.

In unſeren Gruben gibt es die Solifuga nicht, die in Sardinien vorkommt. Wie Solinus[51] ſchreibt, iſt es ein kleines Tier, in der Geſtalt den Spinnen ähnlich; es wird Solifuga genannt, weil es das Tageslicht meidet. In den Silbergruben iſt es häufig, es kriecht verborgen und bringt denen, die ſich unvorſichtigerweiſe darauffetzen, die Peſt. Aber, wie derſelbe Schriftſteller ſagt, entſpringen an einigen Orten warme Heilquellen, die das von der Solifuga übertragene Gift vernichten. In einigen un-

[48] Nach Ritters Geographiſch-Statiſtiſchem Lexikon, ſechſte Aufl., redigiert von Joh. Penzler, Leipzig 1906, gibt es in Böhmen mehrere Orte des Namens Plan und Plana. Sternberg, Graf Kaſpar, berichtet in ſeinem Werke „Umriß einer Geſchichte der böhmiſchen Bergwerke", Prag, 1836–38, Bd. 1, 1. Abt. S. 259, über die Geſchichte des Silberbergbaus St. Michaelisberg bei Plan in der erſten Hälfte des 16. Jahrhunderts, allerdings ohne Wetterſchwierigkeiten zu erwähnen. Dieſes Plan liegt im nordweſtlichen Böhmen, etwa 45 km ſüdlich von Karlsbad.

[49] Buch XXXI, 28, wie S. 182 bereits bemerkt.

[50] Vor allem aber auch Kohlenſäure, die Plinius noch nicht kannte.

[51] Solinus, römiſcher Schriftſteller im 3. Jahrhundert n. Chr., verfaßte ein Werk „Collectanea rerum memorabilium", ſpäter auch „Polyhistoria" genannt.

ſerer Gruben, wenngleich nur in recht wenigen, gibt es ein anderes Übel und Verderben, nämlich Berggeiſter, ſchrecklich anzuſchauen. Über dieſe habe ich in dem Buche „Über die Lebeweſen unter Tage“[52] geſprochen. Dieſe Berggeiſter werden durch Gebet und Faſten verjagt und vertrieben.

Dieſe und andere Übel ſind die Urſache, weshalb manche Schächte nicht mehr betrieben werden. Die erſte und wichtigſte Urſache iſt die, weil die Schächte kein Erz mehr haben, da ſie, obgleich ſie bis zu gewiſſer Tiefe ertragreich waren, in der Tiefe erzleer ſind. Die zweite Urſache iſt ſtarker Waſſerzufluß, den die Bergleute weder in Stollen ableiten können, weil ſie nicht ſo weit in den Berg getrieben werden können, noch durch Maſchinen heben können, da die Schächte zu tief ſind. Sie könnten ſie wohl mit Maſchinen herausſchaffen, ſie bedienen ſich ihrer aber nicht, weil ohne Zweifel die Koſten höher wären als der Ertrag des armen Ganges. Die dritte Urſache ſind die böſen Wetter, welche bisweilen die Bergherren weder durch Kunſt noch durch Aufwand verbeſſern können, weshalb der Betrieb nicht nur der Schächte, ſondern auch der Stollen aufgegeben wird. Die vierte Urſache ſind auftretende Schwaden, wenn es nicht möglich iſt, ſie völlig zu beſeitigen oder zu verdünnen. Aus dieſem Grunde wurde zu Plana der Laurentius genannte Schacht nicht weiterbetrieben, obgleich er Silber führte. Die fünfte Urſache iſt der fürchterliche und verderbliche Berggeiſt, denn dieſen flieht ein jeder, falls er nicht vertrieben werden kann. Die ſechſte Urſache iſt der Einſturz unſicher gewordener Baue, denn dann pflegt der Zuſammenbruch des Berges zu folgen. Die Baue werden nur dann wieder aufgewältigt, wenn der Gang beſonders reich an Erz geweſen war. Die ſiebente Urſache ſind kriegeriſche Unruhen. Wenn es nicht mit Sicherheit feſtſteht, daß die Bergleute aus ſolchen Gründen die Schächte und Stollen verlaſſen haben, ſoll man ſie nicht wieder aufnehmen. Denn wir dürfen nicht glauben, daß unſere Vorfahren ſo ungeſchickt und läſſig geweſen ſind, daß ſie Gruben liegengelaſſen hätten, die mit Nutzen hätten bebaut werden können. In der Tat haben zu unſeren Zeiten nicht wenig Bergleute vergeblich ihre Mühe aufgewendet, da ſie auf nichtiges Gerede hin verlaſſene Schächte wieder aufgenommen hatten. Damit aber die Nachkommen nicht wieder Arbeiten in die Hand nehmen, die bereits ausgeführt wurden, wird es nützlich ſein, die Gründe ſchriftlich niederzulegen, weshalb der Betrieb jedes Schachtes oder Stollens aufgelaſſen wurde. Dies iſt tatſächlich ſeinerzeit in Freiberg geſchehen, nachdem die Schächte wegen ſtarker Waſſerzuflüſſe verlaſſen worden waren.

[52] De animantibus subterraneis liber. Ab autore recognitus MDXLVIII. Die Beſchreibung findet ſich am Ende dieſes Buches. Siehe S. 542.

ENDE DES SECHSTEN BUCHES

SIEBENTES BUCH

IM ſechſten Buche ſind die Gezähe, Gefäße und Maſchinen behandelt worden; dieſes Buch ſoll die Probierverfahren[1] beſchreiben. Um nämlich die geförderten Erze gewinnbringend ſchmelzen und aus ihnen durch Abtrennung der Schlacken reine Metalle darſtellen zu können, iſt es der Mühe wert, ſie vorher zu probieren. Aber obwohl des Probierens von Schriftſtellern Erwähnung getan worden iſt, hat doch keiner von ihnen Vorſchriften dafür überliefert. Daher iſt es nicht verwunderlich, daß auch Spätere nichts darüber geſchrieben haben.

Aus ſolchen Verſuchen erkennt der Hüttenmann, ob in einem Erz Metalle vorhanden ſind oder nicht, ferner, wenn in einem Erz das Vorhandenſein eines oder mehrerer Metalle ſich zeigt, ob viel oder wenig davon vorhanden iſt, endlich auch, auf welche Weiſe die metallhaltigen Teile eines beſtimmten Erzes von den metallfreien und die metallreichen von den metallarmen Teilen getrennt werden können. Wenn dies nämlich nicht ſorgfältig geſchieht, bevor man die Erze auf Metall verſchmilzt, kann die Verarbeitung nicht ohne Schaden für den Beſitzer ausgeführt werden. Denn diejenigen Teile des Erzes, welche nur ſchwer ſchmelzen, reißen Metalle an ſich und halten ſie feſt. Sie entweichen dann mit dem Rauch oder verbleiben in den Schlacken oder Ofenbrüchen[2], wodurch die Arbeit des Hüttenmannes, die er bei Erbauung der Öfen und Herde aufgewendet hat, vermehrt und er gezwungen wird, erneute Koſten für Verarbeitung der Schlacken und andere Dinge aufzuwenden.

Die gewonnenen Metalle aber pflegt man zu probieren, um zu erfahren, welche Silbermenge z. B. in einem Zentner Kupfer oder Blei enthalten iſt, oder wieviel Gold in einem Pfund Silber vorhanden iſt. Daraus läßt ſich ermitteln, ob es wirtſchaftlich iſt, das edle Metall von dem unedlen zu ſcheiden, oder nicht. Solche Verſuche lehren weiter, ob Münzen vollwertig ſind, und ſie weiſen ſicher nach, ob

[1] Unter „Probieren" verſteht man auch noch nach heutigem Sprachgebrauch die quantitative Ermittelung einzelner wertvoller oder für die Verarbeitung wichtiger Beſtandteile von Erzen, Zuſchlägen oder Erzeugniſſen, wobei im allgemeinen für jede Einzelbeſtimmung eine beſondere Einwaage gemacht wird. Im Gegenſatz hierzu haben die Verfahren der analytiſchen Chemie letzten Endes die Ermittelung der geſamten qualitativen und quantitativen Zuſammenſetzung eines Stoffes zum Zweck, wobei aus einer Einwaage vielfach alle oder doch möglichſt viele Beſtandteile beſtimmt werden. Die älteren Probierverfahren bedienten ſich nur des trockenen Weges und beſtanden, wie auch Agricola ausführt, in einem Verſuchsſchmelzen mit anfangs größeren, ſpäter geringeren Mengen des Erzes; aus der Menge des ausgebrachten Metalls ſchloß man auf den Metallgehalt des Erzes. Noch heute ſind unſere Probierverfahren auf trockenem Wege für Gold, Silber, Blei, Kupfer, Zinn, Nickel, Kobalt und Queckſilber ſolche „Ausbringungsverfahren", die natürlich mit einem gewiſſen Fehler behaftet ſind, deſſen Größe man aber mehr oder weniger genau kennt und daher in Rechnung ſetzen kann. Die zunehmende Verfeinerung der Waagen hat es ermöglicht, mit immer kleineren Mengen Subſtanz für eine Probe auszukommen, im allgemeinen mit Grammen, während die Lötrohrprobierkunſt ſogar nur Bruchteile von Grammen bis herab zu Milligrammen verwendet. Heute rechnet man übrigens auch gewiſſe Verfahren auf naßgewichtsanalytiſchem, maßanalytiſchem, elektrolytiſchem und kolorimetriſchem Wege, die ſich durch Einfachheit, Schnelligkeit der Ausführung und vielſeitige Anwendbarkeit auszeichnen, zu den Probierverfahren.

[2] Lat. *cadmia*. Ofenbrüche nennt der Hüttenmann die mehr oder weniger metallhaltigen ungeſchmolzenen Anſätze, die ſich bei fehlerhaftem Ofengang oder bei ungeeigneter Zuſammenſetzung der Schmelzbeſchickung, insbeſondere bei hohen Zinkgehalten der Blei- oder Kupfererze, in den oberen Ofenteilen an den Wänden anſetzen. Über die verſchiedene Bedeutung des Wortes *Cadmia* vgl. 5. Buch Anm. 16, 8. Buch Anm. 9 und 37, 9. Buch Anm. 32 und 64 und 11. Buch Anm. 61 (S. 86, 239, 270, 353, 377, 463).

die Herſteller der Münzen dem Gold mehr Silber, als zuläſſig iſt, beigemiſcht haben, oder ob ſie mehr Kupfer, als recht iſt, mit dem Gold oder Silber legiert haben. Alle dieſe Verfahren werde ich nun ſo eingehend wie möglich beſchreiben.

Das Probieren der Erze, welches zur Ermittelung des Metallgehaltes dient, unterſcheidet ſich von dem Verſchmelzen der Erze nur durch die geringere Menge des verwendeten Gutes; dadurch, daß wir eine kleine Menge verſchmelzen, erfahren wir, ob das Verſchmelzen größerer Mengen uns Gewinn bringen wird oder nicht. Wenn ſich der Hüttenmann nicht ſorgfältig ſolcher Unterſuchungsmethoden bedienen würde, ſo würde das Verſchmelzen der Erze auf Metalle, wie geſagt, manchmal nur Schaden bringen oder wenigſtens keinen Nutzen. Das Probieren

Runder Probierofen.

der Erze verurſacht nur geringe Koſten, das Verſchmelzen der Erze aber große. Die Methoden indes ſind die gleichen. Denn erſtens verwenden wir Öfen ſowohl beim Probieren der Erze wie bei ihrem Verſchmelzen im großen. Sodann wird in beiden Fällen nicht Holz, ſondern Kohle[3] als Brennſtoff benutzt. Weiter werden die Erze, wenn wir ſie in Tontiegeln probieren, ſei es auf Gold, Silber, Kupfer oder Blei, in gleicher Weiſe ſorgfältig mit Zuſchlägen gemiſcht, wie wir ſie beim Verſchmelzen in Öfen mit ſolchen zu miſchen pflegen. Wie ferner diejenigen, welche die Erze mit Feuer probieren, die Metalle entweder geſchmolzen ausfließen oder im Tiegel erſtarren laſſen und ſie nach Zerſchlagen des Tiegels von den Schlacken befreien, ſo ſtechen die Schmelzer das Metall aus dem Ofen in Vorherde ab, ſpritzen kaltes Waſſer auf und ziehen die Schlacken mit Kratzen ab. Endlich wird, wie beim Probieren das Gold und Silber auf einer Aſchenkapelle vom Blei getrennt wird[4], das gleiche Verfahren ſpäter in Öfen ausgeführt.

[3] Gemeint iſt natürlich Holzkohle.

[4] Kapellen ſind kleine, namentlich aus Holz- oder Knochenaſche hergeſtellte flache, ſchüſſelförmige Gefäße, in denen das edelmetallhaltige Blei eingeſchmolzen und mit Luft behandelt wird. Dadurch oxydiert ſich alles Blei zu Bleioxyd (Bleiglätte), welches von der poröſen Kapelle aufgeſogen wird, während das Edelmetall in Form

Wer Erze oder Metalle probieren will, muß wohl vorbereitet und über alle für die Ausführung der Arbeiten erforderlichen Dinge gut unterrichtet sein. Er soll die Tür zu dem Raum, in dem der Probierofen steht, schließen, damit nicht ein zur Unzeit Hinzukommender seine auf die Arbeit gerichtete Aufmerksamkeit stört. Die Waage ist in einem Gehäuse unterzubringen, damit sie nicht, wenn der Probierer die Metalle auswiegt, durch einen Luftzug hin und her bewegt werde; denn das ist wesentlich für die Genauigkeit.

Ich werde nun die einzelnen, für die Ausführung des Probierens nötigen Dinge beschreiben, beginnend mit den verschiedenen Probieröfen, die nach Form, Art des Baumaterials und Ort ihrer Aufstellung voneinander abweichen; nach der

Rechteckiger Probierofen.

Form insofern, als sie entweder rund oder viereckig sind. Letztere eignen sich besonders für das Probieren von Erzen.

Nach den Baustoffen unterscheiden sich die Probieröfen insofern, als manche aus Ziegelmauerwerk, manche aus Eisen, manche aus Ton hergestellt sind. Ein gemauerter Ofen wird unmittelbar an die Feuerstelle einer Esse von 3½ Fuß[5] Höhe angebaut, ein eiserner an die gleiche Stelle gesetzt, ähnlich auch ein tönerner. Der gemauerte Ofen ist eine Elle hoch, innen einen Fuß breit und einen Fuß und zwei Finger tief. Fünf Finger über der Feuerung – das entspricht etwa der Dicke eines ungebrannten Ziegels – liegt über den Ziegeln eine eiserne Platte, die mit Lehm

eines Kornes oder „Königs" zurückbleibt und gewogen werden kann. Diese als „Abtreiben" bezeichnete Arbeit wird in gleicher Weise im großen, im sog. Treibeherd ausgeführt, dessen Herdfutter ebenfalls früher aus Knochenasche bestand, während man heute bei den stark vergrößerten Öfen meist geschlagenen Mergel oder auch andere feuerfeste Stoffe verwendet. Diese Arbeit wird im 10. Buche ausführlich beschrieben (S. 398).

[5] Daß Agricola mit den hier für die Längenmaße gebrauchten Bezeichnungen: cubitus (Elle), dodrans (Spanne), pes (Werkschuh oder Fuß), palmus (Handbreit oder Hand) und digitus (Querfinger oder Finger), und auch mit den später verwendeten Maßen und Gewichten nicht die altrömischen Einheiten meint, sondern die zu seiner Zeit und in seiner Gegend üblichen deutschen Maße und Gewichte, geht aus der „Interpretatio" hervor, die seinem im Jahre 1550, also früher als „De re metallica", erschienenem Werke „De pretio metallorum

beſtrichen wird, damit ſie nicht durch das Feuer beſchädigt werden kann. In der Vorderwand befindet ſich über der Platte eine Öffnung, eine Hand hoch, fünf Finger breit; im oberen Teile iſt ſie abgerundet. Die eiſerne Platte beſitzt drei Schlitze, an jeder Seite einen und den dritten in ihrem hinteren Teile; ſie ſind einen Finger breit und drei Finger lang. Einmal fällt durch ſie die Aſche der verbrannten Kohle hindurch, zum andern dringt durch ſie Wind, der in den unter der Platte liegenden Raum eintritt; auf dieſe Weiſe wird das Feuer angefacht. Deshalb erhielt dieſer Ofen, den die Hüttenleute nach ſeiner Verwendung für das Probieren Probierofen nennen, bei den Chemikern den Namen Windofen. Der Teil der eiſernen Platte, welcher aus dem Ofen herausragt oder ausladet, pflegt eine Spanne

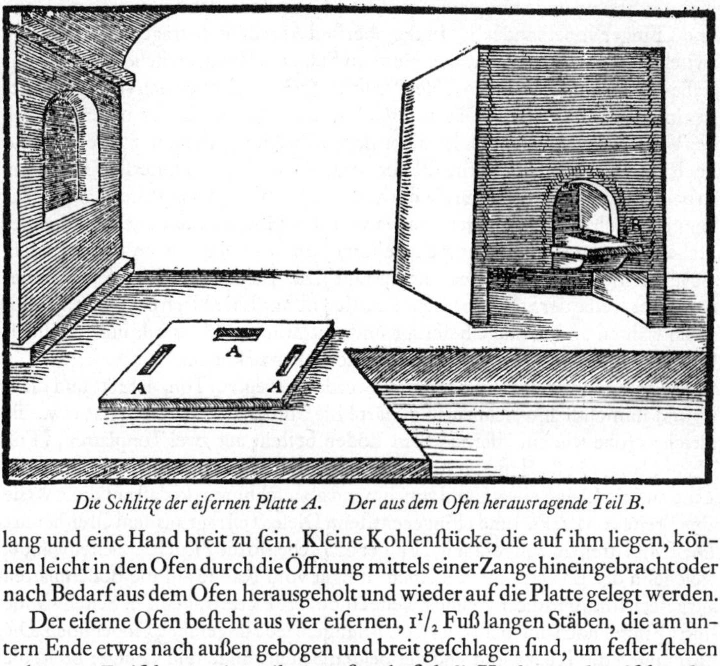

Die Schlitze der eiſernen Platte A. Der aus dem Ofen herausragende Teil B.

lang und eine Hand breit zu ſein. Kleine Kohlenſtücke, die auf ihm liegen, können leicht in den Ofen durch die Öffnung mittels einer Zange hineingebracht oder nach Bedarf aus dem Ofen herausgeholt und wieder auf die Platte gelegt werden.

Der eiſerne Ofen beſteht aus vier eiſernen, $1^{1}/_{2}$ Fuß langen Stäben, die am untern Ende etwas nach außen gebogen und breit geſchlagen ſind, um feſter ſtehen zu können. Zwiſchen zwei von ihnen erſtreckt ſich die Vorderwand, zwiſchen den

et monetis" beigegeben iſt. Hier verdeutſcht er Längen- und andere Maße und Gewichte und gibt das Verhältnis namentlich ſolcher, wie ſie in Chemnitz, Leipzig und Meißen in Gebrauch waren, zu den entſprechenden römiſchen an. Nimmt man hier als Elle die alte ſächſiſche Elle, ſo ſtehen dieſe Längenmaße untereinander und zu denen des metriſchen Syſtems in folgendem Verhältnis:

cubitus = Elle	pes = Werkschuh = Fuß	dodrans = Spanne	Palmus = Hand breit = Hand	digitus = Querfinger = Finger	cm
1	2	$2^{2}/_{3}$	8	32	56,64
	1	$1^{1}/_{3}$	4	16	28,32
		1	3	12	21,24
			1	4	7,08
				1	1,77

beiden andern die Hinterwand. Mit dieſen Stäben ſind auf beiden Seiten je drei eiſerne Querſtäbe verbunden und zuſammengeſchmiedet; der erſte in der Höhe einer Hand über dem Boden, der zweite in der Höhe eines Fußes und der dritte am oberſten Ende. Die ſenkrechten Stäbe ſind an den Stellen, an denen die Querſtäbe mit ihnen verbunden werden, durchbohrt, damit an den beiden übrigen Seiten des Ofens weitere Eiſenſtäbe in ſie eingeſteckt werden können, und zwar in gleicher Weiſe je drei. So ergeben ſich alſo zwölf Querſtäbe, durch welche drei Abteilungen von verſchieden großen Abmeſſungen gebildet werden. Von einem ſenkrechten Stabe zum andern iſt nämlich in der unterſten Abteilung ein Abſtand von 1 Fuß 5 Finger. Dagegen ſind in der mittleren Abteilung die vorderen Stäbe von den hinteren 3 Hand und 1 Finger entfernt, und die Stäbe an den Seiten ſtehen 3 Hand und 3 Finger voneinander ab. In der oberſten Abteilung beträgt die Entfernung zwiſchen den vorderen und den hinteren Stäben 2 Hand, zwiſchen den Seitenſtäben aber 3 Hand, ſo daß in dieſer Weiſe der Ofen nach oben ſich verengt. Weiter iſt ein nach der Form des Ofentores gebogener Eiſenſtab in den unterſten Stab der Vorderſeite eingeſetzt. Dieſes Tor iſt, wie bei den gemauerten Öfen, 1 Hand hoch und 5 Finger breit. Ferner iſt der vordere Querſtab der unterſten Abteilung zu beiden Seiten des Tores durchbohrt, in gleicher Weiſe der entſprechende rückſeitige. Durch dieſe Öffnungen gehen zwei Eiſenſtäbe, die zuſammen mit den vier Stäben der unteren Abteilung eine eiſerne, mit Ton beſtrichene Platte tragen, welche teilweiſe aus dem Ofen herausragt. Die Außenſeiten des Ofens von der unterſten Reihe der Stäbe an bis zur oberſten iſt mit Eiſenblech bekleidet, das mit Eiſendrähten an die Stäbe befeſtigt und mit Ton bedeckt wird, um möglichſt lange der Zerſtörung durch das Feuer widerſtehen zu können.

Ein tönerner Ofen kann hergeſtellt werden aus einem Ton, der fett und dicht iſt und hinſichtlich Weichheit und Härte die Mitte hält. Der Ofen hat etwa die gleiche Höhe wie ein eiſerner. Sein Boden beſteht aus zwei Tonplatten, 1 Fuß 3 Hand lang, 1 Fuß 1 Hand breit. Auf jeder Seite iſt jede Platte an ihrem vorderen Teile auf die Länge einer Hand zunehmend abgeſchnitten, ſo daß auf dieſe Weiſe eine Breite von $1^{1}/_{2}$ Fuß und 1 Finger entſteht. Dieſer Teil ragt aus dem Ofen heraus. Die Tonplatten ſind ungefähr $1^{1}/_{2}$ Finger dick, ebenſo die Ziegel der Seitenwände, welche in der Entfernung von einem Finger vom Rande auf die Bodenplatten aufgeſetzt ſind, und die in gleicher Weiſe eine obere Platte tragen. Die Seitenwände ſind 3 Finger hoch und beſitzen vier Öffnungen, jede ungefähr 3 Finger hoch. Die Öffnungen der Rückwand und der beiden Seitenwände ſind 5 Finger breit, die Öffnung der Vorderwand aber iſt $1^{1}/_{2}$ Hand breit, damit man die in Vorrat hergeſtellten Kapellen bequem in dieſen Unterteil, wenn er ſich allmählich erwärmt, einſetzen und dort trocknen kann. Jede Platte iſt an ihrem äußeren Rande mit einem in ſie eingepreßten Eiſendraht umwunden, damit ſie weniger leicht bricht. Jede hat, in ganz ähnlicher Weiſe wie die eiſerne Platte, drei Schlitze, 3 Finger lang und 1 Finger breit, damit man, wenn die obere Platte durch die Einwirkung des Feuers oder aus irgendeiner anderen Urſache ſchadhaft geworden iſt, die untere Platte umdrehen und an ihre Stelle ſetzen kann. Durch dieſe Schlitze fällt, wie ſchon früher erwähnt, die Aſche der glühenden Kohlen, durch ſie wird aber auch das Feuer angefacht durch die Luft, welche in die Kammer durch die Öffnungen der Wände eindringt.

Ein ſolcher Ofen iſt rechteckig, im unteren Teile 3 Hand und 1 Finger breit und 3 Hand und 3 Finger tief; im oberen Teile 2 Hand 3 Finger breit, ſo daß er ſich nach oben verengt. Seine Höhe beträgt 1 Fuß. In der Rückwand unten in der Mitte iſt eine halbkreisförmige Öffnung von 1/2 Finger Höhe ausgeſchnitten; in gleicher Weiſe in den Seitenwänden. Und wie bei dem ſchon beſchriebenen Ofen hat er in der Vorderwand ein oben abgerundetes Tor, 1 Hand hoch, 1 Hand und 1 Finger breit. Der Vorſetzer dazu beſteht auch aus Ton und beſitzt eine Öffnung und eine Handhabe. Auch der Deckel des Ofens iſt aus Ton hergeſtellt, beſitzt eine Handhabe und iſt mit Eiſendraht eingebunden. Ebenſo werden der äußere Teil des Ofens und die Seitenwände mit Eiſendrähten umwunden, die gewöhnlich in Form eines Dreiecks eingepreßt werden.

Die aus Ziegeln gemauerten Öfen ſind ortsfeſt, die tönernen und eiſernen dagegen können von einer Stelle zur andern gebracht werden. Die gemauerten können ſchnell hergeſtellt werden, die eiſernen halten länger, die tönernen ſind bequemer.

Die Hüttenleute ſtellen ſich manchmal Probieröfen auch in folgender Weiſe her: Sie ſtellen drei Ziegel auf einen Herd, auf jede Seite einen, den dritten als Rückwand. Die Vorderſeite bleibt für den Luftzug offen. Auf dieſe Ziegel legen ſie eine eiſerne Platte, auf der wiederum drei Ziegel ſtehen, welche die Kohle einſchließen und zuſammenhalten.

Hinſichtlich der Aufſtellung unterſcheiden ſich die Öfen voneinander inſofern, als man ſie hoch oder tief aufſtellt. Bei den höher ſtehenden ſetzt der Probierer, der die Erze oder Metalle unterſucht, die Tiegel mittels einer Zange durch das Ofentor ein; bei den tiefer ſtehenden, die oben offen bleiben, von oben her. In dieſem Falle wird der Ofen erſetzt durch einen eiſernen Ring, der auf den Herd geſtellt und unten mit Ton verſchmiert wird, damit der Wind des Blaſebalgs dort nicht entweichen kann. Wenn dies geſchähe, würde das Erz zu langſam ausſchmelzen und das Kupfer in dem dreieckigen Tiegel, der mit einer Zange eingeſetzt und herausgenommen wird, ſchwer flüſſig werden. Der eiſerne Ring iſt 2 Hand hoch, 1/2 Finger dick; ſein lichter Durchmeſſer beträgt meiſt 1 Fuß und 1 Hand; da, wo der Wind des Blaſebalgs in ihn eintritt, beſitzt er einen Ausſchnitt.

Der Blaſebalg iſt ein doppeltwirkender, wie ihn die Goldarbeiter und manchmal auch die Schmiede zu benutzen pflegen. In ſeiner Mitte befindet ſich ein Brett mit einer Öffnung für den Wind, 5 Finger breit, 7 Finger lang, bedeckt mit einem kleinen Brettchen, welches über dem Windloch an der Unterſeite des Brettes befeſtigt iſt; ſeine Breite und Länge iſt gleich. Der Blaſebalg iſt ohne Kopfende 3 Fuß lang, am hinteren Teile, wo er abgerundet iſt, 1 Fuß und 1 Hand, am Kopfende 3 Hand breit. Das Kopfende ſelbſt iſt 3 Hand lang, an dem Teile, wo es mit dem Brett verbunden iſt, 2 Hand und 1 Finger breit. Nach vorn wird es allmählich enger. Die eine vorhandene Düſe iſt 1 Fuß 2 Finger lang. Sie wird in der Öffnung einer 1 Fuß und 1 Hand dicken Mauer gelagert, ſo daß auch die Hälfte des Kopfendes, in dem ſich die Düſe befindet, mit darin eingeſchloſſen iſt. Sie berührt ſo den auf dem Herde ſtehenden eiſernen Ring und ragt aus der Mauer hervor.

Das Leder des Blaſebalgs iſt an den Deckelbrettern mit einer beſonderen Art von Nägeln befeſtigt. Es verbindet ſo die beiden Deckel mit dem Kopfende, über welches Querſtücke von Leder mittels breitköpfiger Nägel an den Brettern und in gleicher Weiſe an dem Kopfende befeſtigt ſind. Das mittlere Brett des Blaſebalgs ruht in einer Eiſenſtange, an der es mit beiderſeits vernieteten Nägeln befeſtigt iſt, ſo daß es ſich bei der Auf- und Abwärtsbewegung nicht lockern kann. Die eiſerne Stange befindet ſich mitten zwiſchen zwei ſenkrechten Balken, durch die ſie hindurchtritt. Oben iſt eine hölzerne Achſe mit eiſernem Zapfen in Öffnungen der ſenkrechten Balken gelagert, in deren Mitte ein Hebel eingelaſſen und mit eiſernen Nägeln befeſtigt iſt, ſo daß er nicht abſpringen kann. Er iſt $5^{1}/_{2}$ Fuß lang und am hinteren Ende mittels eines eiſernen Ringes mit der Eiſenſtange verbunden, die zu dem rückwärtigen Ende des Blaſebalgs führt, mit dem ſie in gleicher Weiſe durch einen Ring verbunden iſt. Wenn nun der Arbeiter den

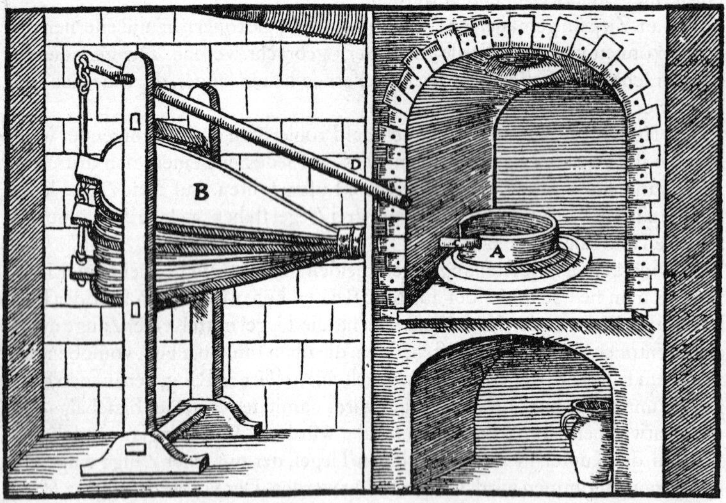

Der eiſerne Ring A. Der doppeltwirkende Blaſebalg B. Seine Düſe C. Der Hebel D.

Hebel herabzieht, ſo wird der Unterteil des Blaſebalgs gehoben und treibt den Wind durch die Düſe. Weiter hebt aber der Wind, der durch die in dem Mittelbrett angebrachte Windöffnung hindurchdringt, den oberen Teil des Blaſebalgs, deſſen Deckelbrett mit Blei ſo ſtark beſchwert iſt, daß dieſer Teil des Blaſebalgs wieder herabgedrückt wird. Dadurch ſtrömt aus ihr, wie aus der unteren Hälfte, ebenfalls Wind durch die Düſe aus. Auf dieſe Weiſe iſt der Blaſebalg doppeltwirkend und eignet ſich für den eiſernen Ring, der die dreieckigen Tiegel aufnimmt, in denen metallhaltiges Erz ausgeſchmolzen und Kupfer flüſſig gemacht wird.

Nachdem ich die Öfen und den eiſernen Ring beſchrieben, will ich nun von den Muffeln und Tiegeln ſprechen. Die Muffel beſteht aus Ton und hat die Form eines umgekehrten Hohlziegels. Sie dient zum Bedecken der Tiegel, damit keine Kohlen in ſie hineinfallen und das Gelingen des Verſuchs verhindern können. Sie iſt $1^{1}/_{2}$ Hand breit, ihre Höhe, die meiſt 1 Hand zu betragen pflegt, entſpricht der Größe des Ofentores, ihre Länge iſt faſt gleich der Tiefe des ganzen Ofens. Daher berührt ſie nur vorn am Ofentor die Ofenwand, während ſie von den Seitenwänden und der Hinterwand etwa 3 Finger abſteht, damit Kohlen in dieſen zwiſchen ihr und den Ofenwänden verbleibenden Zwiſchenraum eingelegt werden können. Sie beſitzt die Stärke eines irdenen Topfes, die Decke iſt nicht durchbrochen, in der Hinterwand aber befinden ſich zwei kleine Fenſter, in jeder Seitenwand zwei oder drei, manchmal auch vier Fenſter, durch welche die für das Schmelzen des Erzes in den Tiegeln erforderliche Hitze eindringt. An Stelle dieſer Fenſter hat ſie auch kleine Schlitze, in der Hinterwand zehn, an jeder Seite auch mehr. Manchmal iſt die Hinterwand unter den Öffnungen oder kleinen Schlitzen an drei Stellen in Form eines Halbkreiſes von der Höhe eines halben Fingers ausgeſchnitten; an den Seitenwänden an vier Stellen [6]. Der hintere Teil der Muffel pflegt ein wenig niedriger zu ſein als der vordere.

Das Material, aus dem die Probiergefäße hergeſtellt werden, iſt verſchieden; ſie beſtehen entweder aus Ton oder aus Aſche. Die aus Ton beſtehenden, die auch

Die ſchmalen Fenſter der Muffel A. Breite Fenſter B. Die Öffnungen in der Rückwand C.

Scherben genannt werden, ſind nach Form und Größe verſchieden. Manche ſind geformt wie eine kleine Schale von mittlerer Wandſtärke, 3 Finger hoch; ſie faſſen eine Unze. In ihnen wird das Erz mit Zuſchlägen geſchmolzen, und ſie werden beim Probieren der Erze auf Gold und Silber gebraucht. Andere Tiegel haben eine dreieckige Form; ſie beſitzen größere Wandſtärke und größere Faſſung, nämlich 5, 6 oder mehr Unzen. In ihnen wird Kupfer geſchmolzen, ſo daß man es ausgießen, breitſchlagen und mit Feuer probieren kann. In ihnen wird auch meiſt das Kupfererz geſchmolzen. Die Aſchentiegel oder Kapellen werden aus Aſche in der Form kleiner Schalen, wie die zuerſt genannten, hergeſtellt. Ihr Boden iſt ziemlich dick, wie aus der Abbildung erſichtlich; ſie haben eine geringe Faſſungskraft. In ihnen wird das Blei vom Silber getrennt und damit die Probe beendet.

Da die Aſchkapellen vom Probierer ſelbſt angefertigt werden, muß ich einiges über das zur Herſtellung verwendete Material und die Art ihrer Herſtellung ſagen. Manche ſtellen ſie aus gewöhnlicher Aſche beliebiger Art her. Dieſe ſind aber nicht gut, da die Aſche meiſt fettige Beſtandteile enthält, weshalb derartige Kapellen beim Erhitzen leicht reißen. Andere benutzen in gleicher Weiſe beliebige Aſche,

6) Auch die heute verwendeten, feſt über eine Feuerung eingebauten Muffeln beſitzen ähnliche, etwa halbkreisförmige Öffnungen in den Seitenwänden und in der Hinterwand, die ſogenannten Muffelaugen, die nach Bedarf durch kleine Vorſetzer aus Ton geſchloſſen werden können.

die ſie aber vorher waſchen. Dieſer Art ſind Aſchen, die man behufs Auslaugung anderer Beſtandteile mit warmem Waſſer behandelt hat[7]. Die Aſche wird in der Sonne oder im Ofen getrocknet und mittels eines aus Haaren hergeſtellten Siebes gereinigt. Obwohl aber das warme Waſſer die fettigen Beſtandteile der Aſche ausgelaugt hat, ſind die daraus hergeſtellten Kapellen doch nicht gut, weil die Aſche ſelbſt mit feinen Kohle-, Sand- und Steinteilchen vermiſcht zu ſein pflegt. Andere wiederum ſtellen die Kapellen her aus beliebiger Aſche, aber ſie rühren ſie vorher mit Waſſer an und entfernen die an der Oberfläche ſchwimmenden Verunreinigungen. Danach gießen ſie, wenn die Reinigung beendet iſt, das Waſſer ab, ſieben die getrocknete Aſche und formen aus ihr die Kapellen, die zwar gut, aber doch

Scherben A. Dreieckiger Tiegel B. Aſchkapelle C.

noch nicht von beſter Beſchaffenheit ſind, weil auch derartig behandelte Aſche noch kleine Stein- und Sandteilchen enthält. Um Kapellen von beſter Beſchaffenheit zu erhalten, müſſen aus der Aſche alle Verunreinigungen in doppelter Arbeit entfernt werden; zuerſt die leichten, zu denen der Kohlenſtaub und die fettigen Beſtandteile und andere in Waſſer ſchwimmende Teile gehören, und weiterhin die ſchweren, wie Steinchen, Sand und andere Beſtandteile, die ſich im Waſſer zu Boden ſetzen. Daher wird zuerſt Waſſer in die Aſche gegoſſen und der leichte Schmutz entfernt. Sodann wird die Aſche mit der Hand durchgearbeitet, ſo daß ſie gut mit dem Waſſer gemiſcht wird. Wenn dieſes in ſtarker Bewegung und trüb geworden iſt, wird es in ein anderes Gefäß gegoſſen. Auf dieſe Weiſe verbleiben die Steinchen und der Sand und alle ſonſtigen ſchweren Teile in dem erſten Gefäß, aus dem ſie entfernt werden. Nachdem die geſamte Aſche in dem zweiten Gefäß ſich zu Boden geſetzt hat, was man daran erkennt, daß das Waſſer klar geworden

[7] Durch Auslaugung von Holzaſche gewann man Pottaſche. Vgl. 12. Buch Anm. 11, S. 478.

ist und beim Kosten nicht mehr nach den ausgelaugten Körpern schmeckt, wird das Wasser abgegossen. Die in dem Gefäße zurückbleibende Asche aber wird in der Sonne oder im Ofen getrocknet. Sie ist geeignet für die Herstellung der Kapellen, namentlich, wenn die Asche von Buchen- oder anderen Hölzern stammt, die ein geringes Jahreswachstum haben. Dagegen ist die Asche, die man aus Zweigen oder Stengeln des Weinstockes hergestellt hat, der ein starkes Jahreswachstum besitzt, weniger gut, denn die daraus hergestellten Kapellen pflegen, da sie nicht genügend trocken werden, im Feuer zu reißen und zu springen und Metalle aufzusaugen. Wenn daher kein Buchen- oder ähnliches Holz zu haben ist, formen die Probierer aus Asche, die in oben beschriebener Weise gereinigt worden ist, kleine Kugeln, die sie in einen Bäcker- oder Töpferofen legen, um sie zu brennen. Nachdem das Feuer alles Fettige zerstört und alle Feuchtigkeit ausgetrieben hat, fertigen sie daraus ihre Kapellen. Je älter eine Asche ist, desto besser ist sie; sie muß auch vollkommen trocken sein. Deshalb ist Asche, die man durch Brennen von Knochen, vor allem von Schädelknochen der Tiere erzeugt, die allergeeignetste für Kapellen, in zweiter Linie die aus Hirschgeweihen und aus Fischgräten hergestellte. Manche endlich nehmen Asche aus verbrannten Abgängen des Leders, die entstehen, wenn die Gerber oder Weißgerber die von Haaren befreite Haut abschaben und glätten. Viele bevorzugen den Gebrauch von Mischungen, von denen diejenigen gelobt werden, welche aus 1 1/2 Teil Asche von Knochen oder Fischgräten, 1 Teil Buchenasche und 1 1/2 Teil Asche von den Abgängen des Leders bestehen. Aus diesem Gemisch fertigen sie gute Kapellen. Aber noch viel bessere lassen sich herstellen aus gleichen Teilen Asche von Lederabgängen, von Schädelknochen der Schafe und Kälber und von Hirschgeweihen. Die allerbesten endlich erhält man bei alleiniger Verwendung gepulverter Asche von Hirschgeweihen. Denn diese saugen wegen ihrer außergewöhnlichen Trockenheit am wenigsten Metalle ein.

Trotzdem stellen unsere heutigen Probierer die Kapellen meist aus Buchenholzasche her, die sie in der schon beschriebenen Weise vorrichten, mit Bier oder Wasser besprengen, damit sie zusammenhält, und in Mörsern zerstoßen. Danach wird sie gemengt mit der Asche der Kopfknochen von Tieren oder von Fischgräten und abermals zerstoßen, um sie noch besser zu machen. Manche zerreiben Ziegelsteine und mischen den gesiebten Staub der Buchenholzasche bei. Denn derartiger Staub verhütet, daß das Blei, welches die Tiegel anfrißt, Gold oder Silber in sie hineinführt. Andere befeuchten, um die fertigen Kapellen haltbar zu machen, die Asche mit Eiweiß, trocknen sie in der Sonne und zerstoßen sie, hauptsächlich dann, wenn sie Erze oder Kupfer, welches Eisen enthält, probieren wollen. Viele befeuchten die Asche mit Milch, trocknen sie und zerstoßen sie in Mörsern, wiederholen dieses Verfahren mehrmals und fertigen dann die Kapellen daraus. In Werken, in denen Silber vom Kupfer geschieden wird, stellt man Kapellen her aus der Asche des Herdes des Treibeofens, die in vollem Maße trocken ist, und zwar aus zwei Teilen dieser und einem Teil Knochenasche.

Alle auf diese verschiedenen Arten hergestellten Kapellen stellt man in die Sonne oder in einen Ofen. Hierauf werden sie an einem trockenen Orte aufbewahrt, und zwar längere Zeit. Denn sie sind um so besser, je älter und trockener sie sind.

Auch die Scherben und dreieckigen Tiegel werden nicht immer von Töpfern, ſondern vielfach von den Hüttenleuten ſelbſt hergeſtellt. Sie fertigen ſie aus fettem und dichtem Ton mittlerer Weichheit und Härte. Damit miſchen ſie das Pulver alter zerbrochener Tiegel gleicher Art oder gebrannter zerſtoßener Ziegel. Der mit dem Pulver gemengte Ton wird mit einem Piſtill geformt und dann getrocknet. Auch derartige Gefäße ſind, je älter, deſto trockener und beſſer.

An Formen, in denen die Gefäße geſchlagen werden, hat man zwei Arten, eine kleinere und eine größere. In der kleineren werden die Kapellen hergeſtellt, in denen das Gold und Silber vom Blei, in dem es enthalten war, gereinigt wird; in der größeren aber die Tiegel, in denen das Silber vom Kupfer und Blei getrennt

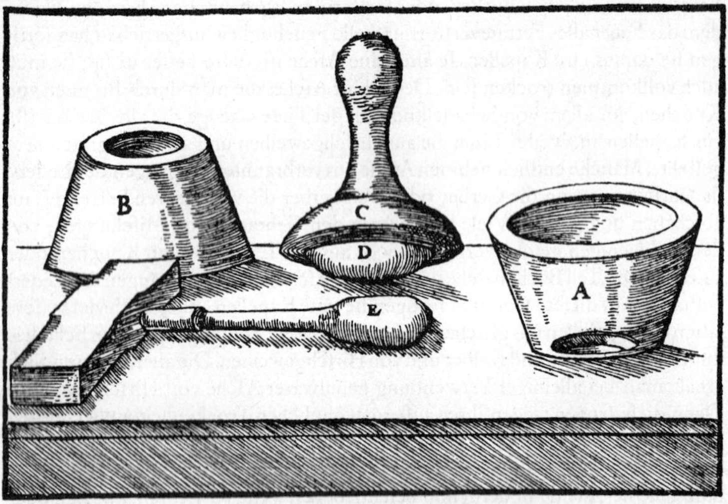

Preßform A. Umgedrehte Preßform B. Piſtill C. Der Höcker des Piſtills D. Ein anderes Piſtill E.

wird. Beide Arten von Formen beſtehen aus Meſſing und beſitzen keinen Boden, damit man die fertigen Gefäße unverſehrt aus ihnen herausdrücken kann. Auch von den Piſtillen gibt es zwei Arten, eine kleinere und eine größere, beide ebenfalls aus Meſſing beſtehend; an ihrer Unterſeite ragt ein runder Höcker hervor, der in die Form gepreßt wird und ſo die Höhlung des Gefäßes ausbildet. Die Fläche, an der der Höcker anſetzt, entſpricht der oberen Fläche der Form.

Soviel über dieſe Sache. Nunmehr will ich von der Vorbereitung der Erze für die Probe ſprechen. Die Vorbereitung beſteht in einem Brennen, Röſten, Zerkleinern und Verwaſchen [8]. Dabei muß man eine beſtimmte Gewichtsmenge des

8) Das Verwaſchen geſchieht meiſt im ſogenannten Sichertrog, einem flachen, ſchmalen, länglichen Holztrog, auf dem das fein gepulverte Erz mit Waſſer verrührt wird, ſo daß die leichten, unhaltigen Beſtandteile abgeſchwemmt werden, während die ſchweren, metallhaltigen auf dem Sichertrog verbleiben. Sodann wird der Trog an einem Schmalende mit der Hand geſtoßen. Danach ordnen ſich die Beſtandteile des Erzes nach ihrem ſpezifiſchen Gewicht in der Weiſe, daß die ſchwerſten am weiteſten nach dem geſtoßenen Ende hinwandern, während die leichteren weiter unten liegenbleiben. Man ermittelt auf dieſe Weiſe die mineralogiſche Zuſammenſetzung des Erzes und annähernd auch die verhältnismäßige Menge der vorhandenen Mineralien. Dieſe Kenntnis iſt für das nachfolgende Probieren wichtig, da durch die Art und Menge der verſchiedenen vorhandenen Mineralien die Probiermethode, die Größe der Einwaage und die Art und Menge der zu verwendenden Zuſchläge beſtimmt wird.

Erzes verwenden, damit man weiß, wie groß der Anteil der einzelnen Beſtandteile iſt, der durch dieſe vorbereitenden Arbeiten entfernt wird. Zu brennen ſind harte metallhaltige Geſteine, damit ſie, mürbe geworden, leichter zerkleinert und verwaſchen werden können. Die härteſten Geſteine werden vor dem Brennen mit Eſſig beſprengt, damit ſie im Feuer ſchneller mürbe werden. Weiche Geſteine werden zuerſt mit dem Hammer zerſchlagen, dann im Mörſer aufgerieben und in Pulver verwandelt, weiterhin verwaſchen und endlich wieder getrocknet. Wenn erdige Beſtandteile mit den Metallen vermiſcht ſind, iſt das Erz im Sichertrog zu verwaſchen; das auf dem Sichertrog Zurückbleibende wird getrocknet und probiert. Alle Erze, welche verwaſchen worden ſind, müſſen getrocknet werden. Metallreiche Erze dürfen weder gebrannt, noch zerkleinert, noch verwaſchen werden; ſie ſind nur zu röſten, damit nicht durch jene anderen Arbeiten etwas verlorengehe. Die Röſtung erfolgt in einem geſchloſſenen, mit abgedichtetem Deckel verſehenen Gefäß, welches von außen erhitzt wird. Ärmere Erze werden auch auf dem Herde eines Ofens auf Holzkohlen gelegt und gebrannt, denn wir erleiden keinen großen Schaden, wenn etwas von ihnen verlorengeht. Über Arbeiten zur Vorbereitung der Erze werde ich ſpäter und im folgenden Buche ausführlicher reden.

Jetzt will ich handeln von dem, was der Hüttenmann „Zuſchläge“ zu nennen pflegt, die man den Erzen zuſetzt, nicht nur zum Zwecke des Probierens, ſondern auch bei ihrer Verſchmelzung im großen. Sie beſitzen eine ſtarke Wirkung, aber wir wiſſen, daß nicht alle die gleiche Wirkung ausüben, und viele beſitzen eine verſchiedene und verwickelte Beſchaffenheit. Denn wenn wir die mit ihnen gemiſchten Erze im Probierofen oder im großen Ofen verſchmelzen, bewirken manche von ihnen, weil ſie ſelbſt leicht ſchmelzen, ein leichteres Schmelzen der Erze. Andere erhöhen, weil ſie entweder das Erz ſelbſt heiß machen oder in daſſelbe eindringen, die Wirkung des Feuers zur Trennung der Metalle von den Verunreinigungen und führen die geſchmolzenen Metalle in das Blei über, teilweiſe auch ſchützen ſie ſolche Erze vor dem Feuer, deren Metallgehalt ſonſt verbrennt oder mit dem Rauch aus dem Ofen entweicht. Manche endlich nehmen Metalle in ſich auf.

Zur erſtgenannten Art gehört Blei, und zwar auch in der Form von Kornblei[9] oder als im Feuer aus ihm hergeſtellte Bleiaſche[10], rote Mennige[11], Bleigelb[12], Bleiglätte[13], Herdblei[14], Bleiglanz, Kupfer, und zwar gebrannt[15] oder in Form

[9] Um das zuzuſchlagende Probierblei bequemer abwiegen oder abmeſſen und mit dem Probiergut innig miſchen zu können, wird es, wie ſpäter beſchrieben, in Kugeln gegoſſen oder gekörnt.

[10] Lat. *plumbum ignis vi in cinerem reſolutum* iſt nach der auf Seite 203 beſchriebenen Herſtellungsweiſe Schwefelblei.

[11] Lat. *minium ſecundum,* Mennige, die hellrote Verbindung $Pb_3 O_4$, die durch Glühen von Bleiweiß oder oxydierende Behandlung von Bleioxyd an der Luft hergeſtellt wird.

[12] Lat. *ochra ex plumbo facta* iſt gelbes ungeſchmolzenes Bleioxyd, welches entſteht, wenn man geſchmolzenes Blei mit Luft behandelt bei einer Temperatur, die unter dem Schmelzpunkt des Bleioxyds liegt, alſo unſer Maſſicot.

[13] Lat. *ſpuma argenti,* Schaum vom Silber, iſt das beim Abtreiben des ſilberhaltigen Werkbleies abfließende geſchmolzene Bleioxyd, die Bleiglätte.

[14] Lat. *molybdaena,* iſt hier und ſpäter mit Herdblei überſetzt worden. Wie aus dem 10. Buche hervorgeht, verſteht Agricola darunter die gebrauchte Herdmaſſe eines Treibeofens, die ſtark mit Bleiglätte (Bleioxyd) und wohl auch mit kleinen Kügelchen metalliſchen Bleies durchtränkt iſt. Vgl. 10. Buch Anm. 32, S. 390.

[15] *Aes uſtum,* wörtlich „gebranntes Kupfer“. Man könnte alſo an Kupferoxyd denken, indes iſt dies unwahrſcheinlich, da dieſe Verbindung für keine Probiermethode gebraucht wird. Wahrſcheinlich iſt Schwefelkupfer ($Cu_2 S$) gemeint, das durch Erhitzen von Kupfer und Schwefel in geſchloſſenen Tiegeln hergeſtellt werden kann. Für dieſe Deutung ſpricht auch ſpäter die geſchilderte Verwendungsart dieſes Stoffes.

von Blättchen oder Kupferfeilſpänen, Gold-, Silber-, Kupfer- und Bleiſchlacken, Soda[16], Glasgallen[17], Salpeter[18], geſottener Alaun, Vitriol, geglühtes und auch geſchmolzenes Salz, Steine, die leicht im Ofen ſchmelzen, von leichtſchmelzenden Steinen gereinigter Sand, weicher Kalkſtein[19] und gewiſſe weiße Schiefer. Die erſtgenannten Stoffe, das Blei, die Bleiaſche, die Mennige, das Bleigelb und die Bleiglätte ſind beſonders für leichtſchmelzende Erze geeignet, Herdblei für ſchwieriger ſchmelzende, Bleiglanz für die ſchwerſtſchmelzenden.

Zur zweiten Art gehören Eiſenhammerſchlag, eiſenreiche Schlacken, künſtliches Salz[20], Weinſtein vom Wein oder Eſſig[21] und der Rückſtand der Säure, die zum Scheiden des Goldes vom Silber dient[22]. Dieſe Rückſtände und das künſtliche Salz beſitzen die Eigenſchaft, in das Erz einzudringen, ſtark der Weinſtein vom Wein, ſtärker der Weinſtein vom Eſſig, am ſtärkſten der Rückſtand vom Scheidewaſſer. Die Wirkung des Eiſenhammerſchlags und der Eiſenſchlacken beſteht darin, daß ſie, da ſie ſelbſt nur langſam ſchmelzen, das Erz hoch erhitzen.

[16] Das lat. Wort „*nitrum*" iſt mit Soda überſetzt worden, bedeutet aber zweifellos auch noch andere Alkaliſalze, die Agricola in unentwirrbarer Weiſe durcheinandermengt. In ſeinem Werke „De natura foſſilium" ſagt er im dritten Buche, daß es natürliches und künſtliches Nitrum gebe, man finde es innerhalb der Erde als harten, dichten Stein, aus dem man in Venedig die Chryſokolla, „die ich Borax nenne", bereite. Wenn er mit Chryſokolla nun an anderer Stelle auch gewiſſe grüne Kupfermineralien bezeichnet, ſo kann unter dieſer Bezeichnung hier Borax verſtanden werden, da er kurz darauf auch noch ſagt, daß Chryſokolla von den Goldſchmieden gebraucht wird, um Gold mit Gold oder mit Silber zuſammen zu verlöten, woher ihr Name — Goldleim — ſtamme. Der „harte, dichte Stein", aus dem die Chryſokolla gewonnen wurde, dürfte Borazit ſein. Möglicherweiſe hat man auch die heißen, borſäurehaltigen Quellen Toskanas ſchon damals ausgebeutet.

Eine zweite Sorte Nitrum wird nach der angezogenen Stelle in unterirdiſchen Höhlen gefunden, wo ſie Zapfen oder weiche ſchaumartige Maſſen bildet. Eine dritte Art endlich findet ſich in Tälern und auf Feldern als Ausblühung und in Seen, z. B. in Medien, Mazedonien, aber auch in Sachſen, Thüringen, Böhmen, ferner in Ägypten uſw. Hierunter wird man im weſentlichen Soda oder Gemiſche von Soda, Glauberſalz, Kochſalz uſw. verſtehen müſſen, wie ſie namentlich aus den ſogenannten Natronſeen gewonnen werden. Später wird namentlich das in Venedig hergeſtellte Nitrum genannt.

Unter künſtlich hergeſtelltem Nitrum führt er endlich noch ein Salz auf, welches aus Steineichen erhalten wird, alſo offenbar Pottaſche, die durch Auslaugen von Eichenholzaſche gewonnen wird.

Auch aus ſonſtigen Angaben des Agricola über die Art der Gewinnung, über die Eigenſchaften und die Verwendung der einzelnen Arten von Nitrum läßt ſich kein klares Bild gewinnen, welches Alkaliſalz im einzelnen Falle gemeint iſt. Vgl. hierzu auch 12. Buch Anm. 14, S. 478, und 15, S. 480.

[17] Lat. *nitri recrementum* wird in dem Wörterverzeichnis zu „De re metallica" durch „Glasgallen" wiedergegeben und dürfte der beim Glasſchmelzen an der Oberfläche ſich ausſcheidende Schaum ſein, welcher weſentlich aus Natriumſulfat und Kalziumſulfat beſteht.

[18] Lat. *halinitrum*. Dieſes Wort wird faſt allgemein mit „Salpeter" überſetzt. Nicht immer kann aber auch bei Agricola halinitrum Salpeter bedeuten, z. B. nicht auf Seite 211 und 213, wo er dieſes Salz als Zuſchlag beim Probieren von Kupfer- und Eiſenerzen empfiehlt. Vgl. auch 12. Buch Anm. 16, S. 481.

[19] Lat. *tofus mollis* wird meiſt mit „weicher Topfſtein" überſetzt. Darunter iſt aber ſicher nicht unſer heute ſogenannter Speckſtein zu verſtehen. Denn dieſer, ein Magneſiaſilikat, iſt ſelbſt ſehr ſchwer ſchmelzbar und kann nicht als das Schmelzen anderer Körper beförderndes Flußmittel dienen. Nach der Beſchreibung, die Agricola im ſiebenten Buche ſeines Werkes „De natura foſſilium" vom tofus mollis gibt, muß man ihn als einen weichen Kalkſtein auffaſſen, wie er z. B. auch in unterirdiſchen Höhlen als Tuffſtein gefunden wird.

[20] Lat. *ſal artificioſus*, ein Gemenge verſchiedener Alkaliſalze. Über ſeine Herſtellung ſiehe Seite 202. Vgl. auch 10. Buch Anm. 35, S. 390.

[21] Lat. *ſiccae faeces vini et aceti*, alſo wörtlich: getrocknete Hefe oder Rückſtand des Weines und Eſſigs. Beide ſind gleich, da der Eſſig aus Wein hergeſtellt wurde. Der wirkſame Beſtandteil in dieſen Rückſtänden iſt Weinſäure oder weinſaures Salz. Im folgenden wird dafür das Wort „Weinſtein" gebraucht werden.

[22] Lat. *ſiccae faeces aquarum, quae aurum ab argento ſecernunt*, alſo wörtlich: Rückſtände von Scheidewaſſer, d. h. der Salpeterſäure, die zur Trennung des Goldes vom Silber dient. Man ſtellte ſie her durch Erhitzen eines Gemenges von Salpeter und Alaun mit geringen Mengen Sand oder Ziegelmehl (vergleiche Biringuccios Pirotechnia, deutſch von O. Johannſen 1925, Seite 216 ff.) und befreite die überdeſtillierte Säure von Chlor durch Auflöſen einer kleinen Menge Silber in ihr. Der Deſtillationsrückſtand enthält als weſentlichen Beſtandteil Natriumſulfat und Natriumbiſulfat.

Zur dritten Art gehören Schwefelkies, der aus Schwefelkies erſchmolzene Stein[23], Soda, Glasgallen, Salz, Eiſen, Eiſenhammerſchlag und Eiſenfeilſpäne, Eiſenſchlacken, Vitriol, Sand, der durch Erhitzen im Feuer von leichter ſchmelzenden Beſtandteilen gereinigt worden iſt, und Kalkſtein. In erſter Linie nehmen die Schwefelkieſe und der Stein Metalle auf und ſchützen ſie vor dem Feuer, durch welches ſie ſelbſt zerſtört werden.

Zur vierten Art gehören Blei, Kupfer und verwandte Stoffe. Von den Zuſchlägen ſind alſo einige natürlich vorkommende, andere gehören zu den Schlacken, andere ſind Stoffe, die von Schlacken befreit worden ſind.

Wenn wir nun Erze probieren, brauchen wir nur kleine Mengen von Zuſchlägen ohne großen Koſtenaufwand zu geben, wenn wir aber die Erze im Ofen verſchmelzen, kommen wir nicht aus ohne größere Mengen und erheblichere Koſten. Wir werden alſo bedenken müſſen, wie hoch der Aufwand an ihnen ſein darf, damit wir nicht beim Verſchmelzen der Erze höhere Koſten haben als der Gewinn iſt, den wir aus den erſchmolzenen Metallen erzielen.

Die Farbe des Rauches, den die Erze entwickeln, wenn man ſie auf einer Schaufel oder auf einem eiſernen Blech glüht, belehrt uns darüber, wie groß die Menge der Zuſchläge ſein muß, die man außer Blei beim Probieren oder Verſchmelzen der Erze zuzugeben hat. Am beſten iſt es nämlich, wenn der Rauch purpurn ausſieht, dann brauchen die Erze meiſt überhaupt keinen irgendwie gearteten Zuſchlag; ſieht er bläulich aus, ſo muß man aus Schwefelkies oder Kupferkies erſchmolzenen Stein zugeben; wenn gelb, Bleiglätte und Schwefel; wenn rot, Glasgallen und Salz; wenn grün, Kupferſtein, Bleiglätte und Glasgallen; wenn ſchwarz, geſchmolzenes Salz oder Eiſenſchlacken und Bleiglätte, ſowie weißen Kalkſtein; wenn weiß, Schwefel und Eiſen, welches durch Roſt zerſtört iſt; wenn grünlichweiß, Eiſenſchlacken und Sand, der von leichter ſchmelzenden Beſtandteilen im Feuer gereinigt worden iſt. Wenn der mittlere Teil des Rauches gelb und dicht iſt, während der Saum grün erſcheint, nimmt man den gleichen Sand und Eiſenſchlacken.

Die Farbe des Rauches belehrt uns nicht nur über die geeignetſten Zuſchlagsmittel, die jedem Erz zuzugeben ſind, ſondern auch über die erſtarrten Löſungen[24], die ihm beigemiſcht ſind, und die derartigen Rauch verurſachen. Ein blauer Rauch zeigt meiſtens an, daß in dem Erz Azurit enthalten iſt, ein gelber weiſt Auripigment nach, ein roter Realgar, ein grüner Malachit, ein ſchwarzer ſchwarzes, ein weißer weißes Bitumen, ein grünlichweißer dasſelbe gemengt mit Malachit, ein ſolcher mit gelber Mitte und grünem Saum aber endlich Schwefel[25].

Aber auch Erden und gewiſſe andere die Metalle begleitende Körper erzeugen einen ähnlichen Rauch. Enthalten die Erze Antimon, ſo gibt man Eiſenſchlacken

[23] Unter „Stein" oder „Lech" verſteht der Hüttenmann das durch Schmelzen hergeſtellte Einfach-Schwefeleiſen (Rohſtein) oder auch ein Gemenge der Sulfide von Eiſen, Kupfer, Blei uſw. (Kupferſtein, Bleiſtein uſw.).

[24] Lat. *ſucci concreti*. Hierunter verſteht Agricola, dem Sprachgebrauch der Alchimiſten folgend, hier und in ſeinen mineralogiſchen Schriften feſte Körper, die aus Löſungen niedergeſchlagen oder durch Verdunſtung des Löſungsmittels feſt geworden ſind. Er rechnet zu ihnen aber auch einige Stoffe, die nach unſerer heutigen Kenntnis nicht auf dieſe Weiſe gebildet ſein können, wie Schwefel, Realgar, Auripigment u. ä. S. auch 12. Buch Anm. 1, S. 466.

[25] In dieſer Aufzählung iſt faſt durchweg die Farbe des Rauches gleich der Farbe des im Erz enthaltenen Minerals geſetzt. Hierdurch erſcheinen die oben gewählten Verdeutſchungen zuläſſig, nämlich caeruleus = Azurit, auripigmentum = Auripigment, ſandaraca = Realgar, chryſokolla = Malachit. Vgl. auch 8. Buch Anm. 6, S. 236. Über die doppelte Bedeutung des letzten Wortes vgl. 7. Buch Anm. 16, S. 200, und 12. Buch Anm. 15, S. 480.

als Zuſchlag. Wenn ſie Kieſe enthalten, Kupferſtein und einen von leichter ſchmelzenden Beſtandteilen im Feuer gereinigten Sand; wenn Eiſen vorhanden, gibt man Kieſe und Schwefel zu. Denn ebenſo, wie für ſchwefelhaltige Erze Eiſenſchlacken ein Zuſchlagsmittel ſind, ſo iſt für gold- und ſilberhaltige Erze, die Eiſen enthalten, welches nicht leicht davon getrennt werden kann, der Schwefel und auch gereinigter Sand ein Zuſchlagsmittel.

Künſtliches, für das Probieren der Erze geeignetes Salz wird auf verſchiedene Weiſe hergeſtellt: Erſtens aus gleichen Teilen Weinſtein des Weines, des Eſſigs und dem Rückſtand, der beim Einkochen menſchlichen Harns verbleibt. Zweitens ebenſo aus gleichen Teilen der Aſche, welche die Wollfärber benutzen [26], Kalk, gereinigtem getrockneten Weinſtein und geſchmolzenem Salz. Von jedem dieſer Stoffe wird 1 Pfund in 20 Pfund [27] menſchlichen Harns eingebracht, alles auf ein Drittel eingekocht und durchgeſeiht, und ſodann zum Rückſtand 1 Pfund und 4 Unzen Salz zugegeben. Dies wird in einen innen mit Bleiglaſur verſehenen Topf geſchüttet, in dem 8 Pfund geſchmolzenes Salz gelöſt worden ſind, und eingekocht, bis trockenes Salz entſteht.

Eine dritte Art der Bereitung iſt folgende: Ungeſchmolzenes Salz und durch Roſt zerfreſſenes Eiſen werden in ein Gefäß gegeben und mit menſchlichem Harn übergoſſen. Das mit einem Deckel verſchloſſene Gefäß läßt man 30 Tage an einem warmen Orte ſtehen. Sodann wird das Eiſen mit Harn abgewaſchen und beiſeite gelegt, die Löſung aber wird ſo lange gekocht, bis die feſten Salze ſich ausgeſchieden haben.

In einer vierten Weiſe wird das künſtliche Salz folgendermaßen hergeſtellt: In einer Löſung von gleichen Teilen Kalk und Aſche, wie ſie die Wollfärber benutzen, werden gleiche Teile Salz, Seife, trockener weißer Weinſtein und Salpeter ſo lange gekocht, bis die Salze ſich ausgeſchieden haben. Dieſe ſchmelzen leicht Gekrätze [28], die man damit miſcht.

Der Salpeter wird auf eine Weiſe zubereitet, daß er für das Probieren der Erze geeignet wird. Er wird in einen innen mit einer Bleiglaſur verſehenen Topf gegeben, wiederholt mit einer Löſung von ungelöſchtem Kalk übergoſſen und gekocht, bis die Löſung verdampft iſt. Wenn der Salpeter durch Feuer nicht mehr entzündet wird, weil ihn das aus der Kalklöſung entſtandene Salz davor ſchützt, iſt er richtig zubereitet.

Vor allem gelobt werden folgende Miſchungen, die jegliches Erz ſchmelzen, welches die Hitze des Feuers ſonſt ſchwer auflöſt und durchdringt. Die eine beſteht aus Steinen von weißer Farbe der dritten Art, die leicht im Ofen ſchmelzen. Man reinigt und reibt ſie fein auf. 1/2 Unze dieſes Pulvers wird gemiſcht mit 2 Unzen gelber, ebenfalls fein aufgeriebener Bleiglätte, in einen Tontiegel von paſſender Größe gegeben und dieſer unter die Muffel des heißen Probierofens geſtellt. Wenn die Maſſe flüſſig wie Waſſer geworden iſt, was eine halbe Stunde Zeit erfordert, wird der Tiegel herausgenommen und ſein Inhalt in eine kleine Form ausgegoſſen. Das Ausſehen der erkalteten Maſſe iſt dasjenige des Glaſes; ſie wird wiederum zerkleinert. Dieſes Pulver wird auf die zu probierenden Erze irgendwelcher Art, die

26) Das iſt Pottaſche.

27) Über die Gewichte und ihre Einteilung ſiehe Seite 218 ff. und 225 ff.

28) Gekrätze nennt der Hüttenmann metallhaltige Abfälle der verſchiedenſten Art, die bei der Gewinnung der Metalle oder bei ihrer Weiterverarbeitung entſtehen.

nicht leicht ſchmelzen, aufgeſtreut und bewirkt eine Abſcheidung der Schlacke. Andere verwenden an Stelle der Glätte Schwefelblei, das in folgender Weiſe hergeſtellt wird: In Blei, welches man in einem Tiegel einſchmilzt, wird Schwefel eingerührt, wobei es ſich bald mit einer Haut überzieht; nachdem dieſe entfernt iſt, wird wieder Schwefel zugegeben und die entſtehende Haut wiederum entfernt. Dies wird ſo oft wiederholt, bis das geſamte Blei in ein Pulver verwandelt worden iſt.

Ein ſehr ſtark wirkender zuſammengeſetzter Zuſchlag entſteht, wenn man von in oben geſchilderter Weiſe vorbereitetem Salpeter, geſchmolzenem Salz, Glasgallen und trockenem Weinſtein je 1 Unze, von Bleiglätte $^{1}/_{3}$ Unze und von gepulvertem Glas $^{1}/_{2}$ Pfund zuſammenmiſcht. Dieſer Zuſchlag, zu einem gleichen Gewicht Erz hinzugegeben, bringt dieſes leicht zum Schmelzen. Ein ſtärker wirkender Zuſchlag beſteht aus einem Gemenge von gleichen Teilen weißen, trockenen Weinſteines, gewöhnlichen Salzes und vorbereiteten Salpeters, welches dreimal in einem innen mit Bleiglaſur verſehenen Topf geglüht wird, bis ein weißes Pulver entſteht; dieſem wird dann Bleiglätte zugemiſcht. Von dieſer Miſchung wird ein Teil auf zwei Teile des zu probierenden Erzes gebraucht. Einen noch kräftigeren Zuſchlag erhält man aus Schwefelblei, Salpeter, Realgar, Antimon (Schwefelantimon) und dem Rückſtand, der bei der Bereitung des Scheidewaſſers verbleibt. Das Schwefelblei ſtellt man her aus 1 Pfund Blei und 1 Pfund Schwefel. Das Blei wird mit einem Hammer zu Blättchen ausgeſchlagen, abwechſelnde Lagen von Blei und Schwefel in einen Tiegel oder Topf gebracht und beides zuſammen erhitzt, bis das Feuer den Schwefel verzehrt hat und das Blei in Pulver verwandelt iſt. 1 Pfund geſtoßener aufgeriebener Salpeter wird mit 1 Pfund gleichfalls gepulverten Realgars vermiſcht; das Gemiſch wird in einer eiſernen Pfanne bis zum Flüſſigwerden erhitzt, ſodann ausgegoſſen und die erkaltete Maſſe wiederum aufgerieben. Vom Antimon gibt man 1 Pfund und von trockenem Weinſtein $^{1}/_{2}$ Pfund in abwechſelnden Schichten in einen Tiegel und erhitzt ſo lange, bis ein geſchmolzener König entſteht, der ebenfalls gepulvert wird. Von dieſem Pulver wird $^{1}/_{2}$ Pfund mit 1 Pfund Bleiglätte und 1 Pfund des aus Salpeter und Realgar hergeſtellten Pulvers vermiſcht und innig gemengt. Ein Teil hiervon zu zwei Teilen Erz zugegeben ſchmilzt dieſes und reinigt es von Schlacken.

Der wirkſamſte Zuſchlag aber enthält 2 Drachmen Schwefel, ebenſoviel Glasgalle und je $^{1}/_{2}$ Unze Antimon, Salz aus verdampftem Harn, gewöhnliches geſchmolzenes Salz, zubereiteten Salpeter, Bleiglätte, Vitriol, trockenen Weinſtein, Salz aus der Aſche von Hülſenfrüchten, trockenen Rückſtand von der Bereitung des Scheidewaſſers und Alaun, der durch Erhitzen in Pulver verwandelt wurde, ferner 1 Unze von mit Schwefel zu einem Pulver verriebenem Kampfer. Von dieſem Pulver wird ein halber oder ein ganzer Teil, je nachdem, wie es die Verhältniſſe erfordern, mit einem Teil Erz und zwei Teilen Blei vermiſcht, auf den Scherben gegeben und die Miſchung mit fein gepulvertem venezianiſchem Glas beſtreut. Wenn man $1^{1}/_{2}$ bis 2 Stunden erhitzt hat, findet ſich am Boden des Scherbens eine Schmelze, von der der Bleikönig abgetrennt werden kann.

Es gibt ferner noch einen Zuſchlag, der Schwefel, Realgar und Auripigment aus metallhaltigen Erzen abſcheidet. Er enthält gleiche Teile Eiſenſchlacke, weißen Kalkſtein und Salz. Nachdem die genannten Verunreinigungen abgeſchieden ſind, werden die Erze ſelbſt mit trockenem Weinſtein verſchmolzen. Es gibt auch einen Zuſchlag, der das Antimon davor ſchützt, vom Feuer verzehrt zu werden, und der die Metalle gegenüber dem Antimon ſchützt. Er beſteht aus gleichen Teilen Schwefel, zubereitetem Salpeter, geſchmolzenem Salz und Vitriol. Das Gemiſch wird in Harn oder in einer Salzlöſung gekocht, bis kein Geruch nach Schwefel mehr bemerkbar iſt, was in 3 bis 4 Stunden erreicht wird.

Es lohnt aber, auch noch andere Miſchungen bekanntzugeben. Nimm zwei Teile in geeigneter Weiſe vorbereiteten Erzes, einen Teil Eiſenfeilſpäne und einen Teil Salz und miſche. Darauf gib das Gemiſch in einen Scherben und ſtelle dieſen in einen Probierofen. Wenn die Maſſe durch das Feuer flüſſig geworden iſt, wird auf dem Boden des Scherbens ein Metallkönig zurückbleiben. Oder nimm von Erz und von Bleigelb gleiche Teile, miſche eine kleine Menge Eiſenfeilſpäne hinzu, gib alles in einen Tiegel und ſtreue noch Eiſenfeilſpäne über die Miſchung. Oder nimm fein aufgeriebenes Erz und verteile es in einem Tiegel, ſtreue darauf Salz, das drei- oder viermal mit Harn befeuchtet und wieder getrocknet wurde; darauf noch mehrmals abwechſelnd aufgeriebenes Erz und Salz und ſtelle dann den mit einem Deckel verſehenen und mit Ton verſchmierten Tiegel in glühende Kohlen. Oder nimm einen Teil Erz, einen Teil gekörntes Blei, einen Teil venezianiſches Glas und ebenſoviel Glasgalle. Oder nimm einen Teil Erz, einen Teil gekörntes Blei, einen halben Teil Salz, einen viertel Teil trockenen Weinſtein und ebenſoviel vom Rückſtand von der Bereitung des Scheidewaſſers. Oder nimm gleiche Teile des vorbereiteten Erzes und eines Pulvers, in dem gleiche Teile ſehr fein gekörnten Bleies, geſchmolzenes Salz, Antimon und Eiſenſchlacken enthalten ſind. Oder nimm gleiche Teile Golderz, Vitriol, Weinſtein und Salz. Soviel über die Zuſchläge.

In den in der früher beſchriebenen Weiſe gebauten Probierofen ſtelle nun zunächſt eine Muffel und umgib ſie mit glühenden Holzkohlen, und zwar mit ausgeſuchten Stücken. Denn aus weniger guten Stücken entſteht zuviel Aſche, die ſich um die Muffel anhäuft und die Wirkung des Feuers beeinträchtigt. Sodann ſtelle die Scherben mit einer Zange unter die Muffel und lege in deren vorderen Teil eine glühende Kohle, damit ſie ſchneller heiß werden. Nachdem Blei in den Scherben gegeben worden iſt, nimm ſie mit der Zange wieder heraus. Wenn die Scherben durch das Feuer ins Glühen gekommen ſind, entferne zunächſt durch Blaſen mittels eines eiſernen Röhrchens von 2 Fuß Länge und 1 Finger Durchmeſſer Aſche oder Kohleteilchen, die in den Scherben hineingefallen ſind. Das gleiche muß auch geſchehen bei den Kapellen, wenn in ſie Aſche oder Kohleteilchen hineingefallen ſind. Darauf gib mit der Zange eine Bleiſchwere zu[29]. Sobald das Blei beginnt, ſich in Rauch zu verwandeln, gib das mit Zuſchlägen beſchickte Erz, in ein Papiertütchen[30] eingepackt, hinzu. Die Probierer ziehen es meiſt vor, das Erz in ſolche Papiertütchen einzufüllen und ſo in den Scherben hineinzubringen, ſtatt es mit einem kupfernen Löffel hineinzuſchütten. Wenn nämlich die Scherben klein ſind, würde man bei Benutzung eines kupfernen Löffels nicht ſelten einen Teil des Erzes daneben ſchütten. Sobald das Papier verbrannt iſt, rühre mit einem kleinen, mit der Zange gefaßten Kohlenſtück das Erz durch, damit es

[29] Bleiſchweren ſind kleine Kugeln oder Halbkugeln von Probierblei, die man ſich in verſchiedenen Größen in der weiter unten beſchriebenen Weiſe herſtellt.

[30] Derartige aus Papier oder für manche Zwecke aus dünnem Blech von Probierblei hergeſtellten Tütchen nennt man „Skarnitzel“.

vom Blei aufgeſaugt wird und das im Erz enthaltene Metall ſich mit dem Blei vermiſcht. Wenn dieſe Miſchung vollendet iſt, wird die Schlacke teilweiſe das Blei umgeben, an den Wänden des Scherbens anhaften und eine Art ſchwarzen Ring bilden. Ein Teil der Schlacke ſchwimmt auf dem Blei, welches das Gold und das Silber aufgenommen hat, und muß alsbald von ihm getrennt werden.

Das Probierblei muß durchaus frei ſein von jeder Spur Silber, was der Fall iſt beim Bleiberger[31] Blei. Wenn man ſolches Blei nicht zur Verfügung hat, iſt vorher das Blei ſelbſt zu probieren, um zu erfahren, welchen Silbergehalt es hat, damit man ihn vom Silbergehalt des Erzes abrechnen und dieſen richtig beſtimmen kann. Denn wenn man, ohne dies zu tun, ſolches ſilberhaltige Blei verwendet hat, wird das Ergebnis irreführend und falſch ſein.

Die Bleiſchweren ſtellt man ſich in folgender Weiſe her: Man hat eine eiſerne Zange von ungefähr 1 Fuß Länge. Ihre Backen beſtehen aus einem geteilten Eiſenkörper, der zuſammengelegt die Form eines Eies aufweiſt. Sie enthalten zwei

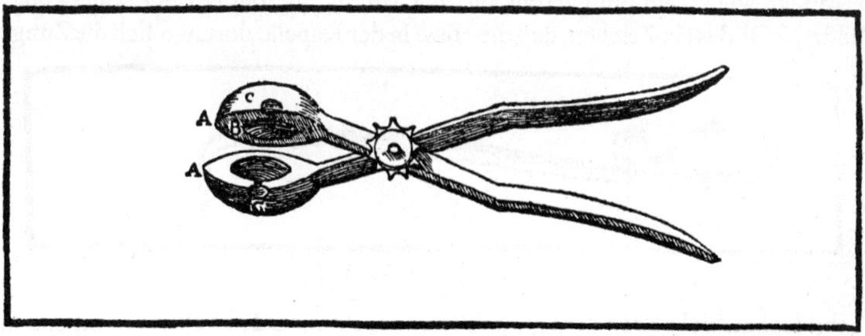

Die Backen der Zange A. Der eiförmige Teil B. Der Einguß C.

Aushöhlungen, wenn die Backen geöffnet ſind. Wenn ſie zuſammengedrückt ſind, führt ein Einguß nach außen. Er beſitzt zwei Öffnungen, von denen je eine nach jeder Höhlung führt. Das eingegoſſene Blei fließt durch dieſe Öffnungen in die beiden Höhlungen, ſo daß durch einmaliges Eingießen zwei Bleiſchweren entſtehen.

Hier darf ich das abweichende Verfahren nicht übergehen, das von manchen Probierern angewendet wird, indem ſie nämlich das beſchickte Erz in den Scherben geben und ſchmelzen und dann erſt das Blei hinzufügen. Dieſes Verfahren ſcheint mir nicht gut zu ſein, denn das Erz pflegt hierbei zuſammenzubacken, infolgedeſſen es ſich ſpäter beim Rühren nicht gut oder doch nur ſehr langſam mit dem Blei vermiſcht.

Wenn durch die Scherben der gedachten Art nicht der ganze von der Muffel überdeckte Ofenraum ausgefüllt wird (bisweilen pflegt er ausgefüllt zu ſein, wenn man nämlich viele Erze gleichzeitig oder von einem Erz viele Teile probiert), ſo ſtellt man an die freien Stellen Kapellen, damit ſie inzwiſchen ausgeglüht werden[32]. Dies dauert meiſt eine Stunde, bei kleineren auch etwas weniger, bei größeren

31) Die in Bleiberg in Kärnten verſchmolzenen bleireichen Bleiglanze enthalten faſt gar kein Silber, ſo daß auch das aus ihnen gewonnene Blei ſo gut wie ſilberfrei iſt.

32) Dieſes Ausglühen der Kapellen, wodurch die Feuchtigkeit und die Kohlenſäure des zur Herſtellung verwendeten Materials ausgetrieben werden ſollen, bezeichnet man mit einem alten Ausdruck als „Abätmen“.

etwas mehr. Wenn man nämlich die Kapellen nicht ausglüht, ehe man das mit Blei gemiſchte Erz aufgibt, pflegen ſie häufig zu reißen, während das Blei dann immer ſpritzt und manchmal durch die entſtandenen Riſſe herausläuft. Wenn aber die Kapelle reißt und das Blei herausläuft, muß man eine neue Probe vom Erz machen. Sollte das Blei ſpritzen, ſo bedeckt man die Kapelle mit einem breiten, dünnen Stück glühender Holzkohle. Wenn die Bleiſpritzer an ſie antreffen, fallen ſie wieder zurück und werden ſo ſchließlich wieder aus dem Metallgemisch verflüchtigt. Wenn das Blei aber aus dieſem Gemiſch nicht vollſtändig entfernt wird, ſondern dasſelbe mit einer darauf verbleibenden feſten Haut überzieht, ſo iſt das ein Zeichen, daß die Hitze nicht hoch genug geweſen iſt[33]. Man taucht dann einen Span von Kienholz oder ähnlichem Holz in die Miſchung, indem man ihn in der Hand behält, um ihn ſobald die Hitze genügend geſtiegen iſt, wieder herausziehen zu können, und ſorgt dafür, daß immer eine gleichbleibende und genügend hohe Hitze herrſcht. Wenn ſich die Flamme nicht gleichmäßig rund um die Probe herum erſtreckt, wie es ſein muß, damit alles in Ordnung iſt, ſondern eine lange Zunge bildet, ſo iſt das ein Zeichen, daß die Hitze in der Kapelle dort, wo ſich die Zunge

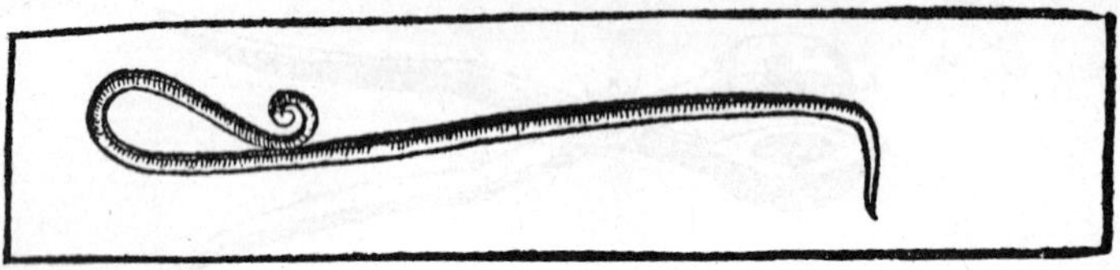

Kleines eiſernes Häkchen.

gebildet hat, nicht hoch genug iſt. Alsdann dreht man den Scherben mit einem eiſernen Häkchen von $1^{1}/_{2}$ Fuß Länge, deſſen Handhabe ebenfalls aus Eiſen beſteht, herum, damit auch dieſer Teil gleichmäßig hoch erhitzt wird.

Wenn ferner das Metallgemiſch nicht genügend Blei enthalten ſollte, ſo gibt man mittels einer eiſernen Zange oder eines mit langer Handhabe verſehenen kupfernen Löffels noch ſo viel Blei hinzu, als nötig iſt. Damit die geſchmolzene Miſchung hierbei nicht zu kalt wird, wärmt man das Blei vorher an. Doch iſt es beſſer, gleich von vornherein ſo viel Blei zuzugeben, als zum Schmelzen des Erzes erforderlich iſt, als es erſt ſpäter nachzuſetzen, wenn das Abtreiben ſchon zur Hälfte beendet iſt, damit die ganze Menge ſich verflüchtigt und nicht ein Teil davon zurückbleibt.

Wenn dann weiterhin das Feuer das Blei beinahe aufgezehrt hat, zeigt das Gold- oder Silberkorn auf ſeiner Oberfläche verſchiedene bunte Farben[34], und wenn alles Blei verſchwunden iſt, bleibt das Gold- oder Silberkorn allein in der Kapelle zurück. Man muß die Kapelle dann ſofort herausnehmen und das Korn aus ihr noch heiß herausheben[35], damit keine Aſche an ihm hängenbleibt. Dies geſchieht

33) Der Probierer bezeichnet die Erſcheinung, daß ſich auf dem geſchmolzenen Metallgemiſch infolge zu geringer Hitze eine erſtarrte, aus Bleioxyd beſtehende Haut bildet, wodurch das Abtreiben zum Stehen kommt, als „Einfrieren der Probe".

34) Die Erſcheinung, daß auf dem Gold- oder Silberkorn kurz vor Beendigung des Treibens infolge der Bildung ganz dünner Häutchen von Bleioxyd prachtvolle bunte Farben auftreten, nennt der Probierer das „Blumen" des Korns. Das Verſchwinden dieſer Farben und ein kurzes helles Aufleuchten und darauf erfolgendes Erſtarren des Korns zeigt das Ende des Treibens an und heißt „Blicken" oder „Silberblick".

35) Das Herausnehmen erfolgt mit einer ſogenannten Kornzange und heißt „Ausſtechen".

aber meiſtens, wenn man das Korn erſt herausnimmt, wenn es ſchon erkaltet iſt. Wenn trotzdem Aſche an ihm hängengeblieben iſt, darf man ſie nicht mit einem Meſſer abſchaben, da hierbei leicht Verluſte entſtehen und das Ergebnis falſch wird. Sondern man quetſcht das Korn mit einer Zange, damit die Aſche infolge des Druckes abſpringt. Zu empfehlen iſt, von ein und demſelben Erz gleichzeitig zwei oder drei Proben anzufertigen, damit man, wenn die eine mißlingt, aus der zweiten oder dritten ein ſicheres Ergebnis erhält.

Damit der Probierer bei Ausführung der Probe durch die ſtarke Hitze keinen Schaden an ſeinen Augen erleide, da er oft in den Ofen hineinſehen und alles gut beobachten muß, iſt es nützlich für ihn, immer ein dünnes hölzernes Brettchen in Bereitſchaft zu haben, welches 2 Hand breit und mit einem Handgriff verſehen iſt, und welches in der Mitte ſeiner Breite ausgeſchnitten iſt, ſo daß man durch dieſen Schlitz hindurchſehen kann.

Der Handgriff des Brettchens A. Sein Schlitz B.

Das Blei, von dem das Silber des Erzes aufgenommen worden war, wird in der Kapelle in etwa 3/4 Stunde durch das Feuer verzehrt. Nach Beendigung der Probe wird die Muffel aus dem Probierofen herausgenommen und mit einer eiſernen Schaufel die Aſche entfernt, und zwar in gleicher Weiſe bei einem gemauerten Probierofen wie bei einem eiſernen oder tönernen, damit man den Ofen nicht von ſeinem Standort wegzunehmen braucht.

Auch in dreieckigen Tiegeln, die man mit Erz beſchickt hat, wird ein König erſchmolzen, aus dem ſpäter das Edelmetall abgeſchieden wird. Man legt zunächſt in den eiſernen Ring des Probierofens glühende Kohlen und ſtellt in ſie den dreieckigen Tiegel, der das Erz und die Zuſchläge enthält, die geeignet ſind, das Erz zu ſchmelzen und von Schlacken zu befreien. Dann wird das Feuer durch den doppeltwirkenden Blaſebalg angefacht und das Erz ſo lange geſchmolzen, bis am Boden des Tiegels ein König zurückbleibt.

Wir haben alſo zwei Arten der Ausführung der Probe[36] beſchrieben: die eine, bei der das Erz im Scherben mit Blei gemiſcht und das Silber dann in der Kapelle

36) Auch heute noch wendet man, abhängig von der Zuſammenſetzung des Erzes, dieſe zwei Arten von Probiermethoden an, nämlich die Scherben- oder Anſiedeprobe, wobei das Erz mit Probierblei und einem Flußmittel (Borax) im Scherben auf einen edelmetallhaltigen Bleikönig verſchmolzen (angeſotten) wird, und die Tiegel- oder Tutenprobe, bei der das Verſchmelzen des Erzes mit Probierblei oder Bleiglätte oder Bleiweiß und einem Fluß- und Reduktionsmittel in einem Tiegel gewöhnlicher Form oder einem mit einem Fuße verſehenen Tiegel, einer ſogenannten Tute, erfolgt.

wieder vom Blei getrennt wird; die andere, bei der das Erz zuerſt im dreieckigen Tiegel geſchmolzen, dann in einem Scherben mit Blei vermiſcht und endlich in der Kapelle das Blei wieder abgetrennt wird.

Nun wollen wir unterſuchen, welches von beiden Verfahren für die verſchiedenen Erze geeignet iſt, oder ob keines geeignet iſt, ſondern ein anderes, ſo daß man dieſes andere Verfahren zum Probieren anwenden muß.

Wir beginnen mit Golderzen, die man auf beide Weiſen probieren kann. Wenn das Erz reich und nicht ſtrengflüſſig iſt, ſondern leicht ſchmelzbar zu ſein ſcheint, mengen wir einen Probierzentner (worunter wir die kleineren Gewichte verſtehen[37]) mit $1^1/_2$ bis 1 Unze Blei (hierbei meinen wir die größeren Gewichte), geben das Gemiſch in einen Scherben und ſchmelzen, bis alles gut durcheinandergemiſcht iſt. Wenn aber manchmal ein Erz der Schmelzung widerſteht, ſo geben wir nach und nach etwas gewöhnliches oder künſtliches Salz zu. Dies wird die Schmelzung erzwingen und bewirken, daß ſich auf dem Metallkönig nicht viel Schlacke anſammelt. Man rührt aber öfter mit einem eiſernen Stäbchen um, damit das Blei das Gold von allen Seiten her umſchließt und aufnimmt und die Unreinheiten austreibt. Wenn das geſchehen iſt, wird der König herausgenommen und von Schlacke befreit. Dann gibt man ihn in eine Kapelle und erhitzt, bis das ganze Blei entfernt iſt und das Goldkorn am Boden zurückbleibt.

Wenn aber das Golderz ſehr ſtrengflüſſig zu ſein ſcheint, ſo muß man es röſten, mit Kinderharn, in dem Salz gelöſt iſt, ablöſchen und dies nochmals wiederholen. Je öfter man röſtet und ablöſcht, deſto beſſer kann es fein zerkleinert werden und deſto leichter ſchmilzt es im Feuer und gibt alle in ihm enthaltenen Unreinheiten ab. Von dieſem geröſteten, gepulverten und gewaſchenen Erz vermiſcht man einen Teil mit drei Teilen irgendeines zuſammengeſetzten Zuſchlags, der das Schmelzen fördert, und ſechs Teilen Blei, und gibt die Miſchung in einen dreieckigen Tiegel, den man in den eiſernen Ring ſetzt, in welchen der doppeltwirkende Blaſebalg bläſt. Zuerſt erhitzt man mit langſamem Feuer, ſpäter allmählich mit ſtärkerem, bis alles ſchmilzt und wie Waſſer fließt. Sollte das Erz noch nicht ſchmelzen, ſo gibt man noch etwas mehr von jenen Zuſchlägen zu, denen man gleiche Teile gelber Bleiglätte beigemiſcht hat, und rührt mit einem erhitzten eiſernen Stab durch, bis ſchließlich alles flüſſig geworden iſt. Dann nimmt man den Tiegel aus dem Ring heraus und ſchlägt den König, ſobald er erkaltet iſt, ab. Nachdem er gereinigt iſt, wird er zuerſt auf einem Scherben geſchmolzen und dann auf einer Kapelle abgetrieben. Das Goldkorn endlich, welches auf dem Boden der Kapelle zurückbleibt, wird nach dem Herausnehmen und Erkalten auf einen Probierſtein geſtrichen, damit man erkennt, wieviel Silber in ihm enthalten iſt.

Nach einem anderen Verfahren gibt man vom Golderz einen Probierzentner in einen Tiegel und fügt 1 Drachme des größeren Gewichtes an Glasgalle hinzu. Wenn es der Schmelzung widerſteht, gibt man noch $^1/_2$ Drachme trockenen, geglühten Weinſtein zu. Wenn es dann trotzdem noch nicht ſchmilzt, ſo fügt man noch etwas Weinſtein aus Eſſig und geglühten Rückſtand von der Bereitung des Scheidewaſſers hinzu. Dann wird ein König auf dem Boden des Tiegels verbleiben. Dieſen ſchmilzt man weiterhin im Scherben und treibt ihn zuletzt auf der Kapelle ab.

[37]) Über die Einteilung dieſer Gewichte ſiehe Seite 218 ff und 225 ff.

Ob ein Kies Gold enthält oder nicht, können wir, bevor wir ihn im Probierofen ſchmelzen, auf folgende Weiſe ermitteln: Wenn er nach dreimaligem Glühen und dreimaligem Ablöſchen mit ſtarkem Eſſig nicht zerſpringt und auch ſeine Farbe nicht ändert, ſo iſt Gold vorhanden. Dem zum Ablöſchen dienenden Eſſig ſoll entweder menſchlicher Harn beigemiſcht ſein oder Salz, das man in ihn hineinwirft und unter Rühren während dreier Tage auflöſt. Auch ein ſolcher Kies iſt nicht frei von Gold, der, in geglühtem Zuſtande auf einem Probierſtein gerieben, auf dieſem einen Strich von der gleichen Farbe gibt wie der ungeröſtete Kies. Ebenſo fehlt Gold nicht einem Kies, von dem ein abgelöſter Splitter im Feuer erhitzt leicht ſchmilzt, wenig riecht und in unverändert glänzendem Zuſtande zurückbleibt. Um ihn in dieſer Weiſe zu erhitzen, bringt man ihn in die Aushöhlung einer Holzkohle und deckt dieſe mit einem zweiten Stück Kohle zu.

Wir können aber auch ein Golderz oder beſſer Goldſande und Gekrätze ſowie das durch Verwaſchen angereicherte Pulver in anderer Weiſe ohne Feuer probieren. Eine kleine Menge davon wird mit Waſſer angefeuchtet und dann erhitzt, bis ein Geruch aufzutreten beginnt; ſodann wird ein Teil des Probegutes mit zwei Teilen Queckſilber in eine nach Art eines Scherbens geformte hölzerne Schüſſel gegeben, gut durchgemiſcht und, mit ein wenig Harn überdeckt, 2 Stunden lang mit einem hölzernen Piſtill zuſammengerieben, bis die Miſchung dick wie eine Zuckerlöſung geworden iſt und das Queckſilber nicht mehr von dem Probegut und das Gekrätz nicht mehr von dem Queckſilber unterſchieden werden kann. Dann wird kaltes oder mäßig warmes Waſſer in die Schüſſel gegoſſen und ſo lange gewaſchen, bis das Waſchwaſſer klar iſt. Wenn man nun wieder kaltes Waſſer in die Schüſſel gibt, trennt ſich das Queckſilber, das alles Gold aufgenommen hat, von dem Probegut und fließt zuſammen. Von dem Golde aber wird es auf folgende Weiſe getrennt: Ein Topf wird mit einem aus Leinfäden gewebten Tuch oder mit einem weichen Leder bedeckt, in deſſen Mitte man mit der Hand eine Vertiefung eindrückt, in die das Amalgam hineingegoſſen wird. Sodann wird das Leder zu einem Beutelchen zuſammengefaltet und dieſes mit einem Faden umwunden. Das auf dieſe Weiſe herausgepreßte Queckſilber wird in dem Topfe aufgefangen. Das im Beutelchen zurückbleibende Amalgam aber wird in einen Scherben gebracht und durch aufgelegte glühende Kohlen gereinigt.

Andere Probierer waſchen die Verunreinigungen nicht mit kaltem Waſſer weg, ſondern mit einer ſauren Flüſſigkeit und Eſſig. Sie gießen dieſe Flüſſigkeiten in einen Topf, bringen dann das mit Queckſilber vermiſchte Probegut hinein und ſtellen den Topf alsbald an einen warmen Ort. Nach 24 Stunden gießen ſie die Flüſſigkeit ſamt den Verunreinigungen ab und trennen das Queckſilber vom Gold in der oben beſchriebenen Weiſe. Sodann gießen ſie in einen in die Erde gegrabenen Krug menſchlichen Harn, ſtellen in den Krug einen mit durchlöchertem Boden verſehenen Topf, in den ſie das Amalgam bringen, und verſchließen ihn durch einen mit dem Krug verbundenen Deckel. Dann erhitzen ſie den Topf auf Rotglut. Nach dem Erkalten treiben ſie das zurückgebliebene Gold, wenn ſolches darin iſt, mit Blei auf einer Kapelle ab, damit auch Kupfer von ihm getrennt wird. Endlich trennen ſie das Silber mit der für dieſe Trennung geeigneten Säure vom Gold.

Manche gießen, um das Gold vom Queckſilber zu trennen, das Amalgam nicht in ein Leder, ſondern bringen es in einen tönernen ausgebauchten Deſtillierkolben, den ſie im Probierofen langſam durch glühende Kohlen erhitzen. Die Öffnung des Kolbens wird mit einem eiſernen Blech als Deckel verſchloſſen, worunter die Feuchtigkeit herausſchwitzt. Sobald keine Dämpfe mehr auftreten, verſchmiert man den Deckel und erhitzt eine kurze Zeit hoch; ſodann wird der Deckel vom Topfe entfernt und das Queckſilber, das ſich an ihm verdichtet hat, mit einer Haſenpfote[38)] abgewiſcht und für neue Proben aufgehoben. Bei dieſer Art des Arbeitens geht aber mehr Queckſilber verloren als bei dem anderen Verfahren.

Von einem Silbererz, wenn es ſehr reich iſt, ganz gleich, ob es gediegen Silber von der dem Silber eigenen oder häufiger von bleigrauer, ſeltener aſchgrauer Farbe iſt, oder Schwefelſilber, Rotgiltig, Braunerz oder Gelberz[39)], wird, nachdem es gereinigt und erhitzt worden iſt, ein Probierzentner des kleineren Gewichts in 1 Unze Blei, das in einer Kapelle eingeſchmolzen worden iſt, eingetränkt und erhitzt, bis die Miſchung Bleidämpfe ausſtößt. Ein armes oder mittelreiches Erz muß zuerſt getrocknet und fein aufgerieben werden. Sodann fügt man zu einem Probierzentner Erz 1 Unze Blei hinzu und erhitzt in einem Scherben, bis alles flüſſig geworden iſt. Sollte es nicht alsbald durch die Hitze des Feuers ſchmelzen, ſo ſtreut man etwas Pulver der zuerſt beſchriebenen Art der Zuſchläge auf, und wenn es auch dann noch nicht ſchmilzt, noch mehrere Male kleine Mengen davon, bis es ſchmilzt und die Schlacke ſich abſcheidet. Damit dies ſchneller geſchieht, wird das aufgeſtreute Pulver mit einem eiſernen Stab eingerührt. Nach dem Herausnehmen des Tiegels aus dem Probierofen wird die Schmelze in die Höhlung eines gebrannten Ziegels ausgegoſſen. Wenn ſie erkaltet und der König von der Schlacke befreit worden iſt, wird dieſer in eine Kapelle gebracht und ſo lange abgetrieben, bis alles Blei verſchwunden iſt. Das Gewicht des in der Kapelle zurückgebliebenen Silberkornes ergibt, wie groß der Silbergehalt des Erzes iſt.

Kupfererze probieren wir ohne Blei; denn wenn wir ſie mit Blei verſchmelzen, pflegt das Kupfer fortzugehen und verloren zu ſein. Deshalb wird eine beſtimmte Gewichtsmenge derartigen Erzes zunächſt geröſtet und in ſcharfem Feuer ungefähr 6 bis 8 Stunden lang erhitzt. Nach dem Erkalten wird es zerkleinert und verwaſchen. Das Angereicherte wird abermals geglüht, zerkleinert, verwaſchen, getrocknet und gewogen. Die Menge, die durch das Glühen und Verwaſchen abgegangen iſt, wird berechnet. Die Menge Angereichertes entſpricht der Steinmenge, die man aus dem Kupfererz erhält. Von dem Gut werden drei Probierzentner mit je ebenſoviel Probierzentner Kupferaſche[40)], Salpeter und venezianiſchem Glas gemengt, in einen dreieckigen Tiegel gebracht, dieſer in den eiſernen Ring geſtellt, der ſich auf dem Herde des Kamins vor dem doppeltwirkenden Blaſebalg befindet, und mit einer Kohle bedeckt, damit nichts in das zu probie-

38) Der Gebrauch einer Haſenpfote zum Abwiſchen von Staub uſw. hat ſich in vielen Probierlaboratorien bis auf den heutigen Tag erhalten.

39) Die Bedeutung der von Agricola gebrauchten lateiniſchen Worte iſt ziemlich ſichergeſtellt. *Argentum ſui coloris vel plumbei vel cinereum* iſt blankes oder mehr oder weniger angelaufenes oder vielleicht auch mit Glaserz überzogenes gediegenes Silber, *argentum nigrum* Schwefelſilber oder Glaserz, *argentum rubrum* Rotgiltigerz; *argentum purpureum* und *luteum* ſind wahrſcheinlich braunrote oder gelbe, vielfach ſehr ſilberreiche erdige Verwitterungsprodukte, die z. B. auch der heutige Bergmann noch „Gilben" nennt. Vgl. 5. Buch Anm. 15, S. 86.

40) Hier liegt unbedingt ein Druckfehler vor. Denn um ein Kupfererz auf Kupfer zu probieren, darf man ihm natürlich nicht Kupferaſche (ſquama aeris), alſo Kupferoxyd, beimengen. Gemeint iſt vielleicht ſquama ferri, Eiſenhammerſchlag.

rende Erz hineinfällt und damit das Schmelzen beschleunigt wird. Zunächst gibt man nur wenig Wind, damit sich das Erz langsam erwärmt, später stärkeren, zuletzt sehr starken, bis alles geschmolzen ist und die Zuschläge durch das Feuer aufgezehrt sind und das Erz alles, was es an Verunreinigungen enthielt, abgesondert hat. Der herausgenommene Tiegel wird abgekühlt, und man findet, nachdem er zerschlagen worden ist, das Kupfer, welches man zu wiegen hat, um zu erfahren, welche Menge des Erzes vom Feuer verzehrt worden ist.

Manche rösten das Erz und zerkleinern und waschen es bloß einmal. Von dem so angereicherten Gut nehmen sie 3 Zentner und je 1 Zentner gewöhnliches Salz, geglühten Weinstein und Glasgalle und schmelzen in einem dreieckigen Tiegel, in dem sich nach dem Erkalten ein reiner Kupferkönig findet, wenn das Erz reich an diesem Metalle war. Wenn es ärmer war, fällt ein geschmolzener Stein, der das Kupfer enthält. Dieser Stein wird wiederum geröstet, zerkleinert und in einem zweiten Tontiegel nochmals geschmolzen, wobei man leichtschmelzende Erden und Salpeter[41] zugibt. Alsdann findet sich am Boden des Tiegels ein König von reinem Kupfer. Wenn man wissen will, wieviel Silber in dem Kupferkönig enthalten ist, so treibt man ihn auf einer Kapelle unter Zusatz von Blei ab. Über diese Probe werde ich später sprechen.

Diejenigen aber, die sehr schnell ermitteln wollen, wie groß der Silbergehalt des Erzes ist, rösten, zerkleinern und verwaschen es, mischen einem Zentner des angereicherten Gutes etwas Bleiglätte zu und geben die Mischung in einen Scherben, den sie $^1/_2$ Stunde lang unter die Muffel des glühenden Probierofens setzen. Sobald infolge der verflüssigenden Kraft der Bleiglätte sich eine Schlacke abgeschieden hat, nehmen sie den Scherben heraus, kühlen ab, reinigen von Schlacke und reiben die Schmelze nochmals fein auf. Mit 1 Zentner davon mischen sie $1^1/_2$ Unze gekörntes Blei, füllen in einen zweiten Scherben, den sie unter die Muffel des glühenden Probierofens stellen, und geben zu der Mischung eine kleine Menge eines zusammengesetzten Zuschlags, der die Schmelzung des Erzes bewirkt; die Schmelze wird dann herausgenommen, abgekühlt und von der Schlacke befreit. Sodann wird der Bleikönig auf einem Scherben abgetrieben, bis alles Blei verschwunden und reines Silber übriggeblieben ist.

Bleierze kann man gut auf folgende Weise probieren: Von reinem Bleiglanz wird $^1/_2$ Unze zerkleinert und von Chrysokolla, die Borax genannt wird, ebensoviel in zerkleinertem Zustande beigemischt, alles auf einen Scherben gegeben und eine glühende Kohle mitten darauf gelegt. Sobald der Borax sich aufbläht und der Bleiglanz geschmolzen ist, was rasch geschieht, wird die Kohle vom Scherben weggenommen; auf seinem Boden wird sich ein Bleikönig ansammeln, der auszuwiegen ist. Die Menge, die vom Feuer verzehrt ist, wird in Rechnung gestellt. Wenn man aber wissen will, wie groß der Silbergehalt des Bleies ist, wird der König auf einer Kapelle abgetrieben, bis alles Blei verschwunden ist.

Bleierze beliebiger Art werden geröstet und verwaschen und von dem Angereicherten 1 Zentner und 3 Zentner eines zusammengesetzten Zuschlags, der das Schmelzen befördert, zusammengemischt und in einen Scherben gegeben, der be-

[41] Agricola nennt hier als Zuschlag *halinitrum*, was oben mit Salpeter übersetzt worden ist; dieses Wort kann an dieser Stelle aber kaum Salpeter bedeuten, da dieses auch Kupfer oxydieren würde. Mindestens müßte noch ein reduzierender Zuschlag beigefügt werden.

hufs Schmelzung in den eifernen Ring gefetzt wird. Nach dem Erkalten wird die Schlacke entfernt und der zurückbleibende König, wie befchrieben, weiter behandelt. Oder man nimmt 2 Unzen vorbereitetes Erz, 5 Drachmen Kupferoxyd, 1 Unze Soda oder zu Pulver verriebene Glasgalle, 1/2 Unze Salz und mifcht alles. Man bringt die Mifchung in einen dreieckigen Tiegel und erhitzt mit langfamem Feuer, damit er nicht zerfpringt. Sobald die Mifchung flüffig geworden ift, facht man das Feuer mit dem Blafebalg ftärker an, nimmt darauf den Tiegel aus den glühenden Kohlen heraus und läßt ihn an der Luft abkühlen. Man gieße kein Waffer darauf, damit nicht der Bleikönig infolge der zu rafchen Abkühlung in Bewegung gerät und fich wieder mit der Schlacke vermengt, wodurch das Ergebnis der Probe falfch werden würde. Nach dem Zerfchlagen des Tiegels wird man auf feinem Boden den Bleikönig vorfinden.

Oder man nimmt 2 Unzen Erz, 1/2 Unze Bleiglätte, 2 Unzen venezianifches Glas und 1/2 Unze Salpeter. Wenn das Erz fehr fchwer fchmilzt, gibt man noch Eifenfeilfpäne zu, welche, da fie ftark erhitzend wirken, die Verunreinigungen leicht von Blei und fonftigen Metallen abtrennen. Endlich kann man auch das in geeigneter Weife vorbereitete Erz in einen Tiegel bringen und nur von leichter fchmelzenden Beftandteilen gereinigten Sand oder Eifenfeilfpäne zugeben und die Probe fo durchführen.

Zinnerze kann man auf folgende Weife probieren: Zuerft röftet, dann zerkleinert und verwäfcht man fie. Das Angereicherte röftet man wieder und zerkleinert und verwäfcht es. 1 Zentner von ihm mifcht man mit Chryfokolla, die man Borax nennt, und formt aus der angefeuchteten Maffe ein Kügelchen. Sodann durchbohrt man ein großes rundes Stück Holzkohle. Die Öffnung fei 1 Hand hoch, oben 3 Finger im Durchmeffer, unten etwas enger. Wenn die Kohle an Ort und Stelle gebracht ift, foll fich letzteres Ende unten, erfteres oben befinden. Sie wird in einen Tontiegel gefetzt, der von allen Seiten mit glühenden Kohlen umgeben wird. Wenn die durchbohrte Kohle zu brennen beginnt, wird das Kügelchen durch die obere Öffnung hineingebracht und diefe mit einer breiten glühenden Kohle bedeckt. Um die Kohle werden ringsum noch mehr Kohlen angehäuft und durch den Blafebalg ein ftarkes Feuer angefacht, bis alles Zinn durch die untere Öffnung in den Tiegel gefloffen ift.

Oder man nimmt eine große Kohle, höhlt fie aus und verfchließt die Höhlung, damit kein glühendes Erz herausgefchleudert wird. Dann bohrt man ein kleines Loch in die Mitte der Kohle und füllt die große Höhlung mit zerkleinerter Holzkohle, auf welche das Erz eingeworfen wird. In das kleine Loch bringt man ein Stück glühende Kohle und fteckt die Düfe eines Handblafebalges hinein, um das Feuer anzufachen. Die große Kohle ftellt man in einen niedrigen Tiegel und dichtet unten ab. In dem Tiegel wird man dann nach beendetem Schmelzen den Zinnkönig finden.

Wismuterz probieren wir auf folgende Art: Wir werfen die Erzftücke in einen Tontiegel, den wir unter die Muffel des glühenden Probierofens ftellen. Sobald die Hitze geftiegen ift, tropft das Wismut heraus und fließt zu einem König zufammen.

Queckfilbererze probieren wir am beften in folgender Weife: Mit einem Teil des zerkleinerten Erzes werden drei Teile Kohlepulver und eine Handvoll Salz vermiſcht und die Miſchung in einen Tiegel, Topf oder Krug gegeben. Dieſer wird mit einem Deckel bedeckt und der Deckel verſchmiert; das Gefäß wird ſodann in glühende Kohlen geſetzt und, nachdem es ins Glühen gekommen war, wieder herausgenommen. Denn wenn man zu lange erhitzt, würde aus der Erzmiſchung zugleich mit dem Rauch auch das Queckſilber entweichen. Man findet es zuletzt am Boden des erkalteten Tiegels oder des ſonſtigen verwendeten Gefäßes.

Nach einem anderen Verfahren gibt man das aufgeriebene Erz in einen tönernen bauchigen Deſtillierkolben, den man in den Probierofen legt und durch einen Deckel mit einer langen Naſe verſchließt. Unter die Naſe ſtellt man eine Vorlage, welche das hineintropfende Queckſilber auffängt. Man muß aber in die Vorlage kaltes Waſſer gießen, damit das durch das Feuer hocherhitzte Queckſilber ſchnell abgekühlt wird und zuſammenfließt. Denn das Queckſilber wird durch die Gewalt des Feuers verflüchtigt und entweicht als Dampf durch die Naſe des Deckels nach der Vorlage. Wir können Queckſilbererze auch faſt in der gleichen Weiſe probieren, wie wir ſie im großen verarbeiten. Das werde ich am entſprechenden Orte beſchreiben.

Eiſenerz endlich probieren wir in einem Schmiedefeuer. Es wird gebrannt, zerkleinert, verwaſchen und getrocknet. In das Angereicherte wird ein Magnet geſteckt, der die Eiſenteilchen an ſich zieht, die mit einer Feder in einen Tiegel abgeſtrichen werden. Der Magnet wird ſo lange in das Gut hineingeſteckt und die Späne von ihm abgeſtrichen, ſolange noch etwas vorhanden iſt, was er anzieht. Das Herausgezogene wird in dem Tiegel mit Salpeter[42] erhitzt, bis es flüſſig wird und ſich ein Eiſenkönig bildet. Wenn der Magnet ſchnell und leicht Eiſenteilchen an ſich gezogen hat, ſchließen wir, daß das Erz reich ſei, wenn es langſam geſchah, halten wir es für arm. Wenn er die Teilchen geradezu abzuſtoßen ſcheint, ſo enthält das Erz wenig oder kein Eiſen.

Doch damit genug vom Probieren von Erzen. Im folgenden werde ich von dem Probieren der Metalle reden. Dies iſt wichtig ſowohl für die Münzleute und für Kaufleute, die Metalle kaufen und verkaufen, wie für den Berg- und Hüttenmann, am meiſten aber für den Beſitzer und Leiter der Gruben und für den Beſitzer und Leiter von Hütten, in denen Metalle erſchmolzen oder Metalle voneinander geſchieden werden.

Zuerſt will ich beſchreiben, wie man am beſten ermittelt, wieviel Edelmetall in einem unedlen enthalten iſt. Als Edelmetalle werden Gold und Silber bezeichnet, die übrigen Metalle aber als unedel. Häufig werden die unedlen Metalle verbrannt, um die edlen in reinem Zuſtande zu erhalten. Durch eine ſolche Verbrennung ermittelten die Alten auch, wieviel Silber im Gold enthalten ſei, indem ſie alles Silber aufzehrten, was mit einem nicht geringen Verluſt verbunden war[43].

Der berühmte Mathematiker Archimedes erfand, um dem König Hieron einen Gefallen zu erweiſen, auch noch ein anderes Verfahren zur Beſtimmung des Silbers, das aber nicht gerade ſchnell ausführbar und für größere Gegenſtände genauer iſt als für kleine Mengen; ich werde es in meinen Denkwürdigkeiten

[42] Auch an dieſer Stelle kann halinitrum nicht Salpeter bedeuten.

[43] Unter dem Verbrennen der Metalle iſt, ſoweit unedle Metalle in Frage kommen, ihre Überführung in Oxyde zu verſtehen. Das Silber aber kann dadurch aus dem Golde entfernt werden, daß man es in Schwefelſilber oder Chlorſilber verwandelt nach Verfahren, die Agricola im 10. Buch beſchreibt.

beſchreiben[44]. Dagegen haben uns die Alchimiſten ein Verfahren der Scheidung des Silbers vom Golde gelehrt, bei dem nichts verlorengeht.

Von ſilberhaltigem Gold oder goldhaltigem Silber wird zunächſt auf dem Probierſtein ein Strich gemacht, daneben ein Strich mit einer Strichnadel von Gold oder Silber, die ihm gleicht. Aus den Strichen erkennt man, wieviel Silber im Gold oder wieviel Gold im Silber enthalten iſt. Man gibt dann zu dem im Silber enthaltenen Golde noch ſo viel Silber hinzu, daß auf einen Teil Gold drei Teile Silber vorhanden ſind[45]. Sodann wird Probierblei in einer Kapelle eingeſchmolzen und etwas Kupfer hinzugegeben, und zwar etwa 1/2 Unze, oder, wenn das Gold oder Silber kein Kupfer enthält, 3/4 Unze der kleineren Gewichte; denn die Kapelle zieht, wenn kein Blei oder Kupfer, mit dem ſie ſich ſättigen kann, vorhanden iſt, kleine Teilchen von Gold und Silber an ſich und ſaugt ſie auf. Schließlich gibt man 1/3 Pfund Gold und 1 Pfund Silber in dieſelbe Kapelle und treibt ab. Wollte man das Gold und Silber gleich von vornherein in die Kapelle geben, ſo würden, wie ſchon geſagt, kleine Teile davon von ihr aufgeſaugt, und das Gold würde, wenn man es vom Silber geſchieden hat, nicht als rein befunden werden. Das Abtreiben aber wird fortgeſetzt, bis alles Blei und Kupfer aufgezehrt iſt, und dann der König mit der gleichen Menge Blei nochmals in einer zweiten Kapelle abgetrieben. Jedes Korn wird mit einem Hammer breit geſchlagen und jedes Blättchen zu einem Röllchen zuſammengebogen. Man gibt jedes in ein kleines gläſernes Kölbchen, übergießt es mit 1 1/8 Unze des Scheidewaſſers der dritten Art, welches ich im zehnten Buche beſchreiben werde, und erhitzt langſam. Dabei hängen ſich kleine Bläschen in Form von Perlen an die Röllchen an. Je mehr ſich das Scheidewaſſer dabei rot färbt, deſto beſſer iſt dasſelbe. Nachdem die rote Farbe verſchwunden iſt, bilden ſich an den Röllchen weiße Bläschen, die nicht nur der Form, ſondern auch der Farbe nach Perlen gleichen. Kurze Zeit darauf wird das Scheidewaſſer abgegoſſen und neues zugegeben. Wenn dieſes wiederum ſechs oder acht weiße Bläschen entwickelt hat, wird es abgegoſſen; die Röllchen werden herausgenommen und vier- oder fünfmal mit Brunnenwaſſer abgewaſchen oder beſſer mit ſiedendem Waſſer ausgekocht, denn dann wird ihre Farbe heller glänzend. Darauf werden ſie in einen goldenen Tiegel mit Stiel, der in der Hand gehalten wird, gelegt und allmählich über gelindem Feuer getrocknet. Der Tiegel wird dann in glühende Kohlen geſtellt, mit Kohle bedeckt und das Feuer mit dem Munde mäßig angeblaſen, bis eine blaue Flamme entweicht. Zuletzt werden die Röllchen auf der Waage miteinander verglichen. Wenn ſie im Gewicht nicht von-

[44] Agricola ſagt, daß er das Verfahren in „commentariis" beſchreiben werde. Ob er damit ein von ihm verfaßtes oder zu verfaſſendes Werk meint, iſt nicht klar. Jedenfalls gibt es unter dieſem Namen kein Werk Agricolas.

Das Verfahren des Archimedes beſtand darin, daß er die zu unterſuchende, aus Gold und Silber beſtehende Krone des Hieron im Waſſer getaucht wog und ſo ihr ſpezifiſches Gewicht ermittelte. Aus dieſem, dem abſoluten Gewicht der Krone und den bekannten ſpezifiſchen Gewichten des Goldes und des Silbers berechnete er dann die prozentuale Zuſammenſetzung der Legierung.

[45] Die Alchimiſten — chymiſtarum ſectatores — haben die Scheidung des Silbers vom Gold durch Salpeterſäure eingeführt. Damit ſich aber aus einer Gold-Silber-Legierung alles Silber ſchnell und vollſtändig herauslöſt und das Gold in zuſammenhängender Form zurückbleibt, müſſen, wie oben angegeben, auf einen Teil Gold etwa drei Teile Silber vorhanden ſein. Man nennt von dem Verhältnis, 1/4 Gold zu 3/4 Silber, dieſes Verfahren die „Scheidung durch die Quart". Enthält eine Legierung zuwenig Silber, ſo muß ihr in oben beſchriebener Weiſe noch ſo viel Silber hinzulegiert werden, daß das richtige Verhältnis erreicht wird. Dieſes Hinzulegieren von Silber heißt „Quartieren".

einander abweichen, ist die Arbeit des Probierers erfolgreich gewesen. Zuletzt bringt man beide in die eine Waagschale und wiegt sie. Bei jedem muß man aber ein Gränchen weniger rechnen wegen des Silbers, das im Golde zurückbleibt und nicht von ihm getrennt werden kann[46]. Aus dem Gewichte der Röllchen aber erfahren wir das Gewicht des Goldes und des Silbers, welches in der Legierung enthalten war. Wenn aber der Probierer nicht so viel Silber hinzulegiert hat, daß es in dreifacher Menge des Goldes vorhanden ist, sondern nur die doppelte oder anderthalbfache Menge, muß man ein stärkeres Scheidewasser anwenden, wie später als viertes beschrieben. Ob das Scheidewasser geeignet ist und ob es mehr oder weniger stark ist, erkennt man an seiner Wirkung. Mittelstarkes entwickelt Bläschen an den Röllchen, und die Farbe am Kölbchen und am Deckel ist tiefrot, schwächeres erzeugt eine hellere Farbe, stärkeres zerreißt die Röllchen.

Zu Silber, welches einen kleinen Goldgehalt hat, braucht man kein Silber mehr hinzuzulegieren, wenn man es in der Kapelle vor der Scheidung abtreibt. Sondern man gibt außer Blei auf 1 Mark der Legierung nur $^1/_4$ bis $^1/_5$ Mark Kupfer zu. Und wenn das Silber schon etwas Kupfer enthielt, wiegt man das mit Blei abgetriebene Korn aus und scheidet hernach das Gold vom Silber. Durch die erste Arbeit erfahren wir, wieviel Kupfer, durch die zweite, wieviel Gold vorhanden war.

Unedle Metalle werden für Probierzwecke heute auch geröstet, weil ein kleiner Verlust an solchem Metall keinen großen Schaden verursacht. Wie aus großen Mengen von Legierungen die Edelmetalle abgeschieden werden, will ich im zehnten und elften Buche auseinandersetzen.

Legierungen von Kupfer und Silber werden in folgender Weise probiert: Der Probierer schneidet aus einigen Kupferbarren Teilchen heraus, aus kleinen kleine, aus mittelgroßen mittelgroße und aus großen große, die kleinen von der Größe einer halben Haselnuß, die großen nicht größer als eine Kastanie, die mittelgroßen von einer dazwischenliegenden Größe. Er entnimmt diese Proben aus der Mitte der Unterseite jedes Barrens, gibt sie in einen neuen, reinen dreieckigen Tiegel und fügt einen Zettel bei, auf dem das Gewicht verzeichnet ist, das jeder Kupferbarren hat, und wie viele es gewesen sind. Z. B. schreibt er: „Diese Teile sind ausgeschnitten aus Kupfer, welches 20 Zentner wiegt.“ Wenn er nun wissen will, wie viele Teile Silber in 1 Zentner enthalten sind, legt er in den eisernen Ring des Probierofens glühende Kohlen und gibt frische Kohlen zu. Sobald die Hitze hoch genug gestiegen ist, nimmt er den Zettel aus dem Tiegel heraus und legt ihn beiseite, stellt den Tiegel in das Feuer und erhitzt ihn langsam nach und nach während einer Viertelstunde, bis er zu glühen beginnt. Sodann facht er das Feuer mit dem doppeltwirkenden Blasebalg während einer halben Stunde an und erhöht so die Glut. Diese Zeit genügt, um ein bleifreies Kupfer zu erhitzen und zu schmelzen; bei einem bleihaltigen geht es schneller. Wenn der Blasebalg etwa die angegebene Zeit hindurch in Tätigkeit war, entfernt er mit einer Zange die glühenden Kohlen und rührt mit einem dünnen Holzspan, den er mit einer Zange faßt, das Kupfer um. Läßt es sich nicht leicht umrühren, so ist das ein Zeichen, daß es noch nicht vollkommen geschmolzen ist. Stellt sich das heraus, so legt er ein großes Stück

[46] Der Grund liegt wahrscheinlich darin, daß man zu Agricolas Zeiten keine hochzentrierte Salpetersäure kannte. Heute löst man mit Salpetersäure vom sp. G. 1,2, kocht zweimal mit Säure vom sp. G. 1,3 und dreimal mit Wasser aus und entfernt so das Silber bis auf zu vernachlässigende Spuren.

Kohle in den Tiegel, bringt die vorher entfernten glühenden Kohlen wieder an ihren Platz und bläſt kurze Zeit mit dem Blaſebalg weiter. Wenn aber alles Kupfer geſchmolzen war, braucht man nicht noch einmal zu blaſen. Täte man es, ſo würde das Feuer einen Teil des Kupfers verzehren, und es würde das, was zurückbleibt, reicher an Silber als die Barren, aus denen die Probe entnommen worden iſt, was kein geringer Fehler wäre. Wenn alſo das Kupfer gut flüſſig geworden iſt, gießt man es in eine eiſerne Gußform, und zwar eine große oder eine kleine, je nachdem man viel oder wenig zum Zwecke des Probierens in dem Tiegel eingeſchmolzen hat. Sie beſitzt einen ebenfalls eiſernen Handgriff, an dem man ſie anfaßt, wenn das Kupfer eingegoſſen iſt; dann taucht man ſie in zur Hand ſtehendes Waſſer, damit das Kupfer erſtarrt. Dieſes wird dann am Feuer getrocknet und von ihm mit einem eiſernen Hammer eine Spitze abgeſchlagen. Die Stelle dicht neben der Spitze ſchmiedet man auf einem Amboß aus und ſtellt ſo ein Blech her, das man in Stückchen zerſchneidet.

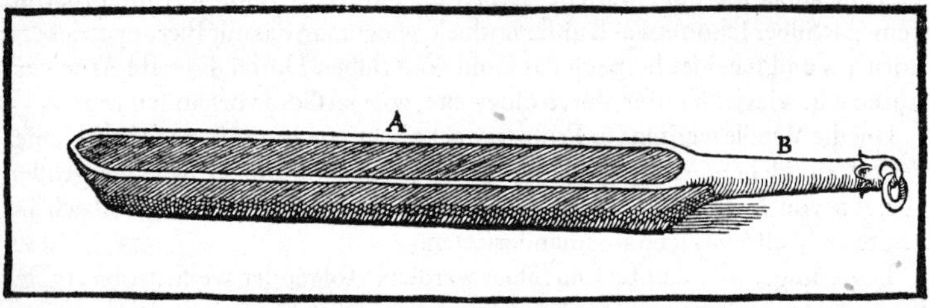

Eiſerne Gußform A. Ihre Handhabe B.

Andere rühren das flüſſig gewordene Kupfer mit einem Stück Lindenkohle um und gießen es durch einen Beſen, der aus neuen und reinen Birkenreiſern hergeſtellt iſt, in ein darunterſtehendes, genügend großes, mit Waſſer gefülltes Faß und zerteilen es ſo in kleine Kügelchen in der Größe etwa von Hanfſamen. Manche nehmen an Stelle des Beſens Stroh. Andere ſtellen einen dicken Stein in das Faß, füllen ſo viel Waſſer hinein, daß ſeine Oberfläche bedeckt iſt, und gießen das flüſſige Kupfer aus dem Tiegel auf den Stein, von dem es in kleine Kügelchen zerteilt herabſpritzt. Andere gießen das geſchmolzene Kupfer in Waſſer und rühren dieſes ſtark, ſo daß das Kupfer dadurch in Kügelchen zerteilt wird[47]. Wenn man es nicht ausgießt, ſondern aus ihm ein Blech oder Stückchen oder auch Feilſpäne herſtellt, ſchmilzt es in der Kapelle durch Feuer nicht leicht ein. Kommt es aber nicht zum Schmelzen, ſo iſt alle Arbeit vergeblich aufgewendet. In gleicher Weiſe wie Kupfer werden auch die Metalle Blei und Silber in Kügelchen zerteilt, damit man ſie bequem abwiegen kann.

Ich kehre zurück zum Probieren des Kupfers. Nachdem es in der geſchilderten Weiſe vorbereitet worden iſt, wird zu 1 Zentner der kleineren Gewichte, wenn das Kupfer frei iſt von Blei und Eiſen und reich an Silber, 1 1/2 Unze der größeren Gewichte an Blei gegeben; wenn es aber ſchon Blei enthält, 1 Unze; wenn es Eiſen enthält, 2 Unzen. Zuerſt ſetzt man das Blei auf die Kapelle auf; ſobald es zu rauchen

47) Die hier beſchriebenen Arbeiten ſind die verſchiedenen Arten des ſogenannten Granulierens.

beginnt, fügt man das Kupfer hinzu. In 1$^{1}/_{4}$ Stunde iſt es vom Feuer ſamt dem Blei verzehrt worden. Sobald das geſchehen, wird man am Boden der Kapelle ein Silberkorn erblicken. Schneller geſchieht die Aufzehrung des Kupfers und des Bleies, wenn man in einem mit Wind angefachten Probierofen abtreibt. Es iſt aber beſſer, die eine Hälfte der Kapelle mit einem Deckel abzudecken und nicht nur einen mit Öffnungen verſehenen Vorſetzer vor das Muffeltor zu ſtellen, ſondern auch die Öffnungen in den Seitenwänden der Muffel mit einer Kohle oder einem Ziegel zu ſchließen. War das Kupfer ſo beſchaffen, daß ſich das Silber ſchwer von ihm trennt, ſo wird, bevor man es auf der Kapelle im Feuer probiert, zuerſt Blei in der Kapelle eingeſchmolzen und dann das Kupfer, mit einer kleinen Menge geſchmolzenen Salzes gemengt, zugegeben, damit es leichter vom Blei aufgenommen und von überflüſſigen Schlacken gereinigt wird.

Silberhaltiges Zinn darf man beim Probieren nicht ſofort in die Kapelle einbringen, damit nicht zugleich mit ihm das Silber aufgezehrt und in Rauch verwandelt wird. Sondern es wird erſt, nachdem das Blei in der Kapelle zu rauchen begonnen hat, zugegeben. Auf dieſe Weiſe nimmt das Blei das Silber auf, während das Zinn ausgetrieben wird und eine Aſche bildet, die mit einem dünnen Holzſpan entfernt wird. Das gleiche geſchieht bei einer zinnhaltigen Legierung. Sobald aber das Blei das Silber aufgenommen hat, das in dem Zinn enthalten war, wird es nunmehr in einer neuen Kapelle abgetrieben. Ein Silber enthaltendes Blei wird zunächſt in einem eiſernen Tiegel, der unter dem glühenden Probierofen ſteht, geſchmolzen, ſodann wie Kupfer in eine eiſerne Gußform ausgegoſſen und der Zain mit einem Hammer breit geſchlagen; aus ihm werden Blättchen hergeſtellt, die man nunmehr auf eine Kapelle aufſetzt. Dieſe Probe kann in einer halben Stunde ausgeführt werden. Allzu große Hitze iſt dabei ſchädlich. Es iſt deshalb nicht nötig, das Muffeltor halb mit einem Vorſetzer zu ſchließen oder ſeine Öffnung ganz zuzumachen.

Geprägte Legierungen, die man Münzen nennt, probieren wir in folgender Weiſe: Kleinere Silbermünzen, die man einem Haufen oben, unten und an den Seiten entnimmt, werden zuerſt gut gereinigt, darauf in einem Tiegel eingeſchmolzen und die Schmelze entweder granuliert oder in einen Zain gegoſſen, aus dem Blättchen hergeſtellt werden. Größere Münzen, die 1 Drachme, $^{1}/_{4}$ Unze, $^{1}/_{2}$ oder 1 ganze Unze wiegen, werden breit geſchlagen. Von der granulierten Menge nimmt man $^{1}/_{2}$ Pfund, von den Blättchen eine gleiche Menge und in gleicher Weiſe nochmals $^{1}/_{2}$ Pfund. Jede Menge wird für ſich in ein Papiertütchen eingefüllt. Dann gibt man auf zwei vorher erhitzte Kapellen Blei auf. Je reicher die Münzen ſind, deſto weniger bedarf es an Blei, je ärmer, deſto mehr. Wenn angegeben iſt, daß 1 Mark $^{1}/_{2}$ oder 1 ganze Unze Kupfer enthält, gibt man zu $^{1}/_{2}$ Pfund der kleineren Gewichte $^{1}/_{2}$ Unze Blei, wenn die Legierung aus gleichen Teilen Silber und Kupfer beſteht, 1 Unze; wenn aber in 1 Mark Kupfer nur $^{1}/_{2}$ oder 1 ganze Unze Silber enthalten iſt, 1$^{1}/_{2}$ Unze. Sobald nun das Blei in der Kapelle zu rauchen beginnt, gibt man auf jede ein Papiertütchen, in dem die Silber-Kupfer-Legierung eingepackt iſt, auf, verſchließt das Muffeltor mit Kohlen und treibt mit gelindem Feuer ab, bis alles Blei und Kupfer verzehrt iſt. Denn allzu ſtarkes Feuer führt Silber mit kleinen Mengen Blei in die Kapelle über, wodurch das Ergebnis falſch wird. Dann nimmt man die Silberkörner aus der Kapelle heraus und befreit ſie von Schlacke.

Wenn von den beiden Waagſchalen, in die man die Körner einlegt, die eine nicht weiter herabgedrückt wird als die andere, ſondern das Gewicht der beiden Körner gleich iſt, weiſt unſere Probe keinen Fehler auf. Hängt dagegen die eine Waagſchale tiefer herunter als die andere, ſo iſt die Probe fehlerhaft und muß wiederholt werden. Wenn 1 Mark der Münzlegierung nur 7 Unzen reines Silber enthält, ſo liegt das daran, daß der König oder Fürſt oder die Stadt, welche Münzen ſchlägt, 1 Unze Silber zurückbehalten haben, welche teils für ſie einen Gewinn darſtellt, teils die Koſten der Ausmünzung zu tragen hat; es iſt zuviel Kupfer zum Silber zugeſetzt worden. Darüber werde ich ausführlicher in meinem Werk „Über den Wert der Metalle und über Münzen“[48] ſprechen.

Goldmünzen probieren wir auf verſchiedene Weiſe: Wenn Kupfer dem Golde beigemiſcht iſt, treiben wir ſie ebenſo wie die ſilbernen im Feuer ab; enthalten ſie Silber, ſo wird dies vom Golde durch ſtärkſtes Scheidewaſſer geſchieden, enthalten ſie aber Kupfer und Silber, ſo werden ſie zuerſt auf einer Kapelle mit Blei abgetrieben, bis das Kupfer und Blei vom Feuer verzehrt ſind, und dann das Gold vom Silber geſchieden.

Zuletzt iſt nun noch über den Probierſtein zu ſprechen, durch den ſchon von alters her Gold und Silber zu probieren gebräuchlich iſt. Denn obwohl die Feuerprobe ſicherer iſt, greifen wir doch häufig, da es vielfach an einem Probierofen oder einer Muffel oder an Tiegeln fehlt und die Probe ſchnell gehen muß, zu einem Probierſtein, den wir jederzeit in Bereitſchaft halten können, um Gold und Silber darauf zu ſtreichen. Es iſt ja doch auch nicht immer ratſam, Goldmünzen im Feuer zu ſchmelzen[49]. Als Probierſtein muß man einen durchaus ſchwarzen und ſchwefelfreien Stein nehmen. Je ſchwärzer er iſt und je weniger Schwefel er enthält, deſto beſſer pflegt er zu ſein. Über die Art des Steines habe ich andernorts geſchrieben[50]. Auf dem Probierſtein wird zuerſt Gold geſtrichen, ſei es ſilber- oder kupferhaltig, ſei es Waſchgold oder im Feuer erſchmolzenes Gold, in gleicher Weiſe Silber; daneben eine Strichnadel von einer möglichſt ähnlichen Farbe; erſcheint dieſe zu hell, ſo ſtreicht man mit einer Probiernadel von ſatterer Farbe. Erſcheint dieſe zu dunkel, ſo nehmen wir eine dritte Nadel von wiederum etwas hellerer Farbe, und dies zeigt uns dann an, wieviel Silber oder Kupfer oder wieviel Silber und Kupfer zugleich im Gold enthalten iſt oder wieviel das Silber an Kupfer enthält.

Man hat vier Arten von Probiernadeln. Diejenigen der erſten Art beſtehen aus Gold und Silber, die der zweiten aus Gold und Kupfer, die der dritten aus Gold, Silber und Kupfer und die der vierten aus Silber und Kupfer. Mit den erſten drei Arten von Nadeln prüfen wir auf Gold, mit der vierten auf Silber. Die Nadeln werden in folgender Weiſe hergeſtellt: An Gewichten hat man kleinere und größere, die einander auch in der Einteilung entſprechen[51]. Beider Arten von

48) Georgii Agricolae de pretio metallorum et monetis libri III. Froben, Baſileae, MDL.

49) Weil ſie nämlich dadurch unbrauchbar gemacht werden.

50) In ſeinen im Jahre 1546 bei Froben in Baſel erſchienenen Werken „De ortu et cauſis ſubterraneorum“, Seite 61/62, und ausführlicher in „De natura foſſilium“, Seite 271/72. Der Probierſtein, Goldſtein, Lydiſcher Stein oder Lydit iſt ein durch Bitumen ſchwarz gefärbter Kieſelſchiefer, aus dem mäßig dicke Parallelepipede von 7 bis 10 cm Länge und 4 bis 5 cm Breite hergeſtellt werden, die auf den Breitſeiten angeſchliffen ſind. Gefunden wurden ſolche Steine nach Agricolas Angaben in den Brüchen bei Hildesheim und Goslar und beim Dorfe Wieſe, zwiſchen Erendorf und Eger in Böhmen.

51) Agricola unterſcheidet, wie es auch heute noch geſchieht, kleinere und größere Gewichte, d. h. Gewichtseinheiten, die wir ihrer Verwendung nach als Münzgewichte, Probiergewichte und Handelsgewichte bezeichnen.

Gewichten bedienen ſich nicht nur die Berg- und Hüttenleute, ſondern auch die Münzleute. Die Nadeln aber werden nach den kleineren Gewichten hergeſtellt, und jede entſpricht einem bes, den wir in unſerm Wörterverzeichnis eine Mark nennen[52].

Die Münzleute, welche Goldmünzen ſchlagen, teilen die Mark ein in 24 binae ſextulae, welche die Griechen ceratia nennen; die bina ſextula in 4 ſemiſextulae, die man Gran nennt, und die ſemiſextulae in 3 quaternae ſiliquae, worunter wir Gränchen verſtehen. Wenn wir alſo Nadeln herſtellen, deren Gehalte ſich um je 1 Gränchen unterſcheiden, brauchen wir 288 Stück; wenn wir ſie nach Gran einteilen, 96 Stück. Auf dieſe beiden Weiſen aber würden wir viel zu viel Nadeln er-

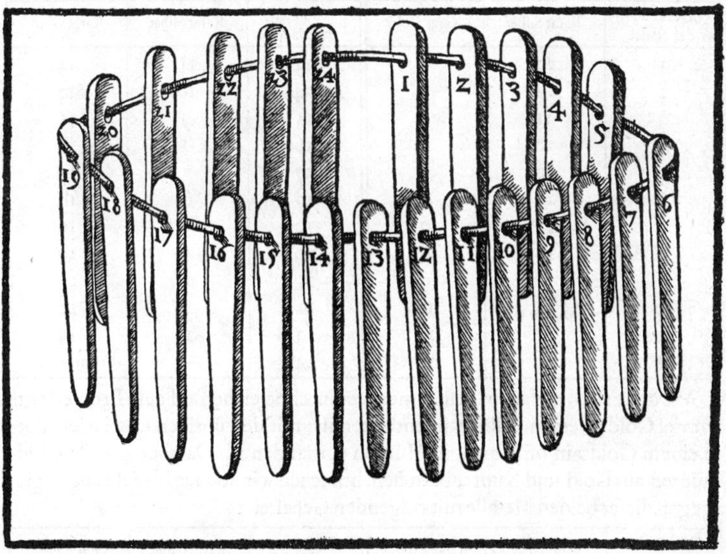

52) Die Mark iſt gleich 1/2 Pfund; ihr Gewicht war in verſchiedenen Ländern verſchieden. In Preußen und den meiſten größeren deutſchen Staaten betrug es 233,856 g, während die ebenfalls viel benutzte Kölniſche Mark nur 233,812 g wog. Unter einer „feinen Mark" Gold oder Silber verſteht man reines Gold oder Silber. Dieſe Mark wird beim Golde anders unterteilt als beim Silber. Für die Mark Gold ergibt ſich aus den hier folgenden Ausführungen Agricolas und aus ſeinem Werk „De pretio metallorum et monetis" die Unterteilung, die deutſche Benennung der Teile und ihr Zuſammenhang mit dem metriſchen Maßſyſtem — unter Zugrundelegung der erſtgenannten Mark — wie folgt:

bes = Mark	binae ſextulae = ceratia (griech.) = Karat = duellae	Semiſextulae = grana = Gran	Scripula = Skrupel	Quaternae ſiliquae = granula = Gränchen	Gramm
1	24	96	192	288	233,856
	1	4	8	12	9,744
		1	2	3	2,436
			1	1 1/2	1,218
				1	0,812

In der Überſetzung werden die deutſchen Bezeichnungen verwendet, die Zuſammenſetzung der einzelnen Probiernadeln wird auch in Gewichtsteilen angegeben werden.

halten, und viele von diesen Nadeln würden uns den Goldgehalt wegen der geringen Unterschiede der Farben nicht deutlich erkennen lassen. Daher genügt es, die Nadeln nur in einer nach Karat abgestuften Anzahl herzustellen. Das ergibt 24 Nadeln, von denen die erste aus 23 Karat Silber und 1 Karat Gold besteht. Nach dem Schriftsteller Fannius nannten die Alten eine bina sextula, gleich einem Karat, eine duella. Wenn man also einen Silberzain auf dem Probierstein reibt und der Strich hat die Farbe dieser Nadel, so enthält er 1 Karat Gold. In gleicher Weise können wir weitere Anteile der Legierung an Gold oder, wenn mehr Gold als Silber vorhanden ist, die Anteile an Silber bestimmen.

Die einzelnen Nadeln sind wie folgt zusammengesetzt [53]:

Nummer der Nadel	Karat Silber	Karat Gold	Nummer der Nadel	Karat Silber	Karat Gold
1	23	1	13	11	13
2	22	2	14	10	14
3	21	3	15	9	15
4	20	4	16	8	16
5	19	5	17	7	17
6	18	6	18	6	18
7	17	7	19	5	19
8	16	8	20	4	20
9	15	9	21	3	21
10	14	10	22	2	22
11	13	11	23	1	23
12	12	12	24	—	reines Gold

Mit den ersten 11 Nadeln bestimmen wir durch Streichen auf dem Probierstein, wieviel Gold in einem Silberzain enthalten ist; mit den übrigen 13, wieviel Silber in einem Goldzain oder auch in Münzen vorhanden ist. Da aber gewisse Goldmünzen aus Gold und Kupfer bestehen, brauchen wir noch 13 Nadeln aus Legierungen dieser beiden Metalle mit folgenden Gehalten:

Nummer der Nadel	Karat Gold	Karat Kupfer	Nummer der Nadel	Karat Gold	Karat Kupfer
1	12	12	8	19	5
2	13	11	9	20	4
3	14	10	10	21	3
4	15	9	11	22	2
5	16	8	12	23	1
6	17	7	13	reines Gold	—
7	18	6			

Indes wird diese Art von Strichnadeln nicht häufig gebraucht, weil solche Goldmünzen selten sind, am seltensten diejenigen mit hohem Kupfergehalt. Viel gebraucht wird dagegen eine dritte Art von Strichnadeln, welche aus Gold, Silber und Kupfer bestehen, da so zusammengesetzte Münzen sehr häufig sind. Weil aber mit dem Golde entweder gleiche Teile Silber und Kupfer oder ungleiche legiert

53) An Stelle der bei Agricola sich findenden Aufzählung der Gehalte mit fortlaufenden Worten im Text ist der besseren Übersicht wegen hier wie auch später die tabellarische Zusammenstellung mit Zahlen gewählt worden.

ſein können, bedarf es zweierlei Arten von Nadeln. Wenn gleiche Teile Silber und Kupfer vorhanden ſind, braucht man folgende Nadeln:

Nummer der Nadel	Karat Gold	Karat Silber	Karat Kupfer	Nummer der Nadel	Karat Gold	Karat Silber	Karat Kupfer
1	12	6	6	8	19	2 1/2	2 1/2
2	13	5 1/2	5 1/2	9	20	2	2
3	14	5	5	10	21	1 1/2	1 1/2
4	15	4 1/2	4 1/2	11	22	1	1
5	16	4	4	12	23	1/2	1/2
6	17	3 1/2	3 1/2	13	reines Gold	—	—
7	18	3	3				

Manche ſtellen ſich aber auch 25 Nadeln her, um noch 2 Skrupel = 1 Gran unterſcheiden zu können. Hierbei beſteht die erſte aus 12 Teilen Gold, 6 Teilen Silber und 6 Teilen Kupfer, die zweite aus 12 1/2 Teilen Gold, 5 3/4 Teilen Silber und 5 3/4 Teilen Kupfer. In entſprechender Weiſe werden die übrigen Nadeln zuſammengeſetzt. Wie Plinius angibt, ſollen die Römer den Gehalt einer Legierung an Silber und Kupfer bis auf 1 Skrupel = 1/2 Gran genau beſtimmt haben. Die Nadeln, über die ich geſprochen habe und noch ſprechen werde, können nach der einen oder anderen Einteilung hergeſtellt werden.

Sind aber ungleiche Mengen von Silber und Kupfer mit dem Golde legiert, ſo braucht man 37 Nadeln von folgender Zuſammenſetzung[54]:

Nummer der Nadel	Gold	Silber				Kupfer			
	duellae = Karat	duellae	ſextulae	ſiliquae	= Karat	duellae	ſextulae	ſiliquae	= Karat
1	12	9	—	—	9	3	—	—	3
2	12	8	—	—	8	4	—	—	4
3	12	7	—	—	7	5	—	—	5
4	13	8	1/2	—	8 1/4	2	1 1/2	—	2 3/4
5	13	7	1/2	4	7 1/3	3	1	8	3 2/3
6	13	6	1/2	8	6 5/12	4	1	4	4 7/12
7	14	7	1	—	7 1/2	2	1	—	2 1/2
8	14	6	1	8	6 2/3	3	1/2	4	3 1/3
9	14	5	1 1/2	4	5 5/6	4	—	8	4 1/6
10	15	6	1 1/2	—	6 3/4	2	1/2	—	2 1/4
11	15	6	—	—	6	3	—	—	3
12	15	5	1/2	—	5 1/4	3	1 1/2	—	3 3/4
13	16	6	—	—	6	2	—	—	2
14	16	5	1/2	4	5 1/3	2	1	8	2 2/3
15	16	4	1	8	4 2/3	3	1/2	4	3 1/3
16	17	5	1/2	—	5 1/4	1	1 1/2	—	1 3/4
17	17	4	1	8	4 2/3	2	1/2	4	2 1/3
18	17	4	—	4	4 1/12	2	1 1/2	8	2 11/12
19	18	4	1	—	4 1/2	1	1	—	1 1/2

[54] Die Umrechnung der von Agricola in duellae, ſextulae und ſiliquae ſehr unüberſichtlich angegebenen Zuſammenſetzungen in ſolche nach Karat erfolgte auf Grund der auf Seite 219 aufgeführten Tabelle, wonach 1 ſemiſextula = 1/4 duella, 1 ſextula alſo 1/2 duella, und 1 quaternae ſiliqua = 1/12 duella, 1 ſiliqua alſo 1/48 duella iſt.

Nummer der Nadel	Gold	Silber				Kupfer			
	duellae = Karat	duellae	ſextulae	ſiliquae	= Karat	duellae	ſextulae	ſiliquae	= Karat
20	18	4	—	—	4	2	—	—	2
21	18	3	1	—	3 1/2	2	1	—	2 1/2
22	19	3	1 1/2	—	3 3/4	1	1/2	—	1 1/4
23	19	3	1/2	4	3 1/3	1	1	8	1 2/3
24	19	2	1 1/2	8	2 11/12	2	—	4	2 1/12
25	20	3	—	—	3	1	—	—	1
26	20	2	1	8	2 2/3	1	1/2	4	1 1/3
27	20	2	1/2	4	2 1/3	1	1	8	1 2/3
28	21	2	1/2	—	2 1/4	—	1 1/2	—	3/4
29	21	2	—	—	2	1	—	—	1
30	21	1	1 1/2	—	1 3/4	1	1/2	—	1 1/4
31	22	1	1	—	1 1/2	—	1	—	1/2
32	22	1	1/2	4	1 1/3	—	1	8	2/3
33	22	1	—	8	1 1/6	—	1 1/2	4	5/6
34	23	—	1 1/2	—	3/4	—	1/2	—	1/4
35	23	—	1	8	2/3	—	1/2	4	1/3
36	23	—	1	4	7/12	—	1/2	8	5/12
37	reines Gold	—	—	—	—	—	—	—	—

Da nun nur ſelten Goldmünzen vorkommen, in denen auf 1 Mark nicht mindeſtens 15 Karat Gold enthalten ſind, ſtellen ſich manche nur 28 Nadeln her und ſetzen ſie anders zuſammen als die vorher beſchriebenen, weil die relativen Mengen des Silbers und Kupfers im Golde auch andere ſein können. Die Gehalte der Nadeln ergeben ſich dann wie folgt:

Nummer der Nadel	Gold	Silber				Kupfer			
	duellae = Karat	duellae	ſextulae	ſiliquae	= Karat	duellae	ſextulae	ſiliquae	= Karat
1	15	6	1	8	6 2/3	2	1/2	8	2 1/3
2	15	6	—	4	6 1/12	2	1 1/2	8	2 11/12
3	15	5	1/2	—	5 1/4	3	1 1/2	—	3 3/4
4	16	6	1/2	—	6 1/4	1	1 1/2	—	1 3/4
5	16	5	1	8	5 2/3	2	1/2	4	2 1/3
6	16	4	1 1/2	8	4 11/12	3	—	4	3 1/12
7	17	5	1	4	5 7/12	1	1/2	8	1 5/12
8	17	5	—	4	5 1/12	1	1 1/2	8	1 11/12
9	17	4	1	4	4 7/12	2	1/2	8	2 5/12
10	18	4	1	—	4 1/2	1	1	—	1 1/2
11	18	4	—	—	4	2	—	—	2
12	18	3	1	—	3 1/2	2	1	—	2 1/2
13	19	3	1 1/2	4	3 5/6	1	—	8	1 1/6
14	19	3	1/2	4	3 1/3	1	1	8	1 2/3
15	19	2	1 1/2	4	2 5/6	2	—	8	2 1/6
16	20	3	—	—	3	1	—	—	1

Nummer der Nadel	Gold	Silber				Kupfer			
	duellae = Karat	duellae	sextulae	siliquae	= Karat	duellae	sextulae	siliquae	= Karat
17	20	2	1	—	2 1/2	1	1	—	1 1/2
18	20	2	—	—	2	2	—	—	2
19	21	2	1/2	4	2 1/3	—	1	8	2/3
20	21	1	1 1/2	4	1 5/6	1	—	8	1 1/6
21	21	1	1	8	1 2/3	1	1/2	4	1 1/3
22	22	1	1	8	1 2/3	—	1/2	4	1/3
23	22	1	—	—	1 1/2	—	1	—	1/2
24	22	1	1/2	4	1 1/3	—	1	8	2/3
25	23	—	1 1/2	4	5/6	—	—	8	1/6
26	23	—	1 1/2	—	3/4	—	1/2	—	1/4
27	23	—	1	8	2/3	—	1/2	4	1/3
28	reines Gold	—	—	—	—	—	—	—	—

Es folgt endlich die vierte Art von Nadeln, mit denen wir kupferhaltige Silbermünzen oder silberhaltige Kupfermünzen prüfen. Die Mark, mit der wir das Silber wiegen, teilen wir in doppelter Weise ein: entweder in 12 mal 5 Drachmen und 1 Skrupel, ein Gewicht, welches wir Guldengroschen[55] nennen. Diesen wieder teilen wir ein in 24 quaternae siliquae, die man gewöhnlich Gränchen nennt, oder in 16 semunciae, worunter wir Lot verstehen; 1 Lot wiederum wird geteilt in 18 quaternae siliquae, die Gränchen genannt werden. Oder man teilt die Mark ein in 16 semunciae oder Lot, welches wiederum geteilt wird in 4 Drachmen; jede Drachme zerfällt in 4 nummuli oder Pfennige[56].

55) Mit Guldengroschen, auch Guldiner oder Dickgroschen genannt, ist das von Agricola gebrauchte Wort nummus übersetzt worden; sie wogen 2 Lot; aus einer Mark wurden also 12 Stück hergestellt. Sie entsprachen dem Werte eines Goldguldens in Silber. Aus diesen, auch Joachimstaler genannten Münzen entwickelte sich der spätere Taler, von denen ebenfalls 12 auf eine feine Kölnische Mark Silber gingen, während der Guldengroschen oder das Zweidrittelstück später nur noch gleich 2/3 Taler war, so daß aus einer feinen Mark Silber 18 Guldengroschen geprägt wurden.

56) Die Unterteilung der feinen Mark Silber und ihr Zusammenhang mit den metrischen Gewichten stellt sich nach der ersten Einteilungsart:

bes = Mark	Quinquae drachmae + 1 scripulum = nummi = Guldengroschen	quaternae siliquae = granula = Gränchen	Gramm
1	12	288	233,856
	1	24	19,488
		1	0,812

nach der zweiten — gebräuchlicheren — Einteilungsart in doppelter Weise, nämlich entweder

bes = Mark	Semunciae = 2 Sicilici = Lot	quaternae siliquae = Gränchen	Gramm
1	16	288	233,856
	1	18	14,616
		1	0,812

oder

bes = Mark	Semunciae = 2 Sicilici = Lot	drachmae = Drachme	nummuli = Pfennige	Gramm
1	16	64	256	233,856
	1	4	16	14,616
		1	4	3,654
			1	0,913

Probiernadeln werden nach jeder dieſer drei Einteilungen hergeſtellt, nach der erſten 24, entſprechend der Zahl von halben Guldengroſchen, nach der zweiten 31, entſprechend der Zahl der halben Lote oder eines Sicilicus. Wenn man ſie nach den noch kleineren Gewichten einteilen wollte, würde ihre Zahl viel zu groß werden und die ganz geringen Unterſchiede der Silber- und Kupfergehalte nicht mehr ſicher anzeigen. Mit beiden Arten Strichnadeln prüfen wir ſowohl Zaine wie Münzen, die aus Silber und Kupfer beſtehen. Die beiden Möglichkeiten ſind folgende: Nach der erſten beſteht die Nadel aus 23 Teilen Kupfer und 1 Teil Silber. Wenn nun ein Barren oder eine Münze beim Reiben auf dem Probierſtein einen Strich von gleicher Farbe wie dieſe Nadel ergibt, ſo iſt in der Legierung 1/24 Teil Silber enthalten, und man kann aus dem Silbergehalt die Menge des Kupfers als übrigbleibenden Reſt beſtimmen.

Die Zuſammenſetzung der einzelnen Nadeln iſt folgende:

Nummer der Nadel	Gewichtsteile Kupfer	Gewichtsteile Silber	Nummer der Nadel	Gewichtsteile Kupfer	Gewichtsteile Silber
1	23	1	13	11	13
2	22	2	14	10	14
3	21	3	15	9	15
4	20	4	16	8	16
5	19	5	17	7	17
6	18	6	18	6	18
7	17	7	19	5	19
8	16	8	20	4	20
9	15	9	21	3	21
10	14	10	22	2	22
11	13	11	23	1	23
12	12	12	24	–	reines Silber

Die nach der andern Art geteilten Nadeln haben folgende Zuſammenſetzung:

Nummer der Nadel	Gewichtsteile oder Lot Kupfer	Gewichtsteile oder Lot Silber	Nummer der Nadel	Gewichtsteile oder Lot Kupfer	Gewichtsteile oder Lot Silber
1	15	1	17	7	9
2	14 1/2	1 1/2	18	6 1/2	9 1/2
3	14	2	19	6	10
4	13 1/2	2 1/2	20	5 1/2	10 1/2
5	13	3	21	5	11
6	12 1/2	3 1/2	22	4 1/2	11 1/2
7	12	4	23	4	12
8	11 1/2	4 1/2	24	3 1/2	12 1/2
9	11	5	25	3	13
10	10 1/2	5 1/2	26	2 1/2	13 1/2
11	10	6	27	2	14
12	9 1/2	6 1/2	28	1 1/2	14 1/2
13	9	7	29	1	15
14	8 1/2	7 1/2	30	1/2	15 1/2
15	8	8	31	–	reines Silber
16	7 1/2	8 1/2			

Doch genug hiervon. Vielleicht habe ich für diejenigen, welche mit dieſer Kunſt vertraut ſind, etwas zuviel Worte gemacht; aber eine genaue Kenntnis dieſer Dinge iſt durchaus notwendig.

Nunmehr will ich über die Gewichte reden, von denen ich ſchon öfter geſprochen habe. Die Berg- und Hüttenleute haben ſolche von zweierlei Art, größere (Handelsgewichte) und kleinere (Probiergewichte). Der Zentner iſt das erſte und größte Gewicht und wird ſo genannt, da er aus 100 Pfund beſteht. Die verſchiedenen Gewichtsſtücke ſind folgende:

	metriſch		metriſch
1. 100 Pfund = 1 Zentner .	46,7712 kg	5. 8 Pfund	3,7416 kg
2. 50 „ = 1/2 „ .	23,3856 kg	6. 4 „	1,8708 kg
3. 25 „ = 1/4 „ .	11,6928 kg	7. 2 „	0,9354 kg
4. 16 „	7,4832 kg	8. 1 „	0,4677 kg

Das Pfund enthält 16 Unzen; das halbe Pfund nennen wir eine Mark. Sie enthält 8 Unzen oder, wie manche einteilen, 16 Halbunzen. Man hat alſo noch folgende Gewichtsſtücke:

9. das halbe Pfund oder die Mark		233,856 g
10. „ 8 Halbunzenſtück		116,928 g
11. „ 4 „	....	58,464 g
12. „ 2 „	....	29,232 g
13. „ 1 „	(= 2 Sicilici)	14,616 g
14. der 1 Sicilicus	(= 1/4 Unze)	7,308 g
15. die 1 Drachme	(= 1/2 Sicilicus) ..	3,654 g
16. „ 1/2 „	(= 1/4 „) ..	1,827 g[57]

So werden die größeren oder Handelsgewichte eingeteilt. Die kleineren oder Probiergewichte werden aus Silber oder Meſſing hergeſtellt. Das erſte und größte iſt meiſtens die Drachme. Je weiter die Unterteilung geht, deſto beſſer, denn wir müſſen imſtande ſein, ſehr kleine Mengen des zu probierenden Erzes, der Metalle und des Bleies abzuwiegen. Dieſes erſte Gewichtsſtück heißt ein Probierzentner[58] und enthält ebenſoviel Pfund wie der große Zentner. Die übrigen Stücke ſind folgende:

57) Unterteilung und Zuſammenhang mit dem metriſchen Gewicht ſtellen ſich alſo wie folgt:

Pfund	Mark	Unze	Halbunze	Sicilicus = Viertelunze	Drachme	Gramm
1	2	16	32	64	128	467,712
	1	8	16	32	64	233,856
		1	2	4	8	29,232
			1	2	4	14,616
				1	2	7,308
					1	3,654

58) Solcher Probierzentner von verſchiedener Größe und Einteilung bediente man ſich an vielen Orten noch bis in die neueſte Zeit hinein. Der alte Freiberger Probierzentner iſt gleich einer Drachme Apothekergewicht = 3,75 g und wird eingeteilt in 100 Pfund zu je 100 Pfundteilen.

Der alte öſterreichiſche Probierzentner war 1 Quentchen Handelsgewicht = 4,375 g, eingeteilt in 32 Lot zu je 4 Quinteln zu je 4 Denar. Später benutzte man als Einheitsgewicht auch den Probierzentner von 10 g zu je 100 Pfund zu je 32 Lot zu je 4 Quentchen zu je 4 Denar.

Fortſ. folgende Seite

	metrifch
100 Pfund = 1 Drachme = 1 Probierzentner . .	3,654 g
50 „	1,827 g
25 „	0,914 g
16 „	0,584 g
8 „	0,292 g
4 „	0,146 g
2 „	0,073 g
1 „	36,50 mg
1/2 „ = 16 Halbunzen	18,25 mg
8 Halbunzen	9,12 mg
4 „	4,56 mg
2 „	2,28 mg
1 Halbunze = 2 Sicilici	1,14 mg
1/2 „ = 1 Sicilicus	0,57 mg

Gewichtsftücke, die einer ganzen oder einer halben Drachme des größeren Gewichts entfprechen, find nicht üblich. Auf jedem Stück der Probiergewichte ift die Zahl der Pfunde oder Halbunzen eingefchlagen.

Manche Berg- und Hüttenleute teilen die Probiergewichte, den Handelsgewichten entfprechend, in andere Teile ein. Es wiegt dann

				metrifch
das größte,	Nr. 1:	112 Pfund	. . . .	4,093 g
ferner:	„ 2:	64 „	. . . .	2,340 g
	„ 3:	32 „	. . . .	1,170 g
	„ 4:	16 „	. . . .	0,584 g
	„ 5:	8 „	. . . .	0,292 g
	„ 6:	4 „	. . . .	0,146 g
	„ 7:	2 „	. . . .	0,073 g
	„ 8:	1 „	. . . .	36,50 mg
	„ 9:	1/2 „	= 16 Halbunzen .	18,25 mg
	„ 10:	8 Halbunzen	. . . .	9,12 mg
	„ 11:	4 „	. . . .	4,56 mg
	„ 12:	2 „	. . . .	2,28 mg
	„ 13:	1 Halbunze	. . . .	1,14 mg

Unfer halbes Pfund der kleineren Gewichte nannten die Römer, wie fchon öfters erwähnt, bes und teilten es ebenfo, wie die Münzleute, welche Goldmünzen fchlagen, das große Pfund einteilen, in 24 binae fextulae, eine bina fextula in

Der Oberharzer Probierzentner im Gewicht von 5 g zerfällt in 100 Pfund zu je 10 Lot zu je 10 Quint oder Pfundteile.

In England hat man als Einheit die Probiertonne (affay ton), das find entweder 400 grains Troy Gewicht = 25,92 g, eingeteilt in 100 cents, oder eine ounce Troy Gewicht = 31,1 g, geteilt in 20 pennyweights (dwt) zu je 24 grains.

Die Amerikaner benutzen als affay ton ein Gewicht von 29,166 g; die Silberkörner werden in Milligramm ausgewogen. Da 1 fhort ton = 29,166 ounces Troy find, ift ein ausgewogenes Gewicht von 1 mg Silber in 1 affay ton gleich dem Silbergehalt von 1 ounce in der fhort ton, wie man ihn anzugeben pflegt.

Heute wiegt man in Grammen oder deren Bruchteilen ein und in Milligrammen und deren Bruchteilen aus. Die feinften Goldwaagen gehen in der Genauigkeit bis auf 0,02 mg, fo daß man noch 0,01 mg ficher fchätzen kann.

4 semisextulae, jede solche in 3 quaternae siliquae und diese wiederum in je 4 siliquae. Viele lassen aber die semisextulae weg und teilen sofort eine bina sextula in 12 quaternae siliquae. Die einzelnen Gewichtsstücke sind dann folgende:

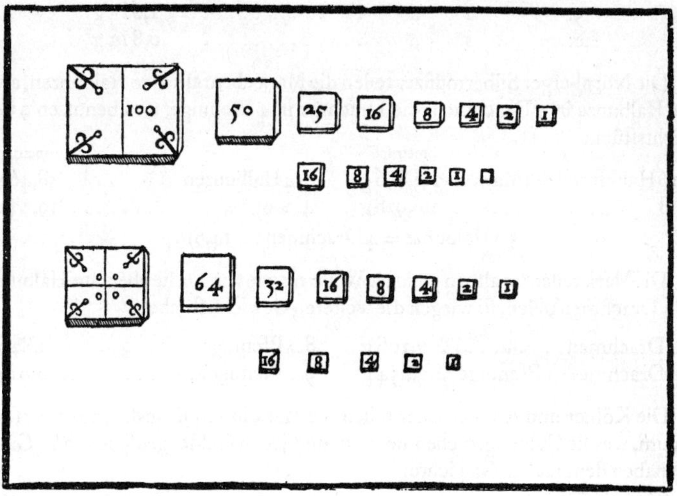

Erstes und größtes Gewicht:

			metrisch
	Nr. 1:	bes = 24 binae sextulae	233,856 g
ferner:	„ 2:	12 „ „	116,928 g
	„ 3:	6 „ „	58,464 g
	„ 4:	3 „ „	29,232 g
	„ 5:	2 „ „	19,488 g
	„ 6:	1 „ „ = 4 semisextulae	9,744 g
	„ 7:	2 semisextulae	4,872 g
	„ 8:	1 semisextula = 3 quaternae siliquae	2,436 g
	„ 9:	2 quaternae siliquae	1,624 g
	„ 10:	1 quaterna siliqua	0,812 g

Ebenso teilen auch die Münzleute, welche Silbermünzen schlagen, die kleine Mark in gleicher Weise ein wie die größere; bei uns nämlich in 16 Halbunzen und jede dieser in 18 Gränchen. Auf diese Art gibt es 10 Gewichtsstücke, mit denen man durch Einlegen in die eine Schale der Waage das Silber wiegt, welches beim Abtreiben des Kupfers zurückbleibt. Diese Gewichte sind:

		metrisch
1.	1 Mark = 16 Halbunzen	233,856 g
2.	8 „	116,928 g
3.	4 „	58,464 g
4.	2 „	29,232 g
5.	1 Halbunze = 18 Gränchen	14,616 g

		metriſch
6.	9 Gränchen	7,308 g
7.	6 „	4,872 g
8.	3 „	2,436 g
9.	2 „	1,624 g
10.	1 „	0,812 g

Die Nürnberger Silbermünzer teilen die Mark ebenfalls in 16 Halbunzen, aber die Halbunze in 4 Drachmen, die Drachme in 4 Pfennige, und benutzen 9 Gewichtsſtücke:

	metriſch		metriſch
1. 16 Halbunzen = 1 Mark	233,856 g	3. 4 Halbunzen	58,464 g
2. 8 „	116,928 g	4. 2 „	29,232 g
5. 1 Halbunze = 4 Drachmen	14,616 g		

Die Mark teilen ſie alſo in gleicher Weiſe ein wie wir. Da ſie aber eine Halbunze in 4 Drachmen teilen, ſo wiegen die weiteren Gewichtsſtücke:

6. 2 Drachmen	7,308 g	8. 2 Pfennige	1,827 g
7. 1 Drachme = 4 Pfennige	3,654 g	9. 1 Pfennig	0,913 g

Die Kölner und Antwerpener teilen die Mark in 12 quinae drachmae + 1 ſcripulum, was ſie Guldengroſchen nennen, und jeden Guldengroſchen in 24 Gran. Sie haben demnach 10 Gewichte:

	metriſch		metriſch
1. 1 Mark = 12 Guldengroſchen	233,856 g	6. 12 Gran	9,744 g
2. 6 Guldengroſchen	116,928 g	7. 6 „	4,872 g
3. 3 „	58,464 g	8. 3 „	2,436 g
4. 2 „	38,976 g	9. 2 „	1,624 g
5. 1 „ = 24 Gran	19,488 g	10. 1 „	0,812 g

Ähnlich alſo, wie bei uns, teilen ſie die Mark in 288 Pfennige ein, die Nürnberger dagegen teilen ſie in 256 Pfennige.

Die Venetianer endlich teilen die Mark ein in 8 Unzen, die Unze in 4 ſicilici, den ſicilicus in 36 ſiliquae, ſo daß ſie, wenn ſie Legierungen von Silber und Kupfer probieren, ſich einer Anzahl von 12 Gewichtsſtücken bedienen, nämlich:

	metriſch		metriſch
1. 1 Mark = 8 Unzen	233,856 g	7. 18 ſiliquae	3,654 g
2. 4 Unzen	116,928 g	8. 9 „	1,827 g
3. 2 „	58,464 g	9. 6 „	1,218 g
4. 1 Unze = 4 ſicilici	29,232 g	10. 3 „	0,609 g
5. 2 ſicilici	14,616 g	11. 2 „	0,406 g
6. 1 ſicilicus = 36 ſiliquae	7,308 g	12. 1 ſiliqua	0,203 g

Die Venetianer teilen alſo die Mark in 1152 ſiliquae, das ſind 288 quaternae ſiliquae, d.h. dieſelbe Anzahl Teile (Gränchen), in die bei uns die Mark eingeteilt wird. Die Venetianer teilen nur noch weiter in kleinere Teile ein.

Die Verhältniſſe bei den größeren und kleineren Gewichten, deren ſich die Berg- und Hüttenleute bedienen, ſind alſo faſt dieſelben, ebenſo diejenigen bei den kleinen Gewichten, die von den Münzleuten und von den Kaufleuten benutzt werden, wenn ſie Metalle oder Münzen probieren. Die größere Mark, die ſie anwenden, wenn ſie große Mengen von Gegenſtänden wiegen, habe ich beſchrieben in meinen Werken „De reſtituendis menſuris et ponderibus“[59] und „De pretio metallorum et monetis[60]“.

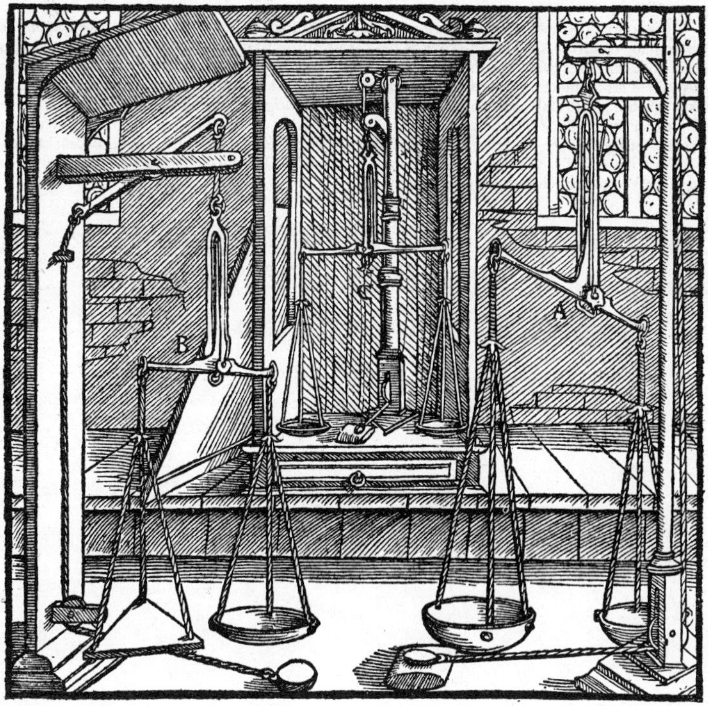

Die erſte der kleinen Waagen A. Die zweite B. Die dritte, die in einem Gehäuſe ſteht C.

Zum Abwiegen der Erze, Metalle und Zuſchläge brauchen wir drei kleine Waagen. Die erſte zum Abwiegen des Bleies und der Zuſchläge als größte der Waagen. Sie leidet keinen Schaden, wenn man in jede der beiden Waagſchalen 8 Unzen des größeren Gewichtes einlegt.

Die zweite Waage, mit der wir die zu probierenden Erze und Metalle einwiegen, iſt empfindlicher. Sie kann einen Zentner der kleineren Gewichte in der einen Waagſchale tragen und in der andern eine Menge Erz oder Metall, welche ebenfalls einen Zentner wiegt. Die dritte, mit der wir die Gold- oder Silberkörner auswiegen, die beim Abtreiben in der Kapelle hinterbleiben, iſt die empfindlichſte.

[59] De menſuris et ponderibus libri quinque. Baſileae. Ex officina Frobeniana Anno MDXXXIII.
[60] De pretio metallorum et monetis libri III. Baſileae. MDL. Froben.

Wollte man in der zweiten Waage das Blei einwiegen oder in der dritten das Erz, so würden sie stark beschädigt werden[61].

Die gleiche Menge des kleineren Gewichtes an Metall, die man beim Probieren eines Zentners Erz oder Legierung der kleineren Gewichte erhält, wird, in den größeren Gewichten ausgedrückt, aus einem Zentner der größeren Gewichte Erz oder Metall erschmolzen.

61) Die erste und zweite Waage sind Einwiegwaagen, die dritte ist eine Auswieg- oder „Kornwaage". Sämtliche Waagen sind, wie aus der Abbildung hervorgeht, sogenannte Aufziehwaagen, bei denen der Waagbalken an dem oberen Ende einer über zwei senkrecht übereinander befindlichen Rollen laufenden Schnur hängt, während am untern Ende der Schnur ein größeres Stück Blei befestigt ist. Durch Ziehen am untern Ende wird der Waagbalken gehoben und so die Waage zum Einspielen gebracht. Das Bleigewicht verhütet, daß der Waagbalken von selbst wieder herabsinkt. Solcher Aufziehwaagen bedient man sich meist auch heute noch beim Probieren. Nur ist bei den jetzigen Waagen das untere Ende der Schnur um einen senkrecht und drehbar in der Bodenplatte angebrachten, mit Knopf versehenen Stift geschlungen, durch dessen Drehung die Schnur auf- und abgewickelt und so der Waagbalken gehoben und gesenkt wird.

ENDE DES SIEBENTEN BUCHES

ACHTES BUCH

DIE Art und Weiſe, wie man die Erze probieren ſoll, habe ich in dem vorigen Buche gezeigt und erklärt. Jetzt möchte ich gern ein größeres Werk in Angriff nehmen, nämlich die Darſtellung der Metalle, wenn ich nicht zuerſt erklären müßte, wie man die Erze zubereiten ſoll. Denn weil die Natur die Metalle oftmals ganz unrein hervorzubringen pflegt und mit Erden, feſtgewordenen Löſungen, auch Steinen vermiſcht, iſt es nötig, dieſe Verunreinigungen, ehe man das Erz ſchmilzt, ſoweit möglich, abzuſcheiden. Deshalb will ich jetzt ſagen, mit welchen Mitteln das Erz geklaubt, gepocht, geröſtet, gequetſcht, zu Mehl gemahlen, geſiebt, gewaſchen, im Röſtofen geröſtet und gebrannt wird, und will mit der erſten Arbeitsweiſe anfangen.

Erfahrene Bergleute, die das Erz gewinnen, ſei es im Schacht oder Stollen, klauben das Erz, und was reich iſt, tun ſie in Tröge, was gering iſt, in Fäßchen. Wenn aber ein Berghäuer nicht bergverſtändig iſt und ſolches unterlaſſen hat, oder ein erfahrener genötigt war, es nicht zu tun, ſo ſoll dieſes Erz, ſobald es herausgehauen und aus der Grube gefördert iſt, deshalb beſehen werden, und es ſoll die Bergart, die an Erz reich iſt, von dem Teile, der kein Erz hat, geklaubt werden, es ſei nun Erde oder eine feſtgewordene Löſung oder ein Stein geweſen. Denn ſchlechtes Erz mit dem guten zu ſchmelzen iſt ſchädlich, alle Koſten ſind verloren; die Schlacken ſind leer und wertlos, weil ſie allein aus Erde und Steinen zuſammengeſchmolzen ſind und die feſtgewordenen Löſungen die Schmelzung des Erzes verhindern und Schaden bringen. Auch Geſtein, das an einem reichen Gange ſitzt, ſoll man abſchlagen und waſchen, damit dem Erz nichts abgehe. Wenn aber die Berghäuer entweder unerfahren oder unbedachtſam das Erz, während ſie es aushauen, mit Erde und Geſtein vermengt haben, ſo klauben nicht allein Männer das Erz, ſondern auch Jungen und Weiber. Dieſes Gemiſch werfen ſie auf eine lange Pochbank[1]), bei der ſie faſt einen ganzen Tag ſitzen, und klauben das Erz davon. Das Geklaubte ſammeln ſie in Tröge und dann in die Fäßchen, welche in die Schmelzhütten geführt werden, wo man das Erz zu ſchmelzen pflegt.

Die Metalle, die gediegen aber nur roh herausgehauen ſind, nämlich reines gediegen Silber oder blei- oder aſchfarbiges, quetſchen die Steiger auf einem Steine mit viereckigen, ſchweren Hämmern. Die herausgeſchlagenen Bleche legen ſie danach entweder auf einen Stock und zerſtückeln ſie mit eiſernen Meißeln und zerſchroten ſie oder zerſchneiden ſie mit einer Schere. Der eine Scherenarm iſt 3 Fuß lang und in einen Stock feſt eingeſchlagen, der andere, der das Erz zerſchneidet, iſt 6 Fuß lang. Dieſe Erzſtücke ſchmelzen danach die Schmelzer in den Treiböfen, nachdem ſie in einem eiſernen Pfännchen angewärmt wurden.

Aber auch, wenn der Häuer in den Schächten oder Stollen die ausgehauenen Erze geklaubt hat, muß man ſie doch, nachdem ſie herausgezogen oder gefördert worden, mit Hämmern in Stücke zerſchroten oder klein pochen, damit auf dieſe

[1]) Bauchbank, jetzt z. T. Klaubetafel, z. T. Scheidebank genannt.

Weiſe die vortrefflichen und beſſeren Teile von den geringenen und ſchlechteren geklaubt werden mögen, was beim Schmelzen einen großen Nutzen bringt. Denn wo das Erz ohne vorherige Klaubung geſchmolzen wird, leidet das Gut gar oft großen Schaden, ehe das unhaltige flüſſig wird oder eins das andere verzehrt. Damit das nicht geſchieht, muß man es z. T. durch Klauben, z. T. durch Zusätze verhindern. Wenn das Erz eines Ganges geringhaltig ſein ſollte, ſo muß man den

Eine lange Klaubetafel A. Tröge B. Erzfäßchen C.

beſſeren Teil davon geſondert halten, den ſchlechteren aber und das Geſtein wegwerfen. Die Erzklauber legen einen harten und breiten Stein auf jedes Scheideort. Die Scheideörter ſind gewöhnlich 4 Fuß lang und breit, aus Brettern zuſammengefügt; an den Seiten und hinten ſind Bretter 1 Fuß hoch aufgesetzt, vorn aber, wo der Klauber ſitzt, iſt der Platz offen. Unter dieſen ſind manche, die ein Stück reichen Gold- oder Silbererzes auf einen Stein legen und mit einem breiten, aber nicht dicken Hammer zerſchroten und in ein Faß werfen, z. T. das beſſere von dem geringeren klauben, woher ſie auch den Namen bekommen, und dasſelbe auch in mancherlei Erzfäßchen geſondert werfen und ſammeln. Andere aber legen das Erz, welches nicht ſo reich an Gold und Silber iſt, auf den Stein und quetſchen es mit einem Quetſcher[2] und pochen es klein, und ſoviel gepocht iſt, werfen ſie zuſammen in ein Faß. Es gibt zwei Arten von Erzfäſſern. Das eine iſt ein Erzfäßchen, in der Mitte ein wenig weiter als zu oberſt und zu unterſt, das andere aber iſt ein Erzeimer, der unten weiter, oben aber ſtets enger iſt; der obere Teil wird mit einem Deckel zugedeckt. Das Erzfäßchen dagegen bleibt offen.

Eine Stufe Erz A. Der Quetſcher B. Der eiſerne Meißel C. Der Stock D. Die Schere E.

Will man den Erzeimer tragen, ſo ſteckt man einen Eiſenſtab, der an beiden Enden gekrümmt iſt, durch die beiden Handhaben und ergreift ihn mit den Händen. Es müſſen aber die Klauber beſonders ſorgſam ſein.

Die andere Weiſe, Erz mit Hämmern zu zerſchlagen, iſt dieſe: Die großen, feſten Gangſtücke werden zerkleinert, ehe man ſie röſtet. Den Arbeitern, die zu Goslar auf dieſe Weiſe mit großen Fäuſteln den Kies pochen, ſind die Beine mit Rinden, wie mit Stiefeln, verwahrt, die Hände mit langen Handſchuhen, damit die Stücke, die abſpringen, ſie nicht verwunden.

In der Landſchaft des oberen Deutſchlands, welche Weſtfalen genannt wird, und in der Landſchaft des niederen Deutſchlands, welche die Eifel genannt wird,

[2] Jetzt Pochſchlage genannt.

Das Scheideort A. Die aufgeſetzten Bretter B. Der Hammer C. Der Quetſcher D. Das Erzfäßchen E. Der Erzeimer F. Eiſenſtab G.

werfen die Arbeiter das vorher geröſtete Stückerz auf einen runden Platz, der mit feſten Steinen gepflaſtert iſt, und pochen es mit eiſernen Werkzeugen, die nach der Geſtalt dem Fäuſtel gleich ſind, nach dem Gebrauch aber den Schlägeln. Sie ſind 1 Fuß lang, 1 Hand breit und 1 Finger dick, in der Mitte haben ſie ein Loch[3] wie die Fäuſtel, in welches ein hölzerner, nicht ſonderlich dicker Stiel geſteckt wird. Er iſt 3 1/2 Fuß lang, ſo daß die Arbeiter, da der Stiel durch die Laſt des Eiſens gebogen wird, die Stücke deſto ſtärker pochen mögen. Mit der breiten Seite des eiſernen Schlägels zerpochen ſie die Stücke, wie man es auch mit den Dreſchflegeln tut, die jedoch von Holz und rund und an Stöcke gehängt ſind. Mit ihnen wird das Korn in den Scheuern ausgedroſchen. Nachdem das Erz ſo gepocht iſt, kehren ſie es mit Beſen zuſammen und führen es in die Hütte, wo es auf einem kurzen Herde gewaſchen wird. Am oberen Ende ſteht der Wäſcher

[3] Die Beſchreibung ſtimmt nicht mit der Abbildung überein, in der an das Eiſen eine beſondere Tülle angeſchmiedet iſt.

Kiese A. Rinden B. Die Handschuhe C. Das Fäustel D.

und zieht mit der Kiste[4] das Wasser zu sich herauf, dieses läuft wieder herab und nimmt dasjenige, was leicht ist, in das nächste Wassergerinne mit. Diese Art zu waschen werde ich ein wenig später eingehender beschreiben.

Das Erz wird aus zweierlei Gründen geröstet: entweder damit festes weich und mürbe gemacht wird und es desto leichter mit Fäusteln oder Stempeln gepocht und darauf geschmolzen werden kann, oder damit fette Bestandteile, wie Schwefel, Bitumen, Auripigment, Realgar[5], verbrannt werden. Schwefel ist oft im Erz und

[4] Lat. rutrum ligneum oder nur rutrum bedeutet Kiste, das ist ein Werkzeug, welches dazu dient, den Waschvorgang im Schlämmgraben und auf dem Herde zu regeln. Agricola gibt erst S. 259 folgende Erklärung: Kiste, so werden wir fortan ein Werkzeug nennen, welches aus einer langen Stange besteht, die in ein kleines Brett eingesteckt ist, das 1 Fuß lang und 1 Spanne breit ist. – Dagegen bedeutet rutrum ferreum in Abb. S. 282 Kratze und in Abb. S. 306 Krücke.

Diese Bezeichnungen sind aber nicht streng durchgeführt, denn in Abb. S. 264 wird die Kiste rutellum genannt; in Abb. S. 301 ist die Kiste batillum, das sonst Schaufel bedeutet, genannt. Andererseits bezeichnet in Abb. S. 299 rutrum ligneum nach der Zeichnung eine Schaufel. In Abb. S. 305 ist mit rutrum eine Kratze gemeint.

[5] Sandaraca ist mit Realgar übersetzt worden, dessen Vorkommen in Joachimsthal nachgewiesen ist. Deutsch wird Realgar heute mit Rauschrot wiedergegeben, Bech schreibt Bergrot. Dagegen ist das Vorkommen von Auripigment (Operment, Rauschgelb) in Joachimsthal nicht nachgewiesen, vielleicht handelt es sich um Realgar, der in Zersetzung begriffen ist und dann eine hellere Farbe annimmt. – Vgl. Schmid, Bermannus, deutsch 1806, S. 174 und 256.

ſchadet allen Metallen mehr denn anderes, ausgenommen dem Golde. Sonderlich aber ſchadet er dem Eiſen, weniger dem Zinn, dann dem Wismut, Blei, Silber oder Kupfer. Weil aber Gold ſelten gefunden wird, in dem nicht auch Silber enthalten iſt, ſo muß man auch das Golderz, welches Schwefel enthält, zuvor röſten, ehe man es ſchmilzt, denn der Schwefel verzehrt das Metall in dem ſtarken Feuer des Ofens zu Aſche und führt es in die Schlacken. Dies tut auch das Bitumen,

Ein Setzpflaſter[6] *A. Erzſtücke B.*
Ein Setzpflaſter voll Erzſtücken C. Der eiſerne Schlägel D. Sein Stiel E.
Die Beſen F. Ein kurzer Herd[6] *G. Die Kiſte H.*

ja dies verzehrt auch zuzeiten das Silber, wie man in bituminöſem Hüttenrauch ſehen kann.

Jetzt komme ich zu den verſchiedenen Arten des Röſtens und zunächſt zu denen, die allen Erzen gemeinſam ſind. Es wird in der Erde ein ziemlich großes Röſtbett im Geviert, vorn offen, ausgehoben; auf dieſes werden Scheite neben-

[6] Lat. Area, eigentlich Platz, Fläche, Ebene, wird hier für Setzpflaſter „area lapidibus strata“, andererſeits für Waſchherd „area curta“ gebraucht. Agricola verwendet es aber auch in den Abb. Seite 237 und 238 für Röſtſtadel, in Abb. S. 281 bedeutet es „im Gelände ausgehobener Graben“, auf S. 308 war canalis area mit „Haupt des Schlämmgrabens“ zu überſetzen. Im vierten Buch bedeutet area außerdem Grubenmaß.

einandergelegt und darüber andere quer und auch nebeneinander. Dieſen Haufen Scheite nennt man einen Roſt. Dies wird ſo oft wiederholt, bis der Haufen 1 oder 2 Ellen hoch iſt. Dann wird allerhand Stückerz, das mit Fäuſteln gepocht iſt, daraufgelegt, zuerſt die größten Stücke, dann die mittelgroßen und zuletzt die kleinſten. Man fügt es ſo zuſammen, daß es ſanft aufſteigt wie ein Kegel[7]. Damit der Erzſchlich ſich nicht zerſtreue, wird er mit Waſſer angefeuchtet und

Der Röſtſtadel A. Die Hölzer B. Das Erz C. Kegelförmiger Haufe D. Das Waſſergerinne E.

mit der Schaufel feſtgeſchlagen. Wenn aber ſolcher Schlich nicht vorhanden iſt, decken manche den Haufen mit Kohlenpulver zu, wie es die Köhler auch tun. Zu Goslar beſtreichen ſie den Erzhaufen mit rotem Atrament[8], wie es aus dem gebrannten Kies herausfließt, wenn er mit Waſſer angerührt iſt. An manchen Orten wird das Erz nur einmal geröſtet, anderswo zweimal und auch dreimal, je nachdem ſeine Feſtigkeit es erfordert. Zu Goslar ſchwitzt der Kies, der zu oberſt auf

[7] Lat. meta, von Bech 1557 mißverſtändlich mit Zil (Ziel) verdeutſcht (ſtatt Kegel oder Pyramide).

[8] Atramentum sutorium rubrum. In den alten Bauen des Rammelsberges bilden ſich aus zurückgelaſſenen Kiesreſten unter der Einwirkung der Luft, vitrioliſcher Wäſſer und Wärme Gemenge von Erz und unreinen ſchwefelſauren Salzen, die Kupferrauch oder Atramentſtein genannt werden. Z. T. ſind ſie durch Eiſenoxyd rot gefärbt und heißen dann roter Atramentſtein. Dieſe Maſſen wurden zur Darſtellung von Vitriol und Alaun abgebaut. – Vgl. Hoppe, Oskar. Die Bergwerke uſw. im Ober- und Unterharz. 1883, S. 72. Ferner 10. Buch Anm. 4, S. 381, und 12. Buch Anm. 24, S. 489.

Der angezündete Röſtſtadel A. Ein Röſtſtadel, der hergerichtet wird B. Das Erz C. Holzſcheite D. Der Holzſtapel E.

dem Haufen liegt, bei der dritten Röſtung, wie ich es an anderer Stelle beſchrieben habe, einen dunkelgrünen, trockenen, ſtechenden, zarten Rauch aus, den das Feuer ebenſo wie den Aſbeſt nicht leicht verbrennt. Oft wird auch Waſſer auf das geröſtete, noch warme Erz gegoſſen, um es weicher und mürber zu machen. Denn nachdem die Gewalt des Feuers ſeine Feuchtigkeit ausgetrieben hat, zerteilt das Waſſer das noch warme Erz leicht; hierfür iſt der beſte Beweis der gebrannte Kalkſtein.

Weiter werden durch Ausheben von Boden größere, rechteckige Röſtſtadeln hergeſtellt, an deren Längsſeiten und Rückſeite Mauern aufgeführt werden, um die Glut des Feuers beſſer zuſammenzuhalten; vorn ſollen ſie offen ſein. In dieſen werden die Zinnerze auf folgende Weiſe gebrannt. Zuerſt ſollen etwa 12 Fuß lange Hölzer in dem Stadel, immer vier der Länge nach und vier quer, verlegt werden. Darauf werden größere Erzſtücke aufgebracht, auf dieſe kleinere, und auch an die Seiten, endlich wird das Feinkorn daraufgegeben und mit Schaufeln feſtgeſchlagen, damit es nicht herabfällt, ehe es abgeröſtet iſt. Darauf wird das Holz entzündet.

Ein brennender Röſtſtadel mit Bleierz und daraufgelegten Hölzern A.
Ein Arbeiter trägt auf einen Röſtſtadel Bleierz ein B. Der dem Backofen ähnliche Röſtofen C.
Öffnungen, aus denen der Rauch herausdringt D.

Falls Bleierz der Röſtung bedarf, ſoll es auf einen Röſtſtadel mit geneigter Sohle gelegt werden; darauf kommen Hölzer, und vor das Erz, damit es nicht herabrutſcht, wird quer ein Baumſtamm gelegt. Das auf dieſe Weiſe geröſtete Erz zerfließt und wird den Schlacken ähnlich.

In Taurien wirft man den goldhaltigen Kies, der auch Schwefel und Vitriole enthält, nachdem letztere durch Waſſer ausgezogen wurden, in einen Ofen von der Form des Backofens, in den man Holz gelegt hat, damit beim Röſten dasjenige, was wertvoll iſt, nicht mit dem Rauch ſich verflüchtigt, ſondern ſich an das Gewölbe des Ofens anſetzt. Auf dieſe Weiſe hängt der Schwefel oft von den beiden Öffnungen des Ofengewölbes, aus denen der Rauch hervordringt, wie Zapfen herab.

Wenn Pyrit oder Cadmia[9] oder ein anderes metallhaltiges Erz, das viel Schwefel oder Bitumen enthält, ſo geröſtet werden ſoll, daß nichts von beiden verlorengeht, ſo wird es auf ein gelochtes Eiſenblech geworfen, Kohlen darüber geſchüt-

[9] Kann Ofenbrüche, Galmei oder Kobalterz bedeuten. Vgl. 7. Buch Anm. 2, S. 188, 9. Buch Anm. 32, S. 353, und 64, S. 377, und 11. Buch Anm. 61, S. 463.

tet und geröſtet. Das Eiſenblech wird durch zwei ſeitliche und eine rückwärtige Mauer unterſtützt. Darunter werden Töpfe voll Waſſer geſtellt, in welche der ſchweflige oder bituminöſe Dampf hinabſtrömt. Hier verdichtet ſich, wenn Schwefel vorhanden iſt, ein gelblicher Niederſchlag, wenn Bitumen da iſt, ſchwarzes, ſchwimmendes Pech. Wenn dieſes nicht vor dem Schmelzen entfernt worden wäre, würde es dem Metall ſehr ſchaden. Wenn es aber auf dieſe Weiſe abgetrennt wird, ſo gewährt es den Menſchen einigen Nutzen, beſonders der Schwefel. Aus dem Dampf aber, der nicht in das Waſſer, ſondern auf den Erdboden gelangt, ſei es nun Schwefel oder Bitumen, entſteht Hüttenrauch, der ſo leicht iſt, daß er durch den Atem fortgeblaſen werden kann[10].

Andere benutzen einen Ofen mit Gewölbe, der vorn offen und in zwei übereinanderliegende Herde geteilt iſt. Die untere iſt durch eine Mauer in zwei gleiche Hälften geteilt, in denen mit Waſſer gefüllte Töpfe aufgeſtellt werden. Der obere Herd iſt in drei Teile geteilt. Der mittlere befindet ſich über der unteren Mittelwand, iſt nicht breiter als dieſe und immer offen; in ihn wird Holz gelegt. Die beiden ſeitlichen Kammern haben eiſerne Türen, die geſchloſſen werden, nachdem das Holz angezündet iſt, damit ſie ebenſo wie das Gewölbe die Hitze des Feuers zuſammenhalten. Ihr Boden wird von eiſernen Stäben gebildet, auf dieſe werden Töpfe geſtellt, in die ſtatt des Bodens eiſerne, aus Drähten hergeſtellte Roſte gelegt werden, durch deren Öffnungen die ſchwefligen und bituminöſen Dämpfe aus dem geröſteten Erz in die untenſtehenden Töpfe gelangen. Jeder der oberen Töpfe faßt 1 Zentner Erz; nachdem ſie gefüllt ſind, werden ſie mit Deckeln zugedeckt und mit Ton verſtrichen.

In Eisleben und den benachbarten Orten benutzt man zum Brennen der bitumenhaltigen Kupferſchiefer nicht Haufen von Holz, ſondern Bündel von Strauchwerk. Früher wurden die aus den Schächten geförderten Schiefer alsbald auf ausgebreitete Strauchbündel geworfen und durch deren Abbrennen gebrannt. Jetzt bringt man zunächſt die Schiefer auf einen Haufen und läßt ſie einige Zeit liegen, ſo daß Luft und Regen ſie zerſetzen, dann breitet man daneben Bündel von Strauchwerk aus und bringt auf dieſe wieder Schiefer; darauf wirft man nochmals Schiefer und wiederum Strauchwerk und fährt ſo fort, bis alle Schiefer mit dem Strauchwerk einen großen Haufen gebildet haben. Zuletzt zündet man das Strauchwerk an, aber nicht auf der Seite, von wo der Wind weht, ſondern auf der entgegengeſetzten, damit nicht das Feuer, vom Winde angefacht, das Strauchwerk ſchneller verbrenne, als die Schiefer gebrannt ſind und mürbe werden. Auf dieſe Weiſe wird das Feuer allmählich über den ganzen Haufen verbreitet, der oft 30 und mehr Tage beſtändig brennt. Der Kupferſchiefer ſchwitzt hierbei, wie ich an anderer Stelle geſagt habe, einen Stoff aus, der dem Aſbeſt ähnlich iſt.

Das rohe Erz wird deshalb gepocht, damit das Metallhaltige von den Steinen und dem Dachgeſtein geſondert werden kann. Die Maſchine[11], mit der dies ausgeführt wird, gehört der vierten Art an, deren ſich die Bergleute bedienen;

[10] Über die Gewinnung von Schwefel und Bitumen ſ. 12. Buch.

[11] Nämlich das Pochwerk, und zwar zunächſt das Trockenpochwerk. Von den anderen drei Arten handelt Agricola im *6.* Buche, S. 132 ff. Es ſind 1. die Maſchinen zur Förderung und Waſſerhebung, 2. die zur Wetterverſorgung, und 3. rechnet Agricola hierher die Einrichtung für die Fahrung.

Eiserne, gelochte Bleche A. Die Mauern B. Die mit Erz bedeckten Bleche C. Auf dem Erz brennende Kohlen D. Töpfe E. Der Ofen F. Die mittlere Kammer des oberen Teiles G. Seine beiden anderen Kammern H. Die seitlichen Kammern des unteren Teiles I. Die Mauer in der Mitte K. Die Töpfe, die mit Erz gefüllt werden L. Ihre Deckel M. Die Roste N.

ſie wird auf folgende Weiſe hergeſtellt: Ein eichener Stamm, 6 Fuß lang und 2 Fuß und 1 Hand hoch und breit, wird auf den Erdboden gelegt, in ſeiner Mitte befindet ſich der Pochtrog, 2 Fuß und 6 Finger lang und 1 Fuß und 6 Finger hoch. Die Vorderſeite, die man Eintrag nennen kann, iſt offen. Sein Boden wird mit einer eiſernen Platte belegt, die 1 Spanne dick und 2 Spannen und 2 Finger breit iſt; ihre beiden Seiten werden in den keilig ausgehauenen Stamm eingetrieben,

Der Erzhaufen A. Der entzündete Erzhaufen B.
Ein Arbeiter, der Schiefer auf das Strauchwerk ſchafft C.

vorn und hinten wird die Platte an dem Stamme durch eiſerne Nägel befeſtigt. An den Seiten des Pochtroges werden auf den Stamm zwei Pochſäulen geſetzt, deren obere Enden etwas ausgeſchnitten und in die Balken des Gebäudes eingelaſſen ſind. 2$^1/_2$ Fuß über dem Pochtrog werden zwei aneinanderſtoßende Querhölzer befeſtigt, deren auf der Innenſeite etwas ausgeſchnittene Enden außen in Ausſparungen der Pochſäulen liegen. Beide ſind durchbohrt, und durch das runde Loch geht ein eiſerner Nagel hindurch, deſſen eines Ende geſpalten und zu Haken umgebogen iſt, während das andere durchbohrt iſt. Durch einen durchgeſteckten Keil werden die Querhölzer mit den Pochſäulen feſter verbunden. Von den umgebogenen Haken ſteht der eine aufwärts, der andere abwärts. $3^{1}/_{2}$ Fuß höher als dieſe Querhölzer werden zwei weitere in ähnlicher Weiſe befeſtigt. Die Querhölzer haben rechteckige Ausſparungen, durch welche die Pochſtempel hindurchgehen; die letzteren haben nur wenig Abſtand voneinander und werden von den Querhölzern ſtraff geführt. Jeder Stempel hat auf der Rückseite einen Hebling, den man auf der Unterſeite mit Unſchlitt ſchmieren muß, damit er deſto leichter aufgehoben werden kann. Ihn heben zwei lange, oben abgerundete Däumlinge, die auf der Waſſerradwelle ſitzen, abwechſelnd in die Höhe, damit der in den Pochtrog niederfallende Stempel mit ſeinem eiſernen Pochſchuh das hineingeworfene Erz zertrümmere. Auf der Welle ſitzt das geſchaufelte Waſſerrad, welches durch Waſſerkraft angetrieben wird. Der Eintrag des Pochtroges hat ſtatt einer Tür ein Brett, das in Nuten des Stammes ſitzt, aber auch weggenommen werden kann, damit der Arbeiter aus dem geöffneten Pochtrog den Sand, den Grieß und die Graupen, zu denen das Pochgut zerkleinert wurde, herausnehmen kann und, nachdem er geſchloſſen wurde, wieder anderes Erz eingetragen und gepocht werden kann.

Wenn aber ein Eichenſtamm nicht zur Hand ſein ſollte, werden zwei Hölzer auf den Boden gelegt, von denen jedes 6 Fuß lang, 1 Fuß breit und $1^{1}/_{2}$ Fuß hoch[12)] ſein ſoll und miteinander durch eiſerne Klammern verbunden; dies ſoll auch die Höhe des Pochtroges ſein. Man ſchneidet das erſte Holz 1 Spanne breit, $2^{1}/_{3}$ Fuß lang und $^{1}/_{24}$ Fuß tief nach vorn abfallend aus. In dieſe Aushöhlung wird ein ſehr harter Stein gelegt, 1 Fuß dick und 1 Spanne breit[13)]. Wenn daneben etwas Hohlraum verbleibt, ſoll er mit Erde und Sand ausgefüllt und dieſes feſtgeſtampft werden. Der Boden vor dem Pochtrog ſoll mit Brettern belegt werden. Falls der Stein zerbricht, ſoll er fortgenommen und an ſeine Stelle ein anderer gelegt werden. Man kann auch den Pochtrog kleiner, für drei Stempel, herſtellen.

Die Pochſtempel werden aus Hölzern von 9 Fuß Länge und quadratiſchem Querſchnitt, $^{1}/_{2}$ Fuß ſtark, hergeſtellt. Die eiſernen Pochſchuhe ſind folgendermaßen geſtaltet: der untere Teil[14)] iſt 3 Hand hoch, der obere ebenſoviel; der mittlere Teil des Rumpfes iſt auf eine Höhe von 2 Hand 1 Hand dick und breit, darunter wird er 5 Finger breit und dick über 2 Finger Höhe, endlich wird er weiter ſtärker bis zu $1^{1}/_{2}$ Hand Länge und Breite über 2 Finger Höhe. Oben, wo ſie in die Stempel eingeführt werden, ſind die Pochſchuhe durchbohrt. In entſprechender Weiſe iſt der Pochſtempel ſelbſt ausgeſchnitten; durch die Löcher beider geht ein ſtarker eiſerner Bolzen, welcher den Pochſchuh hält, damit er ſich nicht vom Stempel löſt. Damit der Stempel, der beſtändig die Erz- und Steinſtücke zertrümmert, nicht zerbricht, ſind um ihn und den oberen Teil des Pochſchuhes quadratiſche, eiſerne Ringe, 1 Finger dick, 7 Finger breit und 6 Finger hoch, gelegt.

Diejenigen, die nur drei Stempel benutzen, wie es oft geſchieht, machen ſie weſentlich ſtärker, ſie ſind im Quadrat 3 Hand ſtark. Die eiſernen Pochſchuhe ſind folgendermaßen geſtaltet: Ihre ganze Höhe beträgt 2 Fuß und 1 Hand, der

[12)] Über die Längenmaße vgl. 7. Buch Anm. 5, S. 190.

[13)] Ein ſolcher Stein liegt im Vordergrund der Abb. S. 244 und findet ſich auch in der Abb. S. 271 mit C bezeichnet.

[14)] Der untere Teil wird jetzt Rumpf, der obere Kiel genannt.

untere Teil iſt ſechseckig, 7 Finger breit und dick. Der untere Teil, der aus dem Stempel herausragt, iſt 1 Fuß und 2 Hand hoch, der obere, der im Stempel ſteckt, 3 Hand, darunter iſt er 1 Hand im Quadrat. Darüber wird er allmählich ſchwächer, ſo daß der oberſte Teil $3^{1}/_{2}$ Finger breit und 2 Finger dick iſt. Hier ſind die Kan-

Der Pochtrog A. Die Pochſäulen B. Die Querhölzer C. Die Stempel D. Die Pochſchuhe E. Die Welle F. Der Hebling G. Der Däumling H.

ten verbrochen. Dieſer Teil iſt durchlocht. Das Loch iſt 3 Finger hoch, 1 Finger breit und hat von dem verjüngten Ende 1 Finger Abſtand.

Den oberen Teil des Pochſchuhes, der in den unten ausgeſchnittenen Stempel eingeſetzt iſt, verſieht man mit Einhieben und Kehlungen, damit er, nachdem die Einhiebe ſich im Stempel befeſtigten und Keile in die Kehlungen eingetrieben wurden, unbeweglich und gerade im Stempel verbleibt. Außerdem werden noch zwei eiſerne Ringe aufgetrieben.

Die Welle teilen die einen mit dem Zirkel in 6, andere in 9 Teile; aber beſſer iſt die Teilung in 12 Teile, dann nimmt abwechſelnd 1 Teil einen Däumling auf, der nächſte Teil bleibt frei.

Das Waſſerrad iſt in einen viereckigen Schrot eingebaut, damit nicht im Winter hoher Schnee oder Eis oder Unwetter ſeinen Lauf oder ſeine Umdrehung hindern; die Hölzer, die zuſammengefügt werden, werden überall mit Moos verſtopft. Der Schrot hat eine Öffnung, durch die das Gerinne eintritt, welches das

Ein Stempel mit Pochſchuh A. Ein unten ausgeſchnittener Stempel B. Der Pochſchuh C. Ein anderer Pochſchuh D[15]*. Rechteckige Eiſenringe E. Ein Keil F. Ein Hebling G. Die eckige Welle H. Ein Däumling I. Der Zirkel K.*

Waſſer zuführt, das in die Schaufeln fällt und das Rad in Umdrehung verſetzt. Durch ein anderes, unten eingebautes Gerinne fließt das Waſſer wieder heraus. Die Speichen des Rades ſind nicht ſelten in der Mitte einer langen Welle befeſtigt[16], deren Däumlinge auf beiden Seiten Stempel antreiben, welche beide das Erz trocken oder naß pochen oder auch die eine Seite trocken, die andere naß, je nachdem das eine oder das andere erwünſcht iſt. Man kann auch die Stempel der einen Seite anheben, in ihre und der unteren Querhölzer Bohrungen Bolzen ſtecken und nur mit der anderen Seite das Erz pochen.

15) Agricola fügt hinzu „mit Einhieben und Kehlungen", das iſt aber aus der Abb. nicht erſichtlich.
16) Wie in Abb. S. 246.

Der Schrot A. Dieſer iſt am oberen Teile geſchloſſen, hier iſt er offen dargeſtellt, damit man das Rad ſehen kann. Das Rad B. Die Welle C. Die Stempel D.

Den Sand, Grieß und die Graupen der Steine, die der Arbeiter aus dem Pochtrog dieſer Maſchine herausgenommen und angehäuft hat oder die er nahe bei der Grube aus dem Haufen mit der Gabel herausgenommen hat, ſoll er auf einen Behälter werfen, der oben und vorn offen, 3 Fuß lang und etwa $1^1/_2$ Fuß breit iſt; die Seiten ſind geneigt und aus Brettern hergeſtellt. Der Boden ſoll aus eiſernem Drahtgeflecht beſtehen; er wird an zwei Eiſenſtäbe, die beiderſeits an die Bretter angeſchlagen ſind, mit Eiſendraht befeſtigt. Der Siebboden hat Löcher, durch welche Körner von der Größe einer Haſelnuß nicht hindurchgehen können. Das Korn, welches größer iſt und nicht durchfällt, nimmt der Arbeiter und wirft es wieder unter die Pochſtempel. Das kleinere Korn und den Grieß und den Sand ſammelt er in ein großes Gefäß und hebt es zum Waſchen auf. Wenn geſiebt wird, hängt man den Behälter mit zwei Stricken an einer Stange auf. Ein ſolcher Behälter kann richtig ein rechteckiges Sieb genannt werden; von dieſer Art werden noch einige im folgenden beſchrieben [17].

[17] Man würde zweckmäßig „Durchwurf" ſagen.

Ein Durchwurf richtig auf die Erde geſtellt A. Sein Boden, der aus eiſernen Drähten beſteht B. Ein umgekehrter Durchwurf C. Ein eiſerner Stab D. Durchwurf, an einer Stange aufgehängt, deſſen Boden man von oben ſieht E. Durchwurf, an einem Balken aufgehängt, deſſen Boden man von unten ſieht F.

Andere benutzen ein Sieb, deſſen Gefäß mit zwei eiſernen Reifen umbunden iſt; der Boden wird nicht anders als bei dem vorher beſchriebenen von einem Geflecht eiſerner Drähte gebildet. Sie ſetzen es auf zwei Brettchen, die ſo auf einem Pfahl befeſtigt ſind, daß ſie ſich überkreuzen. Der Pfahl wird in die Erde geſteckt. Indeſſen ſtecken andere den Pfahl nicht in die Erde, ſondern ſetzen ihn auf den Boden. Das Gut, das durch das Sieb fällt, bildet einen Haufen, in dieſem ſtellen ſie ihn feſt. Auf dieſes Sieb wirft der Arbeiter mit der eiſernen Schaufel die groben und feinen Graupen, den Grieß und Sand, den er von einem Haufen wegnimmt, und indem er die Handgriffe mit den Händen hält, ſchüttelt er das Sieb, ſo daß durch dieſe Bewegung der Sand, der Grieß und die kleinen Graupen durch das Sieb fallen. Andere benutzen nicht dieſes Sieb, ſondern einen offenen Kaſten, deſſen Boden ebenfalls von Drahtgeflecht gebildet iſt, und bewegen ihn auf einem Querholze hin und her, das zwiſchen zwei Säulen verlagert iſt.

Wieder andere benutzen ein Sieb, deſſen Gefäß aus Kupfer beſteht und zwei kupferne viereckige Handhaben beſitzt. Durch dieſe geht eine Stange hindurch, deren anderes Ende, welches durch die eine Handhabe etwa eine Spanne hinausragt, der Arbeiter in einen Strick ſteckt, der von dem Gebälk herabhängt. Die Stange bewegt er häufig und abwechſelnd von ſich und zu ſich. Durch dieſe Bewegung fällt das kleine Korn durch den Siebboden. Damit das Ende der Stange

Das Sieb A. Die Brettchen B. Der Pfahl C. Der Boden des Siebes D. Der offene Kaſten E. Das Querholz F. Die Säulen G.

leicht in den Strick eingelegt werden kann, wird er mittels eines 2 Hand langen Knebels aufgedreht, ſo daß er in zwei Teilen herabhängt; ſein anderes Ende iſt am Gebälk befeſtigt. Unter dem Knebel hängt der Strick noch etwa 1/2 Fuß herab.

Auch große Siebkäſten werden zu dieſer Arbeit verwendet. Der Boden iſt entweder aus einem Brett mit vielen Löchern hergeſtellt oder, wie bei den übrigen Sieben, aus Drähten geflochten. In der Mitte der Seitenbretter iſt ein eiſerner halbkreisförmiger Bogen angebracht, an dem ein Strick, der an einem Galgen oder einem Balken hängt, befeſtigt wird, ſo daß das Sieb hin und her geſchoben und nach allen Seiten geneigt werden kann. An jeder Seite ſind zwei Handhaben angebracht, ähnlich denen des Schubkarrens. Zwei Arbeiter faſſen dieſe Handgriffe und ſchütteln das Sieb hin und her[18]. Dieſes Sieb benutzen die Deutſchen, welche in den Karpathen wohnen, am häufigſten. Mit drei ſolchen und zwei kleineren Sieben[19] wird das kleine Korn von dem größeren in der Weiſe getrennt, daß von den verſchiedenen Korngrößen, die gewaſchen werden ſollen, gleiche Mengen entſtehen. Denn der Boden ſowohl der großen als auch der kleinen Siebe hat

Das große Sieb A. Der halbkreisförmige Bogen B. Der Strick C. Der Galgen D. Die Handgriffe E. Der fünfzinkige Krähl F. Das kleine Sieb G. Seine Henkel H. Die Stange I. Der Strick K. Der Balken L.

Löcher, welche Korn von Haſelnußgröße nicht durchlaſſen[20]. Die Stücke, die im Sieb verbleiben, werfen die Bergleute, wenn ſie erzhaltig ſind, unter das Trockenpochwerk. Aber die groben Graupen werden von den kleineren erſt auf dieſe Weiſe getrennt, nachdem Männer und Jungen die größten Stücke aus dem aus der Grube geförderten Haufwerk, welches außer aus den großen und kleinen

[18] Dieſe Siebe werden Schwingrätter genannt.

[19] Hierdurch wird die folgende Beſchreibung des Verfahrens zu Neuſohl bereits in großen Zügen vorweggenommen.

[20] Das iſt ein Irrtum. Die Siebe, auf denen die verſchiedenen Korngrößen hergeſtellt werden, müſſen natürlich abnehmende Lochweiten haben, was auch in der nachfolgenden Beſchreibung ausdrücklich erwähnt iſt.

Graupen aus grobem und feinem Grieß, ferner aus Sand und Mehl beſteht, mit fünfzinkigen Krählen herausgenommen haben[21].

Zu Neuſohl – der Bergbau liegt in den Karpathen – trennt ein Arbeiter[22] das aus den Gruben geförderte Haufwerk, während die Erzgänge, die auf den Kämmen und Gipfeln der Berge gelegen ſind, abgebaut werden. Ein anderer fördert das Mehl, den Sand, den Grieß und die Graupen und das ärmere Erz im Schubkarren und, damit nicht die Ausgaben für die Beförderung auf dem wenig betretenen und manchmal abſchüſſigen Wege und für das lange und ſchwierige Fahren zu machen ſind, entleert ſie, indem er den Karren umſtürzt, in ein langes Gerinne, das durch Querbrettchen verſtärkt und an dem ſteilen Felſen befeſtigt iſt. Sie gleiten ungefähr über 150 Fuß Höhe hinab in ein Sieb, deſſen Boden aus einem dicken gelochten Kupferblech beſteht und mit Handhaben verſehen iſt, an denen es geſchüttelt wird. Übrigens hat es oben zwei Bogen aus Haſelnußgerten und wird mittels eines eiſernen Hakens und Strickes an einem Baumaſt oder an einem Galgen aufgehängt. Das Sieb zieht der Arbeiter mehrmals an ſich und ſtößt es gegen den Baum oder die Säule des Galgens. Auf dieſe Weiſe fällt das kleinere Korn durch die Sieblöcher und gleitet durch ein zweites Gerinne auf ein zweites Sieb, deſſen Boden engere Löcher hat. Dieſes ſtößt der zweite Arbeiter ebenfalls heftig gegen den Baum oder die Säule; es fallen wiederum die kleineren Körner durch in das dritte Gerinne und gleiten in das dritte Sieb, deſſen Boden wiederum noch engere Löcher hat. Auch dieſes ſtößt der Arbeiter heftig gegen den Baum oder die Säule, und zum dritten Male fällt das kleinere Korn durch auf eine Bühne. In der Zeit, bis der Karrenläufer eine weitere Menge Haufwerk zum Sieben herbeiſchafft, nimmt jeder Arbeiter den Haken aus den Bügeln und ſchafft ſein Sieb fort, ſtürzt es aus und häuft die Graupen oder den Grieß, die am Siebboden zurückgeblieben waren, auf. Das auf die Bühne gefallene Kleinkorn kehrt der erſte Wäſcher zuſammen – es ſind ebenſo viele da als Arbeiter an den Schüttelſieben –, gibt es in ein Sieb, deſſen Löcher noch kleiner ſind als die des dritten Siebes, und wäſcht es in einem Faſſe, das nahezu voll Waſſer iſt. Nachdem dieſes mit dem, was das Sieb durchläßt, angefüllt worden iſt, zieht der Wäſcher den Spund und läßt das Waſſer ablaufen. Dann wirft er dasjenige, was ſich im Faſſe abgeſetzt hatte, mit der Schaufel auf die Bühne des zweiten Wäſchers. Dieſer wäſcht es in einem Sieb, deſſen Löcher noch enger ſind; was dann wiederum in das Faß geht, nimmt er heraus und wirft es auf die Bühne des dritten Wäſchers. Dieſer wäſcht es in einem Sieb, welches die engſten Löcher hat. Der Erzſchlich, welcher ſich im

21) Agricola unterſcheidet hier außer „saxorum fragmenta“ (die größten Stücke) entſprechend den fünf verwendeten Sieben die ſechs folgenden Korngrößen: 1. glareae majusculae, 2. glareae minusculae, 3. lapilli, 4. sabulum, 5. arenae, 6. terrae. Nur die beiden Korngrößen „saxorum fragmenta“ und „glareae majusculae“ ſind dadurch näher beſtimmt, daß die erſteren mit dem Krähl, deſſen Zinken gewöhnlich 60 mm Zwiſchenraum haben, aus dem Haufwerk herausgenommen werden, und daß das gröbſte Sieb Lochungen hat, welche Körner von Haſelnußgröße (etwa 15 mm) nicht durchlaſſen. Es ſind alſo saxorum fragmenta > 60 mm und glareae majusculae 60–15 mm groß. Über die übrigen Korngrößen iſt hier nichts geſagt. S. 252 wird erwähnt, daß die kleinen Graupen kleiner als Erbſen, alſo etwa < 8 mm ſind. Die Korngrößen „lapilli“ und „terrae“ erwähnt Agricola hier zum erſten Male. Im folgenden werden die ſechs Korngrößen folgendermaßen benannt: 1. große, 2. kleine Graupen, 3. grober, 4. feiner Grieß, 5. Sand, 6. Mehl. — Terra hat auch die Bedeutung Erdreich, z. B. bei Cicero: „varia terrarum genera“. — Etwas ſpäter wird noch für das allerfeinſte mit Waſſer gemiſchte Gut 7. limus = Schlamm gebraucht.

22) Nämlich mit dem Krähl.

Der Karrenläufer, der das Haufwerk heranfährt A. Das erſte Gerinne B. Das erſte Kaſtenſieb C. Seine Handhaben D. Deſſen Bögen E. Der Strick F. Der Balken G. Die Säule H. Das zweite Gerinne I. Das zweite Kaſtenſieb K. Das dritte Gerinne L. Das dritte Kaſtenſieb M. Die erſte Bühne N. Das erſte Handſieb O. Das erſte Faß P. Die zweite Bühne Q. Das zweite Handſieb R. Das zweite Faß S. Die dritte Bühne T. Das dritte Handſieb V. Das dritte Faß X. Der Spund Y.

letzten Faſſe zu Boden ſetzt, wird herausgenommen und verſchmolzen. Dasjenige, was ein jeder Wäſcher mit dem Streichbrette weggenommen hat, wird auf dem Planenherde verwaſchen.

Auch bei dem Zinnbergbau zu Altenberg in den benachbarten böhmiſchen Gebirgen bedienen ſich die Wäſcher ſolcher an Balken aufgehängter Siebe, die jedoch etwas größer ſind und vorn offen, damit die Graupen, die nicht durchgefallen ſind, durch das Anſtoßen an die Säule herausgeſchüttet werden können.

Das Sieb A. Seine Handhaben B. Das Faß C. Der aus eiſernen Drähten hergeſtellte Siebboden D. Der Reifen E. Die Stäbe F. Die Reifen G. Die Frau bewegt das Sieb H. Der Junge trägt ihr das Waſchgut zu I. Der Mann wirft den Siebdurchfall aus dem Faſſe K.

Wenn der Erzgang reich iſt, werden das Mehl, der Sand, der Grieß und die Graupen, die aus dem Hangenden gewonnen ſind, mit der Schaufel oder dem Krähl aus dem Haufen herausgenommen und in ein großes Sieb oder in einen Korb geworfen und in einem Faß, das faſt voll Waſſer iſt, gewaſchen. Das Sieb hat gewöhnlich 1 Elle Durchmeſſer und iſt $^1/_2$ Fuß tief, ſein Boden hat ſo kleine Löcher, daß nur erbſengroße Körner durchfallen. Der Boden wird von kreuz und quer verlaufenden Drähten gebildet, die an den Kreuzungsſtellen mit anderen eiſernen Drähten gebunden, in einen eiſernen Ring eingeſpannt und durch zwei eiſerne

Querſtäbe unterſtützt ſind. Den übrigen Teil des Siebes, der wie ein Faß aus Dauben zuſammengeſetzt iſt, halten zwei eiſerne Reifen zuſammen. Manche umbinden das Sieb auch mit Reifen aus Haſelnuß oder Eiche, nehmen dann aber drei Reifen. Es hat zwei Handhaben, welche der Wäſcher mit den Händen faßt. Auf dieſes Sieb wirft ein Junge das Waſchgut und eine Frau ſchüttelt es, indem ſie es nach links und rechts dreht. Auf dieſe Weiſe fallen das Mehl, der Sand und die kleinen Graupen durch, während die größeren auf dem Siebe verbleiben. Letztere

Der Korb A. Seine Handgriffe B. Der Trog C. Sein hinterer Teil D. Sein vorderer Teil E. Die Handgriffe F.

werden herausgenommen, geſammelt und unter das Pochwerk geworfen. Der Schlamm mit dem Sande, dem Grieß und den Graupen wird, nachdem das Waſſer ausgeſchöpft iſt, mit der Schaufel aus dem Faß herausgeworfen und in einem Graben, über den ich ſpäter ſprechen werde, gewaſchen.

Die Böhmen benutzen einen aus geſchmeidigen Ruten geflochtenen Korb, der $1^1/_2$ Fuß breit und $^1/_2$ Fuß tief iſt. Er hat zwei Handgriffe, an denen ſie ihn ergreifen und in einem Faſſe oder einem kleinen Sumpfe, die nahezu voll Waſſer ſind, bewegen und ſchütteln. Was aus dem Korbe in das Faß oder in den Sumpf fällt, nehmen ſie heraus und verwaſchen es in einem Trog, der hinten höher, vorn tiefer und eben iſt. An ſeinen beiden Handhaben bewegen ſie ihn im Waſſer; dabei fließt das leichte Gut heraus, das ſchwere und erzhaltige verbleibt auf ſeinem Boden.

Die Waſſerradwelle A. Das Waſſerrad B. Das Kammrad C. Das Getriebe D. Seine eiſerne Welle E. Der obere Mühlſtein F. Der Trichter G. Das hölzerne runde Gerinne H. Der Austrag I.

Das Golderz und auch die Zinnerze (Zwitter) werden mit Hämmern zerkleinert oder gepocht und dann zu Mehl gemahlen. Die erſte Mühle, die durch Waſſerkraft betrieben wird, iſt folgendermaßen gebaut: Die Welle wird nach dem Zirkel gerundet oder eckig hergeſtellt, ihre eiſernen Zapfen laufen in offenen eiſernen Pfannen, die in das Mühlgerüſt eingebaut ſind. Die Achſe wird durch ein Rad angetrieben, deſſen am Umfange angebrachte Schaufeln durch das ſtrömende Waſſer getroffen werden. Auf der Achſe ſitzt ein Kammrad, deſſen Kämme ſeitlich befeſtigt ſind; dieſe treiben das Getriebe, deſſen Kämme aus ſehr hartem Holz hergeſtellt ſind. Letzteres ſitzt auf einer eiſernen Welle[23], die unten einen Zapfen hat, der ſich in einer eiſernen Pfanne des Mühlgerüſtes dreht, oben trägt

[23] Das Mühleiſen.

ſie die Haue[24], welche den Mühlſtein hält. Wenn die Kämme des Kammrades das Getriebe antreiben, läuft die Mühle um, auf die der darüberhängende Trichter durch einen Austrag das Erz aufträgt. Das zu Mehl gemahlene Erz tritt aus dem runden, kreisförmigen Gerinne[25] in den Austrag, fällt auf den Boden, häuft ſich dort an und wird zur Wäſche geführt. Da dieſe Art zu mahlen es erfordert, daß der Mühlſtein höher oder tiefer geſtellt werden kann, wird das Lager der ſtehenden Welle von zwei Hölzern unterſtützt, die mittels Hebebäumen und durchgeſteckten Bolzen höher und tiefer verlagert werden können.

Beim Vermahlen der Golderze, beſonders wenn Gangarten, die leicht ſchmelzen[26], dieſes Metall begleiten, werden drei Mühlen verwendet. Alle dieſe werden nicht durch Waſſerkraft, ſondern durch Menſchenkraft, zwei auch durch Tierkraft angetrieben. Die erſte dreht ſich und unterſcheidet ſich von der ſpäter beſchriebenen durch das Rad, welches geſchloſſen iſt und durch Menſchen, die es treten[27], in Umdrehung geſetzt wird oder von hineingeführten Pferden, von Eſeln oder auch von ſtarken Ziegen. Den Tieren werden die Augen mit Tüchern verbunden. Die zweite, ob ſie ſtoßend oder drehend wirkt, unterſcheidet ſich von den beiden anderen dadurch, daß ſie ſtatt der liegenden eine ſtehende Achſe hat. Dieſe trägt unten eine kreisrunde Scheibe, welche zwei Arbeiter in Umdrehung verſetzen, indem ſie die Leiſten mit den Füßen fortſtoßen; nicht ſelten verrichtet auch nur einer dieſe Arbeit. Oder es ſteht eine Deichſel heraus, die ein Pferd oder ein Eſel im Kreiſe herumbewegt, weshalb man ſie Eſelmühle nennt. Das Kammrad der umlaufenden Welle, welches ſich an deren oberem Ende befindet, treibt das Getriebe und damit zugleich die Mühle.

Die dritte Mühle hat drehende Bewegung, ſie wird nicht mit den Händen geſtoßen, ſondern im Kreiſe gedreht. Zwiſchen dieſer und den anderen beſteht ein großer Unterſchied, denn der Bodenſtein iſt oben ſo geſtaltet, daß er den Läufer, der um eine eiſerne Achſe gedreht wird, feſthalten kann. Dieſer befindet ſich innerhalb des ringförmigen Teiles des Bodenſteines und ragt oben hervor. Der Arbeiter erfaßt den ſenkrechten Handgriff, der ſich oben am Mühlſtein, der eigentlich Läufer genannt wird, befindet, und dreht ihn. Der Läufer iſt durchbohrt. Durch die Bohrung wird das Erz eingetragen, gleitet herunter zu dem Bodenſtein und wird zu Mehl gemahlen, das nach und nach aus deſſen ſeitlicher Öffnung heraustritt. Es wird auf verſchiedene Arten, die ich ſpäter auseinanderſetzen will, gewaſchen, ehe es mit Queckſilber vermiſcht wird.

Einige ſtellen eine Anlage her, welche zu gleicher Zeit das Golderz pocht, mahlt, durch Waſchen reinigt und das Gold mit Queckſilber vermiſcht. Es iſt nur ein Rad vorhanden, welches die Kraft des Waſſers dreht, indem es die Schaufeln trifft. Die Welle hat auf der linken Seite des Rades Däumlinge, welche die Stempel anheben, die das Erz trocken pochen. Dieſes wird dann in die runde Öffnung des Läufers eingetragen, gleitet nach und nach durch deſſen Loch und wird zu Mehl gemahlen. Der untere Stein der Mühle iſt außen viereckig, hat aber eine runde Vertiefung, in welcher ſich der runde Läufer dreht, außerdem hat er ein Loch,

24) Ein Querſtück, das in die untere Fläche des Mühlſteines eingelaſſen iſt.
25) Mühllauf genannt.
26) Gemeint iſt wohl Quarz.
27) Vgl. *6.* Buch Abb. S. 145 und 168.

Die erste Mühle A. Das von Ziegen getretene Rad B. Die zweite Mühle C. Die Scheibe an der stehenden Welle D. Deren Kammrad E. Die dritte Mühle F. Die Form des unteren Mühlsteins G. Die senkrechte Achse H. Deren Bohrung I. Des Läufersteines Handhabe K. Seine Öffnung L.

aus dem das Mehl in das erſte Faß hinabgleitet[28]. Die Haue[29] der eiſernen Achſe iſt am Läufer befeſtigt, der obere Zapfen am Gebälk verlagert. Das Getriebe der Achſe wird vom Kammrad der Welle in Umdrehung verſetzt und treibt die Mühle. Das Mehl gelangt beſtändig in das erſte Faß, ebenſo das Waſſer, das wieder in das zweite Faß fließt, das niedriger ſteht, und weiter in das dritte Faß, das am niedrigſten ſteht, aus dem dritten Faß häufig noch in einen Trog, der aus einem Baumſtamm ausgehöhlt iſt. In jedem Faß befindet ſich Queckſilber, und auf jedem iſt ein Brettchen befeſtigt; durch ein Loch in ſeiner Mitte geht die ſenkrechte Welle hindurch. Damit ſie nicht tiefer als zweckmäßig in das Faß hinabgleitet, iſt ſie oberhalb des Brettchens verdickt. Am unteren Ende ſind drei ſich kreuzende Brettchen angebracht, der obere Zapfen iſt am Balken verlagert. Die Welle trägt außerdem ein kleines Getriebe, das aus Spindeln beſteht und von einem kleinen Kammrade angetrieben wird. Dieſes ſitzt auf der waagrechten Welle, die einerſeits mit der waagrechten Hauptwelle gekuppelt iſt, und deren anderes Ende in einem ſtarken eiſernen Lager am Gebälk ruht. Auf dieſe Weiſe arbeiten die Brettchen, deren je drei in jedem Faſſe im Kreiſe herumgedreht werden, das mit Waſſer vermiſchte Mehl[30] durch und trennen auch die kleinſten Goldflitterchen davon. Dieſe ſinken nieder, und das Queckſilber nimmt ſie auf und reinigt ſie. Das Taube nimmt das Waſſer mit. Das Queckſilber wird in weiches Leder oder in ein gewebtes, baumwollenes Tuch geſchüttet und, wie ich an anderer Stelle beſchrieben habe, zuſammengepreßt. Dann fließt das Queckſilber in einen daruntergeſtellten Topf, und es bleibt in dem Tuche reines Gold zurück[31].

Andere erſetzen die Fäſſer durch drei tiefe Gerinne, auf jedem iſt eine ſchwache eckige Welle verlagert, in welche ſechs ſchmale Brettchen eingeſteckt ſind; an dieſe wieder ſind ſechs breitere Brettchen angeſchlagen. Dieſe treibt das in die Gerinne eingelaſſene Waſſer herum; ſie arbeiten die Trübe durch und ſondern das Metall ab.

Für das Waſchen des goldhaltigen Erzmehles verdient die erſte Art des Waſchens bei weitem den Vorzug, da das Queckſilber in den Fäſſern das Gold ſogleich aufnimmt. Wenn aber Erzmehl mit Graupen, aus denen Zinn geſchmolzen wird, zu verwaſchen iſt, ſind die Gerinne nicht zu verſchmähen. Doch iſt es nützlicher, zuſammengebundene Tannenzweige in die Gerinne zu legen, in denen ſolche Mehle, die aus der Mühle mittels der Rinne hingeführt wurden, gewaſchen werden. Denn die Zinngraupen werden entweder von ihnen zurückgehalten oder ſie fallen, wenn das Waſſer ſie fortführt, von ihnen herunter und ſetzen ſich zu Boden.

Sieben Arten des Waſchens ſind den Erzen der meiſten Metalle gemeinſam: ſie werden nämlich gewaſchen entweder in dem einfachen Graben[32] oder in

[28] Es wird naß gemahlen; in der Abbildung fehlt aber die Waſſerzuführung zur Mühle.

[29] Vgl. dieſes Buch Anm. 24, S. 255.

[30] Das Gemiſch von Waſſer und Mehl nennt der Aufbereitungsmann jetzt „Trübe".

[31] Das iſt ein Irrtum: es bleibt Goldamalgam zurück, aus dem erſt durch Glühen reines Gold erhalten wird.

[32] Das Wort canalis braucht Agricola nicht nur dort, wo Waſſer oder Trübe lediglich fortzuleiten iſt, ſondern auch dann, wenn eine Vorrichtung zum Verwaſchen von Erz in Frage kommt. Im erſteren Falle iſt es mit Gerinne oder Rinne überſetzt worden, im zweiten Falle mit Schlämmgraben oder kurz Graben. Auch canaliculus wird in zweifachem Sinne gebraucht, als kleines Gerinne, wenn es zur Zuführung des nötigen Klarwaſſers oder der Trübe auf die Gräben oder die Herde dient, aber auch um Rillen zu bezeichnen, die in die Herdfläche eingeſchnitten ſind (vgl. S. 285). Im ſechſten Buche bedeutet canalis in der Verbindung cuniculi canalis die Waſſerſaige des Stollens. — Foſſa iſt im Gegenſatz zu dem aus Brettern zuſammengeſchlagenen Schlämmgraben ein im Gelände ausgehobener Graben (Abb. S. 295 und ſpätere), der zum Verwaſchen der Seifenerze dient und unter Umſtänden mit Balken ausgebaut wird.

Das Waſſerrad A. Die Welle B. Die Pochſtempel C. Der runde Eintrag der Mühle D. Das Loch in der Mitte E. Der untere Mühlſtein F. Seine runde Ausſparung G. Sein Austrag H. Die eiſerne Achſe I. Deren Querriegel K. Der Balken L. Das Getriebe der eiſernen Welle, das aus Spindeln beſteht M. Das Zahnrad der Welle N. Die Fäſſer O. Die Brettchen P. Die ſtehenden Wellen Q. Ihr verdickter Teil R. Ihr Rührer S. Die Getriebe, die aus Sproſſen beſtehen T. Die mit der Hauptwelle gekuppelte waagrechte, ſchwache Welle V. Ihre Zahnräder X. Drei Gerinne Y. Deren Wellen Z. Die eingeſteckten Brettchen AA. Die angeſchlagenen Brettchen BB.

dem durch Bretter abgeteilten Graben, oder im geneigten Graben, im weiten Troge, auf dem kurzen Herde, auf dem Planenherde oder im engen Siebe. Die übrigen Arten des Waſchens ſind entweder einem beſtimmten Erze eigentümlich oder ſtehen mit dem Naßpochen der Erze in Zuſammenhang.

Der einfache Graben iſt folgendermaßen beſchaffen: Zunächſt liegt das Haupt, das 3 Fuß lang und 1½ Fuß tief iſt, höher als der eigentliche Graben. Das Haupt beſteht aus Brettern, die auf Balken gelegt und darauf genagelt ſind; die Seiten werden von kleineren Brettern gebildet, die auf die Bodenbretter aufgeſetzt ſind; ſie halten das Waſſer, das aus dem Rohr oder Gerinne darauf fließt, zuſammen und zwingen es, geradeaus abzufließen. Die Mitte liegt etwas tiefer, damit ſich dort die groben Berge und die größeren Erzſtücke abſetzen können. Eine Spanne tiefer als das Haupt liegt der Graben auf dem Erdboden, 12 Fuß lang, 1½ Fuß tief und breit. Sein Boden und die beiden Seiten ſind aus Brettern hergeſtellt, damit der Erdboden die Teilchen nicht aufnimmt oder, durch das Waſſer angefeuchtet, in den Graben rutſcht. Am unteren Ende wird der Graben durch ein Brett geſchloſſen, das etwas niedriger iſt als der Graben ſelbſt. An dieſen geraden Graben ſchließt ein anderer quer verlaufender an, der 6 Fuß lang und 1½ Fuß tief und breit iſt. Dieſer iſt in ähnlicher Weiſe aus Brettern hergeſtellt und unten durch ein etwas niedrigeres Brett verſchloſſen, damit das Waſſer abfließen kann; dieſes nimmt ein dritter Graben auf und führt es ins Freie.

In dieſem einfachen Graben wird das Erz gewaſchen, welches durch fünf weite Siebe auf den Boden der Wäſche geſchüttet wurde; dieſes nimmt der Wäſcher weg, häuft es an und wirft es auf das Haupt des Grabens, läßt durch ein Rohr oder ein Gerinne Waſſer darauf und bearbeitet das, was mitten auf dem Haupte herabfließt und verbleibt, mit einer hölzernen Kiſte[33]. So wollen wir fortan ein Werkzeug nennen, das aus einem langen Stiele beſteht, der in ein Brettchen von 1 Fuß Länge und 1 Hand Breite geſteckt iſt. Durch das Rühren wird das Waſſer trüb und nimmt den Schlamm, den Sand und den feineren Grieß des Erzes in den anſchließenden Graben mit. Der grobe Grieß und die Graupen verbleiben auf dem Grabenhaupte. Dieſe heben Burſchen heraus und werfen ſie auf die Bühne eines breiten Troges oder auf den kurzen Herd und trennen den Grieß von den Graupen. Nachdem ſich der Graben mit Schlamm und Sand angefüllt hat, ſchließt der Wäſcher das Rohr, durch welches das Waſſer auf das Grabenhaupt fließt. Bald darauf fließt auch das Waſſer aus dem Graben ab. Sodann hebt der Wäſcher den Schlamm und Sand mit Grieß vermiſcht mit der Schaufel heraus und verwäſcht ſie auf dem Planenherde. Oft auch geben die Burſchen den auf die Bühne geworfenen Sand, wenn der Graben noch nicht wieder gefüllt iſt, auf denſelben Herd auf und waſchen ihn. Auf dem Haupte des Grabens wird auch das Erzmehl gewaſchen und am häufigſten dasjenige, welches Zinngraupen enthält; dann wird in den Graben ein Bündel Tannenreiſig gelegt, ebenſo wie man ſolches auch in die großen Gerinne zu legen pflegt, wenn Erz naß gepocht wird. Die großen Graupen, welche ſich im oberſten Teile des Grabens abſetzen, werden geſondert im Schlämmgraben vorgewaſchen; für ſich auch dort die mittleren Graupen, die ſich in der Mitte abſetzen, und geſondert wird der mit dem Grieß gemiſchte Schlamm, der ſich hinter dem Reiſigbündel im unterſten Teile des Grabens ablagert, auf dem Planenherde verwaſchen.

[33] Vgl. dieſes Buch Anm. 4, S. 235.

Das Haupt des Grabens A. Das Waſſerrohr B. Der Graben C. Ein Brett D. Der Quergraben E. Die Schaufel F. Die Kiſte G.

Von dem vorigen unterſcheidet ſich der nächſte Graben dadurch, daß er durch mehrere eingeſetzte Bretter in verſchiedene Stufen geteilt wird. Wenn er 12 Fuß lang iſt, werden vier Bretter eingeſetzt, wenn er 9 Fuß lang iſt, drei; je näher ſie dem Haupte ſind, deſto höher, je weiter davon entfernt, deſto niedriger ſind ſie. Wenn das oberſte 1 Fuß und 1 Hand hoch iſt, ſo pflegt das zweite 1 Fuß und 3 Finger hoch zu ſein, das dritte 1 Fuß und 2 Finger und das unterſte 1 Fuß und 1 Finger. In dieſem Graben wird vorzugsweiſe das erzhaltige Gut gewaſchen, welches das weite Sieb in das Waſſerfaß durchgelaſſen hat. Zu dieſem Zwecke wird das Gut mit einer eiſernen Schaufel auf das Grabenhaupt geworfen und, nachdem das Waſſer darauf gelaſſen wurde, mit der Kiſte durchgearbeitet, bis der Graben ſich gefüllt hat. Dann werden die Bretter herausgenommen, und das Waſſer fließt ab. Darauf wird das erzhaltige Gut, das ſich in den einzelnen Abteilungen abgeſetzt hat, nochmals gewaſchen, entweder auf dem kurzen Herde oder auf dem Planenherde oder auf dem engen Siebe. Da der kurze Herd häufig mit dem Graben, der höher ſteht, zuſammengebaut wird, ſo führt das Rohr das Waſſer zunächſt in eine

Das Wasserrohr A. Das Quergerinne B. Das kleine Gerinne C. Das Haupt des Grabens D. Eine hölzerne Schaufel E. Die Bretter F. Der kurze Herd G.

quer verlaufende Rinne, aus dem es durch ein kleines Gerinne auf den Graben, durch ein anderes auf den Herd fließt.

Der Schlämmgraben ist, soweit es die Bretter betrifft, den beiden anderen ähnlich; auch sein Haupt wird, wie das der anderen, mit Erde unterfüllt, die festgestampft wird. Darauf werden Bretter gedeckt, dann wird, falls nötig, die eingefüllte Erde nochmals gestampft, so daß keine Ritze bleibt, durch die das mit Erzteilchen vermischte Wasser hindurchdringen könnte. Denn es soll geradeaus in den Schlämmgraben fließen, der etwa 8 Fuß lang und 1¹/₂ Fuß breit ist. An ihn schließt ein Quergraben an, der zu einem Troge außerhalb des Hauses führt. Ein Bursche nimmt mit der Schaufel oder mit der Kelle das noch unreine Erz oder die unreinen Zinngraupen von dem Haufen und wirft sie auf das Haupt des Schlämmgrabens oder verteilt sie darauf. Der Wäscher arbeitet das Gut im Schlämmgraben mit der Kiste durch; auf diese Weise fließt der Schlamm, mit Wasser vermischt, in den Quergraben, während das Erz oder die Zinngraupen sich im Schlämmgraben zu Boden setzen. Da aber zuweilen Erz oder Graupen zugleich mit dem Schlamm

Das Haupt des Grabens A. Der Schlämmgraben B. Die Kelle C. Die Kiſte D. Die Plane E. Das Stäbchen zum Glätten der Plane F.

in den Quergraben fließen, ſo verſchließt ein anderer Wäſcher dieſen etwa in einer Entfernung von 6 Fuß durch ein Brett und arbeitet den Schlamm häufig mit der Schaufel durch, ſo daß dieſer mit dem Waſſer gemiſcht in den Trog fließt und nur Erz oder Graupen im Graben zurückbleiben.

Zu Schlaggenwald und Irberesdorf[34] werden die Zinnerze in einem ſolchen Schlämmgraben ein- bis zweimal gewaſchen, zu Altenberg drei- oder viermal, zu Geyer oft ſiebenmal. In Schlaggenwald und Irberesdorf werden Erze, die reichlich große Zinngraupen enthalten, gepocht, in Altenberg Erze mit viel kleineren, und in Geyer noch Erze, in denen kaum kleine Graupen erblickt werden können.

34) Irberesdorf iſt Ehrenfriedersdorf. — Friedr. Wilh. Köhler: Hiſtoriſche Nachrichten von Wolkenſtein im meißniſchen Obererzgebirge, Schneeberg 1781, S. 38, ſagt: „Erbersdorf heißt Ehrenfriedersdorf". Und Ernſt Lehmann bemerkt über die Vorkommen von Zinngraupen: „Von dieſer Größe findet man ſie zu Ehrenfriedersdorf oder, wie der gemeine Mann ſagt, Irbersdorf und zu Schlackenwalde." (Georg Agricolas Mineralogiſche Schriften, überſetzt und erläutert von Ernſt Lehmann; 3. Teil, Oryktognoſie — De natura fossilium —, Band 2, Freiberg 1810, S. 298.) Das zwiſchen Mittweida und Frankenberg gelegene Irbersdorf kann nicht in Frage kommen, da dort Zinnerze nicht auftreten. Aus demſelben Grunde ſcheidet das bei Brand ſüdlich von Freiberg gelegene Erbisdorf aus, das Hoover hier nennt (S. 304 ſeiner engliſchen Überſetzung von 1912).

Dieſe Art des Waſchens haben die Zinnbergleute zuerſt erſonnen, dann iſt ſie von den Zinngruben auf die Silbergruben und andere Gruben übergegangen. Denn dieſe Art zu waſchen iſt beſſer als die in den engen Sieben. Neben dieſen Schlämmgräben pflegt auch der Planenherd verwendet zu werden.

Jetzt werden meiſtens zwei gleichgearbeitete Schlämmgräben zuſammengebaut, deren Häupter 3 Fuß, die Gräben ſelbſt 4 Fuß voneinander entfernt ſind. Unterhalb beider Schlämmgräben befindet ſich ein Quergraben. Ein Junge wirft von dem Haufen mit einer Schaufel das mit Schlamm gemiſchte Erz oder die Zinngraupen auf das Haupt beider Herde. Es ſind zwei Wäſcher da; von ihnen ſitzt einer zur Rechten des einen Grabens, der andere zur Linken des anderen und verrichtet die Arbeit. Jeder benutzt ein Werkzeug folgender Art: In einem Lager der Grundſchwelle eines jeden Grabens und in einem Halbringlager des Balkens im Gebäude wird eine glatte Stange gedreht[35], 9 Fuß lang und 1 Hand ſtark. In dieſe iſt ein rundes Holz eingeſetzt, 3 Hand lang und ebenſoviel Finger dick; an ihm iſt ein Brettchen befeſtigt, 2 Fuß lang und 5 Finger breit. In deſſen Bohrung dreht ſich das eine Ende einer Welle, an der die Handhabe für die Kiſte befeſtigt iſt. Das andere Ende dieſer Welle dreht ſich in der Bohrung eines anderen Brettchens, welches wiederum an einem runden Holze befeſtigt iſt, das wie das andere 3 Hand lang und ebenſoviel Finger dick iſt. Der Wäſcher benutzt dieſes Holz als Handhabe; die Kiſte beſteht aus einer 3 Fuß langen Stange, an der ein Brettchen befeſtigt iſt, 1 Fuß lang, 6 Finger breit und 1½ Finger dick. Der Wäſcher bewegt unabläſſig mit der einen Hand die Handhabe dieſes Werkzeuges, und auf dieſe Weiſe rührt die Kiſte auf dem Grabenhaupte die Erzſtücke oder die Zinngraupen, die mit Schlamm vermiſcht ſind. Durch dieſe Bewegung fließen ſie in den Graben. In der anderen Hand hält er eine andere Kiſte, deren Stiel um die Hälfte kürzer iſt. Damit bewegt er beſtändig die Erzſtücke oder Zinngraupen, die im oberen Teile des Grabens zurückgeblieben ſind. Auf dieſe Weiſe fließt der Schlamm mit dem Waſſer vermiſcht in den Quergraben und aus dieſem in den Trog außerhalb des Hauſes.

Bevor der kurze Herd und das enge Sieb erfunden waren, wurden beſonders die Zinnerze trocken gepocht und im breiten Troge gewaſchen, der aus einem oder zwei Baumſtämmen ausgehöhlt wurde. Über ſeinem Haupte befand ſich eine Bühne, auf die das zerkleinerte Erz geworfen wurde. Dieſes zog der Wäſcher mit der Kiſte an langem Stiel in den Trog, gab Waſſer darauf und rührte das Erz mit der Kiſte.

Der kurze Herd iſt in ſeinem oberen Teile, auf den aus einem Gerinne das Waſſer fließt, ſchmal, nämlich nur 2 Fuß breit; unten iſt er breiter, etwa 3 Fuß und 3 Hand. Auf die 6 Fuß langen Seiten ſind 2 Hand hohe Bretter geſetzt. Im übrigen iſt er dem Haupte des einfachen Grabens ähnlich, aber er iſt in der Mitte nicht vertieft. An ſeinem Fuße verläuft ein Quergraben, der durch ein niedriges Brett verſchloſſen iſt. Auf dieſem Herde werden nicht nur die mit der Kiſte durchgerührten Erze verwaſchen, ſondern die Jungen werfen auch das Erz in Stücken darauf und trennen es von den Bergegraupen und ſammeln ſie in Gefäße. Die

[35] Das entſpricht nicht der Abbildung. Dieſe Stange ſteht feſt, in ihr liegt das Lager für die Kurbel der Kiſte. Die umſtändliche und nicht zutreffende Beſchreibung dieſer Kurbel iſt kennzeichnend für Agricolas Stellung zur Mechanik.

Das obere Quergerinne A. Seine Auslässe B. Die Häupter der Schlämmgräben C. Die Schlämmgräben D. Der untere Quergraben E. Der Trog F. Das Lager in der Grundschwelle G. Die am Balken angeschlagenen Halbringlager H. Die Stange I. Ihre Kiste K. Die andere Kiste L.

Der Trog A. Die Bühne B. Die Kiſte C.

Bergleute brauchen den Herd nur noch ſelten, denn die oft wahrgenommene Nachläſſigkeit der Jungen iſt die Urſache, weshalb an ſeine Stelle das enge Sieb getreten iſt. Auch wird der Schlamm, der ſich im Quergraben abſetzt, wenn das Erz reich war, entweder auf dem engen Siebe oder auf dem Planenherde verwaſchen.

Der mit Planen bedeckte Herd iſt folgendermaßen beſchaffen: Zwei Herdbäume, 18 Fuß lang, $^1/_2$ Fuß hoch und 3 Hand dick, werden geneigt gelegt; ihre vordere Hälfte iſt ausgeſchnitten, damit die Enden der Bretter darauf verlegt werden können. Sie werden nämlich mit Querbrettern von 3 Fuß Länge, die dicht aneinander verlegt werden, bedeckt. Die andere Hälfte iſt voll und 1 Hand höher als die Bretter, damit das herabfließende Waſſer nicht an den Seiten weg-, ſondern geradeaus fließt; auch liegt das Haupt des Herdes höher als der übrige Teil des Herdes, damit das Waſſer herabfließen kann. Der ganze Herd wird mit ſechs ausgebreiteten und mit Stäbchen glattgeſpannten Planen belegt. Die erſte nimmt den unterſten Platz ein, auf dieſe wird die zweite ſo verlegt, daß ſie jene etwas überdeckt; in ähnlicher Weiſe wird auf die zweite die dritte verlegt uſw. Wenn man ſie umgekehrt legen würde, ſo würde das herabfließende Waſſer die Erzteilchen oder die Zinngraupen unter die Planen ſpülen, und die Arbeit wäre vergeblich. Nachdem die Planen ſo verlegt ſind, werfen Jungen oder Männer das Erz oder die Graupen mit Schlamm vermischt auf das Haupt des Herdes, öffnen das kleine Gerinne und lassen das Wasser auf den Herd. Darauf bearbeiten sie das Erz oder die Graupen, bis das strömende Wasser sie auf die Planen spült; dann streichen sie die Planen sanft mit den Kisten, bis der Schlamm in den Trog oder in den Quergraben abfließt. Sobald kein oder nur wenig Schlamm auf den Planen verbleibt, sondern nur Erz oder Graupen, nehmen sie die Planen weg und waschen

Der Herd A. Das Gerinne B. Der Quergraben C. Die Kiste D.

sie in einem in der Nähe aufgestellten Fasse, in welchem jene zu Boden fallen. Dann kehren sie zu derselben Arbeit zurück. Zuletzt gießen sie das Wasser aus dem Fasse aus und sammeln das Erz oder die Graupen. Falls Erz oder Graupen von den Planen herabgleiten und sich in dem Trog oder Quergraben absetzen sollten, waschen sie den Schlamm nochmals.

Einige nehmen die Planen nicht weg und waschen sie auch nicht in Fässern, sondern legen auf beiden Seiten schmale, dünne Bretter darauf und befestigen sie mit Nägeln an den Herdbäumen; sie waschen das Erz in ähnlicher Weise, indem sie es mit der Kiste rühren. Sobald dann kein oder nur noch wenig Schlamm auf den Planen vorhanden ist und nur noch Erz oder Graupen, heben sie den einen

Herdbaum hoch, ſo daß der ganze Herd auf dem anderen ruht, und gießen Waſſer darauf, das ſie mit Kannen aus dem Trog ſchöpfen. Dadurch fällt dasjenige, was auf den Planen haftengeblieben war, in einen darunter befindlichen Graben. Dieſer iſt aus einem Baumſtamme ausgehöhlt und in den Erdboden eingegraben, ſeine Aushöhlung iſt oben 1 Fuß breit, unten etwas weniger, weil ſie abgerundet iſt. In die Mitte des Grabens ſetzen ſie ein Brett, damit die gröberen Erzteilchen

Die Pfoſten A. Die Planen B. Das Haupt des Herdes C. Das kleine Gerinne D. Der Trog E. Die Kiſten F. Die Fäſſer G.

oder Zinngraupen im oberen Teile, in den ſie herabfielen, verbleiben, während das feinere Erz oder die Graupen im unteren Teile ſich ablagern. Denn das Waſſer fließt von dem einen in den anderen und endlich durch deſſen Öffnung in einen Trog. Das aus dem Graben herausgenommene gröbere Erz oder die Graupen waſchen ſie noch einmal im Schlämmgraben, das feine nochmals auf dem Planenherde. Auf dieſe Weiſe halten die Planen länger, da ſie befeſtigt bleiben, und es wird von einem Wäſcher faſt die doppelte Arbeit ebenſo ſchnell verrichtet wie auf die andere Weiſe von zwei Wäſchern die einfache[36].

[36] Ein ſo eingerichteter Herd heißt auch „Wendeherd“.

Erſt vor kurzem wurde der Gebrauch des engen Siebes beim Bergbau eingeführt. Das Erz wird eingetragen und in einem nahezu mit Waſſer gefüllten Faſſe geſiebt, wobei das Sieb geſchüttelt wird. Dadurch gelangt das Korn unter Erbſengröße in das Faß, das übrige bleibt am Boden des Siebes zurück; es iſt zweierlei: das Erz, welches die unteren Lagen einnimmt, und Nebengeſtein und Berge, die obenauf liegen. Denn das Schwere ſinkt immer nieder, während das Leichte durch

Der Herd A. Der Arbeiter, der das Waſſer auf die Planen ſpritzt B. Die Kanne C. Eine andere Art von Kannen D. Ein Arbeiter, der das Erz oder die Graupen aus dem Graben aushebt E.

den Waſſerſtoß in die Höhe gebracht wird. Dieſes wird mit einem Streichbrett weggenommen, das iſt ein dünnes Brettchen, etwa in Geſtalt eines Halbkreiſes, 1 Spanne lang und $^1/_2$ Fuß hoch. Bevor das Leichte weggenommen wird, pflegt man es mit dem Streichbrett kreuzweiſe abzuteilen, damit das Waſſer deſto ſchneller hindurchgelangen könne. Dann wird von neuem Erz in das Sieb getan und wieder geſchüttelt. Sobald ſich eine größere Menge Erz in dem Siebe geſammelt hat, wird es auf eine in der Nähe befindliche Bühne ausgeſchüttet.

Das enge Sieb A. Das Streichbrett B. Das enge Sieb C. Das engſte Sieb D.

Da aber mit dem Schlamm nicht nur Gold- und Silberteilchen, ſondern auch Grieß von Schwefelkies, Cadmia[37], Bleiglanz, aufgeweichte Letten und anderes in das Faß fallen und das Waſſer das, was ſchwer iſt, nicht vom Erz trennen kann, wird jener gemiſchte Schlamm nochmals gewaſchen und, was wertlos iſt, weggeworfen. Damit das Sieb dieſen Grieß nicht ſo ſchnell wieder durchläßt, ſchüttet der Wäſcher eine Lage Bergegraupen darunter. Weil aber, wenn das Sieb nicht waagrecht, ſondern geneigt geſchüttelt wird, die Graupen ſich nach der einen Seite verſchieben und ſowohl das Erz als auch das Taube wiederum in das Faß fällt und die Arbeit ohne Erfolg ausgeführt wird, haben unſere heimiſchen Bergleute ein noch engeres Sieb hergeſtellt, welches auch von ungeſchickten Wäſchern nicht falſch angewendet werden kann. Bei dieſer Art des Waſchens iſt ein Graupenbett am Boden des Siebes nicht nötig, der Schlamm mit den kleineren Erzteilchen fällt in das Faß, die gröberen verbleiben auf dem Siebe und ſind von den feinen Bergen bedeckt, die mit dem Streichbrett weggenommen werden. Das geſammelte Erz wird mit dem anderen geſchmolzen. Der mit dem feinſten Erz gemiſchte Schlamm wird auf einem dritten, noch feineren Siebe gewaſchen, deſſen Boden aus groben Haaren geflochten iſt. Dasjenige, was mit dem Streichbrett weggenommen wurde, wird, wenn das Erz reich war, auf einem Planenherde gewaſchen; wenn es arm war, wird es weggeworfen.

Die Arten des Waſchens, die den meiſten Erzen gemeinſam ſind, habe ich erklärt. Ich gehe nun über zu der anderen Arbeit, dem Pochen der Erze, denn es iſt zweckmäßig, eher über ſie zu ſprechen als über die Verfahren des Waſchens, welche gewiſſen Erzen eigentümlich ſind. Nachdem im Jahre 1512 Georg, der durchlauchtige Herzog von Sachſen, zu Meißen das Recht auf alle aus Bergwerken ſtammenden Halden dem edlen und klugen Sigismund Maltitz, dem Vater des Biſchofs Johannes von Meißen und des Heinrich, verliehen hatte, hat dieſer zu Dippoldiswalde und Altenberg, wo die Zinngraupen gewonnen werden, aus denen Zinn gewonnen wird, die Trockenpochwerke, die weiten Siebe und die Mühlen abgeworfen und die naſſen Pochwerke erfunden. Wir bezeichnen als naſſe Erze ſolche, die durch Waſſer, das in den Pochtrog fließt, naß gemacht werden, ebenſo ſprechen wir von naſſen Stempeln, die durch Waſſer benetzt werden. Dahingegen ſprechen wir von trockenen Stempeln und trockenen Erzen, wenn ſie beim Pochen nicht mit Waſſer befeuchtet werden. Aber kehren wir zu unſerem Vorhaben zurück. Dieſes Naßpochwerk iſt von dem Trockenpochwerk nicht weſentlich verſchieden, jedoch ſind die Pochſchuhe um die Hälfte größer als bei jenem; auch iſt der Pochtrog, der aus einem eichenen oder buchenen Stamme hergeſtellt wird, in dem Raume zwiſchen den Pochſäulen nicht vorn offen, ſondern an einer Seite. Der Pochtrog iſt 3 Fuß lang, 1 Spanne breit und 1 Fuß und 6 Finger tief. Wenn keine feſte Unterlage vorhanden iſt, wird er in ähnlicher Weiſe auf einem harten und ebenen Stein aufgeſtellt, der etwas in den Erdboden verſenkt wird; die Fugen werden überall mit Moos und dünnen Tüchern verſtopft. Wenn eine feſte Unterlage vorhanden iſt, wird eine eiſerne Platte, 3 Fuß lang, 1 Spanne breit und 1 Hand dick, auf den Erdboden gelegt. An der Öffnung des Pochtroges wird ein eiſernes Blech mit vielen Löchern befeſtigt, ſo daß zwiſchen ihm und dem nächſten Pochkopf ein Zwiſchenraum von 2 Fingern

[37] Kann Ofenbrüche, Galmei oder Kobalterz bedeuten; hier dürfte vielleicht Zinkerz gemeint ſein.

Der Pochtrog A. Die offene Seite des Pochtroges B. Der Sohlstein C. Die eiserne Pochsohle D. Das gelochte Blech E. Das Gerinne F. Die hölzerne Schaufel G. Der Sumpf H. Die eiserne Schaufel I. Ein Haufen gepochtes Erz K. Das Erz, welches gepocht werden soll L. Der Wasserzufluß M.

bleibt und ebenſoviel zwiſchen dem gelochten Blech und der Pochſäule, in deren Ausſparung ein kleines, aber ziemlich langes Gerinne eingeſetzt iſt. Durch dieſes fließt das fein gepochte Silbererz mit Waſſer in den Sumpf, dasjenige, was in dem Gerinne ſich abſetzt, wird mit einer hölzernen Schaufel auf den in der Nähe mit Brettern abgedeckten Fußboden herausgeworfen; was im Sumpfe ſich abſetzt, wird mit einer eiſernen Schaufel geſondert auf dem Fußboden angehäuft. Die meiſten legen zwei Gerinne an, damit das zweite ſich füllt, während der Arbeiter aus dem anderen das, was ſich abgeſetzt hat, ausſchlägt. Auf der anderen Seite des Pochtroges, nahe bei dem Waſſerrade, welches das Pochwerk antreibt, fließt durch ein Gerinne Waſſer zu; dort wirft auch der Arbeiter das zu pochende Erz in den Pochtrog, damit nicht Stücke, die auf die Stempel fallen, ſie hindern. Auf dieſe Weiſe werden Silber- und Golderze kleingepocht.

Wenn Zinnerz mit dieſen Pochwerken gepocht wird, ſo führt, ſobald man zu pochen anfängt, ein an das gelochte Blech anſchließendes Gerinne das mit Graupen und Sand gemiſchte Waſſer in ein Quergerinne, aus dem es bald durch ein kleines Gerinne, das durch einen Teil des Gebäudes hindurchgeht, in einen großen, darunter befindlichen Graben gelangt. Es ſind deshalb zwei vorhanden, damit, während der Wäſcher den einen mit Graupen und Sand erfüllten Graben entleert, dasſelbe Gut in den anderen fließt. Beide ſind 12 Fuß lang, 1 Elle tief und $1^{1}/_{2}$ Fuß breit. Die Graupen, die ſich im oberſten Teile des Grabens abſetzen, werden nach ihrer Beſchaffenheit große genannt; ſie werden öfter mit der Schaufel bewegt, damit die mittleren Graupen mit dem Schlamm und den kleinen vermiſcht weiterfließen. Die mittleren Graupen ſetzen ſich hauptſächlich in der Mitte des Grabens ab, ſie werden durch ein Bündel von Tannenzweigen zurückgehalten. Der Schlamm endlich, der mit dem Waſſer weiterfließt, ſetzt ſich zwiſchen dem Reiſigbündel und dem Brette, welches den Graben verſchließt, das iſt im unterſten Teile des Grabens, ab. Von anderen werden aus dem Graben geſondert die großen Graupen mit der Schaufel herausgehoben, geſondert die mittleren und geſondert der Schlamm. Denn ſie werden auch geſondert auf dem Planenherde und im Schlämmgraben gewaſchen, dann geröſtet und verſchmolzen, ausgenommen die Graupen, die ſich in der Mitte des Grabens abgeſetzt hatten. Obgleich dieſe immer geſondert auf dem Planenherde verwaſchen werden, ſo werden ſie doch, wenn ſie den Graupen, die ſich im oberſten Teile des Grabens abſetzten, in Größe etwa gleichkamen, zugleich mit dieſen im Schlämmgraben gewaſchen und zuſammen mit ihnen geröſtet und verſchmolzen. Der Schlamm endlich wird weder auf den Planenherden noch im Schlämmgraben zuſammen mit den anderen gewaſchen, ſondern für ſich allein, und die Graupen, die aus ihm gewonnen werden, werden auch geſondert geröſtet und verſchmolzen. An die beiden großen Gräben ſchließt ein Quergraben an, und aus ihm führt ein gerader Graben in einen Sumpf außerhalb des Gebäudes.

Dieſe Art zu waſchen iſt neuerdings vielfach abgeändert worden; ſo geht das Gerinne, welches das mit Graupen und Sand vermiſchte, durch das gelochte Blech austretende Waſſer aufnimmt, nicht in ein Quergerinne außerhalb des Gebäudes, ſondern führt geradeaus durch deſſen Wand in einen Trog. Dasjenige, was ſich in dem geraden Graben außerhalb des Gebäudes abſetzt, reinigt ein Junge mit dem dreizinkigen Krähl. Auf dieſe Weiſe verbleiben die großen Graupen am

Boden; der Wäſcher wirft ſie mit der hölzernen Schaufel heraus, befördert ſie in das Gebäude, trägt ſie in den Schlämmgraben ein, rührt ſie mit der hölzernen Schaufel und wäſcht ſie. Auch die Graupen, welche das Waſſer in den an den Schlämmgraben anſchließenden Graben mitgenommen hat, nimmt er heraus und wäſcht ſie, bis ſie rein werden. Die übrigen mit Sand gemiſchten Graupen fließen in den Trog, der ſich im Gebäude befindet. Dieſer führt weiter in zwei große

Das gelochte Blech A. Das Quergerinne B. Die kleinen Gerinne C. Die großen Gräben D. Die Schaufel E. Die Reiſigbündel F. Die Bretter, welche die Kanäle abſchließen G. Das andere Quergerinne H.

Gräben, in deren oberem Teile die mittelgroßen Graupen mit den großen gemiſcht, im unteren die kleinen Graupen ſich abſetzen, aber beide ſind unrein. Daher werden jene geſondert herausgenommen und zweimal gewaſchen, zunächſt in einem Graben, der dem einfachen ähnlich iſt, Durchlaß genannt, dann im Schlämmgraben. Dieſe, nämlich die kleineren, werden zweimal, zunächſt auf dem Planenherde, dann im Schlämmgraben, gewaſchen.

Der Durchlaß unterſcheidet ſich vom einfachen Graben durch die Einrichtung des Hauptes: bei dieſem iſt es durchaus geneigt, bei jenem in der Mitte vertieft. An dieſem iſt außerdem eine kleine hölzerne Walze angebracht, die ſich in den

Löchern zweier dicker Bretter dreht, die an die Seiten des Grabens angeſchlagen ſind. Auf dieſe kann der Junge, der die Graupen reinigt, die Schaufel auflegen; ohne dieſes würde er bei dieſer Arbeit, die er ſtehend den ganzen Tag verrichtet, zu ſehr ermüden. Übrigens werden die großen Gräben, der Durchlaß, der Schlämmgraben und der Planenherd in einem Gebäude aufgeſtellt, in dem ein Ofen vorhanden iſt, der ſeine Wärme durch die Kacheln oder Eiſenplatten, aus denen er beſteht, abgibt, damit die Wäſcher auch im Winter, ſolange die Flüſſe noch nicht ganz vereiſt ſind, ihre Arbeit verrichten können.

Das erſte Gerinne A. Der dreizinkige Krähl B. Der Trog C. Die großen Gräben D. Der Durchlaß E. Die kleine Walze F. Die Bretter G. Ihre Bohrungen H. Die Schaufel I. Das Gebäude K. Der Ofen L.

Auf dem Planenherde werden die mit Schlamm gemiſchten kleinen Graupen gewaſchen, die ſich im unterſten Teile der großen Gräben, des Durchlaſſes und des Schlämmgrabens abgeſetzt hatten. Deſſen Planen werden in einem Troge abgeſpült, der aus einem ausgehöhlten Baumſtamm hergeſtellt und durch zwei eingeſetzte Bretter in drei Käſten geteilt iſt, und zwar zum erſten und zweiten Male im erſten Kaſten, zum dritten und vierten Male im zweiten und zum fünften und ſechſten Male im dritten. Weil ſich aber unter dieſen kleinen Graupen auch Sand

Das Gerinne, das an das gelochte Blech des Pochtroges anſchließt A. Der dreizinkige Krähl B. Der kleine Trog C. Die Planen D. Der Schlämmgraben E. Die Beſen F.

von Marmor zu befinden pflegt, wäſcht ſie der Meiſter auf dem Schlämmgraben mit Beſen rein, indem er den oberen Teil ſanft kehrt, nicht mit gleichen Strichen, ſondern bald in der Länge, bald in der Quere. Dadurch führt das Waſſer den leichteren Sand aus dem Graben in den Trog, während die ſchwereren Graupen im Graben verbleiben. Unter allen Gräben, ſowohl innerhalb als auch außerhalb des Gebäudes, werden Tröge oder Quergräben angelegt, in die ſie münden, damit das Waſſer nicht einige wenige kleine Graupen in die wilde Flut führen kann. Der große Sumpf, welcher ſich außerhalb des Gebäudes befindet, wird aus quadratiſchen Jöchern hergeſtellt; er iſt 8 Fuß lang, breit und tief. In ihm lagert ſich viel Schlamm mit ſehr kleinen Graupen gemiſcht ab; man läßt zunächſt das Waſſer durch Ziehen des Spundes ab, darauf wird der Schlamm ausgeſchlagen und außerhalb des Gebäudes auf einem Planenherde, dann im Gebäude in einem Schlämmgraben gewaſchen. Auf dieſe Weiſe erhält man auch die allerfeinſten Zinnſchliche rein.

Der mit ſehr feinem Zinnerz gemiſchte Schlamm, der ſich weder in dem großen Sumpfe noch in dem Quergraben, der ſich unterhalb der Planenwäſche außerhalb des Gebäudes befindet, abgeſetzt hat, fließt in den Bach oder Fluß und ſetzt ſich in deren Bette nieder. Um noch einen Teil des Zinnerzes gewinnen zu können, ſtellen die Bergleute im Bach oder Fluß eine Anzahl Wehre her, ſehr ähnlich denen, die oberhalb von Mühlen gebaut werden, um den Strom des Waſſers in Gräben zu leiten, in denen ſie in ihrem Laufe zu den Waſſerrädern fließen. Auf der einen Seite jedes Wehres iſt ein Graben ausgehoben, 5 oder 6, auch 7 Fuß tief, und wenn die Örtlichkeit es geſtattet, mehr als 60 Fuß lang. Wenn dann im Herbſt oder Winter der Bach oder Fluß das Gelände überflutet, werden die Schützen der Wehre geſchloſſen, ſo daß die Gewalt des Waſſers den mit Zinnerz vermiſchten Schlamm in den Graben führt. Im Frühjahr und Sommer wird dieſer in gleicher Weiſe auf Planenherden oder im Schlämmgraben verwaſchen. Es wird dann noch ſehr feines Zinnerz gewonnen. Dort, wo der Bach oder Fluß von den Zinnwäſchen bereits 4000 Schritte entfernt iſt, bauen die Bergleute nicht derartige Wehre, ſondern ſie ziehen auf den Wieſen ſchräge Zäune und vor jedem der Länge nach einen Graben, damit ſich der beim Hochwaſſer des Baches oder Fluſſes mitgeführte zinnhaltige Schlamm in den Gräben abſetzt und an den Zäunen hängenbleibt. Der geſammelte Schlamm wird ebenfalls auf Herden oder in Gräben auf Zinnerz verwaſchen. Viele derartige Gräben und Zäune, die ſolchen Schlamm auffangen, kann man unterhalb Altenburg im Meißniſchen an der Müglitz ſehen, die immer rötlich gefärbt iſt, wenn Zinnerze gepocht werden.

Ich kehre nun zu den Pochwerken zurück. Einige pflegen deren vier am gleichen Orte aufzuſtellen, zwei oben und ebenſo viele unten. Dann iſt es nötig, daß der Bach höher geleitet wird, um auf die oberen Räder zu fließen, damit ſie die Wellen drehen, deren Däumlinge die ſchwereren Stempel anheben. Die Stempel der oberen Gezeuge müſſen nämlich etwa doppelt ſo lang ſein wie die der unteren, und zwar deshalb, damit alle Pochtröge in gleicher Höhe aufgeſtellt werden können. Deshalb haben auch dieſe oberen Stempel die Heblinge am oberen Ende, nicht wie die unteren Stempel unten. Das von den beiden oberen Rädern abfließende Waſſer nehmen zwei breite Gerinne auf, aus denen es auf die zwei unteren Räder fällt. Weil aber die Stempel aller dieſer Maſchinen ſehr nahe beieinander ſtehen, werden ſie ein wenig zurückgeſchnitten, damit nicht die Pochſchuhe dort, wo ſie in die Stempel eingeſetzt ſind, ſich gegenſeitig abreiben[38].

Wo aber wegen der Enge des Tales ſo viel Pochwerke nicht aufgeſtellt werden können, pflegt man an zwei Stellen, von denen die eine höher liegt als die andere, das Geſtein vom Hange wegzunehmen und abzugleichen und zwei Pochwerke aufzuſtellen, jedoch in einem Gebäude. Das von dem oberen Rade abfließende

Der Fluß A. Das Wehr B. Der Schützen C. Der Graben D.
Die Wieſe E. Der Zaun F. Der Graben G.

Waſſer nimmt ein breites Gerinne auf, aus dem es ſich in gleicher Weiſe auf das untere ergießt. Die Pochtröge werden in dieſem Falle nicht in gleicher Höhe aufgeſtellt, ſondern ein jeder in der dem zugehörigen Rade entſprechenden Höhe. Daher braucht man auch zwei Arbeiter, um das Erz in die Pochtröge zu werfen. Falls das Bachwaſſer nicht ſo herangeführt werden kann, daß es von oben auf den oberen Teil des Rades fällt, wird es ſo geleitet, daß es den unteren Teil in Umdrehung verſetzt. Es wird dann eine größere Menge Waſſer an einem zur Aufnahme

38) Nämlich wegen der durch die aufgezogenen Ringe bedingten Verdickung.

Das erste Gezeug A. Seine Stempel B. Sein Pochtrog C. Das zweite Gezeug D. Seine Stempel E. Sein Pochtrog F. Das dritte Gezeug G. Seine Stempel H. Sein Pochtrog I. Das vierte Gezeug K. Seine Stempel L. Sein Pochtrog M.

geeigneten Orte geſammelt und nach Öffnung der Schützen auf das Rad gelaſſen, welches ſich im Gerinne dreht. Die Schaufeln eines ſolchen Rades ſind höher und ſtehen ſchräg aufwärts, die des anderen ſind niedriger und ſchräg abwärts gerichtet[39].

Die Pochſtempel A. Der Pochtrog B. Die gelochten Bleche C. Das Quergerinne D. Die Bretter mit Vertiefungen E. Die kleinen Gerinne F. Der Trog, in den die Erzteilchen fallen G. Die Planenherde H. Der einem Schiffchen ähnliche Sichertrog I. Ein Sumpf unter den Herden K.

In den Juliſchen und Rätiſchen Alpen und auch in den Karpathen werden Gold- und Silbererze unter Pochſtempeln, von denen mehr als zwanzig in einer Reihe aufgeſtellt ſind, naß in einem langen Pochtroge gepocht; an dieſem befinden ſich zwei gelochte Bleche, durch die das zerkleinerte Erz zuſammen mit dem Waſſer in ein darunter befindliches Quergerinne fließt. Aus dieſem wird es durch zwei kleine Gerinne auf die Häupter zweier Planenherde geleitet. Jedes von beiden beſteht aus einem dicken und breiten Brette, welches emporgehoben und geneigt werden kann; an den Seiten ſind erhöhte Bretter angeſchlagen. In dem Brette befinden ſich viele Vertiefungen, an Größe und Geſtalt ähnlich denjenigen,

[39] In den Abb. S. 158 links oben und S. 278 rechts unten ſind unterſchlächtige Räder gezeichnet.

in welche einzelne weiche oder Trinkeier gelegt werden. In diesen Vertiefungen sind wieder noch kleinere unten ausgeschnitten, welche die Gold- und Silberteilchen aufnehmen. Wenn die Vertiefungen mit diesen fast gefüllt sind, wird das Brett auf eine Seite hochgestellt, damit die Schliche in einen großen Trog herabfallen; auch werden die Vertiefungen durch aufgegossenes Wasser ausgewaschen. Gesondert werden diese Schliche in einem Sichertroge gewaschen und gesondert auch diejenigen, die sich auf den Planenherden abgesetzt haben. Dieser Sichertrog ist glatt und 2 Finger tief, er ist seiner Form nach einem kleinen Schiffe ähnlich[40], denn er ist am oberen Teile breiter, am unteren schmäler, in der Mitte befindet sich eine quer verlaufende Rinne, in der sich die reinen Gold- und Silberteilchen ablagern. Der Sand wird, weil er leichter ist, fortgewaschen.

Auch an einigen Orten Mährens wird Golderz mit quarziger Gangart, mit der das Gold verwachsen ist, naß gepocht. Das zerkleinerte Erz fließt durch ein kleines Gerinne in einen Trog und wird dort mit einer hölzernen Schaufel durchgearbeitet. Die kleinen Goldteilchen, die sich im oberen Teile des Troges niedersetzen, werden in einem schwarz gefärbten Sichertroge verwaschen.

Bis hierher habe ich von den Naßpochwerken gesprochen; nun will ich aber die Art des Verwaschens darlegen und erklären, welche für die Erze der verschiedenen Metalle geeignet ist, und werde mit dem Golde anfangen. Es gibt Gänge, auf denen kleine Körnchen und Flitterchen dieses Metalls vorkommen, und im Sand der Bäche und Flüsse findet sich dessen Schlich. Diese werden auf Herden gewaschen oder auf Sichertrögen, der Sand überdies im Waschtrog. Aber das Waschen auf den Herden findet nicht immer in gleicher Weise statt, denn entweder lassen diese die Goldstückchen und den Schlich durch oder halten sie fest, je nachdem sie gelocht sind oder nicht. Entweder hat der Herd Löcher oder der Waschtrog, der an seine Stelle tritt. Wenn der Herd Löcher hat, so läßt er die Stückchen Gold und den Schlich in den Waschtrog fallen, wenn aber der Waschtrog Löcher hat, so fallen die Goldstückchen und der Schlich in ein langes Gerinne. Von diesen zwei Arten zu waschen will ich zunächst berichten.

Der Herd wird aus zwei zusammengefügten Brettern hergestellt, die 12 Fuß lang und 3 Fuß breit sind, die Löcher sind so groß, daß eine Erbse durchfallen kann. Damit aber das Erz und der Sand, die das Gold enthalten, nicht seitwärts abfließen, werden Seitenbretter an den Herd geschlagen; er wird auf zwei Schemel gesetzt. Von diesen ist der obere höher als der andere, damit die Graupen und Gesteinstückchen abgetragen werden können. Der Wäscher wirft auf das Haupt des Herdes, das höher liegt, das Erz oder den Sand, legt das Gerinne zurecht, läßt das Wasser darüberlaufen, dann rührt er es mit der hölzernen Kiste durch. Auf diese Weise werden die Graupen und Gesteinstückchen über den Herd auf die Erde gewälzt, die Goldstückchen und der Schlich aber fallen mit dem Sande durch die Löcher in den Waschtrog, der sich unter dem Herde befindet. Sie werden gesammelt und im Sichertroge gewaschen.

Der Trog, der einen Boden aus gelochtem Eisenblech hat, wird zu oberst auf ein Gerinne gesetzt, das sehr lang, jedoch nicht sonderlich breit ist. In diesen Waschtrog wird das goldhaltige Gut zum Waschen geworfen und viel Wasser hineingelassen; die Erdschollen werden auch, wenn Erz gewaschen wird, mit der

[40] Gemeint ist der unter dem Namen „Sachse" bekannte Sichertrog.

eisernen Schaufel zerkleinert, bis das Feine durch den Boden des Troges in das Gerinne herabfällt, während das Grobe darin bleibt. Dieses wird hernach mit einer Kratze durch eine Öffnung in der Mitte der Seite herausgezogen. Weil es aber nötig ist, viel Wasser in den Trog zu lassen, so wird das Gerinne durch zehn oder, falls es um die Hälfte länger ist, durch fünfzehn eingesetzte Brettchen geteilt, damit das herabstürzende Wasser nicht Goldteilchen mit fortführt. Von jenen sind

Das Haupt des Herdes A. Der Herd B. Die Löcher C. Die Seitenbretter D. Die Schemel E. Die Kiste F. Der Waschtrog G. Das Gerinne H. Der Sichertrog I.

die oberen etwas höher als die folgenden. Die hierdurch entstehenden Abteilungen füllen sich mit dem durchgelassenen Sande. Nachdem sie gefüllt sind und das Wasser rein abzufließen beginnt, wird das Gerinne, welches das Wasser in den Trog leitet, geschlossen und das Wasser anderswohin geführt. Dann wird das unterste Brettchen aus dem Gerinne genommen und das, was sich am Boden abgesetzt hat, mit dem übrigen Wasser, das herabfließt, im Sichertrog aufgefangen. Danach wird ein Brettchen nach dem anderen herausgenommen und jeder Teil gesondert im Sichertrog aufgefangen, gesondert verwaschen und gereinigt. Denn die Goldkörnchen und die gröberen Stückchen setzen sich in den oberen Abteilungen ab, die feineren in den unteren. Der Sichertrog ist niedrig und glatt, denn er wird mit Öl oder einer anderen Art Fett eingerieben, damit nicht die kleinen

Das Gerinne A. Der Trog B. Sein umgekehrter Boden C. Sein ſeitlicher Auslaß D. Eine eiſerne Krücke E. Die Brettchen F. Das Waſſergerinne G. Der Sichertrog, in dem das, was ſich abgeſetzt hat, aufgefangen wird H. Ein Sichertrog, in dem es verwaſchen wird I.

Goldſtäubchen an ihm hängenbleiben; auch wird er mit Ruß ſchwarz gefärbt, damit das Gold beſſer geſehen wird. Außerdem iſt der Sichertrog unten in der Mitte zu beiden Seiten etwas eingekerbt, ſo daß er mit den Händen ſicher erfaßt, gehalten und bewegt werden kann. Auf dieſe Weiſe ſammeln ſich die Goldkörnchen oder Stückchen am hinteren Teile des Sichertroges an und wandern, wenn der hintere Teil mit der anderen Hand geſtoßen wird, wie es zu geſchehen pflegt, allmählich in den vorderen Teil. In dieſer Weiſe wäſcht man beſonders in Mähren das Gold.

Die Herde für das Goldwaſchen ſind entweder unbedeckt oder bedeckt; wenn ſie unbedeckt ſind, ſammeln ſich die Goldteilchen in Vertiefungen an, wenn ſie bedeckt ſind, ſo bleiben ſie an den Planen hängen. Die Vertiefungen werden auf mancherlei Weiſe hergeſtellt, entweder mit eiſernen Drähten oder mittels Querleiſten, die auf dem Herde befeſtigt ſind, oder in Form von Löchern, die nicht durchgehen, oder aus runden oder viereckigen oder quer verlaufenden Vertie-

Das Bodenbrett A. Die Seitenbretter B. Die eisernen Drähte C. Die Handhaben D.

fungen auf dem Herde und seinem Haupte. Belegt werden die Herde mit Fellen oder Tüchern, auch mit Rasen, worüber ich der Reihe nach sprechen will.

An die Seiten eines Brettes, das 6 Fuß lang und 1 1/4 Fuß breit ist, schlägt der Wäscher Seitenbretter an, damit der Sand, in dem der Goldschlich enthalten ist, nicht seitlich herabfalle. Alsdann legt er viele eiserne Drähte im Abstande eines Fingers kreuzweise auf den Herd und befestigt sie mit eisernen Nägeln. Darauf stellt er das Haupt des Herdes hoch und wirft den zu waschenden Sand darauf, erfaßt die am Haupte des Herdes angebrachten Handhaben und bewegt den Herd im Flusse oder Bache einige Male hin und her. Hierdurch werden die Steinchen und der Kies über den Herd abgewälzt, während der goldhaltige Sand zwischen den Drähten verbleibt. Der Sand wird herausgenommen, gesammelt und im Sichertroge gewaschen, bis die Goldflitterchen rein sind.

Andere, unter ihnen die Lusitanier, schlagen an die Seiten des Herdes, der etwa 6 Fuß lang und 1 1/2 Fuß breit ist, Seitenbretter, außerdem befestigen sie auf dem Herde im Abstande von einem Finger eine Anzahl Querleisten. Der Wäscher oder sein Weib schüttet das Wasser auf das Haupt des Herdes und wirft auch den goldhaltigen Sand darauf. Was über den Herd herabfließt, das rührt er mit der hölzernen Kiste, die er quer über die Leisten führt; was sich in den Vertiefungen zwischen den Leiſten abſetzt, das hebt er des öfteren mit einem zugeſpitzten Hölzchen heraus; auf dieſe Weiſe ſammelt ſich der Goldſchlich in den Zwiſchenräumen, während das Waſſer den Sand und das übrige Unhaltige in das unter dem Herde ſtehende Faß ſpült. Schließlich nimmt er mit einer kleinen hölzernen Schaufel den Goldſchlich zwiſchen den Leiſten heraus und tut ihn in eine hölzerne Schüſſel von $1^1/_4$ Fuß Durchmeſſer. Dieſe bewegt er im Bache gegen die Strömung hin

Das Haupt des Herdes A. Die Querleiſten B. Die Kiſte C. Das zugeſpitzte Hölzchen D. Eine Waſchſchüſſel E. Die Vertiefung in der Mitte F. Eine Waſchſchüſſel mit Rillen G.

und her und wäſcht ſo den Goldſchlich rein; denn der Reſt des Sandes fließt aus der Schüſſel heraus, das Gold aber bleibt in einer in der Mitte befindlichen halbkugligen Vertiefung zurück. Manche benutzen auch eine Waſchſchüſſel mit im Boden ausgedrehten Rillen, die ähnlich wie an einem Schneckenhauſe verlaufen; ſie hat einen Ausguß mit ebenem Boden, der ſich von innen her, wo die Rillen austragen, nach außen hin, wo das Waſſer abfließt, verbreitert.

Auch werden Näpfchen und Rillen in den Herd ſelbſt gehauen oder eingebrannt. Dieſer beſteht aus drei Brettern, 10 Fuß lang und etwa 4 Fuß breit, doch iſt er unten, wo das Waſſer abfließt, ſchmäler. Dieſer Herd hat auch Seitenbretter und iſt voll runder Näpfchen und Rillen, von denen immer zwei Rillen zu einem Näpfchen gehören, ſo daß das mit Sand vermiſchte Waſſer durch die obere Rille in das Näpfchen fließt und das Waſſer durch die untere Rille, nachdem ſich der Sand zum Teil abgeſetzt hat, wieder herausläuft. Der Herd wird im Bach oder Fluß oder am Ufer auf zwei Böcke geſtellt, von denen der vordere höher iſt als der hintere, damit der Kies und die Steinchen über den Herd herabgewälzt werden. Der Wäſcher wirft den Sand mit der Schaufel auf das Haupt des Herdes und läßt durch das Gerinne Waſſer darüberlaufen, welches den Schlich mit wenig

Das Haupt des Herdes A. Die Seitenbretter B. Der unterſte Teil des Herdes C. Die Näpfchen D. Die Rillen E. Die Böcke F. Die Schaufel G. Das Unterfaß H. Das Waſſergerinne I.

Sand in die Näpfchen bringt, den Kies aber und die Steinchen mit dem übrigen Sande in ein untergeſtelltes Faß führt. Wenn die Näpfchen voll geworden ſind, ſchüttet er den Schlich aus und wäſcht ihn auf dem Sichertrog, den Inhalt des Unterfaſſes aber wäſcht er wiederholt auf dem Herde.

Etliche hauen in den Herd, der auch aus drei Brettern von 8 Fuß Länge hergeſtellt iſt, eine Anzahl Querrinnen, die 1 Spanne voneinander entfernt ſind, und zwar iſt die obere Seite geneigt, damit der Goldſchlich, wenn der Wäſcher den Sand mit der hölzernen Schaufel rührt, in ſie hineingleiten kann; die untere Kante ſteht ſenkrecht, damit die Goldteilchen nicht heraus können. Nachdem dieſe Querrinnen mit Schlich und Sand gefüllt ſind, wird der Herd von den Böcken abgehoben und auf das Haupt geſtellt, welches hier nur der obere Teil des Brettes iſt, aus denen der Herd beſteht, ſo daß der Schlich rückwärts in ein Faß gleitet. In ein anderes Faß werden der Kies und die Steinchen vom Herde abgetragen. Manche ſtellen ſtatt der Fäſſer größere Tröge unter den Herd. Den Schlich waſchen ſie wie die übrigen im kleinen Sichertrog rein.

Die Querrinnen A. Das Unterfaß B. Das andere Faß C.

Die Thüringer ſchneiden runde Vertiefungen, 1 Finger breit und tief, die ſie durch Rillen verbinden, in das Haupt des Herdes; den Herd ſelbſt bedecken ſie mit Planen. Der Sand wird zum Waſchen auf das Haupt des Herdes aufgetragen und mit der Kiſte gerührt. Dabei führt das Waſſer die leichten Goldteilchen auf die Planen, die ſchweren ſetzen ſich in die Vertiefungen. Wenn ſich dieſe gefüllt haben, wird das Haupt abgenommen und in ein Faß entleert. Die geſammelten Goldteilchen werden im Sichertrog reingewaſchen. Einige benutzen einen Herd mit rechteckigen Vertiefungen, die nach abwärts gerichtete Einſchnitte haben, in denen ſich die Goldflitter feſtſetzen. Andere haben einen Herd, der aus rauhen Brettern zuſammengefügt iſt, damit an ihnen die kleinen Flitter hängenbleiben. Dieſe Herde werden an Stelle der Planenherde verwendet; ſie ſind unbedeckt. Auf ihnen haften, wenn der Sand gewaſchen wird, die Goldteilchen nicht weniger als auf den Planen oder den Fellen, den Tüchern oder dem Raſen. Der

Der Planenherd A. Sein Haupt mit Vertiefungen und Rillen B. Das abgenommene Haupt wird in einem Faſſe gewaſchen C. Der Herd mit rechteckigen Vertiefungen D. Ein Herd, an deſſen Brettern kleine Flitterchen hängenbleiben E. Beſen F. Stierhäute G. Die Kiſte H.

Wäſcher kehrt den Herd aufwärts mit Beſen und gibt, nachdem er eine beſtimmte Menge Sand gewaſchen hat, noch mehr Waſſer auf den Herd, welches die Goldteilchen fortſpült; er ſammelt ſie in einem Faſſe, das er unter den Herd ſtellt, und wäſcht ſie im Sichertrog. In derſelben Weiſe, wie die Thüringer den Herd mit Planen bedecken, belegen ihn manche mit Fellen von Stieren oder Pferden. Sie bewegen den goldhaltigen Sand mit der Kiſte aufwärts, wodurch das Leichte zuſammen mit dem Waſſer abfließt, während die Goldflitter zwiſchen den Haaren hängenbleiben. Die Felle werden darauf in Fäſſern, zuletzt der geſammelte Schlich im Sichertrog, gewaſchen.

Eine Quelle A. Ein Fell B. Die Argonauten C.

Zu gleichem Zweck legten auch tatſächlich die Kolchier Felle von Tieren in die Tümpel der Quellen und nahmen ſie weg, ſobald an ihnen viel Goldflitter hängengeblieben waren. Daraus haben die Dichter die Sage vom Goldenen Vlies der Kolchier gemacht. In ähnlicher Weiſe werden die Bergleute erſprießlich arbeiten können, wenn ſie nicht nur Goldſchlich, ſondern auch Silberschlich und Edelſteine auf Fellen auffangen.

Viele bedecken den Herd mit einem grünen Tuche, das ebenſo lang und breit iſt als der Herd ſelbſt, und befeſtigen es mit eiſernen Nägeln ſo, daß ſie leicht wieder herausgezogen werden können und das Tuch weggenommen werden kann. Sobald dieſes von den Goldflittern, die daran hängengeblieben ſind, goldig ausſieht, wird es in einem beſonderen Gefäße gewaſchen. Der geſammelte Schlich wird im Sichertrog, das übrige, was in das Faß abgerollt iſt, wiederum auf dem Herde gewaſchen.

Einige nehmen ſtatt des grünen Tuches ein aus Pferdehaaren eng geflochtenes Gewebe mit zahlreichen Knoten, die nach dem Flechten nur wenig abgeſchoren werden. Da ſie hervorſtehen und das Tuch rauh iſt, bleiben die Goldflitter daran hängen; ſie werden in einem Gefäße mit Waſſer abgewaſchen.

Das Haupt des Herdes A. Der Herd B. Das Tuch C. Das kleine Gerinne D. Das unter dem Herde aufgeſtellte Faß E. Das Faß, in dem das Tuch gewaſchen wird F.

Einige ſtellen einen Herd her, der dem Planenherde nicht unähnlich, aber kürzer iſt. An Stelle der Planen legen ſie Raſenſtücke nahe beieinander und waſchen den auf das Haupt des Herdes aufgetragenen Sand, nachdem das Waſſer darauf gelaſſen wurde. Dabei bleiben die Goldteilchen an dem Raſen hängen, während der Schlamm und Sand zuſammen mit dem Waſſer in einen daruntergeſtellten Trog oder ein Gerinne abgeſpült werden. Letzteres wird nach beendeter Arbeit verſchloſſen. Nachdem alles Waſſer abgefloſſen iſt, werden Sand und Schlamm herausgenommen und nochmals auf gleiche Weiſe gewaſchen. Die Goldteilchen,

Das aufgelegte Gewebe mit vielen Knoten A. Die Knoten deutlich ſichtbar B.
Das Faß, in dem das Tuch gewaſchen wird C.

die an dem Raſen hängengeblieben waren, ſpült ein ſtärkerer Waſſerſtrom, der durch ein kleines Gerinne auf den Herd geleitet wurde, in einen Trog oder ein Gerinne. Dort ſammeln ſie ſich und werden im Sichertrog gewaſchen. Plinius[41] hat dieſe Art des Waſchens wohl gekannt, denn er ſagt: Das getrocknete Strauchwerk wird verbrannt und die Aſche über grasreichem Raſen verwaſchen, damit ſich das Gold feſtſetzt.

Auch wird der mit Goldflittern vermiſchte Sand im Läutertrog oder im Waſchtrog oder im Sichertrog gewaſchen. Der Läutertrog iſt an ſeiner hinteren Seite offen, er wird aus einem viereckigen Klotz ausgehöhlt oder aus einem dicken Brett, an welches Randbretter geſchlagen werden; die Länge beträgt 3 Fuß, die Breite 1½ Fuß, die Tiefe 3 Finger. Seine Vertiefung wird in der Form eines an einem Ende ſchmalen Sichertrogs hergeſtellt, deſſen ſchmale Seite dem Haupte zuge-

[41] Die betreffende Stelle in Plinius Secundus, C. Historiae naturalis libri XXXVII., findet ſich im XXXIII. Buche und lautet in der Überſetzung von Wittſtein (Leipzig 1882), S. 27, folgendermaßen: Man zieht Gräben, in welchen das Waſſer abfließen ſoll, und kleidet ſie der Sohle entlang ſtufenweiſe mit Ulex, einem dem Rosmarin ähnlichen Strauche aus, welcher wegen ſeiner Rauhigkeit das Gold zurückhält; die Seitenwände bedeckt man mit ſenkrecht herabgehenden Brettern, welche oben befeſtigt werden... Den Ulex verbrennt man, laugt die Aſche aus und gewinnt das darin ſteckende Gold durch Schlämmen.

Das Haupt des Herdes A. Das kleine Gerinne, durch welches das Waſſer auf das Haupt des Herdes fließt B. Die Raſen C. Der Trog unter dem Herde D. Das Faß, in dem die Raſen gewaſchen werden E.

kehrt iſt. Auf dieſer Seite hat er zwei lange Handhaben, an denen er im Bachlaufe hin und her geſchüttelt wird. Auf dieſe Weiſe wird der feine Sand gewaſchen, ſei es, daß er Goldflitter oder Zinngraupen enthält.

Die Italiener, die ſich, um Gold zu ſammeln, nach den Gebirgen Deutſchlands begeben, waſchen den Sand der Bäche, der mit Goldflittern und edlen Steinen, im beſonderen mit Granaten[42] gemiſcht iſt, in einem ziemlich langen, aber niedrigen Troge, der aus einem Baumſtamme ausgehöhlt, außen und innen gerundet, an einem Ende offen, am anderen aber geſchloſſen iſt. Dieſen graben ſie ſo in den Grund des Baches ein, daß das Waſſer nicht hineinſtürzt[43], ſondern leicht hineinfließt. Den hineingetriebenen Sand rühren ſic mit einer Kiſte, die ebenfalls gerundet iſt. Damit aber die Goldflitter und die Granaten nicht zugleich mit dem leichten Sande herausfließen, verſchließen ſie den offenen Teil durch ein ähnlich gerundetes Brett[44], das aber niedriger iſt als die Höhlung des Troges. Die Goldflitter und die

[42] Lat. Carchedonius, ein Stein, der im Altertum aus Karthago ſtammte, wahrſcheinlich Granat.
[43] Nämlich nicht von allen Seiten hineinſtürzt.
[44] Das liegt in der Abb. S. 293 ſeitlich vom Troge.

Granaten, die zuſammen mit ein wenig ſchwerem Sande in dem Troge zurückbleiben, waſchen ſie im Sichertroge, ſammeln ſie in lederne Taſchen und nehmen ſie mit ſich fort.

Etliche waſchen dieſe Art Sand in einem großen Sichertroge. Dieſer wird im Hauſe am Gebälk mit zwei Schnüren aufgehängt, damit er leicht bewegt werden kann. Es wird Sand hineingetan und Waſſer daraufgegoſſen. Darauf wird der

Der Läutertrog A. Seine Aushöhlung B. Seine Handhaben C.

Trog geſchüttelt und dann das ſchlammige Waſſer abgegoſſen und wieder friſches daraufgegoſſen; dies wird mehrfach wiederholt. Auf dieſe Weiſe ſammeln ſich die Goldteilchen am rückwärtigen Ende des Troges, weil ſie ſchwer ſind, der Sand am vorderen Ende, weil er leicht iſt. Dieſer wird weggetan, das Gold aber zum Einſchmelzen geſammelt. Der Wäſcher wiederholt dieſe Arbeit immer wieder. Die Bergleute benutzen dieſe Art zu waſchen ſelten, aber häufig die Münzer und Goldſchmiede, wenn ſie Gold, Silber oder Kupfer waſchen. Deren Trog hat aber drei Henkel. Einen ergreifen ſie mit den Händen, wenn ſie den Trog bewegen, in den beiden anderen wird ein Strick befeſtigt, mit dem der Trog am Gebälk oder an einem Holze aufgehängt wird, das in den Zwieſeln zweier ſenkrecht in den Boden geſteckter Baumſtämme ruht. Die Bergleute waſchen häufig der

Probe wegen Erze im Sichertroge. Dieſer wird jedoch, wenn er bewegt wird, in den Händen gehalten und öfter mit einer Hand geſtoßen. Im übrigen unterſcheidet ſich dieſe Art des Waſchens nicht von jener.

Die verſchiedenen Arten, goldhaltigen Sand zu verwaſchen, habe ich beſchrieben. Nun will ich über die Verfahren ſprechen, mittels deren mit Zinnerz vermiſchte Ablagerungen verwaſchen werden. Es ſind deren acht gebräuchlich, von

Der Trog A. Sein offenes Ende B. Sein geſchloſſenes Ende C. Der Bach D. Die Kiſte E. Das Brettchen F. Die lederne Taſche G.

dieſen ſind zwei erſt kürzlich erfunden worden. Solche erzhaltigen Ablagerungen[45] ſind meiſtens durch die Wirkung des Waſſers von Gängen und Klüften losgelöſt worden und werden weit ausgebreitet gefunden; zuweilen beſtehen daraus aber auch ſchwebende Gänge. Jene Ablagerungen graben die Wäſcher mit Breithauen, dieſe löſen ſie mit Spitzhauen; mit Hauen von der Form des Entenſchnabels aber graben ſie ſteinfreie Vorkommen ab, die nicht ſelten bei derartigen Erzen vorkommen. Wenn Örtlichkeiten, die ſolche enthalten, viel Waſſer führen und Täler oder flache Gehänge oder Schluchten bilden, ſo daß

[45] Gemeint ſind Zinnſeifen, während mit den ſchwebenden Gängen das Zinnwalder Vorkommen gemeint ſein dürfte.

Bäche dorthin geführt werden können, so stellen die Seifner im Sommer zunächst einen langen und geneigten Graben her, so daß das Wasser schnell hindurchfließt. Darauf graben sie, nachdem der Graben fertig ist, das abgedeckte Seifengebirge zusammen mit der Überdeckung, die mehr oder weniger als 6 Fuß stark ist und aus Moos, aus Wurzeln der Kräuter, Sträucher und Bäume sowie aus Erde besteht, auf beiden Seiten mit den Breithauen ab und werfen alles in das durch den Gra-

Der große Sichertrog A. Die Schnüre B. Der Balken C.
Ein anderer großer Sichertrog, wie ihn die Münzer benutzen D. Ein kleiner Sichertrog E.

ben fließende Wasser. Es bleiben dann der Sand und die Zinngraupen, weil sie schwer sind, am Boden des Grabens liegen, während das aus dem Graben abfließende Wasser das Moos und die Wurzeln, weil sie leicht sind, fortspült. Damit das Wasser nicht auch zugleich die Zinngraupen mitnimmt, wird der Graben unten durch Rasenstücke und Steine gesperrt. Die Seifner selbst, deren Beine mit hohen, aus gegerbten Fellen gefertigten Stiefeln bekleidet sind, stehen im Graben und werfen mit siebenzinkigen, hölzernen Gabeln[46] die Wurzeln der Bäume, Sträucher und Kräuter heraus, während sie die Graupen nach dem oberen Teile

[46] Das ist die Seifengabel.

*Der Bach A. Der Graben B. Die Breithaue C. Die Rasen D. Die Seifengabel E.
Die eiserne Schaufel F. Der Trog G. Ein anderer daruntergestellter Trog H.
Eine kleine hölzerne Schaufel I.*

desGrabenszurückſchieben.Nachdemſiewährendeines Zeitraumes von 4Wochen hierbei viel Mühe und Arbeit aufgewendet haben, nehmen ſie auf die gleiche Weiſe die Zinngraupen heraus. Den damit vermiſchten Sand heben ſie ebenfalls mit hölzernen Schaufeln heraus und bewegen ihn im Waſſer hin und her, bis nur die Zinngraupen übrigbleiben, während der Sand abfließt und in den Graben fällt. Die geſammelten Zinngraupen waſchen ſie wieder in einem Troge, indem

Der Trog A. Die hölzerne Schaufel B. Das Faß C. Das Gerinne D.
Die kleine hölzerne Schaufel E. Das Quergerinne F. Der Zapfen G.
Das niederfallende Waſſer H. Der Graben I.
Ein Karrenläufer, der das Waſchgut herbeiſchafft K.
Eine Hacke, dem Entenſchnabel ähnlich, mit der der Arbeiter das ſteinfreie Seifengut gewinnt L.

ſie dieſelben mit der Kiſte aufwärts bewegen und wenden, damit der letzte Sand von ihnen getrennt wird. Dann kehren ſie immer zur gleichen Arbeit zurück, bis die Seife abgebaut iſt oder das Waſſer nicht mehr in die angelegten Gräben geleitet werden kann.

Dieſer Waſchtrog wird aus einem Baumſtamm ausgehöhlt; ſeine Höhlung iſt 5 Fuß lang, 1 Spanne tief und 6 Finger breit. Er wird geneigt aufgeſtellt und ein Faß daruntergeſetzt, welches Bündel von Tannenzweigen enthält, oder ein anderer Trog, deſſen Höhlung 3 Fuß lang und 1 Fuß tief und breit iſt. Auf ſeinem Boden ſetzen ſich die kleinen Graupen ab, die zugleich mit dem Waſſer herausgefloſſen ſind. Einige ſtellen ſtatt des Troges ein rechteckiges Gerinne darunter, in dem ſie in ähnlicher Weiſe mit einer kleinen hölzernen Schaufel die Zinnerzgraupen aufwärts bewegen, wenden und waſchen. Unter den Trog wird ein Quergerinne geſtellt, das am anderen Ende entweder offen iſt und in ein Faß oder

Das Gerinne A. Bündel von Tannenreiſig B. Drei Bäume der einen Seite, denn der vierte iſt nicht zu ſehen, da der Graben ſchon ſo hoch mit Waſchgut angefüllt iſt C. Die Bäume des Hauptes D. Der Schubkarren E. Die Seifengabel F. Die Keilhaue G.

in einen Trog austrägt, oder verſchloſſen und in der Mitte über einem darunter befindlichen Graben durchbohrt iſt, ſo daß das Waſſer, nachdem der Zapfen etwas herausgezogen iſt, geraden Weges in dieſen herabfällt. Wie der Graben beſchaffen iſt, werde ich ſogleich ſagen.

Wenn aber die Örtlichkeit nicht genug Waſſer führen ſollte, ſo ſtellen die Seifner einen Graben von 30 bis 36 Fuß Länge her. Seinen Boden bedecken ſie mit Baumſtämmen der gleichen Länge, die zuſammengefügt und auf der oberen Seite ähnlich wie die Bretter eben behauen ſind. Zu beiden Seiten des Grabens und an ſeinem Haupte verlegen ſie vier Bäume, einen auf den anderen, die auf

Die Gräben A. Der Trog B. Das kleine Gerinne C. Der runde Zapfen D. Die hölzerne Schaufel E. Der hölzerne Hammer F. Die hölzerne Schaufel mit kurzem Stiel G. Der im Gerinne angebrachte Zapfen H. Der daruntergeſtellte Trog I.

der Innenſeite des Grabens auch alle glatt behauen ſind. Da ſie die Bäume an den Seiten ſchräg legen, iſt der Graben am Haupte 4 Fuß, am unteren Ende 2 Fuß breit. Aus dem Gerinne fließt das Waſſer zunächſt auf Bündel von Tannenzweigen herab, ſo daß es ſenkrecht und faſt in einem Strahle herabfallen und durch ſeine Schwere die Erdſchollen zerteilen kann. Indeſſen bringen einige unter dem Gerinne keine Strauchbündel an, ſondern ſtecken in ein Loch desſelben einen Zapfen. Da dieſer das Gerinne nicht ganz verſchließt, hindert er weder den Ausfluß ganz und gar, noch geſtattet er, daß das Waſſer weiter fortgeriſſen wird, ſondern zwingt es, ſenkrecht herabzufallen. Ein Arbeiter fährt das Seifengebirge mit einem Schubkarren heran und ſtürzt es in den Graben. Der Seifner ſteht faſt im oberſten Teile des Grabens, zerteilt die Erdſtücke mit der Seifengabel und wirft die Wurzeln der Bäume, Sträucher und Kräuter heraus. Auf dieſe Weiſe ſetzen ſich die Zinnerzgraupen zu Boden. Wenn ſich viele geſammelt haben, was meiſtens der Fall iſt, nachdem der Seifner einen Tag lang dieſe Arbeit verrichtet hat, tut er, damit ſie nicht herabfließen, Sand hinzu, wirft die Maſſe wieder in den oberen Teil des Grabens und wiederholt in gleicher Weiſe das Waſchen. Im

Das Sieb A. Das Faß B. Das Waſſer, das aus ſeinem Boden ausfließt C.
Der Graben D. Der dreizinkige Krähl E. Die hölzerne Schaufel F.

unterſten Teil des Grabens ſteht ein Junge und hebt mit einer dünnen und ſpitzen Keilhaue das, was ſich dort zu Boden geſetzt hat, hoch, damit die Graupen nicht vom Waſſer fortgeführt werden. Dies geſchieht, ſobald ſich ſo viel abgeſetzt hat, daß auch die Zweige, durch die der Ausgang des Grabens verſchloſſen wird, überdeckt werden.

Das dritte Verfahren, ſolche Seifen zu verwaſchen, iſt das folgende: Es werden zwei Gräben hergeſtellt, von denen jeder 12 Fuß lang und $1^{1}/_{2}$ Fuß breit und tief iſt. Über ihrem oberen Ende wird ein kleiner Trog aufgeſtellt, in den durch ein kleines Gerinne Waſſer fließt. In einen der Gräben trägt ein Junge Erz ein, und zwar wenn es arm iſt, viel, wenn es reich iſt, wenig. Dann läßt er in den Graben Waſſer hinein, nachdem er den Spund oder den runden Zapfen herausgezogen hat, und bewegt das Erz mit einer hölzernen Schaufel. Dadurch ſetzen ſich die Zinnerzgraupen mit dem Schweren vermiſcht am Boden des Grabens ab, das Leichte ſpült das Waſſer in einen darunter befindlichen Graben, durch den es auf einen Planenherd fließt. Auf dieſem ſetzen ſich die kleinen Graupen ab, die das Waſſer mit ſich führte, und werden gereinigt. Auch legt er in den Graben unterhalb des oberſten Teiles ein niedriges Brett, damit ſich die großen Graupen dort abſetzen. Sobald der Graben ſich mit dem gewaſchenen Gute gefüllt hat, ſchließt er die Öffnung des Troges und führt in dem anderen Graben die gleiche Arbeit des Waſchens aus. Die Seiten des gefüllten Grabens ſchlägt er mit einem hölzernen Hammer, nachdem das Waſſer durch den gezogenen Zapfen in den darunter befindlichen Trog abgefloſſen iſt, damit dasjenige, was an ihnen hängengeblieben iſt, herabfällt. Dasjenige, was ſich im Graben abgeſetzt hat, wirft er mit einer kurz geſtielten hölzernen Schaufel hinaus. In ſolchen Gräben werden auch gepochte Silberſchlacken verwaſchen, wobei ſich ſilberhaltige Bleikügelchen und Teilchen des aus den Kieſen erſchmolzenen Steins zu Boden ſetzen.

Auch im Siebe, deſſen Boden aus Eiſendrähten geflochten iſt, wird derartiges Seifengut gewaſchen; dieſes iſt die vierte Art des Waſchens. Das Sieb wird in ein mit Waſſer gefülltes Faß geſenkt und geſchüttelt. Der Boden dieſes Faſſes hat ein ſo großes Loch, daß ebenſoviel Waſſer, mit dem, was das Sieb durchläßt, gemiſcht, beſtändig daraus abfließen kann als hineinfließt. Das, was ſich im Graben abſetzt, arbeitet ein Junge entweder mit einem dreizackigen Krähl durch oder ſtreicht es mit einer hölzernen Schaufel. Auf dieſe Weiſe nimmt das Waſſer einen großen Teil des Sandes und Schlammes mit, die Zinnerzgraupen oder Erzſtückchen ſetzen ſich im Graben ab; ſie werden ſpäter im Schlämmgraben gewaſchen.

Dies ſind die älteren Verfahren für das Verwaſchen der Zinnerzſeifen; es folgen noch zwei neue. Wenn die Graupen, mit Erde oder Sand vermiſcht, am Hange eines Berges oder Hügels oder in einer ebenen Gegend gefunden werden, in der entweder Bäche nicht vorhanden ſind oder wohin ein Bach nicht geleitet werden kann, ſo haben die Bergleute neuerdings angefangen, auch zur Winterzeit das folgende Verfahren zu benutzen: Ein offener Trog wird aus Brettern hergeſtellt, etwa 6 Fuß lang, 3 Fuß breit und 2 Fuß und 1 Hand tief. In ſeinem oberen Teile innen wird bis zur Höhe eines und eines halben Fußes ein eiſernes Blech, 3 Fuß lang und breit, eingelegt, durch deſſen zahlreiche Löcher Graupen, größer als eine Erbſe, hindurchgehen und herausfallen können. Unter den Trog iſt ein Gerinne geſtellt, das aus einem Baumſtamme ausgehöhlt iſt, ungefähr 4 Fuß lang und 1 Spanne tief und breit; dieſes teilen meiſtens drei eingeſetzte Brettchen, von denen jedes höher iſt als das nächſte, in Abteilungen. Das trüb abfließende Waſſer nimmt ein Sumpf auf. Die Seifen pflegen zuweilen nur wenig tief unter der Oberfläche gefunden zu werden, zuweilen aber auch ſo tief, daß es nötig wird, Stollen zu treiben und Schächte abzuteufen. Das Seifengut wird mit Schubkarren zum Troge herangefahren; wenn ſie waſchen wollen, verlegen ſie ein kleines Gerinne ſo, daß ſo viel Waſſer, als zum Waſchen genügt, auf das durchlochte Blech fließt. Auf dieſes trägt alsbald ein Junge das Seifengut mit einer eiſernen Schaufel auf und zerteilt damit die Klümpchen, indem er ſie hin und her bewegt. Darauf fällt das Waſſer mit dem Sande durch die Löcher des Bleches in den Trog. Das Grobe bleibt auf dem Bleche. Dieſes wirft er mit derſelben Schaufel in den Karren zurück. Indeſſen ſchiebt ein anderer, kleinerer Junge mit einer Kiſte, die faſt ebenſo breit iſt als der Trog, den unter dem Blech befindlichen Sand immer wieder hin und her und treibt ihn nach dem oberen Teile des Troges. Was leicht iſt, das führt das Waſſer in den darunter befindlichen Graben, zuweilen aber auch einige Graupen. Dieſe Arbeit ſetzt der Junge beſtändig fort, bis er vier Karren oder, wenn die Seife reich an Graupen iſt,

Der Trog A. Das Blech B. Der Graben C. Die Brettchen D. Der Sumpf E.
Das kleine Gerinne F. Die Kiste G. Der Krähl H.

drei Karren mit groben Bergen gefüllt hat. Diese schaffen sie fort und werfen sie weg. Dann nimmt der Aufseher das Brett, auf dem der Junge vor dem Bleche stand, fort und schiebt den mit Graupen vermischten Sand mit der Kratze immer von neuem hin und her. Mit dieser nimmt er den Sand, weil er leichter ist als die Graupen und sich obenauf befindet, weg, so daß die Graupen sichtbar werden. Diese zieht er mit der Kratze in den oberen Teil des Troges und wendet sie mit der Schaufel hin und her, damit auch daraus das Leichte abfließen kann. Darauf

Das kleine Gerinne A. Das Quergerinne B. Zwei andere kleine Gerinne C. Die Tröge D. Die Bleche E. Die Gitter F. Die Schaufeln G. Das andere Quergerinne H. Der Herd I. Die Kiste K. Das dritte Quergerinne L. Das gerade Gerinne M. Der dreizinkige Krähl N.

wirft er die gesammelten Graupen aus dem Troge heraus und schafft sie fort. Während der Aufseher dieses ausführt, rührt der andere Junge inzwischen den mit Graupen gemischten Sand, der aus dem Troge abfloß und sich im Graben absetzte, mit der eisernen Kratze und schiebt ihn in den oberen Teil des Grabens zurück. Weil dieser noch viel Graupen enthält, wird er nochmals auf das Blech geworfen und gewaschen. Was sich aber im unteren Teile des Grabens abgesetzt hat, wird für sich herausgenommen, gesammelt und im Schlämmgraben gewaschen. Was sich im Sumpf abgesetzt hat, wird auf dem Planenherde gewaschen. Diese einträgliche Arbeit wird an Sommertagen häufiger, nämlich zehn- oder elfmal, wiederholt. Die Graupen, welche der Aufſeher aus dem Troge herausnimmt, werden hierauf im engen Siebe gewaſchen und zuletzt im Sichertroge, wo ſchließlich der letzte Sand von ihnen entfernt wird. Nach allen dieſen Verfahren können auch Seifen mit Bruchſtücken anderer Erze, die entweder von Gängen und Klüften ſtammen oder von ſchwebenden Gängen in die Flüſſe und Bäche gekommen ſind, verwaſchen werden.

Die Tröge A. Der Gießbach B. Die Seifengabel C. Die Schaufel D.

Neuer als dieſe und nützlicher iſt die ſechſte Art, Seifen zu verwaſchen: Es werden zwei Tröge hergeſtellt, in beide fließt Waſſer durch ein kleines Gerinne aus einem Quergerinne, in welches ein Rohr oder ein kleines Gerinne dieſes zuleitet und ausgießt. Ein Teil des Gutes, das von zwei Jungen mit eiſernen Schaufeln gerührt und geſchüttelt wird, fällt durch das gelochte Blech oder durch das eiſerne Gitter und fließt aus dem Troge durch Quergerinne in ein drittes Quergerinne und aus dieſem auf einen Herd, der 7 Fuß lang und 2¹/₂ Fuß breit iſt. Auf dieſem wird es von dem Aufſeher wieder mit der Kiſte durchgearbeitet, ſo daß es rein wird. Dasjenige, was mit dem Waſſer weiterfließt und ſich in dem darunter befindlichen Quergerinne oder in dem Graben, der es auffängt, abſetzt, rührt ein dritter Junge

Die Schlucht A. Die Gräben B. Das ſtrömende Waſſer C. Der Herd der Luſitanier D.

mit dem zweizinkigen Krähl, dabei ſetzen ſich die Graupen zu Boden, den tauben Sand führt das Waſſer in den Fluß. Dieſe Art des Waſchens gewährt mehr Nutzen, denn vier Leute können die Arbeit auf zwei Trögen ausführen, während die vorige, zweifach ausgeführt, ſechs erfordert, nämlich zwei Jungen, die das Waſchgut auf die Bleche werfen und mit eiſernen Schaufeln rühren, ferner zwei, die den mit Graupen gemiſchten Sand unter den Blechen mit Kiſten häufig durcharbeiten und in den oberſten Teil des Troges treiben, endlich zwei Aufſeher, welche die Graupen auf die beſchriebene Weiſe rein waſchen. Statt der gelochten Bleche ſetzen ſie jetzt in die Tröge Gitter, die aus eiſernen Drähten von der Stärke eines Getreidehalmes beſtehen. Damit dieſe nicht, durch das Gewicht niedergedrückt, krumm werden, unterſtützen ſie ſie durch drei eiſerne, quer daruntergelegte Stäbe. Damit ſie auch nicht durch die eiſernen Schaufeln, mit denen das Waſchgut bewegt wird, abgenutzt werden, werden ſenkrecht darauf fünf oder ſechs eiſerne Stäbe gelegt und im Troge ſo befeſtigt, daß die Schaufeln eher dieſe als das Gitter abnutzen. Dieſe Gitter halten daher länger als die Bleche, ſie bleiben unverſehrt, während ſtatt der abgenutzten eiſernen Stäbe leicht andere eingeſetzt werden können.

Der Graben A. Das kleine Gerinne B. Die Kratze C. Das Sieb D.

Des ſiebenten Waſchverfahrens bedienen ſich die Seifner an einem Berge, wo Zinnerzgraupen oder Goldflitter oder andere fein verteilte Erze vorkommen und wo kein Fluß vorhanden iſt. Dann legen die Seifner unten am Gehänge oft mehr als fünfzig Gräben an oder fertigen ebenſo viele Tröge, 6 Fuß lang, 3 Fuß breit und 1 Spanne tief, die nur einen kurzen Abſtand voneinander haben. Wenn ſich dann zuzeiten heftigen und anhaltenden Regens ein Gießbach bildet und über das Gelände fließt, graben einige Wäſcher im Walde das Seifengebirge ab und bringen es in das Waſſer, andere leiten das Waſſer in die Gräben oder auf die Tröge, während noch andere die Wurzeln der Bäume, Geſträuche und Kräuter aus den Gräben oder Trögen mit Seifengabeln hinauswerfen. Nachdem das Waſſer ſich verlaufen hat, nehmen ſie die Graupen oder Erzſtückchen, die ſich in den Gräben oder Trögen abgeſetzt hatten, mit der Schaufel heraus und waſchen ſie rein.

Das achte Verfahren iſt dem vorigen in vieler Beziehung ähnlich, es iſt bis jetzt gebräuchlich in den Gegenden, welche die Luſitanier in ihrer Macht und Botmäßigkeit haben. In den Schluchten der Gebirge, an den Gehängen und in Einſenkungen werfen ſie nach und nach viele tiefe Gräben aus. In dieſe führt das Waſſer, das entweder aus den Schneefeldern geſchmolzen und abgefloſſen iſt oder ſich durch Regengüſſe geſammelt hat, zugleich mit Erde und Sand manchmal Zinnerzgraupen, bei den Luſitaniern die von Gängen und Klüften losgelöſten Goldteilchen. Nachdem das Waſſer gänzlich abgefloſſen iſt, werfen die Seifner dieſe aus den Gräben mit eiſernen Schaufeln heraus und waſchen ſie auf dem gewöhnlichen Herde.

Der Ofen A. Die Eintragöffnung B. Die Schürſtange C.
Der Krähl mit zwei Zinken D. Die Krücke E.

Die Polen breiten in einem 10 Fuß langen, 3 Fuß breiten und 1 Fuß und 1 Spanne tiefen Graben unreines Bleierz aus und waſchen es, denn es iſt mit einer gelblichen Erde vermiſcht, welche naſſer, ſandiger Ton bedeckt. Daher wird zunächſt der Ton, dann das Erz gegraben; dieſes fahren ſie zum Bache oder Fluſſe und werfen es in den Graben, in den durch ein kleines Gerinne Waſſer hineingelaſſen wird. Der Wäſcher ſtellt ſich neben den unteren Teil des Grabens und rührt mit einer ſchmalen, ziemlich ſpitzen Kratze, deren hölzerner Stiel 10 Fuß lang iſt. Dadurch ſchwemmt das Waſſer die Erde in den Bach oder Fluß, der Bleiglanz ſetzt ſich im Graben ab; dieſen wäſcht er noch ein- oder zweimal in gleicher Weiſe und macht ihn rein. Darauf wird er an der Sonne getrocknet, in ein kupfernes Sieb getan und ſo das feine Korn, welches das Sieb durchläßt, vom groben getrennt. Dieſes wird auf einem Roſt[47], erſteres in Öfen verſchmolzen.

47) Dieſe Arbeit wird im 9. Buche auf S. 350 beſchrieben.

Für das Waschen gibt es so viele Arten des Verfahrens, für das Brennen aber ist vorwiegend nur eine Art gebräuchlich, für das Rösten zwei. Die Zinnerzgraupen werden durch die Hitze des Feuers, und zwar in einem Ofen, gebrannt, wenn ihnen eine bläuliche Farbe eigen ist oder Kies oder ein Erz, aus dem Eisen

Der Stadel A. Das Holz B. Der Stein C. Ein kleines Gerinne D.

hergestellt wird, mit ihnen vermischt ist. Denn die blauen Erze, die nicht gebrannt sind, saugen das Zinn auf, Kies und Eisenerz verschlechtern das Zinn, das aus den Graupen hergestellt wird, wenn sie nicht in einem Ofen dieser Art als Rauch ausgetrieben werden[48]. Die Graupen werden in den hinteren Teil des Ofens eingetragen oder auf die eine Seite; im ersteren Falle wird Holz davorgelegt, im anderen Falle daneben, aber so, daß weder die brennenden Scheite noch die Kohlen auf die Graupen fallen oder sie berühren. Das brennende Holz wird mit der hölzernen Schürstange durchgearbeitet; die Graupen werden mit einem zweizinkigen Krähl gewendet und wieder mit der Krücke eingeebnet; diese beiden Werkzeuge bestehen aus Eisen. Die kleinen Graupen sollen weniger als die mittelgroßen und diese wieder weniger als die größten gebrannt werden. Wenn aber beim Rösten

[48] Die Arbeit bezweckt offenbar, aus Schwefelkies oder Arsenkies, die im Zinnerz vorkommen, den Schwefel und das Arsen auszutreiben, wie es auch heute noch geschieht.

der Graupen nicht ſelten ein Teil davon zuſammenſintert, ſo müſſen die gebrannten Graupen nochmals im Schlämmgraben gewaſchen werden. Denn auf dieſe Weiſe wird das Zuſammengeſinterte durch den Waſſerſtrom in den Quergraben geführt, wo es geſammelt, dann gemahlen und nochmals auf dem Haupte desſelben Grabens gewaſchen wird. Auf dieſe Weiſe wird das Erzhaltige vom Tauben getrennt.

Der Stein A. Die Strauchbündel B. Die Öfen C.

Der aus Kies oder Ofenbruch oder anderen kupferhaltigen Erzen erſchmolzene Stein wird in rechteckigen Stadeln geröſtet, die vorn und oben offen und unbedeckt ſind; ſie ſind meiſtens 12 Fuß lang, 8 Fuß breit und 3 Fuß tief. Der aus Kies erſchmolzene Stein wird faſt immer zweimal geröſtet, der aus Ofenbruch einmal. Letzterer wird vorher in Schlamm, der mit Eſſig angefeuchtet iſt, eingehüllt, damit das Feuer ihn nicht zuſammen mit dem Bitumen oder Schwefel oder Auripigment oder dem Realgar zu ſehr verzehre. Jene werden zunächſt in ſchwachem, dann in ſtarkem Feuer geröſtet. Auf beide aber wird während der ganzen folgenden Nacht Waſſer gegeben, damit es, falls Alaun darin enthalten iſt oder Vitriol oder Salpeter, der den Metallen ſchaden ſoll, aber nur ſelten zu ſchaden pflegt, dieſe löſt und erweicht. Die übrigen erſtarrten Löſungen ſchaden faſt immer den Metallen, falls derartiger Stein oder Erze verſchmolzen werden.

Der Stein, welcher geröstet werden soll, wird auf Holz gelegt, das nach Art eines Rostes aufgeschichtet wird; dann wird der Holzrost angezündet.

Der aus Kupferschiefer durch Schmelzen gewonnene Stein wird erst auf die Erde geworfen, damit er zerbricht, dann wird er auf untergelegte Bündel von Strauchwerk in die Öfen gebracht und, nachdem diese angezündet sind, meistens siebenmal, seltener neunmal, geröstet. Dabei wird das Bitumen, falls solches vorhanden ist, verbrannt und verbreitet einen Geruch. Diese Öfen haben eine ähnliche Bauart wie diejenigen, in denen Erze geschmolzen werden, jedoch sind sie vorn offen. Ihre Höhe beträgt 6 Fuß, ihre Weite 4 Fuß. Auf einen Ofen, in dem der Stein geschmolzen wird, sind drei Öfen zum Rösten nötig. Zunächst wird er im ersten Ofen geröstet, dann wird er nach dem Erkalten in den zweiten gebracht und wieder geröstet, endlich wird er in den dritten gebracht, dann wieder in den ersten. Diese Reihenfolge wird beibehalten, bis er sieben- oder neunmal geröstet ist.

ENDE DES ACHTEN BUCHES

NEUNTES BUCH

DIE verſchiedenen Arbeiten zur Vorbereitung der Erze habe ich beſprochen; nunmehr will ich die einzelnen Verfahren ihrer Verſchmelzung beſchreiben. Man kann nämlich zwar dadurch, daß man die Erze erhitzt, röſtet oder brennt, manche Beſtandteile, die mit den Metallen gemiſcht oder verbunden ſind, abtrennen, vieles auch durch Zerkleinern im Mörſer, das meiſte aber durch Verwaſchen, Sieben und Ausleſen wegbringen. Indes gelingt es auf dieſe Weiſe nicht, alle Beſtandteile, welche das Ausſehen der Metalle verſchleiern und ſie unrein und unſcheinbar machen, zu entfernen. Deshalb iſt es nötig, die Erze zu verſchmelzen, wodurch Erden, erſtarrte Löſungen[1] und Geſteine von den Metallen ſo getrennt werden, daß jedes Metall die ihm eigene Farbe zeigt, daß es rein wird, und daß es mit größtem Nutzen für die menſchlichen Bedürfniſſe verwendet werden kann. Indem das Verſchmelzen eine Abtrennung derjenigen Beſtandteile, mit denen die Metalle im Erz vorher gemiſcht waren, bewirkt, wird das Metall gewiſſermaßen durch das Feuer geläutert. Da nun aber die metallhaltigen Erze ſehr verſchieden ſind, einmal hinſichtlich des in ihnen enthaltenen Metalles, weiter hinſichtlich der Höhe des Metallgehaltes, endlich auch inſofern, als manche ſchnell, andere ſehr langſam im Feuer flüſſig werden, gibt es mehrere Schmelzverfahren. Durch ſtändige Beſchäftigung mit dieſen Dingen ermittelten die Hüttenleute, durch welches Verfahren aus einem jeden Erz das Metall am vollſtändigſten ausgebracht werden kann. Wenn man aber auch bei manchen Erzen nach verſchiedenen Verfahren die gleiche Menge Metall ausbringen kann, ſo erfordert doch die eine mehr Aufwand als die andere. Das Erz wird entweder in einem Ofen geſchmolzen oder außerhalb. Wenn man einen Ofen anwendet, dann entweder einen ſolchen mit zeitweilig geſchloſſenem Stich oder einen mit dauernd offenem[2]; wenn außerhalb des Ofens geſchmolzen wird, ſo benutzt man Töpfe oder Rinnen. Um alle dieſe Dinge möglichſt klar zu machen, will ich ſie in ihren Einzelheiten beſchreiben und beginne mit den Gebäuden und den Schmelzöfen.

Man errichtet aus Ziegeln oder Bruchſteinen eine Wand, die im folgenden als zweite Mauer bezeichnet werden ſoll, von 2 Fuß und 2 Hand Dicke, die geeignet iſt, dem auf ſie wirkenden Druck zu widerſtehen. Ihre Höhe beträgt 15 Fuß, ihre Länge richtet ſich nach der Zahl der an ſie anzubauenden Schmelzöfen. Meiſt befinden ſich in einer Schmelzhütte ſechs Stück, ſelten mehr, häufig weniger. Drei ihrer Wände, nämlich die an der Mauer anliegende Hinterwand und die beiden Seitenwände werden aus Naturſteinen errichtet. Das iſt beſſer als aus Backſteinen; denn dieſe werden ſchnell beſchädigt und erhalten Riſſe, wenn der Schmelzer oder ſein Hilfsarbeiter die Ofenbrüche abſtößt. Die Vorderwand aber ſoll aus

[1] Lat. succi concreti ſ. 7. Buch Anm. 24, S. 201, und 12. Buch Anm. 1, S. 466.

[2] Auch heute noch unterſcheidet man in dieſer Weiſe Schachtöfen mit offenem oder geſchloſſenem Auge oder Stich. Bei Öfen der erſten Art fließen die geſchmolzenen Maſſen ununterbrochen durch den Stich in einen Vorherd, bei denen der zweiten Art iſt der Stich geſchloſſen, wird, wenn ſich eine beſtimmte Menge geſchmolzener Maſſen im Ofen angeſammelt hat, geöffnet und, nachdem ſie „abgeſtochen" ſind, ſofort wieder geſchloſſen.

Backſteinen gemauert werden und nach der Herſtellung des Herdes (Ofentiegels) unten eine 3 Hand breite und $1^{1}/_{2}$ Fuß hohe Öffnung erhalten. In der Hinterwand befindet ſich 1 Elle über der Sohle des noch nicht fertiggemachten Tiegels des Ofens eine ſchräg nach aufwärts führende Öffnung von 3 Hand Höhe. Durch ſie und eine 1 Fuß lange Öffnung der Mauer, die an dieſer Stelle ein Gewölbe bildet, ragt eine eiſerne oder kupferne Röhre, in welche die Naſen der Blaſebälge eingelegt werden. Die Vorderwand des Ofens ſei höchſtens 5 Fuß hoch, damit man das Erz und die vom Meiſter für nötig erachteten Schmelzzuſchläge bequem von oben in den Ofen einſchütten kann. Die beiden Seitenwände ſind 6 Fuß hoch, die Rückwand 7 Fuß hoch und 3 Hand dick. Die lichte Weite des Ofens ſei 5 Hand, die Tiefe 6 Hand und 1 Finger. Als Weite bezeichnen wir den Abſtand der beiden Seitenwände voneinander, als Tiefe den Abſtand der Vorder- von der Hinterwand. Nach oben erweitert ſich der Ofen meiſt etwas.

In der Mauer befinden ſich Türen, und zwar bei ſechs Öfen deren zwei; die eine zwiſchen dem zweiten und dritten, die andere zwiſchen dem vierten und fünften. Sie ſind 1 Elle breit und 6 Fuß hoch, damit die herein- und herausgehenden Schmelzer nicht anſtoßen. Auch noch an der rechten Seite des erſten und an der linken Seite des letzten Ofens eine Tür anzubringen iſt nicht nötig, gleichgültig, ob die Mauer noch länger iſt oder nicht. Länger macht man ſie nämlich, wenn man an den Ofenſchmelzraum noch einen Raum für die Treiböfen oder ein anderes Gebäude unmittelbar, nur durch eine Mauer getrennt, anſtoßen läßt. Der Schmelzer und der Mann, der am erſten und letzten Ofen arbeitet und die Blaſebälge zu beaufſichtigen und einiges andere zu tun hat, gehen durch die ihnen zunächſt liegende Tür bis ans Ende der Mauer, alle anderen benutzen die beiden Türen gemeinſam. Die einzelnen Öfen ſind 6 Fuß voneinander entfernt, damit der Meiſter und ſeine Hilfsarbeiter nicht zu ſehr durch die Hitze beläſtigt werden. Da alſo die lichte Weite eines Ofens 5 Hand beträgt, die Öfen immer je 6 Fuß voneinander abſtehen und der Abſtand des erſten Ofens von der rechten Gebäudewand 4 Fuß und 3 Hand, ebenſoviel der des letzten Ofens von der linken Wand beträgt, muß, wenn ſechs Öfen in einem Raume untergebracht ſind, die Mauer 52 Fuß lang sein. Denn die geſamte lichte Weite aller Öfen beträgt $7^{1}/_{2}$ Fuß, die Zwiſchenräume zwiſchen den Außenwänden der Öfen ſind 30 Fuß, die Abſtände der beiden äußerſten Öfen von der Gebäudemauer 9 Fuß und 2 Hand, die Dicke der Seitenwände aller Öfen 5 Fuß. Die Summe aller dieſer Abmeſſungen ergibt rund 52 Fuß.

Außerhalb jedes Ofens befindet ſich vorn eine Vertiefung, die mit einer ſpäter zu beſprechenden loſen Maſſe ausgefüllt iſt, welche feſtgeſtampft wird. Auf dieſe Weiſe entſteht ein Vorherd, der das aus dem Ofen ausfließende Metall aufnimmt.

Eine Elle unter dem Vorherd und dem Tiegel des Ofens verſenkt befindet ſich ein quer liegender Behälter zur Anſammlung von Feuchtigkeit von 3 Fuß Länge, 3 Hand Breite und 1 Elle Tiefe, aus Bruchſteinen oder Ziegeln hergeſtellt und mit einer Steinplatte abgedeckt. Wenn er nicht vorhanden wäre, würde die Hitze die Feuchtigkeit aus dem Erdboden herausziehen und in den Tiegel des Ofens und in den Vorherd hineintreiben und dieſe naß machen. Die Dämpfe aber würden Fehler verurſachen, das Metall teils mit fortreißen, teils mit den Schlacken vermengen und ſo großen Schaden anrichten. Von jedem dieſer Feuchtigkeitsbehälter führt ein gemauerter Kanal von gleicher Tiefe, aber nur 6 Finger breit, durch die

Die Schmelzöfen A. Die Vorherde B.

Mauer, an der die Öfen angebaut ſind, nach außerhalb, indem er vor oder nach dem Durchtritt durch die Mauer anſteigt. Aus der Öffnung des Kanals entweicht der aus der Feuchtigkeit entſtandene Dampf durch eine kupferne oder eiſerne Röhre oder Pfeife. Dieſe Art der Herſtellung des Behälters und des Kanals iſt die beſte. Manchmal iſt auch der Kanal der gleiche, der Sammelbehälter für die

Die Schmelzöfen A. Der Vorherd B. Die Tür C. Der verſenkte Feuchtigkeitsbehälter D. Platte zum Bedecken desſelben E. Steine für den Bau des Kanals F. Platten zum Bedecken desſelben G. Rohr, durch das die Dämpfe entweichen H.

Feuchtigkeit aber anders eingerichtet, indem er nicht unter dem Vorherd liegt, ſondern rechtwinklig zu ihm mit einer Länge von 2 Fuß und 1 Hand, einer Breite von 1 Fuß und 3 Hand und einer Tiefe von 1 Fuß und 1 Hand. Dieſe Bauart wird von uns immer noch für beſſer gehalten als diejenige, bei der überhaupt kein Abzugskanal vorhanden iſt. Eine ſolche muß gänzlich verworfen werden, da dann jede offene Verbindung mit der Luft fehlt, durch die der Dampf frei und ungehindert austreten kann.

Fünfzehn Fuß hinter der zweiten Mauer wird eine 13 Fuß hohe erſte Mauer aufgeführt. Auf beide Mauern werden Balken von je 1 Fuß Breite und Höhe und einer Länge von 19 Fuß und 1 Hand gelegt; der Abſtand zwiſchen zwei Balken beträgt 3 Fuß. Da aber die zweite Mauer 2 Fuß höher iſt als die erſte, müſſen in ihrer Rückſeite Vertiefungen von 2 Fuß Höhe, 1 Fuß Breite, 1 Fuß und 1 Hand Tiefe eingehauen werden. In dieſen Vertiefungen ruht das eine Ende jedes Balkens wie in einem Lager. In die Balkenköpfe werden die Köpfe ebenſo vieler Pfoſten mit Zapfen eingelaſſen; dieſe ſind 24 Fuß hoch und je 3 Hand breit und dick. Von ihren oberen Enden laufen dann wieder ebenſo viele Latten zu den Balkenenden, die auf der erſten Mauer aufliegen. Ihre oberen Enden ſind in die Enden der ſenkrechten Pfoſten, die unteren in die auf der Mauer liegenden Balken durch Zapfen befeſtigt. Dieſe Latten tragen das Dach, welches aus gebrannten Hohlziegeln hergeſtellt wird. Die einzelnen Latten ſind durch ſenkrechte Latten geſtützt und unter ſich durch Querlatten verbunden. An die Pfoſten ſind da, wo die Öfen ſtehen, dicht aneinander Bretter von etwa 2 Finger Dicke und 1 Hand Breite angenagelt. Sie und die zwiſchen die Balken eingefügte Verſchalung werden mit Lehm überzogen, damit Balken und Verſchalung nicht durch Feuer gefährdet werden. In etwa gleicher Weiſe wird der hintere Teil des Gebäudes überdacht, in dem ſich die Blaſebälge, die Balggerüſte, die zum Zuſammendrücken der Bälge dienende, von einem Waſſerrade angetriebene Welle und die Balgzüge befinden. Hierüber werde ich bald nachher ſprechen.

Vor der Vorderwand der Öfen wird eine dritte und eine vierte lange Mauer aufgeführt, jede 9 Fuß hoch und ebenſo lang und dick wie die beiden erſten. Die vierte Mauer iſt von der dritten 9 Fuß, die dritte von der zweiten $21^{1}/_{2}$ Fuß entfernt. 12 Fuß von der zweiten Mauer entfernt werden auf vier ſteinernen Unterlagen hölzerne Säulen von $7^{1}/_{2}$ Fuß Höhe und je 1 Elle Breite und Dicke errichtet, deren obere Enden mit Zapfen in darübergelegte Balken von 1 Elle Breite und 1 Fuß Dicke eingelaſſen ſind. Ihre Länge iſt 2 Fuß und 2 Hand größer, als der Zwiſchenraum zwiſchen der zweiten und der fünften Quermauer beträgt, damit die Balkenköpfe auf die Quermauern aufgelagert werden können. Hat man keine Balken von dieſer Länge zur Hand, ſo können dafür zwei kürzere verwendet werden. Da die Länge ſo wie angegeben iſt und die ſenkrechten Säulen gleich weit voneinander abſtehen, iſt es erforderlich, daß die eine von der anderen und die beiden äußerſten von den Mauern um je 9 Fuß, 1 Hand und $2^{2}/_{5}$ Finger abſtehen müſſen. Auf dieſen langen Balken und auf der dritten und vierten Mauer liegen zwölf 24 Fuß lange, 1 Fuß breite und 3 Hand dicke Balken, die voneinander um 3 Fuß, 1 Hand und 2 Finger entfernt ſind. In Zapfenlöchern, die in dieſe Längsbalken eingelaſſen ſind, ruhen die Enden ſchräg nach oben führender Pfoſten in der gleichen Zahl, als ſenkrechte Pfoſten auf der zweiten Mauer errichtet ſind. Die Enden dieſer ſchrägen Pfoſten gehen aber nicht bis zu den oberen Enden der ſenkrechten Pfoſten, ſondern bleiben 2 Fuß davon entfernt, ſo daß der Ofenrauch aus dieſem offenbleibenden Spalt wie aus einer Eſſe entweichen kann. Damit aber die ſchrägen Pfoſten nicht herabfallen, ſind ſie teils mit Eiſenſtäben geſichert, die ſich von jeder einzelnen Pfoſte zu der gegenüberſtehenden ſenkrechten Pfoſte erſtrecken, teils mit einigen wenigen Pfoſten, die ebenfalls von den einzelnen ſchrägen zu den entſprechenden ſenkrechten Pfoſten reichen und ihnen Halt geben. An ihnen und an den ſchrägen Pfoſten ſind an der Seite, die nach den ſenkrechten Pfoſten zeigt, ſchmale Bretter von etwa 2 Finger Dicke und 1 Hand Breite in einem Abſtand von 1 Hand angenagelt, die mit Lehm bedeckt werden, damit ſie nicht Feuer fangen.

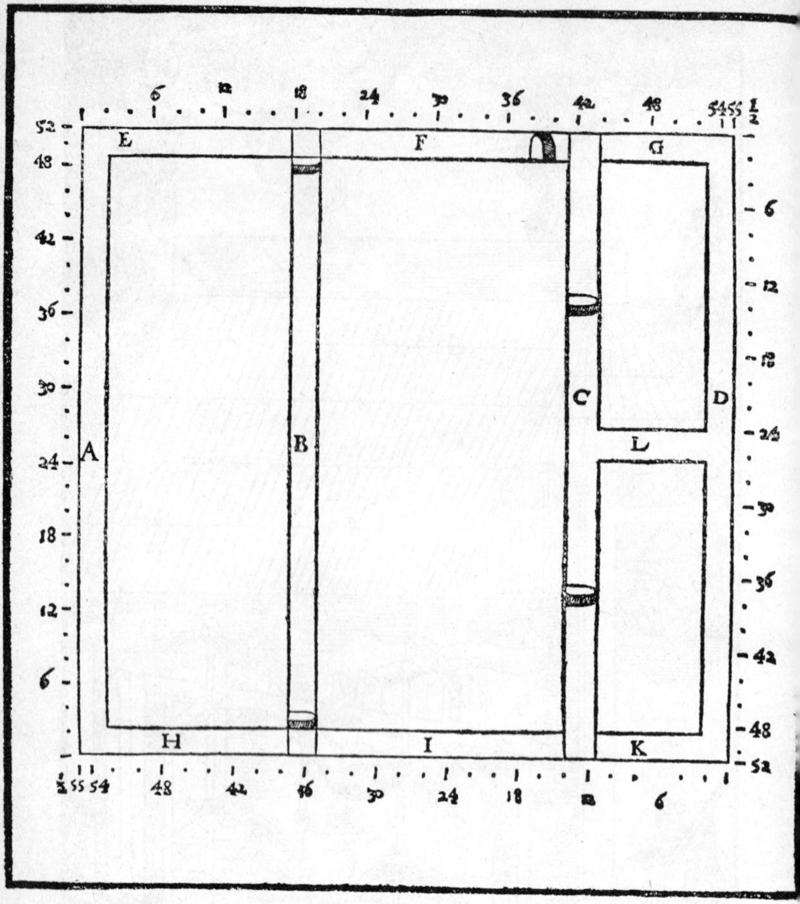

Die vier Längsmauern: Die erste A, die zweite B, die dritte C, die vierte D. Die sieben Quermauern: die erste E, die zweite F, die dritte G, die vierte H, die fünfte I, die sechste K, die siebente oder Mittelmauer L.

In Zapfenlöchern der obengenannten Balken, da, wo sie auf der vierten Mauer aufliegen, sind die unteren Enden schräg nach oben zeigender Pfosten eingelassen, und zwar in der gleichen Zahl wie die vorhin erwähnten schrägen Pfosten, mit deren Enden sie zusammenstoßen und verbunden werden, so daß sie sich nicht verschieben können. Endlich sind sie auch noch mit einer Unterrüstung festgemacht, die aus Quer- und Schräghölzern besteht. Diese Pfosten tragen das Dach.

Der auf diese Weise erbaute vordere Teil des Gebäudes wird in drei Abteilungen unterteilt, deren erste, 12 Fuß breit, unter dem Rauchabzug liegt, der eine senkrechte und eine schräge Wand besitzt. Die andere, ebenso breite Abteilung nimmt das zu verschmelzende Erz, die Zuschläge, die Kohlen und sonstige für das Schmelzen erforderliche Dinge auf. Die dritte, 9 Fuß breite Abteilung besteht aus zwei getrennten, gleich großen Räumen; in dem einen stehen die Probieröfen, der andere enthält die zum Abtreiben gelangenden Metalle. Für das ganze Gebäude sind außer den vier langen Mauern, also zwischen ihnen, noch sieben Quermauern erforderlich. Die erste führt vom oberen Ende der ersten zum oberen Ende der zweiten Längsmauer; die zweite von dieser zum oberen Ende der dritten Längsmauer und die dritte Quermauer von da ausgehend zu dem Ende der vierten Längsmauer. Die vierte Quermauer reicht vom unteren Ende der ersten bis zum unteren Ende der zweiten Längsmauer, die fünfte von da bis zum unteren Ende der dritten Längsmauer, die sechste von da bis zum Ende der vierten Längsmauer. Die siebente Quermauer teilt den Raum zwischen der dritten und vierten Längsmauer in zwei Teile.

Ich wende mich nun wieder zu dem hinteren Raum des Gebäudes, in dem, wie ich bereits erwähnte, die Blasebälge, die Balggerüste, die zum Zusammendrücken der Blasebälge erforderliche, durch ein Wasserrad angetriebene Welle und die Balgzüge untergebracht sind. Ein Blasebalg besteht aus dem Balgkörper und dem Balghaupt. Der Balgkörper wird hergestellt aus zwei Holztafeln, zwei Bogenstücken und zwei Stücken Leder. Die obere Tafel ist 1 Hand dick, 5 Fuß und 3 Hand lang, am hinteren Ende, wo sie an beiden Seiten abgerundet ist, 2½ Fuß, am vorderen Ende, an welches sich das Balghaupt anschließt, 1 Elle breit. Der ganze Balgkörper verengt sich also nach dem Haupte hin. Das, was wir eine Tafel nennen, besteht aus zwei zusammengefugten und zusammengeleimten fichtenen Brettern und aus zwei Leisten aus Lindenholz, welche die Seiten der Bretter umgeben; diese sind im hinteren Teil 7 Finger, vorn, wo sich das Balghaupt anschließt, 1½ Finger breit. Diese Leisten sind an die Bretter angeleimt, damit sie durch die eisernen Nägel, die in sie durch das Leder eingeschlagen werden, weniger beschädigt werden. Manche umgeben die Tafeln auch nicht mit Leisten, sondern verwenden nur Tafeln allein, die sie dann genügend dick nehmen.

Die obere Tafel (das Deckelbrett) besitzt eine Öffnung und einen Ansatz (Balgsterzel). Die Öffnung ist von dem Ende, an das sich das Balghaupt anschließt, 1 Fuß und 3 Hand entfernt. Sie liegt in der Mittellinie des Deckelbrettes und ist 6 Finger lang und 4 Finger breit. Ihr Deckel ist je 2 Hand und 1 Finger lang und breit und 3 Finger dick. Am hinteren Ende ist in ihn von oben eine kleine Vertiefung so eingeschnitten, daß er mit der Hand festgehalten werden kann. Am vorderen Ende und an den Seiten ist er von oben eingekehlt, damit er in einem Rahmen von drei kleinen Leisten von 1 Hand Breite und 1 Finger Dicke, die in gleicher Weise von unten her eingekehlt sind, eingeschoben werden kann. Wenn er eingeschoben ist, schließt er die Öffnung, herausgezogen gibt er sie frei. Der Schmelzer kann daher die Öffnung ein wenig frei lassen, damit durch sie Wind aus dem Balg entweicht, sobald er befürchtet, daß das Leder zerreißt, wenn der Balg zu kräftig und in zu schneller Folge aufgeblasen wird; er schließt sie aber, wenn das Leder gerissen ist und Wind entweicht. Manche versehen das Deckelbrett mit zwei oder drei Löchern. In diese runden Löcher, die dann an die Stelle der rechteckigen Öffnung treten, stecken sie Pflöcke, die sie, wenn erforderlich, herausziehen.

Der Anſatz am hinteren Ende des Deckelbrettes beſteht aus Holz und iſt 7 Fuß lang oder auch länger, damit er vorſteht. Sein vorderer, 2 Hand breiter, 1 Hand dicker Teil iſt mit dem hinteren Ende der Tafel verleimt und an ihr mit hölzernen verleimten Stiften befeſtigt. Die andere Hälfte ragt über das Deckelbrett heraus, iſt abgerundet und 7 Finger dick. Auf den Anſatz und auf das Deckelbrett wird außerdem noch eine 2 Fuß lange, 2 Hand breite und 1 Hand dicke Latte, und ebenſo an die Unterſeite des Deckelbrettes eine ebenfalls 2 Fuß lange Latte angeleimt, und zwar in einem Abſtand von 3 Hand vom hinteren Ende des Deckelbrettes. Dieſe beiden Latten werden deshalb mit dem Deckelbrett zuſammengeleimt und mit ihm durch verleimte hölzerne Stifte feſt verbunden, damit das Deckelbrett die beim Auseinanderziehen und Zuſammenpreſſen des Blaſebalges auftretende Beanſpruchung aushält.

Das Bodenbrett des Blaſebalges iſt ebenſo wie das Deckelbrett aus zwei fichtenen Brettern und zwei Leiſten aus Lindenholz von gleicher Breite und Dicke, aber einer um 1 Elle größeren Länge zuſammengeleimt. Denn es bildet einen Teil des Balghauptes, wie ich nachher noch ausführen werde. In dem Bodenbrett befindet ſich eine Windöffnung und ein eiſerner Ring. Die Windöffnung iſt vom hinteren Ende etwa 1 Elle entfernt, in der Mittellinie des Bodens angebracht und etwa 1 Fuß lang und 3 Hand breit. Sie iſt in der Mitte durch einen Steg in zwei gleiche Hälften geteilt. Dieſer Steg iſt beim Ausſchneiden der Öffnung ſtehengeblieben und hängt mit dem Boden feſt zuſammen; er iſt 1 Hand[3)] lang und $^1/_3$ Finger breit. Der zur Öffnung gehörige Deckel iſt 1 Fuß und 3 Finger lang und 3 Hand und 3 Finger breit. Er beſteht aus einem dünnen Brettchen, welches mit Ziegenfell ſo überzogen iſt, daß die behaarte Seite nach unten zeigt. An der Oberſeite dieſes Brettchens iſt mit kleinen eiſernen Nägeln das eine Ende eines Stückes doppelten Leders befeſtigt; es iſt 1 Hand breit und ſo lang, wie das Brettchen breit iſt. Das andere Ende des Leders, welches hinter dem Brettchen herausragt, iſt ebenſo wie das Bodenbrett zweimal durchbohrt; dieſe beiden Öffnungen ſtehen 7 Finger auseinander. Ein durch ſie hindurchgezogener Riemen iſt an der Außenſeite des Bodenbrettes befeſtigt. Dadurch iſt das Brettchen mit der Oberſeite des Bodenbrettes verbunden, ſo daß es nicht von ihr abfallen kann. In dieſer Weiſe iſt der Deckel und die Windöffnung hergeſtellt. Wenn der Balg auseinandergezogen wird, wird ſie geöffnet, wenn er zuſammengedrückt wird, wird ſie geſchloſſen.

Der etwas zuſammengedrückte eiſerne Ring von 2 Hand Länge und 1 Hand Breite befindet ſich etwa 1 Fuß hinter der Windöffnung und iſt an der Unterſeite des Bodenbrettes mit einer eiſernen Klammer befeſtigt. Er ſteht vom hinteren Ende des Blaſebalges 3 Hand ab. Dieſer eiſerne Ring ragt durch ein Querholz hindurch, welches einen Teil des feſten Balggerüſtes bildet. Durch ihn wird ein hölzerner Riegel hindurchgetrieben, damit das Bodenbrett des Balges ſich nicht bewegen kann. Manche laſſen auch den eiſernen Ring weg und befeſtigen den Boden mit zwei eiſernen Schrauben, ähnlich wie mit Nägeln, an dem Querholz ſelbſt.

Der Balgbogen wird zwiſchen Deckel und Bodenbrett befeſtigt und iſt ebenſo lang wie das Deckelbrett. Jeder Bogen beſteht aus vier lindenen, 3 Finger dicken Leiſten, von denen die beiden langen am hinteren Ende 7 Finger, die am vorderen

3) Hier muß ein Druckfehler vorliegen. Da die Öffnung 1 Fuß lang iſt und der Steg nach der Abbildung ſich in der Längsrichtung der Öffnung erſtreckt, muß er auch 1 Fuß und nicht 1 Hand lang ſein.

Ende $2^1/_2$ Finger breit ſind. Die dritte, und zwar die hintere Leiſte, iſt 2 Hand breit. Ihre beiden Enden, die um 1 Finger dicker ſind, ſind mit Zapfen in die langen Leiſten eingelaſſen, dort ebenfalls durchbohrt, mit verleimten hölzernen Stiften in den Löchern feſtgemacht und ſo mit den langen Leiſten verbunden und zuſammengeleimt. Die Enden bilden mit den Enden der langen Leiſten einen Bogen, wie der Name beſagt. Die vierte Leiſte, die um 1 Elle vom Balghaupt abſteht, ſpreizt die beiden langen Leiſten auseinander. Ihre Enden ſind in Zapfenlöcher eingefügt, mit ihnen verbunden und verleimt. Sie iſt, ohne die Zapfen, 1 Fuß lang und 2 Finger breit. Ferner ſind noch zwei kleine Leiſten an dem Balghaupt mit dem Bodenbrett des Balges verleimt und mit ihm durch verleimte hölzerne Stifte verbunden. Sie ſind 3 Hand und 2 Finger lang, 1 Hand hoch, 1 Finger dick. In ihrem mittleren Teil ſind ſie etwas ausgeſchnitten. Dieſe Leiſten ſpreizen die Enden der langen Leiſten an der Öffnung des Balghauptes auseinander. Wenn man ſie nicht anbringen wollte, ſo würden dieſe Enden infolge der ſtarken und ſtändig wiederholten Bewegung nach innen zuſammengedrückt werden und zerbrechen.

Als Leder nimmt man Rind- oder Pferdeleder, indes iſt Rindleder bei weitem beſſer als Pferdeleder. Man braucht zwei Stücke, die am hinteren Ende des Blaſebalges miteinander verbunden werden, jedes iſt $3^1/_2$ Fuß lang. Sie werden am Deckel- und Bodenbrett ſowie an den beiden Bogenſtücken unter Zwiſchenlegung eines langen Riemens mit T-förmigen Kopfnägeln von 5 Finger Länge befeſtigt. Die Köpfe ſind $2^1/_2$ Finger lang und $^1/_2$ Finger breit. Die Befeſtigung am Deckel- und Bodenbrett geſchieht mit ſehr vielen Nägeln ſo, daß die Nagelköpfe ſich beinahe berühren. Anders am Bogen. Am hinteren Teil des Bogens werden nur zwei Nägel verwendet, an den beiden langen Teilen je vier. Es genügt alſo, wenn man in jeden Bogen oben und unten nur je zehn Nägel einſchlägt. Zuweilen, wenn der Schmelzer fürchtet, daß die ſtarke Bewegung das Leder von den Bogenſtücken abſprengt oder abreißt, befeſtigt er außerdem an den langen Seitenleiſten mittels einer anderen Art von Nägeln noch fichtene Leiſten. Am hinteren Ende der Bögen können ſolche aber nicht angebracht werden, da dieſes etwas gekrümmt iſt. Manche verwenden zum Befeſtigen des Leders an den Leiſten und am Bogen keine Nägel, ſondern eiſerne Schrauben, die in gleicher Weiſe wie die Nägel durch auf das Leder aufgelegte dünne Leiſtchen eingeſchraubt werden. Obwohl dieſe Art der Befeſtigung ſeltener verwendet wird als die andere, iſt ſie doch zweifellos die bequemere.

Das Balghaupt endlich beſteht, ähnlich wie der übrige Balgkörper, aus zwei Brettern und außerdem aus der Naſe. Das Deckelbrett iſt 1 Elle lang, $1^1/_2$ Hand dick; das untere iſt ein Teil des Bodenbrettes des Balges ſelbſt und ebenſo wie das obere 1 Elle lang, aber nur 1 Hand und 1 Finger dick. Durch Zuſammenleimen der beiden Bretter entſteht das Haupt. In eine in ihm angebrachte Durchbohrung wird die Naſe eingeſteckt. Da, wo das Haupt an den Körper des Balges anſchließt, iſt es 1 Elle breit; 3 Hand nach vorn wird es um 2 Finger ſchmäler. Weiter vorn wird es ſo abgeſchnitten, daß es am vorderen Ende rund und 2 Hand und 2 Finger dick iſt. Dort wird es mit einem eiſernen Ring von 3 Finger Breite eingebunden.

Die Naſe iſt eine aus Eiſenblech zuſammengebogene Röhre. Ihre vordere Öffnung beſitzt einen Durchmeſſer von 3 Finger, während ſie am hinteren Ende, mit dem ſie in das Balghaupt eingelaſſen wird, 1 Hand hoch und 2 Finger breit iſt. Sie erweitert ſich alſo nach und nach, am ſtärkſten am hinteren Ende, damit dort reichlicher Wind in ſie eintreten kann. Im ganzen iſt ſie 3 Fuß lang. Das Haupt wird in folgender Weiſe mit dem Deckelbrett verbunden. Zuerſt befeſtigt man auf der Oberſeite des Hauptes rechts und links je eine eiſerne Platte von 1 Hand Breite und 1½ Hand Länge in einem Abſtand von 3 Finger voneinander. Von jeder Platte ragt ein umgebogener, 3 Finger langer, 2 Finger breiter Teil hervor. In ähnlicher Weiſe ſind an entſprechender Stelle des Deckelbrettes des Blaſebalges zwei eiſerne Platten feſtgemacht, die um 2 Finger über den Rand hervorſtehen; jede iſt 6 Finger breit und 7 Finger lang und in der Mitte um etwas mehr als 3 Finger in der Längsrichtung, 2 Finger in der Querrichtung ſo ausgeſchnitten, daß der umgebogene Teil der Platten des Balghauptes in dieſem ihm entſprechenden Ausſchnitt Platz hat. Von jeder dieſer Platten des Deckelbrettes ragt auf beiden Seiten des Ausſchnittes alſo ein 3 Finger langer, 2 Finger breiter, am Ende umgebogener Anſatz hervor. Durch die durch Umbiegen der Anſätze entſtandenen Öſen wird ein eiſerner Nagel hindurchgeſteckt, damit um ihn als Achſe das Brett nach oben gedreht werden kann. Die Achſe iſt 6 Finger lang und reichlich 1 Finger dick. Aus dem oberen Deckel iſt da, wo die Eiſenplatten an ihm befeſtigt ſind, ein kleiner Streifen ſo herausgeſchnitten, daß die Achſe aus den feſtgemachten Platten nicht herausfallen kann. Jede Platte iſt am Deckelbrett mit vier eiſernen Nägeln befeſtigt, deren Köpfe nach innen zeigen, während ihre Spitzen oben breitgeſchlagen werden, ſo daß ſie ebenfalls gewiſſermaßen Köpfe bilden. Jede Platte am Balghaupt iſt mit einem eiſernen Nagel mit breitem Kopf befeſtigt und außerdem mit zwei weiteren Nägeln, deren Köpfe am äußerſten Ende des Hauptes liegen. Zwiſchen den beiden Eiſenplatten verbleibt in der Mitte ein 2 Hand breiter Zwiſchenraum, der mit einer eiſernen, mit kleinen Nägeln an das Brett befeſtigten Platte abgedeckt wird. Ihr entſpricht eine ebenſolche Platte, die zwiſchen den beiden Platten des Hauptes befeſtigt iſt; ſie iſt 2 Hand und 2 Finger breit[4].

Das Leder des Hauptes bildet mit dem Leder des übrigen Teiles des Blaſebalges ein Stück. Es überdeckt die Platten, den vorderen Teil des Deckelbrettes, die Bogenſtücke an beiden Seiten und den hinteren Teil des Hauptes, damit an dieſen Stellen kein Wind entweichen kann. Es iſt 3 Hand und 3 Finger breit und ſo lang, daß es von der einen Seite des Bodenbrettes um den Rücken des Deckelbrettes herumgeſpannt bis zur anderen Seite des Bodenbrettes reicht. Es iſt durch zahlreiche T-förmige Nägel mit der einen Seite an dem Deckelbrett des Blaſebalges, mit der andern Seite am Balghaupt befeſtigt und in gleicher Weiſe unten am Bodenbrett.

In dieſer Weiſe iſt der Blaſebalg eingerichtet. Da aber ein Ofen zwei Stück benötigt, braucht man zwölf Blaſebälge, wenn ſechs Öfen in einer Hütte vorhanden ſind.

Nunmehr iſt über das Balggerüſt zu reden. Zuerſt werden auf den Boden zwei Schwellen gelegt, die etwas kürzer als die Ofenmauer ſind. Die vordere iſt je 3 Hand breit und dick, die hintere 3 Hand und 2 Finger. Die erſte iſt von der Rückſeite der Mauer 2 Fuß, die zweite von der erſten 6 Fuß und 3 Hand entfernt. Die Schwellen

[4] Dieſe ganze umſtändlich beſchriebene, in der Abbildung S. 321 gut dargeſtellte Vorrichtung iſt ein „Scharnier", um welches das Balghaupt nach oben umgeklappt werden kann.

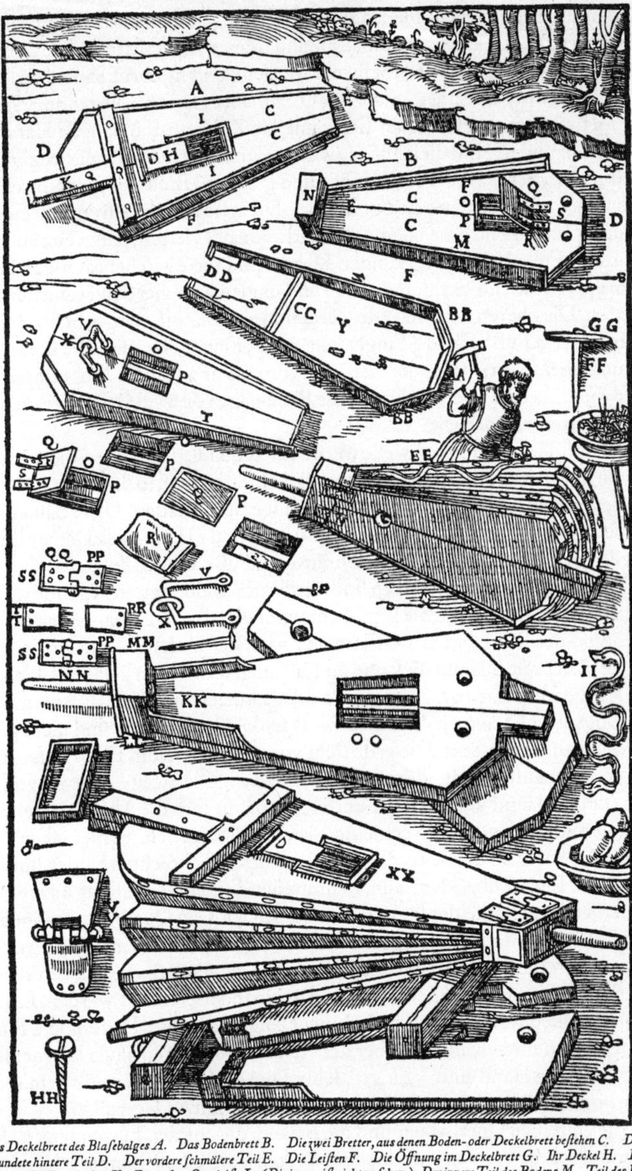

Das Deckelbrett des Blasebalges A. Das Bodenbrett B. Die zwei Bretter, aus denen Boden- oder Deckelbrett bestehen C. Der abgerundete hintere Teil D. Der vordere schmälere Teil E. Die Leisten F. Die Öffnung im Deckelbrett G. Ihr Deckel H. Dessen Rahmen I. Der Ansatz K. Die äußere Querleiste L. (Die innere ist nicht zu sehen.) Der innere Teil des Bodens M. Teil des Hauptes N. Die Windöffnung O. Der Steg P. Der Deckel Q. Das Leder R. Der Riemen S. Der äußere Teil des Bodenbrettes T. Die Klammer V. Der eiserne Ring X. Der Boden Y. Seine langen Leisten Z. Die hintere Leiste AA. Die gebogenen Leisten BB. Die lange Spreize CC. Die kurzen Leisten DD. Das Leder EE. Der T-förmige Nagel FF. Sein Kopf GG. Die Schraube HH. Langer Riemen II. Das Balghaupt KK. Seine Unterseite LL. Seine Oberseite MM. Die Nase NN. Der volle Boden OO. Die zwei äußeren Eisenplatten des Hauptes PP. Ihr umgebogener Teil QQ. Die mittlere Eisenplatte des Hauptes RR. Die beiden äußeren Platten des Deckels SS. Seine mittlere Platte TT. Seine Achse VV. Der fertige Blasebalg XX.

werden in die Erde eingegraben, damit ſie feſt liegen. Manche bringen zu dem gleichen Zweck auch Löcher in ihnen an und treiben zugeſpitzte Pfähle durch ſie in den Erdboden. Auf der erſten Schwelle werden zwölf hölzerne Säulen errichtet, die mit ihren unteren Enden in die der Ofenmauer zunächſt liegende Schwelle eingezapft werden. Dieſe Säulen ſind ohne die Zapfen 2 Fuß lang, 3 Hand und 3 Finger breit und 2 Hand dick. In jede wird, 2 Hand über der Schwelle beginnend, ein ſenkrechter Schlitz von 3 Hand Höhe und 1½ Hand Breite eingeſchnitten. Die Säulen ſtehen verſchieden weit auseinander. Die erſte iſt nämlich von der zweiten 3 Fuß und 5 Finger entfernt, ebenſo die dritte von der vierten, die zweite aber von der dritten 2 Fuß 1 Hand und 3 Finger. Ebenſo ſind die Zwiſchenräume zwiſchen den übrigen Säulen abwechſelnd gleich und ungleich; je vier Säulen entſprechen zwei Öfen. Die oberen Säulenköpfe werden in eine darauf gelegte Schwelle eingezapft. Sie iſt 12 Fuß 2 Hand 3 Finger lang, ragt 5 Finger über die erſte ſenkrechte Säule und ebenſo weit über die vierte hervor und iſt 2 Hand 2 Finger breit und 2 Hand dick. Da eine ſolche Schwelle die Blaſebälge von zwei Öfen zu tragen hat, ſind deren drei erforderlich.

Auch auf der hinteren Schwelle werden zwölf Säulen errichtet, die am Fußende von unten nach oben in der Mitte ausgeſchnitten ſind, ſo daß eine Gabel entſteht, deren beide Enden in die Schwelle eingezapft werden. Dieſe Säulen ſind ohne die Zapfen 12 Fuß 2 Hand lang, 5 Hand breit und 2 Hand dick. Der von ihrem Fußende nach oben reichende Ausſchnitt iſt 4 Fuß 5 Finger hoch und 6 Finger breit. Die oberen Enden der Säulen ſind wiederum in eine daraufliegende waagerechte Schwelle eingezapft. Sie liegt dicht unter den das Dach tragenden Balken, die ſich von der Rückſeite der Ofenmauer nach der hinteren Mauer erſtrecken. Sie iſt 3 Hand breit, 2 Hand dick und 43 Fuß lang. Wenn man keinen Balken von dieſer Länge in Vorrat hat, kann man 2 oder 3 kürzere nehmen, die zuſammengefügt die gleiche Länge haben. Die zwölf ſenkrechten Säulen ſind nicht gleich weit voneinander entfernt. Die erſte ſteht von der zweiten um 2 Fuß 3 Hand und 1 Finger ab, ebenſoviel die dritte von der vierten. Die zweite aber iſt von der dritten 1 Fuß 3 Hand und 3 Finger entfernt. Ebenſo ſind die Abſtände der übrigen Säulen voneinander abwechſelnd gleich und ungleich. Ferner iſt in jeder ſenkrechten Säule an der Seite, die nach den kurzen ſenkrechten Säulen hinzeigt, 1 Fuß und 1 Finger über dem ausgeſchnittenen Teil ein Ausſchnitt angebracht. In dieſe vier Ausſchnitte der ſenkrechten Säulen wird ein Querbalken eingefügt, der ſeinerſeits ebenfalls 4 Ausſchnitte aufweiſt, die wie Zapfen in die andern Ausſchnitte eingreifen. Auf dieſe Weiſe können die beiden Balken beſſer miteinander verbunden und mit hölzernen Stiften aneinander befeſtigt werden. Ein ſolcher Querbalken iſt 13 Fuß 3 Hand 1 Finger lang und ſteht 2 Hand und 2 Finger über der erſten und ebenſoviel über der vierten ſenkrechten Säule hervor; ſeine Breite beträgt 2 Hand und 2 Finger, ſeine Dicke 2 Hand. Da zwölf ſenkrechte Säulen vorhanden ſind, braucht man drei derartige kurze Querbalken.

In die einzelnen Querbalken und die Balken, die auf den kurzen ſenkrechten Säulen aufliegen, werden vier kürzere Balken von 9 Fuß Länge, 2 Hand und 3 Finger Breite und 2 Hand und 1 Finger Dicke eingefügt. Der erſte ſteht vom zweiten 5 Fuß 1 Hand 1 Finger ab, und zwar ſowohl am vorderen wie am hinteren Ende, an dem dieſe kurzen Balken auf den ſenkrechten Säulen aufgelagert ſind.

Ebenſo groß iſt der Zwiſchenraum zwiſchen dem dritten und vierten. Der zweite aber iſt vom dritten nur 1 Fuß und 3 Finger entfernt. In der gleichen Weiſe ſind die Zwiſchenräume zwiſchen den übrigen acht kleinen Balken bemeſſen. Der fünfte iſt vom ſechſten und der ſiebente vom achten ebenſo weit entfernt, wie der erſte vom zweiten und der dritte vom vierten, der ſechſte vom ſiebenten aber ſo weit wie der zweite vom dritten.

Je zwei dieſer kurzen Balken tragen ein Querbrett von 6 Fuß Länge, 1 Fuß Breite und 1 Hand Dicke, welches von den beiden hinteren ſenkrechten Säulen 3 Fuß und 2 Hand entfernt iſt. Da man ſechs ſolcher Bretter hat, trägt jedes von ihnen zwei Blaſebälge, deren Bodenbrett 1 Hand über ſie hervorſteht. Der eiſerne Ring des Blaſebalgbodens ragt durch eine Öffnung des Brettes hindurch; durch ihn wird unter dem Brett ein hölzerner Riegel hindurchgetrieben, um den Blaſebalg, wie ſchon geſagt, unverrückbar an ſeinem Platze feſtzuhalten. Jeder der beiden auf einem Brett befeſtigten Blaſebälge ragt vorn in das hintere Ende eines kupfernen Rohres hinein, in dem die Naſen beider Blaſebälge, an ihren Enden feſt miteinander verbunden, liegen. Das Rohr iſt aus einem Kupfer- oder Eiſenblech zuſammengebogen; dieſes iſt 1 Fuß 2 Hand und 2 Finger lang, am oberen Ende $^1/_2$ Finger, am unteren Ende 1 Finger dick. Die vordere Öffnung iſt im Lichten 3 Finger breit und $2^1/_2$ Finger hoch; ſie iſt alſo nicht vollkommen rund. Am hinteren Ende iſt ſie 1 Fuß 2 Hand 3 Finger weit. Das Blech, aus dem das Rohr zuſammengebogen wird, iſt oben nicht vollſtändig zuſammengeſchloſſen, ſondern es bleibt ein Spalt von $^1/_2$ Finger Breite, der ſich nach hinten auf 3 Finger Breite erweitert. Dieſes Rohr wird in die Öffnung des Ofens eingeführt, die ſich, wie ſchon erwähnt, in der mittleren Mauer und in der Ofenwand befindet. Die Naſen der beiden Blaſebälge, die in ein ſolches Rohr hineinragen, bleiben von ſeinem vorderen Ende 5 Finger weit entfernt.

Die Zahl der Schwengel, die von den Daumen der Antriebswelle herabgedrückt werden, wodurch der Blaſebalg zuſammengepreßt wird, iſt die gleiche wie die Zahl der Bälge. Ein Schwengel, der in den Ausſchnitten von je zwei ſenkrechten Säulen geführt wird, iſt 8 Fuß und 3 Hand lang und je 1 Hand breit und dick. Er ragt über die vorderen Säulen um 2 Hand hervor und um ebenſoviel über die hinteren, damit er hier von je zwei Daumen der Welle erfaßt und heruntergedrückt werden kann. Dieſe reichen nicht bis in die Ausſchnitte der Balken hinein, ſondern bleiben um 3 Finger davon ab. Durch ein rundes Loch, welches durch die durch Ausſchneiden der vorderen Säulen entſtandenen beiden Gabelenden in einer Höhe von 3 Hand und 3 Finger über dem Boden gebohrt iſt, und durch den Schwengel ſelbſt wird ein eiſerner Bolzen als Drehachſe geſteckt, um die, wenn ſie ſich dreht, der Schwengel nach oben und unten ſchwingt. Der hintere Teil des Schwengels iſt auf die Länge einer Elle um 1 Hand und 1 Finger breiter als der übrige Teil und iſt doppelt durchbohrt. Durch dieſe Öffnungen führt eine Zugſtange von 6 Fuß 2 Hand Länge, 3 Finger Breite und etwa $1^1/_2$ Finger Dicke, die an ihrem oberen Ende etwas gekrümmt iſt, damit ſie bis an den Anſatz des Blaſebalges heranreicht. Durch eine Öffnung im Schwengel und in der Zugſtange iſt ein Bolzen geſteckt, ſo daß erſterer die Zugſtange emporhebt. Die Zugſtange iſt in einer Entfernung von 6 Finger von ihrem oberen Ende durchbohrt. Dieſe Öffnung iſt 2 Hand lang und etwas über 1 Finger breit. In ſie

Die vordere der auf dem Erdboden liegenden Schwellen A. Die hintere Schwelle B. Die vorderen ſenkrechten Säulen C. Ihre Ausſchnitte D. Die vordere Querſchwelle E. Die hinteren ſenkrechten Säulen F. Ihre Ausſchnitte G. Die hintere Querſchwelle H. Der in die ſenkrechten Säulen eingezapfte Querbalken I. Die kurzen Balken K. Die Bretter L. Ihre Ausſchnitte M. Das Rohr N. Sein hinteres Ende O, ſein vorderes Ende P.

greift der Haken einer eiſernen Vorrichtung von 1 Finger Dicke ein. Das obere Ende dieſer Vorrichtung iſt als 2 Finger dicker, runder oder an der Unterſeite abgerundeter, rechteckiger Ring ausgebildet. Ein derartiger Ring iſt je 2 Finger hoch und weit. Der Haken iſt 3 Finger hoch. Das Zwiſchenſtück zwiſchen dem Ring und dem Haken iſt 3 Hand und 2 Finger lang. In dem eiſernen Ring dieſer Vorrichtung liegt entweder der Anſatz des Blaſebalges[5] oder ein mit ihm verbundener großer Ring von 1 Finger Dicke, der im oberen Teile im Lichten 2 Hand, im unteren Teile 2 Finger weit iſt. Dieſer zweite, dem erſten ähnliche Ring greift an dem Anſatz des Blaſebalges an. Sein engerer Teil zeigt nach oben und iſt mit einer zweiten Vorrichtung verbunden, die der erſten ähnlich iſt. An ihrem nach oben zeigenden Haken iſt ein Seil befeſtigt, welches von einem eiſernen Ring herabhängt, der am Ende einer Stange befeſtigt iſt, von der ich gleich noch

[5] Die Abbildung auf S. 326 ſtellt nur dieſe Anordnung dar.

ſprechen werde. Nach einer anderen Art umſchließt ein eiſerner Ring das Ende dieſer Stange, und in den Haken greift ein kleiner eiſerner Ring der anderen Vorrichtung ein, deſſen Ring den Anſatz des Blaſebalges umſchließt. Auf dieſe Weiſe erſpart man das Seil.

Auf die Balken, die auf den beiden Mauern aufgelagert ſind, wird $4^{1}/_{2}$ Fuß von den ſenkrechten Säulen ab ein weiterer Balken von 2 Hand Breite und $1^{1}/_{2}$ Hand Dicke gelegt. In ein Zapfenloch desſelben wird das untere Ende eines ſenkrechten, ohne Zapfen 6 Fuß 2 Hand langen, 3 Hand breiten und 2 Hand dicken Balkens befeſtigt. In gleicher Weiſe greift ſein oberes Ende in ein Zapfenloch eines weiteren Balkens, der dicht unter dem Querbalken liegt, welcher ſich von den ſenkrechten Säulen nach den ſchrägen Dachbalken hinzieht. Der zweite Balken iſt 2 Hand breit und 1 Hand dick. Ein daraufſtehender ſenkrechter Balken von 2 Fuß Höhe beſitzt einen Ausſchnitt von 2 Fuß Höhe und 6 Finger Weite. In einer Höhe von 3 Fuß und 1 Hand iſt durch die beiden Seitenwände dieſes Ausſchnittes ein rundes Loch gebohrt, durch welches ein eiſerner Bolzen als Achſe geſteckt wird, um den, wenn er gedreht wird, eine Stange nach unten und oben ſchwingt; ſie iſt 8 Fuß lang. Ihr eines oberes Ende iſt um 3 Finger höher als der übrige Teil und beſitzt die Öffnung von 2 Finger Weite und 3 Finger Höhe, durch welche der eiſerne Ring geſteckt wird, von dem, wie oben geſagt, das Seil herabhängt. Dieſes iſt 5 Hand lang. Die obere Schlinge iſt 2 Hand 2 Finger, die untere 1 Hand und 1 Finger weit. Die eine Hälfte der Stange, von deren Ende ich ſoeben geſprochen habe, iſt 3 Hand hoch und 1 Hand breit. Sie ragt über den Ausſchnitt des ſenkrechten Balkens, durch den ſie hindurchgeht, um 3 Fuß hervor. Die andere Hälfte, deren Ende nach der Rückſeite der Ofenmauer hin zeigt, iſt 1 Fuß und 1 Hand hoch und 1 Fuß dick; an ihr iſt ein Kaſten von $3^{1}/_{2}$ Fuß Länge, 1 Fuß und 1 Hand Breite und $^{1}/_{2}$ Fuß Höhe befeſtigt. Die Maße wechſeln auch, indem der Kaſten am Boden enger oder gleich weit iſt wie oben. Er iſt mit Steinen und Erde gefüllt, um ihn ſchwer zu machen. Man muß aber Sorge tragen und vorſehen, daß die Steine bei der häufigen Bewegung nicht herausfallen. Man erreicht dies dadurch, daß man einen beiderſeitig zugeſpitzten, auf beiden Seiten über den Schwengel herausragenden Eiſenſtab quer über den Kaſten legt. So werden die Steine zurückgehalten. Manche befeſtigen an Stelle des Kaſtens auch vier oder mehr Eiſenſtäbe an dem Schwengel und bringen Lehm zwiſchen ſie und können ſo nach Bedarf das Gewicht vergrößern oder verkleinern.

Es iſt nun noch über die Wirkungsweiſe der ganzen Einrichtung zu ſprechen. Wenn der Schwengel von den Daumen der Welle niedergedrückt wird, wird der Blaſebalg zuſammengepreßt und der Wind durch die Naſe ausgetrieben. Wenn der Balg dann durch das Gewicht des Kaſtens an der oberen Stange wieder auseinandergezogen wird, ſaugt er Luft durch die Windöffnung an.

Die Antriebsvorrichtung, deren Daumen den Schwengel niederdrücken, iſt in folgender Weiſe eingerichtet. Man ſtellt ſich eine Welle her, an deren einem außerhalb des Hauſes gelagerten Ende ein Waſſerrad angreift, während am andern Ende in dem Hauſe ein mit Rundſtäben verſehenes Vorgelege angebracht iſt. Es wird von zwei doppelten Kreisringen gebildet, die 5 Finger dick ſind, etwa 1 Fuß 1 Finger Durchmeſſer beſitzen und um 1 Fuß voneinander abſtehen. Sie ſind doppelt, indem jeder aus zwei gleich ſtarken Ringen zuſammengeſetzt iſt, die mit

Schwengel, der durch die Daumen der Welle herabgezogen wird, wodurch der Blasebalg zusammengedrückt wird A. Der Ausschnitt der senkrechten Säulen B. Die Zugstange C. Die eiserne Vorrichtung mit dem rechteckigen Ring D. Die Vorrichtung mit dem runden Ring E. Der Balgsterzel F. Der kurze senkrechte Balken G. Die durch ihn hindurchgeführte Stange H. Kasten von gleichmäßiger Weite I. Nach unten sich verengender Kasten K. Die in der Stange befestigten Eisenstäbe L.

verleimten hölzernen Nägeln miteinander verbunden werden. Manchmal beschlägt man sie auch mit Eisenblech. Rundstäbe sind 30 Stück vorhanden; sie besitzen eine Länge von 1 Fuß 2 Hand und 2 Finger und sind mit ihren beiden Enden in die Scheiben befestigt. Sie sind rund, 3 Finger dick und stehen um 3 Finger voneinander ab. In dieser Weise wird das mit Spillen versehene Vorgelege hergestellt. Am Ende einer zweiten Welle befindet sich ein anderes, mit Zähnen versehenes Rad. Sein aus zwei Lagen zusammengesetzter Kreisring ist 2 Hand und 1 Finger dick. Der innere Ring, der aus vier Viertelkreisen gebildet wird, ist 1 Hand dick und durchweg 1 Hand und 1 Finger breit. Der äußere Ring, der ebenfalls aus vier Viertelkreisen zusammengefügt wird, ist 1 Hand und 1 Finger dick, aber nicht überall gleich breit. Da, wo das Ende der Speichen in ihn eingreift, ist er 1 Fuß 1 Hand und 1 Finger breit, dann wird er allmählich schmäler,

Die erste Welle A. Das Wasserrad B. Das mit Spillen versehene Vorgelege C. Die zweite Welle D. Das mit Zähnen versehene Rad E. Seine Speichen F. Seine Felgen G. Seine Zähne H. Die Daumen der Welle I.

so daß sein schmalster Teil nur noch 2 Hand und 2 Finger breit ist. Die Viertelkreise des inneren und äußeren Teiles werden so miteinander verbunden, daß jedes äußere Viertel in der Mitte eines inneren und jedes innere Viertel in der Mitte eines äußeren endigt. Es ist klar, daß dadurch eine größere Festigkeit des Rades erzielt wird. Die inneren und äußeren Viertelkreise werden außerdem mit zahlreichen Holzstiften aneinander befestigt. Jeder Viertelkreis ist an seinem Umfang gemessen 4 Fuß und 3 Hand lang.

Vorhanden sind weiter vier Speichen, 2 Hand breit, 1 Hand und 1 Finger dick und ohne Zapfen 2 Fuß und 3 Finger lang. Ihr eines Ende wird in die Welle eingefügt und dort mit hineingetriebenen Pflöcken gesichert; das andere bis zur Dicke des äußeren Viertelkreises dreieckig gestaltete Ende wird in den breiten Teil des ihm gegenüberliegenden Viertelkreises eingefügt und durch einen hölzernen Stift, der von dem unteren Viertelkreis aus eingeschlagen wird, mit ihm verbunden. Der dreieckig gestaltete Teil der Speiche liegt innen, der einfache außen. Der erstgenannte dreieckige Teil hat zwei gleiche gerade Seiten von der Länge einer Hand. Der darunterliegende ist anders, nämlich 5 Finger lang gerade, indem ein Teil der Krümmung weggeschnitten ist.

Das Zahnrad besitzt 60 Zähne; so viele sind erforderlich, damit das mit Spillen versehene Rad zwei Umdrehungen macht in der Zeit, in der das Zahnrad selbst sich nur einmal dreht. Die Zähne sind 1 Fuß lang; sie stehen aus dem inneren Kreisring 1 Hand, aus dem äußeren 3 Finger hervor. Ihre Breite beträgt 1 Hand, ihre Dicke 2½ Finger. Selbstverständlich müssen sie, ebenso wie die Spillen des Vorgeleges, um je 3 Finger voneinander abstehen.

Die Dicke der zweiten Welle muß den Abmessungen der Speichen und der Kreisringe entsprechen. Da je zwei Daumen der Welle allemal einen Schwengel herabzudrücken haben, müssen 24 solcher Daumen vorhanden sein. Sie ragen 1 Fuß 1 Hand und 1 Finger über die Welle heraus und besitzen am Ende annähernd die Form eines Halbkreises, dessen breiterer Teil 3 Hand und 1 Finger breit ist. Sie sind auf die vier Seiten des Umfanges der Welle verteilt, oben, unten, rechts und links. Infolgedessen besitzt die Welle zwölf Durchbohrungen. Die erste verläuft von oben nach unten, die zweite von einer Seite zur andern. Die erste ist von der zweiten um 4 Fuß 2 Hand entfernt. In gleicher Weise sind allemal je zwei der folgenden Durchbohrungen angeordnet und durch gleiche Zwischenräume getrennt. Da stets zwei Daumen einander gegenüberliegen müssen, wird der erste von oben, der zweite von unten in die Durchbohrung eingesteckt und durch eingetriebene Pflöcke gesichert, damit er nicht herausfallen kann. Der dritte Daumen wird in die zweite Durchbohrung von rechts, der vierte von links eingesteckt und die übrigen Daumen in der gleichen Weise in die folgenden Durchbohrungen. Auf diese Weise drücken die Daumen die Schwengel abwechselnd nieder. Es soll aber nicht verschwiegen werden, daß dies unter vielen anderen Möglichkeiten nur eine Art von Wellen ist, die mit Daumen und Wasserrad versehen sind.

Über das Vorstehende habe ich sehr ausführlich gesprochen. Indes hielt ich es für notwendig, weil ohne all diese Einrichtungen das Verschmelzen der Erze, zu dem ich mich nun wenden werde, nicht geschehen kann.

Für das Verschmelzen der Gold-, Silber-, Kupfer- und Bleierze in Öfen hat man vier verschiedene Verfahren; das eine eignet sich für reiche Gold- oder Silbererze, das zweite für solche mit mittleren Gehalten, das dritte für arme Erze, das vierte für Kupfer- oder Bleierze, gleichgültig, ob sie Edelmetalle enthalten oder nicht. Das erste Schmelzverfahren wird in einem Ofen ausgeführt, dessen Stich stets geschlossen ist, die drei anderen in Öfen mit stets offenem Stich.

Ich will nun zuerst über die Art, wie die Öfen für das Schmelzen vorgerichtet werden, und zwar zunächst über das erste Schmelzverfahren sprechen. Die Masse, aus der Tiegel und Vorherd des Ofens hergestellt zu werden pflegen, besteht aus Kohle und Lehm[6]. Die Kohle wird im Pochtrog mit Pochstempeln zerkleinert. Der obere Teil des Pochtroges wird mit einer Platte verschlossen, durch den unteren offenen Teil fallen die zerkleinerten Kohlen heraus. Die Stempel sind nicht mit Eisen beschlagen; nur an ihrem Ende sind sie mit einem eisernen Ring eingebunden.

[6] Agricola braucht hier die Bezeichnung terra. Hierunter ist mehr oder weniger feuerfester Ton oder Lehm zu verstehen. Ein Gemisch dieser Erden und Kohlen bezeichnet der Hüttenmann als „Gestübbe". Siehe auch 11. Buch Anm. 48, S. 454.

Die Kohlen A. Der Pochtrog B. Die Pochſtempel C.

Das durch das Pochen entſtandene Kohlenpulver wird in ein Sieb gegeben, deſſen Boden aus geflochtenen Holzſpänen beſteht. Das Sieb wird über zwei hölzerne oder eiſerne Stäbe, die in Form eines Dreieckes über ein Sammelgefäß gelegt werden, oder über einen bankartigen, auf dem Erdboden ſtehenden Rahmen hin und her gezogen. Das Pulver, das in das Sammelgefäß oder auf den Erdboden fällt, iſt in dieſer Form geeignet. Die Kohlenſtücke aber, die im Sieb zurückbleiben, werden herausgenommen und wieder unter die Pochſtempel gegeben.

Der geförderte Lehm wird zunächſt der Sonne ausgeſetzt, damit er trocknet, ſodann mit einer Schaufel auf ein ſchräg ſtehendes, durch Stäbe geſtütztes, aus dicken, nicht ganz aneinanderliegenden Haſelnußruten gefertigtes Stangenſieb[7] geworfen, durch deſſen Schlitze das Feine und kleinere Klümpchen hindurchfallen, während die größeren Klumpen und Steine von dem Stangenſieb herab auf den Erdboden rollen. Das Feine wird mit einem zweirädrigen Karren in das Schmelzhaus gebracht und dort geſiebt. Das hierzu dienende, dem oben beſchriebenen ähnliche Sieb wird in gleicher Weiſe auf zwei quer über einen langen Sammelbehälter gelegten Stäben hin und her gezogen; das Durchfallende iſt dann für die Verwendung geeignet. Die auf dem Sieb verbleibende Gröbe wird teils weggeworfen, teils unter die Pochſtempel gebracht. Das Lehmpulver

[7] Ein ſogenannter Durchwurf.

wird mit dem Kohlenpulver gemengt, angefeuchtet, in einer Grube aufbewahrt, damit es lange brauchbar bleibt, und diese mit Brettern zugedeckt, damit es nicht verunreinigt wird.

Auf 2 Teile Kohlenpulver nimmt man 1 Teil Lehm und mischt beides gut mit einer Hacke durcheinander. Dann feuchtet man das Gemisch durch darauf gegossenes Wasser so weit an, daß man Batzen, ähnlich wie Schneebälle, daraus formen

Das Sammelgefäß A. Das Sieb B. Die Stäbe C. Der bankartige Rahmen D.

kann. Je leichter das Pulver ist, desto mehr Wasser braucht man, je schwerer, desto weniger. Mit dem Gemisch wird ein neuer Ofen innen ausgekleidet, sowohl, damit etwa vorhandene Fugen der Ofenwände ausgefüllt werden, als auch, um die Steinmauer vor dem Feuer zu schützen. In alten, schon zum Schmelzen in Gebrauch gewesenen Öfen stößt der Vormann nach dem Erkalten zunächst die Ofenbrüche, die sich an den Wänden angesetzt haben, mit einem eisernen Spaten ab, holt sie mit einer Schaufel und mit einer fünfzinkigen Gabel heraus und zerkleinert sie. Wenn dabei die Wände beschädigt werden, müssen die Löcher zunächst mit Steinen oder Ziegeln ausgebessert werden. Er führt diese mit der Hand durch die Brust des Ofens ein oder, auf einer an den Ofen angelehnten Treppe stehend, durch den oberen offenen Teil [8]. Am oberen Ende der Treppe ist ein

[8] d. h. durch die sogenannte „Gicht" des Ofens.

Brett befeſtigt, damit er ſich vorwärts und rückwärts beugen kann. Auf dieſer Treppe ſtehend bekleidet er die Wände des Ofens mit der Maſſe, und zwar mittels eines hölzernen Spatels, der 4 Fuß lang, 1 Finger dick und am unteren Ende auf die Länge eines Fußes 1 Hand oder auch mehr, im übrigen aber nur 2¹/₂ Finger breit iſt. Mit ihm bringt er auch die innere Auskleidung der Ofenwände auf gleichmäßige Stärke. Die Mündung der Winddüſe ſoll nicht über die Ausklei-

Das Stangenſieb A. Die Stütze B. Eine Schaufel C. Ein zweirädriger Karren D. Das Sieb E. Die Querſtäbe F. Das Sammelgefäß G. Die abgedeckte Grube H.

dung hervorragen, damit nicht Eiſenausſcheidungen [9], die ſich um ſie herum bilden, den Schmelzgang ſtören. Denn ſie verhindern das Eindringen des Gebläſewindes in den Ofen.

Ferner wirft derſelbe Vormann etwas Kohlenpulver in den Vorherd, ſtreut Lehmpulver darüber, gießt aus einem kleinen Gefäß Waſſer darauf und verteilt alles mit einem Rutenbeſen. Sodann ſpült er mit einem kräftigen Waſſerſtrahl das Gemiſch in den Tiegel des Ofens und verteilt es dort. Endlich bringt er noch

9) Gemeint ſind wahrſcheinlich weniger Eiſenausſcheidungen (materia ferruminata) als erſtarrte Schlacken, die ſich um den eindringenden kalten Windſtrahl herum bilden können. Solche röhrenförmigen Gebilde nennt der Hüttenmann „Naſen".

weiter angefeuchtetes Gemisch in den Ofen, steigt wiederum auf die Treppe und schlägt mit einem in den Ofen eingeführten Stampfer das Pulver zusammen, damit der Ofentiegel fest wird. Der Stampfer ist rund, 3 Hand lang, am unteren Ende 5 Finger, am oberen Ende 3 1/2 Finger dick; er soll die Form eines abgestumpften Kegels besitzen. Der Stiel des Stampfers ist 5 Fuß lang und 2 1/2 Finger dick. Das obere Ende des Stampfers, in den der Stiel eingefügt wird, ist mit einem 2 Finger breiten Eisenband umwunden. Manche verwenden an Stelle dieses Stampfers zwei runde Stampfer, die am oberen wie am unteren Ende 3 1/2 Finger dick sind. Andere nehmen zwei hölzerne Spatel, indes sind die Stampfer vorzuziehen.

In gleicher Weise wird in die außerhalb des Ofens liegende Vertiefung Gestübbe eingebracht, angefeuchtet und mit einem Stampfer festgeschlagen. Wenn sie beinahe voll ist, wird eine neue Menge eingebracht und nach oben gegen die kupferne Düse ansteigend mit einem Stampfer festgeschlagen, so daß der Tiegel, einen Finger unter der Düse beginnend, nach dem Vorherde zu abfällt und so das Metall ausfließen kann. Dies wird wiederholt, bis der Vorherd ganz voll ist. Dann wird er mit einem gebogenen Blech von 2 Hand und 2 Finger Länge und 3 Finger Breite, welches oben stumpf, unten zugeschärft ist, ausgehöhlt, so daß eine runde Vertiefung von 1 Fuß Durchmesser und 2 Hand Tiefe entsteht, wenn sie einen Zentner Blei fassen soll; wenn nur 70 Pfund, so hat sie 3 Hand Durchmesser und ähnlich wie vorhin 2 Hand Tiefe. Die Vertiefung wird wieder mit einem runden kupfernen Stampfer festgeschlagen. Dieser ist je 5 Finger lang und dick. Seine Handhabe ist rund, gekrümmt und 1 1/2 Finger dick. Oder man nimmt einen anderen kupfernen Stampfer von der Form eines oben abgeschnittenen Kegels, an den oben ein zweiter umgekehrter Kegel angesetzt ist, so daß man den mittleren Teil des Stampfers mit der Hand fassen kann. Der untere Kegel ist 6 Finger hoch, am unteren Ende 5 Finger, am oberen 4 Finger dick. Andere verwenden statt dessen einen hölzernen Spatel, der unten 2 1/2 Hand breit und 1 Hand dick ist.

Nachdem der Vormann den Vorherd hergerichtet hat, kehrt er zum Ofen zurück und verschmiert die Brust auf beiden Seiten und oben mit gewöhnlichem Lehm. Unter die Brust bringt er Lehm, den er vorher in Kohlenpulver gewälzt hat, um zu vermeiden, daß der Lehm etwas von der Auskleidung des Ofens an sich zieht und diese dadurch beschädigt wird. Sodann steckt er in die Brust einen geraden runden Stab von 3/4 Fuß Länge und 3 Finger Dicke. Endlich legt er auf den Lehm eine Kohle, die so hoch und breit ist, daß der Stich gänzlich bedeckt wird. Wenn eine Kohle von dieser Größe nicht vorhanden ist, verwendet er zwei Stücke. Wenn der Stich in dieser Weise verschlossen ist, bringt er eine aus Holzspänen geflochtene Mulde voll Kohlen in den Ofen. Damit hierbei die den Stich verdeckende Kohle nicht abfällt, hält sie der Vormann mit der Hand fest. Die in den Ofen geworfenen Kohlen sollen eine mittlere Größe besitzen, denn große Stücke verhindern, daß der Wind aus dem Stich des Ofens herausbläst und den Vorherd erhitzt. Nachdem der Vormann die vor dem Stich befindliche Kohle mit Lehm verschmiert und den Stab aus der Stichöffnung herausgezogen hat, ist der Ofen fertig.

Nun wirft der Vormann von neuem vier bis fünf hölzerne Mulden voll größerer Kohlen in den Ofen und füllt ihn ganz mit Kohlen voll. Einige wenige Kohlen gibt er in den Vorherd und legt auf sie glühende Kohlen, damit der Vorherd warm wird. Damit aber die aus dem Ofenstich herausblasende Flamme die Kohlen nicht entzündet, verschließt er den Stich mit Lehm oder verdeckt ihn mit einem Topfscherben. Manche wärmen den Vorherd auch nicht schon am Abend an, sondern füllen ihn bis an den Rand mit großen Kohlen, die dicht aneinander liegen. Wenn

Der Ofen A. Die Treppe B. Das an der Treppe befestigte Brett C. Die Hacke D. Die fünfzinkige Gabel E. Der hölzerne Spatel F. Der Rutenbesen G. Der Stampfer H. Die gleichmäßig dicken Stampfer I. Zwei hölzerne Spatel K. Das gekrümmte Blech L. Der kupferne Stampfer M. Eine andere Form des kupfernen Stampfers N. Der breite hölzerne Spatel O. Der ins Stichloch gesteckte Stab P. Der hölzerne Spankorb (Mulde) Q. Zwei Ledereimer, die beim Ausbruch eines Brandes zum Löschen dienen R. Eine demselben Zweck dienende Messingspritze S. Zwei Feuerhaken T. Eine Feuerkrücke V. Arbeiter, der mit einem eisernen Werkzeug Lehm zerschlägt X.

man nach der ersten Art verfährt, so reinigt man am Morgen den Vorherd und entfernt die kleinen Kohlenstückchen und die Asche. Im zweiten Falle werden am Morgen brennende Späne, die der Wächter vorbereitet hat, auf die Kohlen gelegt.

Um die vierte Morgenstunde beginnt der Vormann seine Arbeit. Er bringt zunächst durch das kupferne Rohr zwischen den Nasen der Blasebälge hindurch glühende Kohlen in den Ofen und facht das Feuer mit den Blasebälgen an. In einer halben Stunde ſind dann Tiegel und Vorherd genügend heiß geworden. Wenn ſchon am vorhergehenden Tage Erze in dem Ofen geſchmolzen worden waren, geht es ſchneller, wenn nicht, dauert es länger. Hat man den Tiegel und den Vorherd nicht erhitzt, bevor man das zu ſchmelzende Erz einbringt, ſo werden ſie beſchädigt und man erleidet Verluſt an Metall. Denn wenn die Maſſe, aus der Ofen und Vorherd hergeſtellt ſind, im Herbſt feucht, im Winter gefroren iſt, wird ſie reißen und unter donnerndem Geräuſch zugleich mit dem Metall herausgeſchleudert werden und ſo auch die Mannſchaft ſtark gefährden.

Hierauf gibt der Vormann Schlacken in den Ofen, welche ſchmelzen und in den Vorherd fließen. Er verſchließt dann den Stich mit Lehm, dem Kohlenpulver beigemiſcht iſt. Hierzu klebt er einen Klumpen davon mit der Hand vorn an ein Rundholz von 3 Finger Dicke und 2 Hand Länge, deſſen Stiel 3 Fuß lang iſt. Dann entfernt er mit einer gekrümmten Stange die Schlacken aus dem Vorherd und bringt, wenn er reiche Gold- oder Silbererze zu verſchmelzen hat, dafür einen Zentner Blei hinein, bei armen Erzen nur einen halben Zentner. Denn erſtere brauchen viel, letztere wenig Blei. Auf das Blei legt er brennende Holzſpäne, damit es einſchmilzt. Nun folgen ſich die Arbeiten in beſtimmter Reihenfolge: zuerſt bringt er ſo viel aus Kieſen erſchmolzenen Stein in den Ofen, als für das betreffende Erz erforderlich iſt, ſodann das Erz, gemengt mit Bleiglätte, Herdblei und leicht ſchmelzenden Zuſchlägen der zweiten Art[10], jedesmal zwei Mulden voll, ferner eine Mulde voll Kohlen und zuletzt wieder Schlacken. Wenn der Ofen mit dieſen genannten Stoffen gefüllt iſt, wird das Erz allmählich ſchmelzen. Er darf aber nicht zu viel an die Hinterwand des Ofens ſetzen, damit ſich keine Anſätze um die Düſen des Blaſebalges bilden können, die den Eintritt des Windes hindern und bewirken würden, daß das Feuer weniger lebhaft brennt.

Dies iſt der Brauch der hervorragendſten Hüttenleute, welche die vier Elemente[11] in richtigem Verhältnis zu benutzen verſtehen. Es benutzt ſie derjenige, der die Erden enthaltenden Erze gerade in der richtigen Miſchung in den Ofen bringt, der das Waſſer in einer dem Zweck entſprechenden Menge anwendet, der geſchickt die Windzufuhr regelt und der das Erz an die Stelle des Feuers bringt, die die richtige Hitze hat. Der Vormann träufelt nach und nach Waſſer an alle Seiten des Ofens und feuchtet die Kohlen an, damit an ihnen die ſtaubförmigen Erzteilchen hängenbleiben, die andernfalls durch den Gebläſewind und die Gewalt des Feuers aufgewirbelt und fortgeriſſen werden und mit dem Rauch entweichen würden. Da aber die zu verſchmelzenden Erze ſehr verſchiedene Beſchaffenheit beſitzen, muß der Schmelzer ſeinen Tiegel im Ofen tief oder weniger tief machen, die Neigung der Düſe, in der die Naſen der Blaſebälge gelagert ſind, verändern[12] und den Wind bald mit geringerem, bald mit größerem Druck in den Ofen einblaſen. Bei Erzen, die ſich ſchnell erhitzen und leicht ſchmelzen, ſoll der Tiegel weniger tief ſein, die Düſe eine ſchwache Neigung beſitzen und der Wind geringen Druck haben; dagegen ſoll bei ſchwer ſchmelzenden Erzen der Tiegel tief, die Düſe ſtark geneigt und der Wind ſtark gepreßt ſein. Bei dieſen iſt es auch nötig, den Ofen dadurch in gute Hitze zu bringen, daß man vorher Schlacken oder

[10] Siehe im 7. Buch S. 200.

[11] d. h. die vier Elemente nach damaliger Auffaſſung: Feuer, Waſſer, Luft und Erde.

[12] Die Neigung der Düſe gegen die Waagerechte nennt der Hüttenmann „das Stechen der Düſe".

Kieſe oder leicht ſchmelzende Zuſchläge darin ſchmilzt, damit die Erze nicht am Boden des Ofens feſtbacken, den Stich verſtopfen und den Ofen gewiſſermaßen erſticken. Das geſchieht aber leicht, wenn feiner Erzſtaub, wie er beim Verwaſchen der Erze entſteht, bis zum Boden des Ofens herunter gelangt. Die großen Blaſebälge ſollen weite Naſen beſitzen. Wenn ſie eng ſind, wird der reichliche und kräftige Wind zu ſtark gepreßt und zu heftig in den Ofen eingeblaſen; er bringt ſo die geſchmolzenen Maſſen zum Erſtarren, läßt Anſätze um die Düſe herum entſtehen und macht den Stich des Ofens zu, wodurch dem Beſitzer großer Schaden erwachſen würde. Wenn ſich das Erz an einer Stelle anhäuft und nicht ſchmilzt, ſo ſteigt der Schmelzer auf eine an den Ofen angelehnte Treppe und zerteilt die Anſätze mit einer zugeſpitzten oder mit einem Haken verſehenen Eiſenſtange; mit ihr entfernt er auch Anſätze von Erz, die ſich um die Düſe herum gebildet haben, indem er eine ſolche Stange durch das Rohr, in welchem die Naſen der Blaſebälge liegen, einführt.

Nach einer Viertelſtunde, wenn das Blei, welches der Vormann in den Vorherd gelegt hat, eingeſchmolzen iſt, öffnet er den Stich mit einem Stecheiſen. Dies iſt eine eiſerne Stange von $3^1/_2$ Fuß Länge, vorn zugeſpitzt und ganz wenig gebogen, hinten zu einer Hülſe ausgeſchmiedet, in die ein 3 Fuß langer Stiel eingeſteckt wird; ſeine Dicke iſt ſo, daß er bequem in der Hand gehalten werden kann. Nunmehr fließen zunächſt Schlacken aus dem Ofen in den Vorherd; in ihnen befindet ſich dann mit Metall gemiſchter Stein oder an der Schlacke anhängendes verändertes Metall, ferner fließen Erden und erſtarrte Löſungen und der aus den verſchmolzenen Kieſen entſtandene Stein aus; endlich das Gold oder Silber, welches von dem im Vorherd befindlichen Blei aufgenommen wird. Nachdem aber die ausgefloſſenen Maſſen eine Zeitlang im Vorherde verblieben ſind, damit ſich die einzelnen Beſtandteile voneinander trennen können, zieht der Arbeiter zuerſt mit einem Schlackenhaken oder einer eiſernen Schlackengabel die Schlacken ab, die als leichteſter Beſtandteil obenauf ſchwimmen. Dann entfernt er den aus den Kieſen erſchmolzenen Stein, der, von mittlerer Schwere, ſich in der Mitte befindet. Die Legierung von Gold oder Silber mit dem Blei, welches als ſchwerſter Beſtandteil am Boden liegt, beläßt er im Tiegel. Da aber die Schlacken ſehr ungleichartig ſein können, indem die oberſten nur wenig, die tiefer liegenden mittlere Mengen, die zu unterſt befindlichen viel Metall enthalten, ſo ſtürzt er dieſe getrennt an verſchiedene Plätze, damit er zu jeder einzelnen Poſt, wenn ſie wieder mit verſchmolzen werden ſoll, die am beſten geeigneten Zuſchläge und ſo viel Blei zugeben kann, als nach dem in den Schlacken vorhandenen Metallgehalt erforderlich iſt. Wenn die Schlacken nach dem Umſchmelzen einen ſtarken Geruch von ſich geben, ſo enthalten ſie noch etwas Metall, wenn ſie nicht riechen, kein Metall mehr. Getrennt gehalten wird auch der Stein, der, da er im Vorherd unmittelbar auf dem Metall aufliegt, mehr Metall als die Schlacken enthält. Alle die einzelnen Steinſcheiben legt er aufeinander und bildet ſo einen Kegel, indem er die mit dem größten Durchmeſſer zu unterſt legt[13]. Der Schlackenhaken beſitzt am unteren Ende einen Haken, woher ſein Name rührt; im übrigen iſt er einer gewöhnlichen Stange ähnlich.

13) Der im Vorherd erſtarrte Stein bildet Scheiben vom Durchmeſſer des Vorherdes. Iſt dieſer voll, ſo wird ihr Durchmeſſer groß. Je weniger voll er war, deſto geringeren Durchmeſſer haben die Steinſcheiben.

Nach kurzer Zeit verſchließt der Vormann den Stich des Ofens wieder und füllt letzteren von neuem mit den obengenannten Teilen der Beſchickung. Nachdem das Erz wieder geſchmolzen iſt, öffnet er den Stich und entfernt die in den Vorherd gefloſſenen Schlacken und den Stein aus ihm mit dem Schlackenhaken. Dieſe Arbeiten wiederholt er ſo lange, bis eine gewiſſe beſtimmte Menge Erz verſchmolzen und die Schicht [14] zu Ende iſt. Bei reichem Erz dauert eine ſolche Schicht 8 Stunden, bei armem Erz länger. Wenn die Erze aber ganz beſonders reich ſind, wird, weil ihre Verſchmelzung weniger als 8 Stunden erfordert, eine zweite Schicht mit der erſten verbunden, ſo daß die Arbeitszeit im ganzen 10 Stunden beträgt. Wenn alles Erz verſchmolzen iſt, wird eine Mulde voll Bleiglätte und Herdblei in den Ofen aufgegeben, um Metallteilchen, die an den Anſätzen im Ofen hängengeblieben ſein können, abzuſchmelzen und auszubringen. Nachdem die ausgefloſſenen Schlacken und der Stein zum letzten Male aus dem Vorherd entfernt worden ſind, wird das gold- oder ſilberhaltige Blei mit einer Kelle in kupferne oder eiſerne Gußformen [15] ausgeſchöpft. Dieſe ſind 3 Hand weit und 3 Finger tief; ſie werden vor dem Gießen innen mit Lehm beſtrichen, erwärmt und getrocknet, damit ſie durch die glühende Maſſe nicht geſchmolzen oder zerſprengt werden. Die eiſerne Kelle beſitzt einen Durchmeſſer von 2 Hand und iſt ſonſtigen Kellen ähnlich. Alle derartigen Kellen beſitzen einen eiſernen Stiel, der ſo lang ſein muß, daß der eingeſteckte hölzerne Stiel nicht verbrennt. Wenn das edelmetallhaltige Werkblei [16] ausgekellt iſt, verwiegen der Schichtmeiſter und der Aufſeher den Stein.

Nunmehr bricht der Vormann die ganze Ofenbruſt mit einer Brechſtange auf und entfernt mit einem Schlackenhaken, einer Hacke und einer fünfzinkigen Gabel die Anſätze und Kohlen aus dem Ofen. Jener Brechſtange ähnlich iſt der Schlackenhaken geformt, nur größer und dicker. Der Stiel des Schlackenhakens iſt 6 Fuß lang und beſteht in der einen Hälfte aus Eiſen, in der andern aus Holz. Nachdem der Ofen abgekühlt iſt, ſtößt der Vormann die an den Ofenwänden angeſetzten Ofenbrüche mit einem vorn zugeſchärften viereckigen Spatel von 6 Finger Länge und 1 Hand Breite ab. Dieſer Spatel beſitzt einen Stiel von 4 Fuß Länge und beſteht in der einen Hälfte aus Eiſen, in der andern aus Holz. Dies iſt die erſte Art der Schmelzverfahren.

Die reichen Gold- und Silbererze können, da ſie aus ſehr ungleichartigen Beſtandteilen zuſammengeſetzt ſind, von denen die einen raſcher, die anderen langſamer ſchmelzen, aus drei Gründen durch kein anderes Verfahren ſchneller und zweckmäßiger verſchmolzen werden. Der eine Grund iſt der, daß der Schmelzer jedesmal, wenn er das verſchloſſene Stichloch öffnet, beurteilen kann, ob das Erz nicht zu langſam oder zu ſchnell geſchmolzen iſt oder ob es, teilweiſe verdampfend, ſich etwa nicht zu einer gleichmäßigen Schmelze vereinigt hat. Im erſten Fall iſt der Schmelzgang zu langſam, wodurch erhöhte Koſten erwachſen, im zweiten Falle fließt das Metall mit Schlacken gemiſcht aus dem Ofen in den Vorherd und muß unter Aufwand neuer Koſten nochmals durchgeſchmolzen

[14] Eine Schicht iſt die von einer Belegſchaft an einem Tage verfahrene Zeit.

[15] Die Gußformen beſaßen zur Zeit Agricolas eine annähernd halbkugelförmige Geſtalt, wie aus der Abbildung hervorgeht. Man nannte die Barren daher panes, d. h. Brote oder Kuchen.

[16] Lat. stannum; damit bezeichnet Agricola hier und an anderen Stellen edelmetallhaltiges Blei, alſo Werkblei oder auch Reichblei. Die Bezeichnung des Zinns als stannum ſtammt erſt aus ſpäterer Zeit.

werden; im dritten Falle wird ein Teil des Metalles durch die Hitze des Feuers verzehrt. Gegen dieſe Fehler gibt es folgende Mittel: wenn das Erz zu langſam ſchmilzt und ſich nicht zu einer gleichmäßigen Schmelze vereinigt, muß man die Menge der Zuſchläge erhöhen, die das Schmelzen befördern, wenn es zu ſchnell ſchmilzt, dieſe verringern. Der zweite Grund liegt darin, daß wir jede einzelne Menge der Legierung des Bleies mit dem Gold oder Silber, die wir Werkblei nennen, probieren können, ſobald ſie nach der Öffnung des Stiches den Ofen verlaſſen und ſich im Vorherd angeſammelt hat. Eine ſolche Probe belehrt uns darüber, ob das Werkblei beim zweiten oder dritten Stich nicht etwa reicher an Gold oder Silber geworden iſt als beim erſten, und ob die Legierung nicht mehr fähig und nicht geeignet iſt, noch weiteres Gold oder Silber aufzunehmen. Wenn die Legierung zu reich geworden iſt, wird ſie durch Hinzufügen einer Menge reinen Bleies wieder geeignet gemacht, wenn man nicht das geſamte Blei aus dem Tiegel abſtechen und durch neues erſetzen will. Der dritte Grund iſt der, daß, wenn der Stich des Ofens während des Schmelzens unter den ſonſtigen eingehaltenen Bedingungen immer offen wäre, zuerſt die leicht ſchmelzenden Zuſchläge aus ihm herausfließen würden, noch bevor die reichen Gold- und Silbererze hoch genug erhitzt und geſchmolzen ſind, da Erze dieſer Art länger der Einwirkung der Hitze widerſtehen. Die Folge würde ſein, daß ein gewiſſer Teil des Erzes entweder verbrannt wird oder in die Ofenbrüche geht. Tatſächlich findet man bisweilen kleine Brocken ungeſchmolzenen Erzes in dieſen Ofenbrüchen. Wenn aber andererſeits die Erze bei geſchloſſenem Stich geſchmolzen werden, müſſen ſie gleichzeitig mit den Zuſchlägen flüſſig und mit ihnen gemiſcht werden. Denn wenn auch die Zuſchläge ſchneller als die Erze ſchmelzen, ſo löſen ſie doch, wenn ſie im Ofen eingeſchloſſen bleiben, dann die ſchwer ſchmelzenden Erze auf und bringen ſie mit dem Blei in innige Berührung. Denn dieſes Blei im Ofen löſt Gold oder Silber genau ſo auf, wie Zinn oder wie das im Vorherd geſchmolzene Blei oder Zinn anderes nicht geſchmolzenes Blei oder Zinn auf löſt, wenn dieſes hineingeworfen wird. Wenn man aber geſchmolzenes Blei auf ungeſchmolzenes gießt, wird letzteres, da das geſchmolzene nach allen Seiten abfließt, nicht flüſſig. Hieraus folgt, daß man reiche Gold- oder Silbererze in Öfen mit immer offenem Stich nicht mit dem gleichen Nutzen verſchmelzen kann wie in Öfen, deren Stich von Zeit zu Zeit zugemacht wird, damit in dieſer Zeit das Erz mit den Zuſchlägen zuſammen ſich verflüſſigen kann, die geſchmolzene Maſſe erſt nach Öffnen des Stiches in den Vorherd fließt und ſich dort mit dem in ihm befindlichen geſchmolzenen Blei vermiſcht. Das geſchilderte Verfahren iſt das bei uns und in Böhmen gebräuchliche.

Obwohl die übrigen drei Schmelzverfahren ſich inſofern ähneln, als bei allen der Stich der Öfen immer offen iſt, damit die geſchmolzenen Maſſen ununterbrochen ausfließen können, unterſcheiden ſie ſich doch in anderer Beziehung ſehr voneinander. Der Stich des erſten Ofens liegt höher im Ofen und iſt enger als bei dem dritten und bisweilen verdeckt und nicht ſichtbar. Er mündet in einen oberen Vorherd, der 1½ Fuß über dem Fußboden liegt, damit man links von ihm noch einen zweiten, tieferen Vorherd anlegen kann. In dieſen werden, nachdem die aus dem Ofen durch den verdeckten Stich ausgefloſſenen Schlacken mit dem Schlackenhaken entfernt worden ſind, aus dem oberen Vorherd, ſobald er ziemlich voll iſt, das gold- oder ſilberhaltige Werkblei und die geſchmolzenen Kieſe,

Drei Öfen A B C. Am ersten steht der Schmelzer, der das Blei aus dem Vorherd in die Gußformen auskellt. Der Vorherd D. Die Kelle E. Die Gußformen F. Der runde hölzerne Stampfer G. Am zweiten Ofen steht der Schmelzer, der den Stich öffnet. Das Stecheisen H. Am dritten, aufgebrochenen Ofen steht der Arbeiter auf der angelehnten Treppe und stößt die Ansätze ab. Die Treppe I. Der Spatel K. Ein Schlackenhaken L. Der Aufseher trägt einen Kuchen, in den er eine Spitzhacke eingeschlagen hat, zur Waage M. Ein anderer Aufseher öffnet eine Kiste, in der er die ihm gehörigen Sachen aufbewahrt N.

durch deren Zerlegung der Stein entſteht, abgeſtochen; die Steinſcheiben werden zerſchlagen und gehen in den Ofen zurück, um alles Metall aus ihnen zu gewinnen. Das Werkblei wird in eiſerne Gußformen ausgekellt. Der Schmelzer verwendet außer Blei und ſonſtigen bekannten Zuſchlägen auch noch andere, und zwar die für jedes beſondere Erz geeigneten, über die ich im ſiebenten Buche ſehr ausführlich geſprochen habe[17]. Ein derartiges Schmelzen iſt gut für Erze, die leicht flüſſig werden, da ſie raſch ſchmelzen, aber nicht gut für ſchwerſchmelzige Erze, die lange Zeit zum Schmelzen brauchen. Denn da ſolche Zuſchläge nicht lange im geſchmolzenen Zuſtand im Ofen verbleiben, vermögen ſie keine genügende Wirkung auf die Beſchickung auszuüben. Dagegen iſt dieſes Verfahren ſehr geeignet für das Verſchmelzen von leicht ſchmelzenden Ofenbrüchen und von Schlacken. Der Schmelzer muß aber geſchickt und erfahren und ſchon von vornherein darauf bedacht ſein, daß er nicht mehr Erz und Zuſchläge in den Ofen gibt, als dieſer vertragen kann.

Das Geſtübbe, aus dem der Tiegel und der Vorherd dieſes und des folgenden Ofens hergeſtellt zu werden pflegen, beſteht meiſt aus gleichen Teilen Lehm und Kohlenpulver oder aus dieſen Beſtandteilen und einem gleichen Teil Aſche. Wenn der Tiegel des Ofens fertiggemacht wird, legt man ein Rundholz ein, das vom oberen Ende des Tiegels bis zum Vorherd reicht, und zwar höher bei leicht ſchmelzenden, weniger hoch bei ſchwer ſchmelzenden Erzen. Nach der Fertigſtellung des Tiegels und des Vorherdes wird das Rundholz rückwärts in den Ofen wieder herausgezogen, ſo daß der Stich offen iſt; durch ihn fließen die geſchmolzenen Maſſen ununterbrochen in den Vorherd, der ganz dicht am Ofen liegen muß, damit er möglichſt heiß und ſo die Metallegierung reiner wird[18]. Wenn die Erze ſchwer ſchmelzen, darf der Boden des Tiegels im Ofen nicht zu ſteil abfallen, damit die flüſſig gewordenen Zuſchläge nicht bereits in den Vorherd fließen, bevor das Erz geſchmolzen iſt und infolgedeſſen Metall in den an den Ofenwänden ſich bildenden Anſätzen zurückbleibt. Den Tiegel darf der Schmelzer nicht ſo ſtark ſchlagen, daß er zu hart wird, und ebenſowenig darf er das untere Ende des Stiches zu hart ſchlagen. Denn dann kann er nicht genügend austrocknen, und die geſchmolzenen Maſſen können nicht ungehindert aus dem Ofen herausfließen. Schwerſchmelzige Erze gibt man möglichſt an der hinteren Ofenwand auf, damit ſie längere Zeit zum Schmelzen haben, d.h. alſo in denjenigen Teil des Ofens, in dem die Hitze am größten iſt. Auf dieſe Weiſe erreicht der Schmelzer, was er beabſichtigt. Wenn die Düſe des Ofens hell iſt, ſo zeigt ihm das an, daß alles Erz, welches er an der Ofenwand, in der die Düſe liegt, aufgegeben hat, geſchmolzen iſt. Von leichtſchmelzigen Erzen gibt er etwa eine oder zwei Mulden voll in den vorderen Teil des Ofens, damit die Flamme von ihm zurückprallt und auch Anſätze von Erzen, die ſich um die Düſe herum gebildet haben, wegſchmilzt. Dieſes Schmelzverfahren iſt ſchon von alters her bei den Rhätern[19] ausgeübt worden, während es in Böhmen noch nicht ſo alt iſt.

17) S. 199.

18) Damit Metall, Stein und Schlacke, die gemeinſam in den Vorherd fließen, ſich möglichſt vollkommen nach ihren ſpezifiſchen Gewichten voneinander trennen, müſſen die Maſſen beſonders dünnflüſſig und daher hocherhitzt ſein.

19) Das alte Rhätien iſt das von den Rhätern bewohnte Gebiet der Zentralalpen zwiſchen dem St. Gotthard und dem Brenner, alſo etwa das heutige Tirol.

Zwei Öfen AB. Der obere Vorherd C. Der untere Vorherd D. Der am erſten Ofen ſtehende Schmelzer zieht mit einem Schlackenhaken die Schlacken ab. Der Schlackenhaken E. Schlacken F. Der Arbeiter ſchöpft Waſſer in einen Eimer und gießt es auf die glühenden Schlacken, um ſie abzulöſchen G. Die aus Holzſpänen geflochtene Mulde H. Die gewöhnliche Krücke I. Das zu verſchmelzende Erz K. Der am andern Ofen ſtehende Arbeiter ſtellt durch Stampfen mit zwei Stampfern den Vorherd her. Die Stampfer L. Eine Stange M.

Eine weitere Art der Schmelzverfahren ſteht gewiſſermaßen in der Mitte zwiſchen den beiden andern, bei denen der Stich des Ofens entweder von Zeit zu Zeit geſchloſſen oder immer offen iſt. Nach dieſem Verfahren werden Erze verſchmolzen, die weder zuviel noch zuwenig Gold oder Silber enthalten, ſondern mittlere Gehalte aufweiſen, und die leicht ſchmelzen und reichlich von Blei aufgenommen werden. Es iſt erfunden worden, um mit ihm den größten Teil des Erzinhaltes in einem Arbeitsgang ohne große Koſten auszuſchmelzen und ſofort mit dem Blei zu vermiſchen. Der hierzu dienende Ofen beſitzt zwei Vorherde, der eine liegt zur Hälfte außerhalb des Ofens, zur andern Hälfte im Ofen ſelbſt, damit das in dieſen innerhalb liegenden Teil des Vorherdes hineingebrachte Blei die in den leichtſchmelzigen Erzen enthaltenen Metalle aufnimmt. In den äußeren, tiefer liegenden Vorherd fließen das Werkblei und die geſchmolzenen Kieſe hinab. Wenn man dieſes Schmelzverfahren anwendet, ſo ſticht man das gold- oder ſilberhaltige Werkblei ein- oder mehrmals aus dem oberen Vorherd ab, gibt jedesmal neues Blei oder Bleiglätte hinein und erneuert dieſe Zuſchläge auch in dem unteren Vorherde. Dieſes Schmelzverfahren iſt in Noricum in Übung[20].

Bei der dritten Art der Schmelzverfahren iſt der Ofen, deſſen Stich in gleicher Weiſe immer offen iſt, höher und weiter als die anderen Öfen, und auch die Blaſebälge ſind größer, damit man nämlich größere Mengen von Erz in ihn aufgeben kann. Wenn die Gruben dann den Hütten eine genügend große Menge Erz liefern, kann man dieſe, falls weder der Ofen ſelbſt noch ſein Tiegel oder ſein Vorherd beſchädigt wird, in einem ununterbrochenen Schmelzgang während dreier Tage und Nächte verarbeiten. Danach aber findet man in einem ſolchen Ofen alle Arten von Ofenbrüchen. In einem derartigen Ofen iſt der Vorherd meiſt ganz ähnlich wie in einem Ofen der erſten Art, nur beſitzt er einen Abſtich, und es muß, da in ihm eine ſehr große Menge Erz ununterbrochen geſchmolzen wird, die Maſſen in flüſſigem Zuſtande ausfließen und die Schlacken abgezogen werden müſſen, noch ein zweiter Vorherd vorhanden ſein, in den die Schmelze nach Öffnung des Stiches des erſten Vorherdes, wenn dieſer voll iſt, hineinfließt. Wenn ein Schmelzer 12 Stunden an einem ſolchen Ofen gearbeitet hat, wird er durch einen zweiten abgelöſt. In dieſer Weiſe werden Kupfer- und Bleierze und auch die ärmſten Gold- und Silbererze verſchmolzen. In den andern drei Ofenarten könnte das wegen der hohen Koſten, die ſie verurſachen, nicht geſchehen. In ſolcher Weiſe aber kann Erz, von dem der Zentner nur ein oder zwei Drachmen Gold oder eine halbe oder eine ganze Unze Silber enthält[21], in großer Menge in ununterbrochenem Betrieb und ohne teure Zuſchläge, wie Friſchblei, Bleiglätte oder Herdblei, verarbeitet werden. Bei dieſem Schmelzverfahren brauchen wir nämlich nur Kieſe, die einen kleinen Kupfergehalt beſitzen und leicht ſchmelzen; auch aus Kieſen erſchmolzener Stein, wenn er kein Gold oder Silber mehr aufnehmen will, wird allein durch rohe Kieſe wieder aufnahmefähig gemacht. Wenn aber aus ſo armen Erzen mit Kieſen allein keine Schmelze erzielt wird, aus der ſich ein Stein abſcheidet, ſo gibt man noch andere, vorher noch nicht geſchmolzene Zuſchläge

20) Das von Agricola Noricum genannte Land umfaßte das heutige Öſterreich ſüdlich der Donau, Salzburg, Steiermark und Kärnten.

21) Das entſpricht nach den metriſchen Gewichten 78 bis 156 g Gold oder 312 bis 625 g Silber in der Tonne (0,0078 bis 0,0156 ‰ Au oder 0,0312 bis 0,0625 ‰ Ag).

Zwei Öſen A und B. Der obere Vorherd C. Der untere Vorherd D. An dem einen Oſen ſteht der Arbeiter und entfernt mit einer eiſernen Gabel die Schlacken. Die Gabel E. Die hölzerne Krücke, mit welcher der aus den Kieſen erſchmolzene Stein abgezogen wird F. Beim zweiten Oſen der in das Oſeninnere hineinragende Teil des oberen Vorherdes G. Der außerhalb befindliche Teil H. Der Vorarbeiter, der den Vorherd vorrichtet, aber abſeits vom Oſen I. Die Stange K. Der hölzerne Stampfer L. Die Treppe M. Die Kelle N.

hinzu, z.B. Bleiglanz, leichtſchmelzige Steine der zweiten Art, gereinigten Sand, Marmor, weißen Kalkſtein, weißen Schiefer, Eiſenerz oder gelben Eiſenocker[22].

Wenn dieſes Schmelzverfahren auch ein etwas rohes iſt und nicht oft ausgeführt zu werden ſcheint, ſo iſt es doch kunſtvoll und wirtſchaftlich, denn ein großes Gewicht an Erz, in dem nur kleine Mengen Gold, Silber oder Kupfer vorhanden ſind, wird dabei zu einer geringen Menge Stein konzentriert, in dem die Metalle enthalten ſind. Wenn der bei dieſem erſten Schmelzen fallende Stein in rohem Zuſtande nicht geeignet iſt für die weitere Verarbeitung, bei der entweder Blei die im Steine enthaltenen Edelmetalle aufnimmt oder bei der Kupfer aus ihm dargeſtellt wird, kann er dafür geeignet gemacht werden, indem man ihn öfter, manchmal ſieben- bis achtmal, röſtet, wie ich es im vorigen Buche beſchrieben habe. Die Schmelzer, die nach dieſem Verfahren arbeiten, ſind ſo geſchickt und erfahren, daß ſie das geſamte Gold oder Silber, welches beim Probieren der Erze in ihnen feſtgeſtellt wurde, beim Verſchmelzen ausbringen. Denn wenn bei dieſem erſten Schmelzen auf Stein 1 Drachme Gold oder 1/2 Unze Silber zuwenig ausgebracht wird, ſo gewinnen ſie dieſen Reſt durch ein nochmaliges Umſchmelzen der Schlacken[23].

Obwohl die Bleierze meiſt in der dritten Art von Öfen, denen mit offenem Auge, verarbeitet werden, verſchmelzen viele ſie auch in einer beſonderen Art von Öfen nach einem Verfahren, das ich kurz ſchildern will. Die Kärntner röſten derartige Erze zuerſt und zerſchlagen und zerkleinern ſie dann mit runden, ziemlich breiten Hämmern. Sodann legen ſie auf zwei niedrige Mauern eines Herdes, der ſich in einem Ofen befindet, der aus Geſteinen, die dem Feuer widerſtehen und durch die Hitze nicht zu Kalk gebrannt werden, errichtet und überwölbt iſt, grünes und darauf trockenes Holz. Auf dieſes bringen ſie das Erz, aus dem nach Anzünden des Holzes das Bleimetall heraustropft. Es fließt auf eine darunter befindliche geneigte Sohle, die aus Kohlenpulver und Lehm geſchlagen iſt. In ihr iſt ein großer Tiegel ausgehöhlt, deſſen eine Hälfte in den Ofen hineinreicht, während die andere Hälfte aus ihm hervorragt. In ihn fließt das Blei, welches der Schmelzer, nachdem er die Schlacken und ſonſtige Verunreinigungen mit einer Kratze abgezogen hat, in andere in der Nähe befindliche Tiegel auskellt, aus denen dann die Bleiſtücken, nachdem ſie erſtarrt ſind, herausgeholt werden. In der Rückwand des Ofens befindet ſich eine rechteckige Öffnung, damit das Feuer beſſeren Zug erhält; durch ſie kann der Schmelzer, ſooft es ſich erforderlich macht, in den Ofen hineinkriechen.

22) Das geſchilderte Schmelzverfahren, bei dem man als Anſammlungsmittel für Edelmetalle nicht Blei, ſondern einen aus Kieszuſchlägen erſchmolzenen kupferarmen Stein benutzt, bezeichnet man als „Roharbeit".

23) Sämtliche im 9. Buche bisher beſchriebene Öfen ſind Gebläſeſchachtöfen (dieſe niedrigen wurden Krummöfen genannt), d.h. Öfen, bei denen Erz und Brennſtoff im gleichen Ofenraum vorhanden ſind. Agricola teilt ſie, wie wir es auch heute noch tun, nach ihrer „Zuſtellung", d.h. nach der Art, wie das Ofeninnere mit der Außenwelt in Verbindung ſteht, in drei Arten ein. Der zuerſt beſchriebene Ofen, bei dem der Stich für gewöhnlich geſchloſſen iſt, nur während des Abſtechens der geſchmolzenen Maſſen geöffnet und ſodann wieder mit Lehm oder Ton verſchloſſen wird, iſt ein Tiegelofen. Der zweite iſt ein kleinerer Spurofen mit verdecktem Auge, der vierte ein größerer Spurofen mit offenem Auge; bei ihnen laufen die geſchmolzenen Maſſen ununterbrochen aus dem Ofen heraus in einen tiefer liegenden Vorherd oder eine Spur. Der dritte endlich iſt ein Sumpfofen, bei dem ſich der Tiegel des Ofens in einen außerhalb des Ofens liegenden Vorherd, Sumpf oder Tümpel fortſetzt. Die im folgenden genannten Öfen ſind ſogenannte Feuer oder Herde.

Flammöfen, bei denen ein beſonderer, durch eine Feuerbrücke von dem Erhitzungsraum getrennter Feuerraum vorhanden iſt, ſo daß die zu erhitzenden Maſſen nur mit den heißen Feuergaſen in Berührung kommen, kannte man zu Agricolas Zeiten anſcheinend noch nicht. Am nächſten kommt ihnen in der Wirkung der im 10. Buche beſchriebene Treibofen, beſonders der polniſche und ungariſche.

Zwei Öfen A B. Der Stich des Ofens C. Der dicht am Ofen befindliche Vorherd D. Sein Stich E. Der zweite Vorherd F. An den erſten Ofen tritt ein Arbeiter heran, der einen mit Kohlen gefüllten, aus Holzſpänen geflochtenen Korb trägt G. Am zweiten Ofen ſteht ein Schmelzer, der mit einem eiſernen Haken die Anſätze entfernt, die ſich im Stich gebildet haben. Der eiſerne Haken H. Kohlenhaufen I. Karren mit einem aus dicken Ruten geflochtenen Korb, in dem die Kohlen abgemeſſen werden K. Eiſerner Spaten L.

Auch die Sachſen, die in Gittelde[24] wohnen, ſtecken, wenn ſie Bleierze verſchmelzen, Holz durch eine Öffnung in der Rückwand eines einem Backofen ähnlichen Ofens; ſobald das Holz beginnt, ſtark zu brennen, ſickert das Blei aus dem Erz aus und fließt in einen Tiegel, deſſen Stich nach beendetem Schmelzen mit einem Stecheiſen geöffnet wird, ſo daß das Blei mitſamt den Schlacken in einen untergeſtellten zweiten Tiegel hineinfließt; die Schlacken werden abgezogen und zuletzt das erkaltete Bleiſtück aus dem Tiegel herausgeholt.

Die Weſtfalen errichten aus bis zu zehn Karren Kohlen einen Haufen am Hange eines Hügels da, wo er in die Ebene übergeht, und ſtreichen den Haufen oben glatt. Auf dieſe Fläche legen ſie 3 bis 4 Finger hoch Strohbündel und bringen auf dieſe ſo viel reines Bleierz, als darauf geht. Darauf zünden ſie die Kohlen an; wenn der Wind geht, facht er das Feuer an, ſo daß das Erz ſchmilzt. Auf dieſe Weiſe fließt das herausſickernde Blei aus dem Haufen unten an der ebenen Sohle aus und bildet breite, aber nicht ſehr dicke Kuchen. Es ſtehen einige Zentner Bleierze bereit, die ſie, wenn die Arbeit gut vonſtatten geht, nach und nach aufgeben. Die flachen Bleikuchen, die noch unrein ſind, bringen ſie auf trockenes Holz. Dieſes befindet ſich auf einer Unterlage von grünem Holz, das quer über einen großen Tiegel gelegt iſt. Nach dem Anzünden des Feuers ſaigert das Blei aus.

Die Polen bedienen ſich eines Herdes von 4 Fuß Höhe, der aus Lehm hergeſtellt und mit Ziegeln eingefaßt iſt; der Herd fällt nach beiden Seiten ab. Auf den oberen flachen Teil des Herdes legen ſie große Holzſtücke und auf dieſe kleinere Stükke, und zwiſchen die einzelnen Stücke bringen ſie Lehm. Oben darauf kommen dünne Hobelſpäne und auf dieſe wiederum die reinen Bleierze, die mit ſtarken Holzſcheiten bedeckt werden. Nachdem dieſe angezündet ſind, ſchmilzt das Erz und fließt in das darunterliegende Holz. Wenn auch dieſes durch das Feuer aufgezehrt iſt, ſammeln ſie die metallhaltige Maſſe. Dieſe wird, wenn nötig, noch ein- oder mehrmals auf gleiche Weiſe verſchmolzen. Die Bleikuchen werden ſchließlich auf Holz, welches quer über einen großen Tiegel gelegt iſt, aufgebracht und ſo ausgeſaigert. Die Schlacken werden zuſammen mit dem durch Verwaſchen erhaltenen Erzklein in einem Ofen der dritten Art, d. h. einem ſolchen mit offenem Auge, verſchmolzen[25].

Sehr nützlich iſt es, hinter Öfen, insbeſondere hinter ſolchen, in denen wertvolle Erze verſchmolzen werden, Kammern anzubauen, welche die gröberen Teile des noch metallhaltigen Rauches zurückhalten und aufnehmen. Zu dieſem Zwecke werden zwei oder mehr Öfen unter einem gemeinſamen Gewölbe vereinigt, welches auf der Mauer, an die die Öfen angebaut ſind, und auf vier Pfeilern ruht. Unter dieſem Gewölbe verrichten die Schmelzer ihre Arbeit. Das Gewölbe beſitzt zwei Öffnungen, durch welche der Ofenrauch in jene weite Flugſtaubkammer hineinzieht; je größer ſie iſt, deſto mehr Rauch kann ſie aufnehmen. In ihrem mittleren Teile über dem Gewölbe befindet ſich eine 3 Hand hohe, 2 Hand breite Öffnung. In dieſe zieht der Rauch der beiden Öfen, der an den Seiten der Kammer

[24] Ort im Braunſchweigiſchen am Harz.

[25] Die hier von Kärnten, Gittelde, Weſtfalen und Polen beſchriebenen Verfahren ſind ſogenannte Röſtreaktionsverfahren, bei denen durch eine teilweiſe Röſtung aus Bleiglanz (Bleiſulfid) gewiſſe Mengen Bleioxyd und Bleiſulfat gebildet werden, die dann mit dem unzerlegt gebliebenen Bleiſulfid unter Bildung von metalliſchem Blei und ſchwefliger Säure reagieren. Dieſe Arbeit wird heute in vollkommnerer Weiſe im ſogenannten Bleiherd oder im Flammofen ausgeführt.

Der Kärntner Ofen A. Die eine niedrige Mauer B. Holz C. Das Erz mit dem heraustropfenden Blei D. Der große Tiegel E. Die kleinen Tiegel F. Die Kelle G. Bleikuchen H. Die rechteckige Öffnung in der Rückwand des Ofens I. Der sächsische Ofen K. Die Öffnung in der Rückwand des Ofens L. Holz M. Der obere Tiegel N. Der untere Tiegel O. Das Schmelzverfahren der Westfalen P. Kohlenhaufen Q. Strohbündel R. Die flachen Bleikuchen S. Der Tiegel T. Der ungarische Herd V.

bis zu ihrer Decke aufſteigt und, da er dort nicht entweichen kann, wieder niederfällt; er zieht dann durch den Rauchfang, den die Griechen nach dem Zwecke, dem er dient, καπνοδόχη nennen, ab. Der Rauchfang oder die Eſſe, die ganz in die Mauer eingelaſſen iſt, beſitzt innen einige eiſerne Platten, an denen die im Rauch enthaltenen feineren Metallteilchen ſich niederſchlagen, während die gröberen, aus denen die Ofenbrüche entſtehen, in der Kammer ſich anſetzen, wo ſie nicht ſelten Zapfen bilden. An der einen Seite der Flugſtaubkammer befindet ſich ein Fenſter, in welches gläſerne Scheiben eingeſetzt ſind, damit ſie Licht durchlaſſen, den Rauch aber zurückhalten. An der anderen Seite befindet ſich eine Tür, die während des Schmelzens der Erze dicht verſchloſſen gehalten wird, damit kein Rauch entweichen kann. Wenn der Ruß und der Flugſtaub ausgekehrt oder die Anſätze abgeſchlagen werden ſollen, wird ſie geöffnet, damit der Arbeiter durch ſie in die Flugſtaubkammer hineingelangen kann. Zweimal im Jahre werden der mit Ruß vermiſchte, zuſammengekehrte Flugſtaub und die abgeſchlagenen Anſätze durch einen langen Kanal, der mit rechteckigem Querſchnitt aus vier Brettern zuſammengefügt iſt, damit der Staub nicht davonfliegt, auf die Hüttenſohle herabgeſtürzt und hier mit Salzwaſſer beſprengt. Wenn ſie dann wieder mit Erz und Bleiglätte verſchmolzen werden, ſo ergibt das einen Gewinn für den Beſitzer. Solche Flugſtaubkammern, welche die mit dem Rauch entweichenden metalliſchen Teile auffangen, ſind ſehr nützlich ſowohl beim Verarbeiten aller metallreichen Erze, als ganz beſonders beim Verſchmelzen von feinen Erzſchlichen, die man durch Zerkleinern und Verwaſchen von Erzen erhalten hat; denn dieſe gehen leicht als Staub mit dem Feuer aus dem Ofen fort.

Nachdem ich die verſchiedenen Schmelzverfahren im allgemeinen beſprochen habe, will ich nun davon reden, wie die Erze der einzelnen Metalle zu verarbeiten ſind oder wie man aus ihnen die Metalle ſelbſt darſtellt, und beginne dabei mit dem Golde. Goldſand, das durch Verwaſchen desſelben Angereicherte oder Schliche, die man auf irgendeine andere Weiſe angeſammelt hat, braucht man häufig gar nicht zu verſchmelzen, ſondern man vermiſcht dieſe Stoffe mit Queckſilber und entfernt durch Waſchen mit warmem Waſſer alle Verunreinigungen; ein Verfahren, welches ich im ſiebenten Buche beſchrieben habe. Oder man wirft ſie in Scheidewaſſer, welches das Gold vom Silber trennt und welches auch die Verunreinigungen entfernt. Wir bemerken dann, daß in einem gläſernen Kolben das Gold zu Boden ſinkt. Wenn man alle Flüſſigkeit abgegoſſen hat, bleibt es nicht ſelten als goldgelber Bodenſatz in dem Kolben zurück. Häufiger indes wird es mit Öl, welches aus getrockneter Weinhefe hergeſtellt wird[26], befeuchtet und getrocknet und ſodann in einem Tiegel mit einem künſtlichen Salz, das wir Chryſokolla nennen, oder mit Salpeter und Salz eingeſchmolzen. Oder man wirft dasſelbe feine Goldpulver in geſchmolzenes Silber, von dem es aufgenommen wird, und trennt es dann wieder vom Silber durch jenes Scheidewaſſer.

Golderze aber muß man verſchmelzen entweder außerhalb eines Ofens in einem Tiegel oder im Ofen ſelbſt; erſteres bei kleinen, letzteres bei großen Erzmengen. Von zerkleinertem, rohem, unreinem Gold[27], gleichviel welcher Farbe, muß man

[26] Oleum ex faece vini sicca confectum. Was damit gemeint iſt, iſt nicht klar.

[27] Gemeint iſt offenbar gediegen Gold, das noch mit größeren Mengen von Verunreinigungen vermiſcht iſt, oder vielleicht auch Erze mit viel eingeſprengtem gediegenem Gold.

Die Öfen A. Das Gewölbe B. Die Pfeiler C. Die Flugstaubkammer D. Die Öffnung E. Der Rauchfang F. Das Fenster G. Die Tür H. Der Kanal I.

1 Pfund mit 1 Pfund Schwefel, je 1 Pfund verſchiedener Salze, 1/3 Pfund Kupfer und 1/4 Pfund Weinſtein während 3 Stunden im langſamen Feuer in einem Tiegel ſchmelzen, ſodann die Hitze ſteigern, um es gut flüſſig zu machen, und die Miſchung in geſchmolzenes Silber gießen. Oder man miſcht von ſolchem unreinen, zerkleinerten Gold 1 Pfund mit 1/2 Pfund ebenfalls zerkleinertem Spießglanz[28]), gibt die Miſchung in einen Tiegel auf eine Lage von 1/2 Unze Kupferfeilſpäne und ſchmilzt, bis alles flüſſig iſt; darauf wirft man 1/6 der Maſſe an granuliertem Blei in jeden Tiegel. Sobald die Maſſe beginnt, einen Geruch zu entwickeln, gibt man Eiſenfeilſpäne hinzu oder, wenn ſolche nicht vorhanden ſind, Eiſenhammerſchlag; beides bricht die Kraft des Spießglanzes. Wenn aber dieſer aufgezehrt iſt, werden zugleich mit dem, was die Kraft des Spießglanzes ausmacht, nicht nur kleine Teile des Goldes aufgezehrt, ſondern auch das Silber, wenn ſolches dem Golde beigemiſcht war. Die aus dem Tontiegel herausgenommene und erſtarrte Schmelze wird zunächſt auf einer Kapelle eingeſchmolzen, bis der Spießglanz verdampft iſt, und ſodann noch weiter geſchmolzen, bis das Blei abgeſchieden iſt.

In gleicher Weiſe werden zerkleinerte goldhaltige Kieſe verſchmolzen, und zwar gleiche Teile Kies und Spießglanz. Indes kann man aus ihnen das Gold auch auf viele andere Weiſen gewinnen. So miſcht man 1 Teil des zerkleinerten Kieſes mit 6 Teilen Kupfer, 1 Teil Schwefel und 1/2 Teil Salz, gibt alles in einen Topf und übergießt es mit Wein, den man aus flüſſiger Weinhefe durch Kochen in einem Kolben abdeſtilliert hat. Der Topf wird mit einem mit Lehm verſchmierten Deckel verſchloſſen und an einen warmen Ort geſtellt, damit die mit dem Wein angefeuchtete Miſchung im Verlauf von 6 Tagen trocknen kann. Sodann erhitzt man 3 Stunden lang gelinde und dann unter Zugabe von Blei ſtärker. Darauf bringt man die Maſſe in eine Kapelle und trennt ſo das Gold vom Blei.

Oder man miſcht das durch Verwaſchen von Kieſen oder ſonſtigen Geſteinen, in denen Gold eingeſprengt iſt, erhaltene Angereicherte im Gewicht von 1 Pfund mit 1/2 Pfund Salz, 1/2 Pfund trockenem Weinſtein, 1/3 Pfund Glasgallen, 1/6 Pfund Gold- oder Silberſchlacke und 1/4 Unze Kupfer. Der Tiegel, in den man die Miſchung bringt, wird mit einem mit Lehm verſchmierten Deckel verſchloſſen und in einen kleinen Ofen geſtellt, der durch mäßig große Öffnungen den nötigen Luftzug erhält. Man erhitzt, bis der Tiegel rotglühend geworden iſt und die in ihm befindlichen Stoffe zuſammenſintern, was in etwa 4 bis 5 Stunden der Fall zu ſein pflegt. Die erkaltete Maſſe wird wiederum zu Pulver zerrieben, 1 Pfund Bleiglätte hinzugefügt und das Gemiſch in einem zweiten Tiegel ſo lange geſchmolzen, bis alles flüſſig geworden iſt. Die herausgenommene und von Schlacken gereinigte erſtarrte Schmelze gibt man auf eine Kapelle und trennt ſo das Gold vom Blei.

Oder man nimmt auf 1 Pfund des Pulvers, welches die in gleicher Weiſe durch Verwaſchen und Vorbereitung erhaltenen metalliſchen Teile angereichert enthält, je 1 Pfund Salz, Salpeter, trockenen Weinſtein und Glasgallen und ſchmilzt, bis alles flüſſig iſt. Die erkaltete und zerkleinerte Maſſe wird verwaſchen; zum

[28]) Lat. stibium bedeutet das Mineral Antimonglanz oder Spießglanz (Sb_2S_3). Aus ihm wird durch den im folgenden beſchriebenen Zuſatz von Eiſen und Kupfer metalliſches Antimon abgeſchieden, welches das Gold aufnimmt, während die Verunreinigungen verſchlackt werden. Vgl. 10. Buch Anm. 40, S. 392.

Rückſtand gibt man 1 Pfund Silber, 1/3 Pfund Kupferfeilſpäne, 1/6 Pfund Bleiglätte und erhitzt wieder bis zum Schmelzen. Sodann bringt man die von Schlacken gereinigte Maſſe auf einen Scherben, trennt ſo das Gold und Silber vom Blei und ſchließlich das Gold vom Silber durch ſtarkes Scheidewaſſer.

Oder man erhitzt von dem Pulver, welches die in gleicher Weiſe durch Verwaſchen und Vorbereitung erhaltenen metalliſchen Teile angereichert erhält, 1 Pfund mit 1/4 Pfund Kupferfeilſpänen und 2 Pfund eines Pulvers der zweiten Art, welches Erz flüſſig macht[29], bis zum Schmelzen. Die erkaltete Schmelze wird wiederum zerkleinert, geröſtet und verwaſchen. Auf dieſe Weiſe erhält man ein ſchwarzblaues Pulver. 1 Pfund davon und je 1 Pfund Silber und Pulver der zweiten Art, welches Erz flüſſig macht, wird zuſammen mit 3 Pfund Blei und 1/4 Pfund Kupfer bis zum Schmelzen erhitzt. Die erkaltete Maſſe wird wie vorher beſchrieben behandelt.

Oder man erhitzt von dem in gleicher Weiſe angereicherten Erzpulver 1 Pfund mit 1/2 Pfund Salpeter und 1/4 Pfund Salz bis zum Schmelzen. Die erkaltete Maſſe wird wieder zu Pulver zerrieben; 1 Pfund davon wird durch 4 Pfund geſchmolzenen Silbers aufgenommen. Oder man erhitzt von dem in gleicher Weiſe hergeſtellten Pulver 1 Pfund mit 1 Pfund Schwefel, 1/2 Pfund Salz, 1/3 Pfund Salz, welches man aus trockener Weinhefe hergeſtellt hat, und 1/3 Pfund Kupfer, welches mit Schwefel in ein Pulver verwandelt wurde[30], bis zum Schmelzen. Sodann wird nochmals mit Blei geſchmolzen und das Gold von den übrigen Metallen geſchieden. Oder man erhitzt 1 Pfund des Erzpulvers der gleichen Art mit 2 Pfund Salz, 1/2 Pfund Schwefel und 1 Pfund Bleiglätte und ſchmilzt ſo das Gold aus.

Auf dieſe und ähnliche Weiſen ſoll man an Gold angereicherte Konzentrate außerhalb eines Ofens verſchmelzen, wenn ihre Menge klein iſt und ſie beträchtlich reich ſind. Wenn ihre Menge aber groß iſt, und wenn ſie arm ſind, muß man einen Ofen benutzen, beſonders aber bei ſolchen Erzen, die nicht zerkleinert werden, wenn die Goldgrube eine große Menge davon liefert.

Goldhaltige Schlicherze werden mit Bleiglätte und Herdblei unter Zugabe von Eiſenhammerſchlag verſchmolzen in einem Ofen, deſſen Stich zeitweiſe verſchloſſen wird, oder in einem Ofen der erſten oder zweiten Art, deſſen Stich immer offenſteht. Man erhält ſo eine Legierung von Gold mit Blei, die in den zweiten Ofen (den Treibofen)[31] eingetragen wird. Von Kieſen oder Ofenbrüchen, die Gold enthalten, nimmt man zwei Teile geröſtetes Erz und einen Teil ungeröſtetes und ſchmilzt alles zuſammen in dem Ofen der dritten Art, deſſen Stich immer offenſteht, und erzeugt einen Stein. Dieſer wird wiederholt geröſtet und dann nochmals verſchmolzen in einem Ofen mit geſchloſſenem Auge oder auch in einem der beiden anderen Öfen mit immer offenem Auge. Hierbei nimmt das Blei Gold auf, und zwar ſowohl reines wie auch ſilber- oder kupferhaltiges; dieſe Legierung wird dann in den Treibofen eingetragen. Kieſe aber oder andere goldhaltige Erze, die viel Beſtandteile enthalten, welche nach ihrer Zerſtörung durch das

[29] Gemeint ſind wahrſcheinlich die Zuſchläge zweiter Art, die im 7. Buche (S. 200) genannt ſind.

[30] Lat. aes cum sulfure resolutum in pulverem dürfte nicht ein Gemiſch von Kupfer und Schwefel, ſondern zerkleinertes Schwefelkupfer ſein.

[31] Agricola bezeichnet hier und ſpäter den Ofen, in dem die edelmetallhaltige Legierung weiterverarbeitet, d. h. das Edelmetall durch Abtreiben vom Blei getrennt wird, den ſog. Treibofen, als fornax secundus, im Gegenſatz zu den Schachtöfen, in denen die Erze auf eine ſolche Legierung (Werk- oder Reichblei) verſchmolzen werden.

Feuer aus dem Ofen entweichen, verſchmilzt man mit Steinen, aus denen man das Eiſen gewinnt, wenn ſolche zur Verfügung ſtehen. 6 Teile ſolcher Kieſe oder von zerkleinertem und geſiebtem Golderz werden mit 4 Teilen des ebenfalls zerkleinerten Eiſenerzes und 3 Teilen in Waſſer gelöſchtem Kalk gemengt und mit Waſſer angefeuchtet. Hierzu gibt man $2^{1}/_{2}$ Teile eines Steines, der etwas Kupfer enthält, ſowie $1^{1}/_{2}$ Teile Schlacke. Ein Korb voll Stücken dieſes Steines wird in den Ofen geſchüttet, darauf die Miſchung und die Schlacken. Wenn die Hälfte des Vorherdes mit der Schmelze, die aus dem Ofen herausfließt, gefüllt iſt, werden zunächſt die Schlacken entfernt, darauf der aus den Kieſen erſchmolzene Stein und zuletzt die Kupfer-Gold-Silber-Legierung, die am Boden des Vorherdes zurückgeblieben iſt. Der Stein wird leicht geröſtet und nochmals mit Blei verſchmolzen; dabei erhält man einen neuen Stein, der in eine andere Abteilung der Schmelzhütte abgegeben wird. Die Kupfer-Gold-Silber-Legierung wird nicht geröſtet, ſondern mit der gleichen Menge Blei, und zwar in einem Tiegel, verſchmolzen; dabei entſtehen Kuchen, die weſentlich reicher an Kupfer und Gold ſind als die bisher erwähnten. Damit aber die Gold-Silber-Legierung reicher wird, gibt man zu 18 Pfund derſelben 48 Pfund rohes Erz, 3 Pfund Eiſenerz und $^{3}/_{4}$ Pfund des aus Kieſen erſchmolzenen oder mit Blei vermiſchten Steines. Man erhitzt das Gemiſch im Tiegel bis zum Schmelzen und bringt, nachdem man Schlacken und Rohſtein entfernt hat, alles in andere Öfen.

Es folgt nun das Silber. Das durch den Bergbau gewonnene, reine gediegene oder auch unreine Silber iſt nicht in Schachtöfen auszuſchmelzen, ſondern, wie ich an geeigneter Stelle noch erläutern werde, in eiſernen Tiegeln anzuwärmen, in das im Treibofen eingeſchmolzene Reichblei, wenn in ihm das Silber vom Blei getrennt wird, einzutränken und auf dieſe Weiſe zu reinigen. Ganz dünne Blättchen von gediegenem Silber oder kleine Körnchen, die in Gangarten, Marmor oder Geſteinen eingeſprengt ſind, ebenſo ſtark mit Erden vermiſchte Stücken von nicht genügender Reinheit werden mit aus Kieſen erſchmolzenem Rohſtein, Silberſchlacken und leichtſchmelzigen Steinen als Zuſchlag in einem Ofen der zweiten Art, deſſen Stich für eine ganz kurze Zeit geſchloſſen wird, verſchmolzen. Erzſtuffen, die ganz aus feinen Haaren oder Fäden von reinem gediegenen Silber beſtehen, müſſen, damit dies nicht flüchtig davongeht, in einen Topf eingeſchloſſen werden. Dieſer wird zuſammen mit den übrigen Silbererzen in den gleichen Ofen eingeſetzt und das Erz ſo verſchmolzen. Manche ſchließen auch nicht genügend reine Vorkommen von gediegenem Silber in Töpfe oder dreieckige Tiegel ein, die mit einem mit Lehm verſchmierten Deckel bedeckt ſind, und verſchmelzen ſie auf dieſe Weiſe. Indes ſetzen ſie dieſe Gefäße nicht in den großen Ofen ein, ſondern in kleinere Öfen (Probieröfen), in die der Wind durch mäßig große Öffnungen eindringt. Und ſie geben zu einem Teil des verunreinigten Rohſilbers 3 Teile pulveriſierte Bleiglätte, ebenſoviel Herdblei, $^{1}/_{2}$ Teil leichtſchmelzigen Bleiglanz und eine genügende Menge Salz und Eiſenhammerſchlag. Das Reichblei aber, welches am Boden des Gefäßes ſich abſcheidet, kommt, wie jedes andere, in den Treibofen. Die Schlacken werden zuſammen mit ſonſtigen ſilberhaltigen Schlacken nochmals verſchmolzen. Die Töpfe oder Tiegel, in denen noch Reichblei und Schlacken hängenbleiben, werden im Pochwerk zerkleinert und verwaſchen. Das Angereicherte wird zuſammen mit den Schlacken verſchmolzen.

Dieſe Art der Verſchmelzung von verunreinigtem gediegenem Silber iſt, wenn ſeine Menge nur mäßig groß iſt, die beſte, da hierbei nicht die geringſte Menge Silber aus dem Topf oder Tiegel entweichen und verlorengehen kann.

Wismuterze, Antimonerze und Herdblei werden, wenn ſie ſilberhaltig ſind, zuſammen mit ſonſtigen Silbererzen verſchmolzen; ebenſo Bleiglanz in geringen Mengen und Kieſe. Hat man aber viel Bleiglanz, gleichgültig, ob er viel oder wenig Silber enthält, ſo muß er für ſich allein verſchmolzen werden nach einem Verfahren, das ich gleich nachher beſchreiben werde. Da in Bleierzen ebenſo wie in Kupfererzen dieſe Metalle ſelbſt meiſt zuſammen mit Silber vorkommen, iſt es erforderlich, hier und ſpäter eingehend über dieſe zu ſprechen.

Kieſe, wenn in größeren Mengen vorhanden, werden in gleicher Weiſe für ſich allein verſchmolzen. Aus 3 Teilen geröſtetem und 1 Teil rohem Kies, Konzentraten, wenn man ſolche durch Verwaſchen aus ihnen erhalten hat, und Schlacken wird in dem Ofen der dritten Art, deſſen Stich immer offenſteht, ein Stein erſchmolzen. Dieſer wird mit Waſſer abgelöſcht und geröſtet. Von dem Geröſteten werden meiſtens 4 Teile mit 1 Teil rohen Kieſes gemiſcht und wiederum in dem gleichen Ofen verſchmolzen, wodurch man einen neuen Stein erhält. Aus dieſem wird, wenn er reich an Kupfer iſt, durch Röſten und nochmaliges Verſchmelzen unmittelbar das Kupfer ſelbſt hergeſtellt. Wenn er aber noch kupferarm war, wird er geröſtet und nochmals mit geringen Mengen von weichen Schlacken verſchmolzen. In dieſem Falle nimmt das geſchmolzene Blei, welches man in dem Vorherd eingeſchmolzen hat, das Silber auf. Die ſteinige Maſſe, welche auf dem Blei obenauf ſchwimmt, bildet den dritten Stein, aus dem man durch Röſten und abermaliges Verſchmelzen dann das Kupfer erhält. In ähnlicher Weiſe ſtellt man aus 3 Teilen gebranntem ſilberhaltigem Ofenbruch, den man mit einem Teil rohen Kieſes und Schlacken miſcht, einen Stein her, der geröſtet und im ſelben Ofen wieder geſchmolzen wird, wobei das im Vorherd befindliche Blei das Silber aufnimmt. Dieſes Reichblei wird im Treibofen weiter verarbeitet.

Rohe Quarzerze, leicht im Feuer ſchmelzende Steine der dritten Art und ſonſtige Gangarten, in denen wenig Silber enthalten iſt, müſſen mit rohem Kies oder Ofenbruch gemiſcht werden, gebrannte aber mit geröſtetem Stein, den man aus Kieſen oder aus Ofenbruch erſchmilzt, da man ſie für ſich allein nicht mit Nutzen verarbeiten kann. Ebenſo miſcht man Erden, die nur wenig Silber enthalten, mit denſelben Zuſchlägen. Wenn Kieſe oder Ofenbrüche nicht zur Verfügung ſtehen, verſchmilzt man ſolche Gangarten und Erden mit Bleiglätte, Herdblei, Schlacken und leicht im Feuer ſchmelzenden Steinen. Konzentrate, die man beim Verwaſchen von gediegen Silber enthaltenden Erzen erhalten hat, werden entweder verſchmolzen, indem man ſie mit Bleiglätte und Herdblei vermiſcht und das Gemiſch vorher bis zum Flüſſigwerden erhitzt; oder man verſchmilzt ſie, nachdem man ſie angefeuchtet hat, mit Stein aus Kieſen und Ofenbruch. Bei beiden Verfahren wird vermieden, daß die Konzentrate unten aus dem Ofen austreten oder oben aus ihm mit dem Gebläſewind und der Flamme entweichen. Wenn die Konzentrate von Bleiglanzerzen herſtammen, werden ſie geröſtet und mit Bleierz zuſammen verſchmolzen, wenn von Kieſen, mit dieſen zuſammen.

Reines Kupfererz, gleichgültig ob es die Farbe des Kupfers zeigt oder durch Malachit oder Azurit gefärbt iſt oder bleifarbig oder braun oder ſchwarz ausſieht, wird in einem Ofen verschmolzen, deſſen Stich entweder zeitweilig kurz verſchloſſen wird oder immer offenſteht, und ſodann in einem Ofen der erſten Art. Wenn in dem Erz viel Silber enthalten iſt, ſo wird dies zum größten Teile von dem im Vorherd eingeſchmolzenen Blei aufgenommen; der Reſt wird mit dem Kupfer zuſammen an den Besitzer einer Hütte verkauft, in der man Silber vom Kupfer trennt. Enthält das Erz aber wenig Silber, ſo gibt man kein Blei, welches das Silber aufnehmen ſoll, in den Vorherd, ſondern verkauft alles zuſammen mit dem Kupfer an jenen Hüttenbeſitzer. Enthält das Erz gar kein Silber, ſo ſtellt man unmittelbar aus ihm Kupfer her. Wenn ſolche Erze ſchwer ſchmelzbare Gangarten enthalten oder kieſig ſind, oder wenn es Zinkerze[32] oder Erze ſind, aus denen man Eiſen herſtellt, gibt man als Zuſchlag rohen, leicht ſchmelzenden Kies und Schlacken, erſchmilzt daraus einen Stein, aus dem, indem man ihn ſo oft röſtet, als es nötig iſt, durch wiederholtes Schmelzen Kupfer dargeſtellt wird. Wenn in dem Stein aber etwas Silber enthalten iſt, zu deſſen Gewinnung ein Aufwand von Blei erforderlich iſt, ſo gibt man zunächſt dieſes in den Vorherd, wo es eingeſchmolzen wird und das Silber aufnimmt.

Rohes, weniger reines Kupfererz, welches meiſt aſchgrau, purpurfarbig, ſchwärzlich und manchmal teilweiſe blau gefärbt iſt, wird von den Rhätern[33] in einem Ofen der erſten Art, deſſen Stich immer offenſteht, in folgender Weiſe verarbeitet. Der erſte Schmelzer (es ſind drei dazu nötig) gibt zu 18 Maß Erz, von denen jedes ungefähr 7 römiſche Scheffel faßt[34], ſo viel Bleiſchlacken, als in zwei Karren gehen, einen Karren voll Schiefer und ein Gewicht von 1/5 Zentner an im Feuer leicht ſchmelzenden Steinen, außerdem eine kleine Menge Konzentrate, die durch Verwaſchen von Ofenſauen[35] und Ofenbrüchen der Kupferöfen gewonnen wurden. Dieſe Beſchickung wird in der Zeit von 12 Stunden verſchmolzen und liefert einen erſten Stein im Gewicht von 6 Zentnern und ein Gemiſch im Gewicht von 1/2 Zentner, welches aus Kupfer und Silber beſteht und welches ſich am Boden des Vorherdes anſammelt. Jeder Zentner des Steines aber enthält 1/2 Pfund Silber, manchmal auch noch 1/2 Unze mehr. In 1/2 Zentner der Miſchung ſind 1 oder 3/4 Mark Silber enthalten. Auf dieſe Weiſe werden in einer Woche von 6 Arbeitstagen 36 Zentner Stein und 3 Zentner der Miſchung gewonnen; in dieſen Erzeugniſſen ſind meiſt ungefähr 24 Pfund Silber enthalten[36].

Der zweite Schmelzer gewinnt aus dem erſten Stein den größten Teil des Silbers, indem er es in Blei überführt. Zu 18 Zentnern des aus dem rohen Kupfererz erſchmolzenen Steines ſetzt er 12 Zentner Herdblei und Bleiglätte, 3 Zentner Blei-

[32] Cadmia fossilis bedeutet hier wahrſcheinlich Galmei, an anderer Stelle werden auch Kobalterze mit cadmia bezeichnet. Siehe 8. Buch Anm. 9, S. 239, und 37, S. 270, dieſes Buch Anm. 64, S. 377, und 11. Buch Anm. 61, S. 463.

[33] Siehe dieſes Buch Anm. 19, S. 339.

[34] Ein römiſcher Scheffel faßte ungefähr 10 Liter. Danach berechnet ſich die angegebene Menge zu etwa 1 1/4 cbm.

[35] Lat. diphryges, welches in dem Buche De veteribus et novis metallis erläutert wird als „untere Ofenbrüche, ſonderlich in dem Ofen, da man Kupfer macht". Das ſind alſo die im Tiegel des Ofens ſich ausſcheidenden eiſenreichen ſog. Ofenſauen, im Gegenſatz zu den in den höheren Teilen des Ofens ſich anſetzenden, weſentlich aus ungeſchmolzenem Erz beſtehenden, vielfach auch zinkreichen Ofenbrüchen.

[36] An einem Tage 6 Zentner Stein mit 0,5 bis 0,5313 ‰ Ag und 1/2 Zentner Schwarzkupfer mit 1,0 bis 0,75 ‰ Silber ergibt rd. 4 Pfund Silber im Tag oder 24 Pfund = 11 1/4 kg Silber in 6 Arbeitstagen in beiden Erzeugniſſen.

glanz, 5 Zentner ſilberreicheres Hartwerk[37] und 2 Zentner Kienſtöcke[38]. Außerdem fügt er eine geringe Menge Schlacken hinzu, die beim Schmelzen auf Schwarzkupfer gefallen ſind, ſowie Teile der beim Verwaſchen von Ofenbrüchen erhaltenen Produkte. Dieſe Beſchickung ſchmilzt er in der Zeit von 12 Stunden und erhält auf dieſe Weiſe einen zweiten Stein im Gewichte von 18 Zentnern und eine Miſchung von Kupfer, Blei und Silber im Gewicht von 12 Zentnern. Letztere enthält $^1/_2$ Pfund Silber im Zentner[39]. Er gießt ſie, nachdem er den Stein von der Oberfläche mit einem hakenförmigen Eiſen abgezogen hat, in kupferne oder eiſerne Gußformen. Auf dieſe Weiſe erhält er vier Kuchen dieſer Miſchung, die in die Hütte geſchafft werden, in der das Silber vom Kupfer geſchieden wird[40]. Am folgenden Tage beſchickt der gleiche Schmelzer 18 Zentner des zweiten Steines wiederum mit 12 Zentnern Herdblei und Bleiglätte, 3 Zentnern Bleiglanz, 5 Zentnern ſilberreicher Hartwerke und Schlacken, die er beim Verſchmelzen des erſten Steines obenauf ſchwimmend erhalten hat, und Konzentraten aus dem Verwaſchen von Ofenbrüchen, die bei dieſem Schmelzen zu entſtehen pflegen. Er ſchmilzt dieſe Beſchickung in gleicher Weiſe in 12 Stunden und erhält dabei 13 Zentner eines dritten Steines und 11 Zentner einer Miſchung von Kupfer, Blei und Silber, von der 1 Zentner $^1/_3$ Pfund und $^1/_2$ Unze Silber enthält[41]. Dieſe kellt er, nachdem er den dritten Stein mit einem Haken abgezogen, in kupferne Gußformen aus, wodurch wiederum Kuchen entſtehen, die wie die obigen in die Hütte geſchafft werden, in der das Silber vom Kupfer getrennt wird. In dieſer Weiſe verſchmilzt der zweite Schmelzer abwechſelnd an zwei Tagen erſten und zweiten Stein.

Der dritte Schmelzer ſetzt zu elf Karren des dritten Steines drei Karren ſilberärmeres Hartwerk, Schlacken, die beim vorhergehenden Verſchmelzen des zweiten Steines obenauf ſchwammen, und Konzentrate vom Verwaſchen der Ofenbrüche, die bei dieſem Schmelzen zu entſtehen pflegen. Aus all dem erhält er beim Verſchmelzen 24 Zentner eines vierten Steines, den man Hartſtein nennt, und 15 Zentner ſilberreichere Hartwerke, von denen 1 Zentner $^1/_3$ Pfund Silber enthält[42]. Dieſe ſetzt der zweite Schmelzer, wie ich oben geſagt habe, zu, wenn er den erſten und zweiten Stein verſchmilzt. Aus elf Karren des vierten Steines (des Hartſteines) bekommt er, nachdem er ihn dreimal geröſtet hat, einen letzten Stein, von dem 1 Zentner nur noch $^1/_2$ Unze Silber enthält[43], und 15 Zentner ſilberärmeres Hartwerk, von denen 1 Zentner nur noch $^1/_6$ Pfund Silber enthält[44]. Dieſe letzteren Werke ſetzt der dritte Schmelzer, wie ich geſagt habe, beim Verſchmelzen des dritten Steines zu.

37) Duri panes, Hartwerke, ſind ſehr unreines Schwarzkupfer, die bei der weiteren, im folgenden beſchriebenen Arbeit ſelbſt fallen.

38) Panes aerei fatiscentes (Kienſtöcke) ſind ein Produkt, welches bei der Entſilberung des Schwarzkupfers durch den ſog. Saigerprozeß fällt. Hierbei wird, wie im 11. Buche beſchrieben wird, ſilberhaltiges Schwarzkupfer in beſtimmtem Verhältnis mit Blei zu ſcheibenförmigen „Friſchſtücken" verſchmolzen, welche dann wieder erhitzt werden. Dabei ſaigert ein mehr oder weniger ſilberreiches, kupferhaltiges Blei aus, während das ſilberarme, noch etwas Blei enthaltende Kupfer als „Kienſtöcke" ungeſchmolzen zurückbleibt.

39) Das iſt 0,5 % Ag.

40) Das ſind die ſog. Saigerhütten.

41) 0,364 % Ag.

42) 0,33 % Ag.

43) 0,031 % Ag.

44) 0,167 % Ag.

Aus den letzten Steinen wird, nachdem ſie dreimal geröſtet und wieder verſchmolzen wurden, das Schwarzkupfer erhalten. Dieſes Schwarzkupfer (Rohkupfer), aus dem man das reine Kupfer herſtellt, wird, weil es einmal nur noch wenig Silber enthält und zum andern auch nicht leicht ſchmilzt, zunächſt in einem Ofen der dritten Art, deſſen Stich immer offen iſt, erſchmolzen. Dabei entſtehen Kuchen, die nach ſiebenmaligem Röſten wieder verſchmolzen werden, und dabei fällt dann das Kupfer. Dieſes wird in einen Ofen anderer Art[45] eingeſetzt, in dem es zum dritten Male ſo verſchmolzen wird, daß am Boden eine Schmelze mit mehr Silber, oben darauf eine ſolche mit weniger Silber entſteht[46], in der Weiſe, wie ich es im elften Buche beſchreiben werde.

Wie Kieſe, wenn ſie nicht nur Kupfer, ſondern auch Silber enthalten, zu verſchmelzen ſind, habe ich bereits auseinandergeſetzt, als ich die Verarbeitung der Silbererze beſchrieben habe. Wenn ſie aber ſehr wenig Silber enthalten und das aus ihnen erſchmolzene Kupfer nicht leicht daraus abzutrennen iſt, werden ſie nach einem Verfahren verſchmolzen, welches ich nächſtens beſchreiben werde.

Kupferſchiefer endlich, gleichviel, ob er Bitumen oder Schwefel enthält, wird gebrannt und dann verſchmolzen mit Steinen der zweiten Art, die leicht im Feuer ſchmelzen. Dabei erhält man einen Stein, auf dem Schlacke ſchwimmt. Der Stein wird meiſt ſiebenmal geröſtet und wieder verſchmolzen, wobei Schlacken und zweierlei neue Steine entſtehen, von denen die eine Art, die ſich am Boden des Vorherdes anſammelt, in der Hauptſache aus Kupfer beſteht. Dieſes wird verkauft an die Beſitzer von Hütten, in denen das Silber vom Kupfer geſchieden wird. Die andere Art pflegt man wieder mit dem erſten Stein zuſammen zu verſchmelzen. Wenn der Kupferſchiefer aber nur geringe Mengen von Kupfer enthält, wird er gebrannt, in Pochwerken zerkleinert, verwaſchen und geſiebt. Das dabei erhaltene Konzentrat wird verſchmolzen und dadurch ein Stein erhalten, aus dem man, nachdem er geröſtet worden iſt, Kupfer erſchmilzt. Wenn aber in dem Kupferſchiefer Malachit, Azurit oder gelbe oder kupfer- und ſilberhaltige Erden eingeſprengt ſind, wird er nicht verwaſchen, ſondern zerkleinert und mit Steinen der zweiten Art, die leicht im Feuer ſchmelzen, in gleicher Weiſe verarbeitet.

Bleihaltige Erze und Produkte, ſeien es Herdblei oder bleihaltige Kieſe oder die eigentlichen Bleierze (Bleiglanz), werden meiſt in beſonderen Öfen, die ich oben beſchrieben habe, aber ebenſo häufig in den dritten Öfen, deren Stich immer offen iſt, verſchmolzen. Tiegel und Vorherd werden aus einem Geſtübbe hergeſtellt, dem eine geringe Menge Eiſenhammerſchlag beigemengt wird. Den hauptſächlichſten Schmelzzuſchlag für ſolche Erze bilden Eiſenſchlacken. Beides halten erfahrene Schmelzer für günſtig und im Intereſſe des Hüttenherrn liegend, weil das Eiſen die Eigenſchaft beſitzt, daß es das Blei zum Zuſammenfließen bringt. Wenn man Herdblei oder eigentliche Bleierze verſchmilzt, fließt ſehr bald Blei aus dem Ofen in den Vorherd. Dies wird nach Abziehen der Schlacken mit einer Kelle ausgeſchöpft und ausgegoſſen. Wenn man aber kieſige Bleierze verſchmilzt, fließt, wie man in Goslar beobachten kann, aus dem Ofen zuerſt eine

[45] Fornax alterius generis iſt der im 11. Buche beſchriebene ſog. Spleißofen.
[46] Das iſt das ſog. Schmelzen auf Böden und Köpfe (bottoms and tops).

Art weißer Flüſſigkeit in den Vorherd[47], die ein Feind des Silbers und ſchädlich iſt, da ſie dasſelbe verbrennt. Sie wird daher, nachdem man die obenauf ſchwimmenden Schlacken abgezogen hat, abgeſchöpft oder nach dem Erſtarren mit einem eiſernen Haken entfernt. Die Wände des Ofens ſchwitzen die gleiche Flüſſigkeit aus. Sodann fließt Werkblei aus dem Ofen in den Vorherd, das iſt eine Legierung von Blei mit Silber. Von dieſem Werkblei werden zunächſt die Schlacken entfernt, die häufig weiß, wie manche Kieſe, ausſehen, ſodann der Stein, wenn ein ſolcher gefallen iſt; in ihm pflegt etwas Kupfer enthalten zu ſein. Aber wenn ſeine Menge nicht groß iſt und es an Holzkohlen mangelt, wird er nicht auf Kupfer zugute gemacht. Das Werkblei gießt man in eiſerne Formen und ſtellt ſo Kuchen her, die in dem Treibofen eingeſchmolzen werden, wo das Silber vom Blei getrennt wird, welches dabei teils in Bleiglätte, teils in Herdblei übergeführt wird. Aus dieſen Produkten ſtellt man durch Verſchmelzen im Schachtofen ein ſilberarmes Friſchblei her. 1 Zentner davon enthält nur noch 1 Drachme Silber, wenn das Blei, bevor man das Silber daraus abgetrennt hatte, mehr oder weniger als 3 Unzen Silber enthalten hatte[48].

Die kleinen ſchwarzen und ſonſtigen Steine[49], aus denen das Zinn dargeſtellt wird, werden in einer beſonderen Art von Öfen verſchmolzen, die enger als die ſonſtigen Öfen zu ſein pflegen, damit ein kleines Feuer entſteht, wie es dieſes Erz erfordert. Sie ſind aber höher, damit die geringere Weite durch die Höhe wieder ausgeglichen wird und ſie beinahe die gleiche Faſſungskraft beſitzen wie die anderen Öfen. Oben an der Gicht ſind ſie vorn geſchloſſen, hinten dagegen offen, und dort befindet ſich eine Treppe, weil eine ſolche an der Vorderſeite wegen des Vorherdes nicht angebracht werden kann. Auf dieſe ſteigen die Schmelzer hinauf und werfen die Beſchickung in den Ofen. Der Boden des Ofens wird nicht aus einem pulverförmigen Gemenge von Lehm und Kohlenpulver hergeſtellt, ſondern man legt auf die Hüttenſohle ſelbſt einen nicht allzu harten Sandſteinblock[50] und gibt ihm eine ſchwache Neigung. Er ſei 2¾ Fuß lang, ebenſo breit und 2 Fuß hoch. Je dicker er iſt, deſto länger widerſteht er dem Feuer. Um dieſen viereckigen Sohlſtein wird der künftige Ofen in einer Höhe von 8 bis 9 Fuß errichtet, und zwar aus Sandſteinen oder aus anderen billig zu beſchaffenden Geſteinen, welche die Natur aus verſchiedenen Mineralien zuſammengeſetzt hat.

47) Lat liquor candidus primo e fornace defluens (cum Goselariae excoquitur pyrites) wird im Wörterverzeichnis mit „Kobelt“ überſetzt. Die gleiche Verdeutſchung wird aber anderwärts auch für eine aus gleichen Teilen Kupfer und Silber beſtehende Legierung und endlich für cadmia gegeben, alſo für Stoffe von weißer Farbe, deren nähere Zuſammenſetzung man nicht kannte. An dieſer Stelle kann nur Zinkoxyd, welches, wenn es ſich als Ofenbruch im Schachtofen anſetzt, ebenfalls mit cadmia bezeichnet wird, oder vielleicht auch eine kleine Menge metalliſches Zink in Betracht kommen. Beim Verſchmelzen der zinkreichen Erze des Rammelsberges bei Goslar bildet ſich Zinkoxyd in großen Mengen, welches z. T. im Ofeninnern ſich an den Wänden anſetzt, z.T. aber nach der hier gegebenen Schilderung auch ähnlich wie eine Flüſſigkeit aus dem Ofenſtich heraustritt. Es bildet ſich auch eine kleine Menge metalliſches Zink, welches in Form kleiner Kügelchen im Innern des Ofens ſich vorfindet (liquor, quem parietes fornacis exudant) oder, wenn es aus dem Stich herausläuft, ebenfalls zum größten Teil zu Zinkoxyd verbrennt. Man nannte dieſe Produkte Konterfeh oder Konterfei, weil man durch Glühen von Kupfer mit ihnen das das Ausſehen des Goldes nachahmende Meſſing herſtellte. Daß das Zink ein beſonderes Metall ſei, hatte man zu Agricolas Zeiten noch nicht erkannt.

48) Das Friſchblei enthält demnach nur 0,008 % Ag, wenn das aus dem Erz erſchmolzene Werkblei rund 0,188 % Ag enthalten hatte.

49) Gemeint ſind die meiſt ſchwarz, ſeltener braun gefärbten ſog. Zinngraupen, das Mineral Kaſſiterit oder Zinnſtein.

50) Saxus arenarius iſt wörtlich Sandſtein. Vielfach verwendet man aber auch Granit.

Der innere Schacht wird gleichmäßig mit Ton so überzogen, daß er am oberen Ende im Lichten 2 Fuß tief und 1 Fuß breit wird, nach unten aber sich sowohl in der Tiefe wie in der Breite verengt. Über dem Ofen befinden sich zwei Mauern, zwischen die der Rauch aus dem Ofen in eine gemauerte Flugstaubkammer strömt, aus der er durch eine enge Öffnung in der Decke entweicht. Der Sandsteinblock am Boden des Ofens erhält eine derartige Neigung, daß das aus dem Erz erschmolzene Zinn durch den Stich in den Vorherd fließen kann.

Da bei diesem Schmelzen kein sehr starkes Feuer erforderlich ist, braucht man die Nasen der Blasebälge nicht in eine kupferne oder eiserne Röhre einzulegen, sondern man legt sie unmittelbar in eine Öffnung der Ofenmauer. Die Blasebälge werden an der Rückseite des Ofens etwas höher angeordnet, damit sie den Wind direkt nach dem Stich des Ofens blasen. Damit er nicht zu stark bläst, sind die Nasen weit. Zu starker Wind pflegt das Zinn aus den Zinnsteinen nicht auszuschmelzen, sondern er verzehrt es und verwandelt es in Asche. Neben der Treppe befindet sich ein ausgehöhlter Steintrog, in den die zu verschmelzenden Erze hineingeschüttet werden. Jedesmal, nachdem der Schmelzer eine eiserne Schaufel voll von ihnen in den Ofen aufgegeben hat, schüttet er dann Holzkohlen darauf, die man ihrer ganzen Menge nach vorher in einen Bottich wirft und reinigt, indem man mit Wasser Sand und Steine, wenn solche an ihnen hängen, abspült, damit diese nicht, wenn sie zugleich mit dem Zinnstein schmelzen, den Stich des Ofens verstopfen und das Ausfließen des geschmolzenen Zinns aus dem Ofen verhindern. Der Stich des Ofens steht immer offen. Vor ihm befindet sich ein Vorherd, der etwas mehr als 1/2 Fuß tief, 3/4 Fuß lang und 1 Fuß breit und mit Ton ausgekleidet ist. In ihn fließt das Zinn aus dem Ofenstich. An der einen Seite dieses Vorherdes befindet sich eine niedrige Mauer, die 3/4 Fuß breiter und 1 Fuß länger ist und auf der Kohlenpulver liegt. An der andern Seite fällt die Hüttensohle ab, damit die Schlacken leichter abfließen und abgezogen werden können. Sobald das Zinn beginnt, aus dem Ofenstich in den Vorherd zu rinnen, zieht der Schmelzer einen Teil des Kohlenpulvers von der Mauer in den Vorherd, damit die Schlacke sich von dem heißen Metall trennen kann, und damit dieses davor geschützt wird, teilweise wieder von der Hitze aufgelöst zu werden und mit dem Rauch davonzugehen[51]. Wenn aber nach dem Abziehen der Schlacken das Kohlenpulver nicht die ganze Oberfläche des geschmolzenen Zinnes bedeckt, zieht der Schmelzer mit einer Kratze noch etwas mehr davon in den Vorherd. Das gleiche tut er, wenn er den Stich des Vorherdes, den er mit einem Stecheisen geöffnet hatte, damit das Zinn in einen zweiten, runden, ebenfalls mit Ton ausgekleideten Vorherd fließen kann, wiederum mit reinem oder mit Kohlenpulver vermischtem Ton verschließt.

Der Schmelzer, wenn er fleißig und geschickt ist, muß auch einen Rutenbesen zur Hand haben, mit dem er die über dem Ofen befindlichen Mauern abkehrt. Denn an ihnen und in der gemauerten Kammer pflegen sich kleine Mengen staubförmigen Zinnerzes zusammen mit dem Rauch abzusetzen. Wenn er aber in diesen Dingen nicht wohlerfahren ist und alle drei Sorten des Zinnerzes,

51) Das Holzkohlenpulver soll die flüssige Schlacke ansteifen, damit sie leichter entfernt werden kann, und es soll gleichzeitig die Oberfläche des geschmolzenen Zinns bedecken, damit dieses sich nicht an der Luft wieder oxydiert.

nämlich die groben, die mittleren und die staubförmigen, zugleich und zusammen verschmolzen hat, wird für seinen Herrn kein kleiner Verlust an Zinn entstehen. Denn bevor die größeren und mittleren Stücke schmelzen, werden die staubförmigen entweder im Ofen verbrannt werden oder aus ihm fortfliegen und nicht allein an den Wänden sich festsetzen, sondern auch bis in die gemauerte Flugstaubkammer gelangen. Diese Mengen aber zieht der Hüttenherr dem Verkäufer der Erze nach geltendem Rechte ab. Deshalb verschmilzt der erfahrenste Schmelzer jede Erzsorte für sich, und zwar die staubförmigen Erze in einem weiteren Ofen, die mittleren in einem weniger weiten, die groben in einem engeren. Wenn er die staubförmigen Erze verschmilzt, gibt er nur schwachen Wind, bei den mittleren einen mittelstarken und bei den groben den stärksten. Wenn er die ersteren schmilzt, bedarf er nur geringer Hitze, bei den mittleren einer mittelstarken, bei den groben der stärksten, in allen Fällen aber einer weit weniger starken als beim Schmelzen von Gold-, Silber- oder Kupfererzen.

Wenn die Schmelzer diese Arbeit drei Tage und drei Nächte ununterbrochen fortgesetzt haben, wie es gewöhnlich zu geschehen pflegt, und sie ihre Arbeit beendet haben, können sie von dem staubförmigen Erz eine größere Menge verschmolzen haben, weil es schnell flüssig wird, von dem groben Zinnstein eine kleinere Menge, weil er langsam schmilzt, von dem mittleren Erz eine mittlere Menge, weil es in seinem Verhalten die Mitte zwischen den beiden andern hält. Wenn sie aber trotzdem in einem sehr oder einem mäßig weiten Ofen alle Erze zusammen verschmelzen müssen, da sie keinen engen Ofen erbaut haben, so geben sie, um keinen allzu großen Verlust zu erleiden, zuerst die staubförmigen Erze auf, hierauf die mittelgroßen, sodann die groben und zuletzt solche, die nicht ganz rein sind, und regeln den eingeblasenen Wind nach Bedarf. Damit aber das Erz nicht von großen, in den Ofen eingefüllten Kohlenstücken abrutscht und in den Vorherd heraustritt, bevor das Zinn aus ihnen herausgeschmolzen ist, verwendet der Schmelzer kleinstückige Kohlen. Er feuchtet sie mit Wasser an und gibt sie zuerst in den Ofen und auf sie das Erz und fährt so fort mit abwechselndem Aufgeben von Kohlen und Erz.

Der Zinnstein, den man während des Sommers in einem Gerinne, in das man einen Wasserstrom einleitet, durch Verwaschen aus Erdmassen gewonnen und im Herbst auf ein mit vielen Löchern versehenes Eisenblech geworfen hatte [52], wird in einem Ofen verschmolzen, der 1 Hand weiter ist als derjenige, in dem die feinen, unmittelbar durch den Bergbau gewonnenen Erze verarbeitet werden. Um sie zu schmelzen, bedarf es eines kräftigeren Windes und eines stärkeren Feuers als beim Verarbeiten des groben Zinnsteines. Gleichviel, welche Art von Zinnsteinen verschmolzen wird, erhält man das meiste Zinn, wenn dieses zuerst aus dem Ofen tritt, weniger, wenn zuerst Schlacken erscheinen. Denn ihnen mischt sich Zinnstein bei, was namentlich dann zu geschehen pflegt, wenn man den Zinnstein weniger rein oder eisenhaltig – weil nicht genügend geröstet – zum Schmelzen in den Ofen aufgibt, oder wenn man mehr als zulässig davon einfüllt. In diesem Falle nämlich verläßt er, auch wenn er rein ist und leicht flüssig wird, zugleich mit den Schlacken, indem er sich ihnen beimischt, den Ofen, oder er bäckt im Ofen so fest an, daß das Schmelzen unterbrochen und der Ofen kaltgelegt werden muß.

[52] d. h. das durch Verwaschen von Seifen gewonnene Zinnerz.

Jedesmal, wenn die Schlacken vom Zinn über die geneigte Hüttensohle abgeflossen und mit einem Haken abgezogen worden sind, wird der Stich des Vorherdes geöffnet und das Zinn in den zweiten Vorherd abgestochen. Sobald es abgeflossen ist, wird der Stich wieder durch mit Kohlenpulver gemischten Ton verschlossen. In diesem zweiten Vorherd liegen glühende Kohlen, damit das alsbald auszukellende Zinn nicht erstarrt. Wenn das Zinn so unrein ist, daß man es in diesem Zustande nicht verwenden kann, wird es ausgeschöpft, in Kuchen gegossen und auf einem Herd, den ich nächstens beschreiben werde, umgeschmolzen. Wenn es rein ist, wird es sofort auf dicke Kupferplatten ausgegossen, zuerst in gleichlaufende Streifen und dann in rechtwinklig zu ihnen verlaufende, so daß Gitter entstehen. In jedes einzelne wird mittels eines eisernen Stempels ein Zeichen eingeschlagen, und zwar pflegt man, wenn das Zinn aus bergmännisch gewonnenen Erzen erschmolzen war, nur ein einziges Zeichen, nämlich das amtliche, anzubringen; wenn es aus durch Verwaschen gewonnenen Erzen erschmolzen wurde, aber zwei, das amtliche und eine zweizackige Gabel, wie sie beim Seifen benutzt wird. Gewöhnlich werden dann drei solcher Gitter zusammengerollt, mit einem hölzernen Hammer zusammengeschlagen und daraus ein einziger Ballen geformt[53].

Die mit einer eisernen Krücke abgezogenen Schlacken werden alsbald in einen aus einem ausgehöhlten Baumstamm hergestellten Waschtrog geworfen und durch Rühren von Holzkohlenstücken befreit, sodann wieder herausgenommen, mit einem viereckigen eisernen Hammer zerkleinert und endlich zusammen mit der nächsten Erzbeschickung wieder verschmolzen. Manche Schlacken aber werden dreimal im Naßpochwerk zerkleinert und dreimal wieder verschmolzen. Selbst wenn man einen großen Haufen dieser feuchten Schlacken verschmolzen hat, erhält man doch nur wenig Zinn, weil sie leicht schmelzen und schnell wieder in den Vorherd herauslaufen. Auch der Ton und die Gesteinsbrocken, die sich in solchen Öfen ansetzen, ebenso die Ofenbrüche, die nicht selten gar nicht oder nur halb geschmolzenen Zinnstein und Kügelchen von Zinn aufgenommen haben, werden im Naßpochwerk zerkleinert, wobei der noch nicht geschmolzene Zinnstein durch ein Sieb in ein Gerinne herausgeschwemmt und wie der sonstige Zinnstein verwaschen wird. Die halb geschmolzenen Zinnsteine und die Zinnkügelchen werden aus dem Pochtrog herausgenommen und zuerst auf einem Sieb, auf dem eine beträchtliche Menge davon zurückbleibt, darauf auf einem leinenen Tuch verwaschen. Der Flugstaub, der sich an dem Teile der Esse, aus dem der Rauch austritt, angesetzt hat, wird, weil er oft staubförmigen Zinnstein enthält, der mit dem Rauch aus dem Ofen entwichen ist, auf dem eben genannten leinenen Tuch und sodann in einem Gerinne verwaschen. Die Zinnkügelchen und der halb geschmolzene Zinnstein, die vom Ton und den im Ofen gebildeten Ansätzen aufgesogen worden waren, und die letzten Reste des Zinns, die aus den beiden Vorherden herausgeholt werden, werden zusammen mit Zinnstein verschmolzen. Nachdem aber die schwarzen Zinnsteine während dreier Tage und Nächte im Ofen, wie oben erwähnt, geschmolzen worden sind, fallen einige Bruchstücke der Gesteine, aus denen der Ofen erbaut worden ist, durch das Feuer gelockert, aus der Wand heraus. Daher wird der Ofen nach Entfernung der Blasebälge auf der

53) Dieses Zinn führte im Handel den Namen Rollen- oder Ballenzinn.

Der Ofen A. Sein Stich B. Der erſte Vorherd C. Sein Stich D. Schlacken E. Der eiſerne Haken F. Der zweite Vorherd G. Die Wände des Rauchfanges H. Der Beſen I. Die Kupferplatte K. Zinngitter L. Signiereiſen M. Hammer N.

Rückſeite aufgebrochen; die Ofenbrüche werden zunächſt mit einem Hammer abgeſchlagen, darauf das ganze Ofeninnere mit paſſenden Geſteinsbrocken ausgebeſſert und wieder gleichmäßig mit Ton ausgekleidet. Der am Boden des Ofens befindliche Sandſteinblock wird, wenn er Schaden gelitten hat, weggenommen und durch einen anderen erſetzt. Was von ihm hervorſteht, wird von dem Schmelzer mit einem ſcharfen Hammer abgeſchlagen und er auf dieſe Weiſe paſſend gemacht.

Andere errichten an einer Mauer zwei Öfen, wie ich es ganz ähnlich ſchon beſchrieben habe, und über ihnen ein Gewölbe, welches von der Mauer und von vier Pfeilern geſtützt wird. Durch Öffnungen dieſes Gewölbes ſteigt der Rauch aus dem Ofen empor in eine weite Kammer, die der früher beſchriebenen ähnlich iſt, nur daß ſie an beiden Seiten je ein Fenſter beſitzt, einer Tür aber entbehrt. Die Schmelzer ſteigen nämlich, wenn ſie den Flugſtaub abkehren wollen, zuerſt auf Treppen, die ſich an den Seiten der Öfen befinden, ſodann mittels Leitern durch die Öffnungen des über den Öfen befindlichen Gewölbes in die Kammer ſelbſt, wo ſie den Flugſtaub abkehren, zuſammenhäufen und in Mulden ſammeln, die der eine dem andern zum Weiterſchaffen und Entleeren zureicht. Dieſe Flugſtaubkammer unterſcheidet ſich von der früher beſchriebenen durch die Eſſen, deren ſie zwei beſitzt, die den gewöhnlichen Eſſen eines Hauſes nicht unähnlich ſind. Dieſe nehmen den Rauch auf, der aus dem oberen überwölbten Teile nicht entweichen kann, da er zurückgeworfen und zurückgedrängt wird, und entlaſſen ihn dann frei von Zinn. Denn das durch das Feuer aufgelöſte und in Aſche verwandelte[54] Zinn, welches mit dem Rauche fortgetragen wurde, bleibt in der Kammer zurück oder hängt ſich an Kupferbleche an, die im Rauchfang angebracht ſind.

Wenn das Zinn dermaßen unrein iſt, daß es beim Schlagen mit dem Hammer Riſſe bekommt, werden aus ihm nicht ſofort Gitter gegoſſen, ſondern Kuchen, wie ich oben geſagt habe, die erſt noch durch Schmelzen auf einem Herd[55] gereinigt werden. Dieſer Herd beſteht aus Sandſteinen, die gegen die Mitte und nach dem Vorherd zu geneigt ſind und mit Ton verbunden und verſtrichen werden. An beide Seiten wird abwechſelnd längs und quer trockenes Holz gelegt, in der Mitte eine dickere Schicht davon. Auf dieſes legt man fünf bis ſechs Zinnkuchen, die insgeſamt etwa 6 Zentner wiegen. Nach dem Anzünden des Holzes ſchmilzt das Zinn tropfenweiſe ab und fließt ununterbrochen in den Vorherd, der in der Hüttenſohle liegt. In ihm ſetzt ſich das unreine Zinn zu Boden, während das reine obenauf ſchwimmt. Beide ſchöpft der Meiſter mit einer Kelle aus, und zwar kann er zuerſt das reine ausſchöpfen, aus dem er auf der dicken Kupferplatte Gitter gießt, ſodann das unreine, das in Kuchen gegoſſen wird. Die Grenzfläche zwiſchen dem reinen und unreinen erkennt er, während er ausſchöpft und ausgießt, an der größeren oder geringeren Dünnflüſſigkeit der Schmelze. 1 Zentner des in Gitter gegoſſenen Zinns aber wird teurer verkauft als 1 Zentner der Kuchen. Der Preis des erſteren überſteigt den Preis des letzteren um 1 Guldengroſchen[56]. Aus fünf Stücken Gitterzinn, welches leichter iſt als das andere, wird

[54] d. h. in Zinnoxyd verwandelt.

[55] d. i. ein ſog. Zinnſaiger- oder Pauſchherd (Abb. S. 363).

[56] Lat. nummus aureus, ein Guldengroſchen, gleich einem Joachimstaler; ſ. 7. Buch Anm. 55, S. 223.

Die Öfen A. Der erste am Ofen befindliche Vorherd B. Sein Stich C. Der zweite Vorherd D. Die Pfeiler E. Die Flugstaubkammer F. Fenster G. Die Rauchfänge H. Gefäß, in dem die Kohlen gewaschen werden I.

Der Saigerherd A. Der Vorherd B. Die Hölzer C. Zinnkuchen D. Die Kelle E. Die Kupferplatte F. Die Gitter G. Signiereisen H. Der hölzerne Hammer I. Das Ballenzinn K. Schippe L.

durch Zusammenrollen und Zusammenschlagen mit einem Holzhammer ein Ballen geformt und mit einem Signiereisen ein Zeichen hineingeschlagen. Andere arbeiten nicht mit einem in die Hüttensohle eingelassenen Vorherd, sondern lediglich mit dem Herde selbst, aus dem der Meister nach Entfernung des verbrannten Holzes das Zinn ausschöpft und auf Kupferplatten gießt. Die Unreinheiten[57], die an dem Holz und den Kohlen hängen, werden gesammelt und wieder im Schachtofen geschmolzen.

Manche Lusitanier[58] pflegen das Zinn aus dem schwarzen Zinnstein in kleinen Öfen zu erschmelzen. Sie bedienen sich dabei runder, aus Leder gefertigter Blasebälge, die am vorderen Ende eine eiserne, am hinteren Ende eine hölzerne Scheibe besitzen. In einer Öffnung der ersteren ist eine Düse eingelassen, in der Mitte der letzteren ein Windventil. Über diesem befindet sich eine Handhabe oder ein Henkel; durch Ziehen an ihm saugt der runde Blasebalg Luft ein, durch Drücken bläst er sie wieder heraus. Zwischen den beiden Endscheiben besitzt er

57) Das sind die sog. Saigerdörner und Härtlinge, die namentlich viel Eisen enthalten.

58) Die Lusitanier waren ein Volksstamm im heutigen Spanien und Portugal.

Der Ofen A. Die Blaſebälge B. Die eiſerne Scheibe C. Die Düſe D. Die hölzerne Scheibe E. Das Windventil F. Die Handhabe G. Der Henkel H. Die eiſernen Ringe I. Zinnbarren K.

einige eiſerne Ringe, an die Lederſtreifen befeſtigt ſind, ſo daß ſie Falten bilden, ähnlich, wie wir ſie an Papierlaternen kennen, die man zuſammenfalten kann. Da aber derartige Blaſebälge keinen ſehr ſtark gepreßten Wind liefern und nur langſam auseinandergezogen und zuſammengedrückt werden können, kann der Schmelzer in einem vollen Tage nur wenig mehr als $^1/_2$ Zentner Zinn damit erſchmelzen.

Eiſenerze von beſonderer Güte werden in einem Ofen verſchmolzen, der einem Treibofen nicht unähnlich iſt[59]. Der Herd iſt $3^1/_2$ Fuß hoch und je 5 Fuß lang und breit. In ſeiner Mitte beſitzt er eine Vertiefung (Tiegel) von 1 Fuß Tiefe und $1^1/_2$ Fuß Durchmeſſer. Er kann aber auch höher oder niedriger und weiter oder enger ſein, je nachdem, ob aus einem Erze viel oder wenig Eiſen entſteht. Dem Meiſter[60] wird eine beſtimmte Menge Eiſenerz überwieſen, aus dem er mehr oder weniger Eiſen erſchmelzen kann. Wenn er zu dieſem Zwecke ſein Werk und ſeine Arbeit beginnt, wirft er zunächſt Holzkohlen in den Tiegel und ſtreut dann über

[59] Der Ofen iſt ein ſog. Rennfeuer.

[60] Der in dieſem Falle auch „Renner" genannt wird.

Der Herd A. Der Beſchickungshaufen B. Der Schlackenabfluß C. Der Eiſenklumpen (Maſſel) D. Die Holzhämmer E. Der große eiſerne Hammer F. Der Amboß G.

dieſe eine eiſerne Schaufel voll zerkleinertes Erz, gemiſcht mit Kalk, der noch nicht im Waſſer abgelöſcht worden iſt. Dann gibt er wiederum Kohlen auf und ſtreut Erz darüber und wiederholt das ſo lange, bis er einen ſchwach anſteigenden Haufen gebildet hat. Dieſen ſchmilzt er, indem er die Kohlen anzündet, den Wind aus den Blaſebälgen, die ſorgfältig in eine Düſe eingelagert ſind, anläßt und ſo das Feuer kräftig anfacht. Die Arbeit kann in 8 Stunden beendet ſein, manchmal auch erſt in 10 oder 12 Stunden. Damit ihm die Glut des Feuers das Geſicht nicht verbrenne, wie es leicht geſchehen kann, bedeckt er es vollſtändig mit einer Filzkappe mit Löchern, durch die er hindurchſehen und atmen kann. An dem Herd befindet ſich eine Stange, die er, ſooft es erforderlich iſt, anhebt, wenn entweder die Blaſebälge allzu ſtarken Wind geben, oder wenn er ſelbſt weiteres Erz und Kohle aufgibt, oder wenn er die Schlacken abzieht. Durch dieſes Anheben wird die Öffnung des Gerinnes geſchloſſen oder verſchieden weit geöffnet, durch welche das Waſſer auf das an der Welle ſitzende, die Blaſebälge antreibende Rad fließt. In dieſer Weiſe ſchmilzt er das Eiſen aus und kann, wenn das Eiſenerz reich war, eine Menge im Gewicht von 2 bis 3 Zentnern erzeugen. Nunmehr öffnet der Meiſter mit einem Stecheiſen den Stich für die Schlacke; nachdem ſie vollſtändig abgefloſſen iſt, läßt er den Eiſenklumpen (die Maſſel) im Tiegel erſtarren. Er ſelbſt und ſeine Gehilfen heben ihn ſodann mit eiſernen Brechſtangen aus dem Ofen heraus, werfen ihn auf die Hüttenſohle, bearbeiten ihn mit Holzhämmern, deren Stiele dünn, aber 5 Fuß lang ſind, ſchlagen die noch an ihm hängenden Schlacken ab und verdichten und ſchlagen ihn ſo zugleich etwas breit. Denn wenn man ihn ſofort auf den Amboß legen und mit dem großen eiſernen Hammer ausſchmieden wollte, der von den Daumen einer Waſſerradwelle angetrieben wird, würde er zerſpringen. Bald darauf aber wird er mit Zangen gefaßt und unter dem Hammer mit einem zugeſchärften eiſernen Meißel in 4 oder 5 oder 6 Stücke, je nachdem er klein oder groß war, zerteilt. Aus dieſen Stücken ſtellen, nachdem ſie in einem anderen Herd (Schmiedefeuer) von neuem erhitzt und wieder auf den Amboß gelegt worden ſind, die Schmiede rechteckige Stücke, Pflugſcharen, Radreifen oder meiſt Stangen her, von denen 4 oder 6 oder 8 etwa 1/5 Zentner wiegen. Aus ihnen wiederum pflegen ſie ſehr verſchiedene Gegenſtände zu fertigen. Bei jedem Schlage des Hammers gießt ein Junge aus einem Löffel Waſſer auf das glühende Eiſen, das vom Schmied bearbeitet wird, und daher kommt es, daß die Hammerſchläge ſo laut dröhnen, daß man es in weiter Entfernung von der Schmiede noch hört. Nachdem man den Eiſenklumpen aus dem Ofen, in dem das Erz geſchmolzen wurde, herausgenommen hat, pflegt im Herd ein hartes Eiſen zurückzubleiben, welches ſich ſchwer ziehen läßt. Aus ihm kann man beſonders die eiſernen Schuhe der Pochſtempel und ſonſtige Gegenſtände, die ſehr hart ſein müſſen, herſtellen.

Eiſenerze, die entweder Kupfer enthalten oder beim Schmelzen ſchwer flüſſig werden, erfordern mehr Arbeit und ſtärkere Hitze. Denn man muß nicht allein die metallhaltigen Teile derſelben von den metallfreien trennen, indem man das Erz trocken pocht, ſondern man muß ſie auch röſten, damit ſie andere Metalle und ſchädliche Löſungen verlieren, und dann verwaſchen, um die leichteren Beſtandteile zu entfernen. Verſchmolzen werden ſie darauf in einem Ofen, der dem Schachtofen der erſten Art ähnelt, der aber größer und weiter iſt, damit er viel Erz und viel Kohlen faſſen kann. Er wird teilweiſe mit den Erzſtücken, welche

Der Ofen A. Die Stufen B. Erz C. Kohlen D.

höchstens nußgroß sind, teilweise mit Kohlen gefüllt. Um diese Beschickung einzubringen, treten die Schmelzer auf Stufen, die sich an der einen Seite des Ofens befinden. Wenn man solche Erze ein- oder zweimal schmilzt, fällt Eisen, das so beschaffen ist, daß es, im Schmiedefeuer wieder erhitzt, unter dem großen eisernen Hammer ausgeschmiedet und mit einem scharfen Meißel in Stücke zerschnitten werden kann.

Die Hüttenkunst erzeugt auf diese Weise durch Feuer und mit Zuschlägen Eisen und stellt aus ihm Stahl her, den die Griechen στόμωμα nennen. Man wählt hierzu ein Eisen, welches leicht erweicht, im übrigen aber hart ist und sich leicht ziehen läßt. Wenn man Eisen, das aus Erzen erschmolzen ist, die andere Metalle enthalten, wieder heiß macht, ist es meist weich und brüchig. Solches Eisen muß in glühendem Zustande zuerst in kleine Stücke zerbrochen und dann mit zerkleinerten, leicht schmelzenden Steinen vermischt werden. Dann stellt man in einem Schmiedefeuer einen Tiegel aus dem gleichen naßgemachten Pulver her, aus dem die Vorherde der Öfen bestehen, in denen Gold- oder Silbererze verschmolzen werden[61]. Der Tiegel sei bis zu 1½ Fuß weit und 1 Fuß tief. Die Blasebälge werden so gerichtet, daß sie den Wind aus ihren Nasen auf die Mitte des Tiegels blasen. Dieser wird sodann mit besten Holzkohlen gefüllt und ringsum mit Steinen umgeben, welche die Eisenstücke und die auf sie gelegten Kohlen zusammenhalten. Sobald die Kohlen ins Brennen gekommen sind und der Tiegel glühend geworden ist, läßt man den Wind der Blasebälge an; sodann bringt der Meister so viel von dem Eisen und dem Schmelzzuschlag hinein, als ihm passend erscheint. In die Mitte legt er, wenn alles weich geworden ist, vier Eisenmasseln, von denen jede 30 Pfund wiegt, und erhitzt mit starkem Feuer 5 oder 6 Stunden lang, indem er mit einer hineingesteckten Eisenstange das flüssige Eisen häufig durchrührt, damit seine kleinen Hohlräume die leichtest flüssigen Teilchen der Schmelze aufsaugen; diese aber zehren dann infolge der ihnen innewohnenden Kraft die dickflüssigen Teile der Schmelze auf und blähen sie auf, so daß sie weich werden und wie ein Hefenteig aufgehen. Sodann ergreift der durch einen Gesellen unterstützte Meister einen Teil der Masse mit einer Zange, hebt sie heraus und legt sie auf den Amboß, um sie mit dem Hammer, der vom Wasserrad abwechselnd gehoben und niedergedrückt wird, breit zu schmieden. Endlich wirft er sie schnell, solange sie noch glühend ist, in Wasser und kühlt sie ab. Die abgeschreckte Masse legt er wieder auf den Amboß und zerbricht sie durch Schlagen mit dem Hammer. Nach dem Aussehen des Bruches beurteilt er, ob ein Teil noch wie Eisen aussieht, oder ob alles dicht geworden und in Stahl verwandelt ist. Hierauf ergreift er mit einer Zange der Reihe nach die übrigen im Tiegel befindlichen Stücke, holt sie heraus und zerteilt sie in kleine Teile. Sodann erhitzt er die Zuschläge im Tiegel von neuem und gibt eine Menge neuer hinzu, die den Teil ersetzen soll, den die Masseln verzehrt haben, und erneuert so die Kraft des übriggebliebenen; mit ihr macht er von neuem die Eisenmasseln, die er wieder in sie hineinlegt, noch reiner; er faßt sie dann in gleicher Weise, nachdem sie zuerst erhitzt worden sind, wieder mit der Zange, bringt sie unter den Hammer und formt Stangen aus ihnen. Jede Stange wird, während sie noch glüht, in ganz kaltes fließendes Wasser, welches zur Hand sein muß, eingetaucht. Auf diese Weise wird sie sofort dicht und in reinen Stahl umgewandelt, der viel härter und weißer ist als Eisen.

[61] Der Ofen ist ein sog. Frischfeuer.

Das Friſchfeuer A. Die Blaſebälge B. Die Zangen C. Der Hammer D.
Das fließende Waſſer E.

Die Erze der übrigen Metalle werden nicht in Öfen verſchmolzen, ſondern z. B. diejenigen des Queckſilbers und auch des Antimons in Töpfen, diejenigen des Wismutes in Rinnen. Zuerſt will ich über das Queckſilber reden. Dasjenige, das man in Vertiefungen findet, in die es aus Erzen und Geſteinsſpalten zuſammenläuft, wird geſammelt, mit Eſſig und Salz gereinigt und auf ein baumwollenes Tuch oder auf weiches Leder gegoſſen; wenn man dieſes zuſammenfaltet und preßt, dringt das reine Queckſilber hindurch und wird in einem untergeſtellten Topf oder einer Schüſſel aufgefangen. Queckſilbererze aber werden in zwei Töpfen oder auch in einem einzigen zugute gemacht. Wenn in zwei, ſo ähneln die oberen faſt ganz den gläſernen Kolben, in die man Harn, der von Ärzten unterſucht werden ſoll, einzufüllen pflegt. Aufrecht ſtehend werden ſie nach oben gleichmäßig enger. Die unteren Gefäße gleichen Tiegeln, in denen Männer und Frauen Käſe bereiten, aber beide Arten ſind größer. Die unteren muß man bis an den Rand in Erde, Sand oder Aſche eingraben, in die oberen kommt das zerkleinerte Erz. Sie werden, nachdem ſie gefüllt ſind, mit Moos verſchloſſen, umgekehrt in die Öffnungen der unteren Gefäße geſteckt und dort mit Lehm gut verſchmiert, damit kein Queckſilber, welches in die unteren Gefäße geht, entweichen kann. Manche hegen, weil die unteren Gefäße eingegraben ſind, derartige Befürchtungen nicht, verſchmieren ſie nicht und rühmen ſich, daß ſie nicht weniger Queckſilber ausbringen als diejenigen, die die Töpfe verſchmieren. Auf alle Fälle iſt man aber gegen Verluſte beſſer geſchützt, wenn man die Töpfe verſchmiert. In dieſer Weiſe werden 700 Paar Töpfe auf den Erdboden oder auf eine Feuerſtätte geſtellt und von allen Seiten mit einer Miſchung von zerkleinerter Erde und Holzkohlenſtaub ſo eingehüllt, daß die oberen Gefäße eine Hand hoch herausragen. Auf allen Seiten rings um die Feuerſtätte hat man vorher Steine geſtellt, über die man lange Hölzer legt, auf welche dann die Arbeiter lange Querhölzer werfen. Obwohl dieſe Hölzer die Töpfe nicht berühren, erfahren dieſe doch eine ſtarke Erhitzung, und das Queckſilber, da es Hitze nicht vertragen kann, wird gezwungen, durch das Moos hindurch in die unteren Töpfe zu entweichen. Denn wenn die Erze in den oberen Töpfen erhitzt werden, flieht es aus ihnen dort, wo ſich ihm ein Ausgang bietet, in die unteren. Wenn man dagegen Erz in den unteren Töpfen erhitzt, ſo ſteigt das Queckſilber in die oberen Töpfe oder in kürbisartige Gefäße, die in einem Deckel angebracht ſind und die Stelle der oberen Gefäße vertreten. Die Töpfe müſſen, damit ſie nicht beſchädigt werden, aus beſtem Töpferton hergeſtellt werden. Wenn ſie nämlich beſchädigt werden, entweicht das Queckſilber aus ihnen zuſammen mit dem Rauch. Wenn dieſer einen ſtark ſüßlichen Geruch beſitzt, ſo zeigt das einen Queckſilberverluſt an. Da das Queckſilber die Zähne locker macht, müſſen die Schmelzer und ſonſtige dabeiſtehende Leute, die dieſe ſchädliche Wirkung kennen, ihren Rücken nach dem Winde kehren, der den Rauch nach der entgegengeſetzten Seite treibt. Denn der Arbeitsplatz muß vorn und an den Seiten offen und dem Winde ausgeſetzt ſein. Gleichartige Töpfe, die aus gegoſſenem Kupfer hergeſtellt ſind, vermögen lange Zeit der Einwirkung des Feuers zu widerſtehen. Dieſe Art der Queckſilbergewinnung iſt die am meiſten gebräuchliche.

In ähnlicher Weiſe werden Antimonerze, wenn ſie frei von anderen Metallen ſind, in oberen Töpfen, die zweimal ſo groß ſind als die unteren, verſchmolzen.

Welchen Inhalt jene haben, erkennt man aus dem Inhalt der Metallkuchen, die nicht überall das gleiche Gewicht haben. An manchen Orten macht man dieſe 6 Pfund ſchwer, an manchen 10, an anderen 20 Pfund. Wenn der Schmelzer ſeine Arbeit beendet hat, löſcht er das Feuer mit Waſſer, entfernt die Deckel von den Töpfen, wirft mit Aſche vermiſchte Erde ringsum und auf ſie und nimmt die Metallkuchen, wenn ſie erſtarrt ſind, aus den Töpfen[62].

Die brennende Feuerſtätte A. Die Hölzer B. Die nichtbrennende Feuerſtätte, in welche die Töpfe eingeſetzt werden C. Die Steine D. Die Topfreihen E. Die oberen Töpfe F. Die unteren Töpfe G.

Eine andere Art, Queckſilbererze zu verarbeiten, iſt folgende: Bauchige Töpfe werden in den oberen offenen Teil eines Herdofens eingeſetzt, mit dem zerkleinerten Erz gefüllt und mit Hauben bedeckt, die die Geſtalt einer Schelle oder, wie man ſie gewöhnlich nennt, einer Glocke haben und eine lange Naſe beſitzen. Danach wird alles gut abgedichtet. Von anderen Tongefäßen, die klein ſind und Kürbisform beſitzen und ebenfalls gut zugedeckt werden, nimmt je eines zwei dieſer Naſen auf. Raſch wird durch trockenes Holz, welches in den unteren Teil des Ofens gelegt und angezündet wird, das Erz erhitzt, bis alles Queckſilber in die

62) Das geſchilderte Verfahren führt nicht zur Gewinnung von metalliſchem Antimon, ſondern liefert Schwefelantimon (antimonium crudum, Sb_2S_3), welches in Form des ſehr leicht ſchmelzenden Antimonglanzes in den Erzen enthalten war und auf dieſe Weiſe ausgeſaigert wird.

Haube, welche die Stelle des oberen Tiegels vertritt, hinaufgetrieben ist. Von da, durch die Nasen ausfließend, wird es von den kürbisförmigen Tongefäßen aufgenommen.

Andere erbauen eine überwölbte Kammer, deren gemauerter Fußboden nach der Mitte zu abfällt. Innerhalb der Wände dieser Kammer befinden sich die Öfen, deren Feuertüren, durch welche Holz hineingelegt werden kann, bis außen durch

Die Töpfe A. Die Hauben B. Die Nasen C. Die kürbisförmigen Tongefäße D.

die Mauer reichen. Auf die Öfen werden die Töpfe gestellt und mit zerkleinertem Erz gefüllt. Um die Töpfe herum werden die Öfen von allen Seiten mit Lehmdichtung verschmiert, so daß kein Rauch aus der Feuerung entweichen kann, sondern daß er allein durch die Ofentür austreten muß. Darauf stellen sie zwischen den Boden und das Gewölbe grüne Bäume, machen das Eingangstor zu, verschließen die Fenster mit Glas und dichten alles mit Moos und mit Lehm so ab, daß kein Quecksilberdampf aus der Kammer austreten kann. Nachdem das Holz angebrannt ist, erhitzt sich das Erz, welches schließlich das Quecksilber ausschwitzt. Da es keine Hitze vertragen kann, sondern die Kälte liebt, setzt es sich an die Blätter der Bäume an, die eine kühlende Kraft besitzen. Nachdem die Arbeit beendet ist, löscht der Schmelzer das Feuer, öffnet, nachdem alles kalt geworden ist, das Tor und die Fenster und sammelt das Quecksilber, welches, da es schwer ist,

Die überwölbte Kammer A. Das Eingangstor B. Die Fenster C. Die Feuertüren der Öfen D. Ein Ofen, wie er in der Kammer steht E. Die Töpfe F.

zum größten Teile von selbst von den Bäumen abfällt und nach einer Vertiefung in der Mitte des Bodens zusammenläuft. Wenn es aber nicht vollständig abgefallen ist, bringt er es durch Schütteln zum Abfallen.

Eine vierte Art der Quecksilbergewinnung wird in folgender Weise ausgeführt. Ein größerer Topf wird auf einen Dreifuß gestellt und mit zerkleinertem Erz gefüllt. Darauf kommt 2 Finger hoch Sand oder Asche, die festgestampft werden. Auf die Öffnung dieses Topfes wird ein zweiter Topf mit seiner Öffnung aufgesetzt und die Verbindungsstelle mit Lehm abgedichtet, damit kein Dampf entweicht. Wenn das Erz durch Feuer erhitzt wird, haucht es das Quecksilber aus, welches, durch den Sand oder die Asche hindurchdringend, in den oberen Topf gelangt, wo es, sich zu Kügelchen vereinigend, auf den Sand oder die Asche niederfällt. Durch Verwaschen dieser gewinnt man das Quecksilber.

Ein fünftes Verfahren ist dem vierten ziemlich ähnlich. An Stelle dieser Töpfe werden andere Töpfe oder Tongefäße genommen, die am Boden eng, an ihrer oberen Öffnung weiter sind. Sie werden mit zerkleinertem Erz ziemlich vollgefüllt und auf dieses ähnlich wie vorhin eine 2 Finger dicke Lage von Asche gebracht und festgestampft. Diese Gefäße werden mit einem fingerdicken Deckel

Der größere Topf A. Der kleinere Topf B. Der Dreifuß C.
Faß, in dem der Sand verwaſchen wird D.

verſchloſſen und dieſer von innen mit geſchmolzener Bleiglätte abgedichtet. Auf den Deckel kommt ein ſchwerer Stein. Die Gefäße werden in einen Ofen geſtellt. In gleicher Weiſe wie vorhin haucht das erhitzte Erz das Queckſilber aus, welches, vor der Hitze fliehend, nach dem Deckel gelangt, von dem es erkaltend auf die Aſche fällt, aus der dann ebenfalls durch Verwaſchen das Queckſilber gewonnen wird.

Nach dieſen fünf verſchiedenen Verfahren kann Queckſilber dargeſtellt werden, und keines von ihnen iſt zu verachten oder zu verwerfen. Wenn indes eine Grube ſehr große Mengen Erz liefert, iſt das erſte Verfahren am bequemſten und vorteilhafteſten, da man mit ihm große Mengen Erz auf einmal verarbeiten kann.

Wismut wird aus ſeinen Erzen, wenn ſie ſilberfrei ſind, nach verſchiedenen Verfahren gewonnen. Nach dem erſten wird in trockenem Boden eine kleine Vertiefung gegraben, Kohlenpulver in ſie geworfen, dieſes feſtgeſtampft und alles durch glühende Kohlen getrocknet. Über dieſe Vertiefung hinweg werden breite trockene Buchenſcheite gelegt und auf ſie das Wismuterz aufgeworfen. Wenn dann das Holz angezündet und in Glut geraten iſt, tropft das ausgeſchmolzene Wismut in die Grube herab. Der erſtarrte Metallkuchen wird herausgenommen.

Die Töpfe A. Die Deckel B. Der Stein C. Der Ofen D.

Da aber häufig Kohlen von dem verbrannten Holz und auch manchmal Schlacken in das in der Grube ſich anſammelnde Wismut fallen und es verunreinigen, wird es nochmals in irgendeinem Tiegel umgeſchmolzen, um es zu reinigen. Manche legen aus dieſem Grunde die Grube an einem Hange an und unterhalb der Grube einen Vorherd, in dem das Wismut, welches aus der Grube herausfließt, dann in reinem Zuſtande erhalten wird. Aus ihm ſchöpfen ſie es mit einer Kelle aus, gießen es in eiſerne, innen mit Ton ausgeſtrichene Gußformen und ſtellen ſo Kuchen her. Die gleiche Grube kleiden ſie auch mit Steinen aus und verſchmieren, damit kein Wismut hindurchſickert, die Fugen mit Lehm, der mit Kohlenſtaub vermiſcht iſt. Andere werfen das Erz in Rinnen, die aus Fichtenholz gemacht ſind und geneigt liegen, und ſchmelzen, wenn ein ſchwacher Wind geht, indem ſie kleines Holz darauflegen und anzünden. Dabei fließt das flüſſig gewordene Wismut aus den Rinnen in eine an ihrem unteren Ende befindliche Vertiefung. Schlacken aber und Gangarten, die eine goldgelbe Farbe zeigen[63], bleiben, wie dies auch bei den breiten Scheiten, die über die Grube gelegt werden, der Fall iſt, in der Rinne zurück. Sie werden ebenfalls verkauft.

63) d. h. durch Wismutoxyd gefärbt. Bei dem hier geſchilderten Verfahren wird natürlich nur das in gediegenem Zuſtande im Erz vorhandene Wismut, und auch dieſes nur unvollſtändig gewonnen.

Die Grube mit darübergelegten Holzſcheiten A. Der Vorherd B. Die Kelle C. Eiſerne Gußformen D. Metallkuchen E. Leere, mit Steinen ausgekleidete Grube F. Holzrinne G. Die Sammelgruben der Rinnen H. Das über die Rinnen gelegte kleine Holz I. Der Wind K.

Andere ſchmelzen in eiſernen Tiegeln auf folgende Weiſe: Sie legen trockenes und ziemlich kleines Holz in Zwiſchenräumen von ungefähr $1^{1}/_{2}$ Fuß kreuz und quer auf Ziegelſteine und zünden es an. Daneben ſtellen ſie eiſerne, innen mit Ton ausgeſtrichene Tiegel, die mit kleinſtückigem Erz gefüllt ſind. Wenn dann der Wind eine ſtarke Flamme des Feuers in die Tiegel hineintreibt, ſaigert das Wismut aus. Damit es zuſammenfließen kann, wird das Erz mit einer Zange durchgerührt.

Die Hölzer A. Die Ziegelſteine B. Die Gußform C[65]. *Der Ofen D. Der Tiegel E. Das Abflußrohr F. Der untergeſtellte Tiegel G.*

Wenn ſie glauben, daß alles Wismut ausgeſaigert iſt, faſſen ſie die Tiegel mit einer Zange, nehmen ſie weg, gießen das Metall in leere Gußformen und ſtellen ſo aus dem Inhalte mehrerer Tiegel einen einzigen Kuchen her. Andere verſchmelzen Erz, in dem kein Kobalt[64] enthalten iſt, in einem Ofen, der einem Schmiedefeuer ähnlich iſt. In ſeine Vertiefung ſtellen ſie einen Tiegel, der aus zerkleinerter, mit Kohlenpulver gemiſchter Erde hergeſtellt iſt. In ihn werfen ſie das zerkleinerte

64) Im lateiniſchen Text ſteht cadmia, was im Wörterverzeichnis mit „Kobelt“ überſetzt iſt. Wahrſcheinlich denkt Agricola dabei an die Erze von Schneeberg, welche zum Teil aus Nickel- und Kobaltmineralien mit gediegen Wismut beſtehen.

65) Die mit den Buchſtaben A, B und C bezeichnete Schmelzeinrichtung dient offenbar dazu, das nach den folgenden beiden Gewinnungsverfahren in Form einzelner Kügelchen erhaltene Wismut zu einem Kuchen zuſammenzuſchmelzen.

Erz oder die durch Verwaschen erhaltenen Konzentrate, aus denen größere Mengen Wismut aussaigern. Für Erze nehmen sie Kohlen zusammen mit kleinen trockenen Holzstücken, für Konzentrate Kohlen allein; in beiden Fällen wenden sie einen schwachen Gebläsewind an. Der Tiegel besitzt ein Abflußrohr, durch welches das flüssige Wismut in eine untergestellte Gußform rinnt, in der sich ein Kuchen bildet.

Die Feuerstätte, auf der das Erz erhitzt wird A. Die Feuerstätte, auf der ausgesaigerte Wismutkügelchen liegen B. Die Zange C. Die Mulde D. Der Wind E.

Andere erbauen sich auf einem Hügel, der aus den aus der Grube geförderten Gesteinen entstanden [66] und dem Winde ausgesetzt ist, eine Feuerstätte von 1 Fuß Höhe, 3 Fuß Breite und $4^{1}/_{2}$ Fuß Länge, die sie mit einer Umfassung von vier Brettern umgeben und zusammenhalten und oben mit einer dicken Lehmschicht bedecken. Auf diese Feuerstätte legen sie zunächst trockenes kleines Fichtenholz und auf dieses sodann das zerkleinerte Erz. Wenn Wind geht, zünden sie das Holz an. Auf diese Weise saigert das Wismut aus. Wenn das Holz durch das Feuer verzehrt ist, räumen sie die Asche und die Kohlen weg. Wismutkügelchen, die auf den Boden der Feuerstätte gefallen und dort bereits erkaltet und erstarrt sind, nehmen sie mit einer Zange heraus, geben sie in eine kleine Mulde und stellen daraus durch Umschmelzen in eisernen Tiegeln Kuchen her.

[66] d. i. eine Grubenhalde.

Die Kiſte A. Ihre Achſe B. Die kreuzweiſe verbundenen Balken C. Der Roſt D. Seine Füße E. Das brennende Holz F. Die Stange G. Die Gußform, in der das Wismut zuſammengeſchmolzen wird H. Kleinere Gußformen I. Metallkuchen K. Die zweizinkige Gabel L. Der Beſen M.

Andere endlich füllen eine Kiſte von 8 Fuß Länge, 4 Fuß Breite und 2 Fuß Höhe beinahe ganz mit Sand, legen Ziegel darauf und ſtellen ſich ſo eine Feuerſtätte her. Die Kiſte beſitzt in der Mitte unten am Boden eine ſenkrechte hölzerne Achſe, die ſich in einem Loch zweier kreuzweiſe angeordneter Balken dreht. Dieſe ſind aus hartem Holz, dick und in die Erde eingelaſſen. Sie ſind von beiden Seiten her durchbohrt, und in die Öffnungen werden zugeſpitzte Keile eingetrieben, damit die Balken feſt miteinander verbunden ſind. Die Kiſte aber kann gedreht und nach der Himmelsrichtung gewendet werden, aus der der Wind weht. Auf dieſe Feuerſtätte legen ſie einen eiſernen Roſt, der ſo lang und breit wie dieſe ſelbſt und 3/4 Fuß hoch iſt. Er beſitzt ſechs Füße und ſo viel Querſtäbe, daß ſie ſich beinahe berühren. Auf den Roſt legen ſie Reiſig, darauf die Erzſtücke und auf dieſe wiederum Reiſig; durch Anzünden des letzteren ſchmelzen ſie das Erz aus. Da bei dieſem Verfahren das ausfließende Wismut am wenigſten verbrannt wird, iſt es das beſte. Das Wismut fließt dabei durch den Roſt auf die Feuerſtätte, während die Rückſtände zuſammen mit den Kohlen auf dem Roſte zurückbleiben. Nach Beendigung der Arbeit heben die Schmelzer den Roſt mit einer Stange ab, drehen ihn um und ſtürzen die Rückſtände auf einen Haufen. Mit Beſen kehren ſie das Wismut ab, ſammeln es in einem Trog und ſtellen daraus durch Zuſammenſchmelzen in eiſernen Gußformen Kuchen her. Wenn dieſe erſtarrt ſind, drehen ſie ſie mittels einer zweizinkigen Gabel, deren einer Zinken wieder in zwei Zinken geſpalten iſt, um, damit die Kuchen herausfallen. Sodann kehren ſie von neuem zu ihrer Arbeit zurück.

ENDE DES NEUNTEN BUCHES

ZEHNTES BUCH

NACHDEM ich im vorigen Buche das Verſchmelzen der Erze und die Gewinnung der Rohmetalle daraus geſchildert habe, werde ich nun auseinanderſetzen, wie ein edles Metall von einem unedlen und umgekehrt ein unedles von einem edlen Metalle getrennt wird; denn es kommt häufiger vor, daß zwei, ſeltener, daß noch mehr verſchiedene Metalle aus einem und demſelben Erz erſchmolzen werden. So enthält das Silber und Kupfer von Natur gewöhnlich etwas Gold; das Gold, Kupfer, Blei und Eiſen etwas Silber; das Gold, Silber, Blei und Eiſen etwas Kupfer; das Silber etwas Blei und das Kupfer ſchließlich etwas Eiſen.

Ich beginne mit dem Golde. Es wird vom Silber oder dieſes auch von jenem, ſei es, daß Natur oder daß Kunſt ſie legiert habe, durch Scheidewaſſer [1] getrennt oder mit Hilfe eines ähnlich zuſammengeſetzten Pulvers [2]. Um auch hier die richtige Reihenfolge einzuhalten, werde ich zunächſt die Miſchungsverhältniſſe der Beſtandteile, aus denen das Scheidewaſſer hergeſtellt wird, beſprechen, darauf deſſen Herſtellungsverfahren und ſchließlich die Methode, nach der Gold von Silber, Silber von Gold geſchieden wird [3].

Faſt alle Miſchungen enthalten Vitriol [4] oder Alaun, weil dieſe allein für ſich, mehr noch in Verbindung mit Salpeter, die Fähigkeit beſitzen, Silber von Gold zu ſcheiden; während die übrigen Beſtandteile zwar jene unterſtützen, einzeln jedoch durch eigene Kraft und aus eigener Natur dieſe Metalle nicht zu ſcheiden vermögen, höchſtens, wenn vereint und in großer Menge.

Da nun eine größere Anzahl von Miſchungen vorkommt, werde ich einige davon anführen. Die erſte, deren Gebrauch allgemein verbreitet iſt, enthält 1 Pfund Vitriol, ebenſoviel Kochſalz und 1/3 Pfund Quellwaſſer; die zweite 2 Pfund Vitriol, 1 Pfund Salpeter und ſo viel Quell- oder Flußwaſſer, als der Vitriol an Gewicht verliert, wenn er unter der Einwirkung des Feuers zu Pulver zerfällt. Die dritte beſteht aus 4 Pfund Vitriol, 2 1/2 Pfund Salpeter, 1/2 Pfund Alaun, 1 1/2 Pfund Quellwaſſer; die vierte aus 2 Pfund Vitriol, ebenſoviel Salpeter, 1/4 Pfund Alaun

[1] Lat. aqua valens. Hierunter kann, wie aus dem im 7. Buche (S. 214 f.) und ſpäter im 10. Buche geſchilderten Verhalten der Säure bei der Scheidung hervorgeht, nur Salpeterſäure verſtanden werden. Die erſte hier angegebene Miſchung liefert aber bei der Deſtillation nicht dieſe, ſondern Chlorwaſſerſtoffſäure (Salzſäure). Ebenſo iſt von den im übernächſten Abſatz angegebenen Miſchungen nur die dritte zur Darſtellung von Salpeterſäure geeignet. Die erſte und zweite liefern höchſtens etwas verdünnte Schwefelſäure, die vierte aber ein Gemiſch von Salpeterſäure und Chlorwaſſerſtoffſäure, alſo Königswaſſer (aqua regia). Beide eignen ſich nicht für die Scheidung des Silbers vom Golde, da verdünnte Schwefelſäure das Silber nicht löſt, das Königswaſſer aber Gold löſt und Silber in Chlorſilber verwandelt. Bei der Beſchreibung der Darſtellung und Reinigung der Salpeterſäure ſchließt ſich Agricola ziemlich eng an die von Vanoccio Biringuccio in ſeiner Pirotechnia gegebene an; vgl. die deutſche Ausgabe von Otto Johannſen 1925, S. 216 ff.

[2] Scheidepulver.

[3] Unter „Scheiden" verſteht man die Trennung der Edelmetalle voneinander, während man allgemein die Entfernung von Verunreinigungen aus Metallen „Raffinieren" nennt. Speziell die Trennung von Blei und Edelmetallen durch Überführung des Bleies (und der darin enthaltenen Verunreinigungen) in die Oxydform nennt man „Treiben".

[4] Atramentum sutorium; Vitriol, der früher zum Schwärzen des Leders benutzt wurde. Da hier die Farbe nicht angegeben iſt, kann nicht entſchieden werden, um welchen Vitriol es ſich handelt; wahrſcheinlich iſt Eiſenvitriol ($FeSO_4 \cdot 7H_2O$) gemeint.

und 3/4 Pfund Quellwaſſer; die fünfte aus 1 Pfund Salpeter, 3 Pfund Alaun, 1/2 Pfund Ziegelmehl und 3/4 Pfund Quellwaſſer; die ſechſte aus 4 Pfund Vitriol, 3 Pfund Salpeter, je 1 Pfund Alaun und eines Steines dritter Art, der, in einen heißen Ofen geworfen, leicht ſchmilzt, und 1 1/2 Pfund Quellwaſſer. Die ſiebente entſteht aus 2 Pfund Vitriol, 1 1/2 Pfund Salpeter, 1/2 Pfund Alaun, 1 Pfund eines Steines dritter Art, der, in einen heißen Ofen geworfen, leicht ſchmilzt, und 1 1/2 Pfund Waſſer. Die achte wird aus 2 Pfund Vitriol, ebenſoviel Salpeter, 1 1/2 Pfund Alaun und 1 Pfund des Rückſtandes vom Scheidewaſſer[5] hergeſtellt; zu je 1 Pfund davon gießt man 1/6 Pfund Harn. In der neunten ſind 2 Pfund Backſteinpulver, 1 Pfund Vitriol und gleichfalls 1 Pfund Salpeter, eine Handvoll Kochſalz und 3/4 Pfund Quellwaſſer. In der zehnten allein iſt weder Vitriol noch Alaun; ſie enthält 3 Pfund Salpeter, 2 Pfund des Steines dritter Art, der, in einen heißen Ofen geworfen, leicht im Feuer ſchmilzt, je 1/2 Pfund Grünſpan, Antimonglanz, Eiſenfeilſpäne und Aſbeſt und 1 1/6 Pfund Quellwaſſer.

Den Vitriol aber, aus dem die meiſten dieſer Wäſſer gewöhnlich hergeſtellt werden, läßt man ſtets vorher auf folgende Weiſe zu Pulver zerfallen: Man wirft ihn in einen innen mit Glätte überzogenen Tontiegel und erhitzt bis zum Schmelzen; darauf wird er mit einem Kupferſtab umgerührt und nach dem Erkalten zu Pulver zerrieben; ebenſo zerreibt man den unter dem Einfluß des Feuers geſchmolzenen und wieder erkalteten Salpeter zu Pulver, desgleichen den Alaun; dieſen brennen manche auch auf einem Eiſenblech und laſſen ihn ſo zu Staub zerfallen.

Obgleich nun alle dieſe Wäſſer auch Goldkrätzen und -ſtaub von den Verunreinigungen trennen, gibt es doch gewiſſe Miſchungen, welche beſondere Wirkſamkeit beſitzen: Die erſte davon beſteht aus 1 Pfund Grünſpan und 3/4 Pfund Vitriol; zu je 1 Pfund davon gießt man 1/6 Pfund Quell- oder Flußwaſſer. Es mag genügen, ein für allemal zu ſagen, daß dies auch von allen (folgenden) Miſchungen gilt. Die zweite wird hergeſtellt aus je 1 Pfund künſtlichem Auripigment, Vitriol, Kalkſtein, Alaun und Aſche, wie ſie die Wollfärber gebrauchen[6], 1/4 Pfund Grünſpan und 1 1/2 Unzen Stibium[7]; die dritte aus 3 Pfund Vitriol, 1 Pfund Salpeter, 1/2 Pfund Aſbeſt und gleichfalls 1/2 Pfund Backſteinpulver; die vierte aus je 1 Pfund Salpeter und Alaun und 1/2 Pfund Salmiak.

Der Ofen zur Herſtellung des Scheidewaſſers beſteht aus Backſtein und iſt viereckig, je 2 Fuß breit und lang, anderthalbmal ſo hoch. Er iſt mit eiſernen Blechen bedeckt, die auf Eiſenſtäben aufliegen. Dieſe Bleche ſind oben mit Lehm überzogen und beſitzen in der Mitte ein rundes Loch, das ſo groß iſt, daß es einen Tontiegel aufnehmen kann, in dem ein Glaskolben ſteht. Auf jeder Seite dieſer Öffnung befinden ſich zwei kleine, gleichfalls runde Windlöcher. Der unterſte Teil des Ofens trägt 1 Hand hoch über dem Boden ebenfalls eiſerne Bleche, welche durch Eiſenſtäbe feſtgehalten werden, ebenſo wie die brennenden Kohlen durch dieſe Bleche. Außerdem iſt vorn in der Mitte eine Öffnung zum Einführen des Feuers in den Ofen angebracht[8], je 1/2 Fuß hoch und breit und oben rund, darunter ein Windloch. In den im Ofen ſtehenden Tontiegel gibt man 1 Finger hoch reinen Sand; hier hinein ſtellt man einen Glaskolben, und zwar ſo tief, als er mit Lehm überzogen iſt. Er wird nämlich zu wenig mehr als einem Viertel, und zwar im un-

5) Vgl. 7. Buch Anm. 22, S. 200. 6) Pottaſche. 7) Antimonglanz. 8) Die Feuertür.

teren Teil, mit breiigem Lehm acht- oder zehnmal knapp messerdick bestrichen und dazwischen ebensooft getrocknet, bis die Dicke der Lehmschicht ungefähr eines Daumens Stärke besitzt. Solcher Lehm wird, damit er keine Sprünge bekommt, mit Haaren und Baumwollfasern oder mit von alten Lappen abgeschabten Fäden sowie mit Kochsalz vermischt und mit einem Eisenstab öfters durchgeknetet.

Der Ofen A. Seine runde Öffnung B. Die Windlöcher C. Die Ofentür D. Das Windloch unter dieser E. Der Tiegel F. Kolben G. Helme H. Die Helmschnauze I. Vorlagen K. Der Korb, in den die Vorlage gesetzt wird, damit sie nicht zerbricht L.

Nun werden die Bestandteile der Mischung in den Kolben gefüllt, jedoch nicht so viel davon, daß er gänzlich voll wird, damit nicht die Schmelze bis zum Helm[9] steigt; dieser besteht ebenfalls aus Glas und wird mit dem Kolben durch Leinenstreifen, die mit angefeuchtetem Weizenmehl und Eiweiß bestrichen sind, dicht verbunden. Diese Stelle wird zudem mit Lehm ohne Salzzusatz verschmiert. In ähnlicher Weise wird die Helmschnauze mit einem anderen Glaskolben[10] durch Leinenstreifen verbunden und hier mit Lehm überzogen; diese Vorlage dient zur Aufnahme des überdestillierenden Scheidewassers. Doch wird ein ganz dünner

9) Ein helmförmiger Deckel mit seitlichem Ansatz (der Schnauze) zum Abführen der Destillationsprodukte.
10) Vorlage.

eiſerner Nagel oder ein dünner Holzkeil, wenig dicker als eine Nadel, an der Verbindungsſtelle angebracht, ſo daß er herausgezogen werden kann, ſobald der Arbeiter Zufuhr von Luft bei dieſer Deſtillationsmethode für nötig hält; dieſe Notwendigkeit tritt ein, wenn die ſtarken Dämpfe allzu heftig aufſteigen. Die vier Luftlöcher, die, wie geſagt, oben an den Seiten der großen Öffnung, welche den Kolben aufnimmt, ſein müſſen, ſind mit Lehm zu verſchließen.

Sind dieſe Vorbereitungen alle richtig getroffen, ſo wird die Beſchickung des Kolbens ſo lange allmählich durch glühende Kohlen erhitzt, bis ſie beginnt, Dampf zu entwickeln und es ausſieht, als ob der Kolben ſtark ſchwitze. Sobald er nun durch die emporſteigende Feuchtigkeit rot wird und ſich an der Helmſchnauze Waſſertropfen zeigen, muß alle Sorgfalt angewandt werden, damit höchſtens alle fünf, mindeſtens alle zehn Pendel- oder Glockenſchläge einer Uhr ein Tropfen fällt; fallen die Tropfen raſcher, ſo ſpringen die Gläſer, wenn langſamer, wird die begonnene Arbeit nicht in der beſtimmten und feſtgeſetzten Zeit von 24 Stunden fertig. Damit der erſte Fall nicht eintritt, werden die Kohlen mittels eines klemmenartigen Werkzeuges zum Teil herausgeholt; zur Verhinderung des anderen Falles legt man kleine trockene Eichenholzſtückchen auf die Kohlen und erhitzt ſo die Beſchickung durch ſchärferes Feuer; auch kann man, wenn erforderlich, die oberen Windlöcher öffnen. Ferner muß, ſobald Tropfen überdeſtillieren, die Vorlage mit einem feuchten Tuch bedeckt werden, um die zu ſtark aufſteigenden Dämpfe zurückzuſtoßen[11]. Wenn der Kolben[12] nach Schmelzen der Beſchickung von der Flüſſigkeit weiß wird, iſt mit ſchärferem Feuer zu erhitzen, bis alle Tropfen überdeſtilliert ſind.

Nach dem Abkühlen des Ofens wird etwas von dem Scheidewaſſer filtriert und in einen kleinen Glaskolben gegoſſen; dazu gibt man ¹/₂ Drachme Silber, bei deſſen Auflöſung die trübe Flüſſigkeit klar wird. Man gießt ſie nun in den alles übrige Scheidewaſſer enthaltenden Kolben, und ſobald ſich der Niederſchlag abgeſetzt hat, wird er nach dem Abgießen des Waſſers herausgenommen; das Scheidewaſſer aber wird für den Gebrauch aufbewahrt.

Die Scheidung des Goldes vom Silber erfolgt nun folgendermaßen: Zunächſt wird die Legierung unter Zuſatz von Blei auf einer Kapelle ſo lange erhitzt, bis alles Blei verdampft iſt; 1 Mark davon darf nur 5, höchſtens 6 Drachmen Kupfer enthalten[13]; denn bei höherem Kupfergehalt verbindet ſich das vom Gold geſchiedene Silber bald wieder mit jenem. Das güldiſche geſchmolzene Silber wird entweder in Granalienform übergeführt, indem man es mit einem am unteren Ende aufgeſpaltenen Stabe rührt, oder in eine eiſerne Form gegoſſen und nach dem Erkalten daraus dünnes Blech hergeſtellt.

Da die Herſtellung von Granalien aus ſilberhaltigem Gold mehr Sorgfalt und Mühe erfordert als bei anderen Metallen, werde ich ſie jetzt kurz beſchreiben: Man gibt es zunächſt in einen Tiegel, bedeckt dieſen mit einem Deckel und ſetzt ihn in einen anderen Tontiegel, der eine mäßige Menge Aſche enthält. Darauf bringt man die Tiegel in einen Ofen, in dem das Feuer durch einen Blaſebalg angefacht werden kann[14], umgibt ſie mit Holzkohle und außerdem, damit ſie nicht umfallen, mit Steinbrocken oder Ziegelſteinen. Nun trägt man auf den oberen

[11] d. h. um raſche Kondenſation herbeizuführen. [12] oder der „Alembik“.
[13] entſprechend 7,8 bis 9,4%. [14] Windofen.

Tiegel Holzkohle ein, darauf glühende Kohle und auf dieſe wieder Holzkohle, ſo daß der Tiegel von allen Seiten davon umgeben und bedeckt iſt; ſo erhitzt man ihn 1/2 Stunde oder etwas länger durch die glühenden Kohlen und paßt auf, daß er nicht nach dem Wegbrennen derſelben abkühlt; hierauf wird durch die Düſe des Blaſebalges Wind eingeblaſen, ſo daß das Gold zu ſchmelzen beginnt. Man rührt nun um und überzeugt ſich durch eine herausgenommene Probe, ob es geſchmolzen iſt. Iſt es geſchmolzen, ſo trägt man den Zuſchlag ein, bedeckt es ſofort wieder mit dem Deckel, damit es nicht verdampft, und erhitzt noch ſo lange, als jemand braucht, um fünfzehn Schritte zu gehen. Jetzt ſchöpft man das Gold mittels eines mit der Zange erfaßten Pfännleins aus und gießt es langſam von oben herab in eine längliche, mit ganz kaltem Waſſer gefüllte Bütte, damit die Granalien nicht zu dick werden; je flacher, dünner und unrunder ſie werden, um ſo geeigneter ſind ſie; zu dieſem Zwecke iſt das Waſſer mit einem am Ende bis zur Mitte in vier Teile geſpaltenen Stecken gut zu rühren.

Das Blech wird, in kleine Stückchen zerſchnitten, ebenſo wie die Silbergranalien in einen Glaskolben eingetragen, ſo viel Scheidewaſſer zugegoſſen, daß es einen Finger hoch über dem Silber ſteht, und der Kolben mit einer Blaſe oder einem mit Wachs getränkten Lappen bedeckt, damit nichts verdampft. Man erhitzt nun, bis das Silber ſich löſt, was man am Aufkochen des Waſſers merkt. Am Grunde bleibt ein Rückſtand von ſchwärzlichem Gold, während das ſilberhaltige Scheidewaſſer darüberſteht. Die einen gießen dieſes nun in eine kupferne Pfanne aus und kaltes Waſſer zu, welches das Silber ſofort in feſter Form ausſcheidet; dieſes nehmen ſie nach Abgießen des Waſſers heraus und trocknen es; nach dem Trocknen erhitzen ſie es in einem Tontiegel zum Schmelzen und gießen es dann in eine Eiſenform. Das im Kolben zurückgebliebene Gold aber waſchen ſie mit warmem Waſſer, filtrieren es ab, trocknen es, erhitzen es in einem Tiegel mit etwas Chryſokolla, die man Borax nennt, und gießen es nach dem Schmelzen ebenfalls in eine eiſerne Form. – Andere wieder ſetzen dem aus Gold und ſilberhaltigem Scheidewaſſer beſtehenden Kolbeninhalt das Zwei- bis Dreifache an warmem Waſſer zu und geben in denſelben Kolben oder in eine Pfanne, in welche alles ausgegoſſen wurde, Blei- und Kupferſchnitzel: das Gold ſetzt ſich am Blei, das Silber am Kupfer ab, worauf ſie das Blei vom Golde, das Kupfer vom Silber, jedes für ſich, auf Kapellen trennen.

Indeſſen empfiehlt ſich keine von dieſen beiden Arbeitsmethoden, weil dabei das Scheidewaſſer, nachdem es Gold vom Silber getrennt hat, verlorengeht, während es doch möglich iſt, es wieder zu verwenden. Man überzieht daher einen Glaskolben, der innen am Boden eine kegelförmige Erhebung beſitzt, wie oben beſchrieben, im unteren Teil mit Lehm und beſchickt ihn mit 3 1/2 römiſchen Pfund[15)] Silbers; darauf gießt man Scheidewaſſer hinzu, ſetzt ihn in einen Tontiegel oder einen Kaſten, der Sand enthält[16)], und erhitzt zunächſt auf ſchwachem Feuer. Damit aber das Waſſer nicht verdampft, beſtreicht man ihn am oberen Rande ringsum mit Lehm und bedeckt ihn mit einem Glashelm; unter deſſen Schnauze kommt eine Vorlage zu ſtehen, welche die überdeſtillierenden Tropfen aufnimmt; dieſe ſteht gleicherweiſe in einem Sandbad. Die Beſchickung wird beim Erhitzen rot; wenn

15) Auffallenderweiſe ſchreibt Agricola an dieſer Stelle das „römiſche" Pfund, welches nur 321 g wog.
16) Sandbad.

aber die rote Farbe nicht mehr erſcheint, nimmt man den Kolben aus dem Tiegel oder Sandbad heraus und ſchüttelt ihn um; durch die Bewegung erwärmt ſich das Waſſer und wird abermals rot[17]. Wenn man dies vor Zuſatz weiteren Scheidewaſſers zwei- oder dreimal ausführt, wird ſowohl die Arbeit raſcher fertig als auch weniger von dem Waſſer verbraucht. Sobald aber der erſte Zuſatz ganz abdeſtilliert iſt, gibt man nochmals dieſelbe Menge Silber wie zuerſt in den Kolben; würde man das Ganze auf einmal eintragen, ſo würde ſeine Scheidung vom Gold nur ſchwer erfolgen; dazu gibt man einen zweiten Zuſatz Scheidewaſſer, und zwar angewärmt, ſo daß dieſes und der Kolben ähnliche Temperatur haben und er nicht infolge ſtarker Abkühlung ſpringt; auch pflegt er zu ſpringen, wenn er von einem kalten Luftzug getroffen wird. Darauf erfolgt ein dritter und, falls erforderlich, ein vierter Waſſerzuſatz, d.h. es wird ſo lange von dem Scheidewaſſer nachgeſetzt, bis das Gold die Farbe gebrannter Ziegel angenommen hat. Der Arbeiter ſoll dabei zwei Sorten Scheidewaſſer zur Hand haben, von denen die eine ſtärker iſt als die andere. Zuerſt verwende er die wirkſamere, darauf die ſchwächere und ſchließlich wieder die ſtärkere. Wenn das Gold ſchon eine rotgelbe Farbe angenommen hat, gießt er Quellwaſſer zu und läßt auf dem Feuer aufkochen; es wird viermal ausgewaſchen. Nun erhitzt er es ſo lange im Tiegel, bis es ſchmilzt. Die Waſchwäſſer aber werden aufgehoben, da ſie noch etwas Silber enthalten; deshalb kocht man ſie in einem Kolben und fängt die zuerſt übertretenden Tropfen in einer anderen Vorlage auf als die ſpäter anfallenden, wenn der Helm beginnt, rot zu werden. Letzteres Waſſer iſt zum Probieren des Goldes geeignet, erſteres zum Auswaſchen; das erſtere kann auch den Beſtandteilen, aus denen das Scheidewaſſer hergeſtellt wird, zugeſetzt werden.

Das zuerſt überdeſtillierte, ſilberhaltige Waſſer wird nun in einem unten erweiterten Kolben, der oben gleichfalls mit Lehm beſtrichen und mit einem Helm verſchloſſen iſt, zur Abſcheidung des Silbers in derſelben Weiſe erhitzt. Steigt dabei das Waſſer bis zum oberen Rand, ſo wirft man entweder ein oder zwei Kügelchen hinein, die aus feingeſchnittener Seife und pulveriſiertem Weinſtein[18] beſtehen, welche in einem Topf auf ſchwachem Feuer erhitzt und zuſammengemiſcht wurden, oder man rührt das Silber mit einem am Ende geſpaltenen Haſelſtäbchen um. In beiden Fällen wallt das Waſſer auf, geht aber bald darauf wieder zurück. Sobald die ſtärkſten Dämpfe auftreten, ſieht das Waſſer wie Öl aus, und der Helm wird rot; damit aber die Dämpfe nicht entweichen, werden Kolben und Deckel an der Verbindungsſtelle ihrer Öffnungen vollkommen mit Lehm verſchmiert. Das Waſſer wird nun anhaltend bei ſchärferem Feuer gekocht, ſchließlich ſo viel Holzkohle in den Ofen gegeben, daß die Glut bis zum Tiegel reicht. Sobald nun alles Waſſer abdeſtilliert iſt und im Kolben nur noch das durch die Hitze des Feuers getrocknete Silber übrig iſt, nimmt man ihn heraus, klopft das Silber los und ſchüttet es in einen Tontiegel. Hier erhitzt man es bis zum Schmelzen, zieht die geſchmolzene Schlacke mit einem am Ende ſchleifenförmig gebogenen Eiſendraht ab, und der Silberkuchen iſt fertig. Die abgezogene Schlacke wird pulveriſiert, mit Bleiglätte, Weinſtein, Glasgallen[19] und Salpeter[20] im Tontiegel erhitzt,

[17] Die rote Farbe iſt auf das Auftreten von Stickstoffperoxyddämpfen (NO_2) zurückzuführen.

[18] Siehe 7. Buch Anm. 21, S. 200. [19] Siehe 7. Buch Anm. 17, S. 200.

[20] Lat. halinitrum. Indes kann dieſer hier kaum gemeint ſein, da er die beabſichtigte Reduktion von Bleioxyd verhindern würde; ſ. auch 7. Buch Anm. 18, S. 200.

die fallende Maſſel auf der Kapelle abgetrieben. Iſt das Silber aber noch nicht genügend durch die Hitze des Feuers getrocknet, ſo erſcheint der Kolbeninhalt oben ſchwarz; doch tritt beim Schmelzen Verbrennung ein. Nachdem man den auf den unteren Teil des Kolbens aufgetragenen Lehm entfernt hat, erhitzt man daher nochmals im Tiegel bis zum vollſtändigen Verſchwinden der ſchwarzen Farbe.

Wenn dem erſten Waſſer das folgende, ebenfalls ſilberhaltige, zugeſetzt werden ſoll, ſo muß dies vor Auftreten der ſtärkſten Dämpfe, bevor das Waſſer ölig er-

Die in den Tiegel eingeſetzten Glaskolben A. Der aufrecht im Eiſengeſtell ſtehende Kolben B. Die im Sandbad ſtehenden Kolben C; ihre Helme beſitzen Schnauzen, die geradeaus in darunter angebrachte Kolben reichen. Die gleichfalls im Sandbad ſtehenden Kolben D, deren Helmſchnauzen ſich kreuzend in darunterſtehende Kolben reichen. Die Vorlagen E für die Aufnahme des Scheidewaſſers, ebenfalls in tiefer liegenden Sandbädern ſtehend. Eiſerner Dreifuß F, in den man den Kolben zu ſetzen pflegt, um kleine Goldteilchen von wenig Silber zu trennen. Der Tiegel G.

ſcheint und der Deckel rot wird, erfolgen; denn wer ſpäter das Waſſer zuſetzt, richtet Schaden an, weil dann das Waſſer meiſt herausſpritzt und das Glas zerſpringt. Wenn während des Scheidens des Goldes vom Silber oder des Silbers vom Golde der Kolben ſpringt und die Löſung vom Sand, Lehm oder den Ziegelſteinen aufgeſogen wird, iſt die Glut unverzüglich aus dem Ofen zu reißen und das Feuer zu löſchen; den Sand und die Steine wirft man, nachdem man ſie zerkleinert hat, in ein kupfernes Gefäß, ſetzt warmes Waſſer zu und läßt 12 Stunden ſtehen; darauf wird die Flüſſigkeit durch ein Tuch aus Baumwollgewebe filtriert, dieſes, welches das Silber enthält, an der Sonne oder am Feuer getrocknet und in einem Tontiegel bis zum Schmelzen des Silbers erhitzt, das dann in eine Eiſenform gegoſſen wird. Das Filtrat aber gießt man in einen Kolben, um die geringe noch darin enthaltene Silbermenge abzuſcheiden. Den Sand miſcht man mit Bleiglätte, Glasgallen, Weinſtein, Salpeter[21] und Kochſalz und ſchmilzt in einem Tontiegel ein; am Grunde verbleibt ſo eine Maſſel, die man wieder in einer Kapelle einſchmilzt, um Blei und Silber zu trennen. Den Lehm aber verſchmilzt man im Tontiegel mit Blei, darauf weiter auf einer Kapelle.

Die Trennung des Silbers vom Gold erfolgt auf dieſelbe Weiſe wie beim Probieren; zunächſt reibt man die Legierung auf einem Probierſtein, um feſtzuſtellen, wieviel Silber darin iſt. Sodann fügt man zu dem ſilberhaltigen Gold ſo viel Silber, von dem 1 Mark nur 1/2 oder 3/4 Unzen Kupfer enthält[22], als nötig iſt, und treibt mit Bleizuſatz ſo lange auf einer Kapelle ab, bis Blei und Kupfer entfernt ſind; darauf walzt man die Gold-Silber-Legierung aus und macht aus dem Blech Röllchen, die man in einen Glaskolben einträgt unter zwei- bis dreimaligem Zuſatz von Scheidewaſſer; die zurückbleibenden Röllchen ſind vollkommen rein bis auf 1 Gränchen Silber, das in einer Mark des Goldes zurückbleibt[23].

Da die beſchriebene Arbeitsweiſe der Scheidung jener Metalle ſehr teuer iſt, und da man bei Herſtellung des Scheidewaſſers nachts auf dem Poſten bleiben muß, da ferner überhaupt auf dieſe Arbeit viel Mühe und höchſte Sorgfalt aufzuwenden iſt, ſo iſt von klugen Leuten eine andere, weniger koſtſpielige, weniger Arbeit machende und, wenn infolge Nachläſſigkeit ein Fehler unterlaufen iſt, weniger verluſtbringende Methode erfunden worden. Dieſe kann auf dreierlei Art ausgeführt werden: mit Schwefel, mit Schwefelantimon oder drittens mit einer Miſchung, die neben dieſen noch andere Stoffe enthält.

Bei der erſten Methode[24] muß das güldiſche Silber zunächſt für ſich in einem Tiegel geſchmolzen und granuliert werden; auf je 1 Pfund Granalien kommen 2 1/4 Unzen Schwefel, der noch nicht dem Feuer ausgeſetzt war; dieſer wird zerkleinert und zwiſchen die noch feuchten Granalien geſtreut, das Ganze in einen neuen Tontopf, 4 Schoppen[25] faſſend, eingetragen oder in mehrere, wenn er die Menge der Granalien nicht faßt. Der volle Topf wird mit einem ebenfalls aus Ton beſtehenden Deckel verſchloſſen, verſchmiert und rings mit glühenden Kohlen umgeben, die allſeitig 1 1/2 Fuß von dem Topf entfernt ſind, damit der Schwefel ſich nur mit dem Silber verbindet, nicht aber ſchmilzt und abdeſtilliert. Darauf öffnet man den Topf, nimmt die ſchwarz gewordenen Granalien[26] heraus und trägt 33 Pfund davon in einen Tontiegel ein, falls er ſoviel faßt. Auf je 1 Pfund der noch nicht mit Schwefel vermiſchten Silbergranalien wiegt man 2 1/4 Unzen Kupfergranalien zu, wenn jedes Pfund 3/4 Pfund Silber und 1/4 Pfund Kupfer oder 9 1/2 Unzen Silber und 2 1/2 Unzen Kupfer enthält; enthält es aber 5/6 Pfund Silber und 1/6 Pfund Kupfer oder 10 1/2 Unzen Silber und 1 1/2 Unzen Kupfer, ſo wiegt man 1/4 Pfund Kupfergranalien zu; wenn es 11/12 Pfund Silber und 1/12 Pfund Kupfer

[21] Siehe dieſes Buch Anm. 20, S. 386. [22] Entſprechend 6,2 bis 9,4%.
[23] d. h. 1000 Au halten noch 3,4 Ag, das Gold iſt 996,6 fein.
[24] „Scheiden im Guß mit Schwefel". [25] 4 sextarii = 2,5 l, ſ. 12. Buch Anm. 5, S. 471.
[26] Die ſchwarze Farbe rührt von der Bildung von Schwefelſilber, Ag_2S, her.

oder 11½ Unzen Silber und ½ Unze Kupfer enthält, ſo wiegt man auf je 1 Pfund davon 3¾ Unzen Kupfergranalien zu; iſt endlich das Silber rein, ſo wiegt man auf je 1 Pfund davon 4½ Unzen Kupfergranalien zu[27]. Die Hälfte dieſer Kupfergranalien wird ſogleich den geſchwärzten Silbergranalien zugeſetzt. Den Tiegel aber ſoll man alsbald verſchließen und verſchmieren und in einen Windofen einſetzen; ſobald das Silber geſchmolzen iſt, wird der Tiegel geöffnet und ein gehäufter Löffel voll der übrigen Kupfergranalien eingetragen, ferner ein gehäufter Löffel eines Pulvers, das zu gleichen Teilen aus Glätte, Kornblei, Kochſalz und Glasgallen beſteht; darauf wird der Tiegel wieder bedeckt. Nach dem Einſchmelzen der Kupfergranalien werden weitere Mengen zuſammen mit dem Pulver eingetragen, bis alles darin iſt. Hierauf ſchöpft man eine geringe Menge Stein[28], jedoch nichts von dem Goldregulus am Grunde des Tiegels, mit einem Pfännlein heraus, gießt ihn aus und gibt davon 1 Drachme in je eine Kapelle, die 1 Unze geſchmolzenes Blei enthält; es müſſen mehrere Kapellen vorhanden ſein. So gewinnt man jedesmal ½ Drachme Silber. Sobald aber Blei und Kupfer vom Silber getrennt ſind, wirft man ⅓ Pfund davon in einen Glaskolben und gießt Scheidewaſſer zu; auf dieſe Weiſe kann man feſtſtellen, ob der Schwefel das ſämtliche Gold vom Silber geſchieden hat oder nicht. Will jemand die Menge des Goldregulus am Grunde des Tiegels wiſſen, ſo beſtreiche er einen dicken Eiſendraht mit feuchter Kreide, laſſe trocknen und tauche ihn ſenkrecht in den Tiegel; ſoweit der Goldregulus reicht, bleibt er weiß, während das Stück darüber vom Stein geſchwärzt wird; dieſer bleibt an dem Draht haften, wenn man ihn nicht raſch wieder herauszieht. Hat man ſich ſo nach Herausziehen des Drahtes überzeugt, daß das Gold genügend vom Silber geſchieden iſt, ſo gießt man den Stein aus, nimmt die Goldmaſſel aus dem Tiegel heraus und klopft an einem ſauberen Platze den Stein ab, der leicht abſpringt. Der Regulus ſelbſt wird granuliert. Man wägt nun auf je 1 Pfund dieſer Goldgranalien ¼ Pfund zerkleinerten Schwefel und Kupfergranalien ein und gibt alles zuſammen in einen Tontiegel, nicht in einen Topf; nach dem Einſchmelzen ſetzt man noch zum beſſeren Abſitzen des Goldes am Grunde des Tiegels von dem obenerwähnten Pulver zu. Obgleich in dem ſo gewonnenen Kupfer-Silber-Stein kleinſte Goldflitter da und dort wie Funken auftreten, ſo hat doch der Schwefel das Gold in zufriedenſtellender Weiſe vom Silber geſchieden, wenn 1 Pfund davon weniger als 1 Pfennig enthält. Iſt es aber noch 1 Pfennig[29] oder mehr, ſo muß der Stein wieder in den Tontiegel gegeben werden; doch ſetzt man diesmal keinen Schwefel zu, ſondern nur etwas Kupfer und Pulver; es ſetzt ſich ſo wieder eine Goldmaſſel am Grunde ab, die man aber nun nicht mit den übrigen reichen Goldmaſſeln vereinigt.

Wenn man das Gold von 66 Pfund Silber geſchieden hat, erhält man ein Silber-Kupfer-Schwefel-Gemiſch[30], das 132 Pfund wiegt, und braucht nun zur Trennung des Kupfers vom Silber ungefähr 500 Pfund Blei; mit dieſem verſchmilzt man

[27] d. h. bei 20,8 bis 25% Cu im Silber ſind 18,7% Cu zuzulegieren (entſprechend 33,3 bis 36,8% Cu in der Legierung); bei 12,5 bis 16,7% Cu ſind 25% zuzulegieren (entſprechend 30 bis 33,3% Cu); bei 4,1 bis 8,3% Cu ſind 31,25% Cu zuzulegieren (entſprechend 27 bis 30% Cu); bei reinem Ag ſind 37,5% Cu zuzuſetzen (= 27,3% Cu).

[28] Plachmal genannt.

[29] Entſprechend 0,2%. Die Einteilung der Mark Silber ſ. 7. Buch Anm. 56, S. 223.

[30] Stein.

den Stein in Öfen der zweiten Art[31]; man erhält ſo Bleiglätte und Herdblei[32], die in Öfen der erſten Art[33] nochmals verſchmolzen werden. Das hier erſchmolzene Werkblei ſetzt man in Öfen der dritten Art ein, um das noch ein wenig Silber enthaltende Blei vom Kupfer zu trennen und nochmals verwenden zu können[34]. Und auch die verbrauchten Tiegel und deren Deckel werden zerſtoßen und geſchlämmt, der Rückſtand zuſammen mit Glätte und Herdblei verſchmolzen.

Der Topf A, von glühenden Kohlen B umgeben. Der Tiegel C. Sein Deckel D. Der Deckel E des Topfes. Der Windofen F. Der Eiſenſtab G.

Diejenigen aber, welche das Silber vollſtändig vom Gold ſcheiden wollen, laſſen auf ein Teil Gold noch drei Teile Silber zurück, granulieren dieſe Legierung, tragen die Granalien in einen Kolben ein und ſcheiden Gold und Silber durch einen Zuſatz von Scheidewaſſer, wie ich im ſiebenten Buch auseinandergeſetzt habe. Auch wenn man Schwefel, der durch Kochen bis zum Aufhören der Dämpfe aus Lauge von der Herſtellung künſtlichen Salzes[35] hergeſtellt wird, die ſo konzentriert iſt, daß ein Ei darauf ſchwimmt, wenn man ſolchen Schwefel, welcher

31) Treiböfen.
32) molybdaena; mit Blei und Silber getränkte Herdmaſſe; vgl. 7. Buch Anm. 14, S. 199. 33) Schachtöfen.
34) Gemeint ſind wahrſcheinlich Saigeröfen. 35) Sal artificiosus, ſ. S. 396.

durch Aufwerfen auf brennende Holzkohle zum Schmelzen gebracht wurde, geſchmolzenem Silber zuſetzt, ſo ſcheidet er ebenfalls das Gold von ihm.

Die Scheidung des Silbers von Gold durch Stibium[36] geſchieht folgendermaßen: Wenn in 1 Mark Gold ſieben, ſechs oder fünf Karat Silber enthalten ſind, ſo gibt man auf einen Teil dieſes Goldes drei Teile Stibium; damit jedoch das Stibium das Gold nicht verzehrt[37], muß man es in einem heißen Tontiegel mit Kupfer

Der Windofen A. Der Goldſchmiedeofen B. Der Tontiegel C. Der Eiſentiegel (Gießbuckel) D. Der Klotz (Stock) E.

ſchmelzen; zu dieſem Zweck gibt man, falls das Gold bereits etwas Kupfer enthält, auf je $^1/_2$ Pfund Stibium $^1/_4$ Unze Kupfer; enthält es aber kein Kupfer, $^1/_2$ Unze; denn das Kupfer unterſtützt das Stibium bei der Scheidung des Goldes von Silber.

Nun trägt man zuerſt das Gold in einen heißen Tontiegel ein; ſobald es geſchmolzen iſt und zu ſteigen beginnt, füge man etwas Stibium hinzu, damit es nicht herausſpritzt; iſt dieſes eingeſchmolzen, ſo beginnt es nach kurzer Zeit wiederum zu ſteigen, worauf man zweckmäßig alles übrige Stibium auf einmal einträgt, den Tiegel mit einem Deckel bedeckt und die Miſchung ſo lange erhitzt, als man zu einem Weg von 35 Schritt braucht. Darauf gießt man in einen oben weiten, unten

[36] Scheiden im Guß durch Spießglaserz, d. i. Schwefelantimon; vgl. 9. Buch Anm. 28, S. 349. [37] d. h. löſt.

engen Eiſentiegel[38] aus, der auf einem eiſernen oder hölzernen Klotz[39] ſteht; vorher muß er aber angewärmt und mit Talg oder Wachs ausgeſtrichen ſein. Durch ſtarkes Aufſtoßen bewirkt man, daß ſich die Goldmaſſel am Grunde abſetzt; dieſe klopft man nach dem Erkalten des Tiegels heraus und verſchmilzt ſie noch viermal in derſelben Weiſe. Doch gibt man jedesmal weniger Stibium zum Golde, ſchließlich nur das Doppelte des Goldes oder wenig mehr. Die Goldmaſſel ſchmilzt man darauf in der Kapelle um, das Stibium aber noch drei- oder viermal im Tontiegel, wobei ſich jedesmal ein Goldregulus abſcheidet; dieſe drei oder vier Goldreguli werden vereinigt und in der Kapelle umgeſchmolzen. Dabei ſetzt man zu $2\,^1/_2$ Pfund dieſes Stibiums 2 Pfund Weinſtein und 1 Pfund Glasgallen und ſchmilzt im Tontiegel; der ſich am Grunde abſetzende Regulus wird in der Kapelle verſchmolzen. Zum Schluß ſchmilzt man das Stibium unter Zuſatz von wenig Blei auf einer Kapelle, wobei das Silber allein zurückbleibt, nachdem alles übrige durch die Hitze verzehrt wurde. Wird jedoch dieſes Stibium vor dem Verſchmelzen auf der Kapelle nicht mit Weinſtein und Glasgallen geſchmolzen, ſo verzehrt es auch einen Teil des Silbers und zieht Aſche und andere Beſtandteile des Tiegels an ſich. Den Tiegel aber, in dem die Gold-Silber-Legierung mit Stibium geſchmolzen wird, ſetzt man, ebenſo wie die Kapelle, entweder in einen Windofen oder in einen Goldſchmiedeofen ein.

Wie das Scheidewaſſer, wenn man das durch Schwefel vom Gold geſchiedene Silber hineinwirft, uns anzeigt, ob alles geſchieden iſt, oder ob noch ein Teil davon darin zurückgeblieben iſt, ſo gibt es gewiſſe Gemenge, die, wenn man ſie lagenweiſe abwechſelnd mit dem durch Stibium vom Silber geſchiedenen Gold in einen Topf oder Tiegel einträgt und ſchmilzt[40], uns anzeigen, ob alles geſchieden iſt oder nicht; dieſelben Miſchungen benutzen wir, um Silber oder Kupfer oder beides ohne Stibium in kunſtreicher und bewundernswerter Weiſe von Rohgold zu trennen[41]. Ihre Zuſammenſetzung iſt verſchieden:

Eine davon beſteht aus $^1/_2$ Pfund Ziegelmehl, $^1/_4$ Pfund Kochſalz, 1 Unze Salpeter und je $^1/_2$ Unze Salmiak und Steinſalz. Die Ziegelſteine oder Dachziegel, aus denen das Mehl hergeſtellt wird, müſſen aus fetter Erde, frei von Sand, Kies und Steinen, hergeſtellt, mäßig gebrannt und völlig abgelagert ſein; dies gilt ganz allgemein. Eine andere Zuſammenſetzung iſt: $^1/_2$ Pfund Ziegelmehl, $^1/_3$ Pfund Steinſalz, 1 Unze Salpeter und $^1/_2$ Unze Siedeſalz[42]. Eine dritte beſteht aus $^1/_2$ Pfund Ziegelmehl, $^1/_4$ Pfund Siedeſalz, $1\,^1/_2$ Unzen Salpeter, 1 Unze Salmiak und $^1/_2$ Unze Steinſalz. Eine vierte aus 1 Pfund Ziegelmehl, $^1/_2$ Pfund Steinſalz; hierzu fügen manche noch $2\,^1/_2$ Unzen Vitriol. Eine fünfte aus $^1/_2$ Pfund Ziegelmehl, $^1/_3$ Pfund Steinſalz, $1\,^1/_2$ Unzen Vitriol und 1 Unze Salpeter. Andere Zuſammenſetzungen ſind: $^1/_2$ Pfund Ziegelmehl, $^1/_3$ Pfund Siedeſalz, $^1/_6$ Pfund weißer Vitriol, $^1/_2$ Unze Grünſpan und $^1/_2$ Unze Salpeter; — $1\,^1/_3$ Pfund Ziegelmehl, $^1/_2$ Pfund Steinſalz, $2\,^1/_2$ Unzen Salmiak, $2\,^1/_2$ Unzen Vitriol und 2 Unzen Salpeter; — 1 Pfund Ziegelmehl, $^1/_3$ Pfund geläutertes Salz und $1\,^1/_2$ Unzen Salpeter.

Dies ſind die Beſtandteile der verſchiedenen Miſchungen; das folgende aber betrifft ſie alle: Die einzelnen Beſtandteile werden zunächſt geſondert zu Pulver zer-

38) Gießbuckel, d. i. eine koniſche eiſerne Gießform. 39) Stock.
40) Dieſe Arbeit nannte man „zementieren".
41) Das „Scheiden im Guß durch gemiſchte Pulver".
42) Sal factitius; man verſteht darunter das aus Solquellen oder Meerwaſſer künſtlich hergeſtellte Salz.

rieben, die Ziegelſteine auf einer Marmor- oder harten Steinplatte mittels eines eiſernen Schlägels, die übrigen mit dem Piſtill im Mörſer. Darauf werden ſie einzeln für ſich abgeſiebt, alle miteinander gemiſcht und mit Eſſig oder Menſchenharn, dem etwas Salpeter beigemiſcht iſt, falls ſolcher nicht bereits in der Miſchung enthalten iſt, angefeuchtet. Manche jedoch ziehen es vor, die Goldgranalien oder -ſchnitzel damit anzufeuchten. Hierauf wird lagenweiſe in neue und reine Töpfe, in die noch nie Waſſer gegoſſen wurde, eingetragen; zu unterſt von dem Gemiſch, das mit einem eiſernen Werkzeug glattgeſtrichen wird; darauf kommen die Granalien oder Blechſchnitzel, die ſo nebeneinanderliegen ſollen, daß ſie einander allſeitig berühren; darauf gibt man wieder eine Handvoll Miſchung oder mehr, wenn die Töpfe ein großes Faſſungsvermögen beſitzen, ſtreicht glatt, ſetzt in derſelben Weiſe Granalien oder Blechſchnitzel zu und wiederholt dies ſo lange, bis jeder Topf gefüllt iſt. Man legt nun die Deckel auf, verſtreicht die Verbindungsſtellen mit Lehm und ſetzt, wenn dieſer getrocknet iſt, die Töpfe in den Ofen. Dieſer beſitzt drei Räume; der unterſte[43] iſt 1 Fuß hoch; in ihn tritt die Luft durch eine Tür ein, und außerdem fällt in ihn die Aſche des verbrannten Holzes, das auf Eiſenſtäben von der Geſtalt eines Roſtes ruht. Der mittlere Raum[44] iſt 2 Fuß hoch; durch ſeine Tür wird das Holz eingetragen; dieſes ſoll von der Wintereiche, Sommereiche, Steineiche oder Zerreiche[45] ſtammen, da ſolches ein ruhig und ſtändig brennendes Feuer, wie wir es für dieſen Zweck brauchen, liefert. Der oberſte Raum aber iſt nach oben hin offen, um die Töpfe hineinſtellen zu können und ſoll deren Höhe beſitzen. Sein Boden beſteht aus Eiſenſtäben, die ſo ſtark ſind, daß ſie das Gewicht der Töpfe und die Gewalt des Feuers auszuhalten vermögen; ſie ſtehen ſo weit auseinander, daß dieſes gut zwiſchen ihnen durchſchlagen und die Töpfe heizen kann; dieſe ſelbſt ſind unten enger, damit ſie in dem Zwiſchenraum zwiſchen ihnen Hitze aufnehmen und ſo geheizt werden; nach oben hin werden ſie aber weiter, ſo daß ſie ſich hier berühren und die Hitze zurückhalten. Oben iſt der Ofen mit dünnen Ziegelſteinen oder Dachziegeln und Lehm abgedichtet; nur zwei oder drei Luftöffnungen läßt man für den Austritt von Rauch und Feuerungsgaſen offen.

Wurde der Ofen vor Einſetzen der vollen Töpfe 2 Stunden lang angewärmt, ſo werden die abwechſelnden Lagen der Goldgranalien oder -ſchnitzel mit den Miſchungen 24 Stunden lang bei ſchwachem, allmählich verſtärktem Feuer erhitzt; geſchah dies nicht, 26 Stunden lang. Das Feuer ſoll auch in der längeren Zeit nur ſo weit verſtärkt werden, daß die Goldteilchen und die die Scheidung des Silbers und Kupfers vom Golde bewirkenden Zuſätze nicht zuſammenſchmelzen, damit nicht Arbeit und Koſten umſonſt aufgewendet wurden. Es genügt, die Hitze des Feuers ſo ſtark zu halten, daß die Töpfe ſtets rot[46] bleiben. Nach der angegebenen Zeit zieht man alles brennende Holz aus dem Ofen, öffnet ihn oben durch Wegbrechen der Ziegeldecke, nimmt die heißen Töpfe mit Zangen heraus und entfernt ihre Deckel. Hat man genügend Zeit, ſo iſt es zweckmäßig, das Gold von ſelbſt erkalten zu laſſen, da dann geringere Verluſte entſtehen; laſſen jedoch die Geſchäfte nicht ſoviel Zeit, ſo löſcht man die Goldteilchen einzeln allmählich in einem Holz- oder Bronzeeimer mit Harn oder Waſſer ab, ſo daß das

43) Aſchenraum. 44) Feuerungsraum.

45) Quercus sessilis, robur, ilex, cerris. 46) d. h. rotglühend.

Silber aus den Zuſätzen, welche es aufgenommen haben, nicht verdampft. Die erkalteten oder abgelöſchten Goldteilchen mit noch daran haftenden Zuſätzen werden nun mit einem kleinen Holzſchlägel bearbeitet, um ſie durch deren Zertrümmerung freizulegen. Darauf ſiebt man durch ein feinmaſchiges Sieb in einen daruntergeſtellten Bronzeeimer ab; hierbei fallen die das Silber oder Kupfer oder beide enthaltenden Zusätze durch das Sieb in den Bronzeeimer, während die Goldgranalien oder -ſchnitzel auf ihm zurückbleiben. Sie werden in einen kleinen Eimer geworfen und wiederum mittels eines kleinen Holzſchlägels bearbeitet, um ſie von den Beſtandteilen, die das Silber und Kupfer aufgenommen haben, zu reinigen. Dieſe, welche durch die Sieböffnungen in den Bronzeeimer gefallen ſind, werden nun in einem Sichertrog, der über einem Holzeimer von Hand hin und her bewegt wird, geſchlämmt, um die kleinen Goldteilchen, die mit durch das Sieb gefallen ſind, abzuſcheiden; man ſchlämmt ſie dann nochmals in einer kleinen Bütte mit warmem Waſſer unter Rühren mit einem Stück Holz oder einem Beſen, wobei die Verunreinigungen mit dem Waſſer abgehen; darauf wird das geſamte Gold von neuem mit warmem Waſſer gewaſchen und in einem Bronzeeimer mit Löchern, unter dem eine kleine Bütte ſteht, mit einer Bürſte aus Schweinsborſten gereinigt, auf eine runde eiſerne Scheibe[47)] gebracht, unter der eine kleine Bütte ſteht, und mit warmem Waſſer gewaſchen. Schließlich trägt man es in einen Trog ein, trocknet und reibt die Granalien oder Schnitzel an einem Probierſtein zugleich mit einer Probiernadel, um feſtzuſtellen, ob es rein oder noch legiert iſt. Iſt es noch nicht rein, ſo müſſen Granalien und Schnitzel in gleicher Weiſe wieder abwechſelnd mit dem Gemiſch, das Silber und Kupfer aufnimmt, eingeſetzt und erhitzt werden, und zwar ſo oft, als die Sache es verlangt und zuletzt ſo lange, als zur vollſtändigen Reinigung nötig iſt.

Manche Leute wieder ſetzen den Granalien und Schnitzeln eine Miſchung zu, welche keine metallhaltigen Beſtandteile, wie Grünſpan oder Vitriol, enthält, da bei deren Anweſenheit in der Miſchung das Gold eine geringe Menge des Unedelmetalls aufzunehmen pflegt bzw., wenn es davon noch nichts enthielt, durch ſolches verunreinigt wird. Deshalb benutzen manche Leute niemals Miſchungen, die ſolche Beſtandteile enthalten, und zwar vollkommen mit Recht; denn Ziegelmehl und Salz, beſonders Steinſalz, vermögen allein das geſamte Silber und Kupfer aus dem Gold herauszuholen und an ſich zu ziehen. Zudem haben die Münzmeiſter es nicht nötig, vollkommen reines Gold herzuſtellen, ſondern es genügt, die Scheidung bis zu der Legierung durchzuführen, aus welcher die Goldmünzen beſtehen, die ſie prägen. Wenn alſo das Gold gelbe Farbe angenommen hat, ſei es, daß es vollkommen rein iſt oder doch ſoweit, als für Münzzwecke erforderlich, wird es mit Chryſokolla, das die Mauren Borax nennen, oder mit Laugenſalz aus der Aſche von Anthyllis[48)] oder einem anderen ſalzhaltigen Kraut geſotten, geſchmolzen und in Stabform gegoſſen. Das Gemiſch aber, welches das Silber oder Kupfer an ſich gezogen hat, wird nach dem Ausgießen des Waſſers getrocknet, mittels eines Stückes Holz zerrieben und mit Herd- und Friſchblei zuſammen in einem Ofen erſter Art[49)] verſchmolzen; die erſchmolzene Legierung von Silber

47) orbis ferreus; der Zweck iſt nicht ganz klar.

48) Hoover überſetzt das Wort mit ivy (Efeu), während die Botaniker darunter den Wundklee und deſſen Verwandte verſtehen, alſo eine Papilionacee.

49) Schachtofen.

und Blei oder von Kupfer, Silber und Blei wird in einem Ofen zweiter Art [50] von neuem geschmolzen, um Blei und Kupfer vom Silber zu trennen. Dieses wird schließlich in der Feinbrennerei fein gebrannt; auf solche Weise geht in der Tat kein oder nur äußerst wenig Silber verloren.

Es gibt auch noch gewisse andere Gemische zur Scheidung von Gold und Silber, welche aus Schwefel, Stibium und anderem hergestellt werden; eines davon besteht aus $^1/_2$ Unze von im Feuer getrocknetem und zu Pulver zerfallenem Vitriol, $^1/_6$ Pfund gereinigtem Siedesalz, $^1/_3$ Pfund Stibium, $^1/_2$ Pfund präpariertem, noch

Der Ofen A. Der Topf B. Der Deckel C. Die Windlöcher D.

nicht geschmolzenem Schwefel, je $^1/_4$ Unze Glas und Salpeter und 1 Drachme ($^1/_8$ Unze) Salmiak. Der Schwefel wird folgendermaßen präpariert: er wird zunächst zu Pulver zerrieben, darauf 6 Stunden in scharfem Essig gekocht, in eine kleine Bütte ausgegossen und mit warmem Wasser gewaschen; schließlich wird der am Grunde der Bütte verbleibende Rückstand getrocknet. Das Kochsalz aber gibt man zum Reinigen in Flußwasser, kocht und trocknet es wieder.

Eine andere Mischung enthält 1 Pfund noch nicht geschmolzenen Schwefel [51] und 2 Pfund gereinigtes Kochsalz; eine dritte: 1 Pfund noch nicht geschmolzenen

50) Treibofen. 51) Gemeint ist Schwefelblüte oder Rohschwefel.

Schwefel, 1/2 Pfund gereinigtes Siedeſalz, 1/4 Pfund Salmiak und 1 Unze Mennige; eine vierte: je 1 Pfund Siedeſalz, noch nicht geſchmolzenen Schwefel, Weinſtein und 1/2 Pfund Chryſokolla, das die Mauren Borax nennen. Eine fünfte beſteht aus gleichen Teilen von noch nicht geſchmolzenem Schwefel, Salmiak, Salpeter und Grünſpan.

Das goldhaltige Silber wird zunächſt in einem Tontiegel mit Blei zuſammengeſchmolzen und beides ſo lange erhitzt, bis das Silber das Blei als Dampf ausſtößt. Auf 1 Pfund Silber nimmt man 6 Drachmen Blei; darauf ſetzt man das Silber zu 2 Unzen eines der genannten Pulvergemiſche, rührt um und gießt in einen zweiten, vorher angewärmten und mit Talg ausgeſchmierten Tiegel; dieſer wird aufgeſtoßen und im übrigen nach der bereits geſchilderten Methode verfahren.

Den Goldgehalt ſilberner Trinkbecher und anderer vergoldeter Gefäße und Gegenſtände trennt man, ohne dieſe zu verletzen, durch ein Pulver ab, welches aus einem Teil Salmiak und einem halben Teil Schwefel beſteht. Der Becher oder andere vergoldete Gegenſtand wird mit Öl beſtrichen, das Pulver hineingeſtreut, mit der Hand oder einer Zange an das Feuer gehalten und aufgeſtoßen; das Gold fällt in ein daruntergeſtelltes Gefäß voll Waſſer, während der Becher unverletzt bleibt.

Auch durch Queckſilber kann man die Vergoldung von ſilbernen Gegenſtänden entfernen; man gießt es in einen Tontiegel und erhitzt es ſo ſtark, als ein hineingehaltener Finger aushalten kann; hierauf legt man den vergoldeten ſilbernen Gegenſtand hinein; wenn das Queckſilber daran haftet, nimmt man ihn wieder heraus und legt ihn auf eine Schüſſel, in welche nun nach dem Erkalten das Gold zuſammen mit dem Queckſilber[52] abfällt. Ferner und noch häufiger legt man den vergoldeten ſilbernen Gegenſtand in warmes Queckſilber, und zwar ſo lange, bis kein Gold mehr auf dem Gegenſtand ſichtbar iſt; darauf ſetzt man ihn aufs Feuer und verdampft das noch daran haftende Queckſilber. Das in die Schale abgefallene Gold und Queckſilber fegt nun der Arbeiter mit einer Haſenpfote zuſammen und ſchüttet es in einen Beutel aus Baumwolle oder Korduanleder; das durch dieſen abgepreßte Queckſilber wird in einer anderen Schüſſel aufgefangen. Das Gold aber bleibt in dem Tuch oder Leder zurück; es wird geſammelt, in die Aushöhlung eines Stückes Holzkohle eingetragen und erhitzt, bis es ſchmilzt und einen Regulus bildet; dieſen ſchmilzt man mit wenig Stibium in einem Tontiegel ein und gießt in ein anderes Gefäß um, wobei man ſieht, daß das Gold ſich am Grunde, das Stibium darüber abſetzt; hierauf wird dieſelbe Arbeit wiederholt; ſchließlich trägt man die Goldreguli in einen ausgehöhlten Backſtein ein und ſetzt dieſen ins Feuer; ſo erhält man reines Gold und ſcheidet auf dieſe Weiſe Gold von Silber und umgekehrt Silber von Gold.

Nun werde ich die Methoden zur Trennung des Kupfers vom Golde auseinanderſetzen. Das ſogenannte künſtliche Salz (‚sal artificiosus') wird hergeſtellt aus je 1 Pfund Vitriol, Alaun, Salpeter und noch nicht geſchmolzenem Schwefel und 1/2 Pfund Salmiak; dieſe Subſtanzen werden gemahlen und in einer Lauge geſotten, die aus je einem Teil Aſche, wie ſie die Wollfärber benutzen[53], ungelöſchten Kalkes ſowie vier Teilen Buchenholzaſche hergeſtellt wird. Die Subſtanzen werden in der Lauge ſo lange geſotten, bis alles verzehrt[54] iſt, dann zur Trockne gedampft und an

52) als Amalgam. 53) Pottaſche. 54) d. h. aufgelöſt.

einen warmen Ort geſtellt, damit ſie nicht zu einem Öl zerfließen. Darauf vermiſcht man die zerkleinerte Maſſe mit 1 Pfund Bleiaſche und ſtreut von dieſem Pulvergemiſch nach und nach $1^{1}/_{2}$ Unzen zu je 1 Pfund Kupfer, das vorher in einem Tiegel erhitzt wurde, unter ſtarkem und ſchnellem Rühren mit einem Eiſenſtab. Nach Abkühlen und Zerbrechen des Tiegels findet man die Goldmaſſel.

Eine zweite Trennungsmethode iſt die folgende: 2 Pfund noch nicht geſchmolzener Schwefel und 4 Pfund gereinigtes Siedeſalz werden gemahlen und miteinander gemiſcht. Von dieſem Pulver gibt man $^{1}/_{6}$ Pfund und $^{1}/_{2}$ Unze zu 8 Unzen Granalien, die aus Blei und der doppelten Menge goldhaltigen Kupfers beſtehen; darauf erhitzt man im Tontiegel bis zum Schmelzen, läßt erkalten, nimmt die Maſſel heraus und ſäubert ſie von der Schlacke, granuliert ſie wiederum und ſetzt abwechſelnd auf je $^{1}/_{3}$ Pfund davon $^{1}/_{2}$ Pfund des genannten Pulvers in einen Tiegel ein, den man zweckmäßig zudeckt und verſchmiert; nun erhitzt man im ſchwachen Feuer, bis die Granalien ſchmelzen, nimmt den Tiegel bald darauf vom Feuer und holt nach dem Abkühlen den Regulus heraus. Dieſer wird geſäubert, zum drittenmal geſchmolzen und granuliert und je 2 Unzen davon mit $^{3}/_{4}$ Unzen des Pulvers in derſelben Weiſe erhitzt, wobei ſich auf dem Grunde des Tiegels ein Goldregulus abſetzt.

Eine dritte Methode iſt die folgende: In 6 Pfund geſchmolzenen Kupfers wirft man allmählich kleine Stückchen Schwefel, der mit Wachs überzogen oder gemiſcht iſt, und läßt abflammen; der Schwefel ſoll $^{3}/_{4}$ Unzen wiegen; darauf wirft man in dasſelbe Kupfer $^{3}/_{8}$ Unzen zerriebenen Salpeter und läßt wieder abbrennen; dazu kommen weitere $^{3}/_{4}$ Unzen Schwefel mit Wachsüberzug, darauf $^{3}/_{8}$ Unzen Bleiaſche und mit Wachs überzogenes Blei oder aus Blei hergeſtellte Mennige; nach kurzer Zeit gießt man das Kupfer ab und ſetzt dem Goldregulus, der nur noch wenig mit Kupfer legiert iſt, Stibium in der doppelten Menge des Regulus zu; gleichzeitig wird ſo lange erhitzt, bis das Stibium verdampft, und hierauf der Regulus mit der Hälfte ſeines Gewichtes an Blei auf einer Kapelle abgetrieben. Schließlich wird das Gold herausgenommen und mit Menſchenharn abgelöſcht. Beſitzt es noch einen Überzug von ſchwarzer Farbe, wird es mit Chryſokolla, das die Mauren Borax nennen, wenn von zu blaſſer Farbe, mit Stibium nochmals verſchmolzen, wodurch es die bekannte gelbe Farbe annehmen wird.

Manche Leute ſchöpfen das geſchmolzene Kupfer mit einem Eiſenlöffel aus und gießen es in einen anderen Tiegel, der eine mit Lehm verſchmierte Öffnung beſitzt, ſetzen dieſen auf glühende Holzkohlen und rühren nach Zuſatz der genannten Pulver die Maſſe mit einem Eiſenſtab raſch um; es findet ſo eine Trennung des Kupfers vom Golde ſtatt; dieſes ſetzt ſich am Grunde des Tiegels ab, jenes ſchwimmt obenauf; nun öffnen ſie mit einem heißen Eiſen das Stichloch, und das Kupfer läuft heraus; das zurückbleibende Gold aber wird nochmals mit Stibium verſchmolzen; iſt dieſes verdampft, ſo wird das Gold mit dem dritten oder vierten Teil ſeines Gewichtes an Blei auf einer Kapelle abgetrieben und mit Menſchenharn abgelöſcht.

Nach der vierten Methode werden $1^{1}/_{3}$ Pfund Kupfer und $^{1}/_{6}$ Pfund Blei geſchmolzen und in einen anderen, inwendig mit Talg oder Gips ausgeſtrichenen Tiegel gegoſſen; dazu fügt man ein Pulver aus je $^{1}/_{2}$ Unze präparierten Schwefels, Grünſpan und Salpeter und $1^{1}/_{2}$ Unzen Siedeſalz.

Nach der fünften ſchüttet man 1 Pfund Kupfer, 2 Pfund Bleigranalien und $1^{1}/_{2}$ Unzen künſtliches Salz in einen Tiegel und erhitzt erſt bei ſchwachem, ſpäter bei ſchärferem Feuer. Nach der ſechſten Methode werden $^{1}/_{2}$ Pfund Kupfer zuſammen mit je $^{1}/_{6}$ Pfund Schwefel, Salz und Stibium erhitzt, nach der ſiebenten $^{1}/_{2}$ Pfund Kupfer mit je $^{1}/_{6}$ Pfund Eiſenfeilſpäne, Kochſalz, Stibium und Glasſchlacken; nach der achten Methode erhitzt man 1 Pfund Kupfer zuſammen mit $1^{1}/_{2}$ Pfund Schwefel, $^{1}/_{2}$ Pfund Grünſpan und 1 Pfund gereinigtem Salz; nach der neunten wirft man in 1 Pfund geſchmolzenes Kupfer die gleiche Menge geſtoßenen, noch nicht geſchmolzenen Schwefels; beides wird mittels eines Eiſenſtabes raſch gerührt, die Miſchung zu Pulver zerrieben und Queckſilber dazu gegoſſen, welches das Gold an ſich zieht und herausholt.

Vergoldetes Kupfer wird angefeuchtet und aufs Feuer geſetzt, nach dem Erhitzen in kaltem Waſſer abgeſchreckt und das Gold mittels einer Meſſingbürſte abgerieben. Nach dieſen Methoden wird alſo Gold von Kupfer getrennt.

Die Trennung dieſes Metalles oder des Bleies vom Silber erfolgt auf eine Weiſe, die ich jetzt auseinanderſetzen werde. Die Werkſtatt oder das Gebäude, in dem dieſe Arbeit ausgeführt wird[55)], ſoll in der Nähe der Arbeitsſtätte, wo die Gold oder Silber oder beides führenden Erze verſchmolzen werden[56)], liegen. Es beſitzt eine Mittelwand von 21 Fuß Länge und 15 Fuß Höhe; die erſte, nach dem Waſſerlauf zu gelegene Wand iſt davon 15 Fuß entfernt, die Rückwand 19 Fuß. Beide ſollen 36 Fuß lang und 14 Fuß hoch ſein; vom Ende der erſten Wand geht eine Querwand nach dem Ende der Rückwand, und 15 Fuß dahinter wird von derſelben Wand aus zunächſt eine zweite Querwand bis zum Ende der Mittelwand gezogen. In dem ſo zwiſchen den beiden Querwänden geſchaffenen Raum werden Pochſtempel zum Brechen von Erzen und anderen Materialien, die zu deren Verſchmelzung nötig ſind, aufgeſtellt. Von dem Hinterende der erſten Wand wird ferner eine dritte Querwand bis zum anderen Ende der Mittelwand und von da bis zum Ende der Hinterwand gezogen. Der Raum zwiſchen der zweiten und dritten Querwand und zwiſchen der hinteren und mittleren Längswand ſoll den zweiten Ofen[57)] aufnehmen, in dem Blei von Gold oder Silber getrennt wird. Die ſenkrechte Wand ſeiner Abzugshaube ruht auf der Mittelwand auf, die ſchräge auf einem von der zweiten zur dritten Querwand gehenden Tragbalken, der 13 Fuß von der mittleren und 4 Fuß von der hinteren Längswand entfernt, ſelbſt aber 2 Fuß breit und dick iſt; vom Boden aufwärts bis zu dieſem Längsbalken ſind es 12 Fuß; damit aber die ſchräge Wand der Abzugshaube nicht auf die ſenkrechte ſtürzt, ſoll ſie teils durch eine größere Anzahl Eiſenſtangen, teils durch eine geringere Anzahl mit Lehm bekleideter Streben verſteift werden, die ſich von den Balken des ſchrägen Teiles nach denen des ſenkrechten Teiles erſtrecken. Schließlich wird das Dach in derſelben Weiſe hergeſtellt wie das der Schmelzhütte.

In dem Raum zwiſchen der mittleren und vorderen Längswand und zwiſchen der erſten und dritten Querwand befinden ſich die Blaſebälge, die Vorrichtung, welche ſie zuſammenpreßt[58)], und die Einrichtung zu deren Wiederausdehnung[59)]. Das einzige Scheibenrad, das ſich an der Welle des Waſſerrades befindet, trägt

55) Die Treibhütte. 56) Die Schmelzhütte. 57) Treibofen.
58) Eine durch Waſſerrad getriebene Welle mit Zubehör. 59) Der Balgzug.

Spindeln und treibt mittels eines Zahnrades eine Welle, deren Daumen die Balgſchemel herabdrücken, ferner das Zahnrad einer Welle, deren Daumen die Nocken der Pochſtempel anheben, doch in entgegengeſetztem Sinne, ſo daß, wenn die Daumen, welche die Balgſchemel herabdrücken, ſich von Norden nach Süden drehen, ſich dagegen die die Nocken der die Stempel hebenden Daumen von Süden nach Norden drehen.

Die Trennung des Bleies vom Gold oder Silber erfolgt alſo im Treibofen. Deſſen Unterbau beſteht aus Quaderſteinen[60], aus zwei Innenmauern[61], von denen die eine die andere quer ſchneidet, dem „Rundſtein" und dem „Treibehut". Der Herd ſelbſt wird aus „Erdgeſtübbe"[62] und Aſche hergeſtellt. Zunächſt werde ich über den Unterbau und die Werkſtücke reden; dieſe ſind $4^3/_4$ Fuß hoch, 1 Fuß dick; $2^3/_4$ Fuß über dem Boden ſind ſie oben innen 1 Hand tief ausgehauen, ſo daß der runde Sohlenſtein darauf ruhen kann. Gewöhnlich beträgt ihre Zahl 14, ihre Breite außen $1^1/_4$ Fuß, innen ſind ſie ſchmäler; die des inneren Ringes ſind bedeutend ſchmäler als die des äußeren. Wären ſie breiter, müßten es weniger, wenn noch ſchmäler, dagegen mehr ſein. Sie werden $1^1/_4$ Fuß tief in den Boden eingegraben und oben je zwei nebeneinanderliegende durch Eiſenkrampen verbunden, deren Spitzen in darin angebrachte Löcher geſteckt und mit geſchmolzenem Blei vergoſſen werden. Dieſer ſteinerne Unterbau beſitzt 1 Fuß vom Boden, d. h. vom unterſten Rand der Steine $2^1/_4$ Fuß entfernt, 6 Luftlöcher, von denen jedes zwiſchen zwei Werkſtücken liegt[63] und 2 Hand hoch, $1^3/_4$ Hand breit iſt. Eins davon befindet ſich an der rechten Seite zwiſchen der Mauer, welche die Hauptwand vor dem Feuer ſchützt[64], und der Gaſſe, durch welche die Glätte aus dem Herd fließt[65]. Die übrigen 5 liegen ringsherum, ſoweit dies möglich iſt, in gleichen Abſtänden. Durch ſie entweicht der Dampf, welchen der erhitzte Mergel ausdünſtet. Wären ſie nicht vorhanden, würde ihn der Herd aufſaugen und Schaden leiden; d. h. er würde einen Hügel nach Art eines Maulwurfhaufens bilden, die Aſche würde obenauf ſchwimmen und das Reichblei vom Herd aufgenommen werden. Manche laſſen aus dieſem Grunde den hinteren Teil des Unterbaues vollkommen offen. Die zwei Innenmauern beſtehen aus Backſteinen und beſitzen die Breite eines ſolchen[66]; die eine ſchneidet die andere quer; in ihnen befinden ſich vier Luftlöcher, in jedem Teil eins, die ungefähr einen Finger breiter und höher als die anderen ſind. In die ſo geſchaffenen vier Abteilungen wirft man einen Schubkarren voll Schlacke und ſtreut ſo viel Holzkohlenſtaub darüber, als ein großer Spankorb faſſen kann. Dieſe Mauern ragen $1^1/_2$ Fuß über den Boden; auf ſie und auf den Ausſchnitt der Werkſtücke wird eine runde Steinplatte[67] geſetzt, $1^3/_4$ Hand ſtark, die ringsum bis zu den Werkſtücken reicht; etwa noch vorhandene Zwiſchenräume werden mit Bruch- und Ziegelſteinſtückchen ausgefüllt. Der Rundſtein iſt im vorderen Teil abgeſchrägt, um hier die Glättgaſſe anbringen zu können. Manche nehmen an Stelle einer runden Steinplatte eine ſolche aus Kupfer, damit die Legierung oder das Reichblei raſcher heiß wird.

Der Treibehut, welcher die Geſtalt einer Halbkugel beſitzt und den Herd bedeckt, beſteht aus Eiſenringen und -ſtäben und der Haube[68]. Der Ringe ſind es

60) „Werkſtücke." 61) Das „Kreuz". 62) Mergel.
63) d. h. an der Stelle, wo zwei Werkſtücke zuſammenſtoßen. 64) „Schild", Feuerbrücke.
65) Glättgaſſe. 66) d. h. ſie ſind einen Stein ſtark. 67) „Rundſtein." 68) „Stürze."

drei, ungefähr 1 Hand breit, 1 Finger ſtark; der unterſte iſt vom mittleren 1 Fuß, dieſer vom oberſten 2 Fuß entfernt; zwiſchen ihnen befinden ſich 18 Eiſenſtäbe, die mit Eiſennieten daran befeſtigt ſind; dieſe Stäbe beſitzen dieſelbe Breite und Stärke wie die Ringe; ſie ſind gebogen und ſo lang, daß ſie vom unterſten bis zum oberſten Ring reichen, d. i. $2^{3}/_{4}$ Fuß, während im übrigen die Höhe der Haube nur $1^{3}/_{4}$ Fuß beträgt. An allen Stäben und Ringen werden innen Platten aus Eiſenblech mit Eiſendraht feſtgebunden. Auch der Treibehut beſitzt vier Öffnungen;

Die Quaderſteine („Werkſtücke") A. Die Bruchſteinplatte (der „Rundſtein") B. Die Luftlöcher C. Die Innenmauerung (das „Kreuz") D. Der Treibehut E. Der Herd F. Die Ringe G. Die Stäbe der Verankerung H. Die Öffnungen des Treibehutes I. Die Haube („Stürze") K. Die Ringe zum Aufhängen L. Die Formen M. Die Formenklappen („Schnepperlein") N. Die Ketten O.

von ihnen iſt die hinterſte, der Glättgaſſe gegenüberliegende, unten 2 Fuß breit, oben wegen der ſchwachen Neigung ſchmäler, doch mindeſtens noch 1 Fuß, 3 Hand und 1 Finger breit; es fehlt ein Stab, der hier nur vom oberen zum mittleren, nicht bis zum unterſten Ring reicht. Die zweite Öffnung liegt über der Glättgaſſe und ſoll unten $2^{1}/_{2}$ Fuß, oben $2^{1}/_{4}$ Fuß breit ſein; auch hier fehlt ein Stab; denn die Stäbe reichen hier nicht nur nicht bis zum unterſten Ring, ſondern der unterſte Ring ſelbſt iſt unterbrochen, damit der Treiber die Glätte aus dem Herde ziehen kann. Außerdem ſollen an der Feuerbrücke dort, wo die Düſen der Bälge zu liegen kommen, zwei Öffnungen, 3 Hand breit und ungefähr 1 Fuß hoch, ſein; in ihrer Mitte gehen zwei innen mit Blech bekleidete Stäbe herab. Die Formen, in welche die Düſen der Blaſebälge eingeſetzt werden, reichen bis zu dieſen Öffnungen; ſie beſtehen aus Eiſenblechrohren und ſind $2^{3}/_{4}$ Hand lang, ihr lichter Durchmeſſer beträgt $3^{1}/_{2}$ Finger. In dieſe beiden Formen werden die Düſen der Bälge ſo weit eingeführt, daß ſie von deren Endklappen[69] 3 Finger entfernt ſind.

Die Haube beſteht aus einem unteren, 2 Finger breiten Eiſenring und drei gebogenen Eiſenſtäben, die von einer Seite des Ringes bis zur entgegengeſetzten reichen; ſie überlagern ſich oben, und hier iſt eine Eiſenniete hindurchgeführt, darunter ſind auch hier Eiſenplatten befeſtigt. Schließlich beſitzt jede Blechplatte kleine Löcher von Fingerſtärke, damit die innere Lehmverkleidung haften bleibt. Der Treibehut beſitzt außerdem noch drei eiſerne Ringe, welche durch die Öſen von Nieten gehen, deren Köpfe ſtark verbreitert ſind; dieſe Nieten verbinden hier die Stäbe mit dem mittleren Ring. In die Ringe aber faſſen die Haken einer Kette, mittels welcher der Treibehut abgehoben wird, wenn der Meiſter den Herd zubereitet.

Auf den Rundſtein oder die kupferne Platte ſowie auf die Werkſtücke des Ofens wirft man 3 Finger hoch Lehm mit Stroh untermiſcht und ſtampft die Maſſe mit einem Holzſtößel ſo lange, bis ſie auf eines Fingers Höhe zuſammengedrückt iſt. Der Stößel ſei rund und 3 Hand hoch, unten 2 Hand breit, nach oben zu ſchmäler, ſein Griff 3 Fuß lang und dort, wo er in den Stößel eingefügt iſt, von einem eiſernen Ring umſchloſſen. Auch die Werkſtücke werden oben, wo der Treibehut aufliegt, 1 Hand ſtark mit Lehm beſtrichen, dem ebenfalls Stroh beigemiſcht iſt. Wenn ſich an dem Ganzen etwas lockert, muß es wieder in Ordnung gebracht werden.

Der Treiber, welcher dieſe Arbeit der Trennung der Metalle ausführt, teilt ſie in zwei Schichten von je zwei Tagen ein. Am Morgen des einen ſtreut er zunächſt etwas Aſche auf den Lehm, gießt Waſſer dazu und kehrt ihn mit dem Beſen ab. Darauf wirft er geſiebte Aſche auf, die ſo feucht iſt, daß man ſie wie Schnee ballen kann. Die Aſche aber ſei bereits mit Waſſer ausgelaugt, denn andere müßte, da ſie fett iſt, zuvor nochmals gebrannt werden, um mager zu werden. Er drückt nun die Aſche mit den Händen feſt und glatt; dabei gibt er dem Herd eine Neigung nach der Mitte zu; hierauf ſtampft er ſie mit dem bereits beſchriebenen Stößel feſt und bildet dann mit zwei kleinen, ebenfalls hölzernen Stößeln die Glättgaſſe, wobei er den einen mit der einen, den anderen mit der anderen Hand anfaßt; beide ſind 1 Hand breit, 2 Finger ſtark, 1 Fuß lang. Ihre Griffe ſind ziemlich rund und ungefähr $1^{1}/_{2}$ Finger ſchmäler, 3 Fuß lang; Stempel und Griff werden aus einem Holzſtück hergeſtellt. Nun beſteigt er mit Schuhen an den Füßen den Herd und tritt ihn überall feſt, wobei dieſer ſich ſetzt und die Rundung entſteht. Hierauf ſtampft er ihn nochmals mit dem großen Stößel feſt, zieht dann den rechten Schuh aus, markiert damit den Umriß des Herdes und ſchneidet dieſen mit einem beiderſeits geſchweiften, 3 Hand langen, ebenſo viele Finger breiten Schabeiſen aus; ein ſolches beſitzt Holzgriffe, $1^{1}/_{2}$ Hand hoch, 2 Finger dick, durch welche die beiden zugeſpitzten und außen umgebogenen Enden des Schab-

69) „Schnepperlein".

eisens hindurchgehen. Manche verwenden auch an Stelle des Eisens ein Stück eines runden, hölzernen Siebrahmens, 3 Finger breit, beiderseits am Ende so ausgeschnitten, daß man es mit den Händen festhalten kann. Hierauf stampft er die Glättgasse fest. Damit aber die Asche nicht herausfalle, verschließt er die Öffnung durch einen zugehauenen Stein, stellt vor diesen ein Brett, das seinerseits durch eine dagegengestemmte Stange vor dem Umfallen bewahrt wird. Nun schüttet er einen Trog voll Asche auf, stampft mit dem großen Stößel fest, schüttet wieder und wieder Asche auf und stampft sie fest. Nach Fertigstellung der Gasse streut er mittels eines Siebes über den ganzen Herd Asche, glättet sie mit den Händen und reibt sie fest; darauf schüttet er drei Tröge voll feuchter Asche ringsherum auf den Rand des Herdes und läßt den Treibehut herab. Nun steigt er in den Herd und dichtet diesen überall mit Asche ab, damit kein geschmolzenes Metall ausläuft.

Nach Abheben der Haube des Treibehutes trägt er mit einem Trog Holzkohle ein und darauf Glut mit einer eisernen Schaufel, solche auch durch die seitlichen Arbeitstüren des Treibehutes, und breitet sie mit der Schaufel gleichmäßig aus. Diese ganze Arbeit dauert zwei Stunden. Nun kommt auf das Eisenblech, welches unter der Gasse auf dem Boden liegt (es ist $3^1/_4$ Fuß lang, hinten 1 Fuß $2^1/_2$ Hand, vorne $2^1/_2$ Hand breit), ein kleiner Holzklotz, darauf ein Stein und auf diesen wieder ein dem unteren ziemlich ähnliches Eisenblech; darauf kommt ein Spankorb voll Holzkohle und auf diese wieder eine Schaufel voll Glut. Man wärmt so den Herd eine Stunde lang an und stochert dann mit einem mit einem Haken versehenen Eisen, mit dem man die Glätte abzieht [70)], die noch übrigen Holzkohlen auf. Der Haken ist 1 Hand lang und 3 Finger breit und besitzt die Gestalt eines doppelten Dreieckes; sein Griff ist, soweit er aus Eisen besteht, 4 Fuß, sein hölzerner, in den eisernen eingefügter Teil 6 Fuß lang. Manche benutzen aber auch ein Eisen mit einfachem Haken. Nach ungefähr einer Stunde wird die noch übrige Glut wiederum mit dem Haken aufgestochert und die in der Gasse liegende mit der Schaufel in den Herd gestoßen, nach einer weiteren Stunde nochmals gestochert; geschieht dies nicht, so bleibt ein Teil des Herdes schwarz, was schädlich ist, da er dann nicht genügend austrocknet. Wenn aber der Meister durch das Stochern die glühenden Kohlen umwühlt, so daß sie vollständig verbrennen, wird der Herd gut warm; dies dauert drei Stunden, während der übrigen zwei Stunden bleibt der Herd in Ruhe.

Wenn die Uhr die elfte Stunde schlägt, kehrt er die entstandene Holzkohlenasche mit einem Besen zusammen und schafft sie aus dem Herd heraus. Nun steigt er auf den Treibehut und befeuchtet den ganzen Herd mit einer Aufschlämmung von Asche in Wasser (die sich in einer kleinen Bütte befindet), indem er einen alten Lappen eintaucht und durch eine Öffnung im Treibehut hineinlangt und darüberwischt; von der Aufschlämmung braucht er dazu zwei Holzbütten voll von 5 römischen Sextarien [71)] Inhalt. Dies geschieht, damit der Herd beim Treiben nicht springt. Darauf verstreicht er noch die Sprünge mit Hirschleder.

Auf die linke Seite der Gasse werden nun zwei Stücke Herdblei aufeinandergelegt; wenn sie an irgendeiner Stelle festschmelzen, bilden sie ein Hindernis für

70) Glätthaken.

71) d. s. etwas mehr als 3 l; s. 12. Buch Anm. 5, S. 471.

die Glätte, so daß diese sich nicht unter dem Einflusse des Windes im Kreise bewegen kann und hier haltmachen muß; zweckmäßiger ist es indessen, an Stelle des Herdbleies einen Backstein hinzulegen; denn da ein solcher sich stärker erhitzt, bildet sich auch die Glätte rascher.

Der Herd soll nach der Mitte zu $2^1/_2$ Hand tiefer als jene Stelle sein, in der Mitte selbst[72] um einen weiteren Finger. Von manchen Leuten wird der so hergerichtete Herd noch mittels eines vollgesogenen und dann wieder ausgepreßten Schwammes mit Eiweiß bestrichen, in dem feingemahlener Weihrauch aufgelöst ist. Andere bestreichen ihn mit einer Flüssigkeit, die zu einem Teil aus Eiweiß, zu zwei Teilen aus Ochsenblut oder Mark besteht; andere wieder streuen außerdem mittels eines Siebes Kalkmehl über den Herd.

Der Treibemeister wiegt nun das Blei ab, welches mit Gold oder Silber oder beidem legiert ist; von ihm werden bisweilen 100 Zentner in den Herd eingetragen, häufig auch nur 60 oder 50 oder noch weniger. Hierauf werden drei Bündel Stroh rings um den Herd verteilt, damit das Blei ihn nicht durch sein Gewicht eindrückt; nun trägt er durch die Gasse einige Barren silberhaltiges Blei ein, einige legt er auch durch die hintere Arbeitstür an die Ränder, steigt darauf durch die obere Öffnung des Treibehutes in den Herd und lehnt die Barren, welche ihm ein Gehilfe reicht, ringsherum gegen den Treibehut. Darauf steigt er nochmals hinauf und legt, indem er mit den Händen durch dieselbe Öffnung langt, noch einige Barren auf den Herd. Die übrigbleibenden legt er am zweiten Tage mit einer eisernen Gabel durch die hintere Arbeitstür auf das Holz. Auf die so verteilten Barren wirft er durch die obere Öffnung einen Spankorb voll Holzkohlen und setzt die Haube auf. Während der Gehilfe die Fuge zwischen beiden mit Lehm verschmiert, wirft der Meister einen halben Korb voll Holzkohle durch die Formenöffnung in den Herd und bereitet dann die Bälge vor, so daß er am folgenden Tage früh den zweiten Teil der Arbeit beginnen kann.

Diese Arbeiten vollendet er in einer Stunde, um 12 Uhr ist alles fertig; alle Stunden zusammen ergeben eine Anzahl von acht.

Nun ist's Zeit, zum zweiten Teil der Arbeit zu gelangen. In der Frühe nimmt der Treiber zwei Schaufeln voll Glut, wirft sie durch die Öffnung neben den Windformen in den Herd und legt auf sie durch dieselbe Öffnung kleinstückiges Tannen- oder Fichtenholz, wie man es zum Kochen von Fischen gebraucht. Hierauf zieht er das Wehr, um die Vorrichtung zum Betätigen der Balghebel in Bewegung zu setzen; im Verlauf einer Stunde kommt so das silberhaltige Blei zum Schmelzen. Hierauf führt er je vier Holzscheite von 12 Fuß Länge durch die hintere Arbeitstür und die Glättgasse ein und stützt sie, damit sie durch ihren Druck den Herd nicht verletzen, am Ende durch Böcke; dies sind Balken, 3 Fuß lang, $2^1/_2$ Hand breit und 2 Hand dick mit zwei gespreizten Beinen an jedem Ende. Gegen den vor der Glättgasse stehenden Bock lehnt er ein Eisenblech, damit die Glätte beim Herausziehen aus dem Herd ihm nicht in die Schuhe spritzt und Füße und Beine verletzt. Dann legt er die übrigen Barren mit der Schaufel oder der Beschickungsgabel durch die hintere Arbeitstür auf das erwähnte Holz.

Gediegen Silber oder solches von bleigrauer oder aschgrauer oder roter Farbe[73] oder schließlich solches von anderer Farbe wird in breit geschlagenem und zer-

[72] Die Spur. [73] Rotgültigerz.

Der Treiber A stampft den Herd mit dem Stößel. Der größere Stößel B. Der Besen C. Die zwei kleineren Stößel D. Das Schabeisen E. Der hölzerne Schaber F. Das Sieb G. Die Asche H. Die eiserne Schaufel I. Das Eisenblech K. Der Holzklotz L. Der Quaderstein M. Der Spankorb N. Der Glätthaken O. Die andere Ausführung des Glätthakens P. Zerschlissenes Tuch (alter Lappen) Q. Die kleine Bütte R. Das Hirschleder S. Das Strohbündel T. Die Holzscheite V. Die Barren edelmetallhaltigen Bleies X. Die Gabel zum Einsetzen Y. Der zweite Treiber, der den Ofen dort, wo der Treibehut aufliegt, von außen mit Lehm verschmiert Z. Der mit Asche gefüllte Trog AA. Die Haube des Treibehutes BB. Der auf einer Leiter stehende Helfer CC wirft Holzkohle durch die obere Öffnung des Treibehutes in den Herd. Das Werkzeug zum Kneten des Lehmes DD. Der Lehm EE. Die Kelle FF, mit welcher der Treiber oder Meister Probe nimmt. Das Streicheisen für den Abstrich GG. Der Meißel zum Herausheben des Silberkuchens HH.

ſchnittenem Zuſtande in Eiſentiegeln angewärmt und in das flüſſige ſilberhaltige Blei, das, wie öfters erwähnt, stannum[74] genannt wird, eingetränkt. Dabei werden die Verunreinigungen in folgender Weiſe abgeſchieden: Wenn die langen Holzſcheite am vorderen Ende abgebrannt ſind, treibt der Meiſter eiſerne Meißel, 4 Fuß lang, am Vorderende 2 Finger, dahinter $1^{1}/_{2}$ Finger breit und dick, mit dem Hammer in dieſelben ein und ſchiebt ſie damit vor; die Meißel liegen dabei auf den Böcken auf. Man kann auch bei der Trennung der Metalle zwei derartige Holzſcheite durch die zwiſchen den Bälgen gelegene Öffnung in den Herd einführen, ebenſo viele durch die hintere Arbeitstür und eins durch die Glättgaſſe, doch braucht man dann eine größere Anzahl, wohl 60, während man ſonſt mit 40 auskommt. Hat er das Blei ſo zwei Stunden lang erhitzt, ſo rührt er es mit dem Glätthaken durch, damit es ſich noch mehr erwärmt. Trennt es ſich ſchwer vom Silber, ſo wirft er in das geſchmolzene Werkblei Kupfer und Holzkohlenſtaub. Hat aber die Gold-Silber-Blei-Legierung bzw. das Reichblei aus dem Erz Verunreinigungen aufgenommen, ſo trägt er entweder zu gleichen Teilen Weinſtein und Venetianiſches Glas oder Salmiak oder aber Venetianiſches Glas und Venetianiſche Seife ein oder ungleiche Mengen, nämlich 2 Teile Weinſtein und 1 Teil Eiſenroſt. Man kann auch den einzelnen Gemengen eine geringe Menge Salpeter beimiſchen. Auf 1 Zentner ſilberhaltiges Blei gibt man, je nachdem, ob es mehr oder weniger verunreinigt iſt, $^{1}/_{2}$, 1 oder $1^{1}/_{3}$ Pfund des Pulvers. Dieſes ſcheidet, was unrein iſt, beſtimmt von dem ſilberhaltigen Blei ab. Hierauf zieht er von dem mit Holzkohlen bedeckten Blei eine Art Haut[75] mittels einer Kratze[76] durch die Gaſſe ab; dieſe Haut erzeugt das Blei bei ſeiner Erhitzung, und zwar muß man, damit eine geringere Menge davon fällt, häufig mit dem Haken umrühren. Darauf ſaugt ungefähr $^{1}/_{4}$ Stunde lang der Herd Blei auf; ſobald es aber in ihn einſickert, beginnt es zu ſpritzen und zu kochen. Nun ſchöpft der Meiſter mit einer Eiſenkelle etwas Blei aus; dieſes probiert er und erkennt daraus, wieviel Silber die Geſamtmenge des ſilberhaltigen Bleies enthält. Die Kelle iſt 5 Finger im Durchmeſſer, ihr Griff 3 Fuß lang aus Eiſen, ebenſo lang aus Holz. Hierauf zieht er mit dem Haken die Glätte ab; dieſe beſteht aus verbranntem Blei und Kupfer, falls ſolches anweſend iſt, weshalb man ſie richtiger Bleiglätte als Silberglätte nennt. Ein Verluſt an Silber tritt dabei nicht ein, ſondern nur eine Trennung des Bleies und Kupfers von jenem, und zwar wird das Blei noch weiter im Herd eines anderen Ofens, in dem das Silber fein gebrannt wird, abgeſchieden. Früher befand ſich nach Angabe von Plinius unter der Glättgaſſe ein zweiter Herd; die Glätte floß dann aus dem oberen in den unteren und wurde durch Eintauchen einer Art Bratſpieß in dieſen zur Verminderung ihres Gewichtes aufgerollt[77]. Daher fiel ſie früher in Röhrenform, heute, wo man ſie nicht mehr mit dem Glättſpieß aufrollt, in maſſiver Form.

Für den Fall, daß Gefahr beſteht, daß ſilberhaltiges Blei zuſammen mit Glätte ausfließt, hat der Meiſter einen zylindriſchen, auf einer Seite zugeſpitzten Lehmballen bereit, den er am Glätthaken befeſtigt und dem ſilberhaltigen Blei entgegenhält, damit es nicht ausfließt. Wenn das Silber beginnt, die ihm eigentüm-

[74] Reichblei; ſ. 9. Buch Anm. 16, S. 336.
[75] Es kann ſich dabei nur um Kupferſchlicker, nicht um Abſtrich handeln.
[76] Streicheiſen.
[77] d. h. die Glätte erſtarrte an dem hineingehaltenen kalten Spieß zu einer Röhre; ſ. Abb. S. 411.

liche Farbe anzunehmen, erſcheinen helle und faſt weiße Flecken; einige Zeit darauf wird das Bad vollkommen weißglänzend[78]. Nun läßt der Meiſter die Schützen herab und ſperrt ſo den Kanal ab, damit das Waſſerrad ſich nicht mehr dreht und die Bälge zur Ruhe kommen. Darauf gießt er einige kleine Bütten voll Waſſer auf das Silber, damit es erſtarrt. Manche gießen auch Bier darauf, damit es weißer wird, doch hat das keinen Zweck, da das Silber noch feingebrannt werden muß. Dann hebt er das Silberſtück mit einem meißelförmigen Gezähe heraus;

Der Ofen A. Die Holzſcheite B. Die Silberglätte C. Das Blech D.
Ein hungriger Meiſter ißt Butter, damit das Gift, welches der Herd ausatmet, ihm nicht ſchadet; denn ſie iſt ein Spezialmittel dagegen E.

dieſes iſt 3 Fuß lang und 2 Finger breit mit eingelaſſenem Holzſtiel von ungefähr 4 Fuß Länge. Das aus dem Herd herausgeholte Silberſtück legt er auf einen Stein und klopft mit einem Hammer von der einen Seite das Herdblei, von der anderen die Glätte ab. Darauf reinigt er es mit einer in Waſſer getauchten Meſſingbürſte.

Bei der Trennung von Blei und Silber findet man gewöhnlich mehr Silber als beim Probieren; wenn nämlich vorher 100 Pfund $3^3/_8$ Unzen enthielten, findet man $3^1/_2$ Unzen. Das gewöhnlich im Tiegel zurückbleibende Herdblei iſt 1 Hand

[78] Der ſog. Silberblick.

hoch; die nach ſeiner Entfernung übrigbleibende Aſche wird wieder abgeſiebt, das Überkorn, das ebenfalls Herdblei iſt, mit dieſem vereinigt. Die Aſche aber, welche das Sieb paſſiert, findet wieder dieſelbe Verwendung wie früher, oder man macht aus ihr und Knochenmehl Kapellen. Schließlich haftet an der Wand, an welche der Ofen angebaut iſt, gelber Hüttenrauch, desgleichen an den Ringen des Treibehutes in der Nähe der Arbeitstüren; er wird, wenn viel daran hängt, abgewiſcht.

Das Blickſilberſtück A. Der Unterlagsſtein B. Der Hammer C. Die Meſſingbürſte D. Die Bütte mit Waſſer E. Der Ofen, aus dem das Stück herausgeholt wurde, noch rauchend F. Der Träger, ein Stück aus der Treibhütte abtransportierend G.

Der Kran, um auch dieſe Vorrichtung zu beſchreiben, mit welcher der Treibehut abgehoben wird, iſt folgendermaßen konſtruiert: Zunächſt wird eine Welle von quadratiſchem Querſchnitt, 1 Fuß dick und 12 Fuß lang[79)], aufgerichtet; deren unterer Drehzapfen dreht ſich in einem kupfernen Lager, das in einen anderen Eichenbalken eingelaſſen iſt, und zwar ſind hier zwei Balken derart quer zueinander angebracht, daß eine Nut in der Mitte des einen von einer ſolchen des anderen, die ebenfalls in deſſen Mitte liegt, umfaßt wird, ſo daß ſie das Ausſehen eines Kreuzes haben; jeder dieſer Balken iſt 3 Fuß lang, 1 Fuß breit und dick.

79) Spill.

Das obere Ende des Spills iſt rund und auf 3 Hand Stärke verjüngt; es dreht ſich in einer zweiteiligen Bandöſe, die an beiden Enden an dem Tragbalken befeſtigt iſt, welcher die Schrägwand der Abzugshaube ſtützt. An dem Spill iſt das Gehäuſe[80] befeſtigt; zunächſt iſt in einer Höhe von 1½ Fuß in eine Nut des Spills ein Querbalken eingelaſſen, ohne die Zapfen 1½ Fuß und 3 Finger lang, 2 Hand breit und dick; ferner iſt ein zweiter Querbalken von gleicher Länge, Breite und Dicke in 5 Fuß Höhe in das Spill eingelaſſen; die anderen Zapfen dieſer beiden Querbalken ſind in Nuten eines Vertikalbalkens von 6¾ Fuß Länge, ¾ Fuß Breite und Dicke eingelaſſen und mit Holzpflöcken befeſtigt. 3 Hand hoch über dem unteren Querbalken ſind in ſeitliche Nuten des Spills zwei Holzlatten eingelaſſen, ohne die Zapfen 1¼ Fuß lang, 1¾ Hand breit, 1 Hand dick. In ähnlicher Weiſe befinden ſich unterhalb der oberen Querbalken zwei Holzlatten von gleichen Abmeſſungen, ferner iſt die gleiche Anzahl in Nuten des Vertikalbalkens eingelaſſen, von gleicher Länge, aber 3 Finger ſtark und 1½ Hand breit; davon befinden ſich die beiden unteren über dem unteren Querbalken, die oberen in Höhe der oberen, ſeitlich in das Spill eingelaſſenen Latten. An dieſe Latten ſind außen Bretter angenagelt, doch beſitzt die Vorder- und ebenſo die Rückwand des ſo geſchaffenen Gehäuſes Türen; deren Angeln ſind an den auf die ſeitlich in das Spill eingezapften Latten genagelten Brettern befeſtigt. Ferner liegen auf den unteren Querbalken Bretter; 2 Hand hoch darüber befindet ſich eine eiſerne Welle von quadratiſchem Querſchnitt, 2 Finger ſtark, deren runde Zapfen ſich in kupfernen oder eiſernen Lagern drehen; eines davon iſt in das Spill, das andere in den Vertikalbalken eingelaſſen. Um dieſe Welle iſt an zwei Stellen je eine Holzſcheibe von 3¼ Hand Durchmeſſer, 1 Hand ſtark, gelegt, außen mit Eiſenblech bekleidet. Beide Scheiben ſtehen 2½ Hand weit auseinander und tragen fünf Spindeln von 2½ Finger Stärke, 3 Finger voneinander entfernt, ſo daß ein Spindelrad[81] von geeigneter Art entſteht, welches von dem Vertikalbalken 1¼ Hand entfernt iſt, von dem Spill aber weiter, nämlich 1¾ Hand. Ungefähr 1¼ Fuß über dieſer Welle befindet ſich eine zweite eiſerne Welle von quadratiſchem Querſchnitt, 3 Finger ſtark, die ſich in gleicher Weiſe wie die erſte in kupfernen oder eiſernen Lagern dreht. Um ſie iſt ein aus zwei Scheiben zuſammengefügtes Zahnrad gelegt von 1¾ Fuß Durchmeſſer und 1½ Hand ſtark; es beſitzt am Umfange 23 Zähne von 1 Hand Länge, 2 Finger ſtark, die 1 Hand aus dem Zahnrad herausragen und je 3 Finger voneinander entfernt ſind; 2½ Hand nach dem Vertikalbalken zu entfernt trägt dieſelbe Welle eine zweite Scheibe von gleichem Durchmeſſer wie die des Zahnrades, jedoch nur 1 Hand breit, die ſich in dem hier ausgeſchnittenen Vertikalbalken dreht. Beide Scheiben bilden ein zweites Spindelrad mit ebenfalls 5 Spindeln. 1½ Fuß über der zweiten Welle befindet ſich ferner eine Holzwelle mit eiſernen Drehzapfen, deren Enden Eiſenzwingen beſitzen, um den Zapfen Halt zu gewähren. Sie drehen ſich ebenſo wie die Eiſenwellen in kupfernen oder eiſernen Bandöſen. Dieſe Welle iſt von dem oberen Querbalken ungefähr 1½ Fuß entfernt und trägt neben dem Vertikalbalken ein Zahnrad von 2½ Fuß Durchmeſſer, an deſſen Umfange 27 Zähne ſtehen. Der andere Teil der Welle iſt nach dem Spill zu mit Eiſenblech beſchlagen, damit er nicht durch die Kette, die ſich

[80] Für die Aufnahme des Getriebes.
[81] „Korb“.

darumſchlingt, verletzt wird. Das letzte Glied dieſer Kette iſt durch einen eiſernen Krampen an der Welle befeſtigt; ſie läuft über eine Rolle außerhalb des Gehäuſes, die zwiſchen den Balken des Auslegers angebracht iſt. Dieſer Ausleger befindet ſich etwa $1^{1}/_{4}$ Fuß oberhalb des Gehäuſes und beſteht aus zwei in das Spill eingelaſſenen Balken von 15 Fuß Länge, 3 Hand Breite, 2 Hand Dicke. Auf der Rückſeite des Spills ragen ſie $1^{1}/_{2}$ Fuß vor. Hier ſind ſie verklammert und außerdem durch einen Holzpflock verbunden, der durch beide und das Spill hindurchgeht. Dieſer Pflock beſitzt auf der einen Seite einen breiten Kopf, auf der anderen eine Öffnung, durch welche ein eiſerner Splint hindurchgeſteckt iſt, um Balken und Spill feſt zuſammenzuhalten. Die Auslegerbalken werden geſtützt durch zwei Streben von je $6^{1}/_{2}$ Fuß Länge, 2 Hand Breite und Dicke. Sie ſind unten in Nuten des Spills eingelaſſen, oben durch Eiſenbolzen ungefähr 4 Fuß vom Spill entfernt an den Auslegerbalken befeſtigt. Hinter den oberen Enden dieſer Streben nach dem Spill zu befindet ſich ein eiſerner Krampen, der auf der Unterſeite der Auslegerbalken befeſtigt iſt und dazu dient, dieſe zuſammenzuhalten und zu verſteifen. Die Vorderenden beider Balken ſind von einem viereckigen Eiſenblech eingefaßt, und dazwiſchen iſt eine dritte viereckige Eiſenplatte befeſtigt; hierdurch erreicht man, daß die Auslegerbalken weder auseinanderweichen noch gegeneinanderfallen können. Oben ſind ſie auf 6 Fuß Länge mit Eiſenblech beſchlagen, damit die Laufkatze darauf laufen kann.

Dieſe beſteht aus einem Brett vom Holz der Hopfenbuche[82] oder einem anderen Hartholz, $1^{1}/_{2}$ Fuß lang, 1 Fuß breit, 3 Hand dick, aus dem beiderſeits unten ein Stück von 1 Hand Breite und Höhe ausgeſchnitten iſt, ſo daß der übriggebliebene Teil zwiſchen den Auslegerbalken hin- und herfahren kann. Vorn in der Mitte iſt ein Ausſchnitt von ca. $2^{1}/_{2}$ Hand Länge, in dem ſich eine Kupferrolle um eine eiſerne Achſe drehen kann. Ferner beſitzt die Laufkatze in der Nähe der Ecken vier Öffnungen, in denen ſich ebenſo viele Rollen drehen, die auf dem Auslegerbalken laufen. Weil aber die Laufkatze beim Hin- und Herziehen ein Geräuſch erzeugt, ähnlich dem Hundegebell, hat ſie bei uns auch den Namen „Hund“ erhalten. Sie wird durch eine Kurbel vorwärts bewegt und durch die Kette zurückgezogen. Auf der rechten Seite der Katze iſt ein Bolzen befeſtigt, um den ſich die Öſe eines eiſernen Sperrhakens dreht; dieſer faßt in einen an der rechten Seite des Auslegerbalkens eingeſchlagenen Nagel. Vor dem Spill befindet ſich eine Kupferrolle, deren eiſerne Achſe in den Auslegerbalken eingelaſſen iſt; über dieſe Rolle läuft die aus dem Gehäuſe austretende Kette, geht dann über die Vertiefung in der Oberfläche der Katze nach deren kupferner Rolle, welche ſie beim Darübergleiten in Drehung verſetzt. In ein Glied der von jener herabhängenden Kette iſt ein Haken eingefügt, welcher in die oberen Endglieder von drei je 6 Fuß langen Ketten greift; dieſe ſind an den drei eiſernen Ringen befeſtigt, von denen ich geſagt habe, daß ſie durch die Öſen der an dem mittleren Ring des Treibehutes befeſtigten Nieten gehen. Will nun der Meiſter den Treibehut mittels des Kranes heben, ſo ſteckt der Gehilfe auf die untere Welle, welche $1^{1}/_{2}$ Hand weit aus dem Vertikalbalken herausſteht, eine eiſerne Kurbel; die Welle iſt an dieſer Stelle vierkantig, $1^{1}/_{2}$ Finger breit, 1 Finger dick; die entſprechende

[82]) Ostrya carpinifolia, in Deutſchland nur angebaut; gemeint iſt wahrſcheinlich die in Deutſchland einheimiſche Hainbuche, Carpinus betulus, die ebenfalls ein ſehr zähes Holz liefert.

Die senkrechte Welle (Spill) A. Das Zapfenlager B. Die Eichenbalken C. Die geteilte Bandöse D. Der Stützbalken E. Das Gehäuse F. Der Querbalken G. Der Vertikalbalken H. Die Latten an den Seiten des Spills I. Die Latten an den Seiten des Vertikalbalkens K. Die Getrieberäder, die Spindeln tragen L. Die Zahnräder M. Die Kette N. Die Rolle O. Die Auslegerbalken P. Der Stützbalken für die Auslegerbalken Q. Die viereckigen Blechplatten R. Die Laufkatze S. Der Treibehut T. Der Ring V. Die drei Ketten X. Die Kurbel Y. Die Vertikalwelle (Spill) Z der anderen Vorrichtung. Deren Querbalken AA. Der schräge Stützbalken BB. Der Ring des Querbalkens CC. Der zweite Ring DD. Der Hebebaum EE. Der dritte Ring FF. Der Haken GG. Die Ketten des Treibehutes HH. Die Kette des Hebebaumes II.

Das Ofengewölbe A. Sein Sockel B. Die Kanäle C. Der Klöppel D. Der Schlägel E. Der Treiber macht nach römischer Art Röhrchen aus Glätte F. Die Glättgasse G. Die Glätte H. Der tiefer gelegene Herd I. Der Glättspieß K. Die Glätteröhrchen L.

Öffnung der Kurbel, in welche ſie hineinpaßt, iſt ebenfalls viereckig, 2 Finger lang und etwas mehr als 1 Finger breit. Der Kurbelarm iſt 1 Fuß $3^{1}/_{2}$ Hand lang, 2 Finger breit, 1 Finger dick. Der gerade und runde Griff iſt 3 Hand lang, $1^{1}/_{2}$ Finger dick. Am Ende der Welle iſt ein Loch, durch welches ein eiſerner Nagel hindurchgeſteckt wird, damit die Kurbel nicht herausfällt.

Dieſer Kran läßt ſich, da er vier Getrieberäder beſitzt, zwei mit Spindeln, ebenſo viele mit Zähnen, leichter bewegen als andere mit nur 2 Getrieberädern, einem mit Spindeln und einem mit Zähnen. Viele beſitzen dagegen nur eine einfache Vorrichtung: die beiden Drehzapfen des Spills drehen ſich in derſelben Weiſe, der eine in einem Eiſenlager, der andere in einer Bandöſe; an dem Spill befindet ſich ein Querbalken [83], den ein ſchräger Balken ſtützt. Am Ende des Querbalkens iſt ein kräftiger Eiſenring befeſtigt, in den ein anderer eiſerner Ring eingreift. In dieſen wiederum iſt ein kräftiger hölzerner Hebebaum feſt eingefügt, deſſen Ende von einem dritten Eiſenring umfaßt wird; von ihm hängt ein Eiſenhaken herab, welcher in die Endglieder der Ketten eingreift, die ſich an den Ringen des Treibehutes befinden. Am anderen Ende des Hebelbalkens hängt eine Kette, welche beim Herabziehen den anderen Hebelarm hebt und damit den Treibehut. Wird ſie losgelaſſen, ſo geht jener zuſammen mit dem Treibehut herab.

An manchen Orten, wie zu Freiberg im Meißniſchen, iſt der zweite Ofen [84] oben mit Backſteinen überwölbt, faſt wie ein Backofen; dieſes 4 Fuß hohe Gewölbe beſitzt zwei oder drei Arbeitsöffnungen. Davon iſt die erſte, nach vorn gelegene, $1^{1}/_{2}$ Fuß hoch und 1 Fuß breit; aus ihr läuft die Glätte ab. Die zweite und dritte (wenn es deren drei ſind) liegen an den Seiten und ſind $1^{1}/_{2}$ Fuß hoch, $2^{1}/_{2}$ Fuß breit, damit der Arbeiter, welcher den Herd herrichtet, in den Ofen hineinkriechen kann. Deſſen kreisrunder, aus Bruchſteinen hergeſtellter Sockel enthält zwei Kanäle für das Abziehen des Waſſerdampfes, 2 Fuß hoch, 2 Fuß breit. Sie ſind ſo von einer Seite zur gegenüberliegenden hindurchgeführt und gerichtet, daß der eine den anderen ſenkrecht ſchneidet und vier Öffnungen entſtehen; oben ſind ſie mit breiten Hauſteinen abgedeckt, die jedoch nur 1 Hand dick ſind. Hierauf und auf den übrigen Innenteil des Bruchſteinſockels legt man ebenſo wie auf den Rundſtein oder die Kupferplatte und die Werkſtücke des früheren Ofens 3 Finger hoch mit Stroh untermiſchten Lehm. Dieſen ſowie die zugegebene Aſche klopft der den Herd bereitende Meiſter oder Gehilfe in der Kniebeuge mit kurzen Holzklöppeln und ebenfalls hölzernen Schlägeln feſt.

Der polniſche und ungariſche Treibofen iſt ebenfalls oben mit Backſteinen überwölbt, ähnlich einem Backofen; er beſitzt unten einen maſſiven Sockel ohne Abzugskanäle für den Waſſerdampf; doch befindet ſich an Stelle eines Abzugskanales zwiſchen einer Seitenwand und dem Herdſockel eine Gaſſe; oben iſt ſie mit Eiſenſtäben abgedeckt, die in 2 Finger Abſtand von der Wand zum Herd reichen.

Auf den hergerichteten Herd wirft man zunächſt Strohbündel und auf dieſe legt man die Reichbleibarren; auf den Roſt aber kommt Holz, das angezündet wird und den Herd heizt und die Barren im Gewichte von bald 80, bald 100 Zentner zum Schmelzen bringt. Hierauf facht man das Feuer durch ſchwachen Ge-

[83] als Ausleger.
[84] Treibofen.

bläſewind an und wirft ſo viel Holz auf den Roſt, daß eine Flamme entſteht, die ſo ſtark iſt, daß ſie ausreicht, um im Herd das Blei vom Silber zu trennen. Die Glätte wird durch die auf der anderen Seite gelegene Arbeitstür, welche ſo weit iſt, daß der Meiſter durch ſie in den Herd kriechen kann, abgezogen.

Die Maraver und Carner[85], die ſehr ſelten mehr als $^{2}/_{3}$ oder $^{5}/_{6}$ Pfund Silber herſtellen, trennen das Blei von dieſem weder in einem Ofen nach Art eines Backofens noch in einem Herd, der mit einer Treibehaube bedeckt iſt, ſondern er ent-

Ein backofenartiger Ofen A. Die Gaſſe B. Der Eiſenroſt C. Die Arbeitsöffnung, durch welche man die Glätte abzieht D. Ein Herd ohne Treibehut E. Die dicken Holzſcheite F. Der Blaſebalg G.

behrt einer ſolchen und iſt der Luft ausgeſetzt; nach dem Eintragen der Reichbleibarren legen ſie trockenes Holz darauf und darüber noch dicke Scheite grünen Holzes. Nach Anzünden des Holzes fachen ſie zunächſt das Feuer durch einen Blaſebalg an[86].

Ich habe nun über die Methode der Trennung des Bleies von Gold oder Silber geſprochen und werde jetzt darüber reden, wie Silber feingebrannt wird; denn die Methode der Herſtellung von Feingold habe ich ſchon früher erklärt. Das

85) Die Einwohner von Mähren, Kärnten und Krain.
86) Treiben „unter dem Klotz".

Der Stößel mit Zacken A. Der Stößel ohne Zacken B. Ein Trog voll Asche C. Ein vorbereiteter Testscherben, auf Brettern stehend D. Ein leerer Testscherben E. Holz, das noch gespalten werden muß F. Die Säge G.

Feinbrennen des Silbers erfolgt im Feinbrennofen, dessen Herdraum ein Gewölbe aus Backsteinen mit einem 3 Fuß hohen Bogen auf der Vorderseite überspannt. Der Herdraum selbst ist 5 Fuß lang und 4 Fuß breit; an den Seiten und hinten sind die Wände massiv, dagegen ruht der vordere Gewölbebogen auf einem zweiten; auf ihn und eine Seitenwand ist die Esse aufgesetzt. Der Herdraum besitzt eine runde Vertiefung von 1½ Fuß Durchmesser, 2 Hand tief; in diese wirft man gesiebte Asche, in welche eine vorbereitete Schale [87] so eingesetzt wird, daß die Asche ringsherum gleich hoch ist. Den aus Ton bestehenden Testscherben füllt man mit einem Pulver, das aus gleichen Teilen pulverisierter Knochen und Asche besteht, welche einem Herd entnommen ist, in dem Blei von Gold oder Silber getrennt ward. Andere mischen zu der Asche Ziegelmehl; keines dieser Pulver besitzt die Eigenschaft, Silber zu binden. Von dem mit Wasser angefeuchteten Pulvergemisch wird eine geringe Menge in den Testscherben geschüttet und mit einem runden, 1 Fuß langen, 1¼ Hand dicken Holzstößel festgestampft;

87) Der „Testscherben".

Das gerade Meſſer mit Holzgriffen A. Das gekrümmte Meſſer, ebenfalls mit Holzgriffen B. Das gekrümmte Meſſer ohne Holzgriffe C. Das Sieb D. Die Kugel E. Die eiſerne Tür, welche der Meiſter beim Feinbrennen herabläßt, damit die Hitze des Feuers die Augen nicht ſchädigt F. Das Gerät zum Auflegen der Hölzer beim Feinbrennen des geſchmolzenen Silbers G[88]). Sein eines Ende greift in die Öſe eines anderen, in das Ofenmauerwerk eingelaſſenen Gerätes H. Der Teſtſcherben mit glühenden Kohlen I.

dieſer beſitzt ſechs vorſtehende Zacken, je 1 Finger dick, $1^1/_3$ Finger breit und lang, ungefähr 1 Finger voneinander entfernt. Dieſe ſechs Zacken bilden einen Kreis, in deſſen Mitte ein ſiebenter runder, gleich hoher, aber $1^1/_2$ Finger dicker Zacken ſteht. Der Stößel verjüngt ſich von unten nach oben allmählich zu einem runden, 3 Finger ſtarken Handgriff. Manchmal wird auch ein runder Stößel ohne Zacken benutzt.

Darauf wird wieder eine geringe Menge Pulver in den Teſtſcherben geſchüttet und feſtgeſtampft. Dieſe Arbeit wird ſo lange wiederholt, bis der ganze Teſtſcherben voll Pulver iſt; nun ſchneidet der Meiſter ihn mit einem zweiſchneidigen Meſſer aus, das beiderſeits gerade zurückgebogen iſt, ſo daß das $1^1/_4$ Hand breite Mittelſtück vorſteht; dieſes iſt bald gerade, bald gekrümmt. Das Meſſer ſelbſt iſt $1^1/_2$ Finger ſtark, die beiderſeitigen Aufbiegungen 2 Hand lang; dieſe Handgriffe

88) Brandeiſen.

beſitzen auf eine Länge von 1 Hand keine Schneide oder ſind in Holzgriffe geſteckt. Der Meiſter faßt nun mit einer Hand das Meſſer und ſchneidet ſo viel von dem Pulver aus dem Scherben heraus, daß ringsherum eine Schicht von 3 Finger Stärke verbleibt. Darauf ſchüttet er mittels eines Haarſiebes trockenes Knochenmehl darüber, nimmt dann eine Kugel aus ſehr hartem Holz von 6 Finger Durchmeſſer und dreht ſie mit beiden Händen im Scherben herum, dieſen glatt und wieder feſt machend; doch dreht er die Kugel auch wohl nur mit einer Hand.

Die Teſtſcherben beſitzen verſchiedenes Faſſungsvermögen; die einen faſſen nach ihrer Fertigſtellung ungefähr 15 Pfund, andere 20, ein Teil 30, manche 40 und andere 50. Alle ſo vorbereiteten Teſtſcherben werden in der Sonne getrocknet oder an einem warmen überdachten Platz. Je trockener und älter ſie ſind, um ſo beſſer. Soll Silber feingebrannt werden, ſo wärmt man ſie alle noch durch glühende Holzkohle an. Manche verwenden an Stelle eines Teſtſcherbens einen Eiſenring, doch iſt der Scherben zweckmäßiger. Denn wenn die Teſtmaſſe zu Bruche geht, ſo bleibt doch das Silber in dieſem zurück, während es aus jenem, der keinen Boden beſitzt, herausläuft. Der Scherben kann außerdem leichter in den Herd eingeſetzt werden als ein Ring und bedarf weniger Teſtmaſſe. Damit der Teſtſcherben nicht auseinanderfallen und ſo Silberverluſt entſtehen kann, faſſen ihn manche zur Sicherheit noch mit einem Eiſenring ein.

Der Feinbrenner hat einen eiſernen Roſt in Bereitſchaft, auf den er die Blickſilberſtücke legt, welche er, damit ſie leichter brechen, durch untergelegte glühende Kohlen erwärmt. Ferner hat er einen Meſſingblock, $2^1/_2$ Hand breit und lang, in der Mitte mit einer Vertiefung; dieſen legt er auf einen Klotz aus Hopfenbuchenholz[89], die Silberſtücke darauf, und zerſchlägt dieſe mit einem Doppelhammer in Stücke. Dieſer Hammer iſt 1 Fuß 2 Finger lang, 1 Hand breit. Andere verwenden nur einen in der Mitte mit Vertiefung verſehenen Holzklotz. Die noch heißen Bruchſtücke nimmt er mit der Zange, wirft ſie in ein Gefäß mit Löchern und gießt Waſſer dazu, damit er ſie nach dem Abkühlen ſachgemäß in den Teſtſcherben einſetzen kann. Das Einſetzen erfolgt ſo, daß ſie aufrecht ſtehen und aus dem Teſtſcherben bis zu 2 Hand hoch herausragen. Dazwiſchen legt er Kohlenſtückchen, damit ſie nicht durcheinanderfallen. Nun gibt er in den Teſtſcherben glühende Kohlen, darauf zwei Spankörbe voll Holzkohle und bläſt dann mit einem Blaſebalg Luft ein. Dieſer iſt doppeltwirkend, $4^1/_2$ Fuß lang, am Außenende $2^1/_2$ Fuß breit; alles übrige iſt ähnlich wie im ſiebenten Buch beſchrieben. Die Düſe dieſes Blaſebalges ſteckt in einer 1 Fuß langen Kupferform mit vorn vollkommen runder Öffnung von mehr als 1 Finger im Durchmeſſer, hinten 2 Hand weit. Da er zu dieſer Arbeit des Silberfeinbrennens eines ſcharfen Feuers und deshalb einer ſtarken Gebläſewirkung bedarf, gibt der Meiſter dem Blaſebalg eine ſtark geneigte Lage, ſo daß er auf die Mitte des Teſtſcherbens und des geſchmolzenen Silbers bläſt. Wenn dieſes aufkocht, bearbeitet er es mit einem angefeuchteten Rundholz, welches an einem am Ende aufgebogenen Eiſen befeſtigt iſt[90]. Das Schmelzen des Silbers erfolgt nach ungefähr einſtündigem Erhitzen im Teſtſcherben. Nach dem Einſchmelzen entfernt er die brennenden Kohlen aus dem Teſtſcherben und legt darauf zwei Tannenholzſcheite, $1^3/_4$ Fuß lang,

[89] Siehe dieſes Buch Anm. 82, S. 409.

[90] Streichholz.

$1^{1}/_{2}$ Hand breit, oben 1 Hand, unten etwa 3 Finger dick. Die unteren Enden werden zuſammengelegt und auf dieſe Holzſcheite wiederum Holzkohlen geworfen; denn zum Silberfeinbrennen bedarf es ſtets eines beſonders ſcharfen Feuers.

Das Feinbrennen erfolgt innerhalb zwei bis drei Stunden, je nachdem, ob das Silber rein oder unrein war. Solches wird durch gleichzeitig in den Teſt eingeſetzte Kupfer- oder Bleigranalien reiner. Um aber während des Feinbrennens eine ſo hohe Temperatur aufrechterhalten zu können, läßt er eine eiſerne Tür, 3 Fuß lang, $1^{3}/_{4}$ Fuß hoch, herab; dieſe iſt ringsum von Flacheiſen eingefaßt. Nach Beendigung dieſer Arbeit hebt er ſie wieder mittels einer Eiſenſchaufel hoch, bis ihre Klinke in einen eiſernen eingemauerten Sperrhaken eingreift und ſie in geöffneter Lage feſthält.

Iſt das Silber beinahe fertig gebrannt, was man aus der verfloſſenen Zeit ſchließen kann, ſo führt er eine runde, ganz aus Eiſen beſtehende Stange ein, die eine gehärtete Spitze beſitzt und $3^{1}/_{2}$ Fuß lang, 1 Finger ſtark iſt; die an der Stange haftenbleibende Silberhaut ſchlägt er auf dem Meſſingblock mit dem Hammer ab; aus ihrer Farbe ſchließt er, ob das Silber rein genug iſt oder nicht. Iſt es gänzlich feingebrannt, ſo iſt es vollkommen weiß, und 1 Mark davon iſt bis auf 1 Drachme rein[91]. Manche ſchöpfen auch die Silberprobe mittels der Aushöhlung eines eiſernen Gezähes[92]. Der Abbrand an Silber beträgt auf 1 Mark $^{1}/_{4}$ Unze[93], zuweilen auch, wenn es ſehr unrein war, $^{3}/_{8}$ oder $^{1}/_{2}$ Unze[94]. Der Feinbrenner regelt das Feuer und rührt das flüſſige Silber mit einem eiſernen Gezähe von 9 Fuß Länge, 1 Finger Stärke, deſſen vorderes Ende erſt nach rechts und dann wieder zurückgebogen iſt, ſo daß ein Ring von 1 Hand Durchmeſſer im Lichten entſteht; andere benutzen hierzu ein Gezähe, deſſen Ende gerade umgebogen iſt. Außerdem hat er ein Gezähe oder eine Zange in Geſtalt einer Klemme, womit er die Holzkohlen erfaßt und ſie, indem er es mit der Hand zuſammendrückt, zuſetzt oder entfernt; es iſt 2 Fuß lang, $1^{1}/_{2}$ Finger breit, $^{1}/_{3}$ Finger ſtark.

Sobald nun das Silber feingebrannt iſt, entfernt er mit einer Schaufel die Kohlen aus dem Teſtſcherben und gießt Waſſer mittels einer kupfernen, mit 4 Fuß langem Holzgriff verſehenen Kelle darauf; dieſe beſitzt an einer Seite in der Mitte zwiſchen der tiefſten Stelle und dem Rande ein Loch, nahezu von der Größe eines Hanfſamenkornes. Dieſe Kelle füllt er dreimal mit Waſſer und löſcht damit allmählich das Silber ab, indem das Waſſer dreimal vollſtändig durch das Loch abläuft. Wenn er nämlich plötzlich viel Waſſer daraufgießen würde, würde es auseinanderſpritzen und die Dabeiſtehenden verletzen. Ferner hat der Treiber eine eiſerne zugeſpitzte Stange von 3 Fuß Länge mit einem ebenſo langen Holzgriff; dieſe Stange ſteckt er in den Teſtſcherben, um ihn zu löſen; auch benutzt er dazu einen Eiſenhaken, 2 Finger breit, 1 Hand hoch, mit einem ebenfalls 3 Fuß langen eiſernen und einem ebenſo langen hölzernen Teil oder Handgriff. Darauf dreht er den aus ſeiner Höhlung gelöſten Teſtſcherben mit der Schaufel oder der Zange um, wobei das halbkugelförmige Silberſtück auf den Boden fällt. Er wirft es mit der Schaufel in ein Gefäß voll Waſſer, wo es noch ein großes Getöſe verurſacht, oder er legt den Silberkuchen mit der Gabel auf ein klemmenförmiges, auf einem Gefäß voll Waſſer liegendes Gezähe. Bald nach dem Erkalten nimmt er ihn wieder aus dem Gefäß her-

[91] Entſprechend $985/_{1000}$ Feingehalt. [92] Probelöffel.
[93] rd. 3,1 %. [94] 4,7 bis 6,2 %.

aus, legt ihn auf einen aus Hopfenbuche[95] gehauenen Klotz und behandelt ihn mit dem Hammer, damit die anhaftende Teſtmaſſe abfällt. Darauf legt er das Silber auf das in dem Gefäß voll Waſſer liegende Gezähe und ſäubert es mit einer in Waſſer getauchten Meſſingbürſte. Dieſe Arbeit des Hämmerns und Säuberns wiederholt er, bis es vollkommen rein iſt. Hierauf legt er es auf einen Dreifuß oder einen Eiſenroſt; der Dreifuß iſt 1½ Hand hoch und 1½ Finger ſtark, ſeine

Der Roſt A. Die Meſſingunterlage B. Der Holzklotz C. Das Silberſtück D. Der Hammer E. Der Holzklotz, in der Mitte vertieft F. Der Trog mit Löchern G. Das Rundholz, an einem Eiſen befeſtigt H. Tannenholzſcheite I. Die Eiſenſtange K. Das Gezähe mit Aushöhlung (Probelöffel) L. Das Gezähe mit ringförmigem Haken wird im nächſten Bilde gezeigt. Das Gezähe mit gerade umgebogenem Ende M. Das Gezähe in Geſtalt einer Klemme N.

Öffnung iſt 2 Hand im Durchmeſſer; unter den Dreifuß oder Roſt kommen glühende Kohlen, um das feuchte Silber wieder zu trocknen.

Schließlich legt der Vertreter des Königs, des Fürſten oder der Beſitzer das Silber auf einen Klotz und ſchlägt mit einem Meißel zwei Stückchen heraus, das eine von der Unterſeite, das andere von der Oberſeite; dieſe probiert er im Feuer[96], um genau feſtzuſtellen, ob das Silber vollkommen gereinigt iſt oder

[95] Siehe dieſes Buch Anm. 82, S. 409.

[96] d. i. auf trockenem Wege.

nicht, und zu welchem Preis es an die Kaufleute verkauft werden muß. Hierauf drückt er das Siegel des Königs, des Fürſten oder der Beſitzer darauf und daneben die das genaue Gewicht angebende Zahl.

Manche brennen das Silber in einem unter einer eiſernen oder tönernen Muffel aufgeſtellten Teſtſcherben fein; ihr Ofen iſt der gleiche. Den die Silberbrocken enthaltenden Teſtſcherben tragen ſie in ſeinen Herd ein und ſetzen die Muffel dar-

Das Gezähe mit kreisförmigem Haken A. Die Kelle B. Deren Loch C. Das zugeſpitzte Eiſen D. Die Gabel E. Der Silberkuchen, auf einem klemmenförmigen Gezähe liegend F. Das Gefäß voll Waſſer G. Der Klotz mit darauf liegendem Kuchen H. Der Hammer I. Das Silber, das ebenfalls auf einem klemmenförmigen Gezähe liegt K. Ein anderes Gefäß voll Waſſer L. Die Meſſingbürſte M. Der Dreifuß N. Der andere Klotz O. Der Meißel P. Der Herd des Ofens Q. Noch rauchender Teſtſcherben R.

über; dieſe beſitzt an den Seiten kleine Fenſter, vorn ein Steglein; an die Seiten der Muffel ſetzen ſie Backſteine und werfen auf dieſe und auf die Muffel Holzkohlen, auf das Steglein ein brennendes Scheit, um das Silber zum Schmelzen zu bringen. Der Ofen beſitzt eine eiſerne Tür, die an der dem Feuer zugewandten Seite mit Lehm bekleidet iſt, um ſie dagegen zu ſchützen. Iſt ſie geſchloſſen, hält ſie die Hitze des Feuers zuſammen; doch beſitzt ſie ein Fenſterchen, damit die

Treiber in den Teſtſcherben hineinſchauen und ab und zu das Feuer mittels eines Blaſebalges anfachen können. Obgleich man ſo langſamer als ſonſt das Silber feinbrennt, iſt die Muffel doch zweckmäßiger, weil man ſo geringere Verluſte erleidet. Denn ein ſchwaches Feuer verzehrt eine geringere Menge davon als jenes ſcharfe, durch das ſtändige Blaſen des Blaſebalges erzeugte.

Die Muffel A. Ihre Fenſterchen B. Ihr Steglein C. Backſteine D. Die Eiſentür E. Ihr Fenſterchen F. Der Blaſebalg G. Das meißelförmige Gerät H. Der Eiſenring, den manche an Stelle eines Teſtſcherbens verwenden I. Das Piſtill zum Stampfen der Aſche im Ring K.

Wenn der Silberkuchen nach Entfernung der Muffel wegen ſeiner Größe nur mit Schwierigkeit herausgeholt werden kann, ſo zerſchneidet man ihn, ſolange er noch heiß iſt, mit einem hineingedrückten keil- oder meißelförmigen Gerät in zwei oder drei Teile; denn ſchneidet man ihn nach dem Erkalten auseinander, ſo verliert man nicht ſelten die zerkleinerten Stückchen dadurch, daß ſie wegſpringen.

ENDE DES ZEHNTEN BUCHES

ELFTES BUCH

ICH habe erklärt, auf welche Weiſe man Gold von Silber und Silber von Gold ſcheidet, ferner Kupfer von dieſem und Blei von Gold und Silber und ſchließlich wie dieſe beiden Edelmetalle feingebrannt werden; nun will ich über die Arten der Trennung des Silbers vom Kupfer und vom Eiſen reden.

Der notwendige Arbeits- oder Aufenthaltsraum für die Leute, die ſich mit der Trennung von Silber und Kupfer beſchäftigen, ſoll zweckmäßig folgendermaßen eingerichtet ſein: Zunächſt werden vier Längswände aufgeführt, von denen die erſte, in der Nähe eines Waſſerlaufes gelegene, und die zweite je 264 Fuß lang iſt, und zwar hört die zweite nach 151 Fuß auf und wird erſt nach einer Unterbrechung von 24 Fuß bis zur Länge der erſten weitergeführt. Die dritte iſt 120 Fuß lang, ſie reicht vom 67. bis zum 186. Fuß der beiden anderen Wände. Die Länge der vierten ſei 151 Fuß. Die Höhe aller dieſer Wände ſowie der beiden übrigen und der Querwände, über die ich weiter unten ſprechen werde, ſei 10 Fuß, die Stärke $2^{1}/_{2}$ Fuß. Nur die Höhe der zweiten Längswand muß mit Rückſicht auf die daran anzubauenden Öfen 15 Fuß betragen. Die erſte Längswand ſei von der zweiten und die dritte von der vierten je 15 Fuß entfernt, die zweite von der dritten aber 39 Fuß. Darauf werden die Querwände aufgeführt; die erſte wird vom Vorderende der erſten Längswand bis zu dem der zweiten, die zweite vom Vorderende der zweiten Längswand bis zu dem der vierten geführt, denn die dritte Längswand reicht nicht bis an ſie heran. Hierauf zieht man vom Vorderende der dritten Längswand aus zwei Wände, welche die zweite und vierte Längswand in einer Entfernung von je 67 Fuß von deren Vorderende treffen. 10 Fuß von der vierten Querwand nach der zweiten hin entfernt errichtet man von der vierten Längswand aus noch eine fünfte 20 Fuß lange Querwand, und in einer Entfernung von 30 Fuß nach der anderen Seite ebenfalls von der vierten Längswand aus eine ſechſte bis zur Rückſeite der dritten Längswand. Eine ſiebente Querwand erſtreckt ſich vom Ende des erſten Abſchnittes der zweiten Längswand bis zur dritten Längswand, und von deren Rückſeite aus eine achte bis zum Hinterende der vierten Längswand. In einer Entfernung von 19 Fuß von der zweiten Längswand erſtreckt ſich eine fünfte Längswand von der ſiebenten Querwand aus; ihre Länge betrage 109 Fuß. In einer Entfernung von 24 Fuß zieht man eine neunte Querwand bis zum Beginn des zweiten Abſchnittes der zweiten Längswand. Vom Hinterende derſelben (fünften) Längswand reicht eine zehnte Querwand bis an das Hinterende der zweiten Längswand und eine elfte von da bis an das Hinterende der erſten. Schließlich wird fünf Fuß von dieſer fünften Längswand nach der dritten hin entfernt von der ſiebenten Querwand aus eine ſechſte Längswand, 35 Fuß lang, gezogen und von deren rückwärtigem Ende aus eine zwölfte Querwand zur dritten und eine dreizehnte zur fünften Längswand. Der Zwiſchenraum zwiſchen der ſiebenten und zwölften Querwand wird durch eine vierzehnte in zwei gleiche Teile unterteilt.

So iſt die Länge, Höhe, Stärke und Lage der Wände. Ihre Gewölbebögen, Tür- und Fenſteröffnungen müſſen zwar von Anfang an zugleich mit Errichtung der Wände vorgeſehen ſein, doch wird man erſt ſpäter erkennen können, wie viele es ſein müſſen und von welcher Art. Nun will ich noch etwas über die Abzugswände und die Dachkonſtruktion ſagen.

Zunächſt wird auf die zweite Längswand eine Abzugswand geſetzt, vollkommen ähnlich jener, deren Bau ich im neunten Buche bei Beſchreibung der Ofenanlage zum Verſchmelzen von Gold-, Silber- und Kupfererzen erklärt habe. Von dieſer Wand aus erſtreckt ſich ein Ziegeldach bis zur erſten Längswand. Dieſer Teil des Gebäudes ſoll die Blaſebälge und die Vorrichtungen für deren Zuſammenpreſſen und Wiederausdehnen aufnehmen.

Ferner wird in dem mittleren Raum zwiſchen der zweiten und dritten Querwand auf einem Fundament von Hauſteinen eine Tragſäule[1] errichtet, 8 Fuß hoch, 2 Fuß breit und dick, 13 Fuß von der zweiten Längswand entfernt. Auf dieſem Stiel und der zweiten Querwand, die an dieſer Stelle eine quadratiſche Öffnung von 2 Fuß im Geviert beſitzt, ruht ein Tragbalken von 34 Fuß 1 Hand Länge; ein zweiter von denſelben Abmeſſungen ruht auf demſelben Stiel und der dritten Querwand. Die Enden beider Balken ſind dort, wo ſie zuſammenſtoßen, durch eiſerne Krampen miteinander verbunden. In derſelben Weiſe wird in 10 Fuß Entfernung nach der vierten Wand zu ein zweiter Stiel errichtet, und darauf und auf die Wände werden zwei den beſchriebenen gleiche Balken gelegt. Auf beide Tragbalken und die vierte Längswand kommen 17 Querhölzer, 43³/₄ Hand lang, 1 Fuß breit, 3 Hand dick. Das erſte davon legt man auf die zweite Querwand, das letzte durchgehend auf die dritte und vierte, die übrigen dazwiſchen in einem Abſtand von je 3 Fuß. In Nuten, welche an ihren nach der zweiten Längswand zu gerichteten Enden angebracht ſind, werden die Enden von ebenſo vielen Dachſparren eingefügt, welche ſchräg zu den gegenüber auf der zweiten Längswand ſtehenden Pfoſten ſtehen. Es entſteht ſo die zweite, ſchräge Wand der Abzugshaube, ähnlich der, welche ich im neunten Buch beſchrieben habe. Damit ſie aber nicht auf die gerade Wand herabfällt, wird ſie durch Eiſenſtangen geſtützt, allerdings nur in geringer Zahl, und zwar deshalb, weil die vier gemauerten Kamine, welche in dieſen Raum zu ſtehen kommen, ſie zum Teil ſtützen.

Zwölf Fuß dahinter ſind ferner in Nuten der auf jenen zwei Tragbalken und der vierten Längswand aufliegenden Querhölzer die Enden ebenſo vieler Dachſparren eingelaſſen, welchen die gleiche Anzahl anderer gegenüberſteht; deren untere Enden ſind dort, wo ſie auf der vierten Längswand aufliegen, ebenfalls in Nuten der Querhölzer eingefügt. Die oberen Enden jener werden mit denen dieſer Dachſparren verbunden. Da aber die Dachſparren der erſten Reihe von denen der zweiten 12 Fuß entfernt ſind, werden, damit in dem Zwiſchenraum eine Dachrinne bequem angebracht werden kann, zwiſchen je zwei davon zwei weitere Sparren[2] geſetzt, deren untere Enden ebenfalls in die Querhölzer eingelaſſen werden, welche auf jenen Tragbalken und der vierten Längswand aufliegen und eine Elle voneinander entfernt ſind. Das obere Ende des einen, 15 Fuß langen, liegt auf der Oberſeite der Sparren der erſten Reihe auf, das des anderen, 18 Fuß

¹⁾ Der heutige bautechniſche Fachausdruck dafür iſt „Stiel".
²⁾ Im folgenden als „Mittelſtreben" bezeichnet.

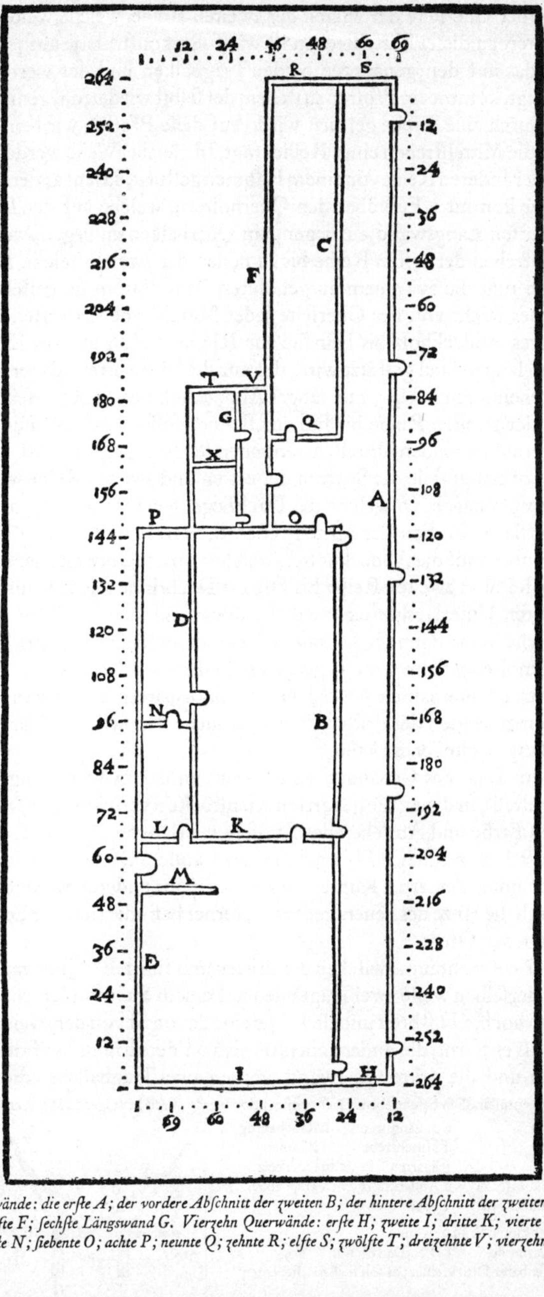

Sechs Längswände: die erste A; der vordere Abschnitt der zweiten B; der hintere Abschnitt der zweiten C; dritte D; vierte E; fünfte F; sechste Längswand G. Vierzehn Querwände: erste H; zweite I; dritte K; vierte L; fünfte M; sechste N; siebente O; achte P; neunte Q; zehnte R; elfte S; zwölfte T; dreizehnte V; vierzehnte X.

langen, auf der Oberſeite derjenigen der zweiten Reihe, welche weiter entfernt iſt. Der Unterbau dieſer Mittelſtreben iſt wie folgt konſtruiert: auf jedes zweite Querholz, das auf den genannten beiden Tragbalken und der vierten Längswand aufliegt, kommt ein Pfoſten zu ſtehen, der ſelbſt wieder, um genügend Halt zu haben, durch eine Strebe geſtützt wird. Auf dieſe Pfoſten wird ein Rähmen gelegt, das die Mittelſtreben einer Reihe trägt. In gleicher Weiſe werden die Mittelſtreben der anderen Reihe von einem Rähmen geſtützt, das auf anderen Pfoſten ruht. Ferner kommt 2 Fuß über den Querhölzern, welche auf den Tragbalken und der vierten Längswand aufliegen, ein Querbalken zu liegen, welcher von den Mittelſtreben der erſten Reihe bis zu denen der zweiten reicht. Auf dieſen Querbalken ruht die aus einem ausgehöhlten Baumſtamm hergeſtellte Dachrinne. Ferner reicht von der Oberſeite jeder Mittelſtrebe der erſten Reihe ein 6 Fuß langes Abdeckholz bis beinahe zur Rinne, deſſen unteres Ende durch einen 2 Fuß langen Stiel geſtützt wird, der auf derſelben Strebe der erſten Reihe ruht; und ebenſo reicht ein 7 Fuß langes Abdeckholz von der Oberſeite der Mittelſtreben der zweiten Reihe bis faſt zur Rinne, deſſen unteres Ende ebenfalls durch einen auf denſelben Mittelſparren ruhenden Stiel geſtützt wird.

Auf die oberſten Teile der Sparren der erſten und zweiten Reihe werden nun lange Bretter genagelt, an welche die Dachziegel gehängt werden, desgleichen auf die mittleren Partien der Mittelſtreben der erſten und zweiten Reihe und ſchließlich unten auf die Abdeckhölzer, welche von der Oberſeite der Mittelſtreben der erſten und zweiten Reihe bis faſt zur Dachrinne reichen; auf die dieſen aufgenagelten Unterlagsbretter werden jedoch Schindeln aus Tannenholz geheftet, welche in die Rinne hineinragen. Denn dann fließt auch ſtärkſter Regen oder geſchmolzener Schnee nur in geringem Maße in das Gebäude [3].

Die inneren Unterbauten, welche die (Haupt-) Sparren der zweiten Reihe und die dagegen geneigten der dritten ſtützen, brauche ich nicht zu erklären, weil ſie nichts Außergewöhnliches bieten.

In dieſem Teile des Gebäudes werden nun an der zweiten Längswand die Öfen aufgeſtellt, in denen die gedarrten Kienſtöcke [4] verſchmolzen werden, um von neuem Farbe und Ausſehen des Kupfers zu erlangen, d. h. richtiges Kupfer zu ergeben [5]. Den reſtlichen Platz nehmen zwei andere Öfen ein; in deren einem werden die unzerkleinerten Kupferſtücke erhitzt, im anderen werden die Kienſtöcke durch die Hitze des Feuers gedarrt [6]; ferner befindet ſich hier der Weg von den Türen zu den Öfen.

In dem Zwiſchenraum zwiſchen der dritten und fünften [7] Querwand werden darauf in derſelben Weiſe zwei Tragſäulen auf einem Steinfundament errichtet, beide 8 Fuß hoch, 2 Fuß breit und dick. Die eine davon iſt von der zweiten Längswand 13 Fuß entfernt, die andere ebenſoweit von der dritten. Auf dieſe beiden Tragſäulen und die dritte Querwand werden zwei Tragbalken von $41^{1}/_{4}$ Fuß

[3] Die etwas umſtändlich beſchriebene Dachkonſtruktion werde durch beifolgende Skizze erläutert.

Es bedeutet:

a 2. Reihe	e 2. Längswand	k Rauchabzug
b 1. Reihe	f Mittelſtrebe	l Rähmen
c 2. Tragſäule (Stiel)	g Sparren	m Querholz
d 1. Tragſäule (Stiel)	h Abdeckholz	n Tragbalken
	i Stiel	

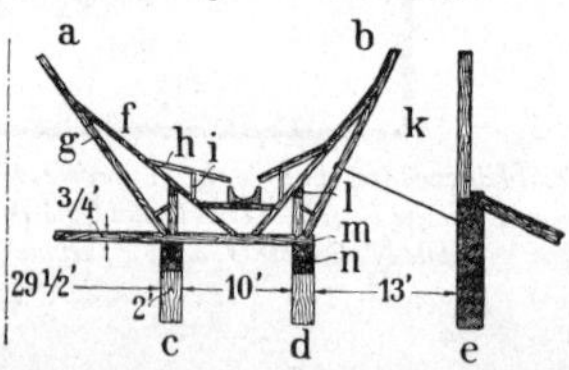

[4] S. weiter hinten S. 429, Anm. 11.

[5] Die „Garherde". [6] Die „Darröfen".

[7] Ein offenbarer Druckfehler; es ſoll heißen „ſiebenten".

Länge, 2 Fuß Breite und Dicke gelegt; zwei andere Tragbalken von derſelben Länge, Breite und Dicke kommen auf zwei andere Tragſäulen und die ſiebente Querwand; die Enden je zweier Tragbalken werden dort, wo ſie zuſammentreffen, durch Eiſenklammern miteinander verbunden. Auf dieſe kommen wiederum 21 Querhölzer, 13 Fuß lang, 1 Fuß breit, 3 Hand dick; das erſte davon liegt der dritten Querwand auf, das letzte der ſiebenten, die übrigen dazwiſchen in einem Abſtand von 3 Fuß voneinander. An ihren nach der zweiten Längswand zu gelegenen Köpfen werden die Enden ebenſo vieler Sparren verzahnt, welche ſchräg zu den gegenüber auf der zweiten Längswand ſtehenden Dachpfoſten ſtehen, ſo daß die zweite ſchräge Wand der Abzugshaube entſteht. In nach der dritten Längswand zu gelegene Nuten derſelben Querhölzer verzahnt man ferner die Enden der gleichen Anzahl Sparren, welche ſchräg zu den gegenüberliegenden Sparren einer dritten Abzugswand ſtehen, ſo daß die Schrägwand einer zweiten Abzugshaube entſteht. Damit dieſe nicht auf die ſchräge bzw. jene auf die gerade Gegenwand fällt, werden ſie zum Teil durch eine größere Anzahl von Eiſenſtäben geſtützt, die von einigen der Sparren zu den ihnen gegenüberliegenden reichen, zum Teil durch einige Spreizen, die von der Rückſeite der Sparren bis zu der der dahinter befindlichen reichen; dieſe ſind an beiden Enden durchbohrt, 2 Hand breit und dick. Die Sparren ſind durch darumgelegte Eiſenbänder von 3 Finger Breite, 1/2 Finger Stärke mit den Enden genannter Spreizen zur Erhöhung der Feſtigkeit in der Weiſe verbunden, daß ein Eiſenſtift durch deren Durchbohrungen und die Eiſenbänder hindurchgeſteckt wird. Denn da ſich ſo Gewicht gegen Gewicht ſtemmt, können die Sparren nicht auf die gegenüberliegenden fallen.

Für die Querhölzer und Mittelſtreben, welche die Dachrinnen und das Dach tragen ſollen, gilt allgemein, daß die obengenannten, mit Ausnahme der Mittelſtreben der zweiten Reihe, nicht länger ſein dürfen als die der erſten Reihe, und daß die Abdeckhölzer, welche von der Rückſeite der Mittelſtreben der zweiten Reihe bis beinahe zu der Dachrinne reichen, nicht länger ſein ſollen als die, welche von der Rückſeite der Mittelſtreben der erſten Reihe bis faſt zur Rinne reichen.

An der zweiten Längswand dieſes Teiles des Gebäudes befinden ſich die Öfen zum Legieren von Kupfer mit Blei und zum Verſchmelzen der Schlacken[8], an der dritten Längswand aber die Öfen zur Trennung des Silbers und Bleies vom Kupfer[9]. Den Zwiſchenraum nehmen zwei Vorrichtungen ein, von denen die eine die aus dem Vorherd gehobenen Kupferſtücke auf den Boden ſetzt, die andere ſie vom Boden in den anderen Ofen einträgt.

Auf die dritte und vierte Längswand kommen ferner 21 Querhölzer zu liegen, je 18 3/4 Fuß lang. 2 Fuß von der Rückſeite der dritten Längswand entfernt befinden ſich darin Nuten, in welche die Enden der gleichen Anzahl von Sparren eingelaſſen werden, die ſchräg zu den gegenüberſtehenden Sparren der Schrägwand des zweiten Rauchabzuges ſtehen; man erhält ſo eine dritte Schrägwand, die den anderen ähnelt. Die Enden der gleichen Anzahl Streben werden in Nuten derſelben Querhölzer dort eingelaſſen, wo ſie der vierten Längswand aufliegen; dieſe Sparren ſind ebenfalls ſchräg angebracht und liegen der Rückſeite der ihnen zunächſt befindlichen auf; ſie tragen die Bedachung, welche vollſtändig aus gebrannten Ziegeln beſteht, und beſitzen den üblichen Unterbau.

[8] Die „Friſchöfen“. [9] Die „Saigeröfen“.

In dieſem Teil des Gebäudes befinden ſich zwei geſchloſſene Räume: in deren erſtem werden die Kupferſtücke, im anderen die Bleiſtücke verwahrt.

In dem Raum zwiſchen der neunten und zehnten Querwand, der ſeitlich durch die zweite und fünfte Längswand begrenzt iſt, wird wiederum auf einem Steinfundament eine Tragſäule (Stiel), 12 Fuß hoch, 2 Fuß breit und dick, errichtet; ihre Entfernung von der zweiten Längswand beträgt 13 Fuß, die von der fünften 6. Auf ſie und die neunte Querwand kommt ein Tragbalken von $33^{3}/_{4}$ Fuß Länge, 2 Hand Breite und Dicke zu liegen. Einen zweiten Tragbalken von gleichen Abmeſſungen legt man auf dieſe Tragſäule und die zehnte Querwand; die Enden beider Binder werden am Stoß durch Eiſenkrampen verbunden. Auf dieſe Balken und die fünfte Längswand legt man zehn $8^{3}/_{4}$ Fuß lange Querhölzer, von denen das erſte auf die neunte Querwand, das letzte auf die zehnte und der Reſt dazwiſchen zu liegen kommt; ihr gegenſeitiger Abſtand beträgt 3 Fuß. In nach der zweiten Längswand zu gelegene Nuten werden die Enden ebenſo vieler Sparren mit Neigung zu den auf der zweiten Längswand ſtehenden Dachpfoſten eingelaſſen; es entſteht ſo wiederum eine den übrigen vollkommen gleiche Schrägwand des Rauchabzuges, welche oben, wo der Rauch austritt, von der ſenkrechten 2 Fuß abſteht. Die gleiche Anzahl von Streben wird ferner mit ihren Enden in Nuten der auf der fünften Längswand aufliegenden Querhölzer verzahnt; ſie ſtehen gleichfalls ſchräg und liegen der Rückſeite der nächſten Sparren auf. Sie tragen die Bedachung aus gebrannten Ziegeln.

In dieſem Teil des Gebäudes ſtehen an der zweiten Längswand vier Öfen zur Trennung von Silber und Blei [10)], ferner Vorrichtungen zum Abheben der Treibehüte vom Herd. Der Teil des Gebäudes zwiſchen der erſten Längswand und der Unterbrechung der zweiten enthält einen Rammbär zum Brechen der Kupferſtücke, ferner vier Pochſtempel zum Brechen und Zerkleinern der von den Wänden der Öfen losgeſtoßenen Ofenbrüche ſowie der Backſteine vom Darren der Kienſtöcke. Sein Dach bietet nichts Beſonderes, ebenſo wie das desjenigen Teiles, der ſich zwiſchen der ſiebenten und der zwölften und dreizehnten Querwand befindet und ſeitlich durch die fünfte, ſechſte und dritte Längswand begrenzt wird. Dieſer Teil des Gebäudes wird in zwei Räume unterteilt; der vordere enthält die Probieröfen und dient unter anderem als Vorratsraum für die Knochenaſche; im anderen werden die Miſchungen für die Herſtellung der Ofentiegel und -herde vorgerichtet.

Außerhalb des Gebäudes befindet ſich auf der Rückſeite der vierten Längswand links neben der Eingangstür zum Hüttengebäude ein Herd, in dem die großen Bleiblöcke in kleine umgeſchmolzen werden, um ſie beſſer zuwiegen zu können. Denn die Bleiblöcke müſſen ebenſo wie die Kupferſtücke zunächſt vorbereitet werden, um ſie zuwiegen und in einem beſtimmten Miſchungsverhältnis einſchmelzen und legieren zu können.

Ich beginne mit dem Herd, in dem die Bleiblöcke umgeſchmolzen werden; er iſt 6 Fuß lang, 5 Fuß breit; die Seitenwände beſtehen aus Sohlſteinen, die zum Teil in den Boden eingegraben und 1 Hand höher als die Herdſohle ſind; ſie beſitzen innen eine Auskleidung von Lehm. Die Herdſohle iſt von beiden Seiten nach der Mitte zu und nach vorn geneigt, damit das flüſſige Blei abfließen und

10) Treiböfen.

in den Vorherd auslaufen kann. An der Rückſeite beſitzt er eine Mauer, um die vierte Längswand gegen die Einwirkung des Feuers zu ſchützen; dieſe beſteht aus Ziegeln mit Lehmmörtel und iſt 4 Fuß hoch, 3 Hand dick, unten 5, oben 3 1/2 Fuß breit, verjüngt ſich alſo etwas; zu oberſt kommen ſieben Ziegel, von denen die mittleren hochkant, die äußeren flach gelegt werden; alle erhalten einen Überzug von fettem Lehm. Vor dem Ofen befindet ſich ein Vorherd, deſſen Grube einen Durchmeſſer von 1 3/4 Fuß und 1 Fuß Tiefe beſitzt und ſich allmählich verengert.

Sollen die Bleiblöcke geſchmolzen werden, ſo legt der Arbeiter zunächſt Holzſcheite derart auf den Herd, daß ihr eines Ende nach der Rückwand, das andere nach dem Vorherd zu liegt. Darauf hebelt er, von anderen Arbeitern unterſtützt, die ſchweren Blöcke mittels Eiſenſtangen auf einen Tafelwagen und zieht dieſen zum Kran. Der Wagen beſteht aus zuſammengefügten Brettern von 2 1/2 Fuß Breite, 5 Fuß Länge; er beſitzt zwei eiſerne Achſen, um welche ſich auf jeder Seite eiſerne Räder von 2 Hand Durchmeſſer und 2 Finger Dicke drehen; ferner beſitzt er eine Deichſel mit einem daran befeſtigten Seil, an welchem er zum Kran gezogen wird. Dieſer gleicht vollſtändig den im zweiten Teil der Anlage ſtehenden, nur daß er keinen ſo langen Ausleger beſitzt. Die Zange, deren Arme den Bleiblock erfaſſen, ſei 2 Fuß und 1 1/2 Hand lang; die Haken an ihren Armen werden mit einem Hammer in den Block eingeſchlagen und ſo befeſtigt; beide Griffe ſind oben ausgeſchweift, der eine nach rechts, der andere nach links; in jeden davon ſind die unterſten Glieder zweier dreigliedriger Ketten eingefügt; deren oberſtes greift in einen großen runden Ring und in dieſen wieder der Haken der von der Rolle des Auslegers herabhängenden Kette. Der durch eine Winde angetriebene Kran hebt den Block in die Höhe und ſetzt ihn nach einer Schwenkung des Auslegers zum Herd auf die Holzſcheite. Hierauf fahren die Arbeiter weitere Blöcke heran und legen ſie auf dieſelbe Weiſe auf das Holz. Gewöhnlich trägt man Blöcke im Geſamtgewicht von 160 Zentner ein und ſchmilzt ſie. Darauf wirft der Arbeiter Holzkohlen auf die Blöcke; all dieſe Vorbereitungen werden am Abend getroffen. Daher muß man, wenn Regen zu befürchten iſt, den Herd mit einer Bedachung, die hier- und dorthin transportiert werden kann, abdecken. Sie beſitzt am hinteren Ende zwei Füße, damit der aufgefangene Regen von ihrer abſchüſſigen Fläche in den Hof abläuft.

Am folgenden Tag wirft man früh mit einer Schaufel Glut auf, worauf die Bleiblöcke unter dem Einfluß der ſtändig zugeſetzten Kohlen ſchmelzen. Das Blei wird, ſobald der Vorherd eine Menge davon aufgenommen hat, mit einem eiſernen Löffel in kleine Kupferpfannen, wie ſie der Saigerarbeiter benutzt, ausgeſchöpft. Erſtarrt es nicht ſofort, ſo wird es mit Waſſer begoſſen und mit einem hineingeſchlagenen Spitzhammer herausgeholt; der ſpitze Teil des Hammers iſt 3 Hand lang, der ſtumpfe 2 Finger. Es iſt zweckmäßig, die Formen mit Lehmbrühe auszuſchmieren, damit die Bleikuchen leicht herausfallen, wenn man ſie umdreht und mit dem ſtumpfen breiten Teil des Hammers erſchüttert; behandelt man die Formen nicht mit ſolcher Brühe, ſo beſteht Gefahr, daß das Blei ſie anfrißt und herausläuft. Manche nehmen in die Linke ein am unteren Ende beſchwertes Stück Holz und erſchüttern damit die Form; mit der Rechten ſchlagen ſie die Spitze des Eiſens in den Bleikuchen und holen ihn ſo heraus. Hierauf gießt

Der Herd A. Die in die Erde eingegrabenen Sohlsteine B. Die Mauer, welche die vierte Längswand vor dem Feuer schützt C. Der Vorherd D. Bleiblöcke E. Der Tafelwagen F. Seine Räder G. Der Kran H. Die Zange I. Holzscheite K. Die Formen L. Der Löffel M. Der Spitzhammer N. Bleikuchen O.

der Arbeiter weiteres Blei in die entleerten Formen und ſetzt dies ſo lange fort, bis die Arbeit des Bleiumſchmelzens beendet iſt.

Beim Einſchmelzen des Bleies entſteht eine Art Glätte; dies iſt nicht verwunderlich, da man ſolche einſt zu Puteoli aus reinem Blei, das in Treiböfen bei ſcharfem Feuer abgetrieben wurde, gewann, was auch heute noch möglich iſt. Die Bleikuchen werden nun in die Bleikammer transportiert.

Die Kupferſtücke[11)] werden auf einen Karren geladen und in die dritte Abteilung der Anlage gefahren, hier einzeln auf (Blei-)Blöcke gelegt und auf einer ſattelförmigen Unterlage durch zahlreiche Schläge eines unten mit einem eiſernen Schuh verſehenen Fallbären zerbrochen. Dieſer Apparat beſitzt folgende Einrichtung: Man legt zunächſt auf den Boden einen 5 Fuß langen, 3 Fuß dicken und breiten Eichenklotz; dieſer beſitzt in der Mitte einen nach vorn offenen Ausſchnitt von $2^1/_2$ Fuß Länge, 2 Fuß Breite und $3^1/_2$ Hand Höhe; ſein in die Höhe ragender Teil liegt hinten, ſeine Grundfläche im Klotz. In die Mitte kommt ein bronzener Sattelbock, deſſen Einſchnürung $1^1/_2$ Hand ſtark iſt und zwiſchen zwei Bleiblöcken liegt, während der beiderſeits 1 Hand breit vorſtehende Teil dafür die Unterlage bildet; der Sattel iſt alſo insgeſamt $3^1/_2$ Fuß breit, 1 Fuß lang, 2 Hand ſtark. Auf den Klotz kommt zu beiden Seiten des Ausſchnittes je eine Tragſäule, 1 Elle breit und dick, zu ſtehen, deren obere Enden mit Zapfen in Nuten der Dachbalken eingelaſſen ſind. $4^1/_2$ Fuß oberhalb des Unterlagsklotzes werden damit zwei Querriegel feſt verbunden, deren jeder 3 Hand breit und ſtark iſt. Ihre Enden ſind innen ausgeſchnitten und ſo durch außen an den Tragſäulen angebrachte Nuten mit dieſen verzahnt. Sie beſitzen gemeinſame Durchbohrungen, durch welche am Vorderende mit Hörnern verſehene Eiſennägel geſteckt werden, deren eines man nach oben, das andere nach unten zu in die Tragſäule eintreibt; am anderen Ende ſind ſie durchbohrt, ſo daß man die Querriegel mittels breiter hindurchgeſteckter und angezogener Eiſenkeile feſt zuſammenhalten kann. Die Riegel beſitzen in der Mitte eine quadratiſche Öffnung von 3 Hand und $^1/_2$ Finger Seitenlänge, durch welche der am Ende mit einem eiſernen Schuh verſehene Stempel geſteckt wird. $3^1/_2$ Fuß oberhalb davon befinden ſich zwei gleiche Querriegel mit viereckigem Loch, das ebenfalls als Führung für den Stempel dient. Dieſer iſt von quadratiſchem Querſchnitt, 11 Fuß lang, 3 Hand breit und dick. Er beſitzt einen $1^1/_4$ Fuß langen Eiſenſchuh mit einem 2 Hand langen und

11) Die im folgenden beſchriebene Methode zur Entſilberung von Schwarzkupfer wird ſeit Einführung des mit weſentlich beſſerem Ausbringen arbeitenden elektrolytiſchen Raffinationsprozeſſes, bei welchem direkt reines Kupfer und ein die Edelmetalle enthaltender Schlamm erzeugt wird, nicht mehr angewendet. Sie beruht auf der Erſcheinung, daß beim Legieren edelmetallhaltigen Kupfers mit Blei („Kupferfriſchen") in einem erfahrungsmäßig feſtgeſtellten Verhältnis das Silber zum großen Teil in das Blei übergeht, und zwar um ſo weitergehend, je größer die beim Zuſammenſchmelzen dem Blei gebotene Oberfläche des Kupfers iſt, das daher vorher zweckmäßig zerkleinert wird. Erhitzt man dieſe Legierung allmählich bis über den Schmelzpunkt des Bleies, ſo ſaigert ein edelmetallreiches Blei aus und zurück bleibt eine aus etwa 3 Teilen Kupfer, 1 Teil Blei beſtehende ſchwer ſchmelzbare Legierung. Das reiche Saigerblei (die „Saigerwerke") kann abgetrieben werden, während die zurückbleibenden „Kienſtöcke" weiter auf reines Kupfer („Garkupfer") und bleireiche Zwiſchenprodukte verarbeitet werden müſſen. Iſt ihr Silbergehalt zu hoch, um ihn preiszugeben, ſo kann man ſie nochmals mit Blei zuſammenſchmelzen und die gewonnenen „Kienſtockfriſchſtücke" nochmals ſaigern uſw. Die Raffination der Kienſtöcke beruht in der Hauptſache auf Oxydationsprozeſſen, dem „Darren" und dem „Garmachen". Beim Darren werden ſie ohne zu ſchmelzen geglüht; hierbei ſaigert noch etwas reiches Blei aus, das gleichzeitig oxydiert wird und die in der Hauptſache aus Glätte beſtehende „Darrſchlacke" bildet, die durch das „Schlackenfriſchen" zu reichem Blei reduziert wird. Die ungeſchmolzen zurückbleibenden „Darrlinge" werden in einem „Garherd" oxydierend auf ein mehr oder weniger reines „Garkupfer" verſchmolzen.

breiten, oben 1$^{1}/_{2}$ Hand, unten ebenſoviel Finger dicken, allmählich zugeſchärften Kopf; ſein Schwanz iſt 3 Hand lang und gegen das Kopfende zu 2 Hand breit und dick; er verjüngt ſich, je weiter von dieſem entfernt, um ſo mehr. Am oberen Ende iſt er in die Stempelſtange eingelaſſen; dieſe beſitzt eine Durchbohrung, durch welche ein eiſerner Pflock geſteckt werden kann. Außerdem trägt ſie drei eiſerne Bandagen; davon iſt die unterſte 1 Hand breit und befindet ſich zwiſchen

Der Tragklotz A. Die Tragſäulen B. Die Querriegel C. Der Kopf des Stempels D. Seine Nocken E. Seine Öffnung F. Der Eiſenpflock G. Die Bleiblöcke H. Der bronzene Sattelblock I. Die Welle K. Ihre Heblinge L. Das Rundeiſen M. Das Kupferrohr N.

dem Kopf des Eiſenſchuhes und dem Ende der Stempelſtange; die mittlere von 3 Finger Breite iſt um das Ende der Stempelſtange gelegt und die oberſte, faſt ebenſo breite, 2 Finger davon entfernt. 2$^{1}/_{2}$ Fuß über dem unteren Ende des Eiſenſchuhes befindet ſich ein viereckiger Nocken, der 1$^{1}/_{4}$ Fuß lang herausragt und 2 Hand dick iſt; er verjüngt ſich in einer Entfernung von 6 Finger vom Stempel unten auf 2 Finger. 3 Hand darüber beſitzt die Stempelſtange in der Mitte eine runde Öffnung, durch welche ein runder, 2 Fuß langer, 1$^{1}/_{2}$ Finger ſtarker Eiſenpflock geſteckt wird; dieſer iſt an dem nach rückwärts gelegenen Ende umgebogen, um einen 2$^{1}/_{2}$ Hand langen Holzgriff aufzunehmen. Er liegt auf den unteren Querriegeln auf und hindert ſo den Stempel am Herabfallen, wenn dies nicht beabſichtigt iſt.

Die Welle zum Heben des Stempels trägt auf beiden Seiten je zwei Heblinge in einem Abstand von 2³/4 Hand, welche 1 Fuß und 1¹/2 Hand herausragen, durch sie hindurchgehen und durch eingeschlagene Pflöcke befestigt sind; sie sind 1¹/2 Hand breit und stark, an den Enden abgerundet und hier durch Eisenblechstreifen von der gleichen Breite geschützt, welche jederseits 1 Fuß herabgehen und durch Eisennägel befestigt sind. Ihre Enden tragen runde Öffnungen, durch welche ein Rundeisen gesteckt ist, das seinerseits in einem kupfernen Rohr liegt. Jenes ist am einen Ende breit geschlagen, am anderen besitzt es ein Loch, in dem ein Eisennagel steckt, um es am Herausfallen aus den Heblingen zu hindern. Das Kupferrohr besitzt 2 Hand Länge, 1 Hand Durchmesser außen; sein Hohlraum, durch den das Rundeisen geht, ist 2 Finger weit. Doch soll sich nicht nur das Kupferrohr um das Rundeisen drehen, sondern auch das Rundeisen selbst; beim Drehen der Welle heben so die Kupferbügel abwechselnd den Nocken des Stempels an. Zieht man aber Rundeisen und Kupferrohr aus den Heblingen heraus, so wird der Nocken des Stempels nicht angehoben, während bei einer anderen Vorrichtung die Stempel auch so gehoben werden.

Ein und dasselbe mit Spindeln versehene Antriebsrad, das auf der Radwelle sitzt, treibt sowohl das Zahnrad dieser Welle als auch das einer anderen, das die Balghebel der nächsten, vierten Abteilung des Gebäudes herabdrückt, sich aber in entgegengesetzter Richtung dreht. Denn das Rad der Welle, welche den Stempel anhebt, dreht sich nach Norden, das die Balghebel herabdrückende nach Süden.

Die Stücke, welche zu dick sind, um durch die Schläge des Rammbären zertrümmert werden zu können, so hauptsächlich diejenigen, die sich am Grunde des Vorherdes absetzen [12], werden nach der ersten Abteilung der Hütte gefahren und hier in einem Ofen erhitzt, der von der zweiten Längswand 28 Fuß, von der zweiten Querwand 12 Fuß entfernt steht; seine drei Seitenwände bestehen aus Quadersteinen mit aufgesetzten Ziegeln. Die Rückwand ist 3¹/4 Fuß hoch, von derselben Höhe sind auch die Seitenwände; sie sind nach der offenen Vorderseite des Ofens zu abgeschrägt und hier nur 2³/4 Fuß hoch, alle 1¹/4 Fuß dick. Auf diese Seitenwände werden vier mit Lehm bestrichene Pfosten gesetzt, da sie sonst selbst, um die schwere darauf kommende Last tragen zu können, zu dick werden würden. Diese stützen den aufsteigenden Rauchabzug, der das Dach durchbricht. Nicht nur das Flechtwerk dieses Abzuges, sondern auch dessen Holzkonstruktion wird mit fettem Lehm bestrichen. Der Herd des Ofens mißt nach allen Seiten 6 Fuß; er besitzt eine Flachschicht von Backsteinen und ist geneigt. Die Kupferstücke werden in diesen Ofen eingesetzt und auf folgende Weise erhitzt: sie werden zunächst dicht nebeneinander gelegt, nur durch kleine Steine von Eigröße getrennt, damit des Feuers Hitze durch die Zwischenräume hindurchschlagen kann. Die vom Grunde des Vorherdes stammenden Stücke werden zu dem gleichen Zweck auf einem halben Ziegel erhöht gelagert. Damit die zu äußerst an der Ofentür liegenden nicht herausfallen, werden Platten aus Eisenblech oder vom Garmachen stammende Kupferbarren, die zuerst aus dem Tiegel geschöpft wurden, dagegengestellt; an diese wieder legt man Kienstöcke oder Feldsteine. Darauf wird Holzkohle und schließlich Glut auf die Beschickung geworfen. Zu-

12) Das sog. „Bodenkupfer“, das sich bei der Kupfergewinnung unter einer spröden und sehr unreinen, z.T. auch noch Stein enthaltenden Kupferlegierung absetzt.

nächſt werden die Stücke in ſchwacher Glut erwärmt, darauf gibt man mehr Kohle zu, ſchließlich bis zur Höhe einer Spanne. Zum Erhitzen der feſten Kupferböden benötigt man eines ſchärferen Feuers als für die ſpröden Stücke. Iſt alles genügend erhitzt, was ungefähr nach 2 Stunden der Fall zu ſein pflegt, ſo entfernt man das Eiſenblech von der Ofentür ſowie die Kienſtöcke oder Feldſteine. Hierauf werden die heißen Stücke der Reihe nach mittels einer zweizinkigen Harke, wie ſie für die

Die Rückwand A. Die Seitenwände B. Die Tragſäulen C. Der Rauchabzug D. Die eingetragenen Stücke E. Die Eiſenblechplatten F. Feldſteine G. Die zweizinkige Harke H. Der Hammer I.

Darrlinge benutzt werden, herausgeriſſen. Sodann wird der erſte auf einen Kienſtock geſetzt und von zwei Arbeitern ſo lange mit Hämmern bearbeitet, bis er auseinanderbricht. Je heißer der Kuchen iſt, um ſo raſcher zerbricht er, je weniger heiß, um ſo ſpäter. Denn wie ein kupfernes Gerät läßt er ſich dann hin und her biegen. Iſt das erſte Stück zerbrochen, legt man das zweite auf ſeine Bruchſtücke und ſchlägt ſo lange darauf los, bis es ebenfalls in Brocken zerſpringt; in gleicher Weiſe werden die übrigen Stücke der Reihe nach zerbrochen. Die benutzten Hämmer ſind 3 Hand lang, 1 Hand breit nach beiden Seiten zugeſpitzt, mit 3 Fuß langen hölzernen Stielen. Die Bruchſtücke, ſei es, daß ſie kalt mit dem Rammbär, ſei es, daß ſie in der Hitze mit dem Hammer zerbrochen wurden, fährt man nach dem Kupferlager.

Der Vormann legiert nun das Kupfer je nach der Menge an Silber, die in 1 Zentner davon enthalten iſt, mit Blei, ohne welches die Trennung des Kupfers vom Silber nicht möglich iſt[13]. Bei mittlerem Silbergehalt ſtellt er viererlei Miſchungen her: Enthalten 3/4 Zentner Kupfer weniger als 1/2 Pfund oder 1/2 Pfund und 1/4 Unze oder 1/2 Pfund und 1/2 Unze oder 1/2 Pfund und 3/4 Unzen[14], ſo ſetzt er 1/2 oder 1 oder 1 1/2 Zentner Reichblei (d.i. ſolches, von dem das Silber noch nicht abgeſchieden iſt) zu, damit die Kupfer-Blei-Legierung[15] auf einen der genannten Silbergehalte kommt; dies iſt die erſte Miſchung. Hierzu fügt er ſo viel Armblei oder Bleiglätte, als erforderlich iſt, um insgeſamt ein Friſchſtück zu erſchmelzen, das ungefähr 2 Zentner Blei enthält. Da gewöhnlich von 130 Pfund Glätte nur 100 Pfund Blei fallen, muß er entſprechend mehr Glätte als Armblei zuſetzen. Da gleichzeitig vier derartiger Friſchſtücke in den Ofen eingeſetzt werden, in dem ſilberhaltiges Blei vom Kupfer ausgeſaigert wird, ſo enthält dieſe genannte Menge 3 Zentner Kupfer, 8 Zentner Blei. Nach der Trennung vom Kupfer aber wird das Blei 6 Zentner wiegen, die je ungefähr 4 1/2 Unzen Silber enthalten. 7 Unzen Silber verbleiben aber in den Kienſtöcken und in dem Blei und Kupfer enthaltenden Produkt, das man bei uns Dörner nennt, nicht wegen ſeiner Dornen, ſondern weil es minderwertig iſt. Enthalten aber 3/4 Zentner des Kupfers weniger als 7 1/2 bis 8 Unzen[16] Silber, ſo ſetzt er ſo viel Reichblei zu, daß die Legierung den zweiten genannten Silbergehalt beſitzt; dies nennt man die zweite Miſchung. Zu dieſer ſetzt er wiederum ſo viel Armblei oder Bleiglätte, daß eine Legierung entſteht, die 2 1/4 Zentner Blei enthält. Vier Stücke dieſer Art enthalten ſo 3 Zentner Kupfer und 9 Zentner Blei. Das daraus ausſaigernde Blei wiegt 7 Zentner mit einem Silberinhalt von je 4 und etwas mehr als 1/4 Unze. Beinahe 7 Unzen verbleiben in den Kienſtöcken und den Saigerdörnern (es ſei geſtattet, einen alten Namen für einen neuen Begriff zu verwenden). Enthalten aber 3/4 Zentner Kupfer weniger als 9 bis 9 1/2 Unzen[17], ſo ſetzt er Reichblei von ſolchem Gewicht zu, daß die Legierung den an zweiter Stelle genannten Silbergehalt beſitzt; dies nennt man die dritte Miſchung. Hierzu fügt er ſo viel Armblei oder Bleiglätte, daß das daraus gewonnene Friſchſtück 2 3/4 Zentner Blei enthält; in vier Stücken dieſer Art ſind dann 3 Zentner Kupfer und 11 Zentner Blei enthalten. Das beim Saigern dieſer Stücke abfließende Blei wiegt faſt 9 Zentner mit einem Silbergehalt von je etwas mehr als 4 1/4 Unzen; in den Kienſtöcken und Dörnern verbleiben noch 7 Unzen. Enthalten ſchließlich 3/4 Zentner Kupfer weniger als 10 bis 10 1/2 Unzen Silber[18], ſo ſetzt er ſo viel Reichblei zu, daß die Kupfer-Blei-Legierung den an zweiter Stelle genannten Silbergehalt beſitzt; dies nennt man die vierte Miſchung. Zu ihr fügt er ſo viel Armblei oder Bleiglätte, daß das ſo hergeſtellte Friſchſtück 3 Zentner Blei enthält. Vier ſolcher Stücke enthalten dann 3 Zentner Kupfer und 12 Zentner Blei. Das daraus abfließende Blei wiegt faſt 10 Zentner mit einem Silbergehalt von mehr als 4 1/4 bis zu 7 Unzen; in den Kienſtöcken und Dörnern verbleiben noch 6 bis 7 1/2 Unzen.

In der zweiten Abteilung des Gebäudes, die 80 Fuß lang und 39 Fuß breit iſt, befinden ſich an der zweiten Längswand vier Öfen, in denen Kupfer und Blei

[13] Dieſe Arbeit nennt man „Kupferfriſchen".
[14] d. i. 0,667, 0,687, 0,708, 0,729 % Ag
[15] Die „Friſchſtücke".
[16] 0,625 bis 0,667 % Ag
[17] 0,750 bis 0,792 % Ag
[18] 0,833 bis 0,875 % Ag

legiert wird, und ſechs, in denen die Schlacken verarbeitet werden[19]. Dieſe beſitzen einen Innenraum von $1^{3}/_{4}$ Fuß Breite, 2 Fuß und 3 Finger Länge, jene einen ſolchen von $1^{1}/_{4}$ Fuß Breite, 1 Fuß und $3^{1}/_{4}$ Hand Länge. Die Seitenwände ſind ſo hoch wie die der Öfen, in denen Gold- und Silbererze verſchmolzen werden. Da der genannte Gebäudeteil durch Tragſäulen in zwei Teile unterteilt iſt, enthält der vordere an erſter Stelle zwei Öfen zum Friſchen der Schlacken, es folgen zwei Öfen zum Legieren von Kupfer und Blei und dahinter wieder einer zum Schlackenfriſchen. Der hintere Teil enthält zuvörderſt einen Ofen zum Schlackenfriſchen, dann zwei zum Legieren von Kupfer und Blei und an dritter Stelle wieder zwei zum Schlackenfriſchen, alle je 6 Fuß voneinander entfernt. Rechter Hand neben dem erſten Ofen iſt ein Zwiſchenraum von $3^{1}/_{2}$ Fuß, linker Hand neben dem letzten ein ſolcher von 7 Fuß. Zwiſchen je zwei dieſer Öfen befindet ſich eine ihnen gemeinſame Tür, 6 Fuß hoch, 1 Elle breit; nur der erſte und der zehnte beſitzt ſeine eigene Tür. Jeder Ofen liegt in einem an der Rückſeite der Wand ausgeſparten Gewölbebogen[20] und beſitzt eine beſondere Vertiefung an der Vorderſeite, die mit eingeſtampftem Geſtübbe[21] gefüllt wird, ſo daß ein Vorherd[22] entſteht. Unter dieſem iſt ein nicht ſichtbarer Abzug für die Feuchtigkeit mit einem gemauerten Kanal, der nach rechts hin durch die Rückwand, an der der Ofen ſteht, verläuft und die Dämpfe abführt. Schließlich gehört zu jedem Ofen eine rechts vorn aufgeſtellte Kupferpfanne, in die aus dem Spurtiegel die Kupfer-Blei-Legierung gegoſſen wird, um Friſchſtücke von gleichem Gewicht herzuſtellen; dieſe kupferne Form iſt 1 Finger ſtark, hat im Lichten 2 Fuß Durchmeſſer und iſt 6 Finger tief.

Hinter der zweiten Längswand ſind zehn Paar Blaſebälge, zwei Vorrichtungen zum Niederdrücken derſelben und zwanzig Vorrichtungen, um ſie wieder auseinanderzuziehen, alle von der Bauart, wie ſie aus dem neunten Buche bekannt iſt.

Will der Schmelzer Kupfer und Blei miteinander legieren, ſo wirft er in den vollkommen angewärmten Ofen zunächſt mit der Hand die größeren Kupferbrocken, darauf eine Mulde voll Holzkohlen und dann die kleineren Kupferbrocken. Sobald das Kupfer zu ſchmelzen und aus dem Stichloch[23] des Ofens in den Spurtiegel zu fließen beginnt, trägt er die Bleiglätte ein und wirft, damit nichts davon aus dem Ofen fliegt, Holzkohle darauf, zum Schluß das Blei. Sofort nach Eintrag der Kupfer- und Bleimengen, die zur Herſtellung eines Friſchſtückes erforderlich ſind, trägt er wiederum eine Mulde voll Kohlen und darauf die Kupferbrocken für das zweite Stück ein und zieht die Schlacken von dem in den Vorherd gelaufenen Kupfer und Blei mit dem Streichholz ab. Ein ſolches Streichholz beſteht aus einem Erlen- oder Weidenbrettchen, 10 Finger lang, 6 Finger breit, $^{3}/_{4}$ Finger ſtark, an dem eine 3 Fuß lange Eiſenſtange befeſtigt iſt; dieſe beſitzt einen $2^{1}/_{2}$ Fuß langen Holzſtiel. Während er das Abziehen beſorgt und die Legierung mit einem Löffel in die kupferne Form ausſchöpft, ſchmelzen die Kupferbrocken für das zweite Stück. Sobald dieſes auszufließen beginnt, trägt er wieder

[19] Die Kupfer- und Schlacken-„Friſchöfen". Es handelt ſich um ſog. Spuröfen (ſ. 9. Buch Anm. 23, S. 343).

[20] Gemeint iſt eine nach oben durch einen Gewölbebogen abgeſchloſſene Ausſparung in der als Rückwand dienenden Gebäudewand, in welcher die Düſenöffnung liegt (ſ. 9. Buch S. 311).

[21] Ein Gemiſch von Lehm oder Ton mit Kohlepulver, das angefeuchtet eingeſtampft wird.

[22] Der „Spurtiegel".

[23] Dem ſog. „Auge"; es handelt ſich alſo um einen „Spurofen mit offenem Auge", d. i. ein niedriger Schachtofen mit Düſenöffnung in der Rückwand und offener Stichöffnung, durch welche die geſchmolzenen Maſſen ſtändig in den „Spurtiegel" laufen (vgl. 9. Buch Anm. 23, S. 343).

Glätte und darauf ſofort Holzkohlen und Blei ein; dieſe Arbeit wird wiederholt, bis 30 Friſchſtücke hergeſtellt ſind, was 9 bis höchſtens 10 Stunden in Anſpruch nimmt. Sind es mehr als 30 Stücke, ſo wird ihm, ſobald er 30 Stücke mehr hergeſtellt hat, der Lohn für eine Schicht dafür bezahlt. Sogleich nach dem Eingießen der Kupfer-Blei-Legierung in die kupferne Form ſpritzt er vorſichtig Waſſer auf

Der Ofen zum Verſchmelzen der Schlacken A. Der Ofen zum Legieren von Kupfer und Blei B. Tür C. Der in die Erde eingelaſſene Spurtiegel D. Kupferne Form E. Das Streichholz F. Der Haken G. Das geſpaltene Holz H. Der Ausleger des Kranes I; ſein Kettenhaken K.

den oberen Rand der Form, nimmt dann einen in ein geſpaltenes Holz geklemmten Haken und ſenkt deſſen geraden Teil in die noch flüſſige Maſſe. Der Haken iſt $^3/_4$ Finger dick, ſein gerader Teil 2 Hand lang, 2 Finger breit und dick. Darauf gießt er auch auf das Friſchſtück ſelbſt Waſſer und befeſtigt nach dem Erſtarren einen Eiſenring an dem Haken der Kette, welche von der Rolle der Laufkatze des Kranes herabhängt; dieſer Ring beſitzt eine lichte Weite von 6 Finger und iſt ungefähr $^3/_4$ Finger dick; er wird an dem Haken, deſſen gerader Teil in das Stück geſenkt wurde, befeſtigt und ſo der Kuchen aus der Form gehoben und an ſeinen Stapelplatz gelegt[24)].

24) Dieſe Methode wird heute noch in ähnlichen Fällen allgemein angewandt.

Werden Kupfer und Blei ſo zuſammengeſchmolzen, ſo ſcheiden ſie wenig Schlacke ab, dagegen viel Glätte[25]; dieſe bildet keine zuſammenhängende Maſſe, ſondern zerfällt wie die Treber von der Bierbereitung. An der Gebäude- und Ofenwand darüber bildet ſich ein Anflug von weißem Hüttenrauch, ſeitlich an den Öfen von grauem Bleirauch[26].

Auf dieſe Weiſe wird alſo das Blei dem Kupfer mit mittlerem Silbergehalt zulegiert. Iſt dieſer jedoch hoch und beträgt beiſpielsweiſe 2 oder $2^1/_2$ Pfund in 1 Zentner von $133^1/_3$ oder $146^1/_2$ Pfund[27], ſo ſetzt der Vormann zu 1 Zentner ſolchen Kupfers 3 Zentner Blei zu, von denen jeder $^1/_3$ Pfund oder $^1/_3$ Pfund und $^1/_2$ Unze Silber enthalten darf; ſo erhält man drei Friſchſtücke, von denen jedes 3 Zentner Kupfer und 9 Zentner Blei enthält. Das Blei wiegt nach der Trennung vom Kupfer 7 Zentner, deren jeder bei einem Gehalt des Kupfers von 2 Pfund, des Bleies von $^1/_3$ Pfund Silber mehr als $1^1/_6$ Pfund und $^1/_2$ Unze Silbers enthält; in den Kienſtöcken und Dörnern verbleibt aber $^1/_3$ Pfund. Betrug dagegen der Silberinhalt von 1 Zentner Kupfer $2^1/_2$ Pfund, der des Bleies $^1/_3$ Pfund und $^1/_2$ Unze, ſo werden die einzelnen Stücke $1^1/_2$ Pfund und mehr als $^3/_4$ Unzen Silber enthalten, nach dem Saigern in den Kienſtöcken aber $^1/_3$ Pfund und $^1/_2$ Unze zurückbleiben. Enthält jedoch das Kupfer nur eine geringe Menge Silber, ſo kann dieſes nicht mit Nutzen daraus gewonnen werden, bevor nicht das Kupfer in einem anderen Ofen derart geſchmolzen[28] wurde, daß man unten ein ſilberreiches und darüber ein ſilberarmes Produkt erhält.

Ein ſolcher Ofen[29] iſt aus rohen Ziegeln gebaut und einem Backofen ähnlich, wie jener andere, in dem das Blei vom Silber getrennt wird, der im vorigen Buche beſchrieben wurde[30]. Sein Herd wird auf dieſelbe Weiſe wie der jenes aus Aſche hergeſtellt; an der Vorderſeite befindet ſich eine Öffnung, aus der das Spleißkupfer in zwei Vorherde fließt, die 3 Fuß über der Arbeitsebene ſtehen. Links davon hat er eine Tür, durch welche Buchenholzſcheite für die Inganghaltung des Feuers eingeführt werden können.

Von einem Kupfer, das in 1 Zentner $^1/_6$ Pfund und $^1/_2$ Unze oder $^1/_4$ Pfund und $^1/_2$ Unze Silber enthält, werden 38 Zentner auf einmal in dieſem Ofen geſpleißt, bis in 1 Zentner des zurückbleibenden Kupfers $^1/_3$ Pfund und $^1/_2$ Unze Silber verbleibt[31]. Enthält z. B. 1 Zentner des Ausgangsmaterials $^1/_4$ Pfund und $^1/_2$ Unze Silber, ſo ſind in 38 Zentner, die gewöhnlich gleichzeitig geſpleißt werden, 11 Pfund und 1 Unze davon enthalten; wenn nun von dieſer Geſamtmenge eingeſetzten Kupfers 15 Zentner, in denen von $4^1/_3$ Pfund und $^1/_2$ Unze Silber nur noch $2^1/_3$ Pfund verbleiben, weggenommen werden, ſo bleiben 23 Zentner mit einem Silberinhalt von $8^3/_4$ Pfund zurück; jedes davon enthält dann $^1/_3$ Pfund, $^1/_2$ Unze und $1^1/_{23}$ Drachme Silber. Aus ſolchem Kupfer läßt ſich das Silber nutzbringend gewinnen[32].

[25] Sog. „Krätzen".
[26] Lat. pompholyx und spodos. Beide ſind nur der Farbe nach verſchieden.
[27] Es iſt nicht erklärlich, weshalb hier plötzlich dieſe Zentnergewichte gebraucht werden.
[28] Dieſes oxydierende Schmelzen nennt man „Spleißen".
[29] Der „Spleißofen".
[30] Es handelt ſich alſo um eine Art Treibofen.
[31] Bei dieſen Gehaltsangaben iſt offenbar 1 Pfund mit 12 Unzen zugrunde gelegt.
[32] Wegen der Unſicherheit des zugrunde gelegten Gewichtes eines Zentners iſt es nicht möglich, die Angaben umzurechnen.

Damit der Meiſter über die Anzahl der Zentner des zurückbleibenden Spleißkupfers Gewißheit erlangen kann, wiegt er das davon abgezogene Produkt; denn dieſes wird zuerſt in den vor dem Ofen ſtehenden Vorherd geleitet, ſo daß daraus Stücke entſtehen; um ſo eine Teilung des Kupfers vorzunehmen, braucht er 14 Stunden. Zu dem zurückbleibenden Spleißkupfer wird eine gewiſſe Bleimenge, über deren Miſchungsverhältnis ich gleich reden werde, zulegiert und von neuem in einem Ofen erſter Art[33] verſchmolzen, Friſchſtücke erzeugt und das Silber vom Kupfer getrennt. Der Abzug wird ebenfalls in einem Ofen erſter Art verſchmolzen, darauf in einem ſolchen zweiter Art[34] geſpleißt, ſo daß rotes Spleißkupfer entſteht; der Abzug von dieſer Arbeit wird wiederum in einem Spurofen verſchmolzen, in einem Spleißofen geſpleißt. Wird aber rotgelbes oder rotes oder braunrotes Kupfer[35] in einem Ofen zweiter Art geſpleißt, ſo ſetzt man davon 40 Zentner ein. Daraus gewinnt man mindeſtens 20, höchſtens 35 Zentner, und zwar werden von Kienſtöcken ungefähr 22 Zentner, von rotgelbem Kupfer 10, von rotem Kupfer 8 Zentner auf einmal in dieſen Ofen eingeſetzt, um daraus Fertigkupfer zu erzeugen.

Solches Spleißkupfer wird nun auf dreierlei Art mit Blei legiert; zunächſt nimmt man 5/8 Zentner Kupfer und 2 3/4 Zentner Blei, und da dieſe Menge je ein Stück ergibt, ſo erzeugt man aus 2 1/2 Zentner Kupfer und 11 Zentner Blei vier Stücke. Wenn jeder Zentner Kupfer 1/3 Pfund Silber enthält, ſo ſind in der geſamten Kupfermenge 5/6 Pfund enthalten; hinzu fügt man 4 Zentner Blei vom Schlackenfriſchen mit einem Silbergehalt von je 1 Sicilicus und 1 Drachme, insgeſamt alſo 1 1/2 Unzen, ferner 7 Zentner Armblei mit einem Gehalt von 1 Drachme. Die vier Kupferbleiſtücke enthalten alſo insgeſamt 1 Pfund und 3 Drachmen Silber. Das daraus ausgeſaigerte Blei enthält je Zentner 1 Unze und 1 Drachme und wird wegen ſeines geringen Silbergehaltes „arme Saigerwerke" genannt. Da nun fünf Stücke dieſer Art auf einmal in den Ofen eingeſetzt werden, ſaigern daraus gewöhnlich 9 3/4 Zentner arme Saigerwerke aus mit einem Silbergehalt von je 1 Unze und 1 Drachme, insgeſamt alſo 11/12 Pfund weniger 1/4 Drachme. Die zurückbleibenden Dörner aber wiegen 3 Zentner mit einem Silbergehalt von je 3 Sicilici (3/4 Unze), die Kienſtöcke aber 4 Zentner mit je 1/2 Unze und 3/4 Drachmen Silber. Wenn in 1 Zentner des Spleißkupfers außer 1/3 Pfund noch 1/2 Unze Silber enthalten iſt, ſo werden fünf Stücke überdies noch 1 1/2 Unzen und 1/2 Drachme Silber mehr enthalten. Darauf ſtellt man wiederum aus weiteren 2 1/2 Zentner

33) Spurofen. 34) Spleißofen.

35) Lat. aes vel fulvum vel rubrum vel caldarium. Die Bedeutung dieſer Bezeichnungen geht aus Agricolas Werk De natura fossilium, Baſel 1546, im 8. Buche S. 337, hervor. Hiernach ſieht das in Neuſohl, Gottesberg, im Hercyniſchen Walde und in Norwegen erſchmolzene Kupfer rot aus (ruber). Anderes, wie das in Geier und Schneeberg gewonnene, iſt dunkelgelb (fuscum). Da es heller iſt als das erſte, wird es auch weißes (candidum) genannt, obwohl es ſchwarzgelb ausſieht. In Saigerhütten wird auch gelbrotes (in rubro luteum, hier mit fulvum bezeichnet) als das gewöhnlich fallende (regulare) hergeſtellt und ferner braunrotes (in rubro fuscum), welches „Keſſelkupfer" (aes caldarium) genannt wird. Es hat bei den Deutſchen ſeinen Namen erhalten „a lebete", d. i. von den kleinen bronzenen Schalen oder Keſſelchen, die vor und nach römiſchen Gaſtmählern von den Dienern untergehalten wurden, wenn ſie den Gäſten wohlriechendes Waſſer zur Reinigung über Hände und Füße goſſen. Es unterſcheidet ſich von dem gewöhnlich fallenden dadurch, daß es ſich leicht gießen läßt, aber unter dem Hammer zerbricht, während jenes nicht leicht gegoſſen, aber unter dem Hammer breit geſchlagen werden kann. Alle dieſe verſchieden gefärbten Kupferſorten ſind demnach ſog. Schwarzkupfer, d. h. mehr oder weniger durch fremde Beſtandteile verunreinigtes Kupfer. Das unreinſte fällt in den Saigerhütten beim Verſchmelzen der Abzüge, Saigerdörner und Saigerſchlacken. – Im Inhaltsverzeichnis und auch bei Bechius iſt aes caldarium ganz ſinnlos mit Lebeterkupfer oder Lebetkupfer verdeutſcht.

Der Spleißofen A. Der obere Vorherd B. Der untere Vorherd C. Spleißkupferstücke D.

Spleißkupfer und 11 Zentner Blei vier Stücke her. Enthielt das Kupfer im Zentner 1/3 Pfund Silber, so enthält die gleiche Menge des geringeren Metalles 1/10 von dem des wertvolleren. Hinzu fügt man 8 Zentner arme Saigerwerke mit einem Silbergehalt von 1 1/8 Unze, insgesamt also 3/4 Pfund, ferner 3 Zentner Armblei mit 1 Drachme Silbergehalt. Die so erzeugten vier Stücke enthalten dann 1 Pfund, 1 Lot, 1 Sicilicus und 1 Drachme Silber und jeder Zentner des daraus ausgesaigerten Bleies 1 3/4 Unzen Silber. Diese Legierung nennen wir „Mittelwerke". Hierauf werden aus weiteren 2 1/2 Zentner Spleißkupfer und 11 Zentner Blei wiederum vier Stücke zusammengeschmolzen. Enthält wieder das Kupfer 1/3 Pfund Silber, so ist der Silbergehalt des geringeren Metalls 1/10 von dem des reicheren; hinzu setzt man 9 Zentner Mittelwerke mit einem Silbergehalt von 1 1/2 Unzen, 1 Sicilicus, insgesamt also 1 1/4 Pfund 3/4 Unzen, ferner 2 Zentner arme Saigerwerke mit 1 1/8 Unze Silbergehalt. Die vier Kuchen enthalten also 2 1/3 Pfund Silber und das erzeugte Saigerblei 1/6 Pfund 3/4 Unze. Diese Legierung nennen wir „reiche Saigerwerke". Man trägt sie in Treiböfen ein zur Trennung des Silbers vom Blei.

In welchem Verhältnis das Kupfer je nach dem verschiedenen Silbergehalt mit Blei legiert wird, indem beide im Ofen eingeschmolzen werden und in den Vorherd herausfließen, habe ich beschrieben.

Der Kran A. Das Spindelrad B. Das Zahnrad C. Die Laufkatze mit Rollen D. Die dreieckige Tragbahre E. Frischstücke F. Die Krankette G. Ihr Haken H. Der Ring I. Die Zange K.

Nun werde ich die Methode erläutern, nach welcher Blei und Silber zusammen wieder vom Kupfer getrennt werden. Die Frischstücke werden mit dem Kran von der Erde hochgehoben und auf die Kupferplatten der Saigeröfen gesetzt. Man hängt den Haken der Kette, die von dem Ausleger des Krans herabhängt, in den Ring der Zange ein, die am einen Arm einen Haken besitzt. Beide Griffe dieser Zange tragen Ringe, die wieder in einem dritten stecken, in den der Kettenhaken eingreift. Der Haken der Zange wird mit dem Hammer in das Loch eingetrieben, welches das Ende des Hakens bildete, an dem der Kuchen aus der Kupferpfanne gehoben wurde. Der andere hakenlose Arm der Zange drückt dagegen, so daß der Haken jenes nicht herausfällt. Die Zange ist 1½ Fuß lang, jeder Ring 1½ Finger dick, sein lichter Durchmesser 1½ Hand. Es sind zwei Kräne vorhanden, welche die Kuchen aus den kupfernen Formen herausheben, sie auf die Erde setzen und dann wieder in die Öfen eintragen. Der eine steht in der Mitte des Raumes zwischen der dritten Querwand und den zwei Tragsäulen, der andere in der Mitte des Raumes zwischen denselben Tragsäulen und der siebenten Querwand. Beide besitzen eine viereckige Welle von 2 Fuß Dicke und Breite und sind

18 Fuß von der dritten und 19 Fuß von der zweiten Längswand entfernt. Ihr Kurbelkaſten enthält nur 2 Triebräder, ein Spindelrad und ein Zahnrad. Der Ausleger ragt 17 Fuß 3 Hand 3 Finger von der Welle ab; ſeine Laufkatze iſt $2^1/_2$ Fuß lang, 1 Fuß 2 Finger breit, auf beiden Seiten $1^1/_2$ Hand dick; wo ſie aber zwiſchen den Auslegerbalken läuft, 3 Finger breit, 1 Hand dick. Sie beſitzt fünf Ausſchnitte, in denen ſich fünf Meſſingrollen drehen, vier kleine und eine fünfte bedeutend größere; die Ausſchnitte, in denen ſich die vier kleinen drehen, ſind 2 Hand lang und etwas über 1 Hand breit; dieſe Laufrollen ſind 1 Hand ſtark und beſitzen einen Durchmeſſer von $1^1/_2$ Hand. Die vier Ausſchnitte befinden ſich in der Nähe der Ecken der Laufkatze, der fünfte in der Mitte zwiſchen den beiden vorderen; ſeine Entfernung von der Stirnſeite beträgt 2 Hand. Die größere Rolle, die ſich in dieſer Öffnung dreht, hat einen Durchmeſſer von 3 Hand und iſt 1 Hand dick, ringsum mit einer Nut verſehen, in welcher die Kette läuft. Dieſe Laufkatze beſitzt zwei Achſen, von denen die eine die drei vorderen[36], die andere die zwei hinteren Rollen trägt; zwei davon bewegen ſich auf dem einen, zwei auf dem anderen Auslegerbalken, die fünfte, größere, zwiſchen dieſen. Wo Kräne fehlen, ſetzt man die Stücke auf eine dreieckige Tragbahre, auf die Eiſenſtäbe genagelt ſind, damit ſie beſſer hält; ſie beſitzt drei Eiſenketten, die oben an einem Eiſenring befeſtigt ſind. Zwei Arbeiter ſtecken eine Stange durch den Ring, legen ſie über die Schulter und tragen ſo das Stück zum Ofen, in dem die Trennung des Silbers vom Blei erfolgt.

Von den Öfen, in denen Kupfer und Blei legiert und die Schlacken verſchmolzen werden, in Richtung nach der dritten Längswand zu befinden ſich zehn weitere Öfen, in denen die Trennung der Silber-Blei-Legierung vom Kupfer erfolgt[37]. Da aber dieſer Zwiſchenraum $80^1/_2$ Fuß beträgt und in ſeiner Mitte die dritte Längswand eine $3^1/_2$ Fuß breite Tür beſitzt, verbleiben jederſeits davon noch $38^1/_2$ Fuß. Und da jeder der Öfen $4^1/_2$ Fuß beanſprucht, der Zwiſchenraum zwiſchen je zweien $1^3/_4$ Fuß beträgt, ſo nehmen 5 Öfen und deren vier Zwiſchenräume eine Breite von $28^1/_4$ Fuß ein; es verbleiben daher $10^1/_4$ Fuß. Dieſer Raum wird ſo aufgeteilt, daß 5 Fuß 2 Finger vom erſten Ofen bis zur Querwand und die gleiche Entfernung vom fünften Ofen bis zur Tür verbleibt. Gleicherweiſe ſind es auf der anderen Seite von der Tür bis zum ſechſten Ofen 5 Fuß 2 Finger und vom zehnten Ofen zur ſiebenten Querwand ebenfalls 5 Fuß 2 Finger. Die Tür iſt $6^1/_2$ Fuß hoch; durch ſie gelangen Vormann und Arbeiter in den Vorratsraum für das mit Silber legierte Blei.

Jeder Ofen beſteht aus dem Sockel, der Saigergaſſe, der Rückwand, den Seitenwänden und dem Sumpf. Der Sockel beſteht aus zwei Sohlſteinen, vier Quaderſteinen und zwei Kupferplatten[38]. Die Sohlſteine ſind 5 Fuß 1 Hand lange, 1 Elle breite und 1 Fuß 1 Hand dicke Hauſteine; ſie werden ſo in die Erde eingegraben, daß ſie $1^1/_2$ Hand hoch herausſtehen; ſie bilden einen Zwiſchenraum von ungefähr 3 Hand, doch wird dieſer nach hinten zu kleiner. Jeder der Quaderſteine iſt $2^1/_2$ Fuß lang, 1 Elle breit und außen 1 Elle, innen nach der Saigergaſſe zu 1 Fuß 1 Hand dick. Sie beſitzen eine geneigte Oberfläche, damit die daraufliegenden Kupferplatten

36) In der Abb. falſch dargeſtellt.

37) Die „Saigerherde“.

38) Dieſe zuſammen bilden die „Saigerbänke“.

eine ſchräge Lage erhalten können. Sie werden zu je zwei auf einen Sohlſtein geſetzt und durch mit Blei vergoſſene Eiſenklammern, die in Löcher eingelaſſen werden, welche in ihre Oberfläche eingehauen ſind, zuſammengehalten. Sie kommen ſo auf die Sohlſteine zu liegen, daß ſie an den Seiten 1 Hand breit vorſtehen, während dieſe vorne ebenſoweit vorragen. Sind Quaderſteine nicht zu beſchaffen, ſo können auch Ziegelſteine an ihre Stelle treten. Die Kupferplatten[39] ſind 4 Fuß $2^{1}/_{2}$ Hand lang, 1 Elle breit und 1 Hand dick; jede von ihnen beſitzt einen Vorſprung, $1^{3}/_{4}$ Hand lang, je 1 Hand breit und dick, die eine vorne, die andere hinten. Dieſe Platten werden derart auf die Quaderſteine geſetzt, daß ſie hinten von der dritten Längswand 3 Finger abſtehen; vorne ſtehen die Quaderſteine ebenſoviel vor, an den Seiten $1^{3}/_{4}$ Hand. Sie werden ſo miteinander verbunden, daß die Vorſprünge einen Spalt bilden, durch den das von den Stücken abfließende Saigerblei ablaufen kann und welcher 1 Hand 3 Finger breit, 4 Fuß lang iſt. Sind die Platten durch Hitze oder den Angriff des Saigerbleies, welches in Geſtalt von Tröpfchen daran zu haften pflegt, unbrauchbar geworden, ſo werden ſie miteinander vertauſcht, indem man die rechte an Stelle der linken und dafür die linke an Stelle der rechten ſetzt. Ihre ebene Oberfläche, welche beim Saigern des Kupfers mit Sand bedeckt wird, kommt dann nach unten zu liegen. Weil aber bei der Umwechslung der Platten die Vorſprünge, die dann nach außen zu liegen kommen, über die Unterlagsſteine hervorragen, wird etwas von ihnen abgeſchlagen, damit ſie den Saigerarbeiter nicht behindern. An ihre Stelle kommt dann eine Eiſenplatte 3 Hand lang, beiderſeits 1 Finger dick, in der Mitte aber auf eine Länge von $1^{3}/_{4}$ Hand 1 Hand dick. Die Rinne[40], welche ſich unter den Platten zwiſchen den ſeitwärts liegenden Quaderſteinen befindet, iſt hinten 1 Fuß, vorne, wo ſie ſich allmählich verbreitert, $1^{1}/_{4}$ Fuß breit. Dieſe Saigergaſſe, welche ſich im Sockel befindet, erhält eine Lage Herdblei vom Treibeherd. Sie iſt im hinterſten, höchſten Teil nur 6 Finger von den Saigerſchwarten entfernt und ſenkt ſich von hier gleichmäßig zum tiefſten Punkt, ſo daß das Saigerblei, das von den Stücken abtropft, in den Sumpf abfließen kann. An der dritten Längswand wird, um ſie vor dem Angriff des Feuers zu ſchützen, eine Schutzwand aufgeführt, indem man Ziegelſteine auf die Kupferplatten ſetzt und ſie mit Lehm verſchmiert; ihre Höhe betrage 2 Fuß $1^{1}/_{2}$ Hand, ihre Stärke 2 Hand, ihre Breite unten 3 Fuß $1^{3}/_{4}$ Hand, denn ſie ſoll hier beide Platten bedecken, oben 3 Fuß, da ſie ſich beiderſeits nach oben verjüngt. $1^{1}/_{2}$ Hand unter ihrem höchſten Punkt iſt auf jeder Seite ein Hakeneiſen in ein Loch der dritten Längswand eingelaſſen und mit Blei vergoſſen, das aus der Wand 2 Hand herausragt; es iſt 2 Finger breit, 1 Finger dick und beſitzt 2 Haken, einen an der Seite, den anderen oben weiter rückwärts; beide ſind nach der Wand zu umgebogen und 1 Finger ſtark; in ſie wird das letzte oder eines der folgenden Glieder einer Kette mit 4 Gliedern eingehängt, von denen jedes $1^{1}/_{4}$ Hand lang, $^{1}/_{2}$ Finger dick iſt. Das erſte aber iſt in die Öſe eines davor befindlichen Ankereiſens, eines der übrigen drei Glieder in einen der beiden Haken des Hakeneiſens eingehängt. Die beiden Ankereiſen ſeien 3 Fuß $3^{1}/_{4}$ Hand lang, 2 Finger breit, 1 dick; ihre beiden Enden tragen Öſen; die hintere davon iſt rund, 1 Finger im Durchmeſſer und trägt, wie erwähnt, ein Kettenglied; die vor-

[39] Die „Saigerſchwarten".
[40] Die „Saigergaſſe".

dere ſei 2½ Finger lang, 1½ Finger breit; dieſes Ende des Stabes iſt 3 Finger breit, während der übrige Teil nur eine Breite von 2 Finger beſitzt, das hintere Ende 2½ Finger. Durch die vorderen Öſen der Anker wird ein eiſerner Querriegel geſteckt. 3½ Fuß lang, 2 Finger breit, 1 dick; dieſer trägt an ſeinem Vorderende fünf kleine viereckige, ⅔ Finger im Quadrat meſſende Löcher, die ½ Finger voneinander entfernt ſtehen. Das erſte iſt vom Ende ungefähr 1 Finger entfernt; darein ſteckt der Saigerarbeiter einen eiſernen Nagel, und zwar in das letzte, wenn er den Ofenraum ſchmäler machen, in das erſte, wenn er ihn breiter haben will, und in eines der mittleren, wenn eine mäßige Verſchmälerung beabſichtigt iſt. Zu demſelben Zwecke wird der eine der beiden Haken des Hakeneiſens einmal in das letzte, einmal in das dritte und dann wieder in das zweite Kettenglied eingehängt. Eine Verbreiterung des Ofens macht ſich nötig, wenn eine große Anzahl Stücke eingeſetzt werden ſoll, eine Verſchmälerung, wenn es deren wenige ſind. Doch pflegen weder noch können mehr als fünf eingeſetzt werden. Dünne Stücke ſind der Grund dafür, daß die Seitenwände nach innen geſchoben werden. Der Riegel beſitzt auf der Rückſeite jederſeits ein Horn von derſelben Breite und Dicke wie er ſelbſt, das 1 Finger lang hervorſteht. Dieſe Hörner verhindern ein Durchgleiten des Riegels durch die Öffnung des rechten Ankerſtabes, in dem er auch dann verbleibt, wenn er und die übrige Verankerung die Ofenwände nicht mehr durch ihr Umfaſſen feſt zuſammenhalten. Der Ofenwände[41] ſind es drei, zwei an den Seiten, eine vorne; die Rückwand beſteht aus einer Mauer. Die Saigerbleche ſind 3 Fuß 3½ Hand lang, 2 Fuß hoch, das vordere iſt 2 Fuß 1¾ Hand lang und ebenſo wie die ſeitlichen 2 Fuß hoch. Sie beſtehen aus Eiſenſtäben und Blechplatten mit Füßen; die ſeitlichen aus je ſieben Stäben, deren unterſter und oberſter die Länge der Seitenwand beſitzen; auf jenem ſtehen die ſenkrechten Stäbe, dieſer liegt oben darauf. Die fünf ſenkrechten Stäbe ſind ſo hoch wie die Wände, die mittleren ſind in Öffnungen des oberen und unteren Längsſtabes eingefügt, die äußerſten bilden mit dem unteren und oberen Längsſtab ein Stück. Sie ſind 2 Finger breit, 1 Finger dick. Die Vorderwand beſteht aus fünf Stäben, einem unteren, auf dem ebenfalls die ſenkrechten (jedoch nur drei) ſtehen, und einem oben darauf liegenden. Die einzelnen Saigerbleche beſitzen je zwei Füße, die auf beiden Seiten des unteren Längsſtabes befeſtigt ſind, 2 Hand lang, 1 breit, 1 Finger dick. Die eiſernen Blechplatten ſind an der Innenſeite der Stäbe mit Eiſendraht feſtgebunden und mit Lehm beſchmiert, damit ſie länger im Feuer halten und unbeſchädigt bleiben. Außerdem gibt es noch Eiſenklötze, 3 Hand lang, 1 breit, 1½ Finger dick; ſie ſind im oberen Teil etwas ausgeſchnitten, ſo daß man die Stücke darauf ſetzen kann; ſie werden in ein Gefäß mit Lehmwaſſer eingetaucht und lediglich den aus Kupfer und Blei legierten Friſchſtücken untergelegt, denn in dieſen befindet ſich mehr Silber als in den anderen, die aus Dörnern oder Ofenbruch oder Schlacken erſchmolzen wurden. Den einzelnen Stücken werden je zwei Klötze untergelegt, ſo daß das Feuer die ſo erhöhten mit größerer Kraft angreifen kann, und zwar wird einer davon auf die rechte, der andere auf die linke Platte geſetzt. Schließlich befindet ſich noch außerhalb des Ofens ein Sumpf, 1 Fuß im Durchmeſſer, 3 Hand tief, der, wenn undicht, nur mit Lehm, der Saigerblei leicht zurückhält, wieder inſtand geſetzt wird.

41) „Saigerbleche."

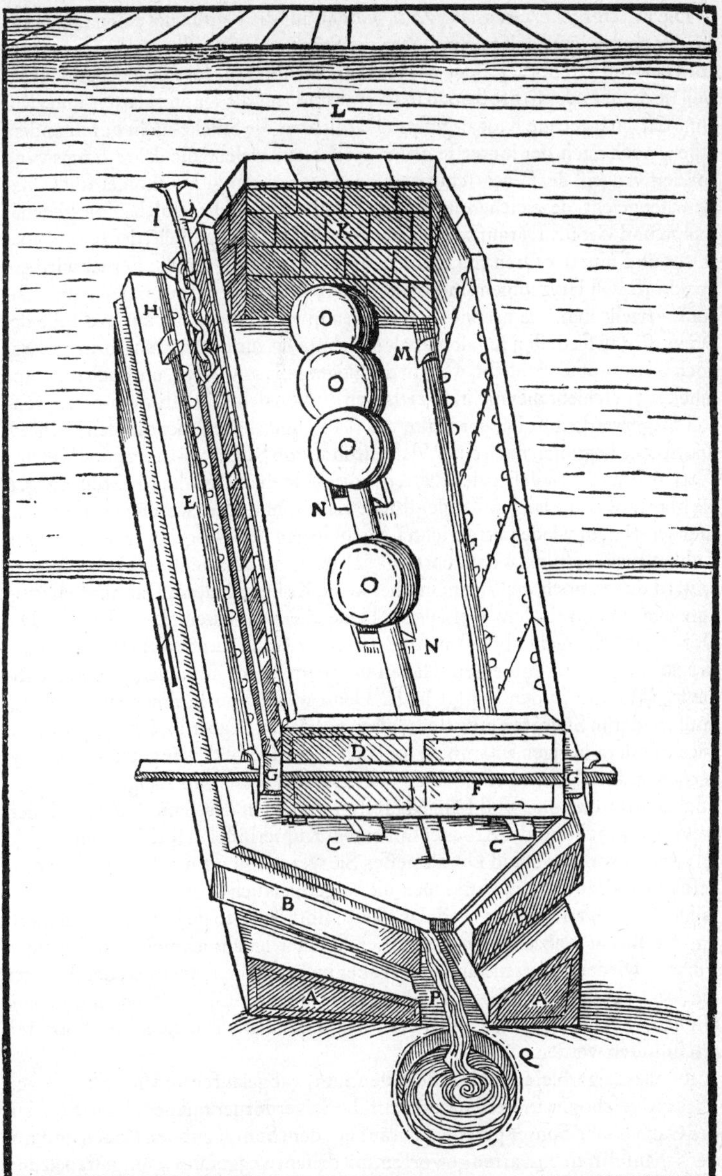

Die Sohlsteine A. Die Quadersteine B. Die Saigerschwarten C. Die Vorderwand D. Die Seitenwände E. Die Querriegel F. Die Ankerstäbe G. Die Kette H. Das Hakeneisen I. Die Schutzwand für die dritte Längswand K. Die dritte Längswand L. Die Füße der Seitenwände M. Eiserne Klötze N. Frischstücke O. Die Saigergasse P. Der Sumpf Q.

Die Friſchſtücke, vier an der Zahl, werden auf die Platten des einen Ofens auf die eiſernen Klötze gelegt. Sind aber die Stücke aus Spleißkupfer oder Saigerdörnern, aus Ofenbruch oder Schlacken erſchmolzen, ſo werden deren fünf, weil ſie dann weder ſo groß noch ſo ſchwer ſind, auf die Kupferplatten, und zwar ohne daruntergelegte Klötze, geſetzt. Damit aber die Stücke nicht aufeinanderfallen, noch auch der hinterſte gegen die Mauer, welche die dritte Längswand vor dem Angriff des Feuers ſchützt, werden 6 Finger lange Holzkohlenſtücke dazwiſchengelegt, desgleichen in die Hohlräume dazwiſchen ſolche von gleicher Länge und Größe. Darauf werden die Seitenwände aufgeſtellt, der Riegel vorgelegt und nun der Ofen mit kleinen Kohlenſtückchen gefüllt. Ferner wird ein Spankorb voll Holzkohlen und oben darauf Glut in den Sumpf geworfen; ſodann verteilt man die brennenden Kohlen mit einer Schaufel auf alle Teile des Ofens, ſo daß ſie deſſen Kohleninhalt gleichmäßig zur Entzündung bringen. Was noch im Sumpf übrigbleibt, wird in die Saigergaſſe geworfen, um auch dieſe anzuheizen; geſchieht dies nicht, ſo erſtarren die von den Friſchſtücken abtropfenden Saigerwerke infolge der Kälte der Gaſſe und fließen nicht in den Vorherd. Die Stücke beginnen nach einer Viertelſtunde von Saigerblei zu tropfen, welches durch den Schlitz zwiſchen den Platten in die Gaſſe abläuft. Sinken die Stücke gegen die Mauer, weil die langen Kohlenſtücke verbrannt ſind, ſo werden ſie mit einem eiſernen Haken wieder aufgerichtet, wenn gegen den Riegel, werden ſie durch Kohlenſtücke geſtützt. Wenn aber ein Stück ſtärker zuſammenſinkt als die übrigen, ſo wird dieſen noch mehr, jenem aber keine Kohle zugeſetzt. Das Silber ſaigert nun zuſammen mit dem Blei aus, da beide eher ſchmelzen als das Kupfer. Die Dörner, welche nicht abfließen, ſondern in der Gaſſe zurückbleiben, rührt man zweckmäßig öfters mit einem Haken um, damit auch aus ihnen Saigerblei abfließt, das dann in den Sumpf läuft. Denn was davon in ihnen zurückbleibt, muß wieder in Spuröfen ausgeſchmolzen werden; was aber in den Sumpf fließt, wird mit dem übrigen zuſammen ſogleich in die Treiböfen eingetragen und abgetrieben. Der Haken beſitzt einen eiſernen Stiel von 2 Fuß Länge, an dem ein ſolcher aus Holz von 4 Fuß Länge befeſtigt iſt. Die in den Sumpf abgefloſſenen Saigerwerke ſchöpft der Arbeiter mit einem Kupferlöffel in 8 kleine runde Kupferformen von $2^{3}/_{4}$ Hand Durchmeſſer. Sie werden zuvor mit Lehmwaſſer ausgeſchmiert, damit beim Umkippen die Saigerbleikuchen um ſo leichter herausfallen. Fehlt es an Formen, weil das Blei zu flott läuft, ſo gießt er Waſſer darauf, um die Kuchen abzukühlen, ſo daß er ſie eher herausnehmen und dieſelben Formen wieder benutzen kann. Eilt es aber nicht ſo ſehr, ſo ſchmiert der Arbeiter die leeren Formen wieder mit Lehmwaſſer aus. Der Löffel iſt jenem durchaus ähnlich, welcher beim Auskellen der Metalle benutzt wird, die in den Spuröfen erſchmolzen werden.

Iſt alles Saigerblei aus der Gaſſe in den Sumpf abgelaufen und in die kupfernen Formen geſchöpft, ſo werden zunächſt die Saigerdörner mit dem Kratzeiſen aus der Gaſſe in den Sumpf gezogen, darauf aus dem Sumpf auf den Boden und mit der Schaufel in einen Karren geworfen, mit dieſem weggefahren, aufgeſtapelt und wieder verſchmolzen. Die Kratze ſei $2^{1}/_{2}$ Hand lang, $2^{1}/_{4}$ Hand breit und am Hinterende an einem Eiſengriff von 3 Fuß Länge mit einem ebenſo langen Holzgriff befeſtigt.

Der Saigerherd in Betrieb A. Derselbe außer Betrieb B. Der Sumpf C. Kleine runde Formen D. Kuchen von Saigerblei E. Saigerdörner F.

Nachdem das Saigerblei vom Kupfer abgeſchieden iſt, nennen wir die zurückbleibenden Stücke Kienſtöcke, weil ſie ſo trocken ſind, daß ſie wie ausgedörrt erſcheinen. Sie werden durch ein daruntergeſchobenes Stoßeiſen gehoben, von der Zange erfaßt, in einen Karren geworfen und an den Ofen gefahren, in dem ſie gedarrt werden. Das Stoßeiſen iſt dem ähnlich, mit welchem der Ofengalmei, der ſich an den Seitenwänden der Schachtöfen anſetzt, abgeſtoßen wird. Die Zange iſt $2^{1}/_{2}$ Fuß lang. Mit demſelben Stoßeiſen werden die Metalltropfen von den Platten abgeſtoßen, an denen ſie herabhängen, ferner die Eiſenklötze von den Kienſtöcken, an denen ſie haften. Der Arbeiter bewältigt dieſe Arbeit an einem Tage, und zwar ſaigert er entweder von viermal vier der größeren oder von viermal fünf der kleineren Stücke das Blei aus, wenn aus einer größeren Anzahl, ſo wird ihm für die Mehrleiſtung eine beſondere Prämie ausgezahlt.

Dies iſt alſo das Verfahren, Silber bzw. die Saigerwerke genannte Blei-Silber-Legierung vom Kupfer abzuſcheiden. Die Saigerwerke aber werden in Treiböfen eingetragen, in denen die Trennung von Blei und Silber erfolgt. Über dieſes Verfahren will ich, da ich es im vorigen Buche ſchon eingehend auseinandergeſetzt habe, nur noch das eine ſagen: Bei uns wurden in früheren Jahren gleichzeitig nur 44 Zentner Saigerwerke und 1 Zentner Kupfer im Treibofen abgetrieben, heute 46 und $1^{1}/_{2}$, an anderen Orten gewöhnlich 120 Zentner Saigerwerke und 6 Zentner Kupfer; es fallen ſo um die 110 Zentner Glätte und 30 Zentner Herdblei. Auf alle dieſe Arten geht der Silberinhalt des zugeſetzten Kupfers in das übrige Silber, das Kupfer ſelbſt wird ebenſo wie das Blei teils in Glätte, teils in Herdblei verwandelt. Saigerwerke, welche nicht einſchmelzen, müſſen vom Rand mittels eines Hakens in den Herd geſchoben werden.

Die Arbeit des Darrens zerfällt in vier Einzelarbeiten, die in vier Tagen ausgeführt werden. Am erſten, wie auch an den übrigen drei, beginnt der Meiſter früh um 4 Uhr; er reinigt zunächſt zuſammen mit einem Hilfsarbeiter die Kienſtöcke von anhaftenden Bleitröpfchen, fährt jene dann an den Ofen, während dieſe zu den Saigerdörnern geworfen werden. Der dabei verwendete Hammer ſei $3^{3}/_{4}$ Hand lang, ſein ſpitzer Teil 1 Hand breit, der ſtumpfe 3 Finger dick; der Holzgriff iſt 4 Fuß lang.

Nun wirft der Meiſter gemahlenen Mergel in einen Eimer, gießt Waſſer zu und verrührt beides; damit gießt er die ganze Herdſohle des Ofens aus und ſtreut 1 Finger dick Holzkohlenpulver darauf. Unterläßt er dies, ſo ſetzt ſich das Kupfer in den Gaſſen feſt und klebt an den Kupferplatten an, von denen es nur ſchwer abgeſchlagen werden kann, oder an den Ziegelſteinen, mit denen die Herdſohle belegt wird und welche leicht beim Abſtoßen des Kupfers zerſpringen. Am zweiten Tage ordnet derſelbe Meiſter Backſteine in 10 Reihen an, ſo daß 12 Gaſſen entſtehen. Die zwei erſten Backſteinreihen liegen zwiſchen dem erſten Luftloch, das ſich an der rechten Seite befindet, und dem zweiten, drei zwiſchen dem zweiten und dritten, ferner drei zwiſchen dem dritten und vierten, zwei zwiſchen dem vierten und fünften. Dieſe Backſteine ſind $1^{1}/_{2}$ Fuß lang, $2^{1}/_{4}$ Hand breit, $1^{1}/_{2}$ Hand dick. In der Querrichtung kommen 7 auf eine Reihe, insgeſamt ſind es alſo 70. Nun legt er auf die drei erſten Steine jeder Reihe Kienſtöcke und wirft 5 Finger hoch grobe Kohle darauf, ſetzt dann in gleicher Weiſe Kienſtöcke auf die übrigen Steine und wirft Kohlen darüber und trägt ſo 70 Zentner davon auf

Die Kienſtöcke A. Der Hammer B.

die Herdſohle des Ofens ein. Iſt jedoch nur die Hälfte davon oder auch etwas mehr zu darren, ſo genügen in jeder Reihe vier Steine. Beim Darren von Kienſtöcken aus Spleißkupfer werden 90 oder 100 Zentner auf einmal eingeſetzt. Vorne bleibt Platz frei für die oberſten Stücke, die bei der Gewinnung des Kupfers aus dem Garherd herausgeholt werden; dieſe ruhen beſſer auf Kienſtöcken als auf Eiſenblechplatten; denn wenn jene in der Hitze ſchmelzen und Kupfer ausſaigert, kann man es zuſammen mit den Dörnern in die Spuröfen zurückgeben, während geſchmolzenes Eiſen unbrauchbar iſt. Sind derartige Stücke vor die Kienſtöcke geſetzt, ſo ſchiebt der Arbeiter einen Querriegel in innen in den Seitenwänden ausgeſparte Öffnungen, die 3½ Hand hoch über der Herdſohle liegen. Die linke davon reicht weiter in die Mauer hinein, damit der Riegel eingeführt und herausgezogen werden kann. Er iſt rund, 8 Fuß lang, 2 Finger ſtark. Rechts beſitzt er eine ebenfalls eiſerne Öſe, die vom rechten Ende 1 Fuß entfernt iſt; ihre lichte Öffnung iſt 1 Hand lang, 2 Finger breit; dick iſt ſie 1 Finger. Der Riegel verhindert ein Herabfallen der die Kienſtöcke ſtützenden Stücke. Nach Beendigung der Darrarbeit zieht der Arbeiter dieſen Riegel mit einem in deſſen Öſe eingeführten Haken heraus, wie ich ſpäter angeben werde. Doch iſt es zum Verſtändnis des Geſagten und noch zu Sagenden zunächſt zweckmäßig, dieſen Ofen zu beſchreiben.

Seine Entfernung von der vierten Längswand beträgt 9 Fuß und ebenſoviel von der Wand zwiſchen der zweiten und vierten Querwand. Er beſteht aus Seitenwänden, Gewölbebögen, einer Abzugshaube, Innenmauerwerk und der Herdſohle. Die beiden Seitenwände ſind 11 Fuß $3^{1}/_{2}$ Hand lang; ihre Höhe beträgt dort, wo ſie die Abzugshaube tragen, $8^{1}/_{4}$ Fuß, am vorderen Gewölbebogen nur 7 Fuß, ihre Stärke 2 Fuß $3^{1}/_{2}$ Hand. Sie beſtehen aus Hau- oder aus Backſteinen. Ihre Entfernung voneinander beträgt 8 Fuß $1^{1}/_{2}$ Hand. Es ſind ferner zwei Gewölbebögen vorhanden; denn auch den hinteren Zwiſchenraum zwiſchen den Seitenwänden überſpannt ein niedriger Bogen, um das Gewicht der Haube tragen zu können; die Auflager dieſes Gewölbebogens bilden die Seitenwände. Die Spannweite iſt gleich der Entfernung der Seitenwände, die Scheitelhöhe betrage 5 Fuß $1^{1}/_{2}$ Hand. Der Raum unter dieſem Bogen iſt durch eine in Kalkmörtel gemauerte Wand ausgefüllt, die $1^{3}/_{4}$ Fuß vom Boden entfernt 5 Luftlöcher beſitzt, je $2^{1}/_{4}$ Hand hoch, $1^{1}/_{4}$ Hand breit; das erſte davon liegt an der rechten Innenmauer, das letzte an der linken, die übrigen drei dazwiſchen. Dieſe Öffnungen gehen durch die Futterwand unter dem Bogen hindurch; damit nicht zuviel Luft in den Ofen ſtrömt, werden halbe Steine hineingelegt; will der Arbeiter, welcher die Kienſtöcke darrt, die ſogenannten Gaſſen beſichtigen und feſtſtellen, ob das Darren richtig vonſtatten geht, ſo nimmt er ſie heraus. Die Entfernung des vorderen vom hinteren Gewölbebogen beträgt $3^{1}/_{2}$ Fuß; ſeine Spannweite iſt ebenſo groß wie die des hinteren, doch iſt er 6 Fuß lang; die Höhe des Scheitels iſt gleich der der Seitenwände. Auf den Seitenwänden und Gewölbebögen ruht die aus Backſteinen mit Kalkmörtel beſtehende Abzugshaube; ſie iſt 36 Fuß hoch und ragt über das Dach hinaus. Das Innenmauerwerk iſt vor den hinteren Gewölbebogen und die Seitenwände geſetzt und ſteht von dieſen ungefähr 1 Fuß ab; ſeine Höhe beträgt $3^{3}/_{4}$ Fuß, ſeine Dicke 3 Hand; es beſteht aus Backſteinen mit Lehmmörtel und iſt auf allen Seiten mit fettem Lehm bekleidet, der oben eine ſchwach geneigte Böſchung von 1 Fuß Höhe bildet. Dieſes Mauerwerk bildet ſozuſagen einen Schild für die übrigen Wände, d. h., es ſchützt ſie gegen die zerſtörende Hitze des Feuers; während dieſe nicht leicht ausgebeſſert werden können, iſt dies bei jenem mit nur geringer Mühe möglich. Die Herdſohle beſteht aus Lehm und wird entweder mit Kupferplatten ähnlich denen des Saigerofens zur Trennung von Kupfer und Silber, doch ohne Vorſprünge, oder mit Backſteinen abgedeckt, wenn die Beſitzer die Ausgabe für die Kupferplatten ſcheuen. Dieſe werden mit der Breitſeite geneigt gelegt[42)], wodurch der Herd hinten ſo hoch wird, daß er bis zu den 5 Luftlöchern reicht; vorne iſt er ſo niedrig, daß der Scheitel des vorderen Gewölbebogens hinten 4 Fuß $3^{3}/_{4}$ Hand, vorne 5 Fuß $3^{3}/_{4}$ Hand darüberliegt. Außerhalb des Ofens iſt die Sohle noch bis zu 6 Fuß mit Backſteinen bedeckt.

Neben dieſem Ofen befindet ſich an der vierten Längswand ein Waſſerbehälter, $13^{1}/_{4}$ Fuß lang, 4 Fuß breit, $1^{3}/_{4}$ Fuß tief, ringsum mit Brettern gegen das Hineinfallen von Erde geſchützt; von einer Seite fließt Waſſer durch eine Röhre hinein, auf der anderen Seite verſickert es in die Erde, wenn man hier einen Stopfen herauszieht. In das Waſſer dieſes Behälters wirft man die Kupferſtücke, nachdem das Silber und Blei ausgefloſſen iſt. Die Öffnung des vorderen Gewölbebogens iſt für

42) d. h., ſie bilden eine geneigte Flachſchicht.

Die Seitenwände A. Der vordere Gewölbebogen B. Der hintere Gewölbebogen C. Seine Füllwand D. Das Innenmauerwerk E. Die Öffnungen F. Die Abzugshaube G. Die Herdsohle H. Der Wasserbehälter I. Das Zulaufrohr K. Der Stopfen L. Die Eisentür M. Die Querstäbe N. Die senkrechten Stäbe O. Die Blechplatten P. Die Ösen in den Stäben Q. Die Ketten R. Die Backsteinreihen S. Der Riegel T. Seine Öse V. Die Kupferplatten X.

gewöhnlich zum Teil durch eine Eiſentür geſchloſſen, die unten $6^1/_2$ Fuß breit iſt; oben iſt ſie abgerundet und an der höchſten Stelle, in der Mitte, $3^1/_2$ Fuß hoch. Sie beſteht aus eiſernen Stäben und mit Eiſendraht daran befeſtigten Blechtafeln. Der Stäbe ſind es ſieben an der Zahl, drei quer, vier ſenkrecht, jeder 2 Finger breit, $^1/_2$ Finger dick. Der unterſte Querſtab iſt $6^1/_2$ Fuß lang, der mittlere von derſelben Länge, der obere, gekrümmte, iſt in der Mitte höher und infolgedeſſen länger als die übrigen beiden. Die ſenkrechten ſind je 2 Fuß voneinander entfernt, die beiden äußeren $2^1/_2$ Fuß lang, die mittleren aber je $3^1/_2$ Fuß; dieſe ragen über den oberen gebogenen Stab heraus und beſitzen hier Öſen, in welche die Haken 2 Fuß langer Ketten eingreifen; deren Endglieder faſſen in ein Glied einer dritten Kette, welche ſtraff um das eingekerbte Ende eines Hebels geſchlungen iſt und dieſen umfaßt, während der Haken ihres herabhängenden Endes in eines ihrer eigenen Glieder eingreift. Der Hebel iſt 11 Fuß lang, $1^1/_2$ Hand breit, 1 Hand dick; er dreht ſich um eine eiſerne, am nächſten Dachbalken befeſtigte Achſe[43]. An ſeinem Hinterende trägt er einen $3^1/_4$ Hand langen Eiſenbolzen, welcher an einer Stelle, wo er unter einen Balken zu liegen kommt, in dem Hebel ſteckt und auf der einen Seite 6, auf der anderen 3 Finger weit herausragt; auf dieſer Seite iſt er durchbohrt und trägt einen Ring, welcher verhindert, daß er aus dem Hebel herausfällt; denn hier iſt er kaum 1 Finger dick, während das andere, runde Ende um 1 Finger dicker iſt. Dieſer Bolzen legt ſich, wenn die Tür herabgelaſſen wird, unter den Balken und bewirkt, daß ſie, hier feſtgehalten, nicht weiter herabfällt. Außerdem bewirkt er, daß das viereckige Eiſenblech, welches davor um den Hebel gelegt iſt, um den Ring eines langen Hakens zu tragen, nicht an ſeinem Ende herabfällt. Ferner hängt das untere Endglied einer 6 Fuß langen Eiſenkette an dem Ring einer Klammer, welche in der rechten Seitenwand des Ofens ſteckt und mit in die Löcher gegoſſenem Blei befeſtigt iſt; der oben an dem Ring hängende Haken aber wird nach dem Hochheben der Tür in ein Glied derſelben eingeklinkt, beim Herablaſſen nimmt man ihn heraus und hakt ihn in ihr oberes Endglied ein.

Am dritten Tage macht ſich der Meiſter an die Hauptarbeit. Zunächſt wirft er eine Mulde voll Holzkohlen auf den Platz vor dem Herd, entzündet ſie durch Glut, wirft ſie dann mit einer eiſernen Schaufel auf die die Stücke bedeckenden Kohlen und verteilt ſie gleichmäßig. Die Schaufel ſei $3^1/_2$ Hand lang, 3 Hand breit; ihr eiſerner Stiel 2 Hand lang, ihr Holzgriff 10 Fuß, um bis zur Rückwand des Ofens zu reichen. Wenn die Kienſtöcke zu glühen beginnen, was bei gutem, feſtem Kupfer bereits nach $1^1/_2$ Stunden, bei ſchlechtem, ſprödem aber erſt nach 2 Stunden der Fall iſt, legt der Arbeiter dort, wo ihm Kohlen zu fehlen ſcheinen, ſolche nach, und zwar ſpäter durch den offenen Zwiſchenraum, der zu beiden Seiten zwiſchen der herabgelaſſenen Tür und der Seitenwand $1^1/_4$ Fuß weit klafft. Die Tür wird herabgelaſſen, wenn er den zuerſt abfließenden Schlacken[44] mit dem Schlackeneiſen eine Gaſſe öffnet, was nach Verlauf von 5 Stunden geſchieht, und zwar wird die Tür deshalb ungefähr 2 Fuß 2 Finger unter den Gewölbeſcheitel herabgelaſſen, damit der Meiſter die Hitze aushalten kann.

Wo aber die Stücken zuſammenſinken, darf man keine Kohlen zuſetzen, damit ſie nicht ſchmelzen. Wenn man Stücke, die aus ſchlechtem und ſprödem Kupfer

43) In der Abb. S. 451 iſt es anders dargeſtellt.

44) Dieſe beſtehen in der Hauptſache aus Glätte.

erzeugt ſind, zuſammen mit ſolchen aus gutem, feſtem Kupfer darrt, ſo ſetzt ſich häufig das Kupfer derart in den Gaſſen feſt, daß man mit dem Schlackeneiſen nicht mehr durchdringen kann; dieſes iſt aus Eiſen, $6^{1}/_{2}$ Fuß lang, mit einem 5 Fuß langen Holzgriff verſehen. Der Arbeiter zieht dann die Schlacken von der Herdſohle nach rechts hin mit einer Kratze ab; dieſe beſteht aus einem vorne $1^{1}/_{4}$ Fuß

Die herabgelaſſene Tür A. Das Schlackeneiſen B. Kienſtöcke C. Backſteine D. Die Zange E.

breiten Stück Eiſenblech, das ſich nach dem Stiel zu allmählich verjüngt; ihre Höhe beträgt 2 Hand; ſie beſitzt einen 2 Fuß langen Eiſenſtiel, in den ein 10 Fuß langer Holzgriff hineingeſteckt iſt.

Sind die Kienſtöcke gedarrt, ſo zieht der Meiſter die Tür auf die oben geſchilderte Weiſe hoch, ſchiebt den Querriegel mittels eines in ſeine Öſe eingeführten Hakens aus der rechten Maueröffnung in die linke, zieht ihn dann hier heraus und legt ihn beiſeite. Darauf ziehen er und ein Hilfsarbeiter die die Kienſtöcke ſtützenden Stücke mittels eiſerner Haken heraus und anſchließend die Kienſtöcke von den Backſteinen herab. Die Haken ſind 2 Hand hoch, 2 Finger breit und 1 Finger dick, ihr Eiſenſtiel 2, ihr Holzgriff 11 Fuß lang. Ferner benutzen ſie zweizinkige Krähle, mit denen ſie die herausgeholten Darrlinge nach links ziehen, um ſie dann mit der Zange zu ergreifen; deren zugeſpitzte Schenkel ſind 2 Hand lang,

Die hochgezogene Tür A. Der Haken B. Der zweizinkige Krähl C. Die Zange D. Der Waſſerbehälter E.

2 Finger breit, 1 Finger dick, ihr Eiſenſtiel iſt 1 Fuß, ihr Holzgriff 9 Fuß lang. Die vom Meiſter und Hilfsarbeiter aus dem Ofen herausgenommenen Darrlinge ergreifen andere Leute mit Zangen und werfen ſie in den mit Waſſer gefüllten viereckigen Behälter. Eine ſolche Zange iſt $2^{3}/_{4}$ Fuß lang; beide Griffe ſind abgerundet und dicker als 1 Finger; der rechte beſitzt hinten eine $1^{1}/_{2}$ Hand breite Ausbiegung; beide Arme ſind vorne $1^{1}/_{2}$ Finger breit und zugeſpitzt, hinten 1 Finger dick, allmählich dünner werdend; geſchloſſen ſchließen ſie eine Öffnung von $2^{1}/_{2}$ Hand Durchmeſſer ein. Darrlinge, von denen noch Kupfer abtropft, dürfen aber nicht ſofort in den Behälter geworfen werden, da ſie ſonſt unter Donnergetöſe zerriſſen werden. Die Stücke werden dann wieder aus dem Waſſerbehälter mit Zangen von Arbeitern herausgeholt, welche auf zwei quer darübergelegten Brettern ſtehen. Je raſcher man ſie herausnimmt, um ſo leichter läßt ſich von ihnen das Kupfer, das eine aſchgraue Farbe angenommen hat[45], abklopfen. Schließlich lüftet der Meiſter mit einem Stoßeiſen die noch heißen Backſteine ein wenig vom Herd; dieſes iſt $1^{1}/_{2}$ Hand lang, unten $^{1}/_{4}$ Hand breit und zugeſchärft, oben, wo es in den runden Stiel übergeht, 1 Hand breit; ſein eiſerner Teil iſt 2 Fuß, der hölzerne $7^{1}/_{2}$ Fuß lang.

45) Der „Pickſchiefer", ein mechaniſches Gemenge von metalliſchem und oxydiſchem Kupfer und Blei, welches den Darrling an der Oberfläche überzieht.

Der Waſſerbehälter A. Das Brett B. Die Zange C.
Die aus dem Behälter herausgeholten Darrlinge D. Der Eichenklotz E.
Der abgerundete Hammer F. Der Spitzhammer G.

Am vierten Tage zieht der Meiſter zunächſt die Dörner, die ſich in den Gaſſen feſtgeſetzt haben; ſie ſind reicher an Silber als die, welche bei Abſcheidung der Saigerwerke vom Kupfer fallen; denn von den Darrlingen läuft nur wenig Kupfer, aber faſt der geſamte reſtliche Bleiinhalt ab, aus dem die Dörner beſtehen; jedenfalls darf in 1 Zentner gedarrten Kupfers nur $^1/_2$ Unze zurückbleiben, bisweilen ſind es nur 3 Drachmen[46]. Darauf ſchlägt der Darrer das an den Backſteinen haftende Metall mit dem Hammer ab, um es wieder zu verſchmelzen. Andere zerſtampfen die Backſteine mit einem Stößel und ſchlämmen ſie; das ſo gewonnene Kupfer und Blei wird ebenfalls wieder verſchmolzen. Wenn der Meiſter dieſe Erzeugniſſe weggeſchafft und auf ihren Lagerplätzen aufgeſtapelt hat, iſt ſein Tagewerk vollbracht.

Am folgenden Tage legen die Hilfsarbeiter die aus dem Behälter herausgeholten Darrlinge auf Eichenklötze und klopfen ſie zunächſt mit abgerundeten Hämmern, damit der Pickſchiefer abfällt; darauf werden mit Spitzhämmern kleine Löcher in das Kupfer geſchlagen. Die abgerundeten Hämmer ſind $3^1/_4$ Hand lang,

[46] Das ſind 0,031 bis 0,023 % Ag.

ihr abgerundetes Ende ist 2 Finger breit und dick, ihr zugeschärftes 2 1/2 Finger breit. Die Spitzhämmer besitzen dieselbe Länge wie die abgerundeten, doch sind sie auf einer Seite zugespitzt, auf der anderen zugeschärft. Die Spitze entsteht aus dem viereckigen Teil durch allmähliche Verjüngung. Das Kupfer hat die Eigentümlichkeit, beim Darren graue Farbe anzunehmen; da aber dieser Bestandteil des Kupfers noch Silber enthält, muß er in Spuröfen wieder verschmolzen werden.

Über das Darren der Kienstöcke habe ich jetzt genug gesprochen; nun werde ich berichten, wie aus ihnen wieder Kupfer gewonnen wird. Damit sie das verlorene Kupferaussehen wiedererlangen, werden sie in Öfen[47] verschmolzen, deren vier an der zweiten Längswand in dem zwischen der zweiten und dritten Querwand liegenden Teil des Gebäudes stehen. Dieser Raum ist 63 1/2 Fuß lang. Jeder Ofen beansprucht davon 13 Fuß; daher betragen die Endabstände rechts vom ersten und links vom vierten Ofen je 3 3/4 Fuß, der mittlere Zwischenraum zwischen dem zweiten und dritten Ofen 6 Fuß. In der Mitte jedes dieser drei Zwischenräume befindet sich eine Tür, 1 1/2 Fuß breit, 6 Fuß hoch; die Mitteltür ist für die Meister beider Öfen gemeinsam. Jeder Ofen besitzt seinen besonderen Abzug. Dieser erhebt sich zwischen den beiden Seitenwänden des langen, oben beschriebenen Abzuges und ruht auf je zwei Öfen und einer gemeinsamen Mauer auf, die in der Mitte zwischen den beiden Öfen steht und 5 Fuß lang, 10 hoch, 2 dick ist. Vor dieser Mauer befindet sich eine Säule, welche den beiden vorderen Gewölbebogen beider Öfen gemeinsam ist; sie ist 2 1/2 Fuß dick, 3 1/2 Fuß breit. Der vordere Gewölbebogen reicht also von dieser gemeinsamen Säule bis zu einer anderen, welche er mit einem anderen Bogen desselben Ofens gemeinsam hat; dieser aber reicht von der zweiten Gebäudelängswand aus rechts bis zu derselben Säule. Sie ist unten 2 1/2 Fuß dick und breit. Die Spannweite des vorderen Gewölbebogens beträgt 9 1/4 Fuß, die Kappenhöhe 8 Fuß. Die Spannweite des rechts befindlichen dagegen beträgt 5 1/4 Fuß, die Kappenhöhe ist gleich der des anderen. Beide Bogen sind ebenso hoch wie die gemeinsame Wand. Auf diesen Bogen und der gemeinsamen Wand ruhen die schräg aufsteigenden Seitenwände der Abzugshaube auf und nähern sich einander so weit, daß im obersten Teil, wo der Rauch austritt, eine lichte Weite von 8 Fuß Länge, 1 3/4 Fuß Breite entsteht. Die vierte Haubenwand wird durch die früher erwähnte, auf der zweiten Gebäudelängswand senkrecht stehende gebildet. Wie aber die Zwischenwand beiden Öfen, so ist auch die auf ihr stehende Mauer beiden Hauben gemeinsam. Auf die gleiche Weise sind die übrigen Hauben konstruiert. Die Öfen sind je 6 1/2 Fuß lang, 3 1/2 Fuß breit, 1 Elle hoch. Ihre Rückseite liegt an der zweiten Längswand, vorne sind sie offen. Der erste Ofen ist rechts ebenfalls offen und hier abschüssig, um die Schlacken abziehen zu können; links grenzt er an die gemeinsame Zwischenwand und besitzt hier eine in Lehmmörtel aufgeführte Backsteinmauer, um die Zwischenwand vor dem Angriff des Feuers zu schützen und zu bewahren. Der zweite Ofen ist dagegen links offen; seine rechte Seite liegt an der Zwischenwand und erhält hier ebenfalls eine Mauer zum Schutze gegen das Feuer. Jeder Ofen besteht außen aus Quadersteinen, die Mitte wird mit Gestübbe[48] gefüllt;

47) Die sog. Garherde.

48) Unter „Gestübbe" versteht der Hüttenmann ein plastisches Gemenge von magerem Lehm oder Mergel und Holzkohle- oder Kokspulver, das auch heute noch da und dort zum Ausstampfen von Vorherden u. dgl. benutzt wird; s. 9. Buch Anm. 6, S. 328.

darauf erhält jeder der Öfen an der zweiten Längswand dort, wo in eine überwölbte Öffnung der Rückſeite eine kupferne Winddüſe eingemauert iſt, eine runde Vertiefung von $2^1/_2$ Fuß Durchmeſſer, die von der Zwiſchenwand 3 Fuß entfernt iſt.

Schließlich wird unter jedem Schmelzherd ein Sammelbehälter für die Feuchtigkeit angelegt ähnlich den ſonſt üblichen[49]; ſein gemauerter Abzugskanal durchdringt die zweite Längswand und wendet ſich dann zur Seite, und zwar der des erſten Ofens nach rechts, der des zweiten nach links.

Zunächſt bricht der Meiſter den Herd, wenn in den letzten Tagen darin Kupfer gar gemacht worden iſt, mit einem 3 Finger breiten und ebenſo viele Hand langen Brecheiſen aus, das einen 2 Fuß langen, $1^1/_2$ Finger ſtarken Eiſenſtiel und einen daran befeſtigten runden 5 Fuß langen, 2 Finger ſtarken Holzgriff beſitzt. Hierauf ebnet er mit einem anderen Brecheiſen den Herd ein; dieſes iſt 1 Hand breit, 2 Hand lang, ſein teils eiſerner, teils hölzerner Stiel iſt ganz gleich dem vorigen. Er wirft dann etwas Geſtübbe und gemahlene Kohle hinein, feuchtet mit Waſſer an und kehrt ihn mit einem an einer Stange befeſtigten Beſen. Nun kommt die Geſtübbemiſchung hinein, beſtehend aus zwei Karren geſiebten Holzkohlenpulvers, der gleichen Menge ebenfalls geſiebten Mergelpulvers und ſechs Mulden Flußſand, der durch das engſte Sieb hindurchgegangen iſt. Dieſes Geſtübbe iſt dem von den Schmelzern gebrauchten gleich; es wird vor dem Einfüllen in den Herd mit aufgeſpritztem Waſſer angefeuchtet, ſo daß es ſich mit den Händen ballen läßt. Nach dem Eintragen ebnet und drückt der Meiſter die Maſſe zunächſt mit den Fäuſten ein, darauf mit zwei hölzernen Stampfern, deren jeder eine Elle lang iſt und an jedem Ende einen abgerundeten Kopf beſitzt, von denen der eine 1 Hand, der andere 3 Finger dick iſt; in der Mitte ſind ſie dünner, um ſie hier anfaſſen zu können. Nun wird eine weitere Menge feuchtes Geſtübbe eingetragen, wieder mit den Fäuſten glattgedrückt und mit den Stampfern geſtampft; ſchließlich ſteigt der Meiſter hinauf und glättet, indem er ſich auf die Zehen ſtellt, den Herdrand mit den Fußſohlen. Iſt der Herd in dieſer Weiſe geglättet, ſo ſtreut er trockenes Kohlenpulver darauf und ſtampft es ebenfalls mit den Stampfern feſt; er benutzt dazu erſt die dünneren Enden, ſpäter die dickeren. Darauf ſchlägt er den Herd noch mit einem 2 Fuß langen Holzſchlegel, der an beiden Enden rund und 3 Finger dick iſt; ſein Holzgriff iſt 2 Hand lang, $1^1/_2$ Finger dick. Zum Schluß wirft er noch zwei Hand voll reiner geſiebter Aſche in den Herd, gießt etwas Waſſer zu und verſchmiert ihn mittels eines alten Lappens mit der feuchten Aſche. Die Schmelzgrube ſoll rund und ihre Seiten geneigt ſein. Wird Kupfer aus den beſten Darrlingen hergeſtellt, ſo ſoll ihr Durchmeſſer 2, ihre Tiefe 1 Fuß betragen, wenn aus anderen, ſei ſie eine Elle im Durchmeſſer und 2 Hand tief. Der Meiſter beſitzt ein beiderſeits gekrümmtes Schabeiſen, 2 Hand lang und ebenſo viele Finger breit, mit dem er den überſtehenden Rand der Grube abſchneidet. Die aus der Wand 3 Hand weit ſchräg herausragende Kupferdüſe überzieht er oben und an den Seiten dick mit Lehm, damit ſie nicht verbrennt, unten aber nur dünn, da der Rand der Grube bis faſt an ſie heranreicht und das flüſſige Kupfer, wenn die Grube damit gefüllt iſt, ſie berührt. Auch die Wand über der Düſe wird, damit ſie keinen Schaden erleidet, mit Lehm über-

[49] Wie ſie nämlich für die Schachtöfen im 9. Buch, S. 311 ff., beſchrieben ſind.

zogen. Desgleichen auf einer Seite die Eiſenplatte von $1^3/_4$ Fuß Länge und 1 Fuß Breite, die man neben den Herd zur Seite der Grube ſchräg auf Steine ſtellt, ſo daß die Schlacken darunter abfließen können. Andere legen den Blechplatten keine Steine unter, ſondern ſchneiden unten ein 3 Finger langes und ebenſo breites Stück heraus; die Platte wird, damit ſie nicht umfällt, durch einen etwa $2^1/_2$ Hand darüber in die Wand eingelaſſenen und 3 Hand daraus hervorſtehenden Eiſenſtab feſtgehalten.

Der Herd des Ofens A. Die Abzugshaube B. Die gemeinſame Säule C. Die andere Säule D. Die Zwiſchenwand hinter der gemeinſamen Säule iſt nicht ſichtbar. Die Gewölbebogen E. Die Schutzwand, welche die gemeinſame Zwiſchenwand vor dem Angriff des Feuers bewahrt F. Die Schmelzgrube G. Die zweite Längswand H. Die Tür I. Das Brecheiſen K. Das andere Brecheiſen L. Der Beſen mit daran befeſtigtem Stiel M. Die Stampfer N. Der Holzſchlegel O. Die Blechplatte P. Unterlegſteine Q. Eiſenſtange R.

Nun wirft man mit einer eiſernen Schaufel, die einen mehr als 6 Fuß langen Holzſtiel beſitzt, Glut auf den Herd oder Kohlen, die durch ein wenig zugeſetzte Glut zur Entzündung gebracht werden, und legt die Darrlinge darauf; ſtammen ſie von Kupfer erſter Sorte, ſo ſollen es 3 oder $3^1/_2$ Zentner ſein, wenn aus Kupfer zweiter Sorte, $2^1/_2$ und wenn aus ſolchem dritter nur 2 Zentner. Will man aber von dem Kupfer beſter Sorte 6 Zentner einſetzen, ſo muß man den Herd breiter und tiefer machen. Der unterſte Darrling ſoll von der Düſe 2 Hand, die übrigen müſſen noch weiter entfernt liegen; denn wenn die unteren ſchmelzen, fallen die oberen herab und gelangen zu nahe an die Düſe. Gleiten ſie nicht herab, ſo müſſen ſie mit der Schaufel oder dem Stoßeiſen der zweiten Art bewegt werden. Die verwendete Schaufel iſt 1 Fuß lang und 3¹/₂ Hand breit, ihr eiſerner Stiel 2 Hand, ihr Holzgriff 9 Fuß lang. Rings um die Darrlinge ſind lange und große Kohlenſtücke, an die Düſe ſolche von mittlerer Größe zu legen.

Sind dieſe Vorkehrungen alle der Reihe nach getroffen, ſo wird das Feuer mittels des Gebläſes ſchärfer angefacht. Iſt das Kupfer bereits am Schmelzen und ſind die Kohlen am Brennen, ſo ſtocht der Meiſter mit einer Eiſenſtange mitten hinein, damit ſie genügend Wind empfangen und die Flamme ſich entfalten kann. Dieſe Eiſenſtange iſt zugeſpitzt und 2¹/₂, ihr Holzgriff 4 Fuß lang. Sind die Darrlinge zum Teil geſchmolzen, ſo geht der Meiſter durch die Tür hinaus und beobachtet durch die Kupferdüſe den Herd. Bemerkt er, daß die Schlacken zu ſtark an der Düſenöffnung haften und dadurch die Windzufuhr ſtören, ſo ſtößt er einen Eiſenhaken zwiſchen den Naſen der Bälge durch die Düſe und entfernt die Schlacken, indem er ihn um die Düſenöffnung herumdreht; der Haken ſei 2 Finger lang, das Eiſen 3 Fuß und der Holzſtiel ebenſoviel Hand lang. Nun iſt es an der Zeit, mit einem Eiſen unter die Blechplatte zu fahren, damit die Schlakken abfließen können. Sobald alle Stücke geſchmolzen und in den Tiegel gefloſſen ſind, nimmt er von dem Kupfer eine Probe mittels eines dritten, ganz aus Eiſen beſtehenden Rundſtabes, der 3 Fuß lang und 1 Finger dick und mit einer Stahlſpitze verſehen iſt, damit er nicht Riſſe bekommt, die Kupfer aufnehmen. Dieſes Probeeiſen führt er, während der eine Blaſebalg ſich in zuſammengedrückter Stellung befindet, durch die Düſe zwiſchen den Naſen ſo raſch wie möglich in den Tiegel ein. Eine Probe[50] wird zwei-, drei- oder viermal von unten her genommen, bis er merkt, daß das Kupfer vollkommen gar iſt. War es von guter Beſchaffenheit, ſo haftet es leicht am Eiſen, und es bedarf nur zweier Proben; war es nicht gut, mehrerer. Denn es muß ſo lange im Tiegel kochen[51], bis das am Probeeiſen Haftende Meſſingfarbe zeigt[52]. Wenn ein ſolcher dünner Überzug ſowohl oben als auch unten leicht bricht, ſo iſt dies ein Zeichen dafür, daß das Kupfer gar iſt. Die Spitze des Eiſens wird dabei auf einen kleinen Amboß gelegt und die dünne Haut mit dem Hammer abgeſchlagen.

War das Kupfer ſchlecht, ſo zieht der Meiſter die Schlacken zwei- oder dreimal, je nach Bedarf, ab; zum erſtenmal, wenn einige der Stücke geſchmolzen ſind, zum zweiten, wenn alle, zum drittenmal, wenn das Kupfer eine Zeitlang gebraten hat. War das Kupfer aber gut, ſo iſt es nicht notwendig, vor Beendigung der Arbeit Schlacke zu ziehen. Wenn er die Schlacken abziehen will, ſo drückt er beide Balghebel herab und ſtellt auf jeden von beiden ein Stück Holz, 1 Elle lang, 1 Hand breit, oben in der Mitte ausgeſchnitten, um es unter einen eiſernen Nagel, der in ein dahinter befindliches Brett eingeſchlagen iſt, klemmen zu können. Dasſelbe tut er, wenn das Kupfer gar iſt. Der Gehilfe entfernt nun das Blech mit einer Zange, die 4³/₄ Fuß lang iſt und etwa 1 Fuß lange Arme beſitzt, und zwar iſt deren gerader Teil 2³/₄ Hand, der gebogene 1¹/₄ Hand lang. Dann wirft derſelbe Gehilfe

50) Eine ſolche Probe nennt man Spanprobe.

51) Man nennt dies „braten“.

52) Das erzeugte Garkupfer befindet ſich alſo im Zuſtande des Blaſenkupfers.

Das zugeſpitzte Probeeiſen A. Die dünne Kupferhaut B. Der Ambos C. Der Hammer D.

mit einer eiſernen Schaufel größere Kohlenſtücke auf den Teil des Herdes, der an die Mauer ſtößt, welche die eine Wand vor dem Angriff des Feuers ſchützt, häuft ſie auf und löſcht ſie zum Teil mit Waſſer. Nun führt der Meiſter einen Haſelſtecken in den Tiegel ein, rührt damit das Kupfer zweimal um und zieht dann die Schlacken mit einem Streichholz ab, das aus einem flachen, vorn umgebogenen und zugeſpitzten Eiſenſtab von $1^{1}/_{2}$ Finger Breite und 3 Fuß Länge mit einem Stück Erlenholz und einem hölzernen Stiel von gleicher Länge beſteht, der in einer Tülle der Stange ſteckt. Das Erlenholzſtück, in welches der zugeſpitzte Eiſenſtab eingeſchlagen wird, beſitzt rautenförmige Geſtalt, es iſt $3^{1}/_{4}$ Hand lang, $1^{1}/_{2}$ Hand breit und 1 Hand dick. Nun nimmt er den Beſen und kehrt Kohlepulver und kleinſtückige Kohlen über den ganzen Tiegel, damit das Kupfer nicht vorzeitig darin einfriert. Darauf ſtößt er mit einem Stoßeiſen dritter Art die Schlacken, die ſich am Rande angeſetzt haben, ab; dieſes ſei 2 Hand lang, $1^{1}/_{4}$ Hand breit, ſein Eiſenſtiel $1^{3}/_{4}$ Hand, ſein Holzſtiel 6 Fuß lang. Hierauf zieht er wiederum Schlacken vom Tiegel ab; dieſe darf der Gehilfe niemals in Waſſer löſchen wie andere Schlacken, ſondern er ſoll nur wenig Waſſer darüber ſpritzen und ſie dann abkühlen laſſen. Bildet das Kupfer Blaſen, ſo drücke er dieſe mit dem Stoßeiſen zuſammen. Nun ſpritzt er gegen die Wand und die Düſe Waſſer, ſo daß es erhitzt in den Tiegel herabläuft. Wenn nämlich kaltes Waſſer ſofort auf das noch heiße Kupfer gegoſſen wird, ſo zerſpritzt dieſes; auch wenn in dieſem Zuſtande ein Stein oder Lehm, ein Stück Holz oder feuchte Kohle hineinfällt, ſo ſpeit der Tiegel das geſamte Kupfer mit ſtarkem, donnerartigem Getöſe aus, wobei es alles, was es berührt, verletzt, zerſtört und in Brand ſetzt. Darauf legt er ein Stück Holz[53] mit einem runden Ausſchnitt vor den Tiegel, es ſei 2 Fuß lang, 1¹/₂ Hand breit, 1 Finger dick, und muß nun das Kupfer im Tiegel mit einem eiſernen Meißel in Garſtücke zerteilen. Dieſer ſei 3 Fuß lang, 2 Finger breit und vorne 2 Finger lang gehärtet; ſein Holzſtiel ſei ebenfalls 3 Fuß lang. Dieſen Meißel legt er auf das ausgeſchnittene Holzſtück auf, ſticht ihn in das Kupfer ein und drückt ihn unter gleichzeitigem Hin- und Herbewegen herab. Die Vertiefung füllt ſich dabei mit Waſſer, und dieſes trennt das Garſtück von der übrigen Maſſe. Iſt das Kupfer noch nicht gar genug, ſo werden die Garſtücke zu dick und können nur ſchwer aus dem Tiegel herausgenommen werden. Die einzelnen Garſtücke ergreift nun der Helfer mit der Zange und taucht ſie in ein Becken voll Waſſer; das erſte legt er geſondert, damit es der Meiſter gleich wieder verſchmelze. Denn weil noch etwas Schlacke daran haftet, ſo iſt es noch nicht ſo vollkommen wie die folgenden. War das Kupfer minderwertig, ſo legt er die zwei erſten Garſtücke beiſeite. Hierauf gießt er wieder Waſſer gegen die Mauer und die Düſe und hebt das zweite Garſtück heraus, das der Helfer wieder in Waſſer taucht und dann auf die Hüttenſohle legt; darauf kommen alle übrigen Garſtücke, die auf die gleiche Weiſe herausgeriſſen werden. War das Kupfer gut, ſo werden es 13 oder mehr, wenn nicht, dann weniger[54]. War das Kupfer gut, ſo bewältigt der Meiſter einen Teil dieſer Arbeit - ſie beſteht aus vier Abſchnitten - in 2, war es von mittlerer Güte, in 2¹/₂, wenn ſchlecht, in 3 Stunden. Das Garmachen der Darrlinge findet abwechſelnd im einen und anderen Tiegel ſtatt.

Nachdem der Gehilfe alle Garſtücke aus dem einen Tiegel herausgeholt und in Waſſer abgelöſcht hat, bringt er die Eiſenplatte des anderen Ofens mit der Zange wieder an ihren Platz und wirft mit der Schaufel Holzkohlen in den Tiegel. Während er dieſe ſeine Arbeit ausführt, entfernt er dazwiſchen die Sperrhölzer von den Balghebeln, um den dritten Teil der Arbeit, das Fertigmachen anderer Garſtücke, aufzunehmen. Dabei darf man folgendes nicht vernachläſſigen: Wenn auch nur ein kleines Stück eines eiſernen Gezähes, ſei es durch Zufall oder von einem übelwollenden Menſchen hineingeworfen, in den Tiegel gelangt, ſo kann das Kupfer nicht fertiggemacht werden, ſolange nicht das Eiſen verzehrt iſt, was doppelte Arbeit verurſacht. Schließlich löſcht der Gehilfe alle glühenden Kohlen aus und ſchlägt mit einem Hammer den trockengewordenen Lehm von dem Mundſtück der kupfernen Düſe ab. Dieſer iſt am einen Ende ſpitz, am anderen abgerundet und beſitzt einen 5 Fuß langen Holzgriff. Da Gefahr beſteht, daß das Kupfer zerſpritzt, wenn Hüttenrauch und Anſätze von der Mauer und der darauf ſtehenden Haubenwand in den Tiegel fallen, ſo fegt er ſie inzwiſchen ab. Den Kupferhammerſchlag nimmt er jede Woche aus dem Waſſerbehälter heraus, in den er beim Ablöſchen der Garſtücke fällt.

53) Zur Auflage für den Meißel.

54) Man nennt dieſe Art der Entleerung des Tiegels „das Scheibenreißen".

Der Tiegel A. Das Holzstück B. Der Meißel C. Garstücke, die mit dem Meißel aus dem Kupfer herausgerissen werden D. Die Zange E. Der Wasserbehälter F.

Die von dem Meiſter verwendeten Gebläſe unterſcheiden ſich von anderen durch ihre Größe; denn ihre Balgbretter ſind 7½ Fuß lang, an der Rückſeite 3, an der Vorderſeite, wo ſie an das Balghaupt ſtoßen, 1 Fuß und 2½ Hand breit. Das Balghaupt iſt 1 Elle und 1 Finger lang, an der Rückſeite 1 Elle und 1 Hand breit und wird allmählich ſchmäler. Die Naſen ſind durch eine Eiſenkette verbunden; dieſe hält eine ſtarke Platte feſt, deren eines Ende an der Rückſeite der zweiten Längswand bis zur Erde reicht, während das andere unter einem Balken liegt, der auf den vorderen, mit Durchbohrung verſehenen, aufgelagert iſt. Dieſe Naſen ſind ſo in der kupfernen Düſe befeſtigt, daß ſie ungefähr 1 Hand weit von ihrem Ende entfernt liegen; dieſes ſoll einen Durchmeſſer von 3 Finger beſitzen, damit der Wind um ſo heftiger durch die enge Öffnung herausſtrömt.

Es iſt nun noch über die Dörner, den Pickſchiefer, die Schlacken und die Ofenbrüche zu ſprechen. Aus den Dörnern werden Garſtücke auf folgende Weiſe gewonnen: Zu ¾ Zentner ſolcher Dörner, wie ſie aus den Kupfer-Blei-Friſchſtücken durch Abſcheiden der Saigerwerke gewonnen werden, und zu der gleichen Menge ſolcher Dörner, die auf dieſelbe Weiſe aus Stücken entſtehen, welche beim erſtmaligen Friſchen der Dörner fallen, ſchlägt man 1 Zentner Armblei und ½ Zentner Herdblei zu; hat die Hütte Überfluß an Glätte, ſo kann ſolche an Stelle des Armbleies treten. Zu dieſer Menge Dörner erſten Anfalls und zu ½ Zentner ſolcher Dörner, wie ſie auf dieſelbe Weiſe aus Stücken fallen, welche beim zweiten Durchſtechen der Dörner erſchmolzen worden ſind, und zu ¼ Zentner ſolcher Dörner, die beim Darren der Kienſtöcke fallen, ſchlägt man 1½ Zentner Glätte und Herdblei zu; auf jede Art erhält man aus je 3 Zentnern ein Stück. Solcher Stücke ſtellt der Schmelzer an jedem Tag ungefähr fünfzehn her, bald mehr, bald weniger. Er muß fleißig darauf achten, daß die metalliſchen Beſtandteile, aus denen ein vorhergehendes Stück erſchmolzen wird, in der richtigen Weiſe und Reihenfolge und vor den anderen, aus welchen das folgende hergeſtellt wird, in den Tiegel laufen.

Von ſolchen Stücken werden gleichzeitig fünf in den Saigerofen eingeſetzt, die beinahe 14 Zentner wiegen; die hierbei fallenden Schlacken wiegen ziemlich 1 Zentner. In dieſen Friſchſtücken iſt insgeſamt faſt 1 Pfund und 2 Unzen Silber enthalten. Das daraus ausgeſaigerte Blei wiegt 7½ Zentner mit einem Silbergehalt von je 1½ Unzen, die Dörner 3 Zentner mit je faſt 1 Unze Silber, die Kienſtöcke 2¼ Zentner mit einem ungefähren Silberinhalt von insgeſamt 1½ Unzen [55]; doch beſtehen je nach der Art der Dörner ſtarke Unterſchiede. Denn die Dörner vom Saigern der Kupfer-Blei-Friſchſtücke und die vom Darren der Kienſtöcke enthalten beinahe 2 Unzen [56], die übrigen nicht einmal eine ganze Unze. Es gibt außerdem noch andere Dörner, über die ich weiter unten reden werde.

Die Leute, welche aus den Kupferrückſtänden vom Trennen des Bodenkupfers von den Köpfen in den Karpathen in einer Art Backofen Friſchſtücke herſtellen, verarbeiten die beim Ausſaigern armer bzw. mittelreicher Saigerwerke fallenden Dörner, ferner die aus Stücken vom Friſchen von Dörnern [57] und Glätte, die zuſammen gelagert werden, fallenden Dörner, endlich ſolche, die aus Stücken vom Verſchmelzen des Herdbleies ſtammen, die wie die vom Darren der Kienſtöcke

55) d. i. 0,09425 ‰, 0,0625 ‰ und 0,0417 ‰ Ag.

56) d. i. 0,125 ‰ Ag.

57) Sog. Krätzfriſchſtücke.

von den vorigen getrennt gelagert werden, in folgender Weiſe auf Friſchſtücke: Vom erſten Haufen nehmen ſie 1/4 Zentner, vom zweiten dieſelbe Menge, vom dritten 1 Zentner; dazu ſchlagen ſie 1 1/2 Zentner Glätte und 1/2 Zentner Herdblei und erſchmelzen daraus im Spurofen ein Stück. Solcher Friſchſtücke ſtellt jeder Schmelzer im Tag zwanzig her. Nun komme ich wieder auf unſere Arbeit zurück.

Der Pickſchiefer, welcher, wie erwähnt, von den Darrlingen abgeklopft wird, wurde bis vor einigen Jahren auf die Dörner verteilt, welche von den aus Kupfer und Blei erſchmolzenen Friſchſtücken ſtammen, weil darin die gleiche Silbermenge, nämlich 2 Unzen, enthalten iſt. Heute verteilt man ihn auf die Krätzen vom Ofenbruch und anderen Waſchprodukten. Die Karpathenbewohner dagegen verſchmelzen derartiges kupferhaltiges Gut in den Öfen, in denen die Schlacken gefriſcht werden, die beim Garmachen des Kupfers fallen. Da es aber leicht ſchmilzt und aus den Öfen herausläuft, braucht man zum Friſchen desſelben zwei Schmelzer, von denen der eine ſchmilzt, der andere das dicke Stück ſofort aus dem Vorherd herausnimmt. Dieſe Stücke werden dann nur gedarrt, und aus den Darrlingen wird Garkupfer erzeugt. Die Schlacken werden entweder ſogleich mit dem Schlackenhaken von der Legierung abgezogen oder, wenn ſie in dem aus Aſche hergeſtellten Vorherd fingerſtarke Anſätze bilden und ihn ſo verengern, mit Spateln herausgebrochen und in Tag und Nacht ohne Unterbrechung durchgehender Arbeit gefriſcht. Dabei fallen zwei oder drei Stücke, je nachdem, ob wenig oder viel Schlacken vom Saigern der Blei-Kupfer-Friſchſtücke verſchmolzen werden. Ein ſolches Stück pflegt gegen 3 Zentner zu wiegen und beſitzt einen Silbergehalt von je 1/2 Unze[58)]. Fünf ſolcher Stücke werden gleichzeitig in den Saigerofen eingeſetzt; es fällt ein Blei mit einem Silbergehalt von 1/2 Unze im Zentner; die Kienſtöcke legt man zu den übrigen geringeren Kienſtöcken; aus beiden Sorten wird ein gelbes Kupfer gewonnen. Die dabei fallenden geringhaltigen Dörner[59)] werden mit wenig minderwertigen Schlacken gefriſcht, denen man Krätzen von Ofenbruch und anderen Materialien beimiſcht. Es fallen ſo ſechs bis ſieben Stücke, deren jedes 2 Zentner wiegt. Fünf davon werden gleichzeitig in den Saigerofen eingeſetzt. Es ſaigert ein Blei aus von 3 Zentner Gewicht mit einem Silbergehalt von je 1/2 Unze. Die hierbei fallenden Dörner geringſter Güte müſſen mit einer kleinen Menge Schlacke zuſammen gefriſcht werden. Die dabei in den Aſchenherd ausfließende Kupfer-Blei-Legierung wird mit dem Löffel in längliche Kupferformen gegoſſen, die ſo gewonnenen Blöcke zuſammen mit geringhaltigen Kienſtöcken gedarrt. Die dabei fallenden Dörner gibt man zu den geringhaltigen Dörnern und gewinnt daraus auf die bereits beſchriebene Weiſe Stücke und hieraus nach dem Darren Garkupfer. Einen kleinen Teil davon fügt man den Darrlingen erſter Güte zu, wenn ſie auf Garkupfer verarbeitet werden, um die Möglichkeit zu haben, das geringe Kupfer ohne Schaden zuſammen mit dem guten zu verkaufen. Die Schlacken davon werden je nach Bedarf zum zweiten- und drittenmal gefriſcht, die hierbei fallenden Stücke gedarrt, aus den Darrlingen Garkupfer hergeſtellt und dieſes wieder der guten Kupferſorte zulegiert. Die beim Verſchmelzen der Darrlinge auf Garkupfer abgezogenen Schlacken[60)] werden

58) d. i. 0,03125 % Ag.

59) Die ſog. Eiſendörner.

60) „Garſchlacken."

abgeſiebt, der durch das Sieb hindurchgehende und in das untergeſtellte Gefäß fallende Anteil wird verwaſchen. Das Überkorn wird in einen Karren entleert, der es an den Spurofen zum Verſchmelzen mit anderen Schlacken bringt. Dazu kommen noch Krätzen vom Verwaſchen der Schlacken oder der dabei entſtehenden zinkiſchen Anſätze. Auch das hierbei in den Aſchenherd ausfließende Kupfer

Der Ofen A. Der Vorherd B. Längliche Formen C.

wird in längliche Kupferformen ausgeſchöpft. Die ſo gewonnenen neun oder zehn Barren werden zuſammen mit geringhaltigen Kienſtöcken gedarrt. Aus den Darrlingen gewinnt man ein gelbes Kupfer.

Das bei uns Ofenbruch genannte Produkt[61]) entſteht, wenn man Garſchlacken zuſammen mit anderen geringhaltigen Schlacken friſcht. Denn wenn die aus ſolchen Schlacken erſchmolzenen Stücke gebrochen werden, ſo nennt man die Bruchſtücke Ofenbruch. Hieraus und aus Gelbkupfer macht man auf zweierlei

[61]) Lat. cadmia, was an dieſer Stelle und auf der folgenden Seite mit „Ofenbruch“ überſetzt werden mußte, da Agricola hier eine allerdings dem Sinne nach von der heute üblichen abweichende Ableitung für dieſe Bezeichnung gibt. Offenbar meint er aber, wie aus dem Zuſammenhang hervorgeht, hier nicht die anderwärts oft genannten und heute noch ſo bezeichneten, in den oberen Teilen der Öfen ſich bildenden Anſätze, ſondern die z. B. im 9. Buche mit diphryges bezeichneten „unteren Ofenbrüche“, d. h. die im Tiegel des Ofens ſich abſcheidenden ſehr unreinen Schwarzkupfer, die man eher als „Ofenſauen“ bezeichnen kann. Vgl. hierzu 9. Buch Anm. 35, S. 353.

Art Keſſelkupfer[62]: Entweder man ſchmilzt 2 Teile dieſes Ofenbruches mit 1 Teil Gelbkupfer im Spurofen zuſammen oder umgekehrt 2 Teile Gelbkupfer mit 1 Teil Ofenbruch. Das dabei in den Aſchenherd fließende Kupfer wird mit dem Löffel in längliche Mulden geſchöpft, die vorher angewärmt wurden, um eine gute Miſchung von Ofenbruch und Gelbkupfer zu erzielen. Die Formen werden vor dem Eingießen des Keſſelkupfers mit Holzkohlenpulver beſtreut und von demſelben Pulver etwas auf das vergoſſene Metall geſtreut, damit nicht Ofenbruch und Gelbkupfer, bevor vollſtändige Miſchung eintritt, einfrieren. Darauf reinigt der Meiſter den Block mittels eines Holzes vom Kohlenpulver und wirft ihn in einen Behälter mit warmem Waſſer; denn das Keſſelkupfer erhält ein ſchöneres Ausſehen, wenn es in warmem Waſſer abgelöſcht wird.

Nun möchte ich aber noch einiges über die mehrfach erwähnten länglichen kupfernen Formen ſagen. Ihre Länge betrage 1 Fuß und 1 Hand, ihre unten abgerundete Vertiefung ſei oben 3 Hand und 1 Finger breit.

Der Krätzen ſind zweierlei: gute und geringwertige. Jene erhält man entweder aus Ofenbrüchen der Spuröfen, die beim Erſchmelzen von Friſchſtücken aus Kupfer und Blei, aus reichen Dörnern, aus reinen Schlacken oder aus Krätzen guter Beſchaffenheit entſtehen oder aus Fegſel und Ziegelbrocken der Darröfen. Alle dieſe Erzeugniſſe müſſen zerſtoßen und verwaſchen werden, wie ich im achten Buche auseinandergeſetzt habe. Die geringwertigen dagegen entſtehen aus Ofenbrüchen vom Verſchmelzen minderwertiger Dörner oder unreiner Schlacken. Der Schmelzer, welcher gute Krätze friſcht, gattiert drei Wagen davon mit vier Wagen Glätte und Herdblei und einem Wagen Pickſchiefer. Es fallen dann neun bis zehn Stücke, von denen jedesmal fünf im Saigerofen eingeſetzt werden. Man gewinnt daraus ein Saigerblei, welches im Zentner 1 Unze Silber[63] enthält. Die Dörner davon werden getrennt gelagert, eine Mulde davon wird mit reichen Dörnern vermiſcht. Das Darren der Kienſtöcke erfolgt zuſammen mit anderen guten Kienſtöcken. Die Dörner aber, welche von Blei abgezogen werden, das in Treiböfen vom Silber getrennt wird[64], ſowie Herdblei, welches in der Herdmitte derſelben Öfen zurückbleibt, ſowie mit Reichblei getränkte Herdmaſſe von durchgegangenen Treibherden, wird zuſammen mit wenig Schlacken in Spuröfen gefriſcht. Das dabei in den Vorherd fließende Blei oder vielmehr Reichblei wird in runde kupferne Formen, wie ſie der Saigerarbeiter benutzt, gegoſſen. 1 Zentner ſolchen Bleies enthält 4 Unzen Silber[65] oder, wenn reiches Herdmaterial verſchmolzen wurde, noch mehr. Eine ganz geringe Menge davon wird dem Kupfer und Blei bei der Herſtellung von Friſchſtücken zugeſetzt. Bei großem Zuſatz würde eine übermäßig reiche Legierung entſtehen. Daher miſchen kluge Hüttenleute die Dörner mit anderen reichen Dörnern, das Herdblei aber, welches in der Mitte des Herdes zurückbleibt, und das mit Reichblei vollgeſogene Herdmaterial mit anderem Herdblei. Doch kann man einige ſolcher reichen Stücke zuſammen mit dem übrigen Reichblei vom Saigern in die Treiböfen eintragen.

Wenn die Einwohner der Karpathen Überfluß an Kupferabfällen oder an Schlackenblei haben, ſo ſetzen ſie dieſe entweder in den Darrofen ein, oder ſie

62) Lat. aes caldarium; ſ. in dieſem Buche Anm. 35, S. 437.

63) d. i. 0,0625 % Ag.

64) Das ſind die erſten Abzüge oder Abſtriche.

65) d. i. 0,25 % Ag.

verſchmelzen es mit einem Zuſchlag von Glätte, und zwar auf verſchiedene Weiſe. Die erſte Miſchung beſteht aus 2 Zentner Dörnerblei und je $^{1}/_{2}$ Zentner Glätte, Abzügen von Herdblei, Blei aus dem Darrofen und zerkleinertem Kupfer. Von den daraus erzeugten Friſchſtücken machen die Schmelzer vorſchriftsmäßig 40 Stück. Eine zweite Miſchung beſteht aus 2 Zentner Glätte, $1^{1}/_{4}$ Zentner Armblei oder Schlackenblei und je $^{1}/_{2}$ Zentner Dörnerblei und zerkleinertem Kupfer. Eine dritte aus 3 Zentner Glätte und je $^{1}/_{2}$ Zentner Armblei, Dörnerblei und fein zerkleinertem Kupfer. Von den nach jedem dieſer Verfahren erzeugten Stücken gewinnen die Schmelzer insgeſamt 30.

Das Verfahren, nach welchem in Rhätien Friſchſtücke erſchmolzen werden, aus denen man dann ebenfalls Saigerwerke gewinnt, habe ich im neunten Buch auseinandergeſetzt[66].

Die Trennung des Silbers vom Eiſen endlich erfolgt auf folgende Weiſe: Gleiche Teile Eiſenfeilſpäne und Spießglas werden in einen Tontiegel eingetragen, dieſer zugedeckt, verſchmiert und in einen Windofen geſetzt. Nach dem Schmelzen und Wiedererſtarren wird der Tiegel zerbrochen, der am Grunde ausgeſchiedene König herausgenommen, fein zerkleinert und mit dem gleichen Gewicht Blei in einem zweiten Tontiegel zuſammengeſchmolzen, der König ſchließlich in einer Kapelle abgetrieben.

Man ſieht, daß es viele und verſchiedenartige Verfahren der Trennung der Metalle voneinander gibt. Die Verfahren, ſie miteinander zu legieren, habe ich teils im achten Buch meines Werkes, das von der Natur der Mineralien[67] handelt, beſchrieben, teils werde ich dies anderswo tun. Nun aber will ich noch zu einigen anderen Dingen übergehen.

66 Siehe S. 353 ff.

67) De natura fossilium libri X, Froben, Basiliae MDXLVI.

ENDE DES ELFTEN BUCHES

ZWÖLFTES BUCH

IM vorhergehenden Buche habe ich die Vorſchriften behandelt, wie man Silber vom Kupfer ſcheidet, und es bleibt nun noch der Teil übrig, der ſich mit den Verdichtungsprodukten aus Löſungen beſchäftigt [1]. Man kann nun zwar der Anſicht ſein, daß dieſer Teil mit dem eigentlichen Berg- und Hüttenweſen nichts zu tun hat; ich habe aber ſchon im zweiten Buche auseinandergeſetzt, warum er von dieſen Gebieten nicht getrennt werden darf. Dieſe Verdichtungsprodukte entſtehen aus Waſſer, das durch Vorgänge in der Natur oder durch künſtliche Maßnahmen mit den entſprechenden Stoffen geſättigt wurde, oder aus ſolchen verflüſſigten Stoffen ſelbſt oder aus gemiſchten Mineralien. Kluge Menſchen beobachteten einſt, daß die Gewäſſer mancher Seen von Natur aus verſchiedene Stoffe gelöſt enthielten und ſie unter der eintrocknenden Wirkung der Sonnenwärme in verdichtetem Zuſtande ausſchieden, und daß auf dieſe Weiſe feſte Körper entſtanden. Es iſt nun wahrſcheinlich, daß man ſolche Gewäſſer an andere Stellen fließen ließ und ſie an tiefliegende Stellen leitete, wo ſie durch die Sonnenhitze eintrocknen konnten. Man ſah aber, daß man auf dieſe Weiſe ſolche Verdichtungsprodukte nur im Sommer gewinnen konnte und auch nicht in allen Gegenden, ſondern nur in warmen und gemäßigten, wo es im Sommer wenig regnet; und man fing deshalb an, ſolche Gewäſſer in Gefäßen durch daruntergebrachtes Feuer einzukochen. Auf dieſe Weiſe konnte man zu allen Jahreszeiten, in allen Gegenden, auch in recht kalten, aus ſalzhaltigen Waſſern, die von Natur aus oder durch künſtliche Maßnahmen mit dieſen Salzen geſättigt waren, ſolche Verdichtungsprodukte gewinnen. Später ſah man, daß von manchen gebrannten Steinen Flüſſigkeiten tropften; man kochte ſolche Flüſſigkeiten in Töpfen ein und gewann auf dieſe Weiſe feſte Körper. In welchen Mengen und nach welchen Verfahren man dieſe feſten Körper gewinnen kann, das kennenzulernen iſt der Mühe wert.

Ich beginne mit dem Kochſalz. Es wird aus Waſſer gewonnen, das von Natur aus oder durch menſchliche Maßnahmen ſalzhaltig iſt, aus Salzlöſung oder Salzlauge. Aus natürlichem Salzwaſſer wird entweder in Salzgärten durch die Sonnenwärme oder in Pfannen und Rinnen mittels Eindampfen durch Feuer Salz gewonnen. Ebenſo erhält man das Salz aus künſtlich hergeſtelltem Salzwaſſer durch Eindampfen in der Hitze.

Salzgärten legt man in größerer Zahl an, ſofern es die Art und Beſchaffenheit der Gegend erlaubt und die Verhältniſſe es nötig machen, aber nie mehr als nötig.

[1] Lat. succi concreti. Erſtarrte Löſungen, Verdichtungsprodukte. Agricola erläutert den Begriff „succus concretus" hier recht genau: Stoffe, die ſich aus natürlichen oder künſtlich hergeſtellten Löſungen abſcheiden. In ſeinen anderen Schriften beſpricht er dieſe „succi concreti" ziemlich oft und ausführlich. Z. B. De Natura Foſſilium, Lib. I. Baſel 1546. S. 185: „Eine erſtarrte Löſung (succus concretus) iſt eine trockene und ziemlich harte Mineralſubſtanz, die, mit Waſſer befeuchtet, nicht erweicht, ſondern gelöſt wird." – Oder z. B. De Ortu et Cauſis Subterraneorum, Lib. 3 in der gleichen Ausgabe S. 46. „So pflege ich diejenigen Mineralien zu nennen, die ſich nicht ſchwer in Waſſer löſen. Allerdings beſtehen auch manche Steine und ſogar Metalle aus erſtarrten Löſungen. Sie ſind aber durch die Kälte ſo ſtark verdichtet, daß ſie ſich ſchwer oder gar nicht löſen. "Vor allem gehören ſolche Stoffe zu den „succi concreti", die ſpäter häufig als „Salze" bezeichnet wurden. S. 7. Buch Anm. 24, S. 201.

Man ſoll nämlich nur ſo viel Salz herſtellen, als man verkaufen kann. Die Tiefe der Gruben ſoll mäßig und ihr Boden ſoll eben ſein, damit alles Salzwaſſer durch die Sonnenwärme eingedampft wird. Das Einſickern des Waſſers wird dabei durch die Salzſchicht verhindert, die ſich zunächſt anſetzt. Das Eingießen oder Einleiten von Seewaſſer in Salzgärten wird von alters her und an vielen Orten ausgeführt. Nicht weniger alt, aber weniger gebräuchlich iſt das Einfüllen von Salzſole in Salzgärten nach der Angabe von Plinius[2] in Babylonien und auch in Cappadocien, wo man nicht nur künſtlich hergeſtelltes Salzwaſſer, ſondern auch natürliche Salzquellen verwendet habe. In warmen Gegenden kann jede Art von Salzwaſſer, auch aus Seen, in ſolche Salzgruben gebracht, d. h. eingegoſſen oder eingeleitet werden, in denen es durch die Sonnenwärme eingetrocknet wird, wobei das Salz zurückbleibt. Wenn aber ſtarke und häufige Regenfälle eintreten, ſo wird das Eintrocknen des Salzwaſſers, das in den Gruben durch die Sonnenwärme geſchehen ſoll, ſehr behindert. Regnet es ſeltener, ſo bekommt das Salz einen etwas ſtrengen, unangenehmen Geſchmack, wie auch dann, wenn man anderes ſüßes Waſſer in die Salzgruben bringt.

Aus dem Seewaſſer wird nun das Kochſalz auf folgende Weiſe gewonnen[3]: An ſolchen Stellen der Küſte, wo das Meer Lagunen bildet und wo weite, ebene Flächen ſind, die von der Flut nicht überſchwemmt werden, zieht man drei, vier, fünf oder ſechs Gräben, die 6 Fuß breit, 12 Fuß tief und 600 Fuß lang ſind oder auch länger, ſofern jene Ebene ſich weiter ausdehnt. Dieſe Gräben ſind 200 Fuß voneinander entfernt, und zwiſchen ihnen zieht man drei Quergräben. Ein Hauptgraben wird ſo angelegt, daß er das Waſſer aus der Lagune in die Gräben leitet und weiter in die Salzgruben, die in der Ebene zwiſchen den Gräben liegen. Die Salzgruben ſind mäßig tief ausgehobene Flächen, und die Erdmaſſen, die man beim Ausheben und Herrichten der Gruben gewann, werden um ſie herum aufgeſchüttet, ſo daß zwiſchen den Gruben Dämme entſtehen, die 1 Fuß hoch ſind und das Waſſer in ihnen zurückhalten. Die Gräben haben Durchläſſe, durch welche die erſten Gruben das Waſſer empfangen, und auch die Gruben haben Durchläſſe, durch die das Waſſer von einer Grube in die andere fließen kann. Das Gefälle läßt dann das Waſſer von einer Grube in die andere fließen und ſie füllen. Wenn dies alles richtig und ordentlich ausgeführt iſt, zieht man das Wehr und öffnet ſo die Schleuſe zur Lagune, die Seewaſſer mit Regenwaſſer oder Süßwaſſer gemiſcht enthält. So werden alle Gräben gefüllt. Dann werden die Zuflüſſe der erſten Gruben geöffnet, die dann mit ihrem Waſſer die übrigen Baſſins füllen. Das Salz, das beim Verdunſten dieſes Waſſers zurückbleibt, ſetzt ſich an allen Stellen der Gruben an und bildet ſo Kruſten, die frei von erdigen Verunreinigungen ſind. Dann füllt man wieder die erſten Baſſins mit Hilfe des nächſten Grabens mit ſolchem Waſſer und läßt es darin, bis es durch die Sonnenwärme zum Teil verdunſtet und der Rückſtand etwas eingedickt iſt. Man öffnet dann den Durchlaß und läßt

[2] Plinius XXXI, 39.

[3] Ähnliche Salzgärten, wie ſie hier von Agricola geſchildert werden, ſind auch heute noch an den Küſten des Atlantiſchen Ozeans und des Mittelländiſchen Meeres, in Frankreich, Spanien, Portugal, Italien in Gebrauch. In Frankreich werden ſie Marais Salant genannt. Eine gute Beſchreibung findet ſich bei Dumas, J., Handbuch der angewandten Chemie, a. d. Franz. überſ. v. Engelhart, Nürnberg 1832, Bd. 2, S. 479; hier auch ein Plan einer ſolchen Anlage, die der von Agricola beſchriebenen ähnlich iſt.

Über Salzgewinnung vgl. auch Ullmann, Encyklopädie der techniſchen Chemie, Bd. 8. Berlin und Wien 1920.

Das Meer A. Die Lagune B. Schleuse C. Gräben D. Salzkrusten E. Rechen F. Schaufel G.

dieses Wasser in die zweite Grube fließen, wo es einige Zeit bleibt. Durch eine Öffnung fließt es dann in eine dritte Grube, wo es ganz zu Salz erstarrt. Das Salz wird herausgenommen, und die Gruben werden immer wieder mit Seewasser gefüllt. Das Salz wird mit hölzernen Rechen zusammengescharrt und mit Schaufeln herausgeschafft.

Salzwasser wird ferner in Pfannen eingekocht, und zwar in Gebäuden in der Nähe der Brunnen, aus denen man es schöpft[4]. Diese Gebäude sind gewöhnlich nach einem Tier genannt oder nach einem Gegenstand, dessen Bild auf einer Tafel am Haus angebracht ist. Die Wände dieser Gebäude sind aus gebranntem Lehm oder aus mit fettem Lehm verstrichenem Fachwerk, manchmal auch aus Steinen oder Ziegeln erbaut. Die letzteren sind meist 16 Fuß hoch und, wenn das Dach 24 Fuß hoch aufsteigt, so soll die Vorder- und Rückwand 40 Fuß hoch sein und ebenso die innere Zwischenwand. Das Dach besteht aus Brettern, die 4 Fuß lang, 1 Fuß breit und 2 Finger dick sind. Sie sind auf langen schmalen Latten befestigt, die ihrerseits auf Balken liegen, die unten auseinandergehen und oben miteinander verbunden und befestigt sind. Auf die Unterseite des Bretterdaches wird eine fingerdicke Schicht aus Stroh mit Lehm gebracht, und die obere, äußere Seite des Daches wird mit einer $1^1/_2$ Fuß dicken Lage von Stroh mit Lehm bedeckt, damit die Gebäude feuersicher und vor Regen geschützt sind und die Wärme zusammenhalten können, die zum Trocknen der Salzmassen nötig ist. Jedes Gebäude ist in drei Abteilungen geteilt. In der ersten Abteilung wird Holz und Stroh aufbewahrt, in der zweiten, die von der ersten durch eine Zwischenwand getrennt ist, befindet sich der Herd, auf dem die Pfanne steht, und rechts davon eine Kufe, in die das von Trägern in das Gebäude gebrachte Salzwasser geschüttet wird. Links steht eine Bank, auf der wenigstens 30 Stücke Salz Platz haben. Dreimal mehr kann in dem hinteren Teil des Hauses untergebracht werden, der aus Lehm und Asche hergestellt ist und 8 Fuß höher liegt als der Fußboden. Die gleiche Höhe hat auch die Bank. Der Siedemeister und seine Gehilfen, die das Salz von dem Kessel wegtragen, gehen von der zweiten Abteilung des Gebäudes in die letzte in der Weise, daß sie auf der rechten Seite des Kessels nicht auf Stufen, sondern auf einer schiefen Ebene aus Erde in die Höhe steigen. Oben in der hinteren Wand befinden sich zwei kleine Fenster; durch ein drittes im Dach zieht der Rauch ab, der aus dem hinteren und dem vorderen Teile des Herdes kommt, von einer Haube aufgefangen wird und von da zu den Fenstern steigt. Diese Haube besteht aus Brettern, die etwas übereinandergreifen und von zwei kleinen Balken gehalten werden, die wiederum auf Balken des Gebäudes ruhen. Die mittlere Wand hat in der Nähe des Herdes einen offenen Durchgang, der 8 Fuß hoch und 4 Fuß breit ist. Es entsteht so ein leichter Luftzug, der den Rauch in den hintersten Teil des Gebäudes treibt. Einen ebenso hohen und breiten Durchgang hat die erste Wand auf der anderen Seite, und beide Türen haben diese Größe, damit man Holz, Stroh und Salzwasser hineinbringen und das fertige Salz heraustragen kann. Bei starkem Wind werden die Türen geschlossen, damit das Salzsieden nicht gestört wird; die Fenster in der ersten Wand haben Glasscheiben, um den Wind abzuhalten und Licht durchzulassen.

4) Im folgenden beschreibt Agricola ausführlich die Salzgewinnung aus Solen, wobei es sich in der Hauptsache um natürliche Salzquellen handeln wird.

Die Sudhütten A. Gemalte Bilder B. Die erste Abteilung der Hütte C. Die mittlere Abteilung D. Die hintere E. Zwei kleine Fenster in der hinteren Wand F. Ein drittes Fenster im Dach G. Brunnen H. Eine andere Art Brunnen I. Bottich K. Tragstange L. Gabelförmige Stöcke, auf welche die Träger, wenn sie ermüdet sind, die Tragstange auflegen M.

Den Herd baut man meiſtens aus Salzſteinen und Erde, die mit Salz vermiſcht und mit Salzwaſſer angefeuchtet iſt. Solche Mauern werden durch das Feuer ſehr hart und feſt. Man macht den Herd $8^1/_2$ Fuß lang, $7^3/_4$ Fuß breit und, wenn man mit Holz heizt, etwa 4 Fuß hoch; wenn mit Stroh, 6 Fuß hoch. Dann bringt man einen eiſernen, etwa 4 Fuß langen Stab in die Öffnung eines eiſernen Fußes, der auf dem Boden des 3 Fuß breiten, mittleren Ofenloches ſteht. In dieſes Ofenloch wirft man das Stroh und ſchiebt es hinein. Die Pfannen ſtellt man aus Eiſen- oder Bleiblechen, die 3 Fuß lang und ebenſo breit ſind, in viereckiger Form her, 8 Fuß lang, 7 Fuß breit und $^1/_2$ Fuß hoch. Die Bleche ſind nicht ſehr dick, damit das Waſſer ſchneller heiß wird und einkocht. Je ſalzreicher das Waſſer iſt, deſto raſcher erſtarrt es zu Salz. Die Pfanne beſtreicht man an den Stellen, wo die Bleche durch Niete miteinander verbunden ſind, mit einem Kitt aus Ochſenleber, Ochſenblut und Aſche, damit kein Salzwaſſer ausfließt oder ausſchwitzt. An jeder Seite des Herdes, und zwar an ſeinem mittleren Teil, gräbt man zwei viereckige Pfoſten in die Erde ein, die 3 Fuß lang und $^1/_2$ Fuß breit und dick ſind, und zwar ſo, daß ſie 1 Fuß voneinander entfernt und $1^1/_2$ Fuß höher ſind als die Pfanne. Wenn nun die Pfanne auf die Herdmauer aufgelagert iſt, ſo werden zwei Balken, die gleich breit und dick, aber 4 Fuß lang ſind, auf jene Pfoſten aufgelegt und, damit ſie nicht herunterfallen, mit kurzen Holzſtücken befeſtigt. Quer über dieſe Balken legt man der Länge nach drei Latten, die 3 Fuß lang, 3 Finger breit, 2 Finger dick und 1 Fuß voneinander entfernt ſind. An jeder hängen drei Haken aus eiſernen Stäben, zwei dicht an den Balken, einer in der Mitte. Die Haken ſind 1 Fuß lang und an beiden Seiten gekrümmt; die eine Hakenkrümmung geht nach rechts, die andere nach links, und die unteren Haken greifen in Öſen ein, die auf beiden Seiten mit Nägeln am Boden der Pfanne befeſtigt und in der Mitte nach oben gebogen ſind. Außerdem ſind zwei Latten vorhanden, die 6 Fuß lang, 1 Hand breit und 3 Finger dick ſind. Ihr eines Ende liegt unter dem vorderen Balken, ihr anderes auf dem hinteren Balken obenauf. Ihre hinteren Enden werden von eiſernen Haken gefaßt, die 2 Fuß lang und 3 Finger dick ſind und deren unteres, gekrümmtes Ende die Pfanne feſthält. Das hintere Ende der Pfanne liegt nämlich nicht ganz auf den hinteren Ecken des Herdes auf, ſondern ſteht etwa $^2/_3$ Fuß von ihnen ab, damit die Flamme und der Rauch herausſchlagen und entweichen kann. Dieſer hintere Teil des Herdes iſt $^1/_2$ Fuß dick und um $^1/_2$ Fuß höher als die Pfanne; und die gleiche Stärke und Höhe hat auch die Scheidewand zwiſchen dieſer Abteilung des Gebäudes und der dritten Abteilung. Dieſe Mauer iſt aus Erde und Aſche errichtet und nicht, wie die anderen Wände, aus Salzſteinen. Die Pfanne ruht auf den vorderen zwei Ecken der Seitenwände des Herdes, die mit Aſche dicht gemacht werden, damit die Flammen nicht aus dem Herd herausſchlagen. Wenn ein Eimer voll Salzwaſſer, den man in die Pfanne ſchüttet, in alle ihre Ecken fließt, ſo iſt die Pfanne richtig auf dem Herd aufgeſtellt.

Ein Eimer faßt 10 römiſche Sextarien [5] und 1 Zuber 8 Eimer. Das aus dem Brunnen geſchöpfte Salzwaſſer wird in dieſe Zuber gegoſſen und von den Trägern, wie oben erwähnt, in die Hütte gebracht und in die Kufe gegoſſen. An Orten, wo die Sole ſehr ſalzreich iſt, wird ſie ohne weiteres aus den Eimern in die Pfanne geſchüttet. Da, wo die Sole weniger kräftig iſt, wird ſie zuerſt mit einem

[5] 1 ſextarius faßt 0,625 l, 1 Eimer alſo $6^1/_4$ l und 1 Zuber 50 l.

Der Herd A. Das Ofenloch B. Die Pfanne C. Die in die Erde eingegrabenen Balken D. Die darübergelegten Querbalken E. Die kürzeren Latten F. Die kleinen Eisenhaken G. Die Ösen H. Die langen Latten I. Die größeren Eisenhaken K.

tiefen Löffel, der mit dem Stiel zuſammen aus einem Holzſtück gearbeitet iſt, in kleine Kufen geſchüttet, in die man Salzſtücke gebracht hat, um die Sole ſtärker zu machen[6]. Sie wird dann in Rinnen gegoſſen und durch ſie in die Pfanne geleitet. Aus 37 Eimern Sole gewinnt der Siedemeiſter und ſein Stellvertreter, der abwechſelnd mit ihm arbeitet, zu Halle in Sachſen zwei kegelförmige Stücke Salz. Jeder hat einen Gehilfen oder an ſeiner Stelle ſeine Frau, die ihm bei der Arbeit hilft. Es iſt ferner ein Burſche da, der Holz oder Stroh unter die Pfanne bringt. Sie alle tragen wegen der Hitze in der Hütte Strohhüte auf dem Kopf und einen Schurz, ſind aber im übrigen nackt. Sobald nun der Siedemeiſter den erſten Eimer Sole in die Pfanne geſchüttet hat, zündet der Burſche das daruntergebrachte Holz oder Stroh an. Wenn man Holz oder Reiſig brennt, wird das Salz weiß; bei Verwendung von Stroh nicht ſelten ſchwärzlich, weil die Flugaſche mit dem Rauch in die Haube und von dort in die Sole gelangt und ſie verunreinigt. Um das Einkochen der Sole zu beſchleunigen, gießt der Siedemeiſter, wenn er 2 Zuber und 2 Eimer Sole in die Pfanne bringt, etwa $1^{1}/_{2}$ römiſche Cyathus[7] Rinderblut, Kalbsblut oder Bocksblut, oder ein Gemenge davon, in jeden 19. Eimer Sole, verrührt und verteilt es gleichmäßig in alle Ecken der Pfanne[8]. Bisweilen miſcht man ſtatt Blut Bier darunter. Wenn man auf der kochenden Sole ſchmutzigen Schaum ſieht, hebt man ihn mit einer Schaufel ab und bringt ihn, ſofern man Steinſalz verarbeitet, durch die Öffnung, durch die der Rauch entweicht, in den Herd, wo er zu Salzſtein eintrocknet. Andernfalls gießt man den Schaum auf den Boden der Hütte. Das Kochen und Abſchäumen kann in einer halben Stunde geſchehen. Dann läßt man eine Viertelſtunde weiter einkochen, wobei die Ausſcheidung des Salzes beginnt. Das ſich ausſcheidende Salz rührt der Siedemeiſter und ſein Gehilfe mit hölzernen Spateln beſtändig um und läßt noch eine Stunde kochen. Er gießt dann $1^{1}/_{2}$ Cyathus Bier hinein. Damit der Luftzug nicht in die Pfanne bläſt, ſetzt der Siedemeiſter ein $7^{1}/_{2}$ Fuß langes, 1 Fuß hohes Brett davor und legt auch auf die beiden Seiten je ein $3^{3}/_{4}$ Fuß langes Brett. Das erſtgenannte Brett iſt feſt, weil die Pfanne mit ihm durch Zapfen verbunden iſt; und die zwei Seitenbretter haben Halt, weil ſie auf jenem Brett und dem erſten Querbalken ruhen. Der Siedemeiſter hebt dann dieſe Bretter auf, ſetzt zwei Körbe, die 2 Fuß hoch, oben ebenſo breit und unten 1 Hand breit ſind, zwiſchen die Längsbalken und ſchaufelt das Salz in ſie hinein. Er braucht eine halbe Stunde, um ſie zu füllen. Dann legt er die Bretter wieder auf die Pfanne und läßt die Sole noch drei Viertelſtunden lang kochen. Darauf wird das neuausgeſchiedene Salz wieder mit einer Schaufel in die Körbe gebracht und, wenn dieſe voll ſind, in Haufen zuſammengeſchüttet. An manchen Orten gibt man dem Salz verſchiedene Formen. In den Körben bekommt man z. B. kegelförmige Stücke. Aber nicht nur in dieſen Körben ſtellt man Salzſtücke her, ſondern auch in anderen Formen, die allerlei Dinge darſtellen, z. B. in tafelartigen Formen, in die man das Salz bringt. Die mit Salz gefüllten Formen und Körbe legt man auf den erhöhten Platz in dem erwähnten dritten Raum oder ebenſo auf die hohe Bank, damit das Salz in der warmen Luft beſſer austrocknet.

[6] Das iſt eine Anreicherung ſchwacher Solen durch Auflöſen von Steinſalz oder von Salz, das durch Verdunſten von Salzlöſung an der Luft gewonnen wurde.

[7] Ein cyathus oder Becher iſt der zwölfte Teil eines ſextarius = 52 ccm, obige Menge alſo etwa 78 ccm.

[8] Der Zuſatz von Ochſenblut iſt auch in neuerer Zeit noch bekannt, um die Abſonderung des auch von Agricola erwähnten Schaumes zu erleichtern, und wird z. B. bei Dumas a. a. O. erwähnt.

Die Schöpfeimer A. Die Kufe B. Der Bottich C. Der Siedemeister D. Der Bursche E. Die Frau F. Holzspatel G. Bretter H. Körbe I. Schaufel K. Rechen L. Stroh M. Becher N. Gefäß mit Blut O. Bierkanne P.

Der Siedemeiſter und ſein Stellvertreter ſieden abwechſelnd Tag und Nacht, die Feſttage ausgenommen, Sole und gewinnen Salz. Keine Pfanne widerſteht länger wie ein halbes Jahr der Einwirkung des Feuers. Der Siedemeiſter wäſcht ſie jede Woche mit Waſſer aus, legt ſie auf eine Unterlage von Stroh und klopft ſie. Eine neue Pfanne behandelt man in dieſer Weiſe in den erſten zwei Wochen dreimal, in den ſpäteren zweimal. Bei dieſer Behandlung fallen die Kruſten vom

Die Sammelgrube A. Die Töpfe B. Schöpflöffel C. Die Pfanne D. Die Zange E.

Boden der Pfanne. Wenn man ſie nicht entfernt, geht die Salzausſcheidung auch bei ſtärkerem Feuer langſamer vor ſich. Man braucht mehr Sole, und die Platten der Pfanne werden verbrannt. Riſſe, die ſich in der Pfanne zeigen, werden mit Kitt verſtrichen. Das Salz, das in den erſten zwei Wochen gewonnen wird, iſt weniger gut, weil es gewöhnlich durch den Roſt am Boden, an dem ſich noch keine Kruſten angeſetzt haben, verunreinigt iſt. Auf dieſe Weiſe wird Salz aus Salzbrunnen und Salzquellen gewonnen. Es kann aber ebenſo auch aus Fluß-, See- und Meerwaſſer bereitet werden und auch aus Waſſer, das künſtlich ſalzhaltig gemacht worden iſt. Denn an Orten, an denen man Salz gräbt, wirft man unreine Brocken und Abfälle in Süßwaſſer, das dann beim Einkochen Salz ausſcheidet.

Die großen eisernen Töpfe A. Der Dreifuß B. Großer Schöpflöffel C.

Bisweilen siedet man auch Seesalz noch einmal in Süßwasser und bringt es in die Form von kleinen Kegeln.

Manchmal bereitet man Salz aus Sole, die heiß aus der Erde fließt, in folgender Weise: In eine Grube, in welche solches Wasser aus der Erde sprudelt, setzt man irdene Töpfe, die man zur Hälfte mit dem Wasser füllt, das man mit Löffeln aus dem Sprudel geschöpft hat. Die ständige Hitze des Wassers in der Grube siedet das Salzwasser in den Töpfen ganz so, wie die Hitze des Feuers die Sole in den Pfannen einkocht. Sobald nun die Salzlösung zu erstarren beginnt, was dann eintritt, wenn sie auf den dritten Teil oder noch weiter eingekocht ist, nimmt man die Töpfe mit Zangen heraus und gießt ihren Inhalt in kleine viereckige eiserne Pfannen, die ebenfalls in die Grube gestellt werden, und deren Innenraum gewöhnlich 3 Fuß lang, 2 Fuß breit und 3 Finger hoch ist. Da diese Pfannen auf vier schweren Füßen stehen, umgibt sie das Wasser von allen Seiten, ohne hineinzufließen. Da das Wasser ständig aus der Grube durch Rinnen abfließt und der Sprudel reichlich stets neues Wasser liefert, so ist es immer heiß und kann das Wasser in den Pfannen zu Salz einkochen. Das Salz wird dann mit Schaufeln herausgenommen, und diese Arbeit wiederholt sich. Wenn das Salzwasser noch andere Stoffe enthält, was bei heißen Quellen meist der Fall ist, so soll aus ihm kein Salz bereitet werden.

Die ausgehobene Grube A. Gefäß, in das die Sole geleitet wird B. Schöpflöffel C. Schöpfer mit eingelaſſenem Stiel D.

Bisweilen ſiedet man Salzwaſſer, beſonders Meerwaſſer, in großen eiſernen Töpfen, gewinnt aber dabei ein ſchwärzliches Salz, da hierbei meiſt mit Stroh geheizt wird[9]. An manchen Orten ſiedet man in ſolchen Töpfen auch Fiſchlake, erhält aber dabei ein Salz, das nach Fiſch ſchmeckt und riecht.

Manchmal verſucht man auch Salz in der Weiſe zu bereiten, daß man Salzwaſſer auf brennendes Holz gießt. Man zieht in dieſem Falle Gräben, in die man das Holz bringt, die 12 Fuß lang, 7 Fuß breit und 2½ Fuß tief ſind, damit das hineingegoſſene Waſſer nicht herausläuft. Man kleidet die Gräben mit Salzſteinen aus, wenn man ſie zur Verfügung hat, damit die Gräben das Waſſer nicht aufſaugen, und damit die Erde an den beiden Enden und an den Seiten des Grabens nicht einſtürzt. Da nun die Kohlen zuſammen mit dem Salzwaſſer zu Salz werden, ſo glauben die Spanier, wie Plinius ſchreibt, daß es dabei auf die Holzart ankomme[10].

9) Auch reines Salz wurde früher bisweilen durch Eindampfen von Seewaſſer gewonnen, wobei Holzfeuer verwendet wurde. Solches „Sel ignifère“ wurde z. B. früher bei Avranchin in der Normandie nach einem ziemlich umſtändlichen Verfahren gewonnen, wobei auch der ſalzhaltige Sand der Küſte ausgelaugt wurde.

10) Plinius XXXI, 40. In dieſen und den folgenden Äußerungen Agricolas wird Kochſalz und Pottaſche K_2CO_3 in merkwürdiger Unkenntnis verwechſelt oder gleichgeſetzt.

Eichenholz ist das beste, da es von sich aus durch seine reine Asche die Kraft des Salzes liefert [11]. Sonst wird Haselholz empfohlen. Aus welchem Holz nun auch Salz bereitet wird, es wird nicht sehr geschätzt, da es schwarz und wenig rein ist. Aus diesem Grunde wird auch diese Art der Salzbereitung von Deutschen und Spaniern verschmäht.

Eine Salzlösung aber, aus der man Salz herstellt, entsteht aus Salzerde oder aus Erde, die reich an Salz und Salpeter ist. Lauge dagegen wird aus Asche von Rohr und Binsen bereitet. Aus Salzerde [12] entsteht eine Lösung, aus der beim Sieden nur Kochsalz gewonnen wird. Aus anderen Salzerden, von denen ich gleich sprechen werde, wird eine Lösung erhalten, aus der Salz und Salpeter gewonnen wird. Aus Asche erhält man eine Lauge, aus der ebenfalls nur Salz entsteht [13]. Asche und Erde werden zunächst in eine große Kufe gebracht, dann wird Süßwasser darübergegossen, das mit Hilfe von Stangen mit der Asche und Erde verrührt wird. Im Laufe von 12 Stunden nimmt das Wasser das Salz auf. Man zieht dann den Zapfen aus der Kufe, läßt die Lösung in eine Wanne laufen und füllt mit Schöpfern die Salzlösung oder die Lauge in kleine Kufen. Zuletzt bringt man die Lösung in eiserne oder bleierne Pfannen und kocht, bis das Wasser verdunstet und die Lösung zu Salz erstarrt.

Das sind etwa die Verfahren der Salzgewinnung. Soda wird aus sodahaltigem Wasser gewonnen oder aus einer Lösung oder Lauge. So wie Meerwasser oder anderes Salzwasser in Salzgruben geleitet und durch die Sonnenwärme verdunstet und in festes Salz verwandelt wird, ebenso wird sodahaltiges Nilwasser in Sodagruben gegossen oder geleitet und ebenfalls durch die Sonnenwärme zu Soda verdampft [14]. Und wie das Meer aus eigener Kraft den Boden Agyptens überflutet und Salz zurückläßt, so fließt auch der Nil, wenn er zur Zeit der Hundstage aus seinen Ufern tritt, von selbst in Sodagruben und scheidet hier Soda aus.

Die Lösung, aus der Soda bereitet wird, entsteht aus Süßwasser, das durch sodahaltige Erde hindurchsickert; und ebenso entsteht Lauge dadurch, daß Wasser durch Asche aus Steineiche oder gewöhnlicher Eiche durchsickert. In beiden Fällen wird die Lösung in Bottichen aufgefangen, in viereckige kupferne Pfannen gebracht und in diesen so lange eingekocht, bis sie zu Soda erstarrt. Natürliche und auch künstlich gewonnene Soda wird in Kufen mit Harn von Knaben

[11] Eichenholz wird insofern mit Recht genannt, als die Eichenholzasche viel Kali enthält, und zwar etwa 39% K_2O. Auch die Aschen einiger anderer Holzarten enthalten ebensoviel und noch etwas mehr Kali; von Abies Pectinata z. B. bis 44,62%. Der Mindestgehalt in Holzaschen ist etwa 5% K_2O. Vgl. Czapek, Fr., Biochemie der Pflanzen, Bd. II, Jena 1905, S. 400 ff. Über Kaliindustrie usw. s. Ullmann, Enzyklop. d. techn. Chemie, Bd. 6, S. 618. Wiesner, J. v., Die Rohstoffe des Pflanzenreiches, Bd. II. Holzasche enthält außer K_2CO_3 noch K_2SO_4, KCl, Na_2CO_3, Kalk, Magnesia, Mangan, Eisen usw.

[12] Salzerde, terra salsa, aus der nur Salz gewonnen wird, kann z. B. der salzhaltige Sand sein, der in Anm. 7, S. 473, erwähnt ist. Da Agricola aber nicht immer scharf genug zwischen Kochsalz (Chlornatrium) und anderen Salzen unterscheidet, so kann es sich auch vielleicht um Salpeter oder um andere Substanzen handeln.

[13] Agricola setzt hier wieder merkwürdigerweise die Produkte aus Kochsalzlösung und Aschenlauge, also Kochsalz und Pottasche, gleich. Vgl. Anm. 10 in diesem Buche, S. 477.

[14] Lat. nitrum, das ist Soda, Natriumkarbonat. Diese Ausführungen gehen auf die Schilderung bei Plinius XXXI, 46, zurück. In der Hauptsache stammt die ägyptische Soda aus den Salzseen Unterägyptens, z. B. im Wadi Natrûn, einem etwa 40 km westlich von Kairo, 10 bis 20 m unter der Oberfläche des Mittelländischen Meeres gelegenen Tal. Das Wasser dieser Seen enthält Natriumkarbonat, Natriumchlorid und Natriumsulfat. Die im Sommer durch teilweises Eintrocknen ausgeschiedenen Massen bestehen hauptsächlich aus einer Verbindung, der Trona ($Na_2CO_3 \cdot NaHCO_3 \cdot 2H_2O$). Vgl. Ullmann, Encyklop. d. techn. Chemie, Bd. 8, S. 382, und Dammer-Tietze, Die nutzbaren Materialien I, S. 468 f. (Stuttgart 1913).

Die große Kufe A. Der Zapfen B. Die Wanne C. Tiefer Schöpflöffel D.
Kleinere Kufen E. Die Pfanne F.

Der Nil A. Sodagruben, wie ich mir ſie vorſtelle B.

verſetzt und in den gleichen Pfannen eingekocht. Die eingekochte Löſung wird in Kufen gegoſſen, in denen Kupferſtäbe ſtehen; an dieſen ſetzen ſich die erſtarrten Teile ab. So entſteht Chryſokolla oder, mit einem mauriſchen Namen, Borax[15]. Daß Nitrum früher außer mit Harn mit cypriſchem Grünſpan erwärmt und mit cypriſchem Kupfer in Kupfermörſern verrieben wurde, berichtet Plinius. Chryſokolla wird übrigens auch aus Alaun und Salmiak dargeſtellt.

Salpeter wird aus einer trockenen, etwas fetten Erde dargeſtellt, die, einige Zeit im Munde gehalten, einen ſalzigen und gleichzeitig ſcharfen Geſchmack verurſacht. Dieſe Erde wird mit einem Pulver zuſammen abwechſelnd in Schichten,

[15]) Agricola bringt hier eine Fülle von Unklarheiten und Mißverſtändniſſen, die zum Teil auf Plinius zurückgehen (Plinius XXXIII, 26 und folgende Kapitel). Chryſokolla wurde bisweilen mit Borax verwechſelt, da beide Subſtanzen zum Löten verwendet wurden. Das griechiſche Wort Chryſokolla bedeutet „Goldleim" und war vielleicht eine Bezeichnung für Malachit, natürlich vorkommendes baſiſches Kupferkarbonat. Die im folgenden von Agricola erwähnte Stelle bei Plinius ſteht im XXXIII. Buche, Kap. 29, und ſchildert die Bereitung einer Art „Chryſokolla" zum Löten des Goldes aus Grünſpan, Harn und Soda. Man kann hier an die Bildung von baſiſchem Kupferkarbonat denken, das man heute durch Fällen von Kupfervitriollöſung mit Natrium- oder Kaliumkarbonat darſtellt. Die letzte Bemerkung Agricolas über Chryſokolla aus Alaun und Salmiak hat mit der vorher erwähnten Chryſokolla gar nichts zu tun. Vgl. zu beiden vorſt. Anm. auch 7. Buch Anm. 16, S. 200.

Kufe, in der Soda mit Harn vermischt wird A. Die Pfanne B.
Kufe, in der sich die Chrysokolla abscheidet C. Kupferstäbe D. Mörser E.

die eine Hand hoch sind, in Kufen gebracht. Dieses Pulver besteht aus 2 Teilen gebranntem, nicht mit Wasser gelöschtem Kalk und 3 Teilen Asche von Eiche, Steineiche, Zerreiche oder ähnlichen Arten. Die Kufen werden damit in abwechselnden Lagen gefüllt, und zwar bis auf 3/4 Fuß unterhalb des oberen Randes. Dann gießt man bis zum Rande Wasser darauf, das durch die Erde hindurchsickert und den Salpeter, der darin enthalten ist, auflöst[16]. Schließlich zieht man den Zapfen aus der Kufe, läßt die Lösung in einen Bottich fließen und gießt sie mit Schöpfern in kleinere Kufen. Wenn der Geschmack recht salzig und etwas scharf ist, so ist es recht, andernfalls nicht. Man läßt dann die Lösung noch einmal durch die gleiche oder durch andere frische Erde durchsickern. Man läßt

[16] Agricola folgt in dem Kapitel über Salpeter in der Hauptsache den Angaben, die Biringuccio in der Pirotechnia macht (vgl. die ausgezeichnete deutsche Ausgabe von Otto Johannsen, Braunschweig 1925, S. 476 ff.). Die Nitrate entstehen durch Zersetzung stickstoffhaltiger Stoffe und wurden in sog. Salpeterplantagen z. B. durch Zusammenhäufen tierischer Abfälle u. dgl. mit Erde, Kalk, Jauche und Blut und späteres Auslaugen – nach Monaten und Jahren – mit Wasser gewonnen. Oder sie bilden sich an Mauern, die mit Jauche begossen wurden. Das rohe Salz enthielt dann u. a. Kalziumnitrat, das mit Pottasche umgesetzt wurde, wobei sich Kalziumkarbonat und Magnesiumkarbonat absetzen. Die Lauge, die Kaliumnitrat und auch einige andere Salze, wie Chlornatrium, enthielt, wurde eingedampft. Im Gegensatz zu Biringuccio sagt aber Agricola über die Herkunft der trocknen, etwas fetten Erde nichts. Vgl. auch 7. Buch Anm. 18, S. 200.

auch zwei oder drei Mengen Waſſer durch die gleiche ſalpeterhaltige Erde durchſickern, vermiſcht aber die einzelnen Löſungen nicht, falls ſie nicht alle den gleichen Geſchmack haben, was ſelten oder nie vorkommt. Die erſte Löſung wird vielmehr für ſich in eine Kufe gebracht, die zweite Löſung in eine andere, die dritte Löſung in eine dritte Kufe. Die zweite und dritte Löſung läßt man jeweils an Stelle von reinem Waſſer durch friſche Erde ſickern und bringt dieſe Löſungen zu der erſten. Sobald man eine gewiſſe Menge davon hat, ſchüttet man ſie in eine viereckige kupferne Pfanne und kocht zur Hälfte ein. Dann bringt man die Löſung in eine andere Kufe, auf die ein Deckel gelegt wird, und läßt die erdigen Teile ſich abſetzen. Die geklärte Löſung gießt man in die gleiche oder eine andere Pfanne und läßt noch einmal einkochen. Wenn die Flüſſigkeit beim Kochen ſchäumt, ſchüttet man 3 oder 4 Pfund Lauge hinein, die aus 3 Teilen Eichenholzaſche oder ähnlicher Aſche und 1 Teil ungelöſchtem Kalk bereitet iſt. Man erreicht dadurch, daß die Löſung nicht überläuft und daß ſie gleichzeitig noch weiter gereinigt wird. Bevor man das Waſſer hineinbringt, löſt man natürlich vorkommenden Alaun darin auf, und zwar 5 Pfund Alaun in 120 Pfund Waſſer. Bald darauf ſieht man, daß die Löſung klar und bläulich wird[17]. Man kocht dann, ſolange noch Waſſer verdampft, und nimmt das Salz, das zum größten Teil auf dem Boden der Pfanne ſitzt, mit Schaufeln heraus. Die Mutterlauge aber gießt man in eine Kufe, in der waagerecht und ſenkrecht gelagerte Stäbe eingefügt ſind. An dieſen erſtarrt nach dem Erkalten die Mutterlauge zu Salpeter, und zwar, wenn es eine größere Menge iſt, in drei oder vier Tagen. Die nicht erſtarrte Löſung wird ausgegoſſen, beiſeite geſtellt und nochmals eingedampft. Der Salpeter wird ausgeſchlagen, mit der eigenen Mutterlauge gewaſchen und auf Bretter gebracht, damit die anhängende Flüſſigkeit verdunſtet und der Salpeter ſelbſt trocken wird. Man erhält aus der Löſung viel oder wenig Salpeter, entſprechend der größeren oder kleineren Menge Mutterlauge, die er aufſaugt. Durch die dazugegoſſene Aſchenlauge wird er gereinigt, und man erhält ihn dann rein und hell.

Aber am reinſten und klarſten, weil frei von Salz und Beimengungen, gewinnt man ihn auf folgende Weiſe: Zu einer beſtimmten Zahl von Amphoren der Löſung, die in die Pfanne gebracht werden, gießt man die gleiche Anzahl Congien[18] der eben erwähnten Lauge; und in die gleiche Pfanne wirft man ſo viel von dem ſchon dargeſtellten Salpeter, wie von der Löſung und der Lauge aufgelöſt wird. Sobald die Miſchung ſiedet und ſchäumt, gießt man ſie in eine andere Kufe, in die gewaſchener Flußſand geworfen wird. Die Kufe wird mit einem Tuch zugedeckt. Man zieht dann den Zapfen aus der Öffnung im Boden und läßt die Miſchung durch den Sand hindurchſickern und in einen Bottich laufen. Sodann bringt man ſie in die gleiche oder in eine andere Pfanne und läßt ſie einkochen, bis der größere Teil der Flüſſigkeit verdampft iſt. Wenn die Löſung ſtark kocht und ſchäumt, gibt man etwas Lauge dazu. Man gießt die Flüſſigkeit dann in eine andere Kufe, in der Stäbe angebracht ſind. An dieſen ſetzt ſie ſich an und erſtarrt, und zwar, wenn es eine kleine Menge iſt, in zwei Tagen, wenn es

[17] Außer Pottaſche benutzte man auch Kaliumſulfat für die Darſtellung des Kaliumnitrats aus dem Kalziumnitrat der rohen Löſung. Vielleicht wurde auch Alaun (Kaliumaluminiumſulfat) dafür verwendet. Daß die Löſung dabei klarer wird, beſtätigen neuere Berichte über die Verwendung von Kaliumſulfat. Die bläuliche Färbung, welche durch die Klärung ſichtbarer wird, iſt durch Kupfer aus der Pfanne verurſacht.

[18] Eine amphora faßt 8 congii, das Verhältnis der beiden Löſungen iſt alſo 8 : 1.

viel iſt, in drei oder höchſtens in vier Tagen. Der nicht erſtarrte Teil der Löſung wird wieder in die Pfanne gegoſſen, auf die Hälfte eingekocht und in eine Kufe geſchüttet, wo man ſie erkalten läßt. Das muß ſo oft wiederholt werden, wie es das Gelingen der Sache erfordert.

Bisweilen reinigt man den Salpeter auf andere Art und Weiſe. Man füllt einen Kupferkeſſel mit Salpeter, bedeckt den Keſſel mit einem kupfernen Deckel,

Die Pfanne A. Die Kufe, in die Sand geſchüttet wird B. Der Zapfen C. Kleinere Kufe D. Kufe mit Kupferſtäben E.

ſetzt den Keſſel auf glühende Kohlen und erhitzt, bis der Inhalt ſchmilzt. Den zugedeckten Keſſel verſtreicht man nicht mit Lehm, damit man den Deckel, der einen Handgriff hat, lüften kann, um zu ſehen, ob der Inhalt flüſſig geworden iſt oder nicht. Wenn der Inhalt geſchmolzen iſt, ſtreut man gepulverten Schwefel darauf und zündet ihn an, falls er ſich beim Zurückbringen des Keſſels auf das Feuer nicht von ſelbſt entzündet. Mit dem Schwefel zuſammen verbrennt hierbei die obenauf ſchwimmende dicke, fettartige Verunreinigung des Salpeters, und dieſer ſelbſt bleibt rein zurück[19]. Man entfernt dann den Keſſel vom Feuer und

19) Dieſe Erwähnung der Verwendung von Schwefel ſtammt ganz von Biringuccio, der u. a. bemerkt: „Der Schwefel verbrennt nur die Oberfläche und gewiſſe fettige Verunreinigungen des Salpeters." (Biringuccio, Pirotechnia, deutſch von Johannſen, S. 483.)

nimmt nach dem Abkühlen den ganz reinen Salpeter heraus, der wie weißer Marmor ausſieht. Der erdige Rückſtand bleibt auf dem Boden des Keſſels.

Die Erde, aus welcher der Salpeter durch Löſen gewonnen wurde, wird mit Äſten von Eichen oder ähnlichen Bäumen in abwechſelnden Lagen[20] unter freiem Himmel aufgeſchichtet und mit ſalpeterhaltigem Waſſer beſprengt. Nach fünf oder ſechs Jahren kann man dann wieder eine Löſung daraus herſtellen. Reiner Salpeter, der in jahrelang ruhig lagernder Erde entſtanden iſt, und ſolcher, den Steinmauern von Weinkellern und ſchattigen Örtlichkeiten ausſchwitzen, wird mit der erſtgenannten Löſung vermiſcht und mit ihr eingekocht.

Im vorhergehenden habe ich die Verfahren zur Salpeterdarſtellung beſchrieben, die nicht weniger zahlreich und verſchiedenartig ſind wie die der Salzbereitung. Jetzt will ich die Alaundarſtellung beſprechen, die ebenfalls nicht immer gleich und nicht einfach iſt. Der Alaun wird aus alaunhaltigem Waſſer gewonnen, das bis zur Alaunausſcheidung eingedampft wird, oder aus Alaunlöſung, die man aus einer Erdart, aus gewiſſen Geſteinen, aus Kieſen und anderen Mineralien herſtellt[21]. Von der erwähnten Erde wird zunächſt ſo viel in zwei Behälter geſchüttet, als man mit 300 Schubkarren heranſchaffen kann. Dann läßt man Waſſer dazulaufen und vermengt, falls die Erde vitriolhaltig iſt, mit Knabenharn. Die Arbeiter ſollen aber die Maſſe täglich öfters mit langen, dicken Stangen rühren, um ſie mit dem Waſſer und dem Harn zu vermiſchen. Man zieht dann die Zapfen aus den Behältern und läßt die Löſung in einen Trog laufen, der aus einem Baum, oder aus zweien, ausgehauen iſt. Wenn aber ein Fundort eine reichliche Ausbeute an ſolcher Alaunerde liefert, ſo bringt man ſie nicht gleich in die Behälter, ſondern führt ſie auf einen offenen Lagerplatz und häuft ſie da zuſammen. Je länger ſie nämlich der Luft und dem Regen ausgeſetzt iſt, deſto beſſer wird ſie. Einige Monate nach dem Aufſchütten der Mineralmaſſen auf dem Lagerplatz bilden ſich nämlich Stoffe, welche die urſprünglich in der Erde enthaltenen an Güte weit übertreffen. Man ſchafft dieſe Maſſen dann in ſechs oder mehr große Behälter, die etwa 9 Fuß lang und breit und 5 Fuß tief ſind, und läßt Waſſer hineinlaufen. Wenn das Waſſer den Alaun aufgenommen hat, zieht man den Zapfen und läßt die Löſung in einen runden Behälter laufen, der einen Durchmeſſer von 40 Fuß und eine Tiefe von 3 Fuß hat. Die Mineralerden bringt man dann aus den erſten Behältern in andere, läßt Waſſer hineinlaufen, gießt Knabenharn dazu und verrührt mit Stangen. Nach dem Ziehen der Zapfen gelangt das Gelöſte in den

[20] Man brachte wohl noch tieriſche und pflanzliche Abfälle, alſo ſtickſtoffhaltige Stoffe, dazu. Ausführliches über die älteren Verfahren der Salpetergewinnung, über Salpeteranlagen, Salpeterreinigung u. dgl. bei: J. Macquer-Leonhardi, Chymiſches Wörterbuch, 5. Teil, Leipzig 1790. A. F. Gehlen, Anleitung zu der Erzeugung und Gewinnung des Salpeters, Nürnberg 1815. J. J. Berzelius, Lehrbuch der Chemie, 4. Bd. 1835. J. Dumas-Engelhart, Handbuch der angew. Chemie, 2. Bd. Neueres: Ullmann, Enzyklop. d. techn. Chemie, Bd. 6.

[21] Dieſe Schilderungen Agricolas beziehen ſich auf die Verarbeitung von Alaunſchiefer bzw. Alaunerde, die durch Verwitterung des Schiefers entſteht und das gleiche Material in lockerer Form iſt, nämlich tonſchieferartiges Geſtein mit feinverteiltem Schwefelkies. Derartiges Geſtein wurde erhitzt (geröſtet) und lange Zeit im Freien gelagert, um es verwittern zu laſſen. Aus dem Schwefelkies entſtand dadurch Eiſenvitriol und Schwefelſäure und dann, mit dem Ton zuſammen, Aluminiumſulfat und durch Zuſatz von Kali- oder Ammoniumſalzen Alaun. Durch Auslaugen und Eindampfen konnte Alaun und Eiſenvitriol gewonnen werden. Bei dem Zuſatz des Harns wirkte offenbar ſein Ammoniakgehalt in genanntem Sinne ein. Es bildete ſich Ammonium-Alaun, der ſchwerer löslich iſt als Eiſenvitriol und ſich ausſchied, während der Vitriol in Löſung blieb und erſt nach dem Eindampfen auskriſtalliſierte. Dieſe verwickelten Verhältniſſe waren in ihren wahren Zuſammenhängen für Agricola und ſeine Zeit nicht zu erkennen. Die alten Mißverſtändniſſe über Alaun und Vitriol wurden dadurch noch vergrößert.

gleichen Behälter. Nach einigen Tagen läßt man es von da durch Ausſchöpfen in Rinnen in viereckige Bleipfannen fließen und in ihnen einkochen, bis der größte Teil des Waſſers verdampft iſt und die erdigen Teile ſich abſcheiden. Sie ſetzen ſich auf dem Boden der Pfannen ab, ſind fettartig und alaunhaltig und bilden meiſt dünne Kruſten, die nicht ſelten ein ſehr weißes und leichtes Pulver von Amiant oder Gips enthalten. Eine daraus hergeſtellte Löſung ſieht dann ſo aus, als ſei ſie voll Mehl. Manche gießen die mäßig gekochte Löſung, um ſie zu klären und zu reinigen, in eine Kufe, bringen ſie dann in die Pfanne zurück und kochen ſie weiter ein, bis ſie mehlartig wird. Die auf die eine oder andere Weiſe eingekochte Löſung bringt man zum Abkühlen in hölzerne, in die Erde eingegrabene Gefäße und nach dem Abkühlen in Kufen mit ſenkrechten und waagerechten Stäben, an denen ſich der ausgeſchiedene Alaun anſetzt. Es bilden ſich kleine, weiße, durchſcheinende Würfel, die in einen warmen Raum gebracht und getrocknet werden.

Wenn beim Löſen vitriolhaltiger Alaunerden in Waſſer kein Harn zugeſetzt wurde, ſo ſoll man ſie in die klare und reine Löſung einbringen, wenn dieſe noch einmal eingekocht wird. Der Harn ſcheidet nämlich den Vitriol von dem Alaun. Der letztere ſetzt ſich auf dem Boden ab, und der erſtere ſchwimmt oben. Man bringt beide Teile getrennt für ſich in kleinere Gefäße und von dieſen in Kufen zum Eindicken. Wenn aber beim wiederholten Einkochen der Löſung keine Trennung eintritt, ſo bringt man die Löſung aus den kleineren Gefäßen in größere, die man zudeckt. In dieſen wird der Vitriol, getrennt vom Alaun, feſt. Beide Produkte werden ausgeſchlagen, in einem warmen Raum getrocknet und ſind dann verkaufsfertig. Die in den Gefäßen und Kufen nicht erſtarrte Mutterlauge wird in die Pfanne zurückgegoſſen und nochmals eingekocht. Die Erde, die ſich auf dem Boden der Pfannen abſetzt, wird herausgeholt und in dem Behälter zuſammen mit den Alaunerden mit Waſſer und Harn der Laugung unterworfen. Die Erde aber, die in den Behältern zurückbleibt, nachdem man die Löſung hat ausfließen laſſen, wird herausgeſchafft und zuſammengehäuft, wobei ſie täglich mehr und mehr Alaungehalt bekommt, ganz ſo wie die Erde, aus der man Salpeter bereitet. Man bringt die Erde dann wieder in die Behälter und läßt Waſſer hindurchſickern.

Alaunhaltiges Geſtein wird zuerſt in einem Ofen gebrannt, der dem Kalkbrennofen ähnlich iſt[22]. Auf dem Boden des Ofens ſtellt man aus dieſem Geſtein eine gewölbte Feuerſtelle her und füllt den übrigen leeren Raum des Ofens mit dem gleichen Alaungeſtein aus, das durch das Feuer gebrannt wird, bis es rot glüht und ſchwefelhaltigen Rauch ausſtößt. Das geſchieht, je nach der Natur des Geſteins, in einem Zeitraum von 10, 11, 12 oder mehr Stunden. Der Meiſter ſoll beſonders darauf achten, daß das Geſtein nicht mehr und nicht weniger gebrannt wird, als nötig iſt. In dem einen Falle wird es nämlich durch daraufgeſprengtes Waſſer nicht erweicht, im anderen wird es zu hart oder zerfällt zu Aſche. In keinem von dieſen Fällen gewinnt man aus dem Geſtein reichlich Alaun, da er

[22] Das iſt die Gewinnung von Alaun aus Alaungeſtein, Alunit, z. B. dem altbekannten Vorkommen von Tolfa bei Civita Vecchia bei Rom; daher römiſcher Alaun, der durch ſeine Reinheit von jeher bekannt war. Die von Agricola erwähnte Färbung des Geſteins iſt durch einen Eiſengehalt verurſacht. Der Alaun (Kaliumalaun) iſt in dem Alaungeſtein ſchon enthalten und wird durch Röſten, Behandeln mit Waſſer, Eindampfen und Auskriſtalliſieren gewonnen.

Der große Behälter A. Stangen B. Der Zapfen C. Wanne D. Der runde Behälter E. Die Rinne F. Die Bleipfanne G. In die Erde eingegrabene Gefäße H. Kufe mit Stäben I.

ſeine Eigenſchaften verliert. Nach dem Abkühlen zieht man dann das Geſtein aus dem Ofen heraus, bringt es auf den Lagerplatz und ſchichtet es übereinander, ſo daß ein Haufen entſteht, der 50 Fuß lang, 8 breit und 4 Fuß hoch iſt. Man beſprengt ihn 40 Tage lang mit Waſſer, das man mit tiefen, löffelartigen Gefäßen ſchöpft, und zwar im Frühjahr morgens und abends, im Sommer auch mittags. Durch das lange Anfeuchten zerfällt das Geſtein wie gelöſchter Kalk, und es bildet ſich ſozuſagen eine neue Maſſe, die den ſpäter zu gewinnenden Alaun enthält und weich iſt, ähnlich wie das in Geſteinen vorkommende flüſſige Steinmark. Die Maſſe iſt weiß, wenn das Geſtein vor dem Brennen weiß war, und ſie iſt rötlich, wenn das Geſtein rot mit einem weißen Schimmer war. Aus dem erſteren entſteht weißer Alaun, aus letzterem rötlicher Alaun.

Der Ofen zum Eindampfen ſoll rund ſein, und ſein unterer Teil ſoll, um die Gewalt der Hitze aushalten zu können, aus Steinen errichtet werden, die im Feuer nicht ſchmelzen und auch nicht zu Pulver zerfallen. Dieſe Steine werden korbartig zuſammengefügt; darüber erhebt ſich, 2 Fuß hoch aus gleichen Steinen gebaut, die Ofenmauer, auf welcher ein großer Keſſel ruht, deſſen Boden aus Kupferplatten beſteht, rund und konkav iſt und einen Durchmeſſer von 8 Fuß hat[23]. In den Hohlraum unter dem Boden des Keſſels wird das Brennholz gelegt. Auf dem Rand des Bodens wird der Keſſel aus Steinen in Form eines Kegels aufgebaut, und zwar derart, daß der Durchmeſſer unten am Boden 7 Fuß und oben an der Öffnung 10 Fuß und ſeine Höhe 8 Fuß beträgt. Innen wird der Keſſel mit Öl ausgerieben und dann verkittet, damit er kochendes Waſſer halten kann. Der Kitt wird aus friſch gebranntem Kalk bereitet, deſſen Stücke mit Wein gelöſcht werden, ferner aus Eiſenhammerſchlag und Schneckenhäuſern, die mit Eiweiß und Öl zerſtoßen und vermiſcht werden. Auf den oberen Rand des Keſſels wird ein Holzring gelegt, der 1 Fuß dick und 1/2 Fuß hoch iſt; auf ihn legen die Arbeiter ihre Holzſchaufeln, mit denen ſie das Waſſer von Erde und nicht aufgelöſten Geſteinsſtücken ſäubern, die ſich auf dem Boden der Pfanne abſetzen. Der in dieſer Weiſe gebaute Keſſel wird faſt ganz mit Waſſer gefüllt, das man in einer Rinne zufließen läßt und dann mit ſtarkem Feuer zum Kochen erhitzt. Sodann werden von der Maſſe, die aus den gebrannten Steinen und daraufgeſprengtem Waſſer vorbereitet wurde, acht Schubkarren voll allmählich in die Pfanne geworfen, und zwar von vier Arbeitern, die ſie dann mit Schaufeln, die bis auf den Boden reichen, von unten her umwenden und mit dem Waſſer vermiſchen. Mit dieſen Schaufeln holen ſie auch die nicht gelöſten Geſteinsbrocken aus der Pfanne heraus. Auf dieſe Weiſe ſchaffen ſie die ganze Maſſe in drei bis vier Arbeitsgängen in die Pfanne, mit Unterbrechungen von je zwei bis drei Stunden. In dieſer Zeit beginnt nämlich das Waſſer, das durch die hineingeworfenen Geſteinsmaſſen abgekühlt wurde, jedesmal wieder zu kochen. Sobald die Löſung gereinigt und für die Abſcheidung der Mineralſtoffe geeignet geworden iſt, ſchöpft man ſie mit tiefen, löffelartigen Gefäßen heraus und läßt ſie durch Rinnen in 30 Wannen aus gewöhnlichem Eichen- oder Zerreichenholz laufen, deren Hohlraum 6 Fuß lang, 5 Fuß tief und 4 Fuß

[23]) Biringuccio, deſſen Pirotechnia Agricola mit großer Sorgloſigkeit vieles, ſo auch große Teile des Kapitels über den Alaun entnommen hat, ſagt deutlicher, daß nur der Boden des Keſſels aus Kupfer oder Bronze beſteht und die Form eines Zinntellers hat, alſo die Form einer flachen Schale mit einem niedrigen Rand. Auf dieſem Rand wird der übrige Teil des Keſſels aufgemauert. Biringuccio bringt auch ſchon faſt wörtlich die Beſchreibung des Dichtmachens des Innenraumes mit einem Kitt oder Mörtel aus zerſtoßenen Schneckenhäuſern uſw.

Der Ofen A. Platz für die Lagerung des Gesteins B. Gestein C. Schöpflöffel D. Der Kessel E. Die Rinne F. Die Wanne G.

breit iſt. In dieſen Wannen erſtarrt die Löſung, und der Alaun ſcheidet ſich ab, im Frühjahr in vier, im Sommer in ſechs Tagen. Dann öffnet man die Ausflüſſe am Boden der Wannen, läßt die flüſſig gebliebene Löſung in Gefäße laufen und bringt ſie in den Keſſel zurück oder hebt ſie zunächſt in Trögen auf, damit der Meiſter ſie erſt prüfen und dann von den Arbeitern in die Pfanne zurückſchütten laſſen kann. Denn dieſe Löſungen, die noch etwas Alaun enthalten, ſind immer noch beſſer als ſolche, die ganz und gar frei davon ſind. Der Alaun wird dann mit dem Schabeiſen oder mit Meſſern ausgeſchlagen; er wird je nach Beſchaffenheit des Geſteins verſchieden gehaltvoll und gut ſein, und zwar weiß oder rötlich, entſprechend der Farbe des Geſteins. Das erdige Pulver, das ſich 3 bis 4 Finger dick auf dem Boden der Behälter abſetzt und alaunhaltig iſt, wird mit friſchem Alaungeſtein in den Keſſel gebracht und nochmals verkocht. Schließlich wird der Alaun ausgeſchlagen, gewaſchen, getrocknet und verkauft.

Aus rohen Kieſen und anderen gemiſchten Alaungeſteinen wird Alaun auf folgende Weiſe gewonnen: Zunächſt werden ſie auf einem Lagerplatz gebrannt, dann einige Monate der Luft ausgeſetzt, damit ſie weich werden, und ſchließlich in Kufen geworfen und gelaugt. Die Löſung wird in viereckige Bleipfannen geſchüttet und eingekocht, bis ſich der Alaun ausſcheidet. Kieſe und andere Geſteine, die nicht nur mit Alaun gemiſcht ſind, ſondern auch noch Vitriole enthalten, was meiſtens der Fall iſt, werden in der von mir geſchilderten Art und Weiſe auf beide Erzeugniſſe verarbeitet. Und wenn ſchließlich in den Kieſen oder anderen gemiſchten Geſteinsarten Metalle enthalten ſind, ſo werden dieſe gelaugten Erze getrocknet und durch Schmelzen in Öfen auf die betreffenden Metalle, wie Gold, Silber oder Kupfer, verarbeitet. Vitriol kann nach vier Verfahren gewonnen werden; nach zwei Verfahren aus Vitriolwaſſer, nach einem aus Löſungen, die grauen, ſchwarzen oder roten Vitriol enthalten[24], und ſchließlich nach einem Verfahren aus vitriolhaltigen Erden, Steinen oder gemiſchten Mineralien. Vitriolwaſſer wird in Behältern geſammelt; und wenn es von da nicht abgeleitet werden kann, ſo ſchöpfen es die Arbeiter mit Eimern heraus und gießen es in warmen Gegenden und im Sommer auf Plätze, die unter freiem Himmel etwas vertieft angelegt ſind, oder man bringt das Vitriolwaſſer mit Hebezeugen aus den Schächten heraus und leitet es durch Rinnen in die Gruben, in denen es durch die Sonnenwärme verdichtet wird.

[24] Lat. Melanteria, Sory, Chalkitis und ſpäter Miſy. Es ſind dies in der Hauptſache Gemenge von Schwefelkies, Kupferkies und ihrer Verwitterungsprodukte, Eiſen- und Kupfervitriol. Über die antiken Anſchauungen im Zuſammenhange mit dieſen Bezeichnungen vgl. die ausführlichen, aber nicht immer klaren Ausführungen bei Plinius XXXIV, 30, 31, 32, und Dioskurides (Ausgabe von M. Wellmann, Berlin 1914), Buch V, 99, 100, 101, 102. Überſetzung von Berendes, S. 527 ff. Ferner H. Blümner, Gewerbe u. Künſte bei Griechen u. Römern, Leipzig 1886, Bd. 4, S. 91 ff. Agricola ſelbſt ſpricht ausführlich über dieſe Mineralien in „De Natura Foſſilium", Lib. III, Ausgabe Baſel 1546, S. 218 ff., und ſagt z. B. (S. 219): „Ex pyrite enim, qui est quasi stirps horum succorum omnium, gignuntur . . sory et melanteria; ex sory chalcitis, chalcitide diversae species atramenti sutorii . . „—Aus dem Pyrit, der gewiſſermaßen die Wurzel, das Ausgangsmineral aller dieſer Stoffe (Vitriole uſw.) iſt, entſtehen Sory und Melanteria; aus der Sory entſteht Chalcitis und aus Chalcitis verſchiedene Arten von Atramentum sutorium (Eiſenvitriol). Agricola ſagt dann weiter, daß die genannten Stoffe (Sory uſw.) immer Naturprodukte ſeien, Atramentum sutorium auch ein Kunſtprodukt. Sory und Melanteria ſeien grau und ſchwarz, Chalcitis kupferrot, Miſy bräunlich und goldgelb, Atramentum sutorium verſchiedenfarbig, weiß, blau und grün. Heute hat man noch die mineralogiſchen Bezeichnungen: Melanterit für Eiſenvitriol ($FeSO_4 + 7 H_2O$) als Verwitterungsprodukt von Schwefelkies und Markaſit, z. B. bei Goslar; Miſy, $2 Fe_2O_3 \cdot 3 SO_3 + 18 H_2$ D (Copiapit, Vitriolocker uſw.), durch Oxydation von Eiſenvitriol entſtanden; Chalkanthit für Kupfervitriol ($CuSO_4 + 5 H_2O$) als Verwitterungsprodukt von Kupferkieſen.

Der Stollen A. Der Bottich B. Der Sammelbehälter C.

In kalten Gegenden und im Winter wird Vitriolwaſſer und ſüßes Waſſer zu gleichen Teilen zuerſt in viereckigen Bleipfannen eingekocht und dann nach dem Abkühlen in Kufen oder Tröge gefüllt, die Plinius hölzerne Fiſchbehälter nennt, an denen oben eine Art Roſt oder Gitterwerk befeſtigt iſt. Von ihm hängen Schnüre herab, die durch kleine Steine geſpannt werden; an den Schnüren ſetzt ſich die eingedunſtete Flüſſigkeit an und verdichtet ſich zu durchſichtigen Vitriolwürfeln und Beeren, die ſich in Form von Trauben anſetzen.

Nach dem dritten Verfahren wird Vitriol aus grauen und ſchwarzen Vitriolerden gewonnen, während man die roten und beſonders die gelben gewöhnlich verſchmäht, ſofern die Gruben genügend graue und ſchwarze liefern. Aus roten und gelben Erden, beſonders aber aus letzteren, gewinnt man nämlich gefleckten Vitriol. Dieſe Erden werden, wenn ſie aus der Grube kommen, in Kufen geworfen und zunächſt mit Waſſer gewaſchen. Die Löſung wird dann in andere Kufen übergeführt, die 9 Fuß weit und 3 Fuß tief ſind. Dies geſchieht, damit man die Kieſe, aus denen nicht ſelten Kupfer gewonnen werden kann und die ſich auf dem Boden der Kufen abſetzen, herausnehmen kann. Zweige und Holzſtücke, die obenauf ſchwimmen, werden mit Reiſigbeſen entfernt, und wenn ſich der ganze

Die Pfanne A. Der Trog B. Die roſtartigen Stäbe C. Die Schnüre D. Kleine Steine E.

dicke Bodenſatz niedergeſchlagen hat, gießt man die Löſung in eine viereckige Bleipfanne, die 8 Fuß lang und 3 Fuß breit und tief iſt. Man läßt die Löſung in der Pfanne einkochen, bis ſie dick und klebrig wird, und läßt ſie dann durch eine Rinne in eine andere Bleipfanne fließen, die der oben beſchriebenen gleich iſt. Nach dem Abkühlen läßt man die Flüſſigkeit durch zwölf Rinnen in ebenſo viele Holzbehälter fließen, die $4^{1}/_{2}$ Fuß tief und 3 Fuß breit ſind. Auf dieſe Behälter werden Latten gelegt, und zwar mit 4 oder 6 Finger breitem Abſtand voneinander. Die Latten ſind durchbohrt, und von den Löchern hängen dünne Ruten herunter, die darin mit Pflöcken oder Keilen befeſtigt ſind und bis zum Boden des Behälters reichen. An ihnen ſetzt ſich der Vitriol an und erſtarrt in einigen Tagen in Form von Würfeln, die abgenommen und in Räume gebracht werden, deren mit Brettern belegter Boden ſchief geneigt ſein ſoll, damit die Flüſſigkeit, die vom Vitriol abtropft, in ein daruntergeſtelltes Gefäß abfließen und mit der Löſung zuſammen nochmals eingekocht werden kann. Das gleiche geſchieht auch mit der Löſung in den genannten zwölf Gefäßen, die, wenn ſie zu verdünnt geworden iſt, nicht erſtarrt und daher keinen Vitriol mehr ausgeſchieden hat.

Nach dem vierten Verfahren wird Vitriol aus vitriolhaltigen Erden und Geſteinsarten gewonnen. Solche Stoffe werden zunächſt zuſammengefahren, auf-

Der Holzbottich A. Die Querſtäbe B. Die Ruten C. Der Behälter mit geneigtem Boden D. Das daruntergeſtellte Gefäß E.

gehäuft, fünf bis ſechs Monate lang dem Frühjahrs- oder Herbſtregen, der ſommerlichen Wärme und dem Winterfroſt ausgeſetzt und öfters mit Schaufeln umgewendet, damit die Teile, die unten lagen, nach oben kommen. Auf dieſe Weiſe wird alles der Luft ausgeſetzt und abgekühlt; die Erde wird loſe und locker, und das Geſtein, das vorher hart war, wird weich. Die Maſſe wird dann zugedeckt oder unter Dach gebracht und bleibt auch hier wieder ſechs, ſieben oder acht Monate liegen. Dann wird eine genügende Menge davon in einen großen Behälter gebracht, der zur Hälfte mit Waſſer gefüllt und 100 Fuß lang, 24 Fuß breit und 8 Fuß tief iſt. Am Boden ſoll er eine Türe haben, die man öffnen kann, um die Rückſtände der Maſſe, die den Vitriol liefert, entfernen zu können. Die Tür hat 1 Fuß hoch über dem Boden drei oder vier Öffnungen, die, wenn ſie geſchloſſen ſind, die Flüſſigkeit zurückhalten und, wenn geöffnet, ſie ausfließen laſſen. Die Geſteinsmaſſen werden alſo mit Waſſer vermiſcht und mit Stangen verrührt und bleiben ſo lange in dem Behälter, bis ihre erdigen Teile ſich auf dem Boden abſetzen und ihre löslichen Teile vom Waſſer aufgenommen worden ſind. Man läßt dann die Löſung durch die Öffnungen aus dem Behälter auslaufen und in einen anderen, unterhalb aufgeſtellten Behälter einfließen, der die gleiche Länge hat, aber 12 Fuß

Die Pfanne A. Die Näpfe B. Kuchenförmige Stücke C.

breit und 4 Fuß tief iſt, damit er die Löſung faſſen kann. Wenn dieſe Löſung nicht genug Vitriol enthält, ſo löſt man friſche Mengen des Geſteins in ihr auf. Wenn die Löſung zwar ziemlich viel Vitriol enthält, aber doch nicht allen Vitriol des reichen Geſteins in ſich aufgenommen hat, ſo tut man gut, dasſelbe nochmals mit gewöhnlichem Waſſer zu behandeln. Die Löſung läßt man dann, ſobald ſie klar iſt, durch Rinnen in viereckige Bleipfannen fließen, in denen man ſie ſo lange einkocht, als noch Waſſer verdampft. Dann wirft man Eiſenblechſchnitzel hinein, die ſich darin löſen ſollen[25], und zwar nur ſo viel, wie die Natur der Löſung es erfordert, und läßt weiter einkochen, bis die Löſung ſo reich geworden iſt, daß ſich nach dem Abkühlen der Vitriol ausſcheidet. Wenn es ſoweit iſt, bringt man die Löſung in Wannen, Kufen oder andere Gefäße, in denen im Laufe von zwei bis drei Tagen alles erſtarrt, was überhaupt erſtarren kann. Das nicht Erſtarrte wird entweder gleich in die Pfanne zurückgegoſſen und nochmals eingedampft oder aufbewahrt, um friſches Geſtein damit zu löſen. Es eignet ſich dazu beſſer als gewöhnliches Waſſer. Der ausgeſchiedene Vitriol wird ausgeſchlagen, nochmals in die Pfanne geworfen und erhitzt, wobei er flüſſig wird. Das Geſchmolzene gießt man in Näpfe, damit ſich kuchenförmige Stücke bilden. Wenn der Vitriol

[25]) Bei der Verwitterung von Schwefelkieſen entſteht neben Eiſenvitriol auch freie Schwefelſäure, die durch das in die Löſung gebrachte Eiſen gebunden werden ſoll.

zunächſt nicht genügend feſt wird, gießt man das Flüſſiggebliebene ab, macht das Erſtarrte von neuem zwei- bis dreimal in der Pfanne flüſſig und läßt es nach dem Eingießen in die Näpfe wieder erſtarren. So erhält man aus dem Vitriol reine und ſchön ausſehende kuchenförmige Stücke.

Vitriolhaltige Kieſe, die zu den gemiſchten Geſteinsarten gehören, werden wie alaunhaltige Kieſe gebrannt und mit Waſſer behandelt. Die Löſung wird in Bleipfannen eingekocht, bis ſich Vitriol ausſcheidet. Oft gewinnt man gleichzeitig Alaun und Vitriol aus dieſen Mineralien, und das iſt kein Wunder, weil dieſe beiden Salze verwandt ſind und ſich nur dadurch voneinander unterſcheiden, daß der Alaun weniger und der Vitriol mehr erdartig iſt. Kieſe dieſer Art, die Metalle enthalten, werden in Öfen verſchmolzen. Ebenſo wird aus anderen vitriol- und metallhaltigen Gemengen Vitriol und Metall gewonnen.

Wenn die Erze reich an vitriolhaltigen Kieſen ſind, ſo ſpalten manche Bergleute mäßig große Bäume in der Mitte auseinander und ſchneiden die Teile wieder in ſo lange Stücke, daß ſie der Weite der Querſchläge und Stollen entſprechen, in denen ſie die Hölzer quer legen. Dies geſchieht der Feſtigkeit wegen in der Weiſe, daß der flache Teil nach vorn geneigt liegt und der runde Teil nach hinten. Unten können ſie miteinander verbunden werden, oben nicht. Der leere Raum zwiſchen ihnen wird mit Kieſen ausgefüllt, und auf dieſe Kieſe und auf die Hölzer werden zerkleinerte Kieſe geſchüttet, um für die Hinein- und Hinausgehenden einen ebenen, gleichmäßigen Weg zu ſchaffen. Dieſe Kieſe werden durch das Waſſer, das in den Querſchlägen und Stollen herabtropft, naß, und es entſtehen Vitriol und verwandte Stoffe aus ihnen. Wenn das Waſſer aufhört herabzutropfen, trocknet dieſer Vitriol, erhärtet und kann aus der Grube herausgeſchafft werden zugleich mit Kieſen, die noch nicht durch Waſſer ausgelaugt ſind. Dieſe Kieſe und die aus den Stollen herausgeſchafften werden in Kufen und Gruben geſchüttet. Man gießt heißes Waſſer darüber, löſt den Vitriol und laugt ſo die Kieſe aus. Die grüne Löſung wird in andere Kufen und Gruben übergeführt, damit ſie klar und rein wird, und ſodann in Bleipfannen eingekocht, bis ſie dickflüſſig iſt. Man gießt ſie dann in Holzgefäße, in denen ſie an Schnüren, Ruten oder Zweigen anſetzt und zu grünem Vitriol erſtarrt.

Schwefel wird aus ſchwefelhaltigen Wäſſern, aus Schwefelerzen oder aus ſchwefelhaltigen Gemengen gewonnen.

Die Wäſſer werden in Bleipfannen geleitet und bis zur Ausſcheidung von Schwefel eingekocht[26]. Wenn ein Gemiſch von ſolchem Schwefel und Eiſenhammerſchlag zuſammen erhitzt und in Töpfe gebracht wird, die dann mit Lehm und künſtlich gewonnenem Schwefel verſtrichen werden, ſo entſteht eine andere Art von künſtlichem Schwefel, den man Roßſchwefel nennt[27].

26) Dieſe Darſtellung iſt unklar. Eine eigentliche wäſſerige Löſung von Schwefel gibt es nicht. In Schwefelquellen iſt Schwefelwaſſerſtoff enthalten, der durch den Sauerſtoff der Luft zu Schwefel und Waſſer oxydiert wird, wobei auch niedere Organismen Vermittler ſein können.

27) Lat. caballinum. Roßſchwefel wurde gelegentlich roher Schwefel aus Schwefelkieſen u. dgl. genannt, wohl auch ein Gemenge aus ſolchen Erzen und Schwefel, aus dem durch Sublimation reiner Schwefel gewonnen wurde. Der sulphur caballinum crudum ſah ſchwärzlich aus. Den Namen hatte er von ſeiner Verwendung in der Tierheilkunde. Ruland in ſeinem Lexicon Alchemiae verzeichnet sulphur caballinum factitium, Roßſchwefel, ſchwarzer Schwefel. Eine ſolche künſtlich hergeſtellte Maſſe, die in der Hauptſache aus Schwefeleiſen beſteht, iſt es auch, die hier von Agricola als „eine Art von künſtlichem Schwefel" ziemlich ungeſchickt bezeichnet wird. Er wird von Agricola auch in „De Natura Foſſilium", Baſel 1546, S. 227, erwähnt.

Erze, die aus Schwefel und Erde, ſeltener aus anderen Mineralien beſtehen[28], werden in bauchigen, irdenen Töpfen erhitzt. Die Öfen, die zwei ſolche Töpfe aufnehmen können, ſind in drei Abteilungen geteilt. Die unterſte iſt 1 Fuß hoch und ſoll an der Vorderſeite eine Öffnung für den Luftzug haben. Oben ſoll dieſer Teil mit Eiſenplatten gedeckt ſein, die in der Nähe des Randes Öffnungen haben und von eiſernen Stäben getragen werden. In dieſen Teil des Ofens wird das Feuerholz gebracht. Der mittlere Teil ſoll $1^1/_2$ Fuß hoch ſein und an der Vorderſeite eine Öffnung haben, um das Holz in den Ofen bringen zu können. Oben ſollen Stäbe angebracht ſein, auf denen die Töpfe ſtehen. Der oberſte Teil iſt etwa 2 Fuß hoch. Die Töpfe ſind ebenfalls 2 Fuß hoch und 1 Finger dick und haben unterhalb der Öffnung eine lange, enge Naſe. Die Töpfe werden mit einem Deckel verſchloſſen, der ebenfalls aus Ton beſteht und in die Öffnung paßt. Zu je zweien dieſer Töpfe gehört ein einzelner Topf von gleicher Größe und Form. Er hat keine Naſe, aber drei Öffnungen, von denen zwei, die ſich unterhalb des oberen Randes befinden, die Naſen der zwei Töpfe aufnehmen. Aus der dritten Öffnung, die an der entgegengeſetzten Seite unten am Boden angebracht iſt, fließt der Schwefel aus. Die Öfen, in die je zwei Töpfe mit Naſen eingeſetzt ſind, haben einen Abſchluß von eiſernen Platten, die 2 Finger dick mit Lehm verſtrichen ſind. Die Öfen ſind damit vollſtändig geſchloſſen, bis auf zwei oder drei Luftlöcher. Außerdem ragt auch der obere Teil der Töpfe über die Ofenplatte hinaus. Außerhalb jedes Ofens, auf der einen Längsſeite, wird der Topf ohne Naſe aufgeſtellt, in deſſen Löcher die Naſen der zwei erwähnten Töpfe hineinreichen. Er wird auf zwei Seiten mit Ziegelſteinen ummauert, damit er feſt ſteht. Wenn die Töpfe mit den Schwefelerzen in den Ofen gebracht worden ſind, deckt man ſie feſt zu und verſtreicht die Verbindungsſtellen von Topf und Deckel mit Lehm, damit der Schwefel hier nicht entweichen kann. Aus dem gleichen Grunde werden die untergeſetzten Töpfe mit Deckeln verſchloſſen und mit Lehm verſtrichen. Man zündet dann das Brennholz an und erhitzt das Erz, bis der Schwefel verdampft. Der aufſteigende Dampf geht durch die Naſen in den untergeſetzten Topf und verdichtet ſich zu Schwefel, der ſich wie geſchmolzenes Wachs auf den Boden ſetzt. Er fließt aus der erwähnten Bodenöffnung aus, und der Arbeiter macht kuchenförmige Stücke daraus, oder er formt Röhren oder Stäbe oder ſtellt Schwefelhölzer her, indem er kleine Holzſtücke in den Schwefel eintaucht. Man zieht dann das brennende Holz und die Glut aus dem Herd, öffnet nach dem Erkalten die zwei Töpfe und nimmt die Rückſtände heraus, die, wenn das Erz aus Erde und Schwefel beſtand, ausſehen wie Aſche von Holz, welches vorzeitig von ſelbſt ausgelöſcht iſt. Wenn das Erz aus Schwefel, Erde und Steinen zuſammengeſetzt war oder nur aus Schwefel und Steinen, ſo ſieht der Rückſtand wie vollkommen getrocknete Erde aus oder wie ſtark geröſteter Stein. Man füllt dann die Töpfe von neuem mit Erz und wiederholt die ganze Arbeit.

Schwefelhaltige Gemenge, die nur aus Steinen und Schwefel beſtehen oder aus Steinen, Schwefel und metalliſchen Erzen, werden in Töpfen erhitzt, die

[28] Die folgenden Beſchreibungen Agricolas beziehen ſich auf die Gewinnung von Schwefel aus verſchiedenen ſchwefelhaltigen Erzen, aus ſchwefelhaltigen Erden und vor allem aus Schwefelkies. Wenn letzterer bei Luftabſchluß erhitzt wird, geht Schwefel fort nach folgender Gleichung: $FeS_2 = FeS + S$. Bei Verwendung einer geſchloſſenen Vorlage, wie ſie Agricola beſchreibt, bekam man als Produkt geſchmolzenen Schwefel. Fein verteilter Schwefel – Schwefelblumen – entſteht, wenn der ſublimierende Schwefel in größeren Kammern aufgefangen wird.

Die Gefäße mit Naſen A.   Das Gefäß ohne Naſe B.   Der Deckel C.

ähnlich ſind, aber einen durchlöcherten Boden haben. Der Herd aber ſoll folgendermaßen beſchaffen ſein: An der Mauer der Hütte werden zwei Ziegelwände erbaut, die 7 Fuß hoch, 3 Fuß lang und 1½ Fuß ſtark ſind. Sie ſind 27 Fuß voneinander entfernt, und zwiſchen ihnen werden ſieben niedrige, nämlich 2 Fuß und ebenſo viele Finger hohe Mauern errichtet. Sie ſind wie die erwähnten Ziegelwände 3 Fuß lang, aber nur 1 Fuß ſtark und ſtehen in gleichen Abſtänden, nämlich 2½ Fuß, voneinander und von den erwähnten Ziegelwänden. Oben ſind eiſerne Stäbe befeſtigt, die eiſerne Platten von 3 Fuß Länge und Breite und 1 Finger Stärke tragen, um die ſchwere Laſt der Töpfe und die Gewalt des Feuers aushalten zu können. Die Platten haben in der Mitte eine runde Öffnung, die 1½ Finger weit iſt; auf dieſe Platten — es haben nicht mehr als acht Stück davon Platz — werden ebenſo viele unten durchbohrte Töpfe geſetzt. Ebenſo viele nicht durchlöcherte Töpfe werden daruntergeſetzt. Die erſteren Gefäße werden mit dem Erz beſchickt und mit einem Deckel verſchloſſen. Die unteren Gefäße enthalten Waſſer und reichen mit ihrem oberen Rand bis an die erwähnten Platten. Um die oberen Töpfe herum wird Brennholz gelegt und angezündet. Die Erze in den Gefäßen werden dadurch erhitzt und ſondern roten, gelben und grünen[29]

[29] Die Färbungen entſtehen durch Verunreinigung mit kleinen Teilen der erhitzten Erze.

Die lange Mauer A. Die hohen Mauern B. Die niedrigen Mauern C. Eiſenplatten D. Die oberen Töpfe E. Die unteren Töpfe F.

Schwefel ab, der durch die Öffnungen fließt, von den Töpfen aufgenommen wird, die unter den Platten ſtehen, und durch das Waſſer in den Töpfen abgekühlt wird. Wenn dieſe gemiſchten Mineralien Metalle enthalten, ſo werden die Rückſtände aufbewahrt und verſchmolzen; andernfalls werden ſie weggeworfen. Der Schwefel kann übrigens aus ſolchen gemiſchten Mineralien am beſten gewonnen werden, wenn die oberen Töpfe in einem überwölbten Ofen aufgeſtellt werden, ähnlich wie die Gefäße, von denen ich im achten Buche, im Zuſammenhang mit hüttenmänniſchen Fragen, geſprochen habe. Jene Gefäße haben keinen Boden, ſondern innen eine Art Roſt, die Töpfe werden auch dort aufeinandergeſetzt. Aber die Platte muß in dieſem Falle eine größere Öffnung beſitzen[30].

Andere graben ein krugartiges Gefäß in die Erde ein und ſetzen ein anderes, unten durchlöchertes Gefäß darüber, in welchem ſie Kieſe, Cadmia oder anderes ſchwefelhaltiges Erz ſo unterbringen, daß der Schwefel ſich nicht verflüchtigen kann. Wenn mit heftigem Feuer erhitzt wird, ſondert das Erz Schwefel ab, der in das untere Gefäß fließt, das Waſſer enthält[31].

[30] S. 240.

[31] Dieſes Verfahren und die vorhergehenden entſprechen einigermaßen der „Destillatio per descensum" der Alchimiſten, bei der die zu gewinnende Subſtanz nach unten abfließt. Vgl. Darmſtaedter, E.: Die Alchemie des Geber, Berlin 1922.

Bitumen wird aus bituminösen Gewässern, aus flüssigem Bitumen und aus bituminösen gemischten Mineralien gewonnen. Bituminöses und auch salzhaltiges Wasser wurde in Babylon, wie Plinius schreibt[32]), von Salzbrunnen aus in die Salzwerke geleitet, von der starken Sonnenglut eingedunstet und verdichtet, teils zu flüssigem Bitumen, teils zu Salz. Das Bitumen, das leichter ist, geht an die Oberfläche, das schwerere Salz nach unten.

Das obere Gefäß A. Das untere Gefäß B. Der Deckel C.

Flüssiges Bitumen, das in größeren Mengen auf dem Wasser von Quellen, Bächen oder Flüssen schwimmt, wird mit Eimern oder anderen Gefäßen abgeschöpft. Kleine Mengen werden mit Hilfe von Gansflügeln, leinenen Tüchern, Haarbüscheln, Häutchen von Binsenrohr und anderen Dingen, an denen sich das Bitumen leicht anhängt, gesammelt, in großen kupfernen oder eisernen Gefäßen gekocht und in der Wärme verdichtet. Man verwendet es für verschiedene Zwecke, und manche vermischen es mit Pech, andere mit alter Wagenschmiere, um deren Zähigkeit zu mildern. Hart wird das Bitumen aber nicht, auch nicht beim Kochen in Töpfen. Gemischte Mineralien, die Bitumen enthal-

[32]) Plinius XXXI, 39. Salzwasser aus Brunnen; ölartiges Bitumen auf Salzlauge in Babylon. Über Bitumen, Asphalt u. dgl. schreibt Agricola auch in De Natura Fossilium, Liber IV, Basel 1546, S. 229, und erwähnt dort auch die Bezeichnung „Petroleum".

ten, werden in der gleichen Weiſe wie die ſchwefelhaltigen in Töpfen mit durchlochtem Boden erhitzt. Man macht das allerdings ſeltener, da ſolches Bitumen nicht ſehr geſchätzt iſt.

Alle Salze, die reichlich und im Überfluß im Waſſer enthalten ſind, und auch alle Erden ſetzen ſich in Quellen und auf dem Boden von Flüſſen und Bächen ab, und auch Steine, die darin liegen, werden von ihnen überzogen. Dieſe ausgeſchie-

Die bitumenhaltige Quelle A. Der Bottich B. Das kupferne oder eiſerne Gefäß C. Der Deckel D.

denen Salze und Erden bedürfen nicht der Wärme der Sonne oder des Feuers, um zu erhärten. Kluge Leute, die das beobachteten, erfanden Verfahren, um auch andere Salze und manche wertvollen Erden zu gewinnen. Sie faſſen nämlich ſolches Waſſer, das aus Quellen oder Stollen herausfließt, in hölzerne Wannen oder Behälter, die hintereinander angeordnet ſind. Es bildet ſich darin ein Niederſchlag, der jedes Jahr abgeſchabt und geſammelt wird, ſo z. B. Chryſokolla in den Karpathen und Ocker im Harz[33].

33) Vgl. Agricola, De Natura Foſſilium, Liber III. Froben. Baſileae MDXLVI, S. 221: „Bei Neuſohl in den Karpathen fließt grünes Waſſer aus einem alten Stollen, das Chryſokolla mit ſich führt." Es iſt Neuſohl in Ungarn gemeint, wo ſich Kupferbergwerke befinden. Das aus der Grube herausfließende Waſſer enthält Eiſen- und Kupfervitriol.

Es ist nun noch das Glas zu besprechen, dessen Darstellung hierher gehört, weil es aus gewissen Salzen und aus grobem und feinem Sand durch die Wirkung des Feuers und nach einem kunstvoll ausgearbeiteten Verfahren hergestellt wird. Es ist durchsichtig wie einige Salze, Edelsteine und auch wie manche anderen Steine, und es kann wie schmelzbare Steine und Metalle geschmolzen werden. Ich will nun zunächst über die Rohstoffe sprechen, aus denen das Glas bereitet wird, dann

Das Stollenmundloch A. Das Gerinne B. Die Behälter C. Die Überläufe D.

über die Öfen, in denen es geschmolzen wird, und schließlich über die Art und Weise der Glasbereitung selbst.

Das Glas wird aus schmelzbaren Steinen hergestellt und aus erstarrten Lösungen und auch aus anderen Stoffen, die sich mit den genannten auf Grund natürlicher Verwandtschaft verbinden. Schmelzbare und dabei helle und durchscheinende Steine sind anderen vorzuziehen, und man hält deshalb die Kristalle[34] für die besten Ausgangsstoffe. Aus diesen Kristallen, die man zuerst zerkleinert, macht man in Indien, wie Plinius schreibt, ein Glas, das so hervorragend durchsichtig ist,

[34] Gemeint ist hier offenbar Bergkristall, der besser und reiner ist als die im folgenden erwähnten „Steine", nämlich gewöhnlicher Quarz oder Quarzsand.

daß kein anderes damit verglichen werden kann. An zweiter Stelle kommen Steine in Betracht, die zwar nicht ſo hart wie Kriſtalle ſind, aber faſt ebenſo hell und durchſcheinend, und ſchließlich an dritter Stelle ſolche Steine, die zwar hell ſind, aber nicht durchſcheinend. Die Steine müſſen zunächſt gebrannt und dann in Pochwerken zerſtoßen, zerkleinert und dadurch in die Form von grobem Grieß gebracht werden, der dann geſiebt wird. Wenn die Glasmacher ſolchen Grieß oder Sand an Flußmündungen finden, ſo bleibt ihnen die Arbeit des Brennens und Zerkleinerns erſpart.

Was nun die Salze betrifft, ſo verwendet man in erſter Linie Soda, ferner weißes und durchſcheinendes Steinſalz und drittens Salz, das aus Lauge dargeſtellt wird, die man aus der Aſche von Anthyllium[35] oder anderen Salzkräutern gewinnt. Manche ſchätzen übrigens dieſes Salz mehr als das vorhergenannte. 2 Teile von grobem oder feinem, aus ſchmelzbaren Steinen gewonnenem Sand werden mit 1 Teil Soda, Steinſalz oder aus Salzkraut hergeſtelltem Salz vermiſcht. Dazu bringt man kleine Stücke von Magnetſtein. Wie in früheren Zeiten glaubt man nämlich auch in unſeren Tagen an die außerordentliche Fähigkeit des Magnetſteins, die flüſſige Subſtanz des Glaſes an ſich zu ziehen, wie er das Eiſen anzieht. Und dieſe Subſtanz, die er anzieht, reinigt er auch und macht aus grünem und gelbem Glas weißes[36]. Der Magnetſtein ſelbſt wird dann vom Feuer verzehrt. Wenn man die genannten Salze nicht hat, nimmt man 2 Teile Aſche von Eiche, Steineiche, Zerreiche oder, wenn ſolche nicht zur Verfügung ſteht, von Buche oder Fichte und vermiſcht ſie mit 1 Teil groben oder feinen Sandes. Man ſetzt etwas Salz hinzu, das aus Sole oder Meerwaſſer gewonnen iſt, und ein kleines Stück Magnetſtein. Aber dieſe Rohſtoffe ergeben ein weniger helles und durchſichtiges Glas.

Die Aſche gewinnt man aus alten Bäumen, deren Stamm in einer Höhe von 6 Fuß ausgehöhlt wird. In dieſer Höhle entzündet man ein Feuer, das den ganzen Baum verbrennt und in Aſche verwandelt. Das geſchieht im Winter, wenn lange Zeit Schnee liegt, oder im Sommer, wenn es nicht regnet. Durch Regenfälle, die in den anderen Jahreszeiten häufiger ſind, wird nämlich die Aſche mit Erde ver-

35) Plinius XXI, 103. „Anthyllium wächſt auf ſandigen, ſonnigen Plätzen . . es ſchmeckt etwas ſalzig.“ Gemeint ſind vielleicht Anthyllisarten, die z. B. am Ufer des Mittelländiſchen Meeres wachſen und wohl Alkali enthalten. Andere Pflanzen, die Kalium- und Natriumkarbonat enthalten, ſind Salsola soda und Salsola kali, Salicorniaarten und Atriplex halimus. Vgl. Strasburger, Eduard: Streifzüge an der Riviera, 3. Aufl., Jena 1913. Zur Sodabereitung aus Pflanzen werden dieſe an der Luft getrocknet und in Gruben verbrannt. Das Produkt iſt eine ſalzige, harte, halb geſchmolzene Maſſe, die außer Soda natürlich auch andere Stoffe enthält, wie Kochſalz, Kalk, Kieſelſäure. Solche Pflanzenſodaprodukte, die früher gebraucht wurden, ſind z. B. die Barilla aus Spanien, mit 25 bis 30% Natriumkarbonat, und das Salikor von Narbonne aus Salicorniaarten.

36) Die alte, auch bei Plinius vorkommende Verwechſlung von Magnetſtein (Magnetit) und Braunſtein (Pyroluſit). Plinius z. B. XXXVI, 66: „man glaubte, der Magnetſtein ziehe wie das Eiſen auch das flüſſige Glas an ſich.“ Agricola hat alſo dieſe Stelle faſt wörtlich übernommen. Über Magnes lapis und Mangan ſowie über die Entſtehung dieſer Bezeichnung aus „Manganeſium“ vgl. Kopp, Hermann: Geſchichte der Chemie 4, Braunſchweig 1843/1847, S. 82 ff. Braunſtein, Mangandioxyd, wirkt als Zuſatz bei der Glasfabrikation teils phyſikaliſch, indem es durch Komplementwirkung die durch Eiſen verurſachte gelbgrüne Färbung durch Manganviolett aufhebt, teils chemiſch durch Oxydation und Veränderung der grünen Eiſenfärbung in weniger ſichtbares Gelb. Die Rohſtoffe für die Glasfabrikation ſind, wie kurz erwähnt werden kann, Quarzſand, Pottaſche, Soda oder Glauberſalz (Natriumſulfat) und Kalk (Marmor, Kreide u. dgl.) ſowie manchmal Bleioxyd. Vgl. Springer, L.: Das Glas. Halle (Saale) 1922. Schnurpfeil, P. K. Ed.: Die Glasfabrikation, 6. Aufl. von E. Tſcheuchners Handbuch der Glasfabrikation. Leipzig 1923. Dralle, R.: Die Glasfabrikation. München 1911, 2. Aufl. I. Bd. 1926. Ältere Literatur: Neri, Ant.: L’arte vetraria . . ., Firenze 1612, deutſche Ausgabe. Neri, Anthonii: . . . Glaßmacher-Kunſt. . . Frankfurt u. Leipzig 1678. Johannis Kunckelii: Ars Vitraria Experimentalis oder Vollkommene Glasmacher-Kunſt . . . Frankfurt u. Leipzig 1679.

Die untere Kammer des ersten Ofens A. Die obere Kammer B. Glasstücke C.

mischt und dadurch verunreinigt. Deshalb zerschneidet man auch solche Bäume in mehrere Teile, verbrennt diese unter Dach und gewinnt so Asche aus ihnen.

Manche Glasmacher verwenden drei Öfen, andere zwei und manche nur einen Ofen. Die Glasmacher, die drei Öfen verwenden, schmelzen im ersten Ofen die Rohstoffe zusammen, schmelzen die Masse im zweiten Ofen noch einmal und lassen im dritten Ofen die glühenden Glasgefäße und andere Waren abkühlen. Der erste Ofen dieser Glasmacher ist überwölbt und hat Ähnlichkeit mit einem Backofen. In der oberen Ofenkammer, die 6 Fuß lang, 4 Fuß breit und 2 Fuß hoch ist, werden die zusammengemischten Rohstoffe durch ein scharfes Feuer aus trockenem Holz erhitzt, bis sie schmelzen und in eine Glasmasse verwandelt sind. Dieses Glas ist noch nicht frei von Glasgallen. Man läßt es abkühlen, nimmt es heraus und zerbricht es in Stücke. Im gleichen Ofen werden die Töpfe erhitzt, die später diese Glasstücke aufnehmen[37].

Der zweite Ofen ist rund, hat einen Durchmesser von 10 und eine Höhe von 8 Fuß. Damit er größere Festigkeit bekommt, wird er außen von fünf Bögen umspannt, die 1 1/2 Fuß dick sind. Auch dieser Ofen besteht aus zwei Kammern. Das Gewölbe der unteren Kammer besitzt eine Dicke von 1 1/2 Fuß. An der Vorder-

[37] Nämlich um sie nochmals umzuschmelzen und dadurch zu „läutern".

Die Bögen des zweiten Ofens A. Sein unteres Ofenloch B. Die Fenſter der oberen Kammer C. Die bauchigen Gefäße D. Das Ofenloch des dritten Ofens E. Raum für die Aufnahme der länglichen Behälter F. Öffnungen der oberen Kammer G. Die länglichen Behälter H.

ſeite hat dieſer Raum eine enge Öffnung, um Brennholz in die Feuerſtelle, die ſich am Boden befindet, hineinbringen zu können. Ganz oben in der Mitte beſitzt das Gewölbe eine große, runde Öffnung, die zur oberen Kammer führt, damit die Flammen in dieſe hineinſchlagen können. In der Mauer der oberen Kammer zwiſchen den Bögen befinden ſich acht Fenſter, die ſo groß ſind, daß durch ſie hindurch bauchige Gefäße auf dem Boden der Kammer um die große Öffnung herum aufgeſtellt werden können. Dieſe Gefäße ſind etwa 2 Finger dick, etwa 2 Fuß hoch; ihr Durchmeſſer beträgt an der weiteſten Stelle $1^{1}/_{2}$ Fuß und am oberen Rand und am Boden 1 Fuß. Im hinteren Teil des Ofens iſt eine viereckige Öffnung angebracht, die 1 Hand breit und hoch iſt. Durch dieſe Öffnung dringt die Hitze in den dritten, angrenzenden Ofen, der viereckig, 8 Fuß lang, 6 Fuß breit iſt und ebenfalls aus zwei Kammern beſteht. Die untere hat an der Vorderſeite eine Öffnung, um Brennholz in den Feuerraum am Boden des Ofens hineinbringen zu können. Auf jeder Seite dieſer Öffnung befindet ſich ein Raum, der etwa 4 Fuß lang, 2 Fuß hoch und $1^{1}/_{2}$ Fuß breit iſt und der die länglichen Tongefäße aufnimmt. Die obere Kammer ſoll 2 Öffnungen haben, je eine auf der rechten und auf der linken Seite, ſo weit und hoch, daß man die Gefäße bequem in die Kammer ſtellen kann. Dieſe Gefäße ſind 3 Fuß lang, 1 1/2 Fuß hoch, unten 1 Fuß breit und oben gewölbt. In ſie werden die ſchon fertigen Glaswaren eingeſetzt, damit ſie bei geringerer Hitze abkühlen. Denn wenn das Glas nicht auf ſolche Weiſe langſam abgekühlt wird, zerſpringt es. Dieſe Gefäße werden dann aus der oberen Kammer herausgenommen und zum Abkühlen ſofort in die erwähnten Aufnahmeräume geſetzt.

Da, wo man nur zwei Öfen verwendet, ſchmilzt man im erſten Ofen die miteinander vermiſchten Rohſtoffe zuſammen und wiederholt das Schmelzen der Glasmaſſe im zweiten Ofen. Außerdem ſetzt man in letzteren auch die fertigen Glaswaren zum Abkühlen hinein. Bisweilen führt man die erſte und die wiederholte Schmelzung in verſchiedenen Kammern des zweiten Ofens aus und bringt die fertige Glasware zum Abkühlen in den dritten Ofen. In dieſem Falle kann man den erſten Ofen entbehren, im vorher genannten Falle den dritten Ofen. Dieſer zweite Glasofen unterſcheidet ſich aber von dem anderen zweiten Ofen in folgenden Punkten. Er iſt ebenfalls rund, aber ſein Hohlraum hat einen Durchmeſſer von 8 Fuß, und ſeine Höhe beträgt 12 Fuß. Er beſteht aus drei Kammern, deren unterſte der unteren Kammer des anderen zweiten Ofens ähnlich iſt. In der Mauer der mittleren Kammer ſind ſechs Rundbogenfenſter angebracht, die nach dem Einſetzen der erhitzten Gefäße mit Lehm verſchloſſen werden, wobei man nur kleine Schaulöcher frei läßt. Oben an der Decke dieſer mittleren Kammer, und zwar in der Mitte, befindet ſich eine viereckige Öffnung, 1 Hand hoch und breit, durch welche die Hitze in die oberſte Kammer dringen kann. Dieſe oberſte Kammer hat an der hinteren Seite eine Öffnung, in die man ein längliches Tongefäß mit der Glasware ſtellen kann, die langſam abkühlen ſoll. Auf dieſer Seite iſt der Boden der Werkſtatt erhöht, oder es iſt hier eine Bank aufgeſtellt, damit die Glasarbeiter hinaufſteigen und die Ware bequemer im Ofen aufſtellen können.

Wenn man den erſten Ofen nicht zur Verfügung hat, bringt man abends nach vollbrachtem Tagwerk den Glasſatz in die Töpfe. Er wird die Nacht hindurch erhitzt, ſchmilzt und wird zu Glas. Zwei Knaben unterhalten abwechſelnd Tag und Nacht durch Einlegen von trockenem Brennholz in den Feuerraum das Feuer. Da, wo man ſich nur eines Ofens bedient, benutzt man die zweite Art, die aus drei Kammern beſteht. In dieſem Falle bringt man den Glasſatz abends in die Töpfe, entfernt in der Frühe die Glasgalle, macht die Glasware fertig und bringt ſie, wie es auch ſonſt geſchieht, in die oberſte Kammer. Der zweite Ofen beſteht aus zwei oder drei Kammern und wird, ebenſo wie der erſte Ofen, aus rohen Ziegeln gebaut, die an der Sonne getrocknet ſind. Dieſe Ziegel werden aus einer Erde geſtrichen, die im Feuer nicht ſchmilzt und auch nicht zu einem Pulver zerfällt. Sie ſoll von kleinen Steinen geſäubert und mit Stöcken geſchlagen werden[38]. Mit der gleichen Erde ſtatt mit Kalk werden auch die Ziegel aufeinander gemauert, und aus der gleichen Erde formen die Töpfer auch die Gefäße und Töpfe, die ſie dann im Schatten trocknen.

Nun bleibt noch ein Drittes zu beſprechen. Die Glasmaſſe wird im erſten Ofen auf die angegebene Art und Weiſe zuſammengeſchmolzen und dann in Stücke

38) Offenbar um Steine aus der Erde oder dem Lehm oder Ton zu entfernen. Manchmal wurde der Lehm zu dieſem Zweck auch mit Füßen durchgetreten.

*Die untere Kammer eines anderen zweiten Ofens A. Die mittlere Kammer B.
Die oberſte Kammer C; deren Fenſter D. Die runde Öffnung E. Die viereckige Öffnung F.*

zerbrochen. Die Arbeiter heizen den zweiten Ofen, um die Bruchstücke nochmals zu schmelzen, und wärmen gleichzeitig während der genannten Tätigkeit die Töpfe im ersten Ofen zunächst bei gelindem Feuer an, um die Feuchtigkeit auszutreiben. Dann erhitzen sie die Gefäße mit schärferem Feuer, bis sie trocken und rot werden [39]. Die Glasmacher öffnen dann die Ofenmündung, fassen die Töpfe mit einer Zange, setzen sie, sofern sie keine klaffenden Risse bekommen haben, schnell in den zweiten Ofen und füllen sie, wenn sie wieder heiß geworden sind, mit Bruchstücken von roher Glasmasse oder Bruchstücken von fertigem Glas. Dann verschließen sie alle Fenster des Ofens mit Lehm und Ziegeln und lassen nur je zwei kleine Öffnungen frei. Durch die eine können sie hineinsehen und mit einer Pfeife geschmolzenes Glas aus den Töpfen herausnehmen. Durch die andere Öffnung schieben sie eine andere Pfeife in den Ofen, um sie heiß werden zu lassen. Beide Pfeifen bestehen aus Messing, Bronze oder Eisen und sind 3 Fuß lang. Vor den kleinen Öffnungen ist auf der Ofenmauer eine Marmorplatte befestigt, auf ihr wird etwas Erde zusammengehäuft und ein Eisenstück daraufgelegt. Letzteres hält die in den Ofen geschobene Pfeife fest, ersteres schützt die Augen der Arbeiter vor der Glut des Feuers. Wenn das alles ordentlich vorbereitet ist, gehen die Glasmacher ans Werk.

Mit trockenem Brennholz, das eine Flamme gibt, aber keinen Rauch macht, werden die Glasstücke eingeschmolzen. Je länger man sie schmilzt, desto reiner und durchsichtiger, fleckenloser und blasenfreier wird das Glas, desto leichter bringen die Glasmacher ihr Werk zu einem guten Ende. Wenn man den Glassatz, aus dem das Glas gemacht wird, nur eine Nacht schmilzt und dann sofort die Glaswaren daraus herstellt, so werden diese weniger rein und durchsichtig, als wenn man zuerst eine Glasschmelze herstellt und ihre Bruchstücke dann nochmals einen Tag und eine Nacht hindurch schmilzt. Aber auch das letztere Erzeugnis ist noch weniger rein und durchsichtig als das Glas, das man durch erneutes Schmelzen während zweier Tage und Nächte erhält. Die Güte des Glases liegt nämlich nicht nur in den Rohstoffen, aus denen es hergestellt wird, sondern auch in der Art des Schmelzens.

Die Glasmacher entnehmen öfters eine Probe mit ihren Pfeifen, und sobald sie daraus ersehen, daß die wiederholt geschmolzenen Glasstücke genügend gereinigt sind, tauchen sie die andere Pfeife in den Topf. Sie wird langsam gedreht und nimmt etwas Glas heraus, das sich wie ein zäher, klebriger Saft anhängt und sich kuglig zusammenballt. Der Arbeiter nimmt aber nur ebensoviel heraus, als für die geplante Arbeit genügt, preßt den Glasballen an die Marmorplatte und dreht ihn hin und her, um ihm mehr Zusammenhalt zu geben. Dann bläst er ihn durch die Pfeife hindurch blasenartig auf. Jedesmal, wenn er durch die Pfeife geblasen hat, und dies muß oft geschehen, nimmt er die Pfeife rasch vom Mund weg und bewegt sie etwas nach der Wange zu, um beim Einatmen nicht die Flamme in den Mund zu ziehen. Er hebt dann die Pfeife hoch und schwenkt sie im Kreis um den Kopf, wodurch die Glasmasse eine längliche Form bekommt. Oder er formt die Glasmasse durch Drehen in einem ausgehöhlten Bronzestück. Durch wiederholtes Erhitzen, Blasen, Anpressen und Aufblasen formt der Arbeiter aus

39) Es kann zweifelhaft sein, ob gemeint ist, daß die Gefäße infolge des Brennens sich stärker rot färben oder daß sie rotglühend geworden sind.

Die Pfeifen A. Die kleinen Fenster B. Die Marmorplatten C. Die Zange D. Formen für die Gestaltung der Glaswaren E.

der Glasmasse Trinkgläser, Gefäße oder andere Gegenstände, die er herstellen will. Schließlich preßt er das Glas wieder an das Marmorstück, verbreitert so den Boden und treibt ihn mit der anderen Pfeife nach innen. Er schneidet dann mit einer Zange den Rand von der Pfeife ab und setzt, wenn nötig, Füße und Henkel an. Wenn es erforderlich ist, vergoldet er auch das Glas oder bemalt es mit verschiedenen Farben. Schließlich bringt er es in das längliche Tongefäß, das in den dritten Ofen oder in die oberste Kammer des zweiten Ofens eingesetzt ist, und läßt es da langsam abkühlen. Wenn ein solches Tongefäß mit Glasware angefüllt ist, schiebt der Arbeiter einen breiten Eisenstab darunter, stützt ihn mit dem linken Arm und setzt ihn in einen der Aufnahmeräume des Ofens.

Die Glasmacher fertigen verschiedene Gegenstände an, wie Becher, Krüge, Flaschen, Kolben, Schüsseln, Schalen, Fensterscheiben, Figuren von Tieren, Bäumen, Schiffen. Ich habe viele solche ausgezeichnete und bewundernswerte Gegenstände betrachten können, als ich einst zwei Jahre in Venedig lebte. Besonders am Himmelfahrtstag wurden sie zum Verkauf von Murano gebracht, wo die allerbesten Glasfabriken sind. Ich habe das bei verschiedenen Gelegenheiten gesehen, besonders aber damals, als ich zu bestimmten Zwecken mit Andreas Naugerius [40] in seinem dortigen Haus gemeinsam mit Franciscus Asulanus zusammenkam.

[40] Andreas Naugerius (Naugero), geboren in Venedig 1483, Historiograph der Republik Venedig, auch in diplomatischen Missionen tätig, z. B. bei Carl V. – Seine Schriften erschienen 1718 in Padua mit einer Lebensbeschreibung von Volpi. Franciscus Asulanus, ein Sohn des Andreas Asulanus (Andrea Torresani D'Asola). Andreas Asulanus war der Schwiegervater des bedeutenden Druckers Aldus Manutius. Agricola war als Mitarbeiter der Familie und Firma Asulanus-Manutius und als Mitherausgeber wissenschaftlicher Werke tätig, z. B. bei der großen Galenausgabe, die 1525 in Venedig erschien. Vgl. Darmstaedter, E., Georg Agricola, S. 82.

ENDE
DER ZWÖLF BÜCHER
VOM BERG- UND
HÜTTENWESEN

*

DES GEORG AGRICOLA

BUCH VON DEN LEBEWESEN UNTER TAGE

GEORG AGRICOLA ENTBIETET DEM GEORG FABRICIUS SEINEN GRUSS

Obwohl ſchon Ariſtoteles zwei Bücher über Pflanzenkunde [1] verfaßte, hat dies dennoch ſeinen Schüler Theophraſtus nicht abgehalten, ſeine eigene Meinung über die Pflanzen in vielen Büchern niederzulegen. Und dieſer ſelbe Theophraſtus minderte trotz ſeines großen und vielſeitigen Wiſſens keineswegs das Streben und den Eifer des Dioscurides. Denn auch dieſer diente der Nachwelt, indem er die Geſtalt und die durch lange und vielfältige Benutzung erkannten Eigenſchaften gewiſſer Bäume und Pflanzen in ſeinen Schriften darlegte und dem Gedächtnis erhielt. Es ſtünde ſchlecht um die Wiſſenſchaft, wenn es Späteren nicht geſtattet ſein ſollte, zu dem, was Frühere gefunden haben, noch Neues hinzuzufügen. Wenn z. B. die Griechen dieſer unbilligen Anſicht gefolgt wären, ſo hätte es keinen Fortſchritt auf dem Gebiete der Kunſt, der Wiſſenſchaft und der Bildung gegeben. Denn wenn Ariſtoteles auch viele Bücher über die Natur der Tiere, ihre Teile und ihre Entſtehung in planmäßiger Anordnung verfaßt hat, ſo wollte und durfte er doch dadurch ſpätere Jünger der Wiſſenſchaft nicht von dem Streben abhalten, weiterzuforſchen und die Natur der Tiere zur Kenntnis zu bringen, über die er ſelbſt wenig oder nichts geſchrieben hat, oder Abſchnitte zu behandeln, die er in ſeinen Büchern nicht genügend erſchöpft hat. So ſchrieb bei den Griechen auch Oppianus über die Fiſche, Porphyrius und Alianus über die Eigenſchaften der Tiere, bei den Römern Ovidius ebenſo über Fiſche, Plinius aber über beinahe ſämtliche Lebeweſen. Dieſen Schriftſtellern nun bin ich gefolgt, indem ich in mehreren Büchern die lebloſen unterirdiſchen Dinge behandelt und nunmehr, um ſoweit als möglich eine Einteilung zu treffen, auch die Lebeweſen unter Tage beſchrieben habe, und zwar nicht nur die, welche ſich faſt dauernd unter der Erde aufhalten, ſondern auch die, die ſich nur zu gewiſſen Jahreszeiten in ihr zu verbergen pflegen. Ich habe dabei die Abſicht verfolgt, ſowohl die Eigenſchaften gewiſſer Tiere, die dem Ariſtoteles und anderen unbekannt waren oder von ihnen zu wenig geſchildert worden ſind, näher zu beſchreiben, als auch den Abſchnitt bei jenem Schriftſteller, der über die im Winter ſich verbergenden Tiere handelt, weiter auszubauen. Wenn dies Buch bei Dir, dem hervorragenden Kenner der Griechen und Römer, der die Eigenſchaften der Tiere erforſcht und die Kenntnis vieler erworben hat, Beifall gefunden hat, werde ich, wie ich hoffe, es um ſo unbedenklicher anderen Leuten empfehlen können, die gleichfalls Gefallen an der Beſchäftigung mit derartigen wenig bekannten Dingen finden. Lebe wohl.

Chemnitz, den 11. Auguſt im Jahr 1548.

[1] Dieſes Werk iſt nur in einem ſchlechten Auszug auf uns gekommen, der aus einer arabiſchen Überſetzung in lateiniſcher Sprache angefertigt und dann wieder ins Griechiſche überſetzt worden iſt. Die Echtheit dieſes Auszuges wird überdies angezweifelt.

VERZEICHNIS DER SCHRIFTSTELLER

deren Entdeckungen der Verfaſſer benutzt hat und durch die er zu ſeinem Vorhaben angeregt worden iſt

Älianus
Albertus
Alexander Aphrodiensis
Ammonius
Aratus
Ariſtoteles
Ariſtophanes
Athenäus
Cassianus Theologus
Charisius
Cicero
Columella
Cornelius Tacitus
Dioscurides
Galenus
Homerus
Horatius
Jornandes
Lucanus
Martialis
Nicander
Oppianus
Ovidius
Plautus
Plinius
Pſellus
Seneca
Servius
Strabo
Theophraſtus
Varro
Virgilius
Xenophon

DES GEORG AGRICOLA

BUCH VON DEN LEBEWESEN UNTER TAGE

Vom Verfaſſer neu bearbeitet

DAS Unterirdiſche, ſo wie es ſich darbietet, wird eingeteilt in Belebtes und Unbelebtes. Die unbelebten Dinge wiederum teilt man in ſolche, welche von ſelbſt aus der Erde zutage treten, und in ſolche, die ausgegraben werden. Über die erſte Art der unbelebten habe ich in meinen vier Büchern, betitelt „Über die aus der Erde zutage tretenden Dinge“[2], über die zweite Art in den zehn Büchern „Über die Natur der Mineralien“[3] geſprochen. Nun will ich die unterirdiſchen Lebeweſen behandeln.

Da alle Arten von Lebeweſen aus den vier Elementen beſtehen, und da ſowohl trockene wie naſſe Körper, das iſt Waſſer und Erde, geeignet ſind, ſie zu beherbergen, müſſen auch dieſe beiden Körper Beſtandteile der Lebeweſen ſein. Hieraus folgt wieder gewiſſermaßen mit Naturnotwendigkeit, daß jedes Lebeweſen entweder im Waſſer oder auf dem Lande erzeugt wurde und in ihnen ſich aufhält und ſich des Lebens freut. Denn auch die geflügelten Tiere, wenn ſie auch zeitweilig durch die Luft fliegen, erbauen ihre Neſter doch an der Erde oder auf den ihr entſprießenden Bäumen oder auf den auf ihr errichteten Gebäuden, und die Erde oder das Waſſer ſpendet ihnen Nahrung. Und wenn es auch wahr ſein ſollte, was manche behaupten, daß jene ſeltenen, nicht ſehr großen Vögel, deren lange hellgoldgelb glänzende Federn der Türkenkönig oben an ſeiner mit vielen koſtbaren Edelſteinen geſchmückten Krone führt, ihr ganzes Leben dauernd in der Luft zubringen, daß das Weibchen auf den Eiern, die es auf den gewölbten Rücken des Männchen gelegt hat, ſitzt und mit ſeinem ebenfalls gewölbten Bauch die Jungen ausbrütet, und daß keines von beiden im Leben jemals mit ihren ganz kurzen, unter Federn verſteckten Füßen die Erde berührt, ſo ſcheint es doch unmöglich, daß ſie allein von der Luft leben oder wachſen, ſondern ſie müſſen ſich irgendwie ernähren. Und auch die kleinen Tierchen, die von den Griechen *πυϱιγονοι* genannt werden, da ſie in irdiſchem Feuer entſtehen, können Erde und Waſſer nicht entbehren. Sie entſtehen nämlich, wie Ariſtoteles ſchreibt, in jenen Cypriſchen Öfen, in denen kupferhaltige Erze viele Tage lang geröſtet werden; ſie ſind etwas größer als große Fliegen und beſitzen kleine Flügel. Sie laufen und ſpringen im Feuer, aber ſie ſterben, ſobald ſie daraus entfernt werden. Von den Tieren verkriechen ſich manche, obwohl ſie ſich zu verbergen pflegen, doch nicht in Ritzen, Löchern oder Höhlen; dieſe gehören nicht zu den unter Tage lebenden. Manche ſuchen zur Nachtzeit oder nur bisweilen unterirdiſche Höhlen auf, manche zu gewiſſen Jahreszeiten. Dieſe beiden ſind während dieſer Tages- oder Jahreszeit als zeitweilig unter Tage lebende zu bezeichnen. Manche endlich bleiben faſt dauernd in der Erde verborgen. Dieſe werden dauernd unter Tage lebende genannt. Um die Sache noch klarer und deutlicher zu machen, werde ich ſie nun ausführlich behandeln.

2) De natura eorum quae effluunt ex terra libri IV. Froben. Baſileae MDXLVI.

3) De natura foſſilium libri X. Froben. Baſileae MDXLVI.

Alle Lebewesen empfinden von Natur aus den Wechsel der Jahreszeiten; die meisten wechseln, um sich vor Kälte oder Hitze zu schützen, entweder das Heimatland oder ihren Standort; oder sie suchen Wohnstätten auf, z. B. angefressene oder hohle Bäume, oder sie kriechen in die Erde. Von denen, die das Heimatland wechseln, kehren manche, wenn sie einmal weggewandert sind, niemals zurück, andere kehren zurück. Niemals zurückzukehren pflegen die mit Vernunft begabten Lebewesen, nämlich die Menschen. Denn diese wechseln ihren Wohnort nicht allein, um sich vor Kälte oder Hitze zu schützen, sondern sie wandern auch aus wenig ergiebigen und unfruchtbaren Gegenden in bessere und fruchtbare aus; oder wenn die Bevölkerung so gewachsen ist, daß das Land sie nicht mehr ernähren kann, wandert ein Teil aus. Auf diese Weise wälzt eine Gegend oder ein Erdteil die Bürde, die sie nicht mehr tragen können, auf andere ab. Aus derartigen Gründen gab dereinst Scandia [4], die größte aller Halbinseln, den Überschuß der Goten mit Weib und Kind nach Sarmatien [5] und Dacien [6] ab; die Zimbern und Teutonen wurden von den äußersten Küstenstrichen Galliens und Belgiens, wohin sie aus Germanien eingewandert waren, durch Meereseinbrüche vertrieben; ebenso infolge von Erdbeben und Ausbruch von Feuer und heißen Wässern die Bewohner der Insel Anaria [7], die von Hiero, dem Tyrannen von Syrakus, dort angesiedelt worden waren. Aus ähnlichen Ursachen werden Völker und Stämme von solchen wandernden Massen aus ihren Stammsitzen und Besitzungen verjagt und vertrieben, die dann in fremde Gegenden einbrechen und sie in Besitz nehmen. Oder sie müssen, durch Krieg bezwungen und unterworfen, den Siegern dienen; oder endlich bewohnen Sieger und Besiegte mit gleichen Anrechten dieselbe Gegend gemeinsam. In ähnlicher Weise begeben sich auch manche nicht mit Vernunft begabte Lebewesen, hauptsächlich Vögel, aus den Gegenden, in denen sie geboren wurden und zu leben pflegten, in fremde Gegenden und kehren nie oder selten wieder zurück. Aus gleichen Gründen fielen jetzt vor sechs Jahren Heuschrecken in großen Schwärmen, die wie eine Pest Kräuter, Hülsenfrüchte, Saaten, Sträucher und Bäume verwüsteten, in Pannonien [8], Dacien und die alten Länder der Markomannen [9] und Lygier [10] ein und ebenso sicher oft solche aus Afrika in europäische Küstengegenden. Wenn aber ein einzelner Mensch in entlegene Länder auswandert, kehrt er niemals zurück, ebensowenig ein einzelnes Tier. So wurde z. B. heute vor etwa 20 Jahren in Noricum [11] ein Tier mit zottigen Hundehaaren gefangen, dessen Vorderbeine, ähnlich dem äthiopischen „cephus“ [12], menschlichen Händen, dessen Hinterbeine menschlichen Füßen glichen. Und zur Zeit Alberts des Großen [13] wurden in den slavischen Wäldern zwei Tiere aufgegriffen, ein Männchen und ein Weibchen, deren Vorder- und Hinterbeine ebenso mensch-

4) Die Provinz Schonen im südlichen Schweden.

5) Land östlich des Don.

6) Land zwischen Theiß, Donau und den Karpathen.

7) Vulkanische Insel mit warmen Quellen an der Westküste Italiens gegenüber Kampanien.

8) Römische Provinz zwischen Donau, Wiener Wald und dem steirischen Hügelland.

9) Deutscher zur Gruppe der Suevier zählender Volksstamm im nördlichen Teile von Bayern.

10) Ostgermanische Völkergruppe in Schlesien, Posen und an der oberen Weichsel.

11) Heutiges Österreich südlich der Donau, Salzburg, Steiermark und Kärnten.

12) Bei Solinus: cephus, eine Affenart; bei Albertus Magnus: cefusa.

13) Albert von Bollstaedt, geb. zwischen 1193 und 1207 in Lauingen in Schwaben, gest. 1280 als emeritierter Bischof von Regensburg zu Köln, wegen seiner umfassenden und vielseitigen Gelehrsamkeit Albertus Magnus oder auch Doctor universalis genannt, zählte zu den Häuptern der Scholastik und schrieb nicht als selb-

lichen Händen und Füßen glichen. Er selbst hielt sie für eine Art Affen. Über einen ägyptischen Ibis[14], der in den Alpen vom Statthalter Marcus Egnatius Calvinus gesehen worden ist, berichtet Plinius. Ferner wissen wir von einem toten Adler, der zu Nordhausen in Thüringen gefunden worden ist. In diesem Jahre, welches das 28. Regierungsjahr Kaiser Karl V. ist[15], erschlug ein Fleischer aus Dinkelsbühl einen Adler und verehrte ihn seinem Stadtrat als Geschenk. Dieser Adler stieß auf ihn, als er zu Pferde saß, am Tage vor Epiphanias nahe der Stadt Rotelin[16] mit so großer Gewalt, daß er beinahe sein Leben verloren hätte. In gleicher Weise ist auch anzunehmen, daß Fische, wenn sie einmal das Meer verlassen haben und in Flüsse, die weithin durch die Länder fließen, gelangt sind, nicht wieder in das Meer zurückkehren.

Bis jetzt habe ich über Lebewesen gesprochen, die in die Gegenden, aus denen sie ausgewandert sind, nicht wieder zurückkehren; nun werde ich solche anführen, die zurückkehren und aus gleichen Gründen, nämlich, um sich vor Hitze oder Kälte zu schützen, von ihrem Wohnort weggezogen sind und sich im Sommer in kühleren, im Winter in wärmeren Gegenden aufhalten. Auch Menschen, die auf ihre Gesundheit bedacht sind, schützen sich vor Hitze und Kälte durch einen Aufenthalt in nördlicheren oder südlicheren Gegenden, eine Sitte, die zuerst bei den Römern aufgekommen ist. Und ebenso begaben sich Könige und Beherrscher großer Völker im Sommer und Winter nach verschiedenen Gegenden. So verbrachten z. B. die Perserkönige den Winter in Babylon, den Frühling in Susa, den Sommer in Ekbatana. In gleicher Weise wechseln auch Vögel und Wassertiere ihren Aufenthaltsort und wandern aus. Manche von ihnen begeben sich in demselben Lande und der gleichen Gegend, in der sie ihr ganzes Leben zubringen, im Sommer nach kälteren, im Winter nach wärmeren Stellen, andere ziehen nach weit entfernten Gegenden. Sie fliegen, schwimmen oder wandern zum Aufenthalt nach Orten, wo die Luft so mild ist, daß sie Nahrungsmittel hervorbringt und liefert, dann, wenn ein Boden keine Möglichkeit für ein gutes Wachstum bietet, sei es, daß er durch Frost erstarrt oder durch Hitze austrocknet, oder wenn es an Wasser mangelt, weil dies zugefroren ist. Manche Vögel halten sich im Sommer in Wäldern, im Winter in der Nähe von Speichern und unter Dächern auf, so die Elster[17], die Krähe, der Pirol[18], den die Griechen ἴκτερος, die Römer galgulus nennen. Andere wandern, während sie den Sommer in Wäldern zubringen, im Winter in benachbarte sonnige Gegenden aus, indem sie aus dem Gebirge hinabsteigen, so z. B. die Geier, die Weihen, die Stare, die Drosseln, die Amseln, die Holztauben oder Kohltauben und die Wiedehopfe. Auch Wasservögel begeben sich zur Winterszeit in südlicher gelegene Teiche und Flüsse, deren Wasser nicht zufriert, oder an irgendeine andere Stelle der Flüsse, die eisfrei bleibt, so die Rei-

ständiger Forscher, sondern als vielbelesener Gelehrter, dessen Richtschnur die von der Kirche anerkannten Autoritäten bildeten. Vgl. v. Lippmann, Entst. u. Ausbr. d. Alchemie 1919, S. 490 ff. und 679. Die Stelle findet sich in seinem Werk: De animalibus II, 50.

[14] Der Waldrapp, Geronticus eremita, des Conrad Gesner (Historia animal. 4 Bücher. Zürich 1551/54.)

[15] Da Kaiser Karl V. im Jahre 1516 zur Regierung kam, so ist dies das Jahr 1544. In diesem Jahr scheint also Agricola das vorliegende Buch geschrieben zu haben. Seine Widmung an Georg Fabricius fand aber erst 1548 statt.

[16] Rothenburg ob der Tauber?

[17] Die Namen sind dem lateinisch-deutschen Verzeichnis entnommen, welches dem Buche beigefügt ist.

[18] Lat. Galgulus oder Galbulus ist der Pirol, Oriolus galbula.

her, die Taucher, die Wafferraben[19], die Schneegänfe, die Wafferhühner, die Wildenten und die Krickenten. Andere endlich ziehen von weiteft entfernten Gegenden nach anderen ebenfolchen, wie die Kraniche. Wie Ariftoteles berichtet, kommen fie aus dem Lande der Skythen[20] bis zu den Sümpfen Oberägyptens, aus denen der Nil entfpringt. Noch weiter wandern die Schwäne, die Störche und die Wildgänfe. Einige wenige Vögel verbleiben im Winter in den Wäldern, z. B. die Birkhähne und die Hafelhühner; eine noch kleinere Anzahl verbleibt auf Äckern, darunter die Rebhühner. Ebenfo wandern manche Fifche, um der Hitze zu entgehen, im Sommer von der Küfte nach der Tieffee und fteigen umgekehrt, der Wärme nachgehend, in der Folgezeit aus der Tieffee, in der fie untergetaucht waren, empor und gehen nach der Küfte, wie z. B. die Delphine. Manche ziehen von einem Meer in ein anderes, fo die Thunfifche im Winter aus dem Schwarzen Meer in das Mittelmeer und umgekehrt im Frühling aus dem Mittelmeer ins Schwarze Meer. Andere wandern zur gleichen Zeit in irgendwelche Flüffe, wie die Lachfe, Thunfifche und Störe.

Alle diefe Lebewefen können nicht als unter Tage lebende bezeichnet werden, ebenfowenig wie auch einige andere, die fich keine Erdhöhlen erbauen, auch wenn fie fich im Winter der Kälte, im Sommer der Hitze wegen verbergen und verftecken. Sie gleichen den Menfchen, die in außergewöhnlich kalten oder heißen Gegenden wohnen. Wie diefe im Winter wegen der Kälte, im Sommer wegen der Hitze fich in Häufer zurückziehen, fo tun dies aus dem Gefchlecht der Vierfüßler die Igel. Im Winter bergen fie fich in Baumhöhlen, in die fie im Herbft Obft zufammengetragen haben. In gleicher Weife verftecken fich Eichhörnchen, Hermeline und Schlangen in Baumhöhlen; zum größten Teile indes gehen fie, wie ich fchon erwähnt habe, in Felslöcher. Manche Schaben und Kakerlaken[21] kriechen in Mauerritzen und Schlupfwinkel in Häufern. Ameifen verbergen fich in Erdhaufen, die fie im Frühling und Sommer mit großem Fleiß und vieler Mühe zufammengetragen haben. Hausbienen gehen im Winter in den Bienenftock, die wilden in Baumhöhlen, in Erd- oder Mauerlöcher; Horniffen auch in Höhlen im Walde oder manchmal in Nefter auf Bäumen; Wefpen in die gleichen Schlupfwinkel oder in Waben, die fie im Sommer hergeftellt haben. In ähnlicher Weife verbergen fich nicht wenige Vögel zur Winterszeit in Höhlen, fo der Kuckuck, der Specht, der Kolkrabe, deffen Kopf mit roten Flecken gezeichnet ift, weshalb ihn die Griechen πυῤῥοκόραξ nennen, und endlich gewiffe Wiedehopfe. Sowohl die Haus- wie die Mauerfchwalben fuchen wärmere Orte in der Nachbarfchaft auf. Wenn fie keine folchen finden, begeben fie fich nach engen Bergfchluchten, in denen bisweilen auch Stare, Holztauben, Turteltauben, Amfeln, Lerchen und Wiedehopfe fich zu verbergen pflegen. Im Frühjahr pflegen fie, gleichgültig ob fie in Bäumen oder in den Bergen haufen, die Federn zu verlieren.

Doch nun habe ich genug oder vielleicht auch mehr, als es die Sache erfordert, über diejenigen Lebewefen gefprochen, die vor der Kälte oder Wärme weder unter die Erde flüchten, noch in Spalten, Löcher oder Höhlen. Indes hängt das

[19] Gemeint ift der Kormoran, Phalocrocorax carbo.

[20] Volk, welches nördlich des Schwarzen Meeres und Kafpifchen Sees bis tief nach Afien hinein wohnte.

[21] Die lateinifchen Bezeichnungen blattae et asellae find im Verzeichnis verdeutfcht mit Wiebel, Brotworme, Springwiebel, bez. Schefflein. Gemeint find offenbar Schaben und ähnliche Infekten.

Geſagte naturgemäß eng mit dem Folgenden zuſammen, welches ohne Kenntnis des Vorausgegangenen nicht verſtändlich genug erklärt werden kann.

Von Lebeweſen, um derentwillen ich hauptſächlich dieſe Schrift verfaßt habe, gibt es drei Formen. Einige von ihnen ſuchen nur in der Nacht oder zeitweiſe Erdhöhlen auf und verſtecken ſich oder ſchlafen in ihnen. Alle dieſe verlaſſen ſie aber meiſt im Winter, um Nahrung zu holen. Andere ſuchen zu gewiſſen Jahreszeiten ſolche Höhlen auf und verbringen einige Monate in tiefem Schlafe darin. Eine letzte Art endlich lebt ſo gut wie dauernd unter Tage. Zur erſten Form gehören nicht nur Landtiere, ſondern auch geflügelte. Zuerſt will ich mich mit den Landtieren beſchäftigen. Zu den Lebeweſen, die Höhlen aufſuchen, gehören auch Menſchen, die deshalb Troglodyten oder Höhlenbewohner genannt werden. Manche begeben ſich in Höhlen, um ſich vor der Hitze zu ſchützen, z. B. ſolche, die in Afrika am Roten Meer wohnen und ebenſo die Völker der Syrtengebiete[22]. Andere tun dies der Kälte wegen, ſo diejenigen, die in Aſien hinter dem Kaukaſus in gegen Norden zu gelegenen Ebenen wohnen, die Skythen[23] und die Nordlandmenſchen, die in dem ſchwediſchen Land Scricfinnia[24] bei Nacht durch Schiffer bedroht werden, die ſie durch Feuerbrände abwehren. In Großarmenien gibt es, wie Xenophon zuverläſſig ſchreibt, Wohnungen unter Tage, deren Eingang eng wie ein Schacht iſt, während der untere Teil ſich erweitert; für die Zugtiere ſind Zugänge ausgegraben, die Menſchen ſteigen auf Leitern hinab. Auf der Inſel Tenedos[25] benutzen noch heute die Fiſcher Höhlen in Felsklippen als Wohnung, wie einſt der Straßenräuber Cacus zwiſchen dem Berge Aventinus und dem Salzlager — „ſein von keinem Sonnenſtrahl erhelltes Antlitz bedeckte Schrecken" — oder wie die Sybille zu Cumae[26] in jener Höhle am Averner See, die in gleicher Weiſe durch ihre Malereien ausgezeichnet wie durch die Weisſagung berühmt war. Und Circe, das als Sängerin berühmte Weib, wohnte *ἐν σπέσσι γλαφυροῖσι*[27], wie Homer ſingt. Bei den Sedunern[28] an der Sittener Straße bei dem Dorf Brämis[29] liegt ein vollſtändiges kleines Kloſter, welches aus dem Felſen herausgehauen und nicht durch Balken oder Pfoſten geſtützt iſt; es enthält eine Kapelle, Schlafräume, Speiſeräume, Küche und Weinkeller. In ähnlicher Weiſe findet man in hohen Gebirgen unterirdiſche Burgen, ſo diejenige, die in den Alpen Covolum[30] genannt wird, zu der weder Reiter noch Fußgänger hinaufſteigen können; ſondern ſowohl Menſchen, wie alles zum Leben Notwendige wird mit Seilen hochgezogen. Ferner gibt es eine ſolche in einem ſteil abſtürzenden Felſen Siziliens, nicht weit vom Berge Eryx[31], welches mit dem Vorgebirge Drepanum[32]

[22] Gebiete an der afrikaniſchen Küſte des Mittelmeeres, etwa in der Gegend von Tunis und Tripolis.
[23] Siehe Anm. 17, S. 513.
[24] Wahrſcheinlich unſer heutiges Finnland oder Lappland.
[25] Inſel im Ägäiſchen Meer bei Troja.
[26] Eine Wahrſagerin, der die ſog. Sybilliniſchen Bücher, d. ſ. alte Weisſagungen, zugeſchrieben werden, die von König Tarquinius auf dem Kapitol aufbewahrt und bei Bedrängniſſen des Staates von einem beſonderen Collegium befragt wurden.
[27] In gewölbten Grotten.
[28] Bevölkerung in der Gegend der Stadt Sedunum, d. i. das heutige Sion oder Sitten im Kanton Wallis.
[29] Oder Bramois im Rhonetal, in der Nähe von Sion.
[30] Covolo, deutſch Kofel, iſt eine Höhlenburg in der italieniſchen Provinz Vicenza, 4 km von der Tiroler Grenze, in der Brentaſchlucht in ſenkrechter Felswand gelegen. Sie bildete ehemals eine wichtige Grenzfeſte.
[31] Berg und Stadt auf der nordweſtlichen Spitze Siziliens mit einem berühmten Tempel der Venus.
[32] Das heutige Trapani.

durch eine kleine Brücke verbunden iſt, zu dem man nur zu Fuß gelangen kann, weiter eine ſolche in Sachſen zwiſchen Blankenburg und Halberſtadt und in Thüringen zwiſchen Weimar und Blankenhain beim Dorfe Mellingen. Jene heißt von alters her Reinſtein oder Regenſtein, dieſe Pufhard [33]; ſie iſt 4000 Lachter [34] von Weimar entfernt. Beide ſind jetzt von ihren Bewohnern verlaſſen und ſtehen leer. Sie beſitzen in den Felſen eingehauene Feuerſtätten, Speiſeräume, Bänke, Ställe, Tiſche, Türen und Fenſter, die ſächſiſche überdies eine Kapelle, über der die Bewohner einen Hügel anhäuften; nur dieſer iſt von außen her zu erkennen. Dieſe Kapelle hatte die Form eines Gewölbes und beſaß in der Mitte einen runden Tragpfeiler, im übrigen war ſie quadratiſch. Dieſer ſächſiſche Berg fällt überall ganz ſteil ab, außer an der Seite, von der aus er beſtiegen wird. Hier ſteigt er aus der Ebene ſanft an und wird gegen die Ebene hin von einem genügend breiten und tiefen Graben umgeben. In dieſem Hügel, der aus einem etwas rot gefärbten Sandſtein beſteht, iſt jene Burg mit vielen und großen Fenſtern ausgehauen, und im Fuße dieſes Berges befinden ſich unterirdiſche Gelaſſe und Pferdeſtälle. Beide Zufluchtsſtätten lieferten den Stoff zu folgendem in Sachſen und Thüringen bekannten Rätſel:

„Sag, wo auf Erden gibt es eine auf hohem Berg gegründete Burg, unter deren Dach Tauſende umherſchweifen können?“

Zu Hohnſtein [35], einer Burg im Meißniſchen jenſeits der Elbe, ſind Pferdeſtälle in den Felſen eingehauen. Die unterirdiſchen Gänge zu Praeneſte [36], in deren einem Cajus Marius eingeſchloſſen wurde und tot umfiel, ſind durch Beſchreibungen bekanntgeworden. Griechiſche Weiber, die öffentlich gegen Geld Buhlerei trieben, ſcheinen, wie aus Schriften der Komiker hervorgeht, in unterirdiſchen Gelaſſen gewohnt zu haben, wovon ihr Name *χαματυπεια* herrührt. Und ganeum, abgeleitet vom griechiſchen *γᾶ* [37], ſollen nach dem Erklärer des Terenz Schlemmerkneipen, die ſich unter der Erde befanden, genannt worden ſein. Solche Gelaſſe gab es auch in Rom, und zwar zahlreiche unter dem großen Zirkus, der ſich bis zur Naumachie [38] erſtreckte, ferner im Suburaniſchen, Summaenianiſchen und Tuskiſchen Viertel. In Rom gab es auch unterirdiſche Altäre des Pluto und einen unterirdiſchen Tempel des Conſus [39]. Und wir leſen, daß die Alten für die Götter der Unterwelt unterirdiſche Gruben, für die Nymphen Grotten angelegt haben. In gewiſſen deutſchen Seeſtädten, ſo zu Danzig in Preußen und Lübeck in Sachſen, wohnt ein guter Teil des gemeinen Volkes in gewölbten Räumen unter der Erde, über denen dann prächtige Häuſer errichtet ſind, die von den Beſitzern bewohnt werden. In gleicher Weiſe hauſen Kaninchen, Fuchs, Biber, Fiſchotter, Dachs und vielleicht noch einige andere Tiere in Höhlen, verlaſſen ſie aber zur Winterszeit, um Nahrung zu ſuchen. Das Kaninchen gräbt in Erdhügeln

[33] Gemeint iſt die Felſenburg beim heutigen Dorfe Buchfart.

[34] d. i. 6,8 km.

[35] Hohnſtein in der Sächſiſchen Schweiz.

[36] Stadt in Latium.

[37] *γᾶ* iſt die doriſche Form für *γῆ*, die Erde. Die Ableitung iſt aber nicht richtig. Ganeum iſt vielmehr mit *γάνος*, die Erquickung, verwandt.

[38] Dies war das große Waſſerbecken, in denen Seeſchlachten vorgeführt wurden.

[39] Ein altrömiſcher Gott der Unterwelt, der entweder als der „Verborgene, Geheime“ oder als „Gott der Ratſchläge“ gedeutet wird.

viele Höhlen und Gänge, wovon es den Namen hat[40]. Am Morgen und Abend verläßt es dieselben, die ganze übrige Zeit verbirgt es sich in ihnen. Manche Gänge verschließt es mit Erde, damit sie nicht bemerkt werden. Durch Frettchen und gewisse kleine Hunde, die einen besonders scharfen Geruch besitzen und die man in die Höhlen und Gänge hineinschickt, oder dadurch, daß man eine scharfe Flüssigkeit hineingießt, werden sie aufgescheucht und heraus in Netze getrieben und so gefangen. Die Kaninchen sind nicht von gleicher Farbe, manche sind gelb ins Aschgraue, ähnlich den Hasen, andere gefleckt; so die weißen, die sternförmige schwarze oder rötliche Flecken besitzen. Der Fuchs, in allen Listen erfahren, gräbt weniger selbst eine Höhle, sondern nimmt meist die von anderen Tieren gegrabenen in Besitz. Den Dachs vertreibt er, nachdem er ihn aus seiner Höhle herausgeworfen hat, durch Gestank, indem er die Höhlenmündung mit Kot beschmiert. Er jagt nach Hasen, Kaninchen, Mäusen, Hühnern, Vögeln und kleinen Fischen. Alles betreibt er mit Verschlagenheit. Oft ergreift er unvorsichtige Hasen und Kaninchen, indem er sich stellt, als wollte er mit ihnen spielen; den Mäusen lauert er wie eine Katze auf. Hühner, die nachts im Stall eingesperrt sind, greift er und schleppt sie fort. Vögel, die an ihn – da er sich listigerweise tot stellt – heranfliegen, fängt und tötet er und frißt sie. Adler, die durch zu heftiges Niederstoßen bis auf den Erdboden gelangt sind, hält er an den Füßen fest und zerfleischt die so ergriffenen. Die lange, mit dichten Haaren besetzte Rute, die die Natur diesem Tiere verliehen hat, läßt er vom Ufer aus in einen Fluß hineinhängen und fängt in ihr kleine Fische, die an ihn heranschwimmen. Nachdem er sich dann eine kleine Strecke vom Flußufer entfernt hat, schüttelt er die in der Rute hängengebliebenen kleinen Fische aus und frißt sie. Auch geht er an die Wespennester heran, und zwar, weil er sich vor den Stacheln fürchtet, rückwärts schreitend. Indem er die Rute in das Nest steckt, holt er die Wespen heraus und schlägt die mit ihnen beladene Rute gegen den nächsten Stein, einen Baum, eine Mauer oder einen Zaun. Nachdem er auf diese Weise die Wespen zerquetscht und getötet hat, verwüstet er das Nest und raubt es aus. Mit der Rute, die er beschmutzt hat, foppt er den Hund, indem er sie ihm hin und her durchs Maul zieht. Und den Igel, der sich, wenn er in Angst ist, zusammenrollt, damit er nach allen Richtungen hin durch seine Stacheln geschützt ist, bepißt er und erstickt ihn auf diese Weise. Denn wenn der Harn dem Igel ins Maul fließt, kann er nicht mehr Atem holen. So ist der Fuchs, der die Größe eines mittleren Hundes besitzt. Seine Farbe ist oft rötlich, an der Vorderseite grauweiß, selten weiß, noch seltener schwarz.

Biber und Fischotter verlassen ihre Höhlen im Flußufer, in denen sie sich verborgen halten, tauchen in die Flüsse und fangen Fische, von denen sie sich nähren; sie fressen aber auch Früchte und Baumrinde. Der Fischotter hat seinen Namen vom Beschmieren[41]. Er wäscht sich nämlich sehr oft, wenn er zum Fischefangen in Gewässer bis zu größten Tiefen hinab untertaucht. Varro dagegen glaubt, daß die Bezeichnung aus dem Griechischen komme und eigentlich lytra[42] heißen müßte, weil der Otter die Wurzeln der Uferbäume abnage und ablöse. Er schwimmt und läuft vor dem Wiederauftauchen und Atemholen unter Wasser sehr große

[40] Ein Wortspiel: cuniculus bedeutet sowohl Kaninchen wie Kanal, Röhre oder Gang.

[41] Ein deutsch nicht wiederzugebendes Wortspiel: lutra der Otter, lutare beschmieren.

[42] Das griechische Wort λύτρα bedeutet Ablösung.

Strecken, ſo weit, als ein vom Bogen abgeſchoſſener Pfeil reicht. Wenn er dann keinen Atem holen kann, erſtickt er aber genau ſo, wie die ſonſtigen Landtiere. Sein Körper iſt länger und breiter als der einer Katze, die Beine ſind kurz, die Zähne ſcharf. Vom Biber unterſcheidet er ſich durch den Schwanz, die Hinterbeine und die Behaarung. Denn der Fiſchotter beſitzt einen langen Schwanz, der dem der ſonſtigen Vierfüßler ähnelt. Der Schwanz des Bibers dagegen ähnelt mehr einem Fiſchſchwanz; er iſt mit Schuppen bedeckt[43], ziemlich fett, etwa 1 Hand breit und 3/4 Fuß lang. Wenn er am Ufer liegt, läßt er Schwanz und Hinterbeine ins Waſſer hängen, ſolange dieſes nicht zugefroren iſt; wenn er ſchwimmt, dient der Schwanz gewiſſermaßen als Ruder bei der Fortbewegung. Beim Fiſchotter gleichen alle vier Füße denen eines Hundes, beim Biber ähneln die Vorderfüße denen eines Hundes, die Hinterfüße denen einer Gans. Denn zwiſchen den Zehen ſpannen ſich Schwimmhäute. Die letzteren ſind ſowohl für das Schwimmen wie für das Gehen gut geeignet; er lebt nämlich ebenſo im Waſſer wie auf dem Lande. Die Haare des Bibers ſind weiß ins Aſchgraue und von verſchiedener Länge; manche ſind doppelt ſo lang als die andern. Die Haare des Fiſchotters ſpielen vom Schwarzbraun ins Kaſtanienbraune, ſind kurz und überall gleich lang, aber glänzend und weich. Deshalb pflegt man den Saum von Gewändern, die aus edlem Pelzwerk beſtehen, mit Streifen des Pelzes dieſer beiden Tiere zu verzieren. Der Pelz des Otters iſt viel beſſer als der des Bibers. Die Pelze ſind ſehr verſchieden in der Farbe. Manche ſind mehr oder weniger ſchwärzlich, manche rötlich. Von den ſchwärzlichen ſind die dunkleren am meiſten geſchätzt, die helleren ſtehen in der Mitte, die geringſten ſind die rötlichen. Der Biber iſt ganz beſonders vorſorglich und geſchickt. Mit ſeinen ſcharfen Zähnen ſchneidet er wie mit einem Meſſer kleine Sträucher und Bäumchen ab und erbaut daraus nahe dem Ufer kleine Höhlen als Behauſung und in ihnen zwei oder drei übereinanderliegende Kammern, damit er, wenn das Waſſer ſteigt und die Ufer überflutet, in die oberen hinaufklettern, beim Fallen des Waſſers aber wieder herabſteigen kann. Wenn er aber einen Baum beinahe durchgebiſſen hat, ſo beobachtet er bei jedem neuen Biß aufmerkſam, ob der Baum bald umfällt. Er fürchtet nämlich, daß er bei einem neuen Biß erſchlagen werden könne, wenn er ſich unvorſichtigerweiſe nicht rechtzeitig entfernt. Ebenſo, wie er geſchickt iſt, iſt er auch beharrlich in dem, was er ſich vorgenommen hat. Denn wenn er ſich einmal einen beſtimmten Baum am Ufer zum Abſchneiden ausgeſucht hat, wechſelt er ihn nicht, ſolange es auch dauern mag, bis er ihn gefällt hat. Seine Stimme gleicht der eines kleinen Kindes. Man jagt ihn nicht allein wegen ſeines Schwanzes, der gegeſſen wird, ſondern auch wegen ſeines Pelzes, der zur Kleidung dient, und endlich auch wegen ſeiner Hoden, die als Arzneimittel verwendet werden. Unter ihnen ſollen die vom Schwarzen Meer ſtammenden die größte Wirkung beſitzen. Die Hoden nennen die Ärzte Bibergeil[44]. Der Biber heißt bei den Griechen *κάστωρ*. Nach dem Schriftſteller Varro iſt der Biber auch darnach genannt, weil man ihn am beſten von dem äußerſten entgegengeſetzten rechten oder linken Ufer eines Fluſſes aus beobachten kann; er hieß daher bei den Alten „der äußerſte“[45].

43) So nach der erſten Ausgabe von De animatibus subterraneis von 1549: habet ... caudam ... piscis: squamis enim obductam, während in der Ausgabe von 1556 ſteht: squamis tamen non obductam, was unrichtig iſt.

44) Caſtoreum.

45) Im Deutſchen nicht wiederzugebendes Wortſpiel: er hieß extremus, quod ab extrema ora fluminis maxime videri solet.

Der Dachs verläßt seinen Bau und schweift durch die Wälder, wie der Wolf, der Luchs, der Hase, das Wildschwein, der Hirsch, der Brandhirsch, das Renntier, der Elch, der Damhirsch, der Steinbock, die Gemsen mit nach rückwärts oder nach vorwärts gebogenem Gehörn und viele andere Tiere. Indes schlafen diese Tiere im Walde, die letztgenannten auf Felsen und Klippen des Hochgebirges. Der Dachs ist sehr begierig auf Honig, wovon er seinen Namen hat[46]. Er hat die Größe eines Fuchses oder eines mittelgroßen Hundes, denen er auch im Aussehen gleicht, am meisten einem Hunde. Es gibt zwei Arten. Die eine Art, der Hundsdachs, hat Füße wie ein Hund, die andere Art besitzt gespaltene Klauen wie ein Schwein und heißt darum Schweinsdachs. Alle Dachse besitzen gedrungene Schenkel, einen breiten Rücken, ein Fell mit dichten Haaren, die sich, wenn er in Furcht ist, emporsträuben, um so, nach den Worten des Plinius, Schläge des Menschen oder Hundebisse abzuwehren. Im Kampfe mit Hunden beißen sie selbst kräftig zu. Der Pelz besteht aus spröden Haaren von weißer oder schwarzer Farbe. Am Rücken überwiegen die schwarzen, am übrigen Körper die weißen, mit Ausnahme des Kopfes, der mit beiden, wie mit schwarzen und weißen Streifen, geschmückt ist, die vom hinteren Kopfende nach der Schnauze zu verlaufen. Sehr dick sind die Dachse nicht, aber sehr fett. Das Dachsfett allein oder mit anderen Fetten gemischt wird zu Einreibungen benutzt und lindert Nierenschmerzen. Aus dem Fell werden Halsbänder für Hunde hergestellt, die nach Varro Dachskrausen genannt werden.

An den Ufern von Flüssen und Seen bauen sich die Eisvögel ihre Nester. Dem Aristoteles war es nicht unbekannt, daß sie in den Flüssen aufwärts wandern, sich im Winter aber nicht verstecken. Der Vogel ist nicht viel größer als ein Sperling. Der ganze Körper der Meereisvögel ist ganz farbig geschmückt: himmelblau, grün und purpurfarbig gemischt, und zwar so, daß weder am Hals noch an den Flügeln eine dieser Farben fehlt; der Schnabel ist grünlich, lang und dünn. Die Brust des Fluß- oder Ufereisvogels ist purpurn, Hals und Rücken grünlichblau, die Flügel braun, Schnabel und Füße aschgrau. Er nährt sich von kleinen Fischen und Würmern.

Das Schneehuhn baut sein Nest und brütet in Höhlen, die hoch in den Alpen dicht beim Gletschereis liegen, das weder in der warmen Jahreszeit durch die Sonnenwärme geschmolzen noch zu anderen Zeiten durch Regengüsse weggewaschen wird. Sein Name[47] stammt von seinen Füßen, die, ähnlich wie beim Hasen, mit dichten weißen Haaren und nicht mit Federn bedeckt sind. Es hat die Größe einer Taube. Seine Farbe ist im Winter schneeweiß, in der warmen Jahreszeit hellaschgrau. Es fliegt nicht weit fort, sondern bleibt in den Alpen. Gefangen bleibt es nicht am Leben und wird nicht zahm. Das Fleisch dieses Vogels ist gut für einen gesunden Gaumen, heilsam für einen kranken.

Vögel, deren Augen am Tage stumpf, in der Nacht aber scharf und deutlich sehend sind, die sich daher tagsüber verborgen halten, in der Nacht aber ihre Verstecke verlassen und auf Nahrungssuche ausgehen, nennt man Nachtvögel. Dies sind die Fledermaus, der Uhu, das Käuzchen, die Schleiereule und der Nachtrabe. Diese hausen nicht nur in dunklen Berg- und Felshöhlen, sondern auch in Baum-

46) Wortspiel: meles der Dachs, mel der Honig.
47) Lat. Lagopus, hasenfüßig.

löchern, in verlaſſenen Häuſern, unter den Dächern von großen Gebäuden, von Kirchen und von Türmen, die ſelten von Menſchen beſucht werden. Die Fledermaus jagt Mücken und Fliegen und nagt Schinkenknochen und Teile von Schweinefleiſch aus, welches man an die Dachbalken hängt. Die übrigen Nachtvögel verfolgen Mäuſe, Hausſchwalben, ſonſtige Vögel, Käfer, Bienen, Weſpen und Horniſſen. Der Uhu fängt auch kleine Haſen und Kaninchen. Von den Nachtvögeln hat dieſer, wie mir ſcheint, in erſter Linie ſeinen Namen von dem Klang des Tones oder beſſer des Achzens, das er von ſich gibt[48]. Er beſitzt einen großen Kopf, einen Körper von der Größe einer Gans, aber gedrungen und gewiſſermaßen verkürzt und verſchiedenfarbig; der Schnabel iſt gekrümmt, die Klauen hakenförmig, die Augen groß. Ihm ziemlich ähnlich iſt das Käuzchen, nur kleiner; es leitet ſeinen Namen von ſeiner wehklagenden Stimme ab[49]. Die übrigen Nachtvögel ſind mit dieſen beiden verwandt, beſitzen aber eine andere Stimme, denn ſie wehklagen nicht, ſondern geben einen Ton von ſich, den Ariſtophanes *κικκαβαῦ* nennt. Man unterſcheidet vier Arten: Die erſte und größte, bei der eine Feder wie ein Ohr hervorſteht, heißt Ohreule. Die zweite unterſcheidet ſich von den übrigen durch das blendende Weiß der Kehle und des Bauches und durch weiße und goldgelbe Flecken am übrigen Körper. Die dritte iſt klein, und mit ihr, ebenſo wie mit der folgenden als Lockvogel, fängt man Vögel. Die vierte Art iſt noch kleiner; ſie treibt ſich auf Klippen und Felſen herum. Dieſe und die folgende haben wechſelweiſe bald aſchgraue, bald weiße Flecken. Der Nachtrabe iſt ſchwarz wie die ſonſtigen Raben, aber ziemlich viel kleiner als dieſe. Die Fledermaus, welche davon, daß ſie nachts ausfliegt, ihren Namen[50] hat, iſt einer Maus ähnlich, weshalb Varro ſchrieb: „Als Fledermaus geſchaffen, bin ich weder ganz Maus, noch ganz Vogel." Sie beſitzt Flügel und flattert, wodurch ſie ſich von den Mäuſen unterſcheidet. Sie bringt lebendige Junge zur Welt und legt keine Eier, worin ſie wiederum von den Vögeln abweicht; ſie legt ihre Jungen ans Euter und nährt ſie mit Milch, während die übrigen Vögel anderswoher ihre Nahrung holen, die ſie ihren Jungen in den Schnabel ſtopfen. Außerdem beſitzt ſie Zähne, die die Vögel nicht haben. Der Kopf ähnelt dem einer Maus oder eines Hundes. Ohren hat ſie zwei, ſelten vier. Die Zähne ſtehen wie bei einer Säge[51]. Der dunkle Körper iſt mit Haaren bedeckt, der Schnabel ſchwarz, ebenſo die Ohren. Die beiden Flügel beſtehen, wie bei den Drachen und fliegenden Fiſchen, nicht aus Federn, ſondern aus Häuten, und zwar aus ſchwarzen. An jedem Flügel ſitzt ein Finger mit einer Kralle; der Schwanz iſt lang und beſteht, wie die Flügel, aus Häuten. An ihm ſitzen zwei Füße, von denen jeder fünf mit Klauen bewehrte Finger trägt, mit denen ſie ſich an Mauern oder Spalten in Höhlen aufhängt. Entweder hängt ſie oder ſie fliegt oder liegt. Da aber die Füße nicht aus dem Körper, ſondern aus dem Schwanz hervorwachſen, ſagt man, daß ſie nur einen Hüftknochen beſitze. Sie ſtößt keinen ſcharfen Pfiff aus wie eine Maus, ſondern ſie bellt wie ein junges Hündchen. Ihre beiden zu gleicher Zeit geborenen Jungen umfaßt ſie nach Plinius und trägt ſie beim Fliegen mit ſich. An Schwanz und Flügeln aufgehängt, verbringt ſie einige Tage. Auch manche Höhlenbewohner, die in Afrika wohnen, verbergen ſich nur zeitweilig, vornehmlich am Mittag, in ihren Höhlen.

[48] Lat. bubo. [49] Lat. ulula, das Käuzchen, ululare wehklagen.
[50] Veſpertilio, von veſper, Abend. [51] d. h. ſie hat ein Raubtiergebiß.

Doch genug von den Lebewesen der ersten Art, die sich nachts oder nur zeitweise in Erdhöhlen aufhalten und schlafen. Nun zu der zweiten Art von Lebewesen, welche, wie schon erwähnt, zu gewissen Jahreszeiten Erdhöhlen aufsuchen und in ihnen, von tiefem Schlaf umfangen, einige Monate lang, gleichsam wie tot, keine Nahrung zu sich nehmen und versteckt bleiben, bis sie, durch die feuchte Wärme des Frühlings aufgeweckt, wieder lebendig werden und an ihre Ernährung denken, die sie während der ganzen Zeit vergessen hatten. Zu ihnen gehören einige von denen, über die ich bereits gesprochen habe; es gibt aber noch einige andere Tiere aller Art, über die ich an geeigneter Stelle noch sprechen werde. Es sind Landtiere oder Vögel oder Wassertiere oder solche, die teils auf dem Lande, teils im Wasser leben. Zuerst wende ich mich zu den Landtieren.

Viele Vierfüßler begeben sich in der kalten oder warmen Jahreszeit in Höhlen. So suchen in den Alpen die Murmeltiere im Herbst Höhlen auf, in denen sie in der warmen Jahreszeit nur ausruhen. Sie bereiten sich in ihnen aus Heu, Stroh und dünnen Zweigen ein Lager, auf dem sie den ganzen Winter über bis zum Frühjahr, wie Igel zusammengerollt, verbringen und schlafen. In einer Höhle befinden sich meist 7, 9, 11 oder 13 Stück. Wunderbar ist ihr Verfahren und ihre Geschicklichkeit, mit der sie Heu und sonstige Dinge zusammentragen. Ein Tier legt sich mit ausgestreckten Füßen mit dem Rücken auf den Erdboden; auf dieses werfen die übrigen, wie auf einen Frachtwagen, alles, was sie zusammengetragen haben und ziehen es, wenn es vollbeladen ist, am Schwanze, den sie mit den Zähnen fassen, und fahren es so gewissermaßen in die Höhle. Daher kommt es, daß man zu dieser Jahreszeit Tiere mit abgeriebenen Rücken sieht [52]. Nachdem sie so ihr Lager in der Höhle bereitet haben, verschließen und sichern sie ihre Öffnung und ihren Zugang mit kleinen Zweigen und mit Erde, damit sie vor Sturm, vor Regen und vor Kälte geschützt sind. Sie schlafen so tief und fest, daß sie, wenn man sie ausgräbt und herausnimmt, nicht eher aufwachen, als bis man sie der Sonne oder dem Feuer aussetzt und erwärmt. Das Murmeltier hat seinen Namen [53] von den Alpen, in denen es lebt. Es besitzt eine gelbe oder aschgraue oder rötliche Farbe und hat die Größe eines Hasen, das Gesicht und die Gestalt einer Maus, weshalb es auch so genannt wird. Es besitzt kurze, gleichsam verstümmelte Ohren, die Vorderzähne sind lang und spitz, der Schwanz länger als 2 Hand, die Beine kurz und an ihrem oberen Ende mit dichten Haaren besetzt. Die Zehen gleichen denen eines Bären, die Krallen, mit denen es die Erde aufgräbt, sind lang. Es pflegt nicht schlecht auf den Hinterbeinen auch rückwärts zu gehen, wie der Bär, und läuft bisweilen auf zwei Beinen. Wenn man diesem Tier eine Speise reicht, so nimmt es dieselbe wie ein Eichhörnchen oder ein Affe zunächst zwischen die Vorderpfoten und hält sie, sich aufrichtend, in seinen Krallen, bis es sie verzehrt hat. Es nährt sich nicht nur von Früchten, sondern auch von Brot, Fleisch, Fischen, Brühe und Zukost. Sehr gierig ist es auf Milch, Butter und Käse. Wenn es solche Sachen erhält, frißt es dieselben, indem es beim Saugen mit dem Munde einen Ton wie ein Ferkel von sich gibt. Es schläft sehr viel. Wenn es wach ist, ist es immer geschäftig, indem es Stroh, Heu, Tuchfetzen und Wolle für sein Lager zusammenträgt. Es nimmt davon das Maul so voll, bis nichts weiter hineingeht. Den Rest faßt es mit den Füßen und

52) Diese Fabel findet sich bei Plinius, Naturgeschichte VIII, 55.
53) Alpenmaus.

ſchleppt ihn fort. Gereizt gerät es in großen Zorn und beißt feſt zu. Wenn die Murmeltiere miteinander ſpielen, ſchreien ſie wie kleine Hündchen. Wenn ſie aus den Höhlen herauskommen und auf Nahrungsſuche in den Bergen ſich umhertummeln, bleibt immer eines am Eingang der Höhle ſtehen und blickt dauernd aufmerkſam umher. Sobald es einen Menſchen oder ein zahmes oder wildes Tier erblickt, pfeift es ohne Unterlaß. Wenn die andern dies hören, eilen ſie von allen Seiten nach der Höhle. Ihre Stimme iſt ein durchdringender, für das Ohr ſehr unangenehmer Pfiff. Mit einem ſolchen zeigen ſie auch Luftveränderungen und unangenehme Dinge an, die ihnen zuwider ſind. Der Rücken iſt ſehr fett, die übrigen Körperteile aber mager. Sie ſind weder als Fett noch als Fleiſch zu bezeichnen, ſondern ſie halten, wie die Euter der Kühe, gewiſſermaßen die Mitte zwiſchen beiden. Jenes iſt heilſam für Wöchnerinnen, und dieſes für ſolche, die ein Unterleibsleiden haben. Doch iſt für dieſe auch das Fett gut. Es vertreibt außerdem die Schlafloſigkeit.

Die eichhörnchenartigen Tiere verbergen ſich im Winter gleichfalls nicht nur in hohlen Bäumen, wie eben erwähnt, ſondern auch in Erdhöhlen. Den Siebenſchläfer nennt Ariſtoteles[54] ἐλειός; er iſt, wie Albertus ſchreibt, aſchgrau, mit Ausnahme des Bauches, der weißlich gefärbt iſt. Von ihm unterſcheidet ſich ein anderes etwas kleineres Tierchen[55], welches man καμψίουρος nennt, weil es ſeinen Schwanz krümmt und rückwärts nach innen biegt; manche nennen es σκίουρος, weil es mit ſeinem mit dichten buſchigen Haaren bedeckten Schwanz wie mit einem Fächer ſeinen Körper zu beſchatten pflegt, andere endlich μυῶν σκίουρος, weil es eine gewiſſe Ähnlichkeit mit einer Maus hat, ebenſo wie auch das finniſche Eichhörnchen, welches ſich von dem unſeren weder durch den Schwanz, noch durch die Geſtalt und Zeichnung ſeines Körpers, noch durch ſeine Größe, noch durch ſeine Lebensweiſe, ſondern allein durch die Farbe unterſcheidet. Denn es iſt weißlich-aſchgrau, während das unſrige rötlich oder ſchwarz ausſieht. In dem Teile Sarmatiens, den wir heute Polen nennen, findet man eins, deſſen Farbe rötlich mit Aſchgrau gemiſcht iſt. Beide Arten, das finniſche wie das unſrige, beſitzen im Unterkiefer zwei lange Zähne. Wenn es läuft, ſchleppt es den Schwanz auf der Erde. Wenn es frißt, nimmt es die Nahrung zwiſchen die Vorderpfoten, die es ähnlich wie die Mäuſe als Hände gebraucht, wobei es auf ſeinen Hinterpfoten ſitzt. Es frißt Bucheckern, Kaſtanien, Haſelnüſſe, Äpfel und ähnliche Früchte; im Winter auch die Zapfen der Tannen, Kiefern, Fichten und anderer Bäume. Beide Arten werfen im Frühling und tragen ihre Jungen, wenn jemand ihr Neſt mit der Hand berührt hat, in ein anderes; ſie bauen ſich nämlich mehrere. Ihr zartes Fleiſch wird gegeſſen, von reichen Leuten aber nur ſelten, da es einen etwas unangenehmen Nebengeſchmack hat. Sie halten ſich auf Bäumen auf und hüllen ſich im Winter nicht ein. Den Siebenſchläfern dient, während ſie ſich zur Winterzeit verbergen, der Schlaf ſtatt Nahrung, denn ſie werden während dieſer Zeit fett. Sehr richtig ſchrieb Martial über ſie:

> „Den ganzen Winter über ſchlafe ich und werde in dieſer Zeit, obwohl mich nur der Schlaf nährt, immer fetter."

Ihr Fleiſch iſt ſüßlich. Obwohl ſie in Wäldern leben, beklagt Varro in ſeinem Buch „Fundanius" oder „Über merkwürdige Dinge" nicht ohne Grund ihr Fehlen mit

54) Ariſtoteles, Hiſtoria animal, 8, 17. 55) Das Eichhörnchen.

folgenden Worten: „In meinem Walde gibt es keine Siebenſchläfer." Indes betrieben die Alten Siebenſchläferzüchtereien[56]. Wie dieſe einzurichten ſind, beſchreibt derſelbe Varro im dritten Buch ſeines Werkes über die Landwirtſchaft. Und auch heute noch graben die Bewohner mancher Waldgegenden Löcher in die Erde, damit ſich Siebenſchläfer darin anſiedeln, die ſie dann gelegentlich fangen und verzehren können. Bei den Römern richtete, wie Plinius überliefert hat, Fulvius Hirpinus Wohnſtätten für die Siebenſchläfer in Fäſſern ein[57].

Die polniſche Maus, die wir heute Hermelin nennen, verbirgt ſich im Winter nur in hohlen Bäumen, wie oben erwähnt. Das Hermelin iſt gänzlich ſchneeweiß, mit Ausnahme des fingerlangen Schwanzes, der zur Hälfte, und zwar am äußerſten Ende, ſchwarz gefärbt iſt. Es hat die Größe eines Eichhörnchens, jagt Mäuſe und Vögel und nährt ſich von ihnen. Sein Pelz gilt als beſonders koſtbar, ebenſo wie auch derjenige der ſogenannten laſſiciſchen Maus. Dieſe iſt graulichweiß und um weniger als 2 Finger dicker. Die noriſche Maus, die wir Zieſel nennen, hauſt in Erdhöhlen. Sie beſitzt einen langen dünnen Leib wie das zahme Wieſel; der Schwanz iſt ziemlich kurz, das Haar, ähnlich wie bei manchen Kaninchen, aſchgrau, aber etwas dunkler. Wie der Maulwurf beſitzt es keine Ohren, wohl aber Öffnungen, durch die es, ähnlich wie Vögel, Töne vernimmt. Die Zähne gleichen denen der Maus. Auch mit dem Pelz dieſes Tieres, obwohl er nicht beſonders koſtbar iſt, pflegt man Kleider zu verzieren. Die pannoniſche Maus, die eine grünliche Farbe, die Geſtalt eines Wieſels und die Größe einer Maus beſitzt, kriecht ebenfalls in Erdhöhlen. Auch die mittlere Haſelmaus verbirgt ſich im Winter in der Erde, in die ſie mit ihren Pfoten Löcher bis zu etwa 3 Fuß Tiefe gräbt. Wenn man ſie ausgräbt und der Sonne ausſetzt, fängt ſie wie die anderen Tiere, die den ganzen Winter über ſchlafen, allmählich an, ſich zu bewegen und wird wach. Sie iſt $^{3}/_{4}$ Fuß lang, ihre Farbe im Sommer rot mit Gelbbraun gemiſcht, im Winter aſchgrau. Die Ohren ſind, wie Plinius ſchreibt, behaart, die Schwanzſpitze borſtig, der übrige Teil aber, anders als beim Eichhörnchen, nicht voll buſchiger Haare. Auch die Haare an den Ohren ſind ſpärlich. Dieſe Maus klettert wie das Murmeltier, das Hermelin und das Eichhörnchen auch auf Waldbäume. Sie frißt Birnenkerne und Haſelnüſſe, weshalb ſie in Deutſchland ihren Namen vom Haſelſtrauch erhalten hat. Eine weitere Waldmaus iſt kürzer als die mittlere Haſelmaus, nämlich nur $^{1}/_{2}$ Fuß lang, am Rücken und an den Seiten mausgrau, am Bauche weiß. Sie gräbt unter Obſtbäumen ein Loch bis zu 2 Fuß Tiefe in die Erde und trägt in den unterſten Teil der Höhle, der 4 Fuß lang ausgegraben wird, alle Arten von Eicheln und die Kerne von Kirſchen, Pflaumen und anderen Früchten, vor allem aber Haſelnüſſe, und zwar nur die beſten, zuſammen. Auch ſie wird nach dieſen Nüſſen genannt[58]. Ungefähr in der Mitte der Höhle baut ſie aus Baumblättern auf einer erhöhten Unterlage ihr Lager, damit, wenn etwa Waſſer die Erde durchtränkt, dieſes abfließt und ſie ſelbſt trocken im Neſte liegt. Am andern Ende hat die Höhle einen Ausgang, durch den ſie, wenn Menſchen nach den Haſelnüſſen graben, entfliehen kann. Auch die Spitzmaus bleibt, ebenſo wie die übrigen einheimiſchen Mäuſe, nicht dauernd unter der Erde. Sie

[56] Glis war bei den Römern der Siebenſchläfer, nicht das Eichhörnchen. Agricola verwechſelt beide oder gebraucht die gleiche lateiniſche Bezeichnung für Siebenſchläfer und Eichhörnchen.

[57] Naturgeſchichte VIII, 82.

[58] Kleine Haſelmaus.

hat bei den Römern ihren Namen[59] erhalten, weil ihr Biß, wie derjenige der Spinnen, giftig iſt; bei den Griechen heißt ſie *μυγαλῆ*[60], weil ſie nach Aetius, der kurz über ſie ſchreibt, in der Größe der gewöhnlichen Maus gleich iſt. Die Farbe ähnelt aber der eines Wieſels und iſt rötlichbraun mit Ausnahme des Bauches, der weißlichaſchgrau ſchimmert. Das kleine Schnäuzchen iſt lang. In beiden Kinnbacken ſitzen Zähne, die in zwei Spitzen auslaufen. Deshalb weiſen die von ihnen gebiſſenen Tiere vierfache Löcher auf. Die Äuglein ſind ſehr klein und ſchwarz. Am kurzen Schwanz ſitzen ganz kurze ſtachlige Haare, deren Stich in warmen Gegenden meiſt giftig iſt, in kalten dagegen nicht. Die herausgeriſſenen und zerſchnittenen Haare heilen, auf eine Wunde aufgelegt, dieſe durch das ihnen innewohnende Gift. Katzen ſtellen ihnen nach und räumen ſie aus dem Wege, freſſen ſie aber, durch ihr Gift abgeſchreckt, wie auch die größere Haſelmaus, nicht. Wenn ſie ſich im Winter auch nicht verbirgt, ſo wandert ſie doch in Joachimsthal von ihren weit entfernten Wohnſitzen aus in die Stollen der Bergwerke und hält ſich daſelbſt auf. Anderwärts pflegt ſie den Winter in unſeren Häuſern zu verbringen. An Körpergröße kommt ſie den kleinſten Wieſeln nahe oder erreicht ſie. Ihr Haar iſt ſchwärzlich, der Schwanz ſchlank, nicht gerade zierlich und nicht gänzlich unbehaart.

In der Erde verbergen ſich dagegen einige Wieſelarten, deren es mehrere gibt; das erſte iſt das Hauswieſel, welches die Griechen *γαλῆ*[61], die Deutſchen nach dem Ton, den es von ſich gibt, Wieſel nennen. Es iſt meiſt am Rücken und auf den Seiten rötlich, ſelten bräunlich gefärbt, an Kehle und Bruſt aber immer weiß. Seltener werden ganz weiße gefunden. Es beſitzt einen ſchlanken, in die Länge gezogenen Körper, einen kurzen Schwanz und kurze Vorderzähne, nicht lange wie die Maus, und iſt gierig auf Talg. Seine Jungen trägt es wie die Katzen, weil ſie von Menſchen oder manchen Tieren Gefahr für ſie wittern, jeden Tag im Maule nach einem andern Ort. Es jagt Mäuſe und kämpft mit Schlangen, frißt aber, um gegen ihr Gift geſchützt zu ſein, vorher von der Raute. Es beißt ſich in die Euter der Kühe ein, die aber andererſeits, wenn ſie Geſchwülſte aufweiſen, geheilt werden, wenn man ſie mit dem Fell des Wieſels einreibt. Wenn dieſes Wieſel in unſeren Wohnſtätten lebt, hat es auch Höhlen, in die es ſich aber nicht lange und nicht oft begibt; wenn es auf dem Lande lebt, hält es ſich zur Winterzeit in Höhlen verborgen. Die zweite Wieſelart nennen die Deutſchen Iltis, nach dem griechiſchen Wort *ἴκτις*, mit dem dieſes gelehrte Volk das wilde Wieſel bezeichnet. Er wohnt in Uferhöhlen, wo er nach Art des Fiſchotters und des Bibers Fiſche frißt, und treibt ſich in Wäldern herum, wo er Vögel, und in Häuſern, wo er Hühner ergreift. Plinius würde ihn deshalb zu den Haustieren rechnen. Er ſaugt ihr Blut aus, nachdem er ihnen, damit ſie nicht ſchreien können, vorher den Kopf abgebiſſen hat. Auch pflegt er ihre Eier zu rauben, viele davon zuſammenzutragen und auszuſchlürfen. Er iſt etwas größer als ein Hauswieſel und kürzer, aber dicker als eine wilde Wieſelart, die Marder genannt wird. Er beſitzt ungleich lange Haare von verſchiedener Farbe. Die kurzen ſind gelblich, die langen ſchwarz; ſie ſtehen an vielen Körperteilen ſo weit hervor, daß er wie mit ſchwarzen Flecken gezeichnet erſcheint. Um die Schnauze herum iſt er weiß; wenn er ſehr zornig iſt, ſtinkt er. Da-

[59] Mus araneus, die Spitzmaus, araneus, die Spinne. [60] Aus *μυγαλέη*, Wieſelmaus.
[61] Aus *γαλέη*.

her pflegt man den Pelz des Iltiſſes auch als ganz wertloſes und ſtinkendes Fell zu bezeichnen. Die dritte Art der wilden Wieſel wohnt in Spalten und Höhlen von Felſen; ſie wird nach Martial martes, von den Deutſchen Marder genannt. Die betreffenden Verſe des Martial finden ſich im zehnten Buch ſeiner Epigramme an Maternus: „Der Jäger, der einen Marder gefangen hat, iſt ſehr ſtolz darauf." Der Marder hat die Größe einer Katze, iſt aber etwas länger und beſitzt kürzere Schenkel und kürzere Krallen. Sein ganzer Körper iſt mit ſchwärzlichgelben Haaren bedeckt, mit Ausnahme der Kehle, die weiß iſt. Dieſe Wieſelart dringt, ebenſo wie die folgende, in Häuſer ein, tötet Hühner, denen ſie das Blut ausſaugt, und ſchlürft Eier aus. Die vierte Wieſelart lebt auf Bäumen, wird aber ebenfalls Marder genannt[62]. Dieſer verläßt den Wald nur außergewöhnlich und ſelten und unterſcheidet ſich dadurch von der vorhergehenden Art und weiter noch dadurch, daß ſeine Kehle orangegelb und das Haar des übrigen Körpers mehr dunkelgelb gefärbt iſt. Man glaubt, zwei Arten unterſcheiden zu müſſen: die eine, die ſich in Buchen, die andere, die ſich in Nadelbäumen aufhält und ein ſchöneres Ausſehen hat. Die fünfte Wieſelart iſt die ſchönſte und edelſte, ſie wird von den Deutſchen Zobel genannt. Er bringt, wie die ſoeben beſchriebene Art, die ganze Zeit im Walde zu, iſt etwas kleiner und am ganzen Körper braungelb gefärbt, außer an der Kehle, welche aſchgraue Farbe beſitzt. Die letztgenannten drei Arten überragen alle übrigen an Wert um ſo mehr, je mehr weiße Haare den gelben beigemiſcht ſind. Die Zobelfelle ſind teurer als mit Gold durchwirkte Tücher. Denn man denke, daß 40 Stück der beſten – ſoviel pflegt man zu einem Bündel zu vereinigen und zu verkaufen – auf mehr als 1000 Goldgulden[63] zu ſtehen kommen! Alle Wieſelarten geben, wenn ſie gereizt werden, einen ſtarken Geruch von ſich, am meiſten der Iltis der Deutſchen, und der Kot aller riecht nach Moſchus. Der Nerz, der ebenfalls im Walde lebt, hat die Größe eines Marders, aber er hat gleich lange, kurze Haare, faſt von gleicher Farbe wie ein Fiſchotter. Nerzfelle ſind aber weit mehr wert als Otterfelle, und zwar ganz beſonders diejenigen, in denen weiße Haare untergemiſcht ſind. Gefunden wird dieſes Tier in den großen und dichten Wäldern, die ſich zwiſchen dem Lande der Sueben[64] und der Weichſel ausbreiten. Wenn nun auch alle Wieſelarten ſich weder in den Wintermonaten verborgen halten, noch auch in die Erde kriechen, ſo iſt es doch, wie ich glaube, für alle, die ſich künftig den Naturwiſſenſchaften widmen wollen, ſehr nützlich, daß ich die einzelnen Abarten beſchrieben habe.

Das Frettchen, welches die Kaninchen aus ihren Höhlen heraustreibt, iſt etwas größer als das Hauswieſel. Seine Farbe iſt hellbuchsbaumfarbig. Es iſt kühn, wild und voll Haß gegen faſt alle andern Tiere. Es ſaugt ſeinen Feinden, die es erbiſſen hat, das Blut aus, nimmt aber faſt nichts vom Fleiſch. Beinahe von gleicher Wildheit iſt der Verwüſter der Acker und Zerſtörer der Saaten, der Hamſter, den manche Cricetus nennen; die Bewohner Paläſtinas nannten ihn griechiſch *ἀρκτομῦς*[65]. Er ſieht, gleichviel ob es die mäuſeähnliche oder die bärenähnliche Art iſt, wenn er aufrecht auf den Hinterpfoten ſitzt, infolge ſeiner Bauchfarbe ſchwarz aus. Er taucht plötzlich zornig und ſo biſſig auf, daß, wenn ihm ein Pferd

[62] Gemeint ſind alſo unſere Steinmarder und Edelmarder.

[63] D. i. etwa ebenſoviel Guldengroſchen oder Taler. S. 7. Buch Anm. 55, S. 223.

[64] Germaniſcher Volksſtamm an den Küſten der Oſtſee.

[65] D. i. Bärenmaus. Im klaſſiſchen Griechiſch heißt er *μυωξός* oder *μυοξός*.

unvorſichtigerweiſe nachfolgt, er es anſpringt; er ſchnappt nach ſeinem Maul und beißt ſich, wenn er es erreicht, darin feſt. Er wohnt in Erdhöhlen, nicht anders wie die Kaninchen, aber in engeren als dieſe. Seine Oberſchenkelknochen ſind an beiden Seiten mit Fell bedeckt, aber ohne Haare. Er iſt etwas größer als das Hauswieſel, hat aber kürzere Beine. Die Farbe des Haares iſt am Rücken etwa wie die eines Haſen, am Bauche ſchwarz, an den Seiten rötlich. Auf beiden Seiten iſt er mit je drei weißen Flecken gezeichnet. Die Oberſeite des Kopfes und der Nacken hat dieſelbe Farbe wie der Rücken, die Schläfen ſind rötlich, die Kehle weiß. Der Schwanz, der bis zu drei Querfinger lang iſt, hat die Farbe eines Haſen. Die in dem Felle ſitzenden Haare laſſen ſich nur ſchwer ausreißen. Es trennt ſich leichter das Fell vom Fleiſch, als daß ſich ein Haar aus dem Fell mit der Wurzel herausziehen läßt. Wegen dieſer Eigenſchaft und wegen ihrer Buntfarbigkeit ſind die Felle ſehr geſchätzt. Er ſchleppt große Mengen von Getreidekörnern von allen Seiten her in ſeine Höhle und kaut ſie mit den Zähnen, die in ſeinen geräumigen und weiten Kinnbacken ſitzen. Daher belegen unſere Leute einen gefräßigen Menſchen mit dem Namen dieſes Tieres. Während das Eichhörnchen mit den Vorderpfoten ſich bald Ohren und Schnauze ſtreichelt, bald Speiſe zu ſich nimmt, frißt der Hamſter, indem er die Vorderpfoten hochſtreckt und dabei auf den Hinterpfoten und Krallen ſitzt. Die Felder in Thüringen ſind wegen des Reichtums und der Güte ihres Getreides voll von ihnen; aber auch im Meißniſchen fehlt er nicht und wird namentlich im Pegauer und Leipziger Kreiſe angetroffen. Kleiner als der Hamſter und verſchiedenartiger iſt der Lemming[66]; denn außer dem ebenfalls ſchwarzen Bauch iſt bei ihm der ganze Körper weiß, mit gelblichen, rötlichen und dunkelbraunen Flecken verziert. Der $1^1/_2$ Hand lange Schwanz weiſt aſchgraue, mit weißen vermiſchte Haare auf, die Schwanzſpitze iſt ſchwarz.

Bis jetzt habe ich über das Geſchlecht der Mäuſe, der Wieſel und verwandter Tiere geſprochen, von denen der größte Teil Höhlen unter der Erde aufſucht; nun will ich über das Stachelſchwein reden, welches ebenfalls in Höhlen hauſt, aber, wie Albertus ſchreibt, in den Sommermonaten, alſo gegen die Gewohnheit der übrigen Tiere. Die Griechen nennen es *ἀκανθόχοιρος*[67], weil es im Ausſehen und in der Geſtalt einem zwei Monate alten Ferkel gleicht und wie ein Igel mit Stacheln bedeckt iſt. Sein Kopf gleicht aber mehr dem eines Haſen, die Ohren denen des Menſchen, die Pfoten denen eines Bären. Oben auf dem Kopf ſitzt ein aufgerichteter Kamm, nach vorn zu eine weißlich gefleckte Haut und lange ſchwarze Borſten, die aus ihr hervorſtehen. Auch die übrigen Stacheln ſind ſchwarz. Die erſteren Stacheln gehen von der Mitte des Rückens und von den Seiten aus, die längſten von den Seiten und die allerlängſten von deren oberem Teile. Jede einzelne iſt teils ſchwarz, teils weiß. Sie ſind 2, 3 oder 4 Hand lang, und es kann ſie nach Belieben, wie ein Pfau ſeinen Schwanz, aufrichten, und wenn es in ſeine Höhle geht, legt es ſie nieder. Wenn es zum Zorn gereizt wird, ſchleudert es ſie, indem es ſein Fell anſpannt, in das Maul der andrängenden Hunde, und zwar mit ſolcher Gewalt, daß ſie ſelbſt in Holz ſteckenbleiben. Wie ein Haſe beſitzt es vier lange Zähne, zwei im Ober-, zwei im Unterkiefer. Nachts iſt es wach, bei Tage ſchläft es. Es nährt ſich von Brotreſten, Äpfeln, Birnen, Rüben

[66] Lat. vormela, was im Verzeichnis mit „Wormlein“ verdeutſcht iſt.
[67] D. i. Stachelferkel.

und Möhren und ſäuft Waſſer, aber beſonders gern auch verdünnten Wein. Dieſes Tier ſtammt aus Indien und Afrika, von wo es vor nicht langer Zeit bei uns eingeführt worden iſt.

Bären begeben ſich zur Winterzeit in Schlupfwinkel, die ihnen die Gegend darbietet. Wenn ſie keine vorfinden, ſtellen ſie ſich, indem ſie die Vorderpfoten wie Hände gebrauchen, aus Zweigen und Sträuchern ſolche her und kriechen, um nicht vom Regen naß zu werden, ſchnell in ſolche Unterſchlupfe. Sie fürchten ſich, im Boden eingedrückte Spuren zu hinterlaſſen, die ſie den Jägern verraten. Die Männchen verbergen ſich 40 Tage, die Weibchen 4 Monate lang in ihren Schlupfwinkeln, in welcher Zeit ſie dickes weißes Fleiſch anſetzen und werfen; durch Lecken geben ſie den Jungen ihre Geſtalt, was auch Ovid ſchon kannte, wenn er dichtet[68]:

„Nicht iſt vollkommen das Junge, das eben geboren die Bärin,
Sondern kaum lebendes Fleiſch; durch Lecken geſtaltet die Mutter
Glieder daraus und die Form, die ſelber die Alte beſitzet."

Dem Blick entzogen, legen ſie ſich nieder und ſchlafen zunächſt eng aneinandergedrängt bis zu 14 Tagen. Durch ſolch tiefen Schlaf werden ſie fett. Sodann ſetzen ſie ſich auf und friſten ihr Leben durch Saugen an den Vorderpfoten. Im Frühling kommen ſie aus ihren Schlupfwinkeln hervor; die Männchen ziemlich fett, die Weibchen etwas weniger, da ſie inzwiſchen geworfen haben, und füllen den zuſammengefallenen Leib mit Kräutern, die ſie von den Feldern abreißen. Obwohl die Bären ſehr mordluſtig ſind, ſind die Bärinnen doch nicht grauſam gegen einen Menſchen, der ſich auf die Erde geworfen hat und, das Geſicht gegen den Boden gekehrt, den Atem anhält; ſondern ſie riechen ihn nur an und verlaſſen ihn wie einen Toten, den ſie nicht ausſtehen mögen. Bären ſind auch in unſeren Gegenden bekannt. In vielen kalten Gegenden werden ſie geboren, und zwar ſowohl braune wie ſchwarze. Von ihnen gibt es zweierlei Arten, große und kleine. Dieſe klettern leichter auf Bäume; ſie werden nie ſo groß wie die andern. Beide freſſen Fleiſch, Honig, Baumfrüchte und Kräuter. Myſien[69] bringt auch weiße Bären hervor, die wie der Fiſchotter und der Biber Fiſche fangen.

Im Winter verbirgt ſich auch die Eidechſe in der Erde. Früher behaupteten manche, daß ſie nur ein halbes Jahr lang lebe. In den übrigen Zeiten des Jahres pflegt ſie ſich meiſt unter Brombeerſträuchern und in Dornhecken aufzuhalten. Sie beſitzt vier Füße und eine geſpaltene, behaarte Zunge. Die Beine ſind kurz; ihre Farbe iſt im Frühling grün, im Sommer etwas heller. Verborgen lebt auch die Kupfereidechſe, die nach den kupferfarbenen Streifen, mit denen der Rücken geſchmückt iſt, ſo genannt wird. Sie wird auch Seps genannt, weil eine Wunde, die durch ihren Biß entſtanden iſt, eitert und übelriechende Jauche abzuſondern pflegt. Von der grünen Eidechſe weicht ſie nicht der Geſtalt nach ab, ſondern nur in der Farbe. Verborgen lebt auch die Waſſereidechſe, die ihr Leben teils auf dem Lande, teils im Waſſer, und zwar vorzugsweiſe im letzteren, zubringt. Sie entſteht in ſchattigen Teichen, die in ſumpfigem Boden liegen, und in manchen Mauergräben. Sie iſt klein und weicht vor allem in der Farbe von den übrigen Eidechſen ab, indem ſie

[68] Metamorph. XV, 379 bis 381. Vgl. über dieſe verbreitete Sage: Archiv für Geſchichte der Naturwiſſenſchaften Bd. V, S. 36 (1915). C. Elze, Vom „ungeleckten Bären", mit zahlreichen Literaturnachweiſen.

[69] Land in Kleinaſien.

aſchgrau oder rötlichaſchgrau ausſieht. Sie läuft langſam, wie Schildkröten oder Molche. Wenn ſie gereizt in Zorn gerät, richtet ſie ſich auf, ſitzt, etwas aufgeblaſen, auf ihren Füßen, ſchaut mit ſchreckenerregenden Augen unter Aufreißen des Rachens den an, der ſie aufgeſtört hat und ſchwitzt einen milchähnlichen, ſcharf riechenden Saft aus, bis ſie ganz weiß ausſieht. Auf Salz geſetzt, bewegt ſie den Schwanz und bemüht ſich, zu fliehen. Sie kann es, da es ſehr beißend iſt, nicht vertragen, ſondern ſtirbt ſchnell, während ſie, wenn man ſie ſchlägt, noch lange lebt. Verborgen lebt auch das Chamäleon, welches in Indien und Afrika geboren wird. Seine Geſtalt iſt, wie Ariſtoteles ſchreibt, diejenige einer Eidechſe. Wie bei den Fiſchen fallen die Seiten nach unten ab und gehen unmittelbar in den Bauch über. Aus den Seiten ragt ein Dorn hervor. Das Geſicht iſt ähnlich dem des Cebus genannten Affen. Der Schwanz iſt ſehr lang, endigt in eine Spitze und iſt wie eine Peitſchenſchnur in vielen Windungen zuſammengewickelt. Wenn es ſich aufrichtet, ragt es höher empor als eine Eidechſe. Die Schenkel biegt es wie eine Eidechſe ein. Jeder Fuß iſt in zwei Teile geſpalten, die die gleiche Stellung zueinander haben, wie der Daumen zu den übrigen Fingern. Und auch dieſe beiden Teile ſind wiederum gewiſſermaßen in Finger geſpalten, an den Vorderbeinen der innere Teil in drei, der äußere in zwei; an den Hinterbeinen aber der innere Teil in zwei, der äußere in drei. Die Finger tragen kleine Krallen, ähnlich denen der Tiere mit gekrümmten Krallen. Der ganze Körper iſt rauh wie bei einem Krokodil. Die tief in Höhlen liegenden Augen ſind ſehr groß, rund und mit einer der ſonſtigen Körperhaut ähnlichen Haut bedeckt; in deren Mitte iſt ein Loch, durch welches das Tier hindurchſieht und welches nie durch die Haut verdeckt wird. Das Auge dreht ſich im Kreiſe, blickt nach allen Seiten und erkennt ſo alles, was es will. Wenn es ſich aufbläſt, wechſelt es die Farbe. Das eine Mal iſt es ſchwarz und unterſcheidet ſich in der Farbe nicht ſehr von einem Krokodil, dann wird es blaß wie eine Eidechſe, jedoch dabei ſchwarzgefleckt wie ein Panther. Die Farbänderung erſtreckt ſich auf den ganzen Körper. Denn auch die Augen und der Schwanz ändern ihre Farbe in gleicher Weiſe. Seine Fortbewegung geſchieht, wie bei einer Schildkröte, langſam. Wenn es ſtirbt, wird es bleich und behält dieſe Farbe nach dem Tode. Der Schlund und die Luftröhre befinden ſich an derſelben Stelle wie bei der Eidechſe. Fleiſch hat es nirgends außer am Kopf und an den Kiefern, nicht aber an den übrigen Gliedern. Kleine Fleiſchteilchen finden ſich an den Kiefern und am Schwanz, da, wo er am Körper angewachſen iſt. Blut hat es nur im Herzen, in den Augen und in Adern in dem Teil über dem Herzen und in den von hier ausgehenden Blutgefäßen; aber auch hier nur ſehr wenig. Das Gehirn liegt etwas über den Augen und hängt mit ihnen zuſammen. Wenn man die äußere Augenhaut zurückzieht, ſo leuchtet ein ſchmaler kupferner Ring hervor. Die Häute ſind zahlreich und feſt und verteilen ſich, indem einige über die anderen hervorſtehen, über den ganzen Körper. Wenn es zerſchnitten wird, atmet es noch lange, indem auch im Herzen noch eine Zeitlang eine ſchwache Bewegung vorhanden iſt. Es kann alle Körperteile zuſammenziehen, vor allem aber die Rippen. Niemals beſitzt es eine erkennbare Milz. Luft dient ihm zur Nahrung. Daher dichtet Ovid ebenſo ſinnig wie gelehrt[70]:

„Auch das Tier, das von Luft und vom Winde allein ſich ernähret,
Ahmt die Farben flugs nach der Dinge, die es berührte."

[70] Metamorph. XV, 411 und 412.

Auch die Sterneidechſe oder Gecko verbirgt ſich. Sie hat die Geſtalt einer Eidechſe, das Weſen eines Chamäleons. Sie lebt vom Tau und außerdem von Spinnen und von Honig. Nicander nennt ſie *ἀσκάλαβος*, Ariſtoteles *ἀσκαλαβά΄της*. Ihr Rücken iſt wie mit leuchtenden ſternförmigen Tropfen verziert, wovon der lateiniſche Name[71)] kommt, und wodurch ſie ſich von der gewöhnlichen Eidechſe unterſcheidet. Die Griechen nennen ſie auch *γαλεώτης*. Wie eine Schlange ſtreift ſie im Frühling ihr altgewordenes Winterkleid ab und frißt es, wenn man es ihr nicht wegnimmt. Wer von einer Sterneidechſe gebiſſen wird, verfällt in Gefühlloſigkeit. In Griechenland iſt ſie giftig und verderblich, in Sizilien unſchädlich. Sie kämpft mit Skorpionen. Ihr Leben verbringt ſie in Grüften, Gewölben, Tür- und Fenſterritzen. In ein Glas eingeſchloſſen, bleibt ſie über ein halbes Jahr lang ohne Nahrung am Leben; nur ihre Augen ſchwellen an; ſonſt erleidet ſie weiter keinen Schaden.

In den Wintermonaten verbirgt ſich ferner der Salamander. Im Februar dieſes Jahres hatte ſich zu Schneeberg eine große Menge Salamander aus der Umgegend zuſammengefunden und zuſammengeballt; man fand ſie im äußerſten Ende des Stollens, der einſt in den ſogenannten Mühlberg getrieben und jetzt wieder inſtand geſetzt wurde. Im nächſten Jahr kam im November ein lebender Salamander, der aus einer Quelle des nahen Waldes ſtammte, aus der Waſſerleitung dieſer Stadt heraus. Regen und darauffolgendes heiteres Wetter locken die Salamander aus Gängen, Quelladern und Geſteinſpalten hervor. Dieſen Vierfüßler, der die Geſtalt einer Eidechſe beſitzt, nennen die Deutſchen, weil er mit ſeinen kurzen Schenkeln nur langſam läuft, mit dem griechiſchen Namen *μώλγιος* „Molch". Sein Kopf iſt groß, der Bauch goldgelb, ebenſo die Schwanzſpitze, der ganze übrige Körper abwechſelnd mit ſchwarzen und goldgelben ſternförmigen Flecken gezeichnet. Wegen der ihm innewohnenden Kälte löſcht er, nicht anders wie Eis, das Feuer aus. In gleicher Weiſe pflegen auch Schlangeneier, die man ins Kaminfeuer wirft, dieſes zu erſticken. Die Eier ſelbſt werden aber dabei, ebenſo wie der Salamander, verbrannt. Gereizt, ſchwitzt der Salamander einen milchigen Saft aus. Fälſchlicherweiſe glaubt man, daß es unter ihnen keine Männchen und Weibchen gibt.

Die Erdſchildkröte begibt ſich den ganzen Winter über unter die Erde und bringt die Zeit, von tiefem Schlaf umfangen, ohne alle Nahrung hin. Rötlich gefärbte Käfer endlich und Grillen, die meiſt in der Nacht umherſchwirren, graben in trockener Erde Löcher, in denen ſie im Sommer ſchlafen; die Heimchen tun dies auch im Winter. Die Käfer kriechen vor dem Herbſt hinein, bevor die große Hitze nachläßt, die Ackergrillen vor Beginn des Winters, ebenſo auch die ſchwarzen Spinnen, die in Erdritzen leben. Der Tauſendfüßler entſteht und lebt in Baumſtämmen oder in Holzſtücken, die auf der Erde liegen, oder in Pfählen, die in die Erde getrieben ſind, und iſt auch darnach benannt[72)]. Wenn man dieſe Pfähle entfernt oder hin und her bewegt, ſo kommt der Tauſendfüßler heraus. Sonſt lebt er meiſt verborgen. Er beſitzt keine Flügel, aber viele Füße; daher nennen manche ihn nach dem Lateiniſchen Vielfüßler, Hundertfüßler oder Tauſendfüßler. Wenn er kriecht, wölbt ſich ſein mittlerer Körperteil wie ein Bogen; wenn man

71) Lat. stellio.

72) Lat. scolopendra, vom Griechiſchen *σκόλοψ*, der Pfahl.

ihn mit einem Stock berührt, zieht er ſich zuſammen. Er beſitzt Bronzefarbe, einen dünnen, nicht ſehr breiten, langen Körper und drei oder höchſtens vier Zehen.

Unter den Vögeln, die ſich verkriechen, ſind vor allem die Uferſchwalben zu nennen. Mehrere von ihnen verbergen ſich in den Wintermonaten gemeinſchaftlich an den Ufern von Flüſſen, Teichen oder Sümpfen oder im Geſtade oder in den Klippen des Meeres. Daher kommt es, daß manchmal Fiſcher ſie in größeren Mengen aus den Gewäſſern herausholen. Man nennt ſie Uferſchwalben, da ſie Höhlen in den Ufern anlegen, ihr Neſt in oder an ihnen bauen und ſich darin verbergen. Die Griechen nennen ſie ἄποδες, nicht weil ſie keine Füße beſitzen, ſondern weil ſie ſich ihrer nicht bedienen, oder auch κύψελος, weil ſie ihre Eier in kleine, aus Lehm hergeſtellte Käſtchen[73] mit engen Zugängen legen und darin brüten, um ſo während des ganzen Jahres vor Tieren und Menſchen ſicher, im Winter vor Kälte geſchützt zu ſein. Sie unterſcheiden ſich von den Mauerſchwalben und Hausſchwalben dadurch, daß ſie gefiederte Schienbeine beſitzen. Dieſe Uferſchwalben ſind es, wie Plinius ſagt, die man überall auf dem Meere antrifft. Und wenn ſich Schiffe auch noch ſo weit und in ununterbrochener Fahrt vom Feſtlande entfernen, ſo werden ſie doch von dieſen Uferſchwalben umflattert. Andere Gattungen ſetzen ſich nieder und raſten, dieſe dagegen ruhen nur in ihrem Neſte aus, das heißt, ſie fliegen oder ſie liegen.

Zur Winterzeit verbergen ſich in Erdhöhlen, aber nicht nur in dieſen, die Fledermäuſe, der Uhu, die Käuzchen, die Nachteule, die Schwalben, die Stare, die Holztauben, die Turteltauben, die Amſeln, die Krammetsvögel, die Lerchen und die Wiedehopfe; über alle dieſe habe ich ſchon geſprochen.

Nunmehr will ich von den Arten der Waſſertiere ſprechen, die ſich teils im Winter, teils im Sommer verkriechen und ſich im Schlamm oder Sand verbergen, und zwar ſo, daß der ganze Körper bedeckt iſt, das Maul aber frei bleibt. Im Winter verkriechen ſich folgende Fiſche: die Gattung Primadia, die Goldmakrele, der Coracinus, die Muräne, die Orfe, der Meeraal, die Meerdroſſel, die Meeramſel, der Barſch, der Thunfiſch, der Rochen und alle Arten von Knorpelfiſchen ſowie auch die Schnecken[74]. In den Sommermonaten verſteckt ſich der Glaucus, der Aſellus, die Goldforelle; etwa 30 Tage lang in den Hundstagen die Purpurſchnecke, die Tritonmuſchel, die Kammuſchel und der Delphin. Von den Tieren, die teils auf dem Lande, teils im Waſſer leben, verkriecht ſich im Winter die Waſſereidechſe, über die ich ſchon geſprochen habe; ebenſo zieht ſich das Krokodil, um den Winter zu vermeiden, in ſeine Höhle zurück und bleibt vier Monate darin. Unter der Kälte leidet es ſo ſehr, daß es ſich, auch wenn es ſich nicht verbirgt, manchmal am Tage auf dem Lande, nachts im Waſſer aufhält. Lebend wird es jetzt ſelten nach Europa gebracht, aber tot wird es oft in Apotheken an der Decke aufgehängt. Plinius beſchreibt ſeine Geſtalt und ſein Weſen ſehr genau. Er ſagt, es ſei ein bösartiger Vierfüßler, gefährlich zu Lande und zu Waſſer. Es iſt das einzige Landtier, welches ſeine Zunge nicht gebrauchen kann[75], und das einzige, welches nur mit dem oberen, beweglichen Kiefer beißen kann; ſein Biß aber iſt fürchterlich, da die Zahnreihen kammartig zuſammengedrängt ſtehen. In der

[73] Von κυψέλη, der Kaſten. S. auch Plinius, Naturgeſch. VIII, 37.

[74] Für die meiſten Fiſche gibt das Verzeichnis keine Verdeutſchung; bei vielen findet ſich ſogar der Zuſatz „ignotus", unbekannt. Es läßt ſich daher vielfach nicht entſcheiden, welche Art gemeint iſt.

[75] Weil ſie nämlich am Unterkiefer angewachſen und unbeweglich iſt.

Länge übertrifft es die meisten Tiere, sie beträgt meist mehr als 18 Ellen[76]. Es legt Eier in der Größe der Gänseeier und brütet sie immer, einer dunklen Ahnung folgend, an einer Stelle aus, die höher liegt als die, bis zu der der Nil in diesem Jahre bei seinem höchsten Stande steigen wird. Kein anderes Tier erreicht aus so kleinen Anfängen die gleiche ungeheure Größe. Es ist mit Krallen bewehrt. Seine Haut ist widerstandsfähig gegen jeden Stich. Wenn es von gefressenen Fischen gesättigt und mit seinem immer mit Speiseresten gefüllten Rachen am Ufer schläft, wird es von einem Vogel, der dort Trochilus, in Italien Vogelkönig[77] genannt wird, zum Gähnen gebracht; er reinigt ihm hüpfend zunächst den Rachen, dann die Zähne und auch den Schlund, den das Krokodil, um den angenehmen Kitzel zu genießen, möglichst weit aufreißt. Wenn das Ichneumon ein Krokodil bei diesem Vergnügen im Schlafe liegend erblickt, fährt es ihm wie ein Pfeil durch seinen Schlund in den Bauch und frißt ihm die Eingeweide aus. Das Krokodil verursacht so großes Unheil, daß die Natur nicht damit zufrieden ist, ihm nur einen einzigen Feind geschaffen zu haben. Denn auch Delphine wandern in den Nil, die auf dem Rücken eine messerscharfe Flosse besitzen, vertreiben die Krokodile, die sich gewissermaßen als Alleinherrscher in ihrem Flusse fühlen, und räumen sie, da sie selbst ihnen an Kräften unterlegen sind, mit List aus dem Wege. Da die Haut des Krokodils am Bauche weich und dünn ist, tauchen die Delphine, als ob sie erschrocken wären, unter, schwimmen unter das Krokodil und schlitzen ihm den Bauch auf. Auch ein am Nil selbst wohnender Menschenstamm ist diesem Ungeheuer feindlich gesinnt, nämlich die Tentyriten, die ihren Namen von der Insel[78] haben, auf der sie wohnen. Von kleiner Größe, entwickeln sie dabei eine bewundernswerte Geistesgegenwart. So gefährlich dieses Untier gegen den vor ihm Fliehenden ist, so flieht es doch selbst vor seinen Verfolgern. Diese wagen es, einzeln gegen das Tier vorzugehen, schwimmen in den Fluß, setzen sich wie Reiter dem Krokodil auf den Rücken, schlagen ihm, wenn es den Kopf rückwärts gebeugt zum Beißen hochhebt und den Rachen aufsperrt, einen Knüppel, den sie an beiden Enden festhalten, quer in den Rachen und ziehen es mit ihm wie mit einem Zaum als Gefangenen ans Land. Diese Leute erschrecken die Krokodile auch schon lediglich durch ihr Schreien und zwingen sie dadurch, einen eben verschlungenen Körper wieder von sich zu geben, um ihn begraben zu können. Daher gehen auch die Krokodile nie an dieser einen Insel ans Land und werden von dem Geruch dieser Leute vertrieben, ebenso wie die Schlangen von dem Geruch der Psyllier[79]. Das Krokodil soll im Wasser sehr schlecht, außerhalb aber sehr scharf sehen. Manche glauben, daß es fortwährend wachse, solange es lebe, und es hat ein sehr langes Leben.

Auch alle Frösche verbergen sich in den Wintermonaten, mit Ausnahme jener allerkleinsten, hellblaugrau gefärbten, die zeitweilig auf Wegen und an Küsten umherkriechen. Diese werden nämlich nicht aus Samen, den Männchen und Weibchen bei der Begattung von sich geben, erzeugt, sondern sie scheinen aus Staub, der durch sommerlichen Regen durchfeuchtet wird, zu entstehen und können

[76] D. i. 11 Meter.

[77] Vielleicht unser Zaunkönig. Diese Erzählung findet sich bei Herodot.

[78] Nilinsel Tentyra, jetzt Dendereh in Oberägypten.

[79] Die Psyllier waren ein Volk an der Südwestseite der Großen Syrte in Afrika, welches sich auf Schlangenbeschwörung und Heilung des Bisses giftiger Schlangen verstand.

daher nicht lange leben. So entzieht ſich dem Blick auch jener kleine grüne Froſch, den die Griechen *καλαμίτιος* nennen, der zwiſchen Schilfrohr zu leben pflegt[80], aber auch auf Bäume klettert und ſich von Kräutern nährt, ſowie der *βρέξας* genannte, der durch ſein ihm eigenes Quaken künftigen Regen anzeigt. Denn er iſt, entgegen der Anſicht des Plinius, nicht ſtumm und ohne Stimme. Zur Frühlingszeit erſcheint er oft halb aus der Erde hervorragend, halb darin verborgen. Es verkriechen ſich auch die grünen Fröſche, die ſich in Flüſſen und Fiſchteichen aufhalten, die ebenfalls eine Stimme beſitzen und eßbar ſind. Ferner die hellgelben und hellaſchgrauen, die auch in Flüſſen, Seen, Sümpfen und Teichen leben. Manche von ihnen beſitzen eine Stimme und ſind eßbar, andere ſind ſtumm und werden nicht gegeſſen. Ein Beweis dafür, daß ſie ſich in den Wintermonaten verborgen halten, liegt darin, daß man im Frühling in den Teichen nicht nur ihren Laich findet, ſondern auch alte Fröſche ſelbſt. Deshalb iſt es nicht richtig, ſondern verwunderlich, wenn Plinius[81] ſchreibt: Nach halbjährigem Leben löſen ſie ſich, ohne daß man es beobachten kann, in Schlamm auf und entſtehen von neuem, erzeugt durch die Gewäſſer des Frühlings. In der gleichen verborgenen Weiſe ſoll ſich dies alle Jahre mit denen, die geboren wurden, wiederholen. Ihr Laich beſteht zuerſt aus kleinen, runden, ſchwarzen Fleiſchklümpchen, die ſpäter nur Augen und einen Schwanz erkennen laſſen; dieſe nennt Nicander, da ſie den Schwanz bewegen, *μολουρίδας*, Aratus, weil ſie rund ſind, *γυρῖνος*, andere Griechen *βατραχίδιας*, was kleine Fröſchchen bedeutet[82]. Später bilden ſich Beine, die vorderen aus der Bruſt heraus; zwiſchen den Hinterbeinen ſitzt der Schwanz. In Gärten verborgen halten ſich ferner blaßgefärbte Fröſche, die keine Stimme beſitzen und nicht eßbar ſind; weiter endlich die Kröte, die ihren Namen von der Brombeere[83] hat, unter deren Sträuchern ſie ſich aufzuhalten pflegt. Die Dichter nennen ſie bufo, die Griechen *φρῦνος*. Es gibt zwei Arten: die eine, die Landkröte, lebt in Häuſern und unter Brombeergeſtrüpp, die andere iſt die Sumpfkröte; ſie beſitzt eine ihr eigentümliche Stimme. Beide ſind giftig und preſſen, wenn man ſie öfter mit einem Stecken ſchlägt, mit aufgeblaſenem Körper zunächſt ein Gift aus ihrem Hinterteil, ſpäter ſchwitzen ſie. Die milchartigen Tropfen dieſes Schweißes riechen ſcharf und ſtinkend, und zwar, wenn man ſie tötet, nach Mohnſaft. Sie laſſen ſich ſchwer töten. Der Kröten bedienen ſich die Giftmiſcherinnen zur Herſtellung von Gifttränken.

Die Waſſermaus verkriecht ſich im Winter in die Ufer der Flüſſe und Bäche, in denen ſie wohnt. Sie beſitzt etwa die Größe einer Waldmaus. Sie beißt ſich in die Hände der Fiſcher feſt, wenn ſie Flußkrebſe aus den Uferhöhlen herausholen. Sie frißt kleine Fiſche, z. B. Schmerlen und Weißfiſche, und weiter den Laich der Hechte, der Forellen, der Barben und anderer Fiſche. Wo ſie daher in großen Mengen vorkommt, pflegt ſie den Fiſchreichtum zu zerſtören. Auch der Flußkrebs kriecht in Uferhöhlen und verweilt darin den ganzen Winter über und meiſt auch im Sommer. Der Skorpion dagegen, den man in Deutſchland

80) *κάλαμος*, das Schilf oder Rohr.

81) Naturgeſchichte IX, 74.

82) *ἡμολουρίς* iſt eine Froſchart, *γυρῖνος* oder *γύρινος* die Kaulquappe oder Froſchbrut; *βατραχίδιον* das Diminutiv von *βάτραχος*, der Froſch.

83) Lat. rana rubeta, die Kröte; rubus, die Brombeere.

nur als von auswärts eingeführt kennt, verbirgt ſich nicht in der Erde, ſondern in Mauerritzen und unter Steinen.

Zuletzt noch einiges über die Schlangen, die zum größten Teile Landtiere ſind. Die Vipern, welche die Griechen ἐχίδνιον nennen[84], kriechen im Winter unter Felſen. Sie ſind etwa 1 Elle lang und mit dunkelbraunen, ins Aſchgraue ſpielenden Flecken gezeichnet. Sie erzeugen zuerſt Eier in ihrem Körper und gebären dann lebendige Junge, die noch im Körper aus den Eiern ausgeſchlüpft ſind. Aber nicht, wie Nicander und Plinius behaupten, die Jungen einzeln an verſchiedenen Tagen nacheinander, wobei ein Teil der Jungen aus Ungeduld den Leib der Mutter durchbohrt und ſie dadurch tötet; ſondern ſie bringen, wie uns Beobachter der Schlangen verſichern, an ein und demſelben Tage meiſtens elf Junge zur Welt, oder bisweilen noch mehr, und bleiben ſelbſt dabei am Leben. Das Weibchen nimmt auch nicht, wie Plinius ſchreibt, bei der Begattung und Umſchlingung den Kopf des Männchens in den Rachen und beißt ihn vor Wolluſt ab. Auch das Weibchen hat, ebenſo wie das Männchen, einen von Natur aus kurzen Schwanzſtummel und nicht, wie die meiſten anderen Schlangen, einen langen Schwanz. Sie unterſcheiden ſich aber dadurch voneinander, daß der Kopf des Weibchens platt, der des Männchens ſpitz iſt. Wenn dieſes beißt und dabei Gift ausſpritzt, zeigen ſich die Spuren von zwei ſpitzen Zähnen, beim Weibchen aber von mehreren Zähnen. Ebenſo wie die übrigen Schlangen ſind ſie nicht nur nach Milch, ſondern auch nach Wein gierig. Galenus ſchreibt, daß ſie auf der Suche nach Wein in die Weinkrüge hineinkriechen und daß der Wein, in dem ſie erſoffen ſind, ein Heiltrank für die ſei, die an Elefantiaſis[85] leiden. Gegen den Biß der Vipern wird vielerlei getan. Der Schriftſteller Suetonius berichtet, daß Claudius Cäſar durch einen in Rom öffentlich bekanntgemachten Befehl darauf hingewieſen habe, daß man hierzu den Saft des Taxusbaumes nehmen ſolle. Der kleinen Viper ähnlich iſt die Dipſas genannte; ſie iſt weiß, ihr Schwanz aber hat zwei ſchwarze Streifen. Wer von ihr gebiſſen wird, ſtirbt an einem unauslöſchlichen Durſt, woher ihr Name kommt[86]. Sie leidet auch ſelbſt ſehr an Durſt. Wenn ſie durch allzu vieles Saufen aufgeſchwollen iſt, bricht ihr der Nabel auf, und ſie gibt ſo die übermäßig aufgenommene Menge wieder von ſich. Manche nennen ſie auch Cauſo, andere Preſter. Letztere weicht in der Geſtalt nicht ſehr von der Dipſas ab, unterſcheidet ſich aber von ihr durch die Wirkung, die ſie ausübt. Der Gebiſſene wird, wie von einem plötzlichen Sonnenſtich betroffen, bewegungslos und bewußtlos, er verliert die Haare und geht unter Jucken und Durchfall ein.

Ebenſo wie beinahe alle übrigen Schlangen verbirgt ſich auch die Blindſchleiche in der Erde oder in Felsritzen; bei den Deutſchen hat ſie ihren Namen davon, daß ſie blind iſt. Aus gleichem Grunde nennen ſie Nicander τυφλώψ, andere τυφλῖνος, denn ſie hat keine Augen[87]. Ihre Farbe iſt grünlichgelb und ſtark glänzend. Sie iſt niemals länger als 1 Fuß und dicker als 1 Finger. Sie bleibt manchmal, ebenſo wie die Vipern, nach dem Bericht des Schriftſtellers Columella, unter Ochſen liegen, die ſich unvorſichtig auf der Weide hinlegen, und beißt dann,

[84] ἐχίδνιον iſt das Diminutiv von ἔχιδνα, die Natter.

[85] Im Altertum wurde eine Art Ausſatz ſo genannt, bei der die Haut hart und fleckig wird.

[86] Von δίψα, der Durſt.

[87] τυφλώψ = blind. Nicander, Theriaka 492; τυφλῖνος eine Schlangenart, ähnlich der Blindſchleiche. Ariſtoteles, Hiſtoria animal, 8, 24.

wenn ſie durch den Druck gereizt wird. Die Amphisbaena[88] ſieht ſehr ſchlecht. Sie iſt klein und träge und mit zwei Köpfen verſehen. Sie kann daher mit dem einen oder anderen Kopfe nach Belieben vorwärts oder rückwärts kriechen, wovon ihr Name kommt. Ihre dichte Haut beſitzt die Farbe der Erde und ſticht nur durch einige Abzeichen davon ab. Ihr in der Geſtalt ähnlich iſt die Skytale[89], aber heller. Sie iſt ſo dick wie der Stiel einer Harke und lang wie ein Spulwurm. Wenn ſie ſich im Frühjahr gehäutet hat, frißt ſie nicht, wie die übrigen Schlangen, Fenchel. Ihren Namen hat ſie von ihrer ſtabförmigen Geſtalt. In den Wintermonaten begibt ſich auch die Ringelnatter in Erd- oder Felshöhlen. Sie hat ihren Namen davon, daß ſie ſchwimmt[90]. Die Griechen nennen ſie deshalb ὕδρα oder χέρσυδρα[91], da ſie auf dem Lande und im Waſſer lebt. Ich ſtimme dem Lucanus nicht bei, der die Cherſydra von der Waſſernatter unterſcheidet. Sie iſt Gegner und Feind der Fröſche. In der Form unterſcheidet ſie ſich nicht von der Aſpis[92], wohl aber in der Farbe, die bei ihr ein weißliches Aſchgrau iſt. Zum Schlangengeſchlecht ſcheint auch die kalabriſche Schlange zu gehören, obwohl ſie gefleckt iſt. Sie beſingt Vergil mit folgenden Worten[93]:

Auch ein gar ſchädliches Tier iſt die Schlang' in Calabriens Wäldern,
Hochaufragender Bruſt, einwölbend den ſchuppigen Rücken,
Und am länglichen Bauch buntfarbig mit mächtigen Flecken.
Dieſe — ſolang noch ein Bach den Quellen entſtürzt, und ſolange
Naß von des Frühlings Feuchte das Land und vom Regen des Süd iſt —
Wählt ihr Verſteck an dem Sumpf und füllt hier, lauernd am Ufer,
Gierig den dunkelen Schlund mit Fiſchen und ſchwätzenden Fröſchen.
Leert ſich ſpäter der Pfuhl und ſpaltet das Land ſich vor Hitze,
Springt ſie aufs Trockene vor und, flammende Augen verdrehend,
Tobt ſie, wütend vor Durſt und toll durch die Hitze, im Felde.

Zum Geſchlecht der Nattern gehören auch die Waſſerſchlangen[94], die nach Plinius ſo groß werden, daß man unter dem erhabenen Fürſt Claudius im Bauche einer am vatikaniſchen Hügel getöteten ein ganzes Kind gefunden hat. Sie nähren ſich vor allem von der Milch der Kühe, wovon ihr Name abgeleitet iſt. Sie ſind nichts anderes als die Schlangen, die ſich in Häuſern oder Wohnungen aufhalten. Die Aſpis genannte Natter iſt 4 Fuß lang und ſo dick wie ein Speer. Sie iſt nicht immer von der gleichen Farbe; manche ſind ſchmutzig gefärbt, andere grün in verſchiedenen Abtönungen, andere aſchgrau, andere feuerfarbig, namentlich die in Äthiopien. Die ſchlecht ſehenden Augen ſtehen an den Schläfen, und neben den Augenbrauen ragen ſchwielenartige Warzen hervor. Sie zwinkert, gleich als ob ſie ſchläfrig wäre, fortwährend mit den Augen, wird aber leicht durch Geräuſche, die andere Tiere verurſachen, verſcheucht. Sie wird in Ägypten, Äthiopien und anderen Gegenden Afrikas geboren. Sie ſchweifen — ich gebrauche die Worte des Plinius[95] — nur paarweiſe umher und können eine ohne die andere nicht leben. Wird

88) Eine Schlangenart in Libyen, die vor- und rückwärts kriecht, weshalb man ihr zwei Köpfe zuſchrieb.
89) Eine überall gleich dicke, walzenförmige Schlange: σκυτάλη, der Stab.
90) Natrix a natando apellata.
91) Waſſerſchlange oder Land- und Waſſerſchlange.
92) Die berühmte ägyptiſche Hutſchlange, die bei Zauberern von alters her eine große Rolle ſpielt. Über ſie wird ſpäter berichtet.
93) Georgicon III, 425 bis 434.
94) Lat. boa, was im Verzeichnis mit „Ynke" verdeutſcht iſt. 95) Naturgeſch. VIII, 35.

eine von ihnen getötet, ſo erwacht bei der anderen eine unglaubliche Rachgier. Sie verfolgt den Mörder, weiß ihn aus einer noch ſo großen Menſchenmenge herauszufinden und greift ihn an. Dabei überwindet ſie alle Schwierigkeiten und legt große Strecken zurück. Nur breite Flüſſe oder ſchleunigſte Flucht können vor ihr retten. Ihr ſchlimmſter Feind iſt das Ichneumon [96], das einem Iltis ähnlich iſt. Es zerſtört nicht nur ihre Eier, ſondern tötet ſie auch ſelbſt. Es wälzt ſich zunächſt öfter im Schlamm und trocknet ſich an der Sonne. Nachdem es ſich auf dieſe Weiſe mit mehreren Schlammſchichten gepanzert hat, geht es zum Angriff über. Dabei hebt es den Schwanz, fängt abgewendet ihre zornigen Biſſe auf, bis es mit ſchräg gerichtetem Kopfe den günſtigen Augenblick abgepaßt hat, ihr an die Kehle zu fahren.

Die Aſpisnattern teilt Galenus in drei Arten ein: Chelidonia, Cherſea und Ptyas [97], die ihren Namen vom Speien hat. Dieſe Art war es, die Kleopatra an ſich drückte. Sie halten ſich, da ſie Kälte nicht vertragen können, im Winter in Sand eingehüllt verborgen, auch in Löchern von Buchen oder von Waſſereichen, wovon der Name für ſie abgeleitet iſt; manche nämlich nennen ſie, wie Nicander ſchreibt, Hydron, andere Chelhydron. Sie iſt, was den Kopf anlangt, der Waſſerſchlange ähnlich, beſitzt aber eine aſchgraue Farbe, die Länge und Dicke eines mittleren Aales und riecht ſtark. Sie geht nach Froſchlaich, in dem man ſchon den Schwanz erkennen kann, und nach großen Fliegen. Die Gattung Ceraſtes [98] hat ihren Namen von den Hörnern, die ſie, und zwar entweder zwei oder vier, nach Art der Schnecken am Kopfe trägt. Durch deren Bewegung lockt ſie, wie Plinius [99] ſchreibt, während der übrige Leib verborgen bleibt, kleine Vögel an ſich. Im übrigen iſt ſie wie eine Viper geſtaltet. Sie beſitzt eine ſchmutzige Farbe. In kalten Gegenden findet man ſie in einer nach Farbe und Geſtalt natterähnlichen Form, wenn auch hier nur ſelten. In Afrika hält ſie ſich im Sand und in Wagengleiſen auf, anderwärts meiſt in Felsſpalten, in denen ſie ſich den Winter über verbirgt. Ariſtoteles behauptet, daß auch die thebaniſche Coluber [100] Hörner trage. Der Hämorrhous hauſt ebenfalls in Felsſpalten; er hat ſeinen Namen davon, daß er Blutfluß erzeugt. Demjenigen, den er gebiſſen hat, bricht in der erſten Nacht Blut aus den Ohren, der Naſe, mit Speichel gemiſcht aus dem Munde, mit Harn gemiſcht aus der Harnblaſe, mit Eiter gemiſcht aus der Wunde. Das Zahnfleiſch und das Fleiſch unter den Nägeln tropfen von Blut, wenn ihn ein Weibchen des Hämorrhous gebiſſen hat. Er iſt 1 Fuß lang und nicht ſehr dick, der Schwanz endigt in eine dünne Spitze; ſeine Farbe iſt teils aſchgrau, teils weiß. Vorn ragen ihm zwei kleine fleiſchige Hörner hervor. Er kriecht langſam in ſchiefer Richtung und raſchelt ſo, als ob er durch Schilf kröche. Ihm an Geſtalt ähnlich iſt der Sepedon, er hat aber keine Hörner und kriecht anders. Seine Farbe iſt rot. Den Namen hat er von der Fäulnis [101], die der von ihm erzeugte Biß nach ſich zieht. Der Porphyrus beſitzt, wie Älianus überliefert hat, die Länge einer Hand; der Kopf iſt ſchneeweiß, der übrige Körper purpurfarbig, ſein Biß unſchädlich, da

96) Die Pharaonsratte.
97) Vom Griechiſchen πτύειν, ſpeien; ſie ſoll ihr Gift dem Menſchen in die Augen ſpritzen.
98) Die Hornviper.
99) Naturgeſchichte VIII, 23, 35.
100) Eine kleine Hausſchlange.
101) Von ἡ σῆψις, das Faulen.

er keine Zähne hat. Er wird in Indien in ſeichten Gewäſſern gefunden. Man fängt ihn, hängt ihn am Schwanz auf und fängt den aus dem Rachen der lebenden Viper herausfließenden Saft in kupfernen Schalen auf. Den ſchwarzen Saft, den er nach ſeinem Tode von ſich gibt, ſammelt man in gleicher Weiſe in einer anderen Schale. Wenn man dieſen einem Menſchen beim Eſſen oder Trinken zuſammen mit einem Seſamkörnchen gibt, ſo geht er nach einem oder auch manchmal nach zwei Jahren an ſchleichender Auszehrung allmählich ein. Der andere Saft tötet ähnlich wie der Schierlingsſaft. Die Acontias, welche die Lateiner Jaculus [102] nennen, ſtürzt aus Baumzweigen wie ein Pfeil auf vorübergehende Tiere, wovon ſie ihren Namen erhalten hat. Sie ſtürzt aber nicht nur von oben auf Tiere herab, ſondern geht auch auf dem Boden liegend, wenn ſie gereizt wird, zum Angriff über, indem ſie, den Körper aufrichtend, ſich wie ein Pfeil emporſchnellt.

Die Cenchris, welche Nicander Cenchrines nennt, trägt ihren Namen deshalb, weil ſie mit vielen Flecken von der Farbe der Hirſekörner gezeichnet iſt. Von ihr dichtet Lucanus [103]:

Und auf gerader Bahn hingleitet immer die Cenchris.
Zahlreicher ſind ihre Flecken, verſchiedenfarbig am Bauche,
Als die winzigen Punkte am Schlangenſteine [104] von Theben,
Ferner gleichfarbig dem Sand, dem trocknen, der Hammodytes.

Der Baſilisk hat ſeinen Namen deshalb, weil er in der Giftigkeit alle anderen Schlangen ſo ſehr übertrifft, wie ein König durch ſeinen Purpur und ſeine königlichen Abzeichen ſeine Untertanen überragt. Sein Kopf iſt ſpitz, ſeine Farbe gelb. Nach Plinius [105] wird er in der Provinz Cyrenaica [106] geboren, nicht größer als 12 Finger, mit einem weißen Fleck auf dem Kopfe, wie mit einem Diadem geſchmückt. Sein Ziſchen vertreibt alle übrigen Schlangen. Seinen Körper bewegt er nicht wie die übrigen Schlangen in vielfachen Windungen, ſondern er geht, zur Hälfte aufgerichtet, geſtreckt einher. Er zerſtört Sträucher, ohne ſie zu berühren, lediglich durch ſeinen Atemhauch, verbrennt Kräuter und zerſprengt Felſen. Soviel Gewalt wohnt dieſem Unhold inne. Man nimmt als beglaubigt an, daß einſt, als ein Baſilisk vom Pferde herab mit einem Speer getötet wurde, das Gift an dieſem ſich fortleitete und nicht nur den Reiter, ſondern auch das Pferd tötete. Für dieſes Ungeheuer, welches häufig Könige tot zu beſitzen wünſchten, iſt das Gift des Wieſels todbringend. So gleicht die Natur immer alles aus. Man wirft das Wieſel in ſeine Höhlen, die man leicht daran erkennt, daß der Boden um ſie herum unfruchtbar iſt. Das Wieſel tötet ihn durch ſeine Ausdünſtung, verfällt aber ſelbſt auch dem Tode, und ſo endet der Kampf der Natur. Der Theologe Caſſianus verſichert, daß die Baſilisken aus den Eiern eines Vogels, den die Ägypter Ibis nennen, entſtehen. Das gemeine Volk glaubt, daß er aus einem Ei entſtehe, welches widernatürlicherweiſe ein Hahn gelegt habe. Solcher Art ſoll der Sage nach

[102] Abgeleitet von jaculum, der Wurfſpieß; eine ſchnell zufahrende Schlangenart, die Schießſchlange oder Pfeilſchlange.

[103] Pharſalia IX, 712/15.

[104] Lat. Ophites, der Schlangenſtein, iſt wahrſcheinlich Serpentin. Vgl. Dioscurides V, 161. Deutſche Bearbeitung von Berendes S. 552.

[105] Naturgeſchichte VIII, 21, 33. Hier, wie auch bei verſchiedenen anderen Tieren, gibt Agricola faſt wörtlich die Beſchreibung des Plinius.

[106] In Libyen.

derjenige gewesen sein, der in Zwickau einige Menschen durch sein Gift getötet hat, weshalb der Besitzer des Stalles, in dem er sich befand, die Türen verrammelte und mit einer Mauer abschloß.

Es folgt der Drache, der nach seinen scharfen Augen genannt ist, denn er sieht schärfer als die übrigen Schlangen, weshalb die Alten ihn als Wächter und Schützer erkoren und unter seine Bewachung auch Tempel, Heiligtümer und Orakel stellten. Er ist von schönem Aussehen und ganz schwarz, nur am Bauch grünlich; das Kinn streckt er wie einen Bart nach vorn; es sieht aus wie durch Galle gefärbt. Die Haut der Augenbrauen ist fett. Auf beiden Seiten ist er mit einer dreifachen Reihe von Zähnen geschmückt, aber er beißt nicht viel zu. In manchen Gegenden kämpft er mit Adlern, in Afrika und Indien mit Elefanten. Denn dort gibt es Drachen, die 20 Ellen lang sind[107]. Es gibt zwei Arten, die eine auf der Erde lebend, die ich soeben beschrieben habe, die andere ist ein Vogel und besitzt aus Haut bestehende Flügel wie die Fledermaus. Cicero hat schriftlich niedergelegt, daß diese aus den Wüsten Libyens durch den Wind nach Agypten verschlagen worden seien. Ich habe einen 1½ Fuß langen Drachen besessen, den ich dem Ambrosius Fibianus zum Geschenk gemacht habe. Er hatte etwa die Farbe eines Krokodils. Über ihn schreibt Lucanus[108]:

Euch, goldschimmernde Drachen, die ihr wie göttliche Wesen,
Ohne Schaden zu bringen, kriechet in jeglichem Lande,
Zu verderblichem Tier macht Euch erst Afrikas Hitze.
Hoch in die Lüfte trägt das Gefieder, ihr folget der Herde,
Reißet den mächtigen Stier mit großer Wucht der Umschlingung.
Und selbst der Elefant ist sicher nicht in der Entfernung.
Allen bringt ihr den Tod und braucht, um zu schaden, nicht Gifte.

Wenn sich unter den beschriebenen Schlangen auch solche befinden, die in den heißesten Gegenden zu keiner Jahreszeit sich zu verbergen nötig hätten, so pflegen doch auch diese im Sand oder in Felsspalten zu schlafen. Ein Kriechtier ist auch der Holzwurm[109], denn er hat weder Flügel noch Beine. Er ist bronzefarbig und entsteht und lebt unter faulendem Holz und wird meist zusammen mit Tausendfüßlern gefunden. Seine Dicke ist diejenige der kleinsten Gänsefedern, die wir zum Schreiben benutzen, seine Länge die eines Tausendfüßlers. Er ist indes rund.

Bisher habe ich über diejenigen Lebewesen gesprochen, die zu gewissen Jahreszeiten unter Tage leben; nun will ich von denjenigen reden, die man mit Recht als eigentliche unterirdische Tiere bezeichnen kann, nämlich von solchen, welche in der Erde geboren werden und, gleichsam begraben, dauernd dort leben. Von ihnen verbringen einige ihr Leben in trockener Erde, andere in feuchter, oder auch in unterirdischen Gewässern. Zur ersteren Art gehören der Maulwurf, die Maus, die Feuerkröte[110], der Engerling, der Erdwurm[111], die Regenwürmer, die Höhlenschnecken; zur anderen die in unterirdischen Gewässern lebenden Fische. Diese Tiere will ich einzeln besprechen und beginne mit dem Maulwurf. Er ist ein Vierfüßler und einer Maus ähnlich, indes blind, wenn auch, wie Plinius schreibt,

[107] Plinius Naturgeschichte VIII, 13.
[108] Pharsalia IX, 727 bis 733.
[109] Lat. Teredo, im Verzeichnis mit Kupferworm verdeutscht.
[110] Lat. rana venenata.
[111] Lat. ascarides, im Verzeichnis mit Erdworm übersetzt.

eine Art von Augen ſichtbar wird, wenn man ihm eine darüber geſpannte, nicht mit Haaren bedeckte Haut wegzieht. In ſeinem Bau hört er ſcharf; wenn man ihn aus den Erdhügeln, die er in Feldern, mehr noch in Wieſen oder Gärten aufwirft, ausgräbt, bleibt er nicht lange am Leben. Er hat kurze Schenkel, weshalb er nur langſam läuft. An den Vorderpfoten hat er fünf, an den Hinterpfoten vier Zehen, alle mit ſpitzen Krallen verſehen, mit denen er die Erde ausgräbt. Geſchmückt iſt er mit glänzend ſchwarzen Haaren, während ſeine Jungen weiße beſitzen. Er nährt ſich von Fröſchen, auch von giftigen, von Regenwürmern, von Wurzeln, von Früchten und Kräutern. Aus ſeinem Fell werden Kappen und Schlafdecken hergeſtellt. Nun folgt die kleine Schermaus, auch Feldmaus genannt. Servius glaubt, daß ſie von Cicero nitedula genannt worden ſei. Über ſie dichtet Vergil[112]:

. . . ein winziges Mäuschen
Hat oft unter der Erde ſich Haus und Speicher gebauet,
Oder es grub ſich ſein Lager der Maulwurf, ſchwachen Geſichtes,
Und man fand auch die Kröte hier vor und andere Monſtra,
Die vielfältig die Erde erzeugt . . .

Sie kommt in doppelter Art, klein und groß vor; jene iſt nicht viel größer als die kleine Hausmaus, dieſe nicht viel kleiner als die große Hausmaus. Sie nagt und zerfrißt Gegenſtände und verzehrt Wurzeln des Hopfens, der Möhren, Rüben und ſonſtigen Ackerfrüchte und vernichtet ganze Ernten. Dieſe Landplage hält ſich nicht immer in der Erde verborgen, ſondern ſie kommt bisweilen heraus, wenn auch ſeltener. Dagegen hält ſich immer verborgen die Feuerkröte, die unſere Bergleute nach der ihr eigenen Farbe des Feuers mit einem beſonderen Namen *πυρίφρυνος* nennen, indem ſie ſich dauernd, gewiſſermaßen begraben, unter Felſen aufhält. Sie entſteht in größeren Erdtiefen und wird teils auf Erzgängen, Spalten und Klüften gefunden, wenn dieſe abgebaut werden, teils auch mitten in Felsblöcken, die ſo feſt ſind, daß ſie keine ſichtbaren Riſſe zeigen, wenn man ſie mit Keilen zerſprengt. So iſt ſie z. B. in Schneeberg und Mansfeld angetroffen worden. Wenn man ſie aus ihren unterirdiſchen Höhlen ans Tageslicht bringt, bläſt ſie ſich zuerſt auf, ſchwillt an und haucht bald darauf ihr Leben aus. Eine ſolche Kröte wird häufig zu Toloſa in Gallien in einem rotweiß gefleckten Sandſtein gefunden, aus dem man Mühlſteine fertigt. Alle dieſe Geſteine muß man, bevor man ſie zu Mühlſteinen verarbeitet, durchbrechen. Wenn man es nicht tut, würden die Kröten, wenn ſie im Mühlſtein mit herumgedreht werden, warm werden, ſich aufblaſen und unter Zerſprengung des Mühlſteines das Mehl vergiften. Der Engerling[113] pflegt unter der Erde angetroffen zu werden, und zwar die Wurzeln in einer Form umſchlingend, wie ſie der Wirtel am Webſtuhl zeigt, den die Griechen *σπόνδυλος* nennen, wovon ſich ſein Name ableitet. Seine Länge und Dicke beträgt weniger als einen Finger. Der Kopf iſt rot, der übrige Körper weiß, an der Oberſeite etwas ſchwarz. Wenn er frißt, ſchwillt er auf. Er iſt den Gärten ſehr ſchädlich. Da er Füße, nämlich 6 Stück, beſitzt, kriecht er nicht, obwohl Plinius ihn zu den Kriechtieren rechnet. Er frißt ganze Krautwurzeln und die Haut, mit der die Wurzeln des Getreides umhüllt ſind, gänzlich ab. Desgleichen frißt er die Wurzeln der Eſelsgurke, der Eberwurz, des Tauſendgüldenkrautes, des Sau-

[112] Georgicon I, 181-185.
[113] Lat. spondylis vermis.

fenchels, der Oſterluzei, der Gichtwurz[114], alles Pflanzen, die kein anderes Tier anrührt. Ein anderer, vierfüßiger Wurm, der, im Mai geboren, auf den Feldern umherläuft, iſt mindeſtens ſo dick und lang wie ein Finger und lebt, ebenſo wie die Erdflöhe, die in Gemüſefeldern entſtehen, über der Erde. Sein Leib iſt weich, glänzend ſchwarz und ziemlich eingeſchnürt. Der Hinterleib ſitzt unmittelbar an der Bruſt. Wenn man ihn in der Hand hält, beſchmutzt er ſie mit einer fettigen Flüſſigkeit und läßt mit Blut vermiſchten Harn. Die Erdwürmer[115], die ebenfalls kleine Würmer ſind, beſitzen nicht ein und dieſelbe Farbe; manche ſind weiß, manche gelb, manche ſchwarz. Sie werden oft durch den Pflug ans Tageslicht gebracht. Man findet ſie in größeren Mengen an einer Stelle verſammelt. Sie verwüſten die Saaten, denn ſie beißen die Wurzeln des ſchon kräftig gewachſenen Getreides ab und bringen es zum Abſterben. Die Regenwürmer, die ebenfalls in der Erde entſtehen und keine Augen beſitzen, werden durch Regen hervorgelockt. Zierlich ſpricht daher bei Plautus[116] Euclio, erregt durch den mit Gold zurückgebrachten Topf, zum Strophylus:

„Heraus! Heraus! du Regenwurm, der du immer nur unter der Erde kriechſt,
der du nirgends dich zeigſt, und, wenn du dich zeigſt, zu Grunde gehſt."

Die Schnecken auf den baleariſchen Inſeln, die nach Plinius Höhlenſchnecken genannt werden, kommen nicht aus ihren Erdlöchern hervor und nähren ſich nicht von Kräutern. Sie hängen weintraubenförmig zuſammen.

Ich komme nun zu der anderen Art unterirdiſcher Tiere, die an feuchten Orten leben. Allerdings entſtehen auch die Regenwürmer und einige andere derartige Tiere nur an feuchten Orten. Von unter Tage lebenden Fiſchen[117] findet man zwei Arten, auch unter der Erde runde wie Aale; ſie beſitzen keine zähe Haut und auch keine Schuppen. Ihr Fleiſch iſt, wie das der Gründlinge, hart und von wenig angenehmem Geſchmack. Die größeren ſind ungefähr 2, die kleineren 1 Finger dick, die größeren etwa 4, die kleineren 3 Hand lang. Sie geben einen durchdringenden Ton von ſich. Man hängt ſie, in Gläſer eingeſchloſſen, in Apotheken an der Decke auf, um ſie den Menſchen als Schauſtück zu zeigen, und ernährt ſie längere Zeit hindurch mit Brot und ähnlichen Dingen. Andere, aus Flüſſen, die durch ſumpfige Gegenden fließen, hervorkommend, kriechen durch Spalten im Ufer tiefer in die Erde hinein, bisweilen in die tiefliegenden Keller benachbarter Städte, in denen man Wein und Bier aufzubewahren pflegt. Theophraſtus ſchreibt, daß man ſie auch in der Nachbarſchaft von Flüſſen und waſſerreichen Stellen findet. Wenn nämlich das Erdreich vom Waſſer überflutet wird, kommen ſie aus dem Flußbett heraus aufs Land; wenn das Waſſer fällt, bleiben ſie auf dem Trockenen zurück. So ziehen ſie ſich auch, der Näſſe folgend, ins Erdreich hinein und atmen nach ſeiner Austrocknung weiter, nicht anders, als Fiſche ſonſt in Salzwaſſer leben. In ihren Verſtecken ſind ſie gefühllos und empfinden nichts; wenn man ſie ausgräbt, bewegen ſie ſich. Ähnlich ergeht es, wie Theophraſt ſagt, den Fiſchen im Schwarzen Meer, die im Eis eingeſchloſſen werden. Sie fühlen nichts und bewegen ſich erſt, wenn man ſie in eine Pfanne tut und erwärmt. Kein anderer Fiſch, der in Flüſſen zu leben gewöhnt iſt, kriecht, wenn er nach Über-

[114] Die lateiniſchen Namen für dieſe Pflanzen ſind: cucumis asininus, chamaeleon niger, centaureum, peucedanum, aristolochia, vitis sylvestris. [115] Lat. ascarides. [116] Aulularia. Actus IV.

[117] Lat. pisces fossiles, was im Verzeichnis mit Peifſter und Meerputten überſetzt iſt; letztere ſind die dickeren (crassiores).

ſchwemmungen auf dem Trockenen ſitzengeblieben iſt, in die Erde; ſondern ſie alle müſſen ſämtlich ſterben. Wenn man aber ſolche unter Tage lebenden Fiſche auch an Orten, die nicht von einer Überſchwemmung betroffen worden ſind, zu finden pflegt, ſo liegt darin ein Beweis, daß ſie durch Spalten und Ritzen dahin gelangt ſind. Auf dieſe Weiſe ſind ſie jenſeits der Elbe zu Ortrand, einer Stadt an dem Pulsnitz genannten Fluß, ſicher beobachtet worden. Aber nicht nur in Deutſchland findet man ſolche unter Tage lebenden Fiſche, ſondern auch hinter den Pyrenäen, wie Polybius im 34. Buche ſeines Geſchichtswerkes berichtet. Dort erſtreckt ſich eine Ebene bis zu den narbonenſiſchen[118] Geſtaden, durch welche der Iberis und Roſchinus nahe bei den Städten gleichen Namens fließen, und die von Kelten bewohnt iſt. In dieſer Ebene ſollen auch derartige unter Tage lebende Fiſche vorkommen. Dort iſt die Erde locker und ſehr fruchtbar; in einer Tiefe von 2 bis 3 Ellen unter dem Sande fließt das Grundwaſſer der Flüſſe. Wenn die Gegend zeitweilig überſchwemmt wird, kriechen die Fiſche, um Nahrung zu ſuchen, in die Erde – merkwürdigerweiſe gehen ſie nach den Wurzeln des Getreides –, und man findet dann die Ebene voll von ſolchen unter Tage lebenden Fiſchen, die von den Einwohnern ausgegraben werden. Sie kommen auch vor in der Nähe von Heraclea[119], an vielen Orten am Schwarzen Meer, wie Theophraſt berichtet hat, und, nach Eudoxus, in Paphlagonien[120]. Wenn wir Seneca Glauben ſchenken wollen, gibt es unter der Erde ſogar Tümpel, die in der Finſternis liegen und von weiten Räumen umſchloſſen ſind. Auch in ihnen leben Tiere, aber ſie ſind träge und unförmlich, wie es bei Weſen der Fall, die in eingeſchloſſener dicker Luft erzeugt werden und in ſtehenden Gewäſſern zur Welt kamen. Und, wie derſelbe ſchreibt, aßen in Karien[121] in der Nähe der Stadt Idimum manche Leute, wenn die Grundwaſſer ſteigen, jene Fiſche, welche ein untertägiger, bis dahin noch nicht ſichtbar geweſener Fluß ihnen lieferte.

Schließlich kann man noch zu den unter Tage lebenden Tieren oder, wie die Theologen ſagen, zur Zahl der Weſen die Geiſter rechnen, die ſich in manchen Gruben aufhalten. Es gibt zweierlei Arten[122]. Die einen bieten einen wilden und ſchreckenerregenden Anblick und ſind meiſt den Bergleuten unfreundlich und feindlich geſinnt. Dergeſtalt war einer zu Annaberg, der mehr als 12 Arbeiter in einer Roſenkranz genannten Grube durch ſeinen Hauch tötete. Der Hauch entquoll ſeinem Rachen. Er ſoll einen langgeſtreckten Hals wie ein Pferd und wilde Augen beſeſſen haben. Gleicher Art war auch der mit einer ſchwarzen Kutte bekleidete zu Schneeberg, der in der Grube St. Georg das Handwerkzeug vom Boden aufhob und nicht ohne körperliche Anſtrengung in eine höher gelegene Strecke dieſer einſtmals ſilberreichſten Grube hinaufſchaffte. Pſellus, der ſechs Arten von Geiſtern unterſcheidet, ſagt, daß dieſe Art ſchlimmer als die übrigen ſei, da ſie mit einer ſtärkeren feſten Hülle umkleidet ſind. Manche Philoſophen halten dieſe und ähnliche Geiſter, welche ſchädlich und von Natur boshaft ſind, für dumm und ohne Vernunft.

[118] Narbo iſt eine Stadt in dem nach ihr benannten narbonenſiſchen Gallien, welches von den Römern beſiedelt wurde. [119] Es gab im Altertum mehrere Städte dieſes Namens.

[120] Kleinaſiatiſche Landſchaft zwiſchen dem Schwarzen Meer und Bithynien.

[121] Die ſüdlichſte Landſchaft Kleinaſiens.

[122] Im Verzeichnis bezeichnet als daemon ſubterraneus truculentus, Bergteufel, und d. s. mitis, Bergmännlein, Kobold oder Guttel.

Es gibt aber auch gute Geifter, die manche in Deutfchland, wie die Griechen, Kobolde nennen, weil fie Menschen nachahmen. Denn in lauter Fröhlichkeit kichern fie und tun fo, als ob fie viele Dinge verrichteten, während fie tatfächlich nichts ausführen. Manche nennen fie auch Bergmännchen; fie befitzen die Geftalt eines Zwerges und find nur drei Spannen lang. Sie fehen greifenalt aus und find bekleidet wie die Bergleute, d. h. mit einem zufammengebundenen Kittel und mit einem um die Schenkel herabhängenden Bergleder. Sie pflegen den Bergleuten keinen Schaden zuzufügen, fondern treiben fich in Schächten und Stollen herum. Und obwohl fie eigentlich nichts fchaffen, tun fie doch fo, als ob fie fich in jeder Art Arbeit üben wollten, d. h. fie graben Gänge, füllen das Ausgegrabene in Gefäße und drehen den Förderhafpel. Manchmal necken fie die Arbeiter mit Goldkörnern, tun ihnen aber nur ganz felten etwas zuleide. Sie verletzen auch niemanden, wenn man fie nicht vorher ausgelacht oder durch Schimpfworte gereizt hat. Sie find daher ähnlich den guten Geiftern, die nur felten dem Menfchen erfcheinen, die aber täglich einen Teil der Hausarbeit verrichten und das Vieh verforgen. Diefen haben die Deutfchen, da fie uns Gutes tun, von menfchlicher Art find oder mindeftens als Freunde auftreten, den Namen „Guttel" beigelegt; von den „Trullen" genannten, welche fowohl weiblichen wie männlichen Gefchlechtes zu fein fcheinen, wird berichtet, daß fie bei manchen Völkern, namentlich aber bei den Skandinaviern, für Dienftleiftungen gehalten werden. Die Berggeifter arbeiten am liebften in Gruben, in denen Metalle gewonnen werden oder in denen Hoffnung befteht, daß folche gefunden werden. Deshalb laffen fich die Bergleute durch fie auch nicht abfchrecken, fondern betrachten fie als ein gutes Anzeichen, find fröhlichen Mutes und arbeiten um fo fleißiger weiter.

ANHANG

Zu dieser Ausgabe

Die vorliegende Ausgabe bemüht sich, in dem Druckbild der deutschen Übertragung einen möglichst getreuen Eindruck der lateinischen Erstausgabe von ›De re metallica‹, Basel, Froben 1556, zu vermitteln. Aus diesem Grund wurde für die Schrift eine Type gewählt, die der Drucktype des Originals weitgehend entspricht. Es ist eine Antiqua, die sich lediglich durch das lange Schaft-ſ von den heute gebräuchlichen Antiquaschriften unterscheidet. Die Ausgabe wurde 1928 von der Reichsdruckerei, die berühmt für ihr Schriftenmaterial und ihre hohe drucktechnische Qualität war, von Hand gesetzt und als bibliophile Ausgabe durch den damaligen DVI-Verlag, Berlin (heute VDI-Verlag) in Kommission der Agricola-Gesellschaft vertrieben. Über die Vorgeschichte dieser Edition gibt das Vorwort der Agricola-Gesellschaft zur Taschenbuchausgabe Auskunft.

Für den photomechanischen Nachdruck im Taschenbuch wurde als Reproduktionsvorlage ein Exemplar der dritten Auflage von 1961 (VDI-Verlag, Düsseldorf) verwendet, in der einige Versehen berichtigt sind. In einigen Punkten weicht die Taschenbuchausgabe jedoch von der VDI-Ausgabe ab, in dem Bemühen, einen möglichst authentischen Eindruck des lateinischen Originals zu vermitteln. Das französische Druckerprivileg wurde wieder an seinen alten Platz gestellt, ebenso die Zahl und die Reihenfolge der Vorreden dem Original wieder angeglichen. Die Übersetzung des Druckerprivilegs, der Laudatio von Georg Fabricius und die neuhochdeutsche Übertragung der Vorrede zur ersten deutschen Ausgabe, Basel 1557, wurden in den Anhang verwiesen. Nach den Vorreden enthält die lateinische Originalausgabe ein leeres, eingeschobenes Blatt; hier wurde den heutigen Gepflogenheiten entsprechend ein Zwischentitel eingefügt (S. XXIII). Ein weiterer Zwischentitel wurde vor das ›Buch von den Lebewesen unter Tage‹ eingefügt, um dem Leser die Übersicht zu erleichtern. Diesen Zwischentitel enthält das lateinische Original nicht, vielmehr hat Froben das ›Verzeichnis der Schriftsteller‹ (in dieser Ausgabe S. 512) und die Dedikation an Georg Fabricius (in dieser Ausgabe S. 511) mit fortlaufender Paginierung an das zwölfte Buch von ›De re metallica‹ angefügt.

Auf eine genaue Wiedergabe der verschiedenen Register der Originalausgabe mußte verzichtet werden, da sie im Original vorwiegend die Funktion einer Synopse der verschiedenen bergbaukundlichen Termini in lateinischer, griechischer und deutscher Sprache haben. Statt dessen wurden die Register für eine möglichst zweckmäßige Benutzbarkeit eingerichtet und in den Anhang verwiesen.

Das lateinische Titelblatt (S. XI), das Druckerprivileg (S. XII) und die Initialen sind mit wenigen Ausnahmen der Originalausgabe entnommen. Die Reihenfolge der Initialen mußte allerdings dem deutschen Text angeglichen werden. Die Holzschnitte sind vollkommen originalgetreu nach der lateinischen Erstausgabe unter Beibehaltung kleiner, einigen von ihnen anhaftender Mängel wiedergegeben. Nur die Abbildung auf S. 151, bei der in der Erstausgabe sämtliche Buchstaben fehlen, ist durch die entsprechende Abbildung aus der deutschen Ausgabe von 1557 ersetzt worden.

Der Anhang wurde für die Taschenbuchausgabe völlig neu gestaltet. Die Übersetzung der Vorrede von Philipp Bech wurde durchgesehen, ebenso die Übersetzung der Laudatio von Georg Fabricius und die Erläuterungen dazu; die Beiträge von Wilhelm Treue und Lothar Suhling sind eigens für das Taschenbuch geschrieben. Die Literaturhinweise wurden von Lothar Suhling nach der VDI-Ausgabe überarbeitet und auf den neuesten Stand der Agricola-Forschung gebracht.

Deutscher Taschenbuch Verlag

Französisches Druckerprivileg vom 18. Februar 1553[1]

Heinrich von Gottes Gnaden König von Frankreich.

Den Obergerichtsverwaltern von Paris, dem Amtmann von Rouen, den Seneschallen von Lyon, Toulouse und Poitou und allen unseren anderen Gerichtsherren und Beamten oder ihren Stellvertretern unseren Gruß! Wir haben die untertänige Eingabe unserer Freunde und Getreuen Hieronymus Froben und Nikolaus Bischof, Kaufleuten, Buchhändlern und Bürgern der Stadt Basel, eines der Kantone unserer verbündeten Eidgenossen und lieben Gevattern, der Schweizer empfangen, des Inhalts, daß sie mehrere nicht veröffentlichte Bücher auflegen, u. a. eines, betitelt GEORG AGRICOLAS sämtliche Werke. Um dieses Buch aufzulegen und zu drucken, haben sie sich bereitgefunden, große Kosten und Ausgaben auf sich zu nehmen; und sie fürchten nun, daß Buchhändler und Drucker, sobald die genannten Bittsteller besagtes Buch veröffentlicht haben werden, es nachdrucken lassen; das bedeutete aber, ihnen jede Möglichkeit nehmen, wieder auf ihre Kosten und Auslagen kommen zu können und den Lohn zu empfangen, den sie von ihrer Arbeit erhoffen. Aus diesem Grunde haben sie uns untertänig ersucht, ihnen unsere angemessene Hilfe zusichern zu wollen. Deshalb und in Anbetracht dessen, daß wir den besagten Bittstellern in dieser Hinsicht unsere Gunst erweisen wollen, haben wir ihnen erlaubt und bewilligt und erlauben und bewilligen es noch durch dieses Gegenwärtige: Wir wollen und es gefällt uns kraft unserer besonderen Gnade, Macht und königlichen Autorität, daß sie die Möglichkeit und Erlaubnis haben, das Buch des genannten Autors zu drucken oder drucken zu lassen und zum Verkauf zu bringen, ohne daß während und innerhalb der Zeit und Frist von sechs folgenden Jahren, zu rechnen vom Tage und Datum, wo besagtes Buch fertiggedruckt sein wird, irgendein anderer Buchhändler und Drucker unseres besagten Königreiches, unserer Länder, Landschaften, Gebiete, Lehnsherrlichkeiten unter unserer Botmäßigkeit, es drukken oder drucken lassen kann, weder teilweise noch ganz, sowie zum Verkauf bringen und auslegen ohne die Erlaubnis und Genehmigung der besagten Bittsteller; und dies bei Strafe der Konfiskation des genannten Buches und bei einer dem freien Ermessen überlassenen Geldstrafe, die uns aufzuerlegen zukommt. So tun wir Euch und jedem

[1] Aus dem Mittelfranzösischen übersetzt von Paul Knauth. Dieses Druckerprivileg schützte das Werk für den Zeitraum von sechs Jahren innerhalb Frankreichs vor Raubdrucken. Es befindet sich auf der Rückseite des Titelblattes der lateinischen Originalausgabe. (Faksimile vgl. S. XII.)

von Euch, so wie es ihm zukommen wird, kund, daß von unserer gegenwärtigen Erlaubnis, Konzession und verliehenem Rechte und von der Wirkung und allem darin Enthaltenen Ihr den besagten Bittstellern gewährt, erlaubt und gestattet, voll und ungestört Genuß zu haben und Gebrauch zu machen, ohne deswegen Einspruch einzulegen oder zu erheben bzw. zuzulassen, daß irgendein Einspruch dagegen getan, eingelegt oder erhoben werde; sollte dieser aber getan, eingelegt oder erhoben werden, [so würde ihnen gestattet werden, es] sofort zu voller und gänzlicher Übertragung in den ersten und angemessenen Zustand zu bringen. Denn so ist unser Wille, ungeachtet irgendwelcher Erlasse, die diesem entgegen sind. Gegeben zu Paris am 18. Februar 1553 im 7. Jahre unserer Regierung.

Durch den König in seinem Rate

Robillart

Georg Fabricius
Zu den Büchern vom Berg- und Hüttenwesen des hochberühmten Philosophen Georg Agricola

An den Leser

Wolltest Du sonst die Chimäre, die feuerspeiende, sehen
und die halbhündische Frau und den halbstierigen Mann,
wolltest Du sonst den Titanen mit hundert Köpfen und Gyges
sehen, der hundert von Blut triefende Speere erhebt,
wolltest am Ätna zur Höhle des wilden Zyklopen Dich wagen
oder zu anderem Graus, den uns der Dichter ersann:
Heute nun sei's Dir gefällig, mit mir in den Büchern zu blättern,
die des Agricola scharf blickender Geist Dir geschenkt.
Hier hält kein frommer Betrug den Betrachter in schwankender Schwebe,
sondern der Leser gewinnt den ihm gebührenden Lohn.
Was unsre Erde am Busen und in ihrem Schoße verborgen,
hat er Dir Alles schon längst durch seine Bücher enthüllt,

Laudatio des Georg Fabricius über die ›Zwölf Bücher vom Berg- und Hüttenwesen‹, übersetzt und erläutert von Götz Quarg; die Erläuterungen wurden für die Taschenbuchausgabe von Frieder Schönnagel durchgesehen und überarbeitet. Die Übersetzung versucht, so weit wie möglich den Eindruck des lateinischen Originals wiederzugeben. Deshalb wurde auch die metrische Gestalt der elegischen Distichen (Verspaare aus je einem Hexameter und Pentameter) beibehalten. Entsprechend dem damaligen gelehrten Brauch prunkt die Laudatio mit Anspielungen auf die griechisch-römische Mythologie und auf die lateinische Dichtung der Augusteischen Zeit, deren Bekanntheit beim gebildeten Leser vorausgesetzt werden konnte. – *Georg Fabricius*, geboren 1516 in Chemnitz, gestorben 1571 in Meißen, war einer der universalen Gelehrten des deutschen Humanismus, von seinem 30. Lebensjahr bis zu seinem frühen Tod Rektor der Fürstenschule St. Afra in Meißen. (Zur Laudatio und zu Fabricius vgl. auch: Götz Quarg, Der Humanist Georg Fabricius zum »Streit um die Technik«. In: VDI-Nachrichten 1962, Nr. 21.)

[1] *Chimäre:* In der griech. Mythologie feuerspeiende Ziege mit Löwenkopf und Schlangenschwanz.

[2] *halbhündische Frau:* Skylla, in der Odyssee Ungeheuer in der Meerenge von Messina, eine fischschwänzige Frau mit Hundeköpfen. – *halbstierigen Mann:* Der Minotauros, das menschenfressende Ungeheuer im Labyrinth von Knossos auf Kreta, war zur Hälfte Mensch, zur Hälfte Stier.

[3] *Titanen mit hundert Köpfen:* Es gibt in der griech. Mythologie drei Giganten, Aigaion, Kottos und *Gyges*, mit fünfzig Köpfen und hundert Armen.

[5] *Zyklopen:* Die Zyklopen waren einäugige Riesen, ihr berühmtester Vertreter der von Odysseus geblendete Polyphem.

[6] *der Dichter:* Homer.

mag er nun ruhig weithin sich um höhere Ziele bestreben,
werde der Weg ihm nun leicht, oder auch sei er ihm schwer.
Ewig schon fließen die Flüsse aus ihren ernährenden Quellen,
nach Albuneas Beschluß haucht uns Mephitis ihr Gift.
Tödlich von selbst sind die Dünste der dikäarchischen Küste,
ewig schon züngelt der Brand dort aus der Erde hervor.
Lange auch brannten die Äcker im ebenen Land der Narisker,
über drei Jahre hindurch mußte die Sichel dort ruh'n.
Nun hat kein Hirt diesen Brand, noch hat Juppiter selbst ihn entzündet,
sondern Vulkanus im Zorn brach aus der Erde empor.
Denn mit gar schrecklichem Hauch und mit grausigem Beben der Erde
türmt er wohl oft einen Berg da, wo sonst Ebene war.
Was in den Höhlen und tief in der Erde verborgen gelegen,
hat die Natur schon sooft plötzlich zu Tage gebracht.
Auch durch die Künste der Menschen kommt Vieles ans Licht, und mit Eifer
ward schon manch prächtiger Schatz still aus der Erde gewühlt.
So bringt uns Lydien Natron hervor, oder Island bringt Schwefel,
nur das tyrrhenische Land liefert uns reines Alaun.
In der kodanischen Bucht, wo die Weichsel dreiarmig ins Meer tritt,
fischen die Bernsteine sich Nahrung aus kleinem Getier.
Soll ich die Gemmen noch nennen, der Könige kostbare Zierde,
Tempel aus Marmorgestein, sternennah hoch im Gebirg?
Doch von den Steinen und Felsen nun fort zu den schönen Metallen,
Krösus, durch Deinen Besitz, Midas, durch Deinen berühmt,

16 *Albunea:* weissagende Nymphe an einer schwefelhaltigen Quelle in Tibur (heute Tivoli) bei Rom. – *Mephitis:* Personifizierte Gottheit der aus der Erde strömenden giftigen (Schwefel-)Dämpfe.

17 *der dikäarchischen Küste:* Dicaearchia war eine griechische Kolonie bei Neapel, in römischer Zeit beliebter Badeort mit Schwefelquellen. Oberhalb der Stadt lag das Grabmal Vergils, das in der Antike kultische Verehrung genoß.

19 *Narisker:* Nicht sicher identifiziert. Vermutlich Bewohner der von der Stadt Naryx im griechischen Lokris gegründeten Kolonie Locri Epizephyrii an der Südwestspitze Italiens. Locri lag im Einflußbereich des Ätna.

21 *Juppiter:* Der Herr des antiken Götterhimmels war auch der Gott des Gewitters.

22 *Vulkanus:* der Gott des Feuers und der Schmiedekunst. Seine Werkstatt glaubte man im Innern des Ätna.

29 *Lydien:* Landschaft im Westen Kleinasiens. – *Natron:* vgl. S. 478, Anm. 14.

30 *das tyrrhenische Land:* Etrurien (heute Toscana), das Land der Etrusker, die auch Tyrrhener hießen. – *Alaun:* vgl. S. 485, Anm. 22.

31 *kodanischen Bucht:* die Ostsee, nach der Insel Kodanonia (heute Seeland). Fabricius hält, entsprechend dem damaligen Stand der Naturwissenschaft, die Insekteneinschlüsse im Bernstein für Beutetierchen, die der Bernstein »sich gefischt« habe.

36 *Krösus:* für seinen Goldreichtum sprichwörtlich bekannter König Lydiens (vgl. Anm. zu Vers 29) im 6. Jahrh. v. Chr. – *Midas:* sagenhafter König von Phrygien in Kleinasien. Der Gott Dionysos erfüllte ihm die Bitte, daß alles, was er berühre, zu Gold werde.

die im krenidischen Lande der Mazedonier ausgrub,
denen an früherer Statt stolz seinen Namen er gab.
Hier nun braucht Deutschland gewiß keinem anderen Lande zu weichen,
üppig gesegnet mit Volk, reich auch an edlem Metall.
Strahlt doch aus glitzernden Adern der Schimmer des Goldes hier wider,
nirgends erbringt wohl ein Land noch willkomm'nere Frucht.
Mögen Kampaniens Fluren ihr Gold an den Baumzweigen tragen,
fällt auch bei uns manch ein Zweig nicht ohne goldnen Behang.
Schweres gediegenes Silber erhebt aus dem Boden der Bergmann,
und aus des Ackers Ertrag schafft sich der Landmann sein Schwert.
Unbekannt war noch den Alten die neueste Gabe des Bodens,
die wir mit heimischem Wort Wismut haben benannt,
zwar nicht ganz schwarz von Natur, jedoch immerhin dunkler als Bleierz,
unser Gebirg hat auch dies reichlich im Boden verwahrt.
Fauchend wie Sturmwird und zuckend wie Blitze, doch wehrlos gefesselt,
fließt in die Formen das Erz und auch der glühende Stahl.
Bücher beschriftet man heute mit Blei, ja, wer hätte erwartet,
welch neues Wunder an Kunst wieder den Deutschen gelang.
Aber wir brauchen auch keins der Metalle von Andern zu kaufen,
denn hier in unserem Land liegen sie sämtlich bereit.
Doch wozu dieses! – Agricola hat es schon Alles beschrieben
in seinem früheren Werk, über das Jeder jetzt spricht.
Hier nun erklärt er den Ursprung der Dinge, die Herkunft der Kräfte,
und wo er Besseres fand, trägt er das Bessere vor.
Hast Du das Frühere freundlich mit offenem Sinne gelesen,
widme dem Folgenden auch willig ein Stück Deiner Zeit.
Immer belohnte den Pflanzer die Ernte, auch Du wirst beim Lesen
schwerlich enttäuscht sein, doch wirst vielerlei Seltenes seh'n.
Niemand verdamme mit boshaftem Sinn und mit täuschendem Urteil,
was uns der gütige Gott einstmals an Wundern geschenkt.
Selber entreißt er zuerst seinen frevelnden Feinden die Waffen,
wendet den fliegenden Pfeil auf seinen Gegner zurück.
Wohl trägt den Räuber das Pferd, den Piraten dreirudrige Schiffe:
Tötet man darum das Pferd? Werden die Schiffe verbrannt?

37 *im krenidischen Lande:* Gemeint ist wohl die Gegend von Krenides, einer Stadt in Ostmakedonien, an deren Stelle Philipp II. (»*der Mazedonier*«) 356 v. Chr. Philippi gründete.

43 *Kampanien:* Die Landschaft um Neapel galt in der Antike als die fruchtbarste der Erde. – *Gold an den Baumzweigen:* Anspielung auf den goldenen Zweig in Vergils ›Aeneis‹, der dem Helden den Zugang zur Unterwelt öffnete.

53 *mit Blei:* Anspielung auf die junge Kunst des Buchdrucks.

Sollen die edlen Metalle im Bauche der Erde verderben,
nur weil der törichte Mensch sie nicht zu nutzen versteht?
Wer Du auch seist, sei verständig und folge den Lehren der Weisen,
oder sieh' ein, daß Du nicht zu den Verständigen taugst!
Nicht stürzt der Bergmann verwegen sich gleich in den gähnenden Abgrund,
wie einst Kurtius tat hoch auf dem feurigen Roß;
sorgfältig lernt er zunächst, was die Kundigen können und wissen,
und was er tut, das beruht fest auf den Lehren der Kunst.
Und wie der Steuermann immer die Sterne und Winde beachtet,
folgt auch der Bergmann niemals töricht dem trügenden Schein.
Wie der Jaside sein Schiff und Metiskus die Wagen gelenkt hat,
so lenkt des Bergmannes Kunst streng nach den Regeln das Werk.
Anfangs erspürt er die Gänge nach Ausdehnung, Anzahl und Inhalt,
wie ihr verborgener Zug weiter im Berge verläuft,
so wie der sorgsame Hirt alle Arten des Bodens erforschet,
ob er wohl gut oder schlecht wollige Schafe ernährt.
Sage, wohin strebt die Erde? Wie spannt sie die flachsenen Seile?
Doch sie vollführt schon von selbst, Ptolemäus, Dein Werk!
Hat nun der Bergherr den Ort und das Recht seines Ganges gesichert,
dann unterteilt er das Werk auf jeden einzelnen Mann.
Und wenn er dann mit dem Aushub begonnen, so siehst Du ihn fleißig
stets mit geschäftiger Hand selbst am Geräte bemüht.
Aber damit Dir die Ohren nicht dröhnen vom Klange der Hämmer,
folge mir jetzt, das Gehirn dieses Getriebes zu seh'n.
Oben ermuntert der Bergherr mit kundigem Wissen die Steiger,
täglich sie mahnend zum Werk, stets ohne Rasten und Ruh'n.
Einen belehrt er, auf Maße und Arten der Gänge zu achten,
und wie der Markstein genau Rechte und Gruben begrenzt,
daß nicht vielleicht in der Tiefe des Berges, unkundig der Grenzen,
einer des Nachbarn Besitz gegen die Satzung verletzt.

[76] *Kurtius:* legendäre Jünglingsgestalt der römischen Geschichte. Als sich auf dem Forum ein Erdspalt gebildet hatte, opferte er sich, einem Orakelspruch folgend, und sprengte in voller Rüstung auf seinem Schlachtroß in die Tiefe.

[81] *der Jaside:* Palinurus, Sohn des Iasius, Steuermann des Aeneas. – *Metiskus:* Wagenlenker des Rutulerkönigs Turnus in Vergils ›Aeneïs‹.

[87/88] *Wie spannt sie die flachsenen Seile?:* Reminiszenz an einen Vers in Vergils ›Aeneïs‹ (V, 510), wo eine Taube mit »flachsenen Fesseln« an die Mastspitze gebunden ist. Wie die Taube, so zerrt neuerdings die Erde an ihren Fesseln, die sie im Zentrum des Weltalls festhalten – offenbar eine Anspielung auf die 1534 erschienenen ›Sechs Bücher über die Umläufe der Himmelskörper‹, in denen Nikolaus Kopernikus mit dem traditionellen geozentrischen Weltbild des Klaudius *Ptolemaeus* (2. Jahrh. n. Chr.) brach, das bisher die abendländische Wissenschaft beherrschte. Fabricius hält an der Tradition fest.

Andere lehrt er, im Reiche des Pluto die heimlichen Wege
mit dem erprobten Gerät richtig und sicher zu geh'n.
Siehe, welch stolzes Getriebe die harten Gebirge erobert,
nie war seit fernester Zeit ähnliche Technik bekannt.
Öffne dem Künftigen Raum! Denn das Alte hat so seinen Ruhm schon:
Dann ist auch Deinem Verdienst Achtung der Nachwelt gewiß.
Nun aber wisse, all dies ist auf heimischem Boden gewachsen,
deswegen, wenn Du wer bist, meide den schmählichen Neid!
Rom hatte einst seinen Ruhm durch die Kriege, Athen durch die Künste,
Deutschland sucht Ehre und Ruhm durch seinen eisernen Fleiß.
Und seine Gaben verwendet es meist mit beglücktem Gelingen,
sei es beim sanften Apoll, sei es beim grausamen Mars.
Nun ist es Zeit, mit dem Feuer im Felsengebirge zu forschen,
welcher der Gänge uns wohl höheren Nutzen verspricht.
Kennt nur die Arbeit ihr Ziel, wird der Aufwand auch Früchte erbringen,
freudiger Hoffnungen voll lugt dann der Blick in die Welt.
Redlich ermahnt uns die Pflicht, auch noch schwerere Mühen zu tragen
und die geschäftige Hand nicht von der Arbeit zu zieh'n,
ob nun die Erze mit Feuer zu lösen sind oder mit Hämmern,
oder mit Hilfe des Staus eines benachbarten Bachs,
sei es nun besser, die Erze mit milderem Feuer zu rösten,
oder schmilzt schärfere Glut besser die Schlacken heraus.
Fließen dann Kupfer und Gold und auch Silber in glühenden Bächen,
jubelt des Bergmannes Herz, freudiger Hoffnungen voll.
Sorgfältig scheidet er dann alles Silber vom rötlichen Golde,
aber das trägere Blei treibt er aus beiden heraus.
Ebenso trennt er, Gewinne erstrebend, das Silber vom Kupfer,
gibt das Geringere fort für des Bess'ren Gewinn.
Wollt' ich das Alles in zierlichen Versen genauer beschreiben,
brächte eher herauf Himera den nächsten vor diesem Tag.
Doch nun zuletzt muß ich auch die getrockneten Säfte erwähnen,
die unser heimisches Land vielfach und reichlich enthält:
Salz muß ich nennen und woraus Alaun oder Natron entstehen,
wie sie nach heimlicher Kunst Pfanne und Bottich erzeugt.
Schließlich die Säuren des Kupfers und Schwefel und flüssiges Erdpech,
wie aus breiigem Glas schöne Gefäße entsteh'n.

101 *Pluto:* der Herrscher der Unterwelt.

112 *Apoll:* hier als Gott der Künste und Wissenschaften. – *Mars:* der Gott des Krieges.

130 *Himera:* die Zwillingsschwester Memnons (griech. der Tag, die Morgenröte); im latein. Original die »Memnonidin«, d. i. Himera. Der Vers ist ein Adynaton, eine rhetorische Figur, die das Unmögliche bezeichnet.

Zäh ist der Fleiß dieser Menschen, die Mühen sind hoch zu bewundern,
doch immer Hunger und Not stumm zu ertragen ist schwer.
Alle ermuntert die Liebe, den Kindern das Leben zu sichern
und ihrem eigenen Volk tüchtigen Nachwuchs zu zieh'n.
Aber nicht sind die Gedanken des Bergmanns im Dunkel versunken,
sondern er öffnet sein Herz Gott, seinem Herrn, im Gebet.
Hoffnungsvoll harrt er der Gaben von seiner unendlichen Gnade,
und er erhebt seinen Geist fröhlich zu himmlischen Höh'n.
Christus schenkt Reichtum und Glück und die Freude an ihrem Genusse,
dem, der erkenntlichen Sinns immer sich dankbar erweist.
Dazu erhoben sich schon die einst rühmlich gelobten Philipper,
die ihrer Tugenden Ruf und ihre Frömmigkeit ehrt.
Dorthin erhebe auch Du nun, liebwertester Leser, Dein Sehnen,
ehre mit frommem Gemüt Gott als den Schöpfer des Alls!
Wünsche nun Glück und Erfolg des Agricola fleißiger Arbeit,
glänze auch Du durch das Lob dieses vorzüglichen Manns!
Er hat mit eigenem Ruhm auch dem Vaterland Ehre gewonnen,
zweifellos wird er noch oft auch in der Nachwelt genannt.
Alles verwelkt. Doch des Geistes Vermächtnisse werden so lange
blühen, wie golden das Licht unserer Sonne uns scheint.

Zu Meißen 1551
Aus der Hohen Schule

147 *Philipper:* Anspielung auf Philipperbrief 4, 10ff.

Philipp Bech
Vorrede zur deutschen Ausgabe, Basel, 1557[1]

Dem edlen und ehrenfesten Herrn Christoph WEITMOSER zu WINKEL, Römischer Königlicher Majestät Rat, Gewerken in der Gastein und Rauris usw., seinem großgünstigen und gebietenden Herrn, wünscht Philipp BECH durch Christum viel Glück und Heil.

Edler und fester Herr!

Es haben vor alten Zeiten und noch heute viele Leute gewagt, die herrliche und bedeutende Beschäftigung mit dem Bergbau mit ungerechtem Tadel zu verkleinern und für unwichtig zu erklären. Damit haben sie aber, weil sie keinen stichhaltigen Grund dazu gehabt haben, wenig ausgerichtet. Manche von ihnen, böse Sophisten, haben wegen des Mißbrauchs gleich das Wesentliche und Hauptsächliche beim Bergwerk aus dem menschlichen Leben ausschließen und wegnehmen wollen; eine Ansicht, die unglaublich ungereimt und närrisch ist. Denn wenn es zugelassen würde, gute und nützliche Dinge, bloß weil sie auch mißbraucht werden, zu beseitigen, so müßte fürwahr auch die heilige göttliche Schrift, das geistliche und weltliche Recht, die edle und nützliche Kunst des Arztes samt der ganzen Philosophie und allen anderen freien Künsten, auch das löbliche Handwerk und das ehrliche Gewerbe nach solcher Leute Meinung als nichtsnutzige und verderbliche Dinge verboten und abgeschafft werden. Außerdem hat es auch etliche unverständige Leute gegeben, welche die ganze Beschäftigung mit dem Bergbau für eine geringe und unscheinbare, ja nichtsnutzige und verderbliche Sache gehalten haben; eine Geringschätzung und Verkleinerung, die aus keiner andern Ursache entstanden ist, als aus dem großen Unverstand und der blinden Unwissenheit jener Leute; wie der Dichter sagt: »Ignoti nulla cupido« d. i. »Nicht Lust noch Liebe einer hat zum Handel, den er nicht versteht.«

[1] Aus dem Frühneuhochdeutschen übersetzt von Paul Knauth. – Philipp Bech, latinisiert Bechius, Philosoph, Arzt und Professor an der Universität Basel, besorgte die erste deutsche Ausgabe, die er dem königlichen Rat Christoph Weitmoser dedizierte. Die Ausgabe trug den Titel: ›Vom Bergkwerck 12 Bücher, darinnen alle Aemter, Instrument, Gezeuge und alles zu disem handel gehörig mitt schönen figuren vorbildet und klärlich beschriben seindt, erstlich in Lateinischer sprach durch den Hochgelerten und Weittberümpten Herrn Georgium Agricolam, Doctorn und Bürgermeistern der Churfürstlichen statt Kempnitz, jetzundt aber verteutscht durch den Achtparen und Hochgelerten Herrn Philippum Bechium, Philosophen, Arzt, etc. und in der Löblichen Universitet zu Basel Professorn. Getruckt zu Basel durch Jeronymus Froben und Niclausen Bischoff im 1557 jar mitt Kaiserlicher Freyheit.‹ Die hier als Dokument der frühen Rezeption von Agricolas Hauptwerk aufgenommene Dedikation veranschaulicht, wie hoch die Zeitgenossen die Bedeutung der ›De re metallica‹ eingeschätzt haben.

Denn wenn man das gesamte Berg- und Hüttenwesen genau und gründlich betrachtet und jeden seiner Teile für sich nimmt, so erkennt man, daß Bergbau sehr vonnöten ist und wohl ebenso nötig wie der Ackerbau, ohne den das menschliche Leben nicht erhalten werden kann, und daß zu ihm ein besonders großer Verstand und weit mehr Kunst als Arbeit gehört. Denn es muß ohne Zweifel ein rechter verständiger Bergmann (wie dies auch Agricola in seinem ersten Buche ausführlich darlegt) Kenntnis und Verständnis haben, in allen bergbaulichen Dingen unterrichtet sein, sie auf allerlei Bergart zu probieren, und verstehen, mit Nutz und Frommen zu schmelzen. Er muß auch eine gründliche Erfahrung haben mit den Gängen, Klüften, Schichten und den Absetzungen des Gesteins. Er muß viele und mancherlei Erdarten, Lösungen, Edelgesteine, Steine, Marmelsteine, Felsen, auch allerlei Erze und vermischte Dinge kennen. Dazu muß er für alle Künste, Gezeuge, Gebäude und Werke, wie diese nicht nur über, sondern auch unter der Erde errichtet und angebracht werden, völliges Verständnis haben; und, was noch viel größer und herrlicher, löblicher und wunderbarer ist, auch in der Philosophie, die eine Mutter aller Künste ist, ebenso in der Medizin, der Astronomie, der Geometrie und Arithmetik, im Zeichnen und Malen, im Kaiserlichen Recht, besonders im Bergrecht, und in allem, was sonst zur Bergwissenschaft gehört, Übung und Erfahrung haben, wofern er anders als bergverständiger und rechter Aufseher und Vorgesetzter anderer Bergleute und Knappen angesehen und von ihnen gelobt und gepriesen sein will.

Leider aber findet man in unserer Zeit wenige, die sich mit Ernst auf den Bergbau legen und alle seine Teile, soviel es immer möglich ist, zum Nutzen richtig und fleißig ergründen und kennenlernen. Daher schlägt es denn auch in der Regel nicht zu Glück und Heil aus, wenn man mit ungewaschenen Händen sich an den Bergbau macht und nicht zuvor die Gänge bei jeder Gelegenheit richtig erkundet, auch von Bergverständigen nicht genug unterrichtet wird, wie man die Gänge aussuchen und behandeln soll. Denn wie allen Landleuten (von anderen Berufen will ich absehen) Erfahrung und Fleiß nötig ist, um das Feld richtig und ordentlich zu bauen, ebenso nötig ist es allen denen, die mit dem Bergbau umgehen wollen, daß sie vorher davon genaue Kenntnis und gründliches Verständnis von wohlerfahrenen Bergleuten erhalten, ehe sie sich an den Bergbau machen, und sich nicht vorschnell und unbedacht auf alle unfündigen Massen und Zechen legen und einem jeden Guggis-Krentzler[2] glauben und von ihnen viele und mancherlei Anteile ohne alle Unterscheidung

[2] Im Wörterverzeichnis ist Krentzler erklärt als juratus partium venditor, d. i. vereidigter Händler mit Anteilen. Kuxkränzler waren reisende Bergleute, die fremde Geldleute zum Kauf von Kuxen zu bewegen suchten.

kaufen. Sie sind der Meinung und Zuversicht, dadurch in kurzer Zeit große Ausbeute zu bekommen und viele Schätze zu erlangen. Leider aber bekommt man gewöhnlich, wenn man den herrlichen und nützlichen Bergbau so närrisch und unbesonnen anfaßt, anstatt Gold und Silber als Ausbeute nichts denn lauter Kobalt, Wismut, Glanz, Kies, Wolfram, Schörl[3], Glimmer und Katzensilber, und statt großer Schätze, die sich einer eingebildet hat, werden ihm hinterdrein nichts als eitel Kohlen zuteil. Auch von mir muß ich leider dies sagen: wenn ich nicht überall dort, wo ich viele Jahre lang mit großen Kosten mitgebaut habe: zu Freiberg in Meißen, ebenso auf Sankt Annaberg, Schneeberg, Marienberg, Scharfenberg in Meißen, auch in Joachimsthal und anderen Orten und in manche Grube unter großer eigener Gefahr eingefahren bin, einem jeden hergelaufenen Windhund so leicht Glauben geschenkt und infolgedessen soviel unfündige Massen mitgebaut hätte, dann hätte mir meine Arbeit wohl sehr viel nützen und helfen können; aber ich habe wenigstens gelernt, daß man durch Schaden klug wird. Ich will deshalb jeden, der Bergbau anfangen will, aber darin noch unerfahren ist und vermeint, alles was glänzt, sei Gold, treu und ernstlich gewarnt haben, daß er sich vor solchen Guggis-Krentzlern wohl hüte und nicht so leicht einem jeden, der hergelaufen ist, Glauben schenke, sich auch nicht auf unfündige Massen lege und ohne zu unterscheiden Teile ankaufe und einmal wie der närrische Midas reich zu werden gedenke, sondern vielmehr, wie schon gesagt, vorher tüchtige, glaubwürdige und verständige Bergleute um Rat frage, ihnen allein folge, damit alles gut und glücklich ausschlage und nicht nachher die Reue folge, wenn die Schafe aus dem Stall gekommen sind.

Ich sollte die Gegenreden aller Widersacher, die je wider den Bergbau geredet und geschrieben haben, widerlegen, allein von Agricola selbst sind sie im ersten Buch genügend umgestoßen worden. Darum ist es nicht vonnöten, solches in dieser Vorrede zu wiederholen. Doch gleichwohl muß ich neben jenen allen auch denen noch antworten, die ohne Grund und Wahrheit sagen dürfen, daß der Bergbau eine ungöttliche Arbeit, ja auch ein unheiliger Nahrungszweig sei. Ich habe das oft zu meiner großen Betrübnis von vielen gehört. Und doch ist ganz anders zu urteilen, als solche Leute in ihrem verkehrten Sinn und dummen Verstand es auffassen und dafür halten. Denn der allmächtige Gott und Vater, Schöpfer Himmels und der Erden, hat selber die Berge und Täler, Gehänge und Gesprenge (d. i. alles zu Sprengende), Klüfte und Gänge, Schwefel und Quecksilber geschaffen, woraus täglich Erz und Silber wächst, und auch Moses gedenkt im Paradies eines reichen Goldseifens im Flusse Ganges und rühmt den

[3] Schwarzer Turmalin.

Thubal Cain[4] als den ältesten Bergmann, der aus Seifen, Geschieben, Witterung und Sicherung, gegabelten Bäumen und mit Ruten die Gänge zuerst zustande gebracht und bloßgelegt hat. Es verheißt auch Gott durch Moses unter andern leiblichen Dingen und guten Gaben Erz und Metall, Gold und Silber für das Bedürfnis und als Arzenei der Menschen. Und der weise und gerechte König Salomo, auch der gottesfürchtige König Josaphat haben beide im Flusse Ganges in Indien das beste Ophirsche Gold waschen lassen und in drei Jahren bis gegen 66 Tonnen Goldes[5] Überschuß und Ausbeute bekommen. Moses hatte sie an die Stelle gewiesen. So sind die Bürger von Philippi in Mazedonien, an die St. Paulus schreibt, auch sehr bergverständige Leute gewesen und dazu reich und mächtig durch den Bergbau. Denn wie Diodor von Sizilien schreibt, hat König Philipp, Alexanders des Großen Vater, wöchentlich bis 12000 Kronen von diesem Ort Einkommen gehabt. Darum hat er diese Bergstadt mit großen Freiheiten und Privilegien begabt und dort eine Münze eingerichtet und die alten Philippergulden geschlagen, deren einer eine Doppelkrone galt.

Es haben große Herren und gute Hausväter, wie wir das aus der Geschichte wissen, sich jederzeit des Bergbaus beflissen und Bergbauorten stets besonderen Schutz und besondere Freiheiten gewährt. Bringen doch solche Orte, wenn Bergbau vorhanden ist, jährlich große Nutznießung und Überschuß ohne Verluste und Kosten für den Grundherrn. So sehen wir, daß darum auch Joachimsthal, Freiberg in Meißen, Annaberg, Marienberg, Schneeberg und andere Bergstädte und -flecken, die in Meißen, Sachsen, Kärnten, Ungarn, Böhmen und anderswo gelegen sind, von Kaisern und Königen, Fürsten und Herren mit viel großen Freiheiten und Privilegien vor andern Städten und Flecken begnadet und begabt sind. Es ist auch David ohne allen Zweifel ein guter Bergmann gewesen, weil er in seinen Psalmen an mancher Stelle so viele schöne Gleichnisse vom Bergbau hergenommen hat. So war er auch sehr reich an Gold und Silber. Das ist unter anderm auch daraus zu entnehmen, daß bei seinem Grabe lange Zeit ein großer Schatz in geheimen Säckchen verborgen gelegen hat. Aus diesen sind, wie Josephus schreibt, 3000 Talente Goldes[6] herausgenommen worden, mit deren Hilfe Jerusalem von der Belagerung des Antiochus errettet worden ist. Auch Abraham war sehr reich an Gold und Silber, ebenso Lot, Laban, Joachim, der Ehemann Susannens, und andere, die alle um ihres Reichtums willen gepriesen wer-

[4] Sohn Lamechs. – Zu Obigem vgl. 1. Mose 2, 11, 12 und Hesekiel 27, 13.

[5] Unter einer Tonne Gold verstand man im Mittelalter eine Summe von 100000 Talern.

[6] Ein griechisches (attisches) Talent = 6000 Drachmen entsprach einem Gewicht von 26,20 kg. Der Periode des gemünzten Geldes ging die des gewogenen voraus.

den. Außerdem war gewiß Zarpath, wo Elias, der teure Prophet, Herberge bei der armen Witwe und Schmelzerin gehabt hat, ein Bergort; denn der hebräische Name ergibt, daß Zarpath eine Schmelz- oder Glashütte gewesen ist, wo man geschmelzt und gesaigert oder schöne gläserne Gefäße und Gerätschaften gemacht hat. Denn am Meer bei Sidon, im Wasser Belo, soll besonders kostbarer Sand gewesen sein, aus dem man schöne Gläser oder Kristall geschmolzen hat, wie noch heute in Murano bei Venedig. Von demselben Stamm soll, wie Epiphanius schreibt, auch das Kananäische Weib geboren sein. Ferner gedenken auch Job (Hiob) und Eliphas als Bergleute im Arabischen Gebirge der Gänge und Seifen, und wenn man es glauben will, soll auch das Erz seinen Namen aus dem Hebräischen haben. Denn dieses nennt die Erde Erz, wie es das Grab, in welchem die Gestorbenen der Auferstehung warten, Schacht nennt. Denn der Sohn Gottes ist die rechte Fahrt[7], welche Gott vom Himmel herab in diesen Schacht hängen läßt, damit alle, die diese himmlische Fahrt mit gläubigen Herzen ergreifen, aus dem Tode errettet und durch des Menschen Sohn Auf- und Abfahren ewig selig werden.

Aus alledem folgt, daß der Bergbau ein göttlicher und seliger Nahrungszweig sein muß, und daß ein Bergmann sich dem Bergbau mit gutem Gewissen widmen kann und daneben Gott dem Allmächtigen dienen und mit andern frommen Christen zur Seligkeit kommen kann. Es offenbart sich ja Gott neben seinem heiligen Wort auch am Himmel, an der Erde und an allen Elementen und Kreaturen und stellt diese uns vor als Zeugen, die uns sein unsichtbares Wesen, seine ewige Kraft und Gottheit ins Gedächtnis rufen und beweisen sollen. Wie darum einer Gottes Güte und Reichtum an einer Lilie auf dem Feld erkennt, so sieht auch ein frommer und fleißiger Bergmann, der in den Gängen und Klüften sich mit der Rute betätigt, nach Witterung, Geschieben, Gefällen, Geschicken[8] und gegabelten Bäumen sich richtet, oft sichert und probiert, schürft und teuft usw., mit Freude, Lust und Wohlgefallen an einer schönen erzreichen Stufe Gottes Macht und Wunderwerk. Denn darum sind uns, wie der berühmte Philosoph Plato schreibt, vom Schöpfer und Erhalter aller Dinge die Augen gegeben, wie die Ohren um der Musika willen.

Weil nun nach dem Gesagten sowohl die Vortrefflichkeit wie die Notwendigkeit des Bergbaues genügend bekräftigt ist und unser Deutschland vor andern Ländern durch Gottes Gnade mit vielen und reichen Metallen begabt ist, habe ich zur Förderung eines so trefflichen Werkes dieses Buch des Agricola, das unlängst der ganzen Welt lateinisch vorgelegt worden ist, jetzt auch den Deutschen, deren

[7] »Fahrt« ist der bergmännische Ausdruck für »Leiter«.

[8] Geschicke: Erzarten; »schicken« im Sinne von bescheren, beschenken.

Sprache es noch nicht kannte, zugänglich machen wollen. Es können dann alle Leser und besonders die, welche im Berg- und Hüttenwesen beschäftigt sind, wie Bergmeister, Bergrichter, Einfahrer, Schachter,[9] Scheider, Schmelzer, Silberbrenner, Probierer, Berggeschworene und andere, daraus entnehmen, welchen Nutzen sie davon haben, wenn sie diese herrlichen und trefflichen Bücher, in welchen das ganze Berg- und Hüttenwesen klar beschrieben und mit vielen hübschen und künstlichen Figuren illustriert ist, mit Fleiß und Ernst lesen werden. Selbst wenn nichts anderes in diesen Büchern gezeigt wäre, als wie man mit Nutzen schmelzen und probieren solle, so wären sie doch außerordentlich treffliche und nützliche Bücher und wohl wert, daß alle, die Bergbau treiben, sie kaufen und zum Gemeingut machen. Wenn aber vielleicht hinsichtlich mancherlei Namen und Wörter, deren sich die einzelne Art des Bergbaus insbesondere bedient, in dieser neuen Verdeutschung nicht jedermann befriedigt wird und in dieser Beziehung nicht genug geschehen sein sollte, so können die Betreffenden ein genügendes Verständnis aller unbekannten Wörter aus den gezeichneten Figuren erlangen. Doch ich hoffe, daß in bezug hierauf kaum eine Beschwerde erfolgen wird, denn ich bin beflissen gewesen, darin es jedem recht zu machen.

Nachdem ich aber nun dieses Werk mit Hilfe des Allmächtigen so, wie oben erwähnt, ausgeführt und vollendet und zuletzt bedacht habe, unter wessen Namen, Schutz und Schirm dieses Buch am besten im Druck ausgehen möchte, da ist der ehrbare und wohlgelehrte Hermann Pincier Hessus, der getreue Lehrer Eurer lieben Söhne Johannes und Christoph Weitmoser aus Freiburg im Breisgau, zu mir nach Basel in alter Freundschaft gekommen. Ihm habe ich mein Vorhaben entdeckt und habe von ihm erfahren, daß Eure Herrlichkeit neben andern wertvollen Gaben, mit denen Sie von Gott begabt sind, Verständnis und Erfahrung auch im Bergbau haben, dazu Lust und Liebe, und sich gegen jedermann, so besonders gegen Bergleute und solche, die dem Bergstudium anhangen, außerordentlich freundlich und entgegenkommend zeigen. Sollen Sie doch auch, was noch viel rühmlicher ist, die lateinischen Bücher Agricolas samt anderen mit Verstand und Fleiß durchgelesen haben. Darum bin ich auf Hermann Pinciers und anderer Rat bestimmt worden, Eurer Herrlichkeit dieses Buch zuzueignen. Was aber für Fleiß darauf verwendet worden ist, werden E. H. genug spüren, wenn Sie mit dem Latein das Deutsche vergleichen. Allerdings bin ich in manchen Stücken mit meinem Übersetzen nicht zufrieden. Das kommt von der Kürze der Zeit sowie daher, daß ich früher Latein in Deutsch zu übertragen nicht unternommen habe. Gleichwohl hoffe ich und versehe mich gegen E. H.

[9] Wohl Schachtbauer.

und jeden billigen und verständigen Leser, er werde diese meine große Mühe und Arbeit, die ich mit dem Übersetzen gehabt habe, mit billigem Sinn und Urteil erkennen und aufnehmen.

Weil aber die Arbeiten und Werke derer, die Bergbau treiben, mannigfaltig sind, so habe ich es für gut angesehen, zu leichterer Aufsuchung und Auffindung aller Dinge in Kürze anzuzeigen, was in einem jeden Teile dieses Buches behandelt und gelehrt wird. Darum soll E. H. wissen, daß im ersten Buch alle Argumente und Einwände derjenigen, die gegen den Bergbau je geredet oder geschrieben haben, mit vielen Worten erschöpfend widerlegt und umgestoßen werden. Im zweiten Buch wird gezeigt, wie jeder richtige und verständige Bergmann sein soll und wie die Gänge aufzusuchen sind. Im dritten Buch wird von allerlei Gängen, Klüften und dem Absetzen des Gesteins gesprochen. Das vierte Buch handelt von den Maßen und dem Markscheiden sowie von allen Ämtern der Bergleute. Das fünfte Buch erklärt, wie ein Gang zu hauen sei und wie alle Schächte zu senken und aufzurichten sind, bringt auch die edle Kunst des Markscheidens an den Tag und spricht von den Stollen, Feldorten und Radstuben, Gebäuden usw. Im sechsten wird gehandelt von den Werkzeugen der Häuer, von allerlei Trögen, Wassergefäßen und Gerinnen, von mancherlei seltsamen Gezeugen und Künsten und zuletzt von bösen Wettern und andern gefährlichen Zufällen, die den Berghäuern widerfahren. Im siebenten Buch wird genau und getreu die treffliche und nützliche Kunst des Probierens mit allen Instrumenten erklärt und was sonst dazu vonnöten ist. Im achten Buch werden alle Arten und Weisen herbeigezogen und erklärt, auf welche das Erz bereitet wird, nämlich ausgelesen (»geklaubt«), gepocht, geröstet, gequetscht und vor allem gemahlen, gerädert, gewaschen, im Röstofen gebrannt usw. Im neunten Buch wird mit größter Sorgfalt die Kunst an den Tag gebracht, allerlei Erz mit Nutzen zu schmelzen. Im zehnten Buch wird gelehrt, wie das Gold vom Silber, das Silber vom Gold, das Kupfer vom Gold und das Blei vom Gold und Silber zu scheiden seien und wie diese zwei kostbaren Metalle mit Nutzen fein gebrannt werden sollen. Im elften Buch wird auch dargelegt, wie das Silber vom Kupfer und vom Eisen zu saigern sei und wie alle Saigerhütten recht gebaut und aufgerichtet werden sollen. Im zwölften und letzten Buch werden alle festgewordenen Lösungen[10] mitgeteilt, die aus Wassern oder aus flüssigen Lösungen oder aus verschiedenen Steinen gemacht werden; auch wird gezeigt, wie das Salz zu sieden und das Glas zu machen sei.

Dies ist zwar der Inhalt des ganzen Buches, mit wenigen Worten aufs kürzeste zusammengefaßt. Doch werden auch bisweilen andere

[10] succi concreti s. 7. Buch Anm. 24, S. 201, und 12. Buch Anm. 1, S. 466.

Dinge darunter gemischt, was zu lesen nicht nur angenehm und lustig, sondern auch sehr nützlich ist. Darum zweifle ich nicht, es werde dieses herrliche, treffliche und nützliche Werk Agricolas, das viel Zeit, große Kosten, viel Mühe und Arbeit verursacht hat, nicht allein E. H., der es von mir in guter Meinung ist mitgeteilt und gewidmet worden, sondern auch allen anderen Bergleuten die Lust und Liebe zum Bergbau erhöhen. Denn aus solchen Büchern, wenn sie sie mit Fleiß durchlesen, können sie zum rechten Verständnis des Bergbaues gelangen, und so wird es dann geschehen, daß sie ihr Geld, ihre Mühe und Arbeit, die sie des Bergbaues halber immer haben müssen, mit größerem Nutzen anlegen und daraus nur treffliche und gute Nahrung erlangen werden. Ich erwarte, daß E. H., wenn Sie durch den Bergbau zu großem und ehrlichem Reichtum gelangen, darum dieses Buch desto lieber und angenehmer sein werde und Sie diese meine Arbeit, die aus guter und wohlgemeinter Absicht entstanden, gnädig und günstig annehmen und mich E. H. allzeit lassen in Gnaden befohlen sein, der zu dienen ich zu allen Zeiten ganz willig und geneigt bin. Der allmächtige, ewige Gott, der Berge und Täler, Klüfte und Gänge allen Menschen zum Nutzen erschaffen und mit schönen Bildungen veredelt hat und selber Silber und Erz zur Notdurft der Menschen wachsen läßt, wolle seine milde Güte und Barmherzigkeit E. H. Bergwerke in der Gastein und Rauris, in Schlemmingen, Bleiberg bei Villach in Kärnten und anderwärts in Gnaden segnen und ihnen nach seinem göttlichen Willen täglich viel Erz bescheren und Seinen Geist und Seine Gnade E. H. mit allen Ihrigen und uns reichlich mitteilen, damit E. H. solch herrliche und teure Gottesgaben zu seiner Ehre und zur Erhaltung seiner Kirchen und Schulen, auch zu täglicher Notdurft glücklich gebrauchen und unsern nächsten bedürftigen Menschen christlich und freiwillig damit dienen und immerdar behilflich sein mögen durch Jesum Christum, unsern Herrn und Heiland, Amen.

Georg Agricola – Eine biographische Skizze

Georg Bauer, der sich später Georg Agricola nannte, gilt als Begründer der Mineralogie und der Bergbaukunde. Rund 250 Jahre lang – vom Erscheinen seiner Schriften um die Mitte des 16. Jahrhunderts bis zum Ende des 18. Jahrhunderts – wurden seine wissenschaftlichen Erkenntnisse als absolut gültig anerkannt. Agricola gehört deshalb zu den wichtigsten Persönlichkeiten der Wissenschafts- und der Technikgeschichte, dessen Bedeutung für das 16.–18. Jahrhundert in dieser knappen historischen Retrospektive nur angedeutet werden kann.

Agricola wurde am 24. März 1494 in Glauchau, nicht weit von Chemnitz (heute Karl-Marx-Stadt), geboren. Sein Vater, Gregor Bauer, soll einer ungesicherten Annahme zufolge Tuchmacher und Färber in Glauchau gewesen sein. Er war oder wurde während Agricolas Kindheit anscheinend ein wohlhabender Mann, denn er konnte drei Söhne Universitäten besuchen lassen, damals ein kostspieliges Unterfangen. Über Agricolas Mutter wissen wir nichts, nicht einmal ihr Vorname ist bekannt. Als 1712 eine Feuersbrunst Glauchau einäscherte, wurden alle Dokumente vernichtet. Vor diesem Zeitpunkt aber hatte sich niemand für die Familiengeschichte der Bauer interessiert.

In Glauchau besuchte Agricola die Parochialschule; die letzten Schuljahre verbrachte er wahrscheinlich im Gymnasium in Zwickau. Dort latinisierte vermutlich einer seiner Lehrer den Namen Georg Bauer zu Georgius Agricola. Agricolas eigentlicher deutscher Name wurde so gründlich vergessen, daß man im 19. Jahrhundert beim Versuch der Entlatinisierung Agricola mit Landmann und Ackermann zurückübersetzte – und dadurch einige Verwirrung schuf.

Mit 20 Jahren bezog Agricola die Universität Leipzig, eine moderne, aufblühende Hochschule mit jungen Professoren. Zu der Professorenschaft gehörte bald der erst 20jährige Philipp Melanchthon, zu dem Agricola später in enge Beziehung trat, auch wenn er dessen Glaubenswendung nicht mitvollzog und im Schoß der Kirche blieb.

Nach Beendigung des Studiums der Philosophie, Philologie und Theologie wurde der 23jährige Agricola Rector ordinarius, das heißt etwa Konrektor und Lehrer der griechischen Sprache an der großen Stadtschule in dem mitten im sächsischen Kohlengebiet gelegenen Zwickau.

Einige Zeit später übernahm er die gleiche Stellung zusätzlich an der neuen griechisch-lateinischen Schule der Bergbaustadt. Schließlich wurde er Rektor der beiden vereinigten Anstalten, deren humanistisch modernisierter Unterricht auch von Gelehrten, Magistern und Doktoren besucht wurde.

Die in Leipzig gewonnene klassische Bildung ermöglichte ihm in einer stark mit dem Bergbau und verwandten Gewerben beschäftigten Gesellschaft die Lektüre der alten Autoren mit dem Blick auf Pädagogik, später auch auf Mineralogie und Geologie. Die ersten Früchte dieses Sammelns und Studierens veröffentlichte er als »Agricola Glaucii« (d. h. von Glauchau) unter dem Titel ›Libellus de prima ac simplici institutione grammatica‹, eine kleine lateinische Grammatik, die 1520 in Leipzig erschien.

Die Beschäftigung mit der Wissenschaft führte ihn 1522 zur Universität zurück, wo er nun ein Studium der Medizin und der Naturwissenschaft begann, wobei die Medizin immer stärker den Vorrang einnahm. Vielleicht verbanden sich schon hier in seinen Forschungen Heilkunde und Mineralogie: Als er später nach Joachimsthal übersiedelte, geschah es eindeutig mit der Absicht, mineralogische Heilmittel auf der Grundlage antiker Erfahrungen zu studieren und anzuwenden. Erst über diesen Umweg gelangte er schließlich zur Entwicklung der wissenschaftlichen Mineralogie, die ihn unsterblich machte.

Jede neue Lehre oder Wissenschaftsrichtung hat ihr spezifisches Mutterland. Die Heimat des Humanismus war Italien, um 1520 das Ziel deutscher Gelehrter und Künstler. Als 1524 in Leipzig Petrus Mosellanus (eigentlich Peter Schade, von Bruttig an der Mosel, einer der führenden Männer des Humanismus) starb, dessen Schüler Agricola gewesen war, verlor dieser damit die wichtigste Anregung und Förderung und wandte sich nach Italien, wo er, wie berichtet wird, in Bologna und Padua das Studium der Medizin und der Naturwissenschaften sowie das Studium generale der Philosophie fortsetzte, schließlich auch zwei Jahre in Venedig verbrachte. Dort war er, nachdem er an einer uns nicht bekannten Universität als Mediziner promoviert worden war, Mitarbeiter der bedeutenden Druckerfamilie Manutius, die den wissenschaftlichen Mittelpunkt der weltverbundenen, durch den Zustrom von Flüchtlingen aus Konstantinopel vielfältig bereicherten und angeregten Stadt bildete. Er widmete sich insbesondere der Herausgabe der dann 1525 erschienenen Werke von Galen, die seit dem zweiten vorchristlichen Jahrhundert die Medizin maßgeblich bestimmt hatten, nun aber von den auf Empirie und Naturbeobachtung schwörenden humanistischen Gelehrten in Zweifel gezogen wurden.

Naturwissenschaftlich-medizinisch und philosophisch außerordentlich bereichert und zur selbständigen Fortsetzung von Beobachtungen und Überlegungen angeregt, zog Agricola 1526 in die Sudeten, zur damaligen Zeit das silberreichste Gebirge in ganz Europa. »Ich war kaum dort angelangt, als ich vor Begierde brannte, das Bergwesen kennenzulernen, weil ich fast alles über meine Erwartung fand. Ein Jahr später [1527] ließ ich mich auf Anraten einiger Freunde, die viel über mich vermochten, in Joachimsthal nieder« (Agricola, 1546).

Nach Joachimsthal zog ihn ein Leipziger Freund, der Humanist Dr. Georg Stürz, Sohn eines reichen Annaberger Grundbesitzers, der seit 1525 in Joachimsthal lebte, wo er die erste Apotheke einrichtete.

Agricolas berufliche Aufgabe in Joachimsthal war die eines Stadtarztes. Aber seine persönliche wissenschaftliche Zielsetzung führte ihn von Anfang an über die ärztliche Routine zur Beschäftigung mit Heilmitteln, die aus dem Mineralbereich stammten, in der Antike bekannt gewesen, später aber vergessen worden waren. Schon sein Buch ›Bermannus sive de re metallica dialogus‹, das 1530 in Basel, einem Zentrum des Humanismus, erschien, läßt deutlich erkennen, wie schnell er sich von seinem ärztlichen Beruf ab und der Wissenschaft zuwandte, was sich auch äußerlich sichtbar durch die Aufgabe seines Amtes als Stadtarzt 1530 dokumentierte. Im ›Bermannus‹ – Lorenz Bermann war ein mit ihm eng befreundeter Hüttenschreiber –, einer fleißigen und sorgfältigen Vereinigung der Fülle antiker Kenntnisse mit dem Erfahrungsgut eines geschulten scharfen Beobachters der Gegenwart, gab es noch Anspielungen auf den ärztlichen Beruf. Aber bereits in der drei Jahre später erschienenen Arbeit über die Maße und Gewichte der Griechen und Römer findet man viel weniger solcher Andeutungen.

Durch den ›Bermannus‹, den Erasmus von Rotterdam wegen der sprachlichen Gestaltung ebenso wie des Inhalts wegen öffentlich lobte, wurde der 36jährige Agricola ein berühmter Gelehrter der Bergbaukunde. So anregend für ihn der ständige Umgang mit Kollegen, Geistlichen, Lehrern und im Bergbau Beschäftigten war – zu nennen wäre der dem Humanismus zugewandte, naturwissenschaftlich interessierte und erfahrene Freund Bermann, der Schulmeister und Arzt Petrus Plateanus und der Lehrer und Pfarrer Johann Mathesius, ein Schüler und Tischgenosse Luthers –, Agricola suchte, wie ein Jahrzehnt zuvor, nach Erweiterung und Präzisierung seiner Kenntnisse auch jenseits der Grenzen von Stadt und Revier. Man rief ihn als Sachverständigen und bergbaulichen Berater nach Thüringen, Schlesien, Mähren und in den Harz. Er lernte diesen Hauptraum der damaligen abendländischen Mineralogie besser kennen als jeder andere und wurde dabei selber deren zentrale Persönlichkeit. Agricola hat Joachimsthal vermutlich 1531 verlassen. Zwei Jahre später – wo er sich in der Zwischenzeit aufhielt, ist unbekannt – berief Chemnitz ihn, der inzwischen auch Hofhistoriograph des sächsischen Fürstenhauses geworden war, zum Stadtarzt. In dieser Funktion wurde er auch Ratsmitglied und schließlich viermal für je ein Jahr Regierender Bürgermeister, obgleich ihm sein Verbleiben in der katholischen Kirche Angriffe aus der Bürgerschaft zuzog. Sein Landesherr versagte ihm sogar, trotz aller Verdienste, das Begräbnis in dem protestantisch gewordenen Chemnitz, als Agricola am 21. November 1555 starb. Er wurde in der Schloßkirche in Zeitz beigesetzt.

Das Ziel aller humanistischen Vorstellungen war die umfassende Bildung des Menschen. Agricola hat diese Lebensphilosophie seit seiner Schul- und Studienzeit aufgenommen und vertreten. Damit und mit der Breite seines naturwissenschaftlich-medizinischen Interesses hing es zusammen, daß er neben Medizin und Mineralogie auch andere Gebiete verfolgte. Er las Vesals, des Leibarztes Karls V., Werk über den Organismus des menschlichen Körpers und faßte seine eigenen Kenntnisse über die Pest in einem Buch ›De peste‹ zusammen. Er verfaßte ein Buch ›De natura fossilium‹, über die Dinge unter der Erde, und weitere Schriften über diesen Themenkomplex. Alles hing ihm letztlich mit der Mineralogie zusammen, zu der er immer wieder neues Material sammelte und neue Gedanken entwikkelte. »Gleich einem Sturmwind brausen diese Zeugnisse der neuen Wissenschaft heran. Es ist kein Fall in der Geschichte der menschlichen Forschung und Wissenschaft bekannt, in dem ein einzelner in derartig sicherer, vollendeter, umfassender Weise – bei manchen Fehlern und irrtümlichen Beobachtungen, ja, sogar Perspektiven im einzelnen – eine Wissenschaft in wenigen Jahren begründet hat« (H. Hartmann, Georg Agricola). Goethe schrieb, als er sich intensiv mit den Naturwissenschaften und insbesondere mit der Farbenlehre beschäftigte, Agricola habe »in Absicht auf das Bergwesen dasjenige geleistet, was wir für unser Fach hätten wünschen mögen. Er hatte freilich das Glück, in ein abgeschlossenes, schon seit geraumer Zeit behandeltes, in sich höchst mannigfaches und doch immer auf einen Zweck hingeleitetes Natur- und Kunstwesen einzutreten. Gebirge, aufgeschlossen durch Bergbau, bedeutende Naturprodukte roh aufgesucht, gewältigt, behandelt, bearbeitet, gesondert, gereinigt und menschlichen Zwecken unterworfen: dieses war es, was ihn ... höchlich interessierte, indem er selbst eine tüchtige und wohl um sich schauende Natur war, dabei Kenner des Altertums, gebildet durch die alten Sprachen, sich bequem und anmutig darin ausdrückend. So bewundern wir ihn noch jetzt in seinen Werken, welche den ganzen Kreis des alten und neuen Bergbaus, alter und neuer Erz- und Steinkunde umfassen und uns als ein köstliches Geschenk vorliegen. Er ... lebte ... in der höchsten und schönsten Zeit der neu hervorbrechenden, aber auch sogleich ihren höchsten Gipfel erreichenden Kunst und Literatur« (Goethe, Zur Farbenlehre II, 1810).

Da Agricola also ständig Neues zu schreiben hatte und sich »anmutig« ausdrücken konnte, schrieb er in kurzer Zeit viele wichtige

Werke: 1544 ›Über die Entstehung und Gesetzmäßigkeit der Dinge unter der Erde‹ (1546 und nach seinem Tode mehrfach neugedruckt, da man sich ständig für diese »ersten Grundzüge der physikalischen Geologie« interessierte). 1546 erschien ›Von dem, was aus der Erde hervorfließt‹ (also Wasser, vulkanische Schmelzen, Salze usw.), ebenfalls 1546 ›Über Mineralien‹, das erste Lehrbuch der Mineralogie einschließlich Kristallographie überhaupt, und ›Von den alten und neuen Metallen‹, der erste Leitfaden für die topographische Mineralogie, 1549 ›Über die unterirdischen Tiere‹. (Die lateinischen Originaltitel vgl. in den Literaturhinweisen, S. 585 f.).

Nach diesem unvollendet gedruckten Buch wandte er sich ganz der endgültigen Fertigstellung des Werkes zu, in dem der fünfzigjährige, also für jene Zeit verhältnismäßig alte Mann alle seine Kenntnisse ausbreiten, die Summe seiner von ihm geschaffenen Wissenschaft ziehen und damit eine sichere Grundlage für künftige Forschungen bieten wollte, nachdem er bereits seit den Anfängen in Joachimsthal Vorarbeiten dafür gesammelt hatte. Nach weiteren sieben Jahren anstrengender Arbeit, die durch andere Aufgaben immer wieder unterbrochen wurde, erschien 1556, vier Monate nach Agricolas Tod, sein Hauptwerk, durch das er bis heute ein Großer der Wissenschaft geblieben ist: ›De re metallica‹ in zwölf Büchern, also Abschnitten und Kapiteln, mit dem Untertitel ›in quibus officia, instrumenta, machinae ac omnia denique ad metallicam spectantia non modo luculentissime describuntur, sed et per effigies ad oculos ponuntur‹ – eine umfassende, systematische, durch 273 technisch hervorragend gelungene instruktive Holzschnitte illustrierte Darstellung der gesamten Bergbaukunde; schon 1557 folgte die erste deutsche Übersetzung. Andere, kleinere, meist nicht abgeschlossene Studien, u. a. über Heilquellen, Erdbeben, Entstehung der Metalle usw., blieben ungedruckt und gingen nach dem Tode Agricolas verloren.

Die Geschichte der Agricola-Forschung hat Helmut Wilsdorf 1956 in seinem materialreichen Werk ›Georg Agricola und seine Zeit‹ im Rahmen der Dresdener Agricola-Gedenkausgabe skizziert. Die Agricola-Forschung beginnt nach zwei knappen Andeutungen 1566 und 1589 eigentlich erst 1755 mit Adam D. Richters Lebensbeschreibung und reicht bis zu Wilsdorfs eigenem Buch, das eine vorzügliche Grundlage für weitere Forschungen, insbesondere für die Erschließung von Agricolas Werken mit Hilfe der Kenntnisse unserer Gegenwart bildet. Einen Überblick über die wichtigsten Stationen dieser Forschung bis in neueste Zeit hat Lothar Suhling in den Literaturhinweisen S. 585 ff. zusammengestellt.

Göttingen, im Juni 1977 — Wilhelm Treue

Bergbau und Hüttenwesen in Mitteleuropa zur Agricola-Zeit

Die Rahmenbedingungen sind hinreichend belegt: Aufbruchstimmung und geistig-soziale Mobilität der Renaissance-Gesellschaft hier, innere Dynamik und Zweckorientierung ihrer wissenschaftlichen Perspektiven dort setzen neue Maßstäbe. »Angezogen von meinem mächtigen Verlangen, begierig, die große Fülle der verschiedenen und merkwürdigen Formen zu sehen, die von der kunstreichen Natur geschaffen sind ...«[1], so beginnt Leonardo da Vinci die Schilderung einer Höhlenerkundung.

Eine enthusiastische Suche nach wahrer Erkenntnis im »großen Buche der Natur« verdrängt scholastische Kathedergelehrsamkeit. Die »theoretische Neugier«, wie Blumenberg sagt[2], das Streben nach einer Theorie der Praxis, wird zum Motor im Entwicklungsprozeß neuer Erfahrungswissenschaften. Der Praktiker, Künstler, Entdecker und Erfinder trifft sich hier mit dem Gelehrten humanistischer Prägung. Ihr gemeinsames Anliegen: die Natur, ihre Rohstoffe ebenso wie ihre chemischen, physikalischen und medizinischen Wirkungen, der Gesellschaft dienstbar zu machen.

Nicht anders Georgius Agricola, der Arzt und gelehrte Humanist aus Glauchau in Sachsen. Nach Beendigung seiner »studia humanitatis« in Italien zieht ihn – wie manch anderen seiner gebildeten Zeitgenossen – der rege Silberbergbau im Erzgebirge in seinen Bann. Dort findet er »das meiste viel bedeutsamer, als [er] erwartet hatte«, wie er später bekennt.[3] So vertieft er sich bald – zumal nach seiner Niederlassung als Arzt in St. Joachimsthal[4] im Jahr 1527 – mit «glühendem Eifer«[5] und »ganzer geistiger Kraft«[6] in das Studium der Natur und der bergmännischen Erfahrungswelt.

Damit beginnt – vor nunmehr 450 Jahren – die Geschichte unserer ›Zwölf Bücher vom Berg- und Hüttenwesen‹. Der unzweideutigen

[1] Leonardo da Vinci im Codex Arundel von 1508. Deutsch in: Leonardo da Vinci, Philosophische Tagebücher. Übers. und hrsg. von Guiseppe Zamboni. Reinbek bei Hamburg 1958, S. 11.

[2] Hans Blumenberg, Die Legitimität der Neuzeit. Frankfurt 1966.

[3] Georgius Agricola, De veteribus et novis metallis (1546). Deutsch in: Hans Prescher (Hrsg.), Georgius Agricola – Ausgewählte Werke (im folgenden AGA genannt). Bd. 6. Berlin (Ost) 1961, S. 68.

[4] Vgl. den obigen biographischen Beitrag von Wilhelm Treue. Zu St. Joachimsthal vgl. Klaus Kratzsch, Bergstädte des Erzgebirges (= Münchner Kunsthistorische Abhandlungen. Bd. IV). München, Zürich 1972.

[5] Georgius Agricola, De veteribus ..., a.a.O.

[6] Georgius Agricola, De natura eorum quae effluunt ex terra libri IV (1545). Deutsch in: AGA. Bd. 3, 1956, S. 224.

Aussage seines Freundes Plateanus zufolge liegen sie schon zwei Jahre später im »Abriß« vor[7] und sind nach Agricolas eigenem Zeugnis spätestens 1533 im wesentlichen »verfaßt«,[8] wovon man wohl einige Kapitel und die Mehrzahl der Holzschnitte ausnehmen muß. – Wie auch immer, Gegenstand der Betrachtung soll hier keineswegs die langwierige Werk- und Druckgeschichte sein, die erst Monate nach dem Tod des Autors ihren Abschluß fand. Vielmehr hat an dieser Stelle eine Skizze jener montangeschichtlichen Zusammenhänge und Inhalte Vorrang, deren Kenntnis zum Verständnis des Werkes und seiner Rolle als Quelle des frühneuzeitlichen Montanwesens, wenn nicht unerläßlich, so doch hilfreich ist.

Zur Rolle Mitteleuropas in der Montanwirtschaft der Renaissance

Überaus bescheiden ist heute der Part, den die Länder Mitteleuropas im Kreis der Rohstoffproduzenten bei der Förderung heimischer Erze spielen. Das war keineswegs immer so, besaß dieser Teil Europas doch noch im Mittelalter und der frühen Neuzeit die wichtigsten Bergbau-Zentren des Abendlandes. Vor allem Deutschland galt als besonders erzreich, was sogar der Volksmund recht drastisch in die bildhaften Worte faßte, daß »der Deudsche offt einen Stein oder Schlacke nach der Kuhe werffe/ welcher besser sey als die Kuhe«.[9]

Hier hatte sich das Berg- und Hüttenwesen seit dem Hochmittelalter trotz zeitweiliger Rückschläge, bei denen technische Schwierigkeiten ebenso eine Rolle spielten wie die durch Pestepidemien, Wüstungen und Versorgungskrisen hervorgerufenen, zu einem führenden Wirtschaftsfaktor von internationaler Bedeutung entwickelt, so daß Agricola zu Recht feststellen konnte: »In unserer Zeit aber schüttet Deutschland vor den anderen europäischen Ländern eine große Menge Metalle aus.«[10]

Stieg zum Beispiel die Silberproduktion in Mitteleuropa zwischen 1450 und 1540 um etwa das Fünffache, so betrug allein der deutsche Anteil hieran um 1540 mit ca. 50000 kg/Jahr mehr als 80 Prozent.[11]

7 Widmungsschreiben des Petrus Plateanus an Heinrich von Könneritz, Berghauptmann von Joachimsthal, aus dem Jahre 1529. In: Georgius Agricola, Bermannus sive de re metallica dialogus (1530). Deutsch in: AGA. Bd. 2, 1955, S. 62.

8 Widmungsschreiben Agricolas vom 5.3.1533 an Kurfürst Johann Friedrich von Sachsen. In: Georgius Agricola, De mensuris et ponderibus (1533). Deutsch in: AGA. Bd. 5, 1959, S. 16.

9 Petrus Albinus, Meißnische Bergk Chronica. Dresden 1590, S. 107.

10 Georgius Agricola, De veteribus et novis metallis ... a.a.O., S. 88.

11 Jacob Strieder, Die deutsche Montan- und Metall-Industrie im Zeitalter der Fugger (= Deutsches Museum. Abhandlungen und Berichte. 3. Jg., H. 6). Berlin 1931, S. 4. Zu den technologischen Innovationen, die zu dieser Produktionssteigerung wesentlich beitrugen, vgl. Lothar Suhling, Der Seigerhüttenprozeß. Die Technologie des Kupferseigerns nach dem frühen metallurgischen Schrifttum. Stuttgart 1976.

Damit wurde das »heilige Reich« zum wichtigsten Silber- wie Kupferexporteur, mußten doch »alle umbligende christliche und unchristliche Land ... aus Teutschen Landen mit Silber gespeist und versehen werden«, wie der Nürnberger Handelsherr und Montanunternehmer Christoph Fürer 1523 in einer Denkschrift feststellte.[12] Das »perckwerckh, so tewtschland hat«, war dann auch für Jakob Fugger, den mehr noch als Fürer an der mitteleuropäischen Montanproduktion partizipierenden Großunternehmer aus Augsburg, unzweifelhaft die »gröst gotzgab, so in der Christenhait sein mag«.[13] Um 1525 soll die Zahl der in der Montanwirtschaft des Reiches Beschäftigten 100000 betragen haben.[14]

Vornehmlich gestützt auf den Bergbau der alpinen Regionen Österreichs (Tirol, Kärnten, Steiermark), der ungarischen (heute zum Teil slowakischen) Reviere in den Karpaten, des böhmischen und sächsischen Erzgebirges, im mansfeldisch-thüringischen und fränkisch-oberpfälzischen Raum, im Harz, Sieger- und Sauerland und in den Montanbezirken der Eifel, des Schwarzwaldes und des Elsaß, entwickelte sich die Montanwirtschaft Mitteleuropas in der Zeit der »großen Hansen« (so Thomas Müntzer)[15] zu dem nach der Landwirtschaft und in Konkurrenz zum Textilgewerbe bedeutendsten Produktionszweig. Waffen- und kriegstechnische Innovationen verstärkten in einer von machtpolitischer Auseinandersetzung und Bedrohung gezeichneten Periode des Umbruchs (Türkenkriege auf dem Balkan, Italienfeldzüge der Franzosen, Kämpfe gegen die Mauren in Spanien) die Tendenzen zum wachsenden Einsatz von Menschen (Söldnerheere) und Material (Waffen, Transportmittel, Fortifikationen). Dies regte die Nachfrage nach Metallen ebenso an wie die steigenden materiellen Ansprüche des Renaissancemenschen und die erweiterten Absatzmöglichkeiten im Fernhandel. Seehandelszentren wie Antwerpen und Venedig, wie Danzig, Hamburg und Lübeck wurden zu wichtigen Umschlagplätzen für die Metalle Mitteleuropas.[16] Die Versorgung der Märkte im In- und Ausland mit Lettern- und Münzmetall, mit Metal-

[12] Zitiert nach Walter Möllenberg, Die Eroberung des Weltmarktes durch das mansfeldische Kupfer. Gotha 1911, S. 60.

[13] Brief Jakob Fuggers an Herzog Georg von Sachsen im Jahre 1525. Abgedruckt bei Herbert Helbig, Quellen zur älteren Wirtschaftsgeschichte Mitteldeutschlands. Teil V. Weimar 1953, S. 108.

[14] Vgl. u. a. Wilhelm Treue, Wirtschaft, Gesellschaft und Technik vom 16. bis zum 18. Jahrhundert (= Gebhardt. Handbuch der deutschen Geschichte. 9. Aufl., dtv-Taschenbuch Bd. 12). München 1974, S. 48.

[15] Luther bezeichnete die international agierenden Handelsgesellschaften des frühen 16. Jahrhunderts als »eytel rechte Monopolia«. Martin Luther, Von Kaufhandlung und Wucher (1524). In: Herbert Helbig, a.a.O., S. 104.

[16] Für den Bereich des wichtigen Kupferhandels vgl. Ekkehard Westermann, Das Eislebener Garkupfer und seine Bedeutung für den europäischen Kupfermarkt 1460–1560. Köln, Wien 1971.

len für das Bauwesen, die Waffenherstellung, für das Kunstgewerbe und die Gebrauchsgüterproduktion erbrachte den maßgeblichen – meist oberdeutschen – Handelshäusern (der Fugger, Welser, Höchstetter, Paumgartner, Manlich u. a.) zeitweise so hohe Gewinne, daß sie finanzschwachen Fürsten, Feldherren und sonstigen weltlichen und geistlichen Potentaten gegenüber als mächtige Kreditgeber auftreten und zeitweilig erheblichen Einfluß auf politische Entscheidungen ausüben konnten – ein Resultat bürgerlich-frühkapitalistischer Wirtschaftsweise, die ihre Überlegenheit über die traditionelle feudalistische Subsidiarwirtschaft eindrucksvoll demonstrierte.

Der Wert der jährlichen Metallproduktion im frühen 16. Jahrhundert war selbst nach heutigen Maßstäben beträchtlich, wenn es auch angesichts stark differierender Preisrelationen schwerfällt, einen genaueren Vergleich anzustellen.[17] 1525, in seinem Todesjahr, berechnete Jakob Fugger, „das ain jar in tewtschland auss den pergen gegraben werd umb XXV mal hundert tawsent gulden wert gold, Silber, Kupher, Zin, Eysen, quecksilber, pley«.[18]

Kein Wunder, daß die Inhaber des Bergregals – in der Regel die Landes- und Grundherren – ebenfalls bemüht waren, am »Bergsegen« in ihren Ländern nicht nur durch fiskalische Abgaben, sondern auch durch eigene unternehmerische Aktivität unmittelbar teilzuhaben. So flossen ihnen durch Zehnt, Wechsel oder Schlagschatz (beim Vermünzen von Edelmetallen) und direkte Unternehmergewinne Einnahmen zu, die ihren politischen Einfluß im Reich über den Stellenwert ihrer Territorien hinaus beträchtlich steigerten. Als Montanunternehmer betätigten sich – in Konkurrenz, gelegentlich auch in Zusammenarbeit mit Privatunternehmern bürgerlicher Provenienz – beispielsweise Herzöge von Bayern, Sachsen und Tirol,[19] Grafen von Mansfeld, Henneberg und Schlick. Ein Kronzeuge für den maßgeblichen Einfluß der Montanproduktion auf die fürstliche Finanzlage ist auch hier Agricola, wenn er u.a. berichtet: »Jüngst ist unzähliges Geld dem Kaiser Karl [V.] durch die Bergwerke der neuen Inseln zugewachsen, viel auch dem König Ferdinand durch die Silbererzgänge Böhmens. Doch der zweite Platz gehört unstreitig den Fürsten von Sachsen ... Und die Schlicks begannen vor 22 Jahren vor allem durch Silberbergwerke so reich zu werden, daß sie an Vermögen nur hinter ganz wenigen Menschen ihres Ranges zurückstehen«.[20]

17 Zur Preis- und Lohnstruktur vgl. Moritz John Elsas, Umriß einer Geschichte der Preise und Löhne in Deutschland vom ausgehenden Mittelalter bis zum Beginn des 19. Jahrhunderts. 2 Bde. Leiden 1936/1949.

18 Herbert Helbig, a.a.O., S. 108. In erster Näherung läßt sich die mittlere Kaufkraft des rhein. Gulden mit ca. 100 DM ansetzen.

19 Vgl. u. a. Lothar Suhling, Herzog Ludwig der Reiche von Bayern als Montanunternehmer am unteren Inn. In: Tradition (im Druck).

20 Georgius Agricola, De veteribus ... a.a.O., S. 82f.

Nach Strieder ist der Aufstieg des Hauses Habsburg zur Weltmacht, die kostspielige Diplomatie der Habsburger und die Finanzierung ihrer Söldnerheere folgerichtig nur »schwer vorzustellen« ohne die montanistischen Ressourcen der habsburgischen Erblande Tirol, Ungarn und Böhmen (letzteres seit 1527).[21]

Mit dem zunehmenden Interesse am Bergbau seit etwa der Mitte des 15. Jahrhunderts und der jahrzehntelangen Blüteperiode um und nach 1500 eng verknüpft ist eine gesteigerte technische Innovationsbereitschaft in diesem Produktionszweig; sie verhalf ihm für längere Zeit zu einer technologischen Spitzenposition. Die Anwerbung deutscher Fachleute des Berg- und Hüttenwesens als montanistische »Entwicklungshelfer« durch zahlreiche Länder der Alten wie der Neuen Welt zeugt hiervon ebenso wie der Umstand, daß der Bedarf an schriftlicher Belehrung und Einführung in die Errungenschaften dieser »Kunst« im 16. Jahrhundert ungemein lebhaft war.

Montantechnischer Fortschritt, Änderungen in den Produktionsbedingungen und sozialer Wandel

Wurden laut Bernal »die größten Fortschritte in der Technik der Renaissance auf den eng zusammenhängenden Gebieten Bergbau, Metallurgie und Chemie erzielt«,[22] so waren es für Schimank insbesondere »die Erfindung des Eisengusses, die Entwicklung des Holzkohlenhochofens, die Einführung des Seigerverfahrens ... und die Ausnutzung der Wasserkräfte als Energiequelle«, die der Technik dieser Zeit »ihr besonderes Gepräge« gaben.[23] Die technologischen Innovationen im Montanwesen standen indessen mit so tiefgreifenden Veränderungen im Produktionssystem in Wechselbeziehung, daß dies einer Revolutionierung des gesamten montanistischen Produktionsbereichs gleichkam. Doch worin bestanden die Bedingungen und Konsequenzen dieser Entwicklung?

Das läßt bereits ein Blick auf das alte Problem des Bergbaus erkennen, auf die sogenannte Wasserhaltung in den Bergwerken (Hebung des Grubenwassers). Diese technische Schwierigkeit, die auf manuelle Weise mit Hilfe von Handhaspeln oder Eimerförderung von Hand zu Hand – wie noch weit ins 16. Jahrhundert hinein am Falkenstein zu Schwaz in Tirol – kaum mehr bewältigt werden konnte, hatte im 14. und frühen 15. Jahrhundert vielfach zu einem Rückgang oder einer

[21] Jacob Strieder, a.a.O., S. 6.

[22] John Desmond Bernal, Wissenschaft. Science in History. Reinbek bei Hamburg 1970, Bd 2, S. 373.

[23] Hans Schimank, Naturwissenschaft und Technik im 16. Jahrhundert. In: Technikgeschichte. Bd 30, 1941, S. 99–106, hier S. 102.

zeitweiligen Aufgabe des Bergbaus beigetragen, wie etwa am Rammelsberg bei Goslar. Erhöhte Abbautätigkeit und dadurch bedingtes Vordringen in größere Abbautiefen (Übergang vom Stollen- zum Schachtbau) machte zudem eine Lösung dieser Frage immer drängender. Die zeitgemäße Antwort war die seit dem 15. Jahrhundert verstärkt und konsequent durchgeführte Nutzung des Prinzips »Wasser hebt Wasser«, wovon Agricola viele praktische Beispiele gibt.[24] Der Zwang zur Maschinisierung machte jedoch Kapitalinvestitionen in einer Größenordnung notwendig, die in ihrer Konsequenz einen Wandel in den Produktionsverhältnissen mit weitreichenden sozialen und ökonomischen Folgen erzwangen. In die gleiche Richtung zielten die Mechanisierungsmöglichkeiten bei der Grubenbewetterung, Erzförderung und Aufbereitung (Pochwerke), bei der Verhüttung (Gebläse) und Verarbeitung (Hammerwerke), abgesehen von den kostspieligen verfahrenstechnischen Innovationen und deren apparativer Umsetzung.

Die traditionelle Unternehmensstruktur im Bergbau, die vom Kleinbetrieb und dem mitarbeitenden Gewerken als Kleinunternehmer bestimmt war, zeigte sich den quantitativ wie qualitativ neuen Produktionsanforderungen und zunehmenden technischen Schwierigkeiten nicht mehr gewachsen. Mit der Ausweitung des Bergbaus schlossen sich kapitalschwache Gewerken zu größeren Gewerkschaften zusammen, doch mußten vielfach auch diese mehr und mehr fremdes Kapital hereinnehmen (stille Anteilseigner).[25] Da die Anteile veräußert werden konnten (Kuxhandel), waren die Besitzverhältnisse an den Gruben und Schmelzhütten in Zeiten wachsenden Kapitalbedarfs einem starken Wandel unterworfen. Kleinunternehmer und finanzschwache Gewerkschaften gerieten dabei schnell in die Abhängigkeit oft revierfremder Kapitalgeber aus der Kaufmannschaft. – Im späten 15. Jahrhundert, als das »Berggeschrei«, die Kunde von großen Silbererzfunden und rasch verdienten Vermögen, die Gemüter vieler erregte, galt das im Bergbau bzw. im Kuxhandel investierte Geld als eine zwar nicht risikofreie doch sehr gewinnträchtige Kapitalanlage.

So entwickelte sich aus dem mittelalterlichen Kleinbetrieb ein »modernes«, technisch leistungsfähiges Montanunternehmen wachsender Größenordnung, aus dem Kleinunternehmer ein lohnabhän-

[24] Der Antrieb der Kolbenpumpen, Becherwerke, Bulgenkünste und dergl. erfolgte mit Hilfe von Wasserrädern, die aus Flüssen, aus umgeleiteten und angestauten Bächen etc. mit Wasser versorgt wurden und ihre Antriebsenergie über ein zuweilen kilometerlanges »Feldgestänge« an die Arbeitsmaschinen übertrugen.

[25] Die Betriebsverluste (»Zubußen«) und Gewinne des Unternehmens wurden in regelmäßigen Zeitabständen anteilsgemäß aufgeteilt. Vgl. Klaus Schwarz, Untersuchungen zur Geschichte der deutschen Bergleute im späteren Mittelalter (= Freiberger Forschungsheft D 20). Berlin 1958.

giger Bergmann. Schließlich war dieser nurmehr ein Glied einer betrieblichen Hierarchie, in der ein ausgeprägtes Lohngefälle sowie Leistungskontrolle und weitgehende Arbeitsteilung fortschrittliche Positionen im Sinne einer kapitalistischen Produktionsweise markieren. Hierfür gibt auch das montanistische Hauptwerk Agricolas zahlreiche Belege. Als erfahrene Fachkraft genoß der Bergmann wohl noch eine Reihe landesherrlicher Privilegien (Wehrfreiheit, steuerliche Begünstigungen), die er aber schon im 16. Jahrhundert trotz gelegentlich heftiger Gegenwehr[26] kaum mehr behaupten konnte. Zur staatlich privilegierten Gruppe im Montanwesen rückte eine im Bergbau neuentstandene gesellschaftliche Schicht auf, das Bergbeamtentum. Auf der Grundlage der vom Regalherrn erlassenen Bergordnungen sicherten die Bergbeamten[27] die Überwachung des Montanwesens und stärkten damit den landesfürstlichen Einfluß und die Kontrolle über die Produktion. Zugleich wurde hierdurch die Entwicklung staatlicher Regiebetriebe (z. B. Verhüttung der Fronerze in Schmelzhütten des Landesherrn) gefördert. Die wachsende Konkurrenz für die privatwirtschaftlich betriebenen Unternehmen, die den Zwang zu produktionstechnischen Rationalisierungen und betrieblicher Konzentration noch erhöhte, trug auf diese Weise bei zur Ausbildung von Arbeitsbedingungen im Berg- und Hüttenwesen des 16. Jahrhunderts, wie sie teilweise noch heute die Industriearbeit prägen.[28]

Bergmännisches Erfahrungswissen und die Anfänge der gedruckten Bergbau-Literatur

Für den Veränderungsprozeß im Bergbau der Renaissance hatte der Umstand grundsätzliche Bedeutung, daß die ökonomisch verwertbaren technisch-wissenschaftlichen Kenntnisse und Neuerungen der Zeit zunächst vor allem jener gesellschaftlich dynamischen Schicht zugute kamen, die als Träger der gewerblichen Produktion (Hausindustrie, Verlagswesen) ein besonderes Interesse an der Montanwirtschaft entwickelte, der aufstrebenden bürgerlichen Mittelschicht. Ihre nüchterne, von scholastischen Vorbehalten gegenüber den »mechanischen Künsten« freie Einstellung zur montanistischen Praxis führte im 16. Jahrhundert zu einem wahren Triumph bergbaukundlicher

[26] Vgl. Wilhelm Treue, a.a.O., S. 54; Karl-Heinz Ludwig, Ergebung und Widerstand im Zusammenhang mit dem Bauernkrieg von 1525/26. In: Mitteilungen der Gesellschaft für Salzburger Landeskunde. Bd 116, 1976, S. 117–136, hier S. 119ff.

[27] Die Schaffung des Bergbeamtenstandes stellt einen wichtigen Entwicklungsschritt zum neuzeitlichen ›Beamtenstaat‹ dar.

[28] Vgl. Jacob Strieder, a.a.O., S. 3f und 34ff; vgl. a. Gerhard Heilfurth, Das Montanwesen als Wegbereiter im sozialen und kulturellen Aufbau der Industriegesellschaft Mitteleuropas (= Leobener Grüne Hefte. H. 140). Wien 1972.

Literatur. Das bis dahin kaum beachtete Erfahrungswissen des Bergmanns erwies sich nun im Zeichen der jungen Buchdruckkunst als ein gewichtiger ökonomischer und sozio-kultureller Faktor.[29]

Zu Wegbereitern im montankundlichen Popularisierungsprozeß wurden nicht etwa erfahrene und schriftgewandte Praktiker, Gewerken oder Bergmeister – diese achteten meist auf strenge Geheimhaltung ihres Wissens –, sondern vielseitig interessierte, gebildete Laien mit humanistisch geprägter pädagogischer Zielsetzung. Sie begannen als erste, das reiche Erfahrungswissen des Bergmanns sowohl für die Aus- und Weiterbildung der Bergleute selbst als auch im wissenschaftlichen Interesse (etwa für mineralogische und pharmakologische Studien) und als aufklärend wirkendes neues Bildungselement für ein weiteres Publikum zu sammeln, zu systematisieren und in gedruckter Form zu publizieren. Die reiche Quelle der Erfahrung und Anschauung bildete dabei in erster Linie das Montanwesen Mitteleuropas, namentlich Deutschlands. Hier wurde nach dem Zeugnis des bedeutenden italienischen Technologen Vannoccio Biringuccio, eines Zeitgenossen Agricolas, die »Kunst« der Erzverhüttung und Raffination »vielleicht mehr geübt ... als an irgendeiner anderen Stelle der Christenheit«.[30] Zwar war das Montanwesen nach Ansicht des deutschen Humanisten Paulus Niavis weiten Kreisen noch um 1490 eine »rara et inaudita materia«, ein kaum bekanntes Wissensgebiet,[31] doch kam es schon bald darauf (um 1500) mit dem ersten lehrbuchartigen Bergbüchlein des Freiberger Stadtphysikus und Bürgermeisters Ulrich Rülein von Calw zu einem bahnbrechenden fachwissenschaftlich-literarischen Auftakt. ›Ein nutzlich bergbuchleyn‹, in der Folgezeit in zahlreichen Ausgaben mit dem seit etwa 1524 erscheinenden ›Probierbüchlein‹ kombiniert, wurde jahrzehntelang zum »Bestseller« der jungen Bergbauliteratur.[32] Erst um die Jahrhundertmitte fiel es gegenüber der großen Literatur zum Berg- und Hüttenwesen der Epoche (Biringuccio 1540, Agricola 1556, Mathesius 1562, Ercker 1574) stark ab.

Rülein, Humanist wie Agricola, beruft sich u. a. ausdrücklich darauf, daß er »aus der Erfahrung geübter Bergleute geschöpft [habe].«[33]

[29] Zum folgenden vgl. u. a. Manfred Koch, Geschichte und Entwicklung des bergmännischen Schrifttums. Goslar 1963; Lothar Suhling, Das Erfahrungswissen des Bergmanns als ein neues Element der Bildung zur Humanistenzeit. In: Der Anschnitt (im Druck).

[30] Otto Johannsen, Biringuccios Pirotechnia. Ein Lehrbuch der chemisch-metallurgischen Technologie und des Artilleriewesens aus dem 16. Jahrhundert. Braunschweig 1925, S. 170. Die Erstausgabe erschien 1540 zu Venedig unter dem Titel ›De la pirotechnia‹.

[31] Paulus Niavis, Judicium Jovis oder Das Gericht der Götter über den Bergbau. Deutsch von Paul Krenkel (= Freiberger Forschungsheft D 3). Berlin (Ost) 1953, S. 10.

[32] Vgl. u. a. Wilhelm Pieper, Ulrich Rülein von Calw und sein Bergbüchlein (= Freiberger Forschungsheft D 7). Berlin (Ost) 1955.

[33] Ebd., S. 3.

In dem Hinweis, daß man »durch die Übung beim Bergbau ... große Erfahrung vom Wirken der Natur unter der Erde gewinnen [könne]«[34], macht er zudem jene erkenntnistheoretische Aussage, die – wie sich nicht nur bei seinem Nachfolger Agricola zeigen läßt – richtungweisend für die folgende wissenschaftliche Auseinandersetzung mit der montanistischen Erfahrungswelt werden sollte.[35] – Wenn auch die Transformation des bergmännischen Erfahrungswissens zur rationalen Montanwissenschaft noch nicht die eigentliche Aufgabe der Agricola-Zeit war, so wurden doch bereits im 16. Jahrhundert die Weichen dazu gestellt. Der Name Agricola steht hier für eine Gruppe praxisorientierter Pioniere neuer erfahrungswissenschaftlicher Entwicklungen, die den technisch-wissenschaftlichen, pädagogischen und nicht zuletzt ökonomisch begründeten Bedürfnissen einer neuen Zeit gerecht zu werden suchten.

Die ›De re metallica libri XII‹ in der Bergbaukrise der Jahrhundertmitte

Nicht die zwölf Bücher ›De re metallica‹ wurden die am meisten gelesene Veröffentlichung Agricolas, sondern sein montanistisches Erstlingswerk ›Bermannus sive de re metallica dialogus‹ von 1530.[36] Während aber im letzteren die Nutzung bergmännischer Kenntnisse von den Mineralien für naturwissenschaftliche, namentlich medizinische Zwecke im Mittelpunkt des Interesses steht, ist es im montanistischen Hauptwerk Agricolas der Komplex der Bergbau- und Hüttenkunde selbst, dessen Inhalt und Systematik, der in seinem Eigenwert – soweit es Agricola vermag – thematisiert und dargestellt wird. In einem Widmungsbrief vom 7. März 1546 an Georg Kommerstadt, Minister im Dienste Moritz' von Sachsen, beschreibt Agricola den Inhalt des angekündigten Werkes: »Darin werde ich die Verfahrensarten aufzeigen, nach denen man Erze auffinden kann, nach denen man sie herausholen, waschen, und schmelzen muß, und überhaupt das ganze Handwerk der Aufbereitung der Metalle und festen Gemenge. Darin werde ich zugleich auch die Grubenmaschinen und vieles andere erklären ...«[37]

Ergänzt wurde das umfangreiche Programm schließlich noch um Kapitel (»Bücher«) zu allgemeinen Fragen über das Für und Wider

[34] Ebd., S. 116.

[35] Zur weiteren Behandlung des Montanwesens in der Literatur des 16. Jh.s vgl. Manfred Koch, a.a.O.; Friedrich Klemm, Die Geschichte des technischen Schrifttums. Diss. TH München 1948.

[36] Deutsch von Helmut Wilsdorf in AGA. Bd 2, a.a.O.

[37] AGA. Bd. 6, a.a.O., S. 69.

des Bergbaus, die Wissensanforderungen an die Bergleute, die praktischen Regeln bei der Aufnahme des Bergbaus und über das Bergrecht (vgl. das erste, zweite und vierte Buch). Die Erwartungen der Eingeweihten an dieses montanistische Kompendium war – wie der Anspruch Agricolas selbst an seine Werke – nicht eben gering, wie wir etwa aus einem Brief Georg Fabricius' an Wolfgang Meurer, beides jüngere Freunde Agricolas und bedeutende Pädagogen, vom 17. Januar 1555 wissen: »Es liegt die Ehre ganz Deutschlands darin, daß diese Schriften so vollkommen wie nur irgend möglich werden.«[38]

Woran aber lag es nun, daß zumindest der verlegerische Erfolg dieses lange erwarteten Werkes verhältnismäßig bescheiden blieb? Wie kam es, daß im 16. Jahrhundert mit zwei lateinischen Auflagen, zwei Ausgaben in deutscher und einer in italienischer Übersetzung das Interesse im Vergleich zu zeitlich vorangehenden bergbaukundlichen Publikationen zurückblieb, auch im Vergleich mit dem heutigen historischen Interesse? Eine Agricola-Renaissance im 20. Jahrhundert ist in der Tat unverkennbar, verzeichnen wir doch bereits jetzt vom montanistischen Hauptwerk mehr Neuausgaben und Auflagen in zahlreichen Übersetzungen, als in den Jahrhunderten zuvor seit 1556 erschienen sind! Und noch steht das wichtigste Jubiläum, der 500. Geburtstag des Autors im Jahre 1994, bevor.

Eine Ursache für das mäßige Abschneiden der ›De re metallica‹ sieht Wilsdorf in der Konkurrenz der ›Kosmographie‹ des Polyhistors Sebastian Münster.[39] Tatsächlich kam Münster in diesem vielgelesenen Universalwerk, dessen großartiger Erfolg sich an nicht weniger als 49 Ausgaben und Übersetzungen zwischen 1544 und 1650 ablesen läßt, mit interessanten und anschaulich illustrierten Beiträgen zum Berg- und Hüttenwesen dem mit ihm befreundeten Agricola in mancher Hinsicht zuvor. Gleichwohl kann dies keine hinreichende Erklärung sein. Daher stellt sich hier die Aufgabe, die allgemeine montanwirtschaftliche und gesellschaftliche Situation nach der Mitte des 16. Jahrhunderts in den Erklärungszusammenhang einzubeziehen. Diese Situation war bereits eine grundlegend andere im Vergleich zu jener, in der Agricola im wesentlichen sein monumentales Werk konzipiert und verfaßt hat. Hatten nämlich die zwanziger und dreißiger Jahre des Jahrhunderts der Montanwirtschaft insgesamt nochmals eine vielerorts zwar von wirtschaftlichen Rückschlägen, Knappenaufständen und Streiks bedrohte, vereinzelt aber auch von neuen Aufschwüngen begleitete Blütezeit gebracht, so stellt sich die montanwirtschaftliche Lage nach der Jahrhundertmitte im

[38] Vgl. Helmut Wilsdorf, Georg Agricola und seine Zeit (= AGA. Bd 1). Berlin (Ost) 1956, S. 282.

[39] Ebd., S. 251.

Gefolge einer allgemeinen Wirtschaftskrise und langanhaltenden Depression in einem stark gewandelten Licht dar. Es ist das fahle Licht des Niedergangs, der Stagnation auf tieferem Niveau. Starker Preisdruck seitens der neuen mittel- und südamerikanischen Montanproduktion (Massenimporte billigen Kolonialsilbers)[40], des schwedischen Kupfers und Eisens usw. ebenso wie die zunehmende Erschöpfung hochwertiger Erzlagerstätten in den mitteleuropäischen Revieren lassen den montanwirtschaftlichen Niedergang in Teilbereichen auch als Folge einer Strukturkrise erscheinen. Signifikanter Faktor der Krise im Montanwesen Mitteleuropas aber ist einerseits ein gravierender Rückzug des privaten Kapitals, andererseits regionale Autarkiebestrebungen auf der Basis feudalstaatlicher Unternehmertätigkeit. So geriet etwa die Thüringische Seigerhüttenindustrie, deren Krise durch die Verheerungen des Markgräflerkrieges von 1552/54 noch verschärft wurde, gegen Ende des Jahrzehnts überwiegend in landesfürstliche Regie.[41] In Tirol konnten sich hingegen auch nach Gründung des »Österreichischen Berg- und Schmelzwerkshandels« (1558) Augsburger Unternehmer noch längere Zeit mit einem gewichtigen privaten Anteil an der Produktion behaupten.

Staatsdirigismus, sinkende Rentabilität der Betriebe und eine Häufung spektakulärer Firmenzusammenbrüche taten jedoch ein übriges, um das vordem breite bürgerlich-frühkapitalistische Interesse am Bergbau und damit auch an Bergbaufragen zu reduzieren auf den kleiner werdenden Kreis der unmittelbar mit der Montanproduktion und deren Überwachung Betrauten. Dem Landesherrn, der sich jetzt mehr und mehr als Landes*vater* verstand mit dem Anspruch, alle Belange seines Landes und seiner Landeskinder nach eigenen Vorstellungen zu regeln, lag zudem wenig daran, die Weitergabe wirtschaftlich potenten Wissens über die Landesgrenzen hinaus zu fördern. Die strengen landesfürstlichen Hüttenordnungen, wie etwa jene der sächsischen Seigerhütte Grünthal, sprechen eine deutliche Sprache.[42]

Mit dem montanwirtschaftlichen Niedergang seit der Mitte des 16. Jahrhunderts einher ging fast zwangsläufig auch eine starke Verschlechterung der ökonomischen Lage des Bergmanns, verbunden mit einer Minderung seiner rechtlichen Stellung und seines sozialen Prestiges. Es nimmt daher insgesamt nicht wunder, wenn in dieser Zeit einige der interessantesten Schriften über das Berg- und Hüttenwesen – namentlich über jenes in Tirol – gar nicht erst gedruckt wurden, sondern in einigen handschriftlichen Exemplaren nur einer verhältnismäßig kleinen Leserschaft zugänglich waren. Das Gebot der Geheimhaltung wird hierfür sicherlich zumeist mitverantwort-

[40] Vgl. Wilhelm Treue, a.a.O., S. 48.
[41] Vgl. Ekkehard Westermann, a.a.O., S. 138.
[42] Vgl. Lothar Suhling, Der Seigerhüttenprozeß ..., S. 82.

lich gewesen sein. – Regionalbezogene berg- und hüttenkundliche Handschriften wie das ›Schwazer Bergbuch‹ von 1556, das Schmelzbuch des Hans Stöckl von 1560 oder das ›Speculum metallorum‹ von 1575 stellen recht umfangreiche Kompendien dar, die in vieler Hinsicht an die »große« gedruckte Literatur des Jahrhunderts heranreichen, sie teilweise ergänzen und in Einzelaspekten sogar übertreffen.[43]

Systematische Gesamtdarstellungen über den Bergbau, die wie Agricolas ›De re metallica‹ in ihrer wissenschaftlich-pädagogischen Zielsetzung auf ein weiteres bildungsbeflissenes Publikum abzielten, hatten es in dieser Situation um so schwerer, als sich ja auch das humanistische Wissenschafts- und Bildungsinteresse an der Natur inzwischen vor allem den mineralogischen, botanischen und zoologischen Studien zugewandt hatte (Valerius Cordus, Conrad Gesner, Johannes Kentmann u. a.). Dennoch ist das Bedürfnis nach gründlicher schriftlicher Unterweisung im Bereich des Montanwesens selbst auch jetzt und in der Folgezeit offenkundig. Unter den veränderten Bedingungen galt es zunächst einmal, wenigstens den erreichten technischen Stand so praxisnah wie möglich zu dokumentieren und damit zu dessen Erhalt beizutragen.[44] So schreibt etwa der Verfasser des Kapitels über das »Schmelzwerk« im ›Schwazer Bergbuch‹ von 1556: »Obwohl es viele unternommen haben, darüber zu schreiben, sind diese Schriften aber nicht genau oder so gut verständlich, um danach ein beständiges Werk machen und abschließen zu können. Daraus ist manchem großer Schaden erwachsen und Unlust gekommen.«[45]

Im Interesse der Gewerken und der Bergwerke, »die mit des Allmächtigen Hilfe künftig erbaut werden«, wird die Abfassung eines Kompendiums angeregt, das alle apparativen und methodischen Einzelheiten in Wort und Bild »in einem Buch zusammenzöge«.[46] – Diesem montanwirtschaftlichen Anliegen versuchte seit 1556 Agricolas Werk – wenn auch von einem etwas anderen Ansatz her – nachzukommen. Gänzlich gerecht konnte es ihm freilich nicht werden; dafür waren nicht nur die regionalen Bedingungen der Bergbau- und Hüttentechnik viel zu unterschiedlich.

43 Vgl. ebd., S. 102ff, 131ff, 155ff.

44 Es kam im späten 16. und frühen 17. Jahrhundert immerhin zu einigen weiteren technischen Neuerungen von Rang, wie etwa zur Einführung des hölzernen Kastengebläses, der Kernröstung und Hochofenverhüttung bei Kupfererzen sowie zur Erprobung der Sprengtechnik unter Tage.

45 Schwazer Bergbuch 1556. Bearbeitet von Heinrich Winkelmann. Bochum 1956, S. 156.

46 Ebd., S. 155f.

Zur technikgeschichtlichen Bedeutung des Werkes

Unbestreitbar sind die ›De re metallica libri XII‹ das umfassendste und von seiner Systematik her vorbildlichste Werk der bergbau- und hüttenkundlichen Literatur der frühen Neuzeit. In seiner Anlage – als lehrbuchartige Beschreibung der später nurmehr getrennt behandelten montanwissenschaftlichen Bereiche Bergbau und Hüttenwesen – ist es sogar ohne ein qualitativ vergleichbares Gegenstück geblieben. Das starke historische Interesse an Agricolas Werk unterstreicht die Einschätzung, daß wir es hier mit einer erstrangigen Quelle spätmittelalterlicher und frühneuzeitlicher Technik und ihres sozioökonomischen Umfeldes zu tun haben. Dennoch darf man von Agricola nicht zuviel oder gar ein vollständiges Bild des Montanwesens seiner Zeit erwarten. Eine rigoros gehandhabte Praxis der Geheimhaltung dort, wo wirtschaftliche Interessen im Spiele waren, und die begrenzte Fähigkeit eines Berufsfremden, in die Sphäre des subtilen Erfahrungswissens der Praktiker einzudringen, setzten Schranken, die auch ein Agricola trotz seiner weitreichenden Verbindungen und seiner zahlreichen Informanten und Helfer nicht immer zu überwinden vermochte.

Analysiert man nun den technologischen Gehalt des Werkes vor dem Hintergrund weiterer gedruckter und ungedruckter montangeschichtlicher Quellen des 16. Jahrhunderts, so lassen sich einige allgemeinere Feststellungen treffen:

- Das Schwergewicht der Darlegungen – in qualitativer wie quantitativer Hinsicht – liegt bei der Dokumentation der Kupfer- und Silbergewinnung im sächsisch-böhmischen Raum. Die Ausführungen über die Gewinnung anderer Metalle (z. B. Eisen) oder die Produktionsmethoden in anderen Revieren, wie beispielsweise über jene am Unteren Inn in Tirol (Schwaz, Jenbach, Rattenberg/Brixlegg)[47], fallen demgegenüber bei aller Brillanz und teilweisen Ausführlichkeit des Vortrags vom inhaltlichen Verständnis her meist deutlich ab. Hier fehlte dem Gelehrten offensichtlich eigene Anschauung und nähere Unterweisung. Die kompilatorische Übernahme fremder Berichte mußte zwangsläufig zu qualitativen Unterschieden im Informationswert einzelner Teile des Werkes führen.
- Nicht selten gibt Agricola der lehrbuchartigen Systematisierung und formalen Gliederung des Stoffes den Vorzug vor der Gesamtbeschreibung eines realen komplexen Produktionsablaufs. Dem dient auch der verschiedentliche Rückgriff auf einfachere Grundformen der geschilderten Prozesse. Diesem Umstand tragen nicht

[47] Vgl. Lothar Suhling, Innovationen im Montanwesen der Renaissance. Zur Frühgeschichte des Tiroler Abdarrprozesses. In: Technikgeschichte. Bd 42, 1975, S. 97–119.

nur die heutigen Historiker oftmals nicht genügend Rechnung; schon die Entlehnungen Erckers oder insbesondere des »Plagiators« Löhneyß[48] zeigen die Problematik auf, die eine unreflektierte Übernahme mancher Agricola-Texte birgt.

– Während Agricola folglich bei den verfahrenstechnisch-methodischen Einzelheiten Wünsche offen läßt, besticht er im allgemeinen durch ebenso genaue wie detaillierte Beschreibungen der apparativen Komponenten der Öfen, Herde und Gerinne, usw., der Geräte (Werkzeuge, Analysen-, Prüf- und Meßgeräte, usw.) und der mechanischen Ausrüstungen (Antriebsmaschinen, Göpel, Pumpen, Mahl- und Rührwerke, Pochhämmer, Blasebälge, Kräne, Grubenhunde usw.). Die zahlreichen, meist sehr informativen Abbildungen unterstreichen gerade auf dem Gebiet des Apparate-, Maschinen- und Instrumentenbaus sinnfällig das Streben Agricolas nach Anschaulichkeit und Klarheit; sie sind es, die häufig mehr noch als die zugehörigen Texte die technikgeschichtliche Bedeutung des Werkes bestimmen.[49]

Mögen auch in Teilbereichen, wie bei den regional unterschiedlichen Ausformungen der Schmelztechniken, der Probiermethoden, der sozio-ökonomischen Bedingungen des Bergbaus usw., Zeitgenossen Agricolas (Biringuccio, Stöckl, Ercker, Fachs, die Verfasser des ›Schwazer Bergbuchs‹ und des ›Speculum metallorum‹ u. a.) genauere Auskünfte geben, so schmälert das nicht das besondere Verdienst Agricolas, neben der systematischen Dokumentation eines weiten Erfahrungsbereichs einen lange Zeit unerreichten Einblick in das wichtige Gebiet der praktischen Mechanik im Montanwesen gegeben zu haben. Es waren nicht zuletzt Anregungen dieser Art, die seit dem 16. Jahrhundert die Entwicklung der Mechanik zu einer maßgebenden Disziplin innerhalb der modernen Physik beförderten (Galilei, Stevin, Guericke u. a.).

Mehr als 150 Jahre blieb Agricolas Enzyklopädie des frühneuzeitlichen Bergbaus im In- und Ausland das angesehenste Standardwerk. An ihr wurden die besten Autoren des 18. und teilweise noch des 19. Jahrhunderts gemessen (das 17. Jahrhundert war über eine sporadische Nachlese nicht hinausgekommen). Aus diesem »opus nobilissimum« (so Petrus Albinus) schöpften direkt und indirekt, bewußt und unbewußt eine Vielzahl von Zeitgenossen und Nachfolgern;[50]

48 Lazarus Ercker, Beschreibung: Allerfürnemisten Mineralischen Ertzt unnd Berckwercksarten ... Prag 1574, 2. erweiterte Auflage Frankfurt 1580; Georg Engelhardt Löhneyß, Bericht vom Bergkwerck/Wie man dieselben Bawen/und in guten Wolstandt bringen soll ... Zellerfeld 1617.

49 Eine Würdigung einzelner Aspekte im Werk und Leben Agricolas enthält der Sammelband ›Georgius Agricola 1494–1555‹. Hrsg. von der Zentralen Agricola-Kommission der DDR im Agricola-Gedenkjahr 1955. Berlin (Ost) 1955.

50 Vgl. die umfangreiche Agricola-Bibliographie von Ulrich Horst in: AGA. Bd 10, 1971.

kaum mehr zu schätzen ist die Zahl jener, die das von Agricola gesammelte Erfahrungsgut in die verschiedensten Bereiche von Technik und Wissenschaft hineintrugen und weiterentwickelten.

Die überragende Bedeutung, die den ›Zwölf Büchern vom Berg- und Hüttenwesen‹ als technikgeschichtliche Quelle allein unter wirkungsgeschichtlichem Aspekt zuzumessen ist, bleibt daher unbestritten. Wie hier jedoch anzudeuten versucht wurde, ist eine gelegentlich anzutreffende »Agricola-Gläubigkeit« fehl am Platz. Sie wird weder den zeitbedingten wissenschaftlichen Gegebenheiten gerecht noch den praktischen Informationsmöglichkeiten Agricolas. Sie widerspricht aber auch den Zielsetzungen und Fähigkeiten eines Gelehrten, der uns im echt humanistischen Bestreben, seinem Land und der Allgemeinheit in Gegenwart und Zukunft »zu noch reicherem Ansehen und Segen« zu verhelfen,[51] einen breiten wissenschaftsbildenden Abriß des mitteleuropäischen Montanwesens hinterlassen hat. Diesen im Einzelfall zu ergänzen, zu vertiefen oder zu korrigieren, ist die selbstverständliche Aufgabe einer quellenkritischen historischen Forschung. Hierbei kann nicht zuletzt die Verbreitung dieser Quelle durch eine Taschenbuchausgabe behilflich sein.

Dortmund, im Juni 1977 Lothar Suhling

[51] Widmungsschreiben Agricolas an Herzog Johann Friedrich von Sachsen vom 5. 3. 1533 ... a.a.O.

Literaturhinweise

GEORG AGRICOLAS SCHRIFTEN
(ohne Bearbeitungen und Teilveröffentlichungen)

1. Libellus de prima ac simplici institutione grammatica. Leipzig 1520; Berlin (Ost) 1961 (deutsch von G. Fraustadt).
2. Sendschreiben an Dr. Kopp und Dr. Fontanus über theologisch-philologische Streitfragen (1522). Erstdruck Leipzig 1900.
3. Mitarbeit an der Galen-Ausgabe der Firma Aldus. Venedig 1525.
4. Mitarbeit an der Hippokrates-Ausgabe der Firma Aldus. Venedig 1526.
5. Bermannus sive de re metallica dialogus. Basel 1530; Paris 1541; Leipzig 1546; Basel 1546; Venedig 1550 (italienisch); Basel 1558; Wittenberg 1612; Basel 1657; Rotenburg 1778 (deutsch von I. G. Stör); Freiberg 1806 (deutsch von F. A. Schmid); Berlin (Ost) 1955 (deutsch von H. Wilsdorf); Prag 1957 (tschechisch von J. Reiniš).
6. [Türkenrede]: Oration, anrede und vormanunge ... von Kriegsrüstung und Heerzuge widder den Türcken. Nürnberg 1531; Dresden 1531 (deutsch von L. Bermann).
   Oratio de bello adversus Turcam suscipiendo. Basel 1538; Leipzig 1594; Frankfurt 1596; Jena 1597; Eisleben 1603; Berlin (Ost) 1963 (deutsch von G. Fraustadt).
7. De mensuris et ponderibus ... libri V. Basel 1533; Paris 1533; Venedig 1535; Basel 1550 (Neubearbeitung Agricolas); Berlin (Ost) 1959 (deutsch von W. Weber).
8. Epistula ad Plateanum ... de mensuris et ponderibus. Basel 1534.
9. Sendschreiben an den Rat zu Zwickau (1536). Erstdruck Zwickau 1656 (deutsch); Dresden 1754 (deutsch); ? 1754 (lateinisch); Annaberg 1755 (deutsch); Zittau 1767 (lateinisch).
10. De ortu et causis subterraneorum libri V. Sammelband Basel 1546; Venedig 1550 (italienisch); Basel 1558; Wittenberg 1612; Basel 1657; Freiberg 1806 (Einzelausgabe, deutsch von E. Lehmann); Berlin (Ost) 1956 (deutsch von G. Fraustadt).
11. De natura eorum quae effluunt ex terra libri IV. Sammelband Basel 1546; Venedig 1550 (italienisch); Venedig 1553 (im Sammelwerk ›De balneis ...‹); Basel 1558; Wittenberg 1612; Basel 1657; Freiberg 1807 (Einzelausgabe, deutsch von E. Lehmann); Berlin (Ost) 1956 (deutsch von G. Fraustadt).
12. De natura fossilium libri X. Sammelband Basel 1546; Venedig 1550 (italienisch); Basel 1558; Wittenberg 1612; Basel 1657; Freiberg 1809 f. (Einzelausgabe in zwei Teilen, deutsch von E. Lehmann), New York 1955 (engl. von M. C. Bandy und J. A. Bandy); Berlin (Ost) 1958 (deutsch von G. Fraustadt).

13. De veteribus et novis metallis libri II. Sammelband Basel 1546; Venedig 1550 (italienisch); Basel 1558; Wittenberg 1612; Basel 1657; Freiberg 1812 (Einzelausgabe, deutsch von E. Lehmann); Kattowitz 1931 (polnisch von S. Majewski); Berlin (Ost) 1961 (deutsch von G. Fraustadt u. a.).

14. Epistula ad Meurerum. Sammelband Basel 1546; Basel 1558; Wittenberg 1612; Basel 1657; Berlin (Ost) 1956 (deutsch von G. Fraustadt).

15. De animantibus subterraneis liber. Basel 1549; 1556; 1561; 1563 (italienisch); Wittenberg 1614; Basel 1621; 1657; Berlin 1928 (deutsch); Düsseldorf 1953; 1961 (2. durchgesehene und 3. Auflage der Ausgabe Berlin 1928); Berlin (Ost) 1961 (deutsch von G. Fraustadt u. a.) ... gedruckt in einem Sammelband mit Nr. 22 mit Ausnahme der Ausgaben von 1549, 1614 und 1961.

16. De externis mensuris et ponderibus libri II. Sammelband Basel 1550; Berlin (Ost) 1959 (deutsch von G. Fraustadt).

17. De mensuris quibus intervalla metimur liber I. Wie Nr. 16.

18. De restituendis ponderibus atque mensuris liber I. Wie Nr. 16.

19. Ad ea quae Andreas Alciatus denuo disputavit de mensuris et ponderibus brevis defensio liber I. Wie Nr. 16.

20. De precio metallorum et monetis libri III. Wie Nr. 16.

21. De peste libri III. Basel 1554; Schweinfurt 1607; Gießen 1611; Leipzig 1952 (deutsch von P. Lersch); Berlin (Ost) 1961 (deutsch von G. Fraustadt u. a.).

22. De re metallica libri XII. Basel 1556, Basel 1557 (deutsch von P. Bech) Basel 1561; Basel 1563 (italienische Ausgabe); Frankfurt 1580 (›Berckwerck Buch‹); Basel 1621 (eine deutsche und eine lateinische Ausgabe); Basel 1657; London 1912 (englisch von C. und L. H. Hoover); Berlin 1928 (deutsch von C. Schiffner u. a.); Prag 1933 (tschechisch von J. Hummel und B. Ježek); New York 1950 (Nachdruck der Ausgabe London 1912); Düsseldorf 1953 (2. durchgesehene Aufl. der Ausgabe Berlin 1928), Rom 1959 (Faksimile-Druck der Ausgabe Basel 1561); Düsseldorf 1961 (3. Aufl. der Ausgabe Berlin 1928); Moskau 1962 (russisch von S. V. Schuchardin); Brüssel 1967 (Faksimile-Druck der Erstausgabe Basel 1556); Berlin (Ost) 1974 (deutsch von G. Fraustadt und H. Prescher).

23. Die Sippschaft des Hauses zu Sachsen. Vier Bücher (1555). Erstdruck Berlin (Ost) 1963.

Schriften über Georg Agricola

F. L. Becher, Die Mineralogen Georg Agricola zu Chemnitz im 16. und A. G. Werner zu Freiberg im 19. Jahrhundert. Freiberg 1819.

Georg Heinrich Jacobi, Der Mineralog Georgius Agricola und sein Verhältnis zur Wissenschaft seiner Zeit. Werdau i. S. (1889).

Albrecht Schrauf, Über den Einfluß des Bergsegens auf die Entstehung der mineralogischen Wissenschaft im Anfange des XVI. Jahrhunderts. Vortrag in der K. Akademie der Wissenschaften zu Wien. In: Almanach der K. Akademie der Wissenschaften. 44. Jg., 1894, S. 289–317.

Reinhold Hofmann, Dr. Georgius Agricola aus Glauchau, der Vater der Mineralogie. Glauchau 1898.

Ders., Dr. Georg Agricola, ein Gelehrtenleben aus dem Zeitalter der Reformation. Gotha 1905.

Ernst Darmstaedter, Georg Agricola, Leben und Werk. Mit einer Bibliographie. München 1926.

Walther Fischer, Mineralogie in Sachsen von Agricola bis Werner. Dresden 1939.

Ders., Zum 450. Geburtstag Agricolas, des ›Vaters der Mineralogie‹ und Pioniers des Berg- und Hüttenwesens. In: Neues Jahrbuch für Mineralogie, Geologie und Paläontologie. Stuttgart 1944, Monatshefte Abtlg. A, S. 113–225 (immer noch eine der empfehlenswertesten biographischen Abhandlungen über Agricola).

Wilhelm Pieper, Die Holzschnitte im Bergwerksbuch des Georgius Agricola. In: Metall und Erz. 41. Jg., 1944, H. 5/6, S. 49–56.

Paul Lersch, Dr. Georgius Agricola als Mensch und Arzt. Med. Diss. Leipzig (mit deutscher Übersetzung von ›De peste‹, s. o. Nr. 21). In: Wiss. Zeitschrift der Universität Leipzig 1952/53, S. 109–156.

Hans Hartmann, Georg Agricola 1494–1555, Begründer dreier Wissenschaften: Mineralogie – Geologie – Bergbaukunde. (= Große Naturforscher. Bd. 13.) Stuttgart 1953.

Georgius Agricola 1494–1555. Zu seinem 400. Todestag. 21. November 1555. Hrsg. von der Zentralen Agricola-Kommission der DDR im Agricola-Gedenkjahr 1955. Berlin 1955 (Agricola-Gedenkschrift mit 25 Beiträgen über die verschiedenen Seiten im Werk und Leben Agricolas).

Ulrich Horst, Das Agricola-Büchlein. Dresden 1955.

Franz Kirnbauer, Georg Agricola 1494–1555. (=Leobener Grüne Hefte. 19.) Wien 1956.

Helmut Wilsdorf, Georg Agricola und seine Zeit. In: Hans Prescher (Hrsg.): Georgius Agricola – Ausgewählte Werke. Bd. I. Berlin (Ost) 1956.

Agricola-Studien (=Freiberger Forschungsheft. D 18.). Berlin (Ost) 1957.

Georgius Agricola 1494–1555. Górnik, Metalurg, Mineralog, Chemik, Lekarz. Breslau 1957 (polnische Agricola-Gedenkschrift).

Bern Dibner, Agricola on metals. Norwalk, Conn. 1958.

Erwin Herlitzius, Georgius Agricola (1494–1555). Seine Weltanschauung und seine Leistung als Wegbereiter einer materialistischen Naturauffassung. (= Freiberger Forschungsheft. D 32.). Berlin (Ost) 1960.

Helmut Wilsdorf, Agricolas Darlegungen und Illustrationen zum Thema Wetterführung und Wettermaschinen. In: Festschrift Georg Fraustadt zum 75. Geburtstag am 1. November 1960. Dresden 1960, S. 25–53.

Helmut Winterhagen, De re metallica. Festvortrag zur Rektoratsübernahme an der RWTH Aachen am 11. November 1959. (= Schriften der RWTH Aachen. H. 4.) Essen 1961.

Rudolf Michaëlis und Hans Prescher, Agricola-Bibliographie 1520–1963. (= Georgius Agricola – Ausgewählte Werke. Bd. X.) Berlin (Ost) 1971.

Kurt Mauel: Georg Agricola, Arzt, Mineraloge und Hüttenmann im 16. Jahrhundert. In: Mitteilungen des Niederrheinischen Bezirksvereins des VDI. April 1973, S. 22–27.

Robert Halleux, La nature et la formation des métaux selon Agricola et ses contemporains. In: Revue d'histoire des sciences. T. 27, 1974, No. 3, S. 211–222.

Register

1. *Verzeichnis der Abbildungen*

Neuntes Buch

Zehntes Buch

Elftes Buch

Zwölftes Buch

2. *Verzeichnis der in dem ›Buch von den Lebewesen unter Tage‹ genannten und beschriebenen Lebewesen*

3. Schlagwortverzeichnis

Inhaltsverzeichnis

Das Buch von den Lebewesen unter Tage

Anhang

dtv-bibliothek

Literatur · Philosophie · Wissenschaft

Georg Trakl: Das dichterische Werk
6001

Theodor Fontane: Meine Kinderjahre
6004

Theodor Fontane: Von Zwanzig bis Dreißig
6025

Theodor Fontane: Von Dreißig bis Achtzig
6041

Friedrich Schlegel: Schriften zur Literatur
6006

Pausanias: Beschreibung Griechenlands
2 Bände
6008, 6009

Charles Dickens: Große Erwartungen
6010

Aristoteles: Die Nikomachische Ethik
6011

Friedrich Engels: Die Lage der arbeitenden Klasse in England
6012

Ludwig Rohner (Hrsg.): Deutsche Essays
Prosa aus zwei Jahrhunderten
6 Bände
6013–6018

Thukydides: Geschichte des Peloponnesischen Krieges
2 Bände
6019, 6020

Aristoteles: Politik
6022

Ludwig Mader (Hrsg.): Antike Fabeln
6024

dtv-bibliothek

Literatur · Philosophie · Wissenschaft

Fritz Schalk (Hrsg.): Die französischen Moralisten
2 Bände
6026, 6027

Catull: Sämtliche Gedichte
6028

Herbert Meschkowski (Hrsg.): Das Problem des Unendlichen
6030

D. Martin Luther: Die gantze Heilige Schrifft
3 Bände
6031–6033 / Bestellnummer: 5953

Andreas Gryphius: Die Lustspiele
6034

Keith Bullivant / Hugh Ridley (Hrsg.):
Industrie und deutsche Literatur
6035

Heinrich Heine: Buch der Lieder
6036

Adalbert Stifter: Studien
2 Bände
6037, 6038

Platon: Klassische Dialoge
Phaidon / Symposion / Phaidros
6039

Eduard Mörike: Sämtliche Gedichte
6040

Dieter Birnbacher / Norbert Hoerster (Hrsg.):
Texte zur Ethik
6042

Sören Kierkegaard: Entweder – Oder
6043

---

dtv-bibliothek

Literatur · Philosophie · Wissenschaft

Joseph von Eichendorff: Sämtliche Gedichte
6044

Gottfried Benn: Gesammelte Werke in 8 Bänden
Bestellnummer: 5954

Theodor Mommsen: Römische Geschichte in 8 Bänden
Bestellnummer: 5955

Conrad Ferdinand Meyer: Sämtliche Werke in 2 Bänden
6061, 6062

Alexis de Tocqueville: Über die Demokratie in Amerika
6063

Sören Kierkegaard: Philosophische Brosamen und Unwissenschaftliche Nachschrift
6064

Johann Peter Eckermann: Gespräche mit Goethe in den letzten Jahren seines Lebens
6065

Aristophanes: Sämtliche Komödien
6066

Norbert Hoerster (Hrsg.): Klassische Texte der Staatsphilosophie
6067

Gottfried Benn: Der Dichter über sein Werk
6068

Clemens Brentano: Gedichte
6069

Sören Kierkegaard: Die Krankheit zum Tode und anderes
6070

Sophokles: Tragödien
6071
